말씀으로 익히는
가톨릭 교회 교리 문답

「가톨릭 교회 교리서 요약편」 해설

말씀으로 익히는 가톨릭 교회 교리 문답
「가톨릭 교회 교리서 요약편」 해설

ⓒ 한님성서연구소 2018

2017년 11월 6일 교회인가
2018년 5월 20일 1판 1쇄 펴냄
2018년 7월 11일 1판 2쇄 펴냄
2020년 1월 21일 2판 1쇄 펴냄
2024년 3월 1일 2판 2쇄 펴냄

지은이: 정승현
펴낸이: 조병우
펴낸곳: 한님성서연구소
등록: 제85호
주소: 경기도 의정부시 평화로 604
전화: 031)846-3467   팩스: 031)846-3595
카페: cafe.naver.com/biblicum

값 30,000원
ISBN 978-89-94359-30-4 03230

성경 · 전례문 · 교회 문헌 ⓒ 한국천주교중앙협의회, 2017.

말씀으로 익히는
가톨릭 교회 교리 문답

「가톨릭 교회 교리서 요약편」 해설

해설 | 정승현

펴내며

1. 지난 세기에 열렸던 제2차 바티칸 공의회는 2천 년 교회의 삶에 획기적인 전기를 마련한 매우 중요한 사건이었습니다. 그런 점에서 흔히들 이 공의회를 두고 '제2의 성령 강림'이라고 일컫기도 합니다. 그리고 그 결과물인 공의회 문헌 또한 오늘의 가톨릭 교회가 어떻게 살아갈지 그 현재와 미래를 밝히는 빛 또는 길잡이 역할을 하고 있습니다.
보편교회는 이 공의회 문헌을 바탕으로 새로운 교리서를 제시하였는데 그것이 바로 바티칸 공의회 개막 30주년에 맞추어 반포된 「가톨릭 교회 교리서」입니다. 그런데 이 교리서는 신자들을 위한 교리서라기보다 신자들을 위해 마련할 각종 교리서의 '규범서'로서, 일반 신자들이 직접 읽기에 - 양적으로나 질적으로 - 부담스러운 면이 없지 않았습니다. 이에 따라 일반 신자들을 위한 일종의 요약본이 마련되었는데 2005년에 나온 「가톨릭 교회 교리서 요약편」이 바로 그것입니다.

2. 우리말 「가톨릭 교회 교리서 요약편」을 대면하였을 때 저는 두 가지 면에서 감탄하였습니다. 먼저 문답 형식으로 「가톨릭 교회 교리서」를 요약하였다는 것입니다. 정말 신자들을 위해서, 특히 한국 교회 신자들을 위해서 아주 멋진 기획이 아닐 수 없습니다. 아시는 것처럼 우리 신앙의 선배들은 오랜 동안 「천주교 요리 문답」이라는 교리서로 교리 공부를 하고, 전교를 하였기 때문입니다. 그리고 「천주교 요리 문답」과 함께 활용한 교리서 내지 전교서는 「요리강령」이라는 그림책이었는데, 「가톨릭 교회 교리서 요약편」 또한 교리교육에 성화를 폭 넓게 활용하고 있다는 것입니다.
이렇게 한국 교회 신자들에게 알맞은 교리서가 나왔는데, 일선 본당에서 일반 신자들의 교리교육에 이를 얼마나 활용하고 있는지 모르겠습니다. 과문한 탓인지 주위의 본당신부들이 이 책을 가지고 신자 재교육을 하고 있다는 말을 거의 듣지 못하였기 때문입니다. 언젠가 교구 주보에서 어느 본당 신부님이 이 책을 가지고 전신자 대상으로 교리교육을 시키고 있다는 기사를 보고 내 일처럼 기뻐한 적이 있습니다.

3. 저는 2001년부터 3년 동안 주교회의 교리교육위원회 총무로 일한 적이 있습니다. 그때 저에게 맡겨진 임무 가운데 하나가 '한국 천주교 견진교리서'를 마련하는 일이었습니다. 그런데 그 일보다 더 급한 일이 우리말「가톨릭 교회 교리서」의 공식 번역본 발간임을 알고 라틴어로 된「가톨릭 교회 교리서」 최종본 또는 결정본(1997년에 나옴)에서 우리말 번역을 완료하여, 한국 천주교 주교회의와 교황청의 승인 또는 인준을 받았습니다. 나아가 주교님들의 요청에 따라 이 교리서를 일반 신자들도 읽기 쉽게 간추린,「간추린 가톨릭 교회 교리서」를 발간하기도 했습니다(2003년).

주교회의에서의 일을 마친 다음 얼마 안 되어 저는 뜻밖에도 광주 신학교로 발령을 받았습니다. 이유는 신학생들에게「가톨릭 교회 교리서」를 바탕으로 통합적인 교리 지식을 갖추도록 하라면서, 그 교리서를 우리말로 번역하였으니 그 일의 적임자라는 것이었습니다. 정말 그 일의 적임자였는지는 모르지만, 저는「가톨릭 교회 교리서」를 교재로,「가톨릭 교회 교리서 요약편」을 부교재로 삼아 신학 공부를 시작하는 1학년 학생들에게 기본적이고도 통합적인 교리신학 또는 교리 지식을 갖추도록 열성을 다했습니다. 그러면서 틈틈이「가톨릭 교회 교리서 요약편」해설 원고를 컴퓨터에 입력하였습니다. 신학교의 소임을 마친 뒤 교구로 돌아와서 평신도 교리교사 양성을 위한 교구 신학원의 소임을 맡았을 때에도 신학교에서 가르친 경험을 십분 활용할 수 있었습니다.

4. 2년 전에는 그 일에서도 물러났습니다. 나이 일흔에 사목 일선에서 물러나는 관례에 따른 것입니다. 이른바 은퇴를 한 것이지요. 그러다 제 컴퓨터에 입력된「가톨릭 교회 교리서 요약편」해설서 원고에 생각이 미치고 이를 책으로 펴내야겠다는 결심에 이른 것입니다. 지난 추석 명절 즈음에 시작한 정리 작

업이 이제야 마무리되는 셈입니다. 큰 틀은 그대로 유지하되 동생(정태현 신부)의 의견을 받아들여 성경 말씀을 더 강화하고, 이를 찾아보기 쉽게 색인 작업도 하였습니다. 성경 말씀을 소개하는 '성구' 부분이 획기적으로 변경되었는데, 문답 조항 하나하나에 구약과 신약에서 꼭 한 대목씩을 소개하는 것으로서 동생의 도움이 절대적이었습니다.

여기서 제 원고의 짜임새를 간단히 소개하고자 합니다.

「가톨릭 교회 교리서 요약편」의 각 문답마다 **해설**, **용어**, **성구**로 엮었습니다.

해설은 가능한 한 간결하게 하였습니다. 자세한 내용[詳解]은 바로 「가톨릭 교회 교리서」를 참조하면 되기 때문입니다.

용어는 각 문답에 나오는 교리 용어 가운데 중요한 것들을 일반 신자들이 알아듣게 설명하는 것입니다. 교리 용어는 대부분 일반 사회에서 사용하는 말이 아니어서, 그 개념을 정확히 정립하여야 할 필요가 있기 때문입니다.

성구는 각 문답에 나오는 성경 장절을 직접 읽어 볼 수 있게, 특히 질문에 성경 말씀으로 응답할 수 있게 하였습니다. '성구'에서 직접 인용한 성경 말씀은 되도록 전체적인 균형을 염두에 두고 골랐습니다. 너무 자주 인용되는 말씀이 없도록, 창세기부터 요한 묵시록까지 고루 인용하였습니다.

앞에서 말씀드린 것처럼 성구는 가능하면 구약 성경과 신약 성경 둘 다에서 뽑았습니다. 이는 구약 성경과 신약 성경의 단일성, 예형론적 성경 해석 등, "신약은 구약 안에 감추어져 있고, 구약은 신약 안에서 드러난다"(성 아우구스티노)는 교부들의 성경 해석 원리를 살리고자 한 것입니다(교리서 128-130항 참조).

5. 이 책이 나오기까지 동생의 도움이 가히 절대적이라 했습니다만, 동생이 운영하는 '한님성서연구소'에서 책을 출간하였으니 '한님성서연구소' 직원들이 수고 많이 하였습니다. 그 밖에도 도움을 주신 분들이 많습니다. 교리서와 성경 등의 사용을 무상으로 허가해 준 주교회의 사무처장 김준철 신부와 이 책의 원고를 꼼꼼히 읽고 의견을 주고 출판 검열까지 마무리해 준 전주가톨릭신학원 원장 이영우 신부에게 특별히 감사의 말을 전하고 싶습니다. 그리고 이런 말씀은 드러나게 하지 않는 것이 바람직하다 생각하면서도 특별히 감사의 말

을 전하고 싶은데요, 60여년 수도생활을 우리 형제들 - 저와 태현 신부와 양현 신부 - 의 성소를 위해 오롯이 바친 누님 정 데레즈 다빌라 수녀에게 감사의 마음을 담아 이 책을 바치고자 합니다.

2018년 5월 20일 성령 강림 대축일에
독배마을 소화진달네집에서 정승현 요셉 신부

일러두기

1. '교리서 항 번호'는 「가톨릭 교회 교리서」의 항 번호를, '요약편 문답 번호'는 문답 형식으로 된 「가톨릭 교회 교리서 요약편」 번호를 가리킨다.
2. 「가톨릭 교회 교리서 요약편」이 「가톨릭 교회 교리서」를 대체할 수 없는 것처럼, 이 해설서 역시 「가톨릭 교회 교리서 요약편」을 대체할 수 없다.
3. 이 해설서는 「가톨릭 교회 교리서 요약편」의 문답만 인용하였을 뿐이다. 따라서 이 해설서에는 용어 색인이 없다. 용어 색인은 「요약편」 끝머리에 실린 색인을 활용하라.
   이 해설서에는 「요약편」에 실린 그림과 그 설명이 없다. 그림 교리는 「요약편」을 보라.
   그 밖에 이 해설서에 실리지 않은 것들은 「요약편」에서 직접 확인하기 바란다.
4. '성구'에 직접 인용된 신구약 성경 말씀 외에 참조할 성경 장절을 표기한 것은 꼭 직접 찾아 읽어보기를 바라기 때문이다. 독자의 주의를 환기시키기 위해 성경 장절 다음에 *표를 붙였다.
5. 이 해설서에 인용된 성경 말씀에서 '**주님**' 또는 '**주** 하느님'(어떤 곳에서는 '**주** 하느님')이라고 고딕체로 표기한 것은 하느님의 거룩한 이름을 간접적으로 나타낸 것으로, 우리말 성경의 표기 방식을 그대로 따른 것이다.

차례

펴내며 · 4
일러두기 · 7

제1편 신앙 고백

제1부 "저는 믿나이다" – "저희는 믿나이다"(001) · 15
제1장 하느님을 '알 수 있는' 인간(002-005) · 17
제2장 인간을 만나러 오시는 하느님 · 21
- 하느님의 계시(006-010) · 21
- 하느님 계시의 전달(011-017) · 26
- 성경(018-024) · 32

제3장 하느님에 대한 인간의 응답 · 38
- 저는 믿나이다(025-029) · 38
- 저희는 믿나이다(030-032) · 42

제2부 그리스도교 신앙 고백 · 45
제1장 천주 성부를 믿나이다 · 46
- 신경信經들(033-035) · 46
- "전능하신 천주 성부, 천지의 창조주를 저는 믿나이다"(036-058) · 49
- 하늘과 땅(059-065) · 68
- 인간(066-072) · 75
- 타락(073-078) · 81

제2장 하느님의 외아들 예수 그리스도를 믿나이다(079-080) · 87
- "그 외아들 우리 주 예수 그리스도"(081-084) · 88
- "예수 그리스도께서 성령으로 인하여

　　　　　　동정 마리아께 잉태되어 나셨다"(085-111) · 93
　　■ "예수 그리스도께서 본시오 빌라도 통치 아래서 고난을
　　　　받으시고 십자가에 못 박혀 돌아가시고 묻히셨다"(112-124) · 119
　　■ "예수 그리스도께서 저승에 가시어
　　　　사흗날에 죽은 이들 가운데서 부활하시고"(125-131) · 132
　　■ "예수님께서는 하늘에 올라
　　　　전능하신 천주 성부 오른편에 앉으셨다"(132) · 139
　　■ "그리로부터 산 이와 죽은 이를 심판하러 오시리라"(133-135) · 140
제3장　성령을 믿나이다 · 143
　　■ "성령을 믿으며"(136-146) · 143
　　■ "거룩하고 보편된 교회와 모든 성인의 통공을 믿으며" · 154
　　　□ 하느님 계획 안의 교회(147-152) · 154
　　　□ 하느님의 백성, 그리스도의 몸, 성령의 성전인 교회(153-160) · 160
　　　□ 하나이고 거룩하고 보편되며 사도로부터 이어 오는 교회(161-
　　　　 176) · 167
　　　□ 그리스도 신자: 성직자, 평신도, 봉헌생활자(177-193) · 182
　　　□ 모든 성인의 통공을 믿나이다(194-195) · 198
　　　□ 마리아 - 그리스도의 어머니, 교회의 어머니(196-199) · 200
　　■ "죄의 용서를 믿나이다"(200-201) · 204
　　■ "육신의 부활을 믿나이다"(202-206) · 205
　　■ "영원한 삶을 믿나이다"(207-216) · 210
　　■ "아멘"(217) · 218

제2편 그리스도 신비의 기념

제1부　**성사의 경륜(218-220) · 223**
제1장　교회 시대의 파스카 신비 · 226
　　■ 거룩하신 삼위의 행위인 전례(221-223) · 226

- 파스카 신비와 교회의 성사(224-232) · 229

제2장 파스카 신비의 성사적 거행 · 237
- 교회의 전례 거행 · 237
  - 누가 거행하는가?(233-235) · 237
  - 어떻게 거행하는가?(236-240) · 240
  - 언제 거행하는가?(241-243) · 245
  - 어디에서 거행하는가?(244-246) · 247
- 전례의 다양성과 신비의 단일성(247-249) · 250

제2부 교회의 일곱 성사(250) · 253

제1장 그리스도교 입문 성사들(251) · 255
- 세례성사(252-264) · 256
- 견진성사(265-270) · 266
- 성체성사(271-294) · 271

제2장 치유의 성사들(295) · 294
- 고해성사(296-312) · 294
- 병자성사(313-320) · 309

제3장 친교에 봉사하는 성사(321) · 316
- 성품성사(322-336) · 317
- 혼인성사(337-350) · 329

제4장 그밖의 전례 거행 · 344
- 준準성사(351-353) · 344
- 그리스도교 장례(354-356) · 347

제3편 그리스도인의 삶

제1부 인간의 소명: 성령 안의 삶(357) · 353
제1장 인간의 존엄성 · 355

- 하느님의 모상인 인간(358) · 355
- 참행복에 초대된 우리의 소명(359-362) · 356
- 인간의 자유(363-369) · 360
- 감정의 도덕성(370-371) · 367
- 양심(372-376) · 368
- 덕(377-390) · 372
- 죄(391-400) · 385

제2장　인류 공동체 · 393
- 인간과 사회(401-404) · 393
- 사회생활 참여(405-410) · 397
- 사회 정의(411-414) · 402

제3장　하느님의 구원 – 법과 은총 · 406
- 도덕률(415-421) · 406
- 은총과 의화(422-428) · 412
- 어머니요 스승인 교회(429-433) · 419

제2부　십계명(434-441) · 425

제1장　"네 마음을 다하고 네 목숨을 다하고 네 정신을 다하여
　　　　주 너의 하느님을 사랑해야 한다" · 435
- 첫째 계명: 나는 주 너의 하느님이다.
  너에게는 나 말고 다른 신이 있어서는 안 된다(442-446) · 435
- 둘째 계명: 주 너의 하느님의 이름을
  부당하게 불러서는 안 된다(447-449) · 442
- 셋째 계명: 안식일을 기억하여 거룩하게 지켜라(450-454) · 445

제2장　"네 이웃을 너 자신처럼 사랑해야 한다" · 450
- 넷째 계명: 아버지와 어머니를 공경하여라(455-465) · 450
- 다섯째 계명: 살인해서는 안 된다(466-486) · 459
- 여섯째 계명: 간음해서는 안 된다(487-502) · 478

- 일곱째 계명: 도둑질해서는 안 된다(503-520) · 492
- 여덟째 계명: 거짓 증언을 해서는 안 된다(521-526) · 509
- 아홉째 계명: 이웃의 아내를 탐내서는 안 된다(527-530) · 515
- 열째 계명: 이웃의 재산을 탐내서는 안 된다(531-533) · 518

제4편 그리스도인의 기도

제1부   **그리스도인의 삶과 기도(534)** · 523

제1장   기도에 대한 계시(535) · 525
- 구약 성경에 나타난 기도에 대한 계시(536-540) · 526
- 예수님에게서 충만히 계시되고 성취된 기도(541-547) · 532
- 교회 시대의 기도(548-556) · 540

제2장   기도의 전통(557) · 548
- 기도의 원천(558) · 549
- 기도의 길(559-563) · 550
- 기도의 길잡이(564-565) · 555

제3장   기도 생활(567-568) · 558
- 기도의 형태(569-571) · 559
- 기도의 싸움(572-577) · 562

제2부   **주님의 기도(578)** · 569
- "복음 전체의 요약"(579-581) · 571
- "하늘에 계신 우리 아버지"(582-586) · 574
- 일곱 가지 청원(587-598) · 580

성구 찾아보기 · 593

제1편
신앙 고백

제1부

"저는 믿나이다" – "저희는 믿나이다"

001 인간에 대한 하느님의 계획은 무엇인가?

스스로 한없이 완전하신 하느님께서는 순수한 호의로 계획을 세우시고, 자유로이 인간을 창조하시어 당신의 복된 생명에 참여하도록 하셨다. 때가 찼을 때, 하느님 아버지께서는 죄에 떨어진 사람들의 구속자와 구원자로 당신 아드님을 보내시어, 교회 안에 사람들을 불러 모으시고 성령 안에서 당신의 자녀로 받아들이시며 당신의 영원한 복된 상속자가 되게 하셨다.

해설 인류에 대한 하느님의 계획을 '구원 계획'이라고 한다. 말 그대로 인류의 구원을 위한 계획이기 때문이다. 이 구원 계획은 이미 하느님께서 창조 이전에 세워 놓으신 것이다. 하느님께서는 인간을 당신 생명과 사랑에 참여하도록 창조하셨으며, 이를 위해 인류의 역사를 이끌어 나가신다. 이를 '구원 역사' 또는 '구세사'라 한다. '구원 경륜'도 같은 의미다. 하느님 아버지께서는 인류 구원을 위해 성자와 성령을 우리에게 보내셨으며, 성령께서는 성자께서 세우신 교회 안에서 교회를 통해 우리 구원을 이루신다.

용어 **구속자** 당신 자신을 몸값으로 치르고(마르 10,45 참조) 인간을 속량贖良하신 예수 그리스도를 가리키는 말이다. = 구속주救贖主

이스라엘 백성에게는 독특한 사회제도가 있었다. 바로 고엘(속량자)이다. 고엘은 가까운 친척으로서 유력한 인사를 가리키는데, 그는 힘이 없어 땅이나 자신을 판 사람을 대신하여 값을 치르고 땅을 사서 돌려주거나(레위 25,25), 몸값을 치러 양민으로 돌아가게 하고(레위 25,47-48), 후사를 이어주거나(룻 4,1-4), 심지어 대신 복수를 해 주기도 하였다(민수 35,19-21).

구원자 십자가의 죽음과 부활로 인류를 죄와 죽음에서 구원하신(1코린 15,20-22 참조) 예수 그리스도를 가리키는 말이다. = 구세주救世主

그렇지만 교리서에서는 흔히 '구속자'와 '구원자'를 같은 의미로 쓰기도 한다(이사 41,14). → 문답 78 참조

성구 **시편 8,5-6** 인간이 무엇이기에 이토록 기억해 주십니까?
사람이 무엇이기에 이토록 돌보아 주십니까?
신들보다 조금만 못하게 만드시고
영광과 존귀의 관을 씌워 주셨습니다.

에페 1,7-10 우리는 그리스도 안에서, 그리스도의 피를 통하여 속량을, 곧 죄의 용서를 받았습니다. 이는 하느님의 그 풍성한 은총에 따라 이루어진 것입니다. 하느님께서는 이 은총을 우리에게 넘치도록 베푸셨습니다. 당신의 지혜와 통찰력을 다하시어, 그리스도 안에서 미리 세우신 당신 선의에 따라 우리에게 당신 뜻의 신비를 알려 주셨습니다. 그것은 때가 차면 하늘과 땅에 있는 만물을 그리스도 안에서 그분을 머리로 하여 한데 모으는 계획입니다.
(더 찾아보기) 2베드 1,4*

제1장
하느님을 '알 수 있는' 인간

002 인간은 왜 하느님을 갈망하는가?

하느님께서는 친히 당신 모습으로 인간을 창조하시면서 그 마음속에 당신을 향한 갈망을 새겨 주셨다. 그러한 갈망이 때로 간과될지라도 하느님께서는 늘 인간을 당신께로 이끌고 계시며, 인간이 끊임없이 추구하는 진리와 행복의 충만을 당신 안에서 발견하고 살아가도록 해 주셨다. 따라서 인간은 그 본성으로나 소명으로나 하느님과 친교를 나눌 수 있는 종교적 존재이다. 하느님과 나누는 이 같은 친밀하고 생명력 있는 유대 관계는 인간에게 근본적인 존엄성을 부여한다.

해설 하느님은 인간을 당신과 비슷하게 당신 모습으로(창세 1,26) 창조하셨다. 하느님께서는 인간을 당신과 아무런 상관이 없는 존재로 창조하신 것이 아니다. 인간은 하느님 없이, 하느님과 따로 떨어져 존재할 수 없다. 그것은 마치 인간이 부모 형제나 다른 사람 없이 존재하거나, 그들과 따로 떨어져 존재할 수 없는 것과 같다. 하느님을 향한 인간의 갈망은 인간의 종교적 행위에서 가장 잘 드러난다. 인간은 정말 종교적인 존재다. 영원한 생명, 참행복, 의로움과 진리, 참 사랑에 대한 갈망은 모두 하느님 안에서만 충만하게 채워질 것이다.

용어 **인간 본성** 하느님께서 인간에게 부여하신 본래의 인간성. 하느님께서는 인간 본성에 당신의 모습을 새겨 주셨다.

소명 인간은 하느님의 부름을 받았으며, 이를 인간의 소명이라 한다. 인간은 하느님의 거룩함, 완전함, 영원함, 행복에 동참하도록 부름 받고 있다.

하느님과의 친교 이것은 그저 하느님과 친밀한 관계에 있음을 말하는 것이 아니라, 하느님과 하나 되는 통교를 말한다.

성구 **시편 42,2-3** 암사슴이 시냇물을
그리워하듯
하느님, 제 영혼이 당신을
이토록 그리워합니다.
제 영혼이 하느님을,
제 생명의 하느님을 목말라합니다.
그 하느님의 얼굴을
언제나 가서 뵈올 수 있겠습니까?

사도 17,27-28 "이는 사람들이 하느님을 찾게 하려는 것입니다. 더듬거리다가 그분을 찾아낼 수도 있습니다. 사실 그분께서는 우리 각자에게서 멀리 떨어져 계시지 않습니다. 여러분의 시인 가운데 몇 사람이 '우리도 그분의 자녀다.' 하고 말하였듯이, 우리는 그분 안에서 살고 움직이며 존재합니다."

003 이성의 빛만으로 어떻게 하느님을 알 수 있는가?

창조의 한처음부터 인간은 세상과 자신에서 출발하여 이성으로써 하느님을 만물의 근원이며 목적으로 인식하고, 하느님께서 최상의 선이시고 진리이시며 무한히 아름다운 분이심을 확실히 인식할 수 있다.

해설 하느님을 알 수 없다는 주장, 곧 불가지론不可知論을 교회는 배격한다. 하느님의 모습대로 창조되어, 하느님을 알고 사랑하도록 부름 받은 인간은 하느님을 알 수 있다. 하느님께서는 우리를 사랑하실 뿐 아니라, 우리가 당신을 사랑하기를 원하신다. 알 수 없는 분을 사랑할 수는 없다. 사랑과 앎은 불가분의 관계다.

용어 **진선미**眞善美 **하느님** 우리는 하느님을 진리와 선과 아름다움의 근원 또는 그 자체로 인식한다. 진리이신 하느님을 믿고, 선이신 하느님께 바라고, 아름다움이신 하느님을 사랑한다.

이성 인간 인식의 근원이다. 인간이 인식하고 판단하고 결정하고 행동하는 것은 이성을 통해서다. 인간이 하느님과 비슷하게 그 모습대로 창조되었다는 것도 이 이성을 두고 하는 말이라 할 수 있다. (동방 교회의 신학에 따르면, 하느님의 모습대로 창조되었다는 말은 그리스도 안에 창조되었음을, 하느님과 비슷하게 창조되었다는 말은 인간이 하느님의 진선미를 추구할 윤리적 소명을 지녔음을 의미한다.)

성구 **지혜 13,9** 세상을 연구할 수 있을 만큼 많은 것을 아는 힘이 있으면서 그들은 어찌하여 그것들의 주님을 더 일찍 찾아내지 못하였는가?

로마 1,19-20 하느님에 관하여 알 수 있는 것이 이미 그들에게 명백히 드러나 있기 때문입니다. 사실 하느님께서 그것을 그들에게 명백히 드러내 주셨습니다. 세상이 창조된 때부터, 하느님의 보이지 않는 본성 곧 그분의 영원한 힘과 신성을 조물을 통하여 알아보고 깨달을 수 있게 되었습니다. 따라서 그들은 변명할 수가 없습니다.

004 이성의 빛만으로 하느님의 신비를 충분히 알 수 있는가?

인간이 이성의 빛만으로 하느님을 인식하기에는 어려움이 많다. 더욱이 인간은 혼자서 하느님 신비의 깊은 데까지 들어가지 못한다. 그러므로 하느님께서는 인간의 이해력을 넘어서는 것들뿐 아니라, 모든 인간이 이성으로 접근 가능한 종교적 윤리적 진리들도 더 쉽게, 확실히, 오류 없이 알도록 당신의 계시로 인간을 비추어 주기를 원하신다.

해설 정말 하느님은 인간과 다르시다. 하느님의 존재 방식도 그러하고, 그분의 지혜와 능력도 그러하다(이사 55,9 참조). 거기다 인간의 죄와 탐욕은 이성을 어둡게 하여 하느님을 바르게 인식할 수 없도록 한다. 파스칼은 이렇게 말한다. "하느님의 빛은 그것을 원하는 자가 믿음을 가질 수 있을 만큼 충분히 밝으며, 하느님의 어둠은 믿기를 거부하는 자가 구속받지 않을 만큼 충분히 어둡다." 곧 이 세상과 사람 안에는 하느님을 보여줄 만큼 충분한 빛과 함께, 하느님의 모습을 감출 만큼 충분한 어둠도 있다는 말이다. 그러므로 인간에게는 하느님의 계시啓示가 필요하다.

용어 **계시** 하느님께서 당신 자신과 당신의 뜻을 인간에게 알려 주시는 것 또는 그 내용을 계시라 한다.

성구 **이사 44,6-8** "나는 처음이며 나는 마지막이다. 나 말고 다른 신은 없다. 나와 같은 자 누구냐? 누구든 말해 보아라. … 내가 예전부터 너희에게 들려 주고 알려 주지 않았느냐? 너희가 나의 증인이다. 나 말고 다른 신이 또 있느냐?"

사도 14,15ㄷ-17 여러분이 이런 헛된 것들을 버리고 하늘과 땅과 바다와 또 그 안에 있는 모든 것을 만드신 살아 계신 하느님께로 돌아서게 하려는 것입니다. 지난날에는 하느님께서 다른 모든 민족들이 제 길을 가도록 내버려 두셨습니다. 그러면서도 좋은 일을 해 주셨으니, 당신 자신을 드러내 보이지 않으신 것은 아닙니다. 곧 하늘에서 비와 열매 맺는 절기를 내려 주시고 여러분을 양식으로, 여러분의 마음을 기쁨으로 채워 주셨습니다.

005 하느님에 대해 어떻게 말할 수 있는가?

모든 인간에게 또 모든 인간과 더불어, 비록 한계가 있는 방식이지만 하느님의 무한한 완전성을 반영하는 인간들과 다른 피조물들의 완전성을 근거로 하느님에 대하여 말할 수 있다. 그럼에도 우리의 언어가 가지는 한계, 곧 상상과 불완전성을 끊임없이 정화해야 한다. 우리 인간은 하느님의 무한한 신비를 결코 충분히 표현할 수 없다는 것을 알아야 한다.

해설 하느님에 대한 우리의 인식에는 한계가 있고, 말로 하느님을 표현하는 데에도 한계가 있다. 우리는 인간의 언어가 가진 근본적인 한계나, 표현 방식의 한계를 언제나 의식하지 않으면 안 된다. 사물의 신비로움이나 인간 마음의 깊이조차도 제대로 표현하지 못하는데 더구나 하느님의 신비를 제대로 표현한다는 것은 불가능하다. 그럼에도 우리는 하느님의 계시와 인간 이성의 빛으로 하느님에 대해 말할 수 있으며 이를 다른 사람과 나눌 수 있다.

용어 **하느님의 무한한 완전성** 하느님께서는 그 어떤 불완전함도 없는 완전한 분이시다.

피조물들의 완전성 하느님께서 창조하신 세상은 나름대로 완벽하다. 그렇다고 완성에 이른 것은 아니다. 끊임없이 완성을 향해 나아간다. 그럼에도 '피조물들의 완전성'을 말하는 것은 피조물들 하나하나에 깃들어 있는 완전하신 하느님의 창조 솜씨를 경탄하지 않을 수 없기 때문이다. → 문답 62 참조.

성구 욥 42,2.3ㄴ.5   저는 알았습니다. 당신께서는 모든 것을 하실 수 있음을,
당신께는 어떠한 계획도 불가능하지 않음을!
그렇습니다. 저에게는 너무나 신비로워 알지 못하는 일들을
저는 이해하지도 못한 채 지껄였습니다.
당신에 대하여 귀로만 들어왔던 이 몸,
이제는 제 눈으로 당신을 뵈었습니다.

마태 11,27 "나의 아버지께서는 모든 것을 나에게 넘겨주셨다. 그래서 아버지 외에는 아무도 아들을 알지 못한다. 또 아들 외에는, 그리고 그가 아버지를 드러내 보여 주려는 사람 외에는 아무도 아버지를 알지 못한다."

제2장
인간을 만나러 오시는 하느님

■ 하느님의 계시

006 하느님께서는 인간에게 무엇을 계시하시는가?

하느님께서는 당신 선성善性과 지혜로 인간에게 당신 자신을 계시하신다. 하느님께서는 행적과 말씀으로 온 인류를 위하여 영원으로부터 그리스도 안에 마련하신 당신의 자비로운 계획과 신비를 계시하신다. 이러한 계획에 따라 모든 인간을 성령의 은총으로 당신 외아들 안에서 자녀로 삼으시어 하느님의 생명에 참여하게 하셨다.

해설 하느님은 우리에게 인간과 우주의 모든 진리를 다 계시하시지는 않는다. 다만 우리 구원을 위한 진리만을 계시하신다. 하느님께서는 인간의 근원이며 목적

이신 당신 자신과, 당신께 이를 수 있는 길을 계시하신다. 계시의 완성은 물론 성자 예수 그리스도와 성령의 파견으로 이루어진다. 성자께서 사람이 되시어 우리에게 하느님 아버지와 그분의 뜻을 분명하게 알려 주셨고, 성령께서는 성자의 계시(또는 말씀이신 성자)를 깨닫게 해 주셨다.

용어 **하느님의 선성과 지혜** 하느님은 무한히 선하시고 지혜로우시다. 하느님이 만물을 창조하신 것도, 창조하신 만물을 다스리시는 것도, 그 만물을 통해 당신을 계시하시는 것도 다 하느님의 선과 지혜에서 나온 사랑의 행위다.

하느님의 행적과 말씀 하느님은 행위와 말씀으로 구원 계획을 이루신다. 하느님의 행위와 말씀 안에 구원의 계시가 이루어진다. (히브리어로 사건-행적과 말씀은 한 단어 '다바르'로 되어 있다. 사건은 말씀으로 이루어지고, 이루어진 사건은 기록되어 말씀이 된다. 그리고 그 말씀이 사건을 일으킨다.)

성구 **아모 4,13** 보라, 산을 빚으시고 바람을 창조하신 분

당신의 뜻을 사람에게 알려 주시는 분

아침 노을을 어둠으로 만드시는 분

땅의 높은 곳을 밟고 가시는 분

그 이름 주 만군의 하느님이시다.

요한 17,23 "저는 그들 안에 있고 아버지께서는 제 안에 계십니다. 이는 그들이 완전히 하나가 되게 하려는 것입니다. 그리고 아버지께서 저를 보내시고, 또 저를 사랑하셨듯이 그들도 사랑하셨다는 것을 세상이 알게 하려는 것입니다."

007 하느님 계시의 첫 단계는 무엇인가?

하느님께서는 처음부터 원조元祖들인 아담과 하와에게 당신 자신을 드러내 보이시고 당신과 긴밀한 친교로 그들을 초대하신다. 그들이 타락한 뒤에도 계시를 중단하지 않으시며 그들의 모든 후손을 구원해 주실 것을 약속하신다. 대홍수 이후 하느님께서는 노아를 통하여 당신과 살아 있는 모든 존재 사이에 계약을 체결하신다.

해설 하느님께서는 인류의 시초부터 당신과 당신 뜻을 사람들에게 드러내셨다. 하느님께서는 원조의 범죄 이후에도 사람들과 관계를 끊지 않으셨을 뿐 아니라

그들을 구원하시는 일을 그만 두지 않으셨다. 이 같은 하느님의 구원 의지는 계속되는 계시로 더욱 분명해졌다. 하느님의 계시는 사람들과 맺은 계약으로 확고하게 자리 잡았다.

용어 **원조** 하느님께서 한처음에 창조하신 남자와 여자를 원조라 부른다. 이들에게서 인류가 번성하였고, 이들의 불순종에서 원죄가 비롯되었다.

성구 **창세 3,15** 주 하느님께서 여자에게 말씀하셨다.
"나는 너와 그 여자 사이에,
네 후손과 그 여자의 후손 사이에 적개심을 일으키리니
여자의 후손은 너의 머리에 상처를 입히고
너는 그의 발꿈치에 상처를 입히리라."

로마 5,17 사실 그 한 사람의 범죄로 그 한 사람을 통하여 죽음이 지배하게 되었지만, 은총과 의로움의 선물을 충만히 받은 이들은 예수 그리스도 한 분을 통하여 생명을 누리며 지배할 것입니다.

008 하느님 계시의 그 다음 단계는 무엇인가?

하느님께서는 아브라함을 "많은 민족들의 아버지"(창세 17,5)로 삼고 그의 고향에서 부르심으로써 그를 선택하시어 "세상의 모든 종족들이"(창세 12,3) 그를 통하여 축복을 받게 될 것을 약속하신다. 아브라함의 후손들은 성조들에게 하신 하느님의 약속을 이어받는 백성이 될 것이며, 하느님께서는 이스라엘을 이집트 종살이에서 해방시킴으로써 그들과 계약을 맺으시고, 모세를 통하여 당신의 율법을 그들에게 주신다. 예언자들은 하느님 백성이 완전히 속량되어 새롭고 영원한 계약 안에서 모든 민족들이 구원될 것을 선포한다. 바로 이스라엘 백성 가운데 다윗 임금의 자손으로 메시아이신 예수님께서 탄생하신 것이다.

해설 하느님께서는 인류 역사에서 구체적으로 한 민족 곧 이스라엘을 선택하신다. 그러나 이 선택은 배타적인 선택이 아니라 모범적인 선택이다. 이스라엘 역사를 통해 이루어진 하느님의 계시는 곧 모든 민족에게도 해당된다는 말이다. 이스라엘의 조상 아브라함의 부르심, 그 후손들을 이집트 종살이에서 해방시키심, 그들과 계약을 맺고 당신 백성으로 삼으심, 바빌론 유배에서도 메시아를 약속하심 등은 이스라엘 역사를 통한 대표적인 하느님 계시다.

용어 **성조**聖祖 아브라함은 이스라엘 민족의 조상이다. 아브라함과 이사악과 야곱을 성조라고 부르며, 야곱에게서 난 열두 아들이 이스라엘 12지파의 조상이다.

계약 쌍방을 묶는 지속적인 약속의 관계를 계약이라 한다. 하느님이 이스라엘 백성과 맺으신 시나이 계약이 가장 대표적이다. 하느님께서는 노아, 아브라함, 이사악, 야곱, 다윗과도 계약을 맺으셨다. 그러나 이 모든 계약은 모세를 내세워 시나이 산에서 맺은 계약의 예표 또는 재확인이라 할 수 있다. 시나이 계약은 하느님이 예수 그리스도의 피로 인류와 맺으신 새 계약으로 완성된다.

성구 **탈출 19,5-6ㄱ** "이제 너희가 내 말을 듣고 내 계약을 지키면, 너희는 모든 민족들 가운데에서 나의 소유가 될 것이다. 온 세상이 나의 것이다. 그리고 너희는 나에게 사제들의 나라가 되고 거룩한 민족이 될 것이다."

루카 22,19-20 예수님께서는 또 빵을 들고 감사를 드리신 다음, 그것을 떼어 사도들에게 주시며 말씀하셨다. "이는 너희를 위하여 내어 주는 내 몸이다. 너희는 나를 기억하여 이를 행하여라." 또 만찬을 드신 뒤에 같은 방식으로 잔을 들어 말씀하셨다. "이 잔은 너희를 위하여 흘리는 내 피로 맺는 새 계약이다."

창세 12,1-3*

009 하느님 계시의 충만하고 결정적인 단계는 무엇인가?

결정적인 하느님의 계시는 사람이 되신 하느님의 말씀으로, 계시의 중개자이시며 충만함이신 예수 그리스도 안에서 실현되었다. 하느님의 외아드님으로서 사람이 되신 그리스도께서는 아버지의 완전하고 결정적인 '말씀'이시다. 아드님을 보내시고 성령의 선물을 주심으로써 하느님의 계시가 이미 완전하게 이루어졌다. 그러나 그리스도교 신앙은 시대를 살아가며 계시의 내용 전체를 점진적으로 파악해 가야 한다.

해설 하느님의 계시는 하느님의 아들이 사람이 되심으로 완전하게 성취된다. 성자 예수 그리스도께서는 특히 당신의 죽음과 부활을 통해 하느님이 누구이시고, 하느님이 어떻게 인류를 구원하시는지 완전하게 밝히신 것이다. 그리고 성부와 성자에게서 파견되신 성령께서 교회 안에서 이 계시를 더욱 완전하고 충만하게 깨닫게 해 주신다.

용어 **말씀** 요한 복음은 성자 예수 그리스도를 '말씀'이라고 표현하였다(요한 1,1). 그분은 곧 하느님의 말씀이시다. 말씀은 성자의 속성이자 이름이 되었다. '말씀'을 통한 천지 창조, '말씀'을 통한 계시의 완성, '말씀'을 통한 성사聖事 등에서 보듯 '말씀'은 성자를 가리키는 완벽한 칭호다.

중개자 성자의 또 다른 칭호는 중개자仲介者다. 이는 하느님이요 사람이신 성자께서 하느님과 사람 사이에 중개 역할을 하시기 때문이다. 구약의 모세, 신약의 마리아 등은 성자의 중개 역에 참여하는 중개자일 뿐이다.

성구 **이사 55,10-11** "비와 눈은 하늘에서 내려와 그리로 돌아가지 않고 오히려 땅을 적시어 기름지게 하고 싹이 돋아나게 하여 씨 뿌리는 사람에게 씨앗을 주고 먹는 이에게 양식을 준다. 이처럼 내 입에서 나가는 나의 말도 나에게 헛되이 돌아오지 않고 반드시 내가 뜻하는 바를 이루며 내가 내린 사명을 완수하고야 만다."

히브 1,1-3 하느님께서 예전에는 예언자들을 통하여 여러 번에 걸쳐 여러 가지 방식으로 조상들에게 말씀하셨지만, 이 마지막 때에는 아드님을 통하여 우리에게 말씀하셨습니다. 하느님께서는 아드님을 만물의 상속자로 삼으셨을 뿐만 아니라, 그분을 통하여 온 세상을 만들기까지 하셨습니다. 아드님은 하느님 영광의 광채이시며 하느님 본질의 모상으로서, 만물을 당신의 강력한 말씀으로 지탱하십니다. 그분께서 죄를 깨끗이 없애신 다음, 하늘 높은 곳에 계신 존엄하신 분의 오른쪽에 앉으셨습니다.

010 사적 계시는 어떤 가치를 지니는가?

사적 계시는 신앙의 유산에 속하지 않을지라도, 그리스도와 긴밀한 관계를 맺고 그분을 향하게 하는 신앙생활에 도움이 될 수 있다. 그러나 사적 계시들을 식별하는 의무가 있는 교회의 교도권은 그리스도의 결정적 계시를 벗어나거나 수정하려고 시도하는 다른 계시들을 받아들일 수 없다.

해설 사적私的 계시는 공적 계시와 비교되는 말이다. 사적 계시는 이미 성경을 통해 특히 계시의 충만함이신 성자 예수 그리스도를 통해 완성된 결정적인 계시와 구별되며, 그리스도를 통한 결정적 계시를 보완하거나 개선하는 것이 아니다. 시대의 흐름 안에서 계시의 삶(신앙생활)을 더 잘 살게 하는 구실을 할 뿐이다. 사적 계시를 받아들이고 않고는 신앙인 각자의 자유다.

용어 **사적 계시** 예수님이나 성모님의 발현과 메시지는 교회 역사 안에서 이루어지는 이례적인 일이다. 교회는 이를 잘 식별하여 신적 계시인지 아닌지 확인함으로써 신자들을 이단에서 보호한다.

신앙의 유산 믿는 이에게 구원을 가져다주는 계시 진리는 사도들과 그 후계자 곧 교회의 교도권에 맡겨진 유산이다.

교도권 교회가 성령의 인도를 받아 권위 있게 그리스도 신자들에게 계시 진리를 가르치는 것을 말한다.

성구 **에제 37,5-6** "주 하느님이 뼈들에게 이렇게 말한다. '나 이제 너희에게 숨을 불어넣어 너희가 살아나게 하겠다. 너희에게 힘줄을 놓고 살이 오르게 하며 너희를 살갗으로 씌운 다음, 너희에게 영을 넣어 주어 너희를 살게 하겠다. 그제야 너희는 내가 **주님**임을 알게 될 것이다.'"

1요한 4,1-3 사랑하는 여러분, 아무 영이나 다 믿지 말고 그 영이 하느님께 속한 것인지 시험해 보십시오. 거짓 예언자들이 세상으로 많이 나갔기 때문입니다. 여러분은 하느님의 영을 이렇게 알 수 있습니다. 예수 그리스도께서 사람의 몸으로 오셨다고 고백하는 영은 모두 하느님께 속한 영입니다. 그러나 예수님을 믿는다고 고백하지 않는 영은 모두 하느님께 속하지 않는 영입니다. 그것은 '그리스도의 적'의 영입니다. 그 영이 오리라고 여러분이 전에 들었는데, 이제 이미 세상에 와 있습니다.

■ 하느님 계시의 전달

011 하느님의 계시는 어떤 이유에서, 어떤 방식으로 전달되는가?

"하느님께서는 모든 사람이 구원을 받고 진리를 깨닫게 되기를 바라신다"(1티모 2,4). 곧 예수 그리스도를 알게 되기를 바라신다. 그러므로 그리스도께서 "너희는 가서 모든 민족들을 … 가르쳐라."(마태 28,19) 하고 명령하신 대로 그리스도께서는 모든 사람에게 알려지셔야 한다. 이는 곧 사도전승으로써 실현된다.

해설　하느님께서는 모든 사람을 구원하기를 원하신다. 그러므로 모든 사람에게 구원의 진리가 전해져야 한다. 이를 위해 성부께서는 성자와 성령을 파견하신 것이다. 성자께서는 구원의 진리 곧 복음을 세상 모든 사람에게 전하도록 사도들을 파견하셨고, 성령께서는 구원의 진리를 전하는 데 있어 사도들과 함께 하신다.

용어　**사도전승**　→ 다음 문답 참조.

성구　**이사 49,6**　그분께서 말씀하신다. "네가 나의 종이 되어 야곱의 지파들을 다시 일으키고 이스라엘의 생존자들을 돌아오게 하는 것만으로는 충분하지 않다. 나의 구원이 땅 끝까지 다다르도록 나는 너를 민족들의 빛으로 세운다."

사도 8,4-6　한편 흩어진 사람들은 이곳저곳 돌아다니며 말씀을 전하였다. 필리포스는 사마리아의 고을로 내려가 그곳 사람들에게 그리스도를 선포하였다. 군중은 필리포스의 말을 듣고 또 그가 일으키는 표징들을 보고, 모두 한마음으로 그가 하는 말에 귀를 기울였다.

마태 28,18ㄴ.20ㄱ*

012　사도전승은 무엇인가?

사도전승은 그리스도교가 탄생한 순간부터 설교, 증거, 관습, 예배를 통한 그리고 성경 안에 표현되어 있는 완성된 그리스도 메시지의 전달이다. 사도들은 그리스도에게서 받아 성령에 힘입어 알게 된 내용들을 그들의 후계자들인 주교들을 통하여 세상 종말까지 모든 세대에 전달한다.

해설　주님의 계시 진리를 온 세상에 전하라고 파견된 사도들은 그 사명을 수행하였고, 자신들을 이어 그 사명을 세상 끝날까지 계속할 후임자들을 뽑았으니 이들이 사도들의 후계자인 주교들이다. 사도들이 전한 것은 성경 말고도 설교, 증언, 관습, 전례 안에 바르게 보존되어 있다.

용어　**사도전승**　사도전승은 구세주이신 예수 그리스도께서 사도들에게 맡기신 구원의 진리가 세상 끝날까지 전해지는 것을 말한다. 사도전승은 매우 중요하다. 이것은 성전聖傳의 조건이 되기 때문이다. 사도전승은 성령의 도우심으로 실현된다.

성구 **민수 11,24-25ㄷ** 모세는 밖으로 나와 **주님**의 말씀을 백성에게 전하였다. 그는 백성의 원로들 가운데에서 일흔 명을 불러 모아, 천막 주위에 둘러 세웠다. 그때에 **주님**께서 구름 속에서 내려오시어 모세와 말씀하시고, 그에게 있는 영을 조금 덜어 내시어 그 일흔 명의 원로들에게 내려 주셨다. 그 영이 그들에게 내려 머무르자 그들이 예언하였다.

루카 10,1.16 **주님**께서 제자들을 보내시며 말씀하셨다. "너희 말을 듣는 이는 내 말을 듣는 사람이고, 너희를 물리치는 자는 나를 물리치는 사람이며, 나를 물리치는 자는 나를 보내신 분을 물리치는 사람이다."

013 사도전승은 어떤 방식으로 실현되는가?

사도전승은 두 가지 방식으로 전해진다. 사도전승은 하느님 말씀의 살아 있는 전달, 곧 성전聖傳과 구원의 기쁜 소식을 기록한 성경聖經에 의하여 실현된다.

해설 사도전승은 성전과 성경, 두 가지 방식으로 전해진다. 이 성경과 성전이 계시 진리의 단일 원천이다. 성전은 성경을 낳고, 성경은 성전 안에서 성장한다.

용어 **성전** 전통이나 전승이라고 번역할 수 있는 이 말은 특별히 사도들에게까지 소급되는 전승을 말한다. 곧 사도들이 직접 전해 받은 예수님의 가르침과 이를 성령께서 깨닫게 해 주신 바를 전한 것이지만, 성경이 기록된 이후에는 성경 안에 포함되어 있지 않은 교회 안에 살아 있는 전승을 말한다.

성구 **신명 6,4-7** "이스라엘아, 들어라! 주 우리 하느님은 한 분이신 **주님**이시다. 너희는 마음을 다하고 목숨을 다하고 힘을 다하여 주 너희 하느님을 사랑해야 한다. 오늘 내가 너희에게 명령하는 이 말을 마음에 새겨 두어라. 너희는 집에 앉아 있을 때나 길을 갈 때나, 누워 있을 때나 일어나 있을 때나, 이 말을 너희 자녀에게 거듭 들려주고 일러 주어라."

1테살 4,1-2 그러므로 형제 여러분, 끝으로 우리는 주 예수님의 이름으로 여러분에게 당부하고 권고합니다. 여러분은 어떻게 살아가야 하는지, 어떻게 해야 하느님 마음에 들 수 있는지 우리에게 배웠고, 또 그렇게 살아가고 있습니다. 더욱더 그렇게 살아가십시오. 우리가 주 예수님의 권위로 여러분에게 지시해 준 것들을 여러분은 잘 알고 있습니다.

014 성전과 성경은 어떤 관계인가?

성전과 성경은 서로 긴밀히 연결되고 또 상통한다. 이 둘은 동일한 신적 원천에서 솟아나 그리스도의 신비를 교회 안에 현존하게 하고, 그 열매를 풍부히 맺게 한다. 또한 같은 신적 원천에서 흘러나와 유일하고 성스러운 신앙의 유산을 형성한다. 이 신앙 유산으로부터 교회는 모든 계시 진리에 대한 확실성에 이른다.

해설 우리는 성경만이 아닌 성전을 통해서도 계시 진리를 알게 된다. 성경과 성전은 계시의 단일한 원천이다. 성경이 있어 성전의 진실성이, 그리고 성전이 있어 성경의 진실성이 확립된다. 성경이 확정되기 전까지는 성전 안에 계시 진리가 보존되어 온 것은 두말할 나위가 없다.

용어 **신적 원천** 계시의 원천은 삼위일체 하느님이다.

그리스도의 신비 그리스도의 지상 생애와 그 영원한 구원 업적, 그리고 세상 끝날까지 믿는 이들과 함께 하시는 그 현존 등이 다 그리스도의 신비다. 우리는 그리스도의 신비를 믿음으로 고백하고 전례로 거행한다.

신앙의 유산 → 문답 10 용어 참조.

성구 **신명 30,11-14** "내가 오늘 너희에게 명령하는 이 계명은 너희에게 힘든 것도 아니고 멀리 있는 것도 아니다. 그것은 하늘에 있지도 않다. 그러니 '누가 하늘로 올라가서 그것을 가져다가 우리에게 들려주리오? 그러면 우리가 실천할 터인데.' 하고 말할 필요가 없다. 또 그것은 바다 건너편에 있지도 않다. 그러니 '누가 바다 저쪽으로 건너가서 그것을 가져다가 우리에게 들려주리오? 그러면 우리가 실천할 터인데.' 하고 말할 필요도 없다. 사실 그 말씀은 너희에게 아주 가까이 있다. 너희의 입과 너희의 마음에 있기 때문에, 너희가 그 말씀을 실천할 수 있는 것이다."

2티모 1,12ㄴ-14 나는 내가 누구를 믿는지 잘 알고 있으며, 또 내가 맡은 것을 그분께서 그날까지 지켜 주실 수 있다고 확신합니다. 그리스도 예수님 안에서 주어지는 믿음과 사랑으로, 나에게서 들은 건전한 말씀을 본보기로 삼으십시오. 우리 안에 머무르시는 성령의 도움으로, 그대가 맡은 그 훌륭한 것을 지키십시오.

015 신앙의 유산은 누구에게 맡겨져 있는가?

신앙의 유산은 사도들을 통하여 전체 교회에 맡겨져 있다. 하느님 백성 전체는 성령의 도우심을 받고 교회 교도권의 인도를 받아 초자연적 신앙 감각을 통하여 하느님의 계시를 받아들이고, 언제나 더욱 깊이 이해하며 삶 안에서 이를 실천한다.

해설   신앙의 유산은 교회 전체 곧 그 구성원 전부에게 맡겨져 있다. 이 신앙의 유산을 누리고 보존하고 실천하는 것은 성직자, 수도자, 평신도 모두의 몫이다. 특히 평신도들도 초자연적 신앙 감각으로 하느님의 계시를 받아들이고 이해하고 실천한다.

용어   **초자연적 신앙 감각**   일반 사람들이 오감으로 사물을 인지하듯, 신앙인들은 신앙 감각으로 초자연적 계시 진리를 인지한다.

성구   **집회 50,28-29**   이 가르침에 주의를 기울이는 이는 행복하고 그것을 마음에 간직하는 이는 지혜로워지리라. 사람이 그 가르침을 실천하면 만사에 강해지리라. 주님을 경외함이 그의 인생 행로이고 주님께서 경건한 이들에게 지혜를 주셨기 때문이다. 주님께서는 영원히 찬미를 받으소서. 아멘. 아멘.

1요한 2,24.27   여러분은 처음부터 들은 것을 여러분 안에 간직하십시오. 처음부터 들은 것을 여러분 안에 간직하면, 여러분도 아드님과 아버지 안에 머무르게 될 것입니다. 여러분은 그분에게서 기름부음을 받았고 지금도 그 상태를 보존하고 있으므로, 누가 여러분을 가르칠 필요가 없습니다. 그분께서 기름부으심으로 여러분에게 모든 것을 가르치십니다. 기름부음은 진실하고 거짓이 없습니다. 여러분은 그 가르침대로 그분 안에 머무르십시오.

016 신앙의 유산을 권위 있게 해석할 의무는 누구에게 있는가?

신앙의 유산을 올바로 해석하는 직무는 교회의 살아 있는 교도권, 곧 로마 주교인 베드로의 후계자와 그와 일치하는 주교들에게만 맡겨져 있다. 하느님의 말씀에 봉사하고 진리에 대한 확실한 은사를 누리는 교도권에 맡겨진 또 다른 직무는, 하느님의 계

	시 안에 담긴 진리의 규정인 교의를 확정하는 일이다. 그와 같은 권위는 계시와 필연적으로 연결되어 있는 진리들에 대해서도 행사된다.
해설	신앙의 유산 곧 계시 진리 또는 구원의 진리를 바르게 알아듣는 일은 매우 중요하다. 그러므로 교회는 구원의 진리를 바르게 해석하고 정의하여 신자들이 오류에 빠지지 않게 한다. 이를 위해 주님께서는 사도들에게 권한을 주셨다(마태 28,18-20 참조). 이것이 바로 교도권이다. 이 교도권은 베드로의 후계자인 교황과 사도들의 후계자인 주교들에게 있다.
용어	**로마 주교** 교황을 일컫는 말이다. 교황도 주교이며, 베드로의 후계자임을 명시하기 위해 '로마의 주교'라고 한다. **교회의 살아 있는 교도권** 교회의 가르치는 직무를 말한다. 이를 교도권이라고 번역한 것은 어떤 권리나 권한보다는, 그르침 없이 가르치는 권위를 나타내기 위한 것이라고 보아야 한다. 이를 '교회의 살아 있는' 교도권이라고 하는 것은 가르치는 직무가 '오늘의' 교회 안에서 이루어지고 있기 때문이다.
성구	**집회 44,1-4** 이제는 훌륭한 사람들과 역대 선조들을 칭송하자. 주님께서는 수많은 영광을 마련하시고 처음부터 그분의 위업을 이루셨다. 그들은 자신들의 왕국에서 다스리던 이들과 권세로 이름을 떨친 사람들, 지각으로 조언자가 된 이들과 예언을 선포한 이들이다. 그들은 백성의 통치자가 되어 바른 의견과 지각으로 백성을 가르치고 지혜로운 말로 백성을 교육하였다. **티토 2,15** 그대는 강력한 권위를 가지고, 이러한 것들을 말하고 권고하고 또 꾸짖으십시오. 아무도 그대를 업신여기지 못하게 하십시오.

017 성경과 성전과 교도권은 어떤 관계에 있는가?

성경과 성전과 교회 교도직은 서로 긴밀히 연결되어 있으며, 이 셋 중 어느 하나도 다른 것들 없이는 존립할 수 없다. 이 셋은 각기 고유한 방식대로 성령의 활동 아래 영혼의 구원에 효율적으로 기여한다.

해설 교도권은 성경과 성전 위에 있는 것이 아니라, 그에 종속되어 봉사하는 교회 직무이며, 이는 성경과 성전을 통해 알게 되는 계시 진리가 믿는 이들에게 구원을 가져다 줄 수 있게 하려는 것이다. 성령께서는 교회 안에서 성경과 성전과 교도권을 통해 믿는 이들의 구원과 성화를 이루어 주신다.

용어 **교도직**敎導職 교도권과 같다. 가르치는 일이 교회의 '직무'라는 점을 강조한 용어다. 이에 비해 교도권은 가르치는 교회의 '권위'를 더 강조한 것이다.

성구 **2사무 23,2-4** 주님의 영이 나를 통하여 말씀하시니 그분의 말씀이 내 혀에 담겨 있다. 이스라엘의 하느님께서 말씀하셨으며 이스라엘의 반석께서 나에게 이르셨다. "사람을 정의롭게 다스리고 하느님을 경외하며 다스리는 이는 구름 끼지 않은 아침, 해가 떠오르는 그 아침의 햇살 같고 비 온 뒤의 찬란함, 땅에서 돋아나는 새싹과 같다."

2베드 1,20-21 무엇보다 먼저 이것을 알아야 합니다. 성경의 어떠한 예언도 임의로 해석해서는 안 됩니다. 예언은 결코 인간의 뜻에서 나온 것이 아니라, 사람들이 성령에 이끌려 하느님에게서 받아 전한 것입니다.

■ 성 경

018 성경이 진리를 가르치는 이유는 무엇인가?

하느님께서 성경의 저자이시기 때문이다. 따라서 성경은 영감을 받아 기록된 책으로서 우리 구원에 꼭 필요한 진리들을 그르침 없이 가르친다. 사실 성령께서 인간 저자들에게 영감을 주셨고, 그들은 성령께서 우리에게 가르치고자 하신 바를 기록하였다. 그러나 그리스도교 신앙은 '경전의 종교'가 아니라 하느님 '말씀'의 종교이다. "글로 된 무언의 말이 아닌, 사람이 되시어 살아 계신 '말씀'"(클레르보의 성 베르나르도)의 종교이다.

해설 성경은 '하느님의 말씀'이다. 성경의 본 저자는 하느님이시기 때문이다. 하느님께서 인간 저자로 하여금 성령의 감도를 받아 바르게 기록하도록 하셨다. 나아가 성령께서는 이 거룩한 말씀을 읽고 듣는 사람들로 하여금 하느님의 말씀을 바르게 이해하도록 하신다.

용어 **성령의 영감** 일반적으로 영감靈感이란 창조적인 일을 이루어 내는 생각이나 동인動因을 말하지만, 신학적으로는 성령께서 이루어 주시는 지적 능력을 말한다. 일반 용어와 구별하여 **감도**感導라고 한다.

경전의 종교, 하느님 말씀의 종교 그리스도교는 사도 바오로의 표현대로 "죽은 문자"(2코린 3,6 참조) 위에 세워진 종교가 아닌 "살아 있는 하느님 말씀"(히브 4,12 참조) 위에 세워진 종교다.

성구 **시편 119,25-26** 제 영혼이 흙바닥에 붙어 있습니다.
당신의 말씀대로 저를 살려 주소서.
저의 길을 말씀드리자 당신께서는 제게 응답하셨습니다.
당신의 법령을 저에게 가르치소서.

1테살 2,13 우리는 또한 끊임없이 하느님께 감사를 드립니다. 우리가 전하는 하느님의 말씀을 들을 때, 여러분이 그것을 사람의 말로 받아들이지 않고 사실 그대로 하느님의 말씀으로 받아들였기 때문입니다. 그 말씀이 신자 여러분 안에서 활동하고 있습니다.

019 성경을 어떻게 읽어야 하는가?

성경은 성령의 도우심과 교회 교도권의 지도 아래 세 가지 기준에 따라 읽고 해석하여야 한다. 첫째 성경 전체의 내용과 단일성에 유의할 것, 둘째 교회의 살아 있는 성전에 따라 성경을 읽을 것, 셋째 신앙의 유비, 곧 신앙의 진리들 상호 간의 일관성을 존중하여야 한다.

해설 믿는 이들에게 성경을 읽는 태도, 성경을 대하는 태도는 매우 중요하다. 성경이 '살아 있는 하느님의 말씀'이라는 점을 명심해야 한다. 그것은 그저 인간이 지은 하나의 훌륭한 경전이 아니다. 그것은 성령의 영감으로 기록된 말씀이므로 성령의 영감으로 읽어야 한다. 성령의 영감으로 읽는다는 말은 성경에서 살아 계신 하느님의 말씀을 듣는다는 뜻이다.

용어 **신앙의 유비** 신앙의 유비란 교리서에 나와 있는 대로 신앙 진리들 상호간의 일관성과 계시의 전체 계획 안에 있는 진리의 일관성을 말한다(114항).

성구 **잠언 30,5-6** 하느님의 말씀은 모두 순수하고 그분께서는 당신께 피신하는 이들에게 방패가 되신다. 그분의 말씀에 아무것도 보태지 마라. 그랬다가는 그분께서 너를 꾸짖으시고 너는 거짓말쟁이가 된다.

루카 24,44-45 그리고 그들에게 이르셨다. "내가 전에 너희와 함께 있을 때에 말한 것처럼, 나에 관하여 모세의 율법과 예언서와 시편에 기록된 모든 것이 다 이루어져야 한다." 그때에 예수님께서는 그들의 마음을 여시어 성경을 깨닫게 해 주셨다.

020 성경에서 정경이란 무엇인가?

정경은 교회가 사도전승에 따라서 선별한 거룩한 저서들의 목록에 든 책들이다. 정경은 구약 성경 46권과 신약 성경 27권으로 되어 있다.

해설   천주교와 개신교 그리고 (구약 성경에서) 유다교의 성경 목록이 약간 다르다. 이 성경 목록에 들어간 책들을 정경正經이라고 부른다. 정경을 확정하는 기준은 교회의 살아 있는 성전이다. 가톨릭의 정경은 구약 46권, 신약 27권이다.

용어   **정경**Canon   사도전승에 따라 교회가 권위 있게 하느님의 말씀으로 확인한 거룩한 책들을 말한다. 원래 그리스말 카논 kanon이란 준거準據, 잣대, 기준 등의 뜻을 지닌 용어다.

성구   **집회서 머리글** (1)ㄱ   율법과 예언서와 그 뒤를 이은 다른 글들을 통하여 위대한 가르침들이 우리에게 많이 전해졌습니다.

요한 20,30-31   예수님께서는 이 책에 기록되지 않은 다른 많은 표징도 제자들 앞에서 일으키셨다. 이것들을 기록한 목적은 예수님께서 메시아시며 하느님의 아드님이심을 여러분이 믿고, 또 그렇게 믿어서 그분의 이름으로 생명을 얻게 하려는 것이다.

2코린 11,3-4*

021 구약 성경은 그리스도인들에게 어떤 중요성을 지니는가?

그리스도인들은 구약 성경을 참된 하느님의 말씀으로 존중한다. 구약 성경의 모든 저서는 하느님의 영감을 받은 책들이며 영원한 가치를 지니고 있다. 이 성경들은 구원을 위한 하느님 사랑의 교육 방법을 증언한다. 구약 성경은 무엇보다도 우주의 구원자이신 그리스도의 오심을 준비시키고자 기록되었다.

해설   구약 성경은 인류에게 오시는 그리스도를 맞을 준비를 시켰다. 이스라엘 백성은 그리스도께서 오시기 전에도 하느님의 말씀으로 살아 왔다 (신명 8,3 참조).

그리하여 구약은 하느님의 구원 계획의 일부를 이룬다. 구약을 모르고서는 하느님의 계획 전체를 이해하기 어렵다.

"구약 성경은 하느님을 생생하게 느끼게 하고, 하느님에 관한 숭고한 가르침과 인생에 관한 건전한 지식과 기도의 놀라운 보물을 담고 있으며, 그 안에 구원의 신비가 감추어져 있다"(계시 헌장, 15항).

용어　**구약 성경**　그리스도 강생 이전에 성령의 영감을 받은 저자들이 기록한 46권의 성경이다. 창조부터 구세주 그리스도의 오심을 준비하는 기간에 이르는 구원 역사가 기록되어 있다. 물론 그 중심에는 구약舊約 곧 하느님께서 당신 백성과 맺은 옛 계약이 있다. 흔히 '성경'이란 말을 생략하고 그냥 '구약'이라고도 한다. 서양말도 마찬가지다.

하느님 사랑의 교육 방법　하느님께서는 우리 눈높이로 당신 사랑을 가르쳐 주신다. 구약 성경은 이런 하느님의 교육 방법을 잘 보여 준다.

성구　**탈출 34,10**　주님께서 말씀하셨다. "이제 내가 계약을 맺는다. 나는 세상 어느 곳에서도, 어떤 민족에게서도 일어난 적이 없는 기적들을 너의 온 백성 앞에서 일으키겠다. 너를 둘러싼 온 백성이 **주님**의 일을 보게 될 것이다. 내가 너와 함께 할 이 일은 참으로 놀라운 것이다."

요한 5,38-40　"너희는 또 그분의 말씀이 너희 안에 머무르게 하지 않는다. 그분께서 보내신 이를 너희가 믿지 않기 때문이다. 너희는 성경에서 영원한 생명을 찾아 얻겠다는 생각으로 성경을 연구한다. 바로 그 성경이 나를 위하여 증언한다. 그런데도 너희는 나에게 와서 생명을 얻으려고 하지 않는다."

022　신약 성경은 그리스도인들에게 어떤 중요성을 지니는가?

예수 그리스도를 중심 대상으로 삼고 있는 신약 성경은 하느님 계시의 궁극적 진리를 우리에게 전해 준다. 신약 성경 안에는 마태오 복음, 마르코 복음, 루카 복음. 요한 복음인 네 복음서가 있고, 네 복음서는 예수님의 삶과 가르침에 관한 으뜸가는 증언이기 때문에 모든 성경의 핵심을 이루며 교회 안에서 특별한 위치를 차지한다.

해설　구약 성경이 오시는 그리스도를 만날 준비를 시켰다면, 신약 성경은 오신 그리스도를 만난 사람들의 증언으로서, 우리 주 그리스도이신 예수님의 생애와 말씀과 행적을 전한다.

용어 **신약 성경** 사도시대에 성령의 영감을 받은 저자들이 기록한 27권의 책이다. 신약 성경은 하느님의 아들로서 사람이 되신 예수 그리스도와 그 생애, 가르침, 수난과 영광 받으심, 교회의 시작을 내용으로 한다. 구약을 관통하는 하느님의 약속과 계약이 예수 그리스도께서 세우신 새 계약 안에서 실현되었음을 신약 성경은 보고하고 있다(128항).

하느님 계시의 궁극적 진리 신약 성경은 하느님 계시의 최종적 진리를 전한다고 할 수 있다. 왜냐하면 성경의 최종 목표는 예수 그리스도를 전하는 것으로서, 예수 그리스도 안에서 하느님 계시가 완성되기 때문이다.

복음서 예수님의 생애와 말씀을 전하는 마태오, 마르코, 루카, 요한 복음서를 말한다. **복음**福音이라는 우리말은 '복된 말씀'이라는 뜻이며, 원래의 의미는 **기쁜 소식**Good News이다. → 문답 79-80 참조.

성구 **이사 61,1** 주님께서 나에게 기름을 부어 주시니 주 하느님의 영이 내 위에 내리셨다. 주님께서 나를 보내시어 가난한 이들에게 기쁜 소식을 전하고 마음이 부서진 이들을 싸매어 주며 잡혀간 이들에게 해방을, 갇힌 이들에게 석방을 선포하게 하셨다.

로마 1,2-3ㄱ 이 복음은 하느님께서 당신의 예언자들을 통하여 미리 성경에 약속해 놓으신 것으로, 당신 아드님에 관한 말씀입니다.

루카 16,16* 1코린 15,3-4*

023 구약 성경과 신약 성경 사이에는 어떤 단일성이 있는가?

하느님의 말씀이 단 하나이고, 하느님의 구원 경륜이 단 하나이며, 구약 성경과 신약 성경 둘 다, 한 분 하느님에게서 영감을 받아 기록되었기에 성경은 하나의 책이다. 구약 성경은 신약 성경을 준비하고, 신약 성경은 구약 성경을 완성시키므로 둘은 서로를 밝혀 준다.

해설 하느님의 말씀도, 하느님의 구원 계획도, 성경도 단 하나다. 하느님이 단 한 분이시기 때문이다. 그러므로 구약 성경과 신약 성경 사이에는 유기적 단일성이 있다. "신약은 구약 안에 감추어져 있으며, 구약은 신약 안에서 온전히 드러난다"(성 아우구스티노). 구약과 신약의 구분은 그리스도인들의 인위적 구분이다. 성경도 구약이든 신약이든 하느님의 구원 역사를 전하는 한 권의 책이다. 그 중심에는 그리스도가 계신다. 구약은 그리스도를 예고하고 신약은 그리스도를 선포한다. 성경 전체가 그리스도에 관한 책이다.

용어 **구원 경륜** 흔히 구원 계획이라고도 하는 구원 경륜은 구원 계획보다 더 넓은 의미를 지닌 말이다. 구원 경륜은 하느님께서 당신 계획에 따라 인간을 구원하시는 모든 일을 다 포함하기 때문이다.

경륜經綸 라틴어 economia를 우리말로 번역한 것이다. 그리스어로 *oikonomos*(집안 규범)다. 우리말 경제經濟 또는 경세제민經世濟民과 통하는 말이다. 우리말 '경륜'에는 천하를 다스린다는 뜻도 들어 있다. 하느님께서는 인류 전체와 세상을 당신 집으로 삼으시고, 그것을 다스리시는 규범이 하느님의 경륜이다.

성구 **이사 52,7** 얼마나 아름다운가, 산 위에 서서 기쁜 소식을 전하는 이의 저 발! 평화를 선포하고 기쁜 소식을 전하며 구원을 선포하는구나. "너의 하느님은 임금님이시다." 하고 시온에게 말하는구나.

1베드 1,10-11 이 구원에 관해서는 여러분이 받을 은총을 두고 예언한 예언자들이 탐구하고 연구하였습니다. 그들 안에서 작용하시는 그리스도의 영께서 그리스도께 닥칠 고난과 그 뒤에 올 영광을 미리 증언하실 때에 가르쳐 주신 구원의 시간과 방법을 두고 연구하였던 것입니다.

1코린 1,21-24*

024 성경은 교회 생활에서 어떤 역할을 하는가?

성경은 교회에 버팀이 되고 활력을 준다. 교회의 자녀들에게 성경은 신앙의 힘이며, 영혼의 양식이자, 영성 생활의 원천이다. 또 신학과 사목적 복음 선포의 생명이다. 시편 작가는 성경을 "제 발에 등불, 저의 길에 빛"(시편 119,105)이라고 말한다. 따라서 교회는 성경을 자주 읽을 것을 권고하고 있다. "성경을 모르는 것은 그리스도를 모르는 것"(성 예로니모)이기 때문이다.

해설 성경을 통해 우리는 그리스도의 신비를 알게 된다. 그 신비를 믿음으로 고백하고, 전례로 거행하며, 삶 안에서 실천하고, 기도로 하느님께 바친다. 교회는 그 삶의 바탕, 힘, 활기, 원천, 풍요를 성경에서 얻는다.

성경은 하느님이 누구신지, 우리가 누구인지를 알려 준다. 참하느님과 참사람을 계시해 주신 분이 바로 그리스도시다. 성경 전체는 그리스도를 참하느님과 참사람으로 계시한다. 따라서 성경을 모르면 그리스도를 알 수 없고, 참하느님과 참사람도 알 수 없다.

용어 **영성 생활** "성령 안에서 사는"(로마 8,4) 삶, "성령에 따라 사는"(로마 8,9; 갈라 5,16.18) 삶을 말한다.

성구 **이사 55,1-2** 자, 목마른 자들아, 모두 물가로 오너라. 돈이 없는 자들도 와서 사 먹어라. 와서 돈 없이 값 없이 술과 젖을 사라. 너희는 어찌하여 양식도 못 되는 것에 돈을 쓰고 배불리지도 못하는 것에 수고를 들이느냐? 들어라, 내 말을 들어라. 너희가 좋은 것을 먹고 기름진 음식을 즐기리라.

2티모 3,15-17 그대는 또한 어려서부터 성경을 잘 알고 있습니다. 성경은 그리스도 예수님에 대한 믿음을 통하여 구원을 얻는 지혜를 그대에게 줄 수 있습니다. 성경은 전부 하느님의 영감으로 쓰인 것으로, 가르치고 꾸짖고 바로잡고 의롭게 살도록 교육하는 데에 유익합니다. 그리하여 하느님의 사람이 온갖 선행을 할 능력을 갖춘 유능한 사람이 되게 해 줍니다.

제3장
하느님에 대한 인간의 응답

■ 저는 믿나이다

025 인간은 당신 자신을 계시하시는 하느님께 어떻게 응답하는가?

인간은 하느님의 은총에 힘입어, 계시하시는 하느님께 신앙의 순종으로 응답한다. 신앙의 순종은 하느님께 온전히 자기 자신을 내맡기는 것이고, 진리 자체이신 하느님께

|해설| 하느님의 계시에 "예"라고 응답함으로써 인간과 하느님 사이의 인격적 만남이 시작된다. 이것이 바로 신앙 또는 믿음이다. 이를 "믿음의 순종"(로마 1,5; 16,26) 이라 함은 계시하시는 하느님께 자신을 온전히 내맡기고, 그분의 말씀을 온전히 받아들이기 때문이다.

|용어| **신앙의 순종** 하느님의 말씀 또는 계시에 온전히 그리고 자유로이 순종하는 것을 말한다. 우리말에 순종을 '말을 듣는다' 하고 불순종을 '말을 안 듣는다' 고 표현하는데, 서양말도 그런 의미를 지니고 있다.

|성구| **신명 13,5** "너희는 주 너희 하느님을 따르고 그분을 경외해야 한다. 그분의 계명을 지키고 그분의 말씀을 들으며, 그분을 섬기고 그분께 매달려야 한다."
히브 11,8 믿음으로써, 아브라함은 장차 상속 재산으로 받을 곳을 향하여 떠나라는 부르심을 받고 그대로 순종하였습니다. 그는 어디로 가는지도 모르고 떠난 것입니다.
집회 25,12*

026 신앙의 순종을 증언하는 성경의 주요 증인들은 누구인가?

많은 증인들 가운데 특히 두 인물이 두드러진다. **아브라함**은 시련 가운데에서도 "하느님을 믿어"(로마 4,3) 언제나 하느님의 부르심에 순종하였으며, "믿는 모든 사람의 조상"(로마 4,11.18)이 되었다. 그리고 **동정 성모 마리아**께서는 "**말씀하신 대로 저에게 이루어지기를 바랍니다.**"(루카 1,88) 하고 일생 가장 완전하게 신앙의 순종을 실천하셨다.

|해설| 성경은 믿음으로써 하느님의 말씀에 순종한 인물들의 이야기이며(노아, 모세, 다윗, 예언자들), 동시에 하느님의 말씀에 순종하지 않은 사람들의 이야기이기도 하다(아담과 하와, 이스라엘 백성과 왕들, 바리사이들). 그 가운데 가장 두드러진 신앙인은 구약에서 아브라함을, 신약에서 마리아를 들 수 있다. 물론 예수 그리스도께서는 성부께 완전한 "믿음의 순종"을 보여 주셨다. 그분은 "우리 믿음의 영도자이시며 완성자"(히브 12,2)이시다.

|용어| **믿는 모든 사람의 조상** 아브라함은 종족으로는 오직 이스라엘 민족의 조상이지만, 믿음으로는 모든 믿는 이들의 조상이다.

성구 **창세 22,11-12** 그때, 주님의 천사가 하늘에서 "아브라함아, 아브라함아!" 하고 그를 불렀다. 그가 "예, 여기 있습니다." 하고 대답하자 천사가 말하였다. "그 아이에게 손대지 마라. 그에게 아무 해도 입히지 마라. 네가 너의 아들, 너의 외아들까지 나를 위하여 아끼지 않았으니, 네가 하느님을 경외하는 줄을 이제 내가 알았다."

루카 1,38 마리아가 말하였다. "보십시오, 저는 주님의 종입니다. 말씀하신 대로 저에게 이루어지기를 바랍니다."

027 인간이 하느님을 믿는다는 것은 무엇을 뜻하는가?

하느님에 대한 신앙이란 하느님께 귀의하는 것이며, 또한 하느님께서 진리 자체이시므로 그분께서 계시하신 진리 전체에 동의하는 것으로서, 자신을 하느님께 내맡기는 것이다. 곧 성부, 성자, 성령이신 세 위격의 한 분 하느님을 믿는 것이다.

해설 하느님을 믿는다는 것은 우선 하느님의 말씀을 믿고 받아들이는 것이고, 나아가 하느님께 나를 온전히 내맡기는 것이다. 이를 귀의歸依라고 한 것은 유한한 인간이 절대자이신 하느님께 돌아가 자신을 그분께 온전히 내맡기기 때문이다.

용어 **귀의** 하느님께 돌아가 하느님께 자신을 내맡김. 그리하여 하느님 안에 머물러 있음.

성부, 성자, 성령이신 세 위격의 한 분 하느님 다른 종교의 신 신앙과는 달리 그리스도교는 한 분이시며 세 위격이신 삼위일체三位一體 하느님을 믿는다.

성구 **시편 62,2-3** 내 영혼은 오직 하느님을 향해 말없이 기다리니
그분에게서 나의 구원이 오기 때문이네.
그분만이 내 바위, 내 구원, 내 성채.
나는 결코 흔들리지 않으리라.

에페 1,17-18 우리 주 예수 그리스도의 하느님, 영광의 아버지께서 여러분에게 지혜와 계시의 영을 주시어 여러분이 그분을 알게 되고, 여러분 마음의 눈을 밝혀 주시어, 그분의 부르심으로 여러분이 지니게 된 희망이 어떠한 것인지, 성도들 사이에서 받게 될 그분 상속의 영광이 얼마나 풍성한지 여러분

이 알게 되기를 빕니다.

갈라 2,20*

028 신앙의 특성은 무엇인가?

신앙은 하느님께서 **거저 주시는 선물**이고, 겸손하게 요청하는 모든 이에게 주어지는 선물이며, 구원을 위하여 **필요한** 초자연적인 덕이다. 신앙은 **인간의 행위**로서, 하느님의 은총으로 움직여진 의지의 명령에 따라 하느님의 진리에 자유로이 동의하는 인간의 지성적 행위이다. 또한 신앙은 하느님의 말씀에 근거하기 때문에 **확실한 것**이며, "사랑으로 행동하는"(갈라 5,6) 것이다. 그리고 하느님의 말씀을 듣고 기도함으로써 **꾸준히 성장**한다. 신앙은 이 지상에서부터 천상 기쁨을 **미리 맛보게** 한다.

해설 신앙의 특성은 여러 가지다. ① 신앙은 **은총**이다. 하느님의 선물이기 때문이다. ② 신앙은 또한 **인간 행위**다. 인간이 지성과 의지의 완전한 순종으로써 하느님을 믿기 때문이다. ③ 신앙은 **확실한** 것이다. 하느님께서는 우리가 믿는 바가 확실한 것임을 밝혀 주신다. 신앙은 **이해**를 동반한다. 아우구스티노 성인의 말처럼 "믿기 위하여 이해하고 이해하기 위하여 믿는다." ④ 신앙은 구원에 꼭 **필요**하다. 하느님의 말씀을 받아들여 지킬 뿐 아니라, 하느님과 사랑의 관계를 맺는 것이 신앙이기 때문이다. ⑤ 신앙은 **생명**이다. 삼위일체 하느님 안에서 이 생명은 날로 자란다.

용어 **초자연적인 덕** 인간 본성에 자리 잡고 있는, 인간 본성에서 나온 덕이 아니라 하느님께서 우리에게 부여하시는 덕을 말한다.

성구 **창세 15,6** 아브람이 주님을 믿으니, 주님께서 그 믿음을 의로움으로 인정해 주셨다.

1요한 4,15-16 누구든지 예수님께서 하느님의 아드님이심을 고백하면, 하느님께서 그 사람 안에 머무르시고 그 사람도 하느님 안에 머무릅니다. 하느님께서 우리에게 베푸시는 사랑을 우리는 알게 되었고 또 믿게 되었습니다. 하느님은 사랑이십니다. 사랑 안에 머무르는 사람은 하느님 안에 머무르고 하느님께서도 그 사람 안에 머무르십니다.

029 신앙과 과학은 서로 모순되지 않는가?

신앙이 이성보다 우위에 있기는 하지만, 신앙과 이성 사이에 진정한 불일치는 있을 수 없다. 신앙과 과학은 둘 다 하느님에게서 비롯된 것이기 때문이다. 바로 그 하느님께서 인간에게 이성의 빛과 신앙을 주신다.

해설 신앙과 과학 또는 일반 학문은 서로 모순되지 않는다. 신앙이 이성을 뛰어넘지만, 이성에 위배되지 않기 때문이다. 과학자 가운데 신앙을 가진 사람들이 얼마나 많은가. 인간에게 이성을 주신 하느님께서 인간 이성에 모순되는 진리를 만드셨을 리가 없다.

용어 **과학** 여기서 말하는 과학은 자연과학뿐 아니라 인문과학도 포함되는 모든 학문을 말한다.

성구 **지혜 11,24** 당신께서는 존재하는 모든 것을 사랑하시며 당신께서 만드신 것을 하나도 혐오하지 않으십니다. 당신께서 지어 내신 것을 싫어하실 리가 없기 때문입니다.

1코린 14,14-15 내가 신령한 언어로 기도하면, 나의 영은 기도하지만 나의 이성은 아무런 수확이 없습니다. 그러면 어떻게 해야 하겠습니까? 나는 영으로 기도하면서 이성으로도 기도하겠습니다. 나는 영으로 찬양하면서 이성으로도 찬양하겠습니다.

집회 39,33-34*

■ 저희는 믿나이다

030 신앙은 왜 개인의 행위이면서 교회의 행위인가?

신앙은 인격적인 행위이다. 곧, 자신을 계시하시는 하느님에 대한 인간의 자유로운 응답이다. 아울러 '저희는 믿나이다.' 하고 고백하는 교회의 행위이다. 실제로 믿음을 고백하는 것은 교회이다. 따라서 교회는 성령의 은총에 힘입어 각 그리스도인 한 사람 한 사람의 신앙보다 앞서 가며, 개인의 신앙을 낳고, 지탱하고 기른다. 이러한 이유로 교회는 어머니이며 스승이다.

해설 아무도 나의 신앙을 대신할 수 없다. 내 존재 전체로, 자유와 지성과 의지로 믿는 것이다. 그런 점에서 신앙은 나 개인의 행위다. 그러나 나는 나의 신앙을 교회를 통해 하느님에게서 선물로 받았다. 교회가 나에게 신앙을 전해준 것이다. 그리고 나의 신앙생활은 교회 안에서 이루어진다. 그런 점에서 신앙은 교회의 행위다.

용어 **신앙은 인격적 행위** 신앙이 인격적인 행위라고 하는 것은, 나의 믿음이 나의 자유 의지와 이성에 따라 이루어진 매우 인격적인 행위임을 강조한 것이다. 한편 신앙이 개인적인 행위라고 하는 것은, 나의 믿음은 바로 나의 행위이지 다른 누가 나를 대신할 수 있는 행위가 아님을 강조한 것이다. '인격적 행위'와 '개인적 행위'는 서양말에서 동일하다.

성구 **토빗 14,4** 하느님께서 하신 말씀은 모두 그대로 실행되고 그대로 이루어진다는 것을 나는 알고 또 믿는다. 그 말씀들은 하나도 어김이 없다.

콜로 1,23 여러분은 믿음에 기초를 두고 꿋꿋하게 견디어 내며 여러분이 들은 복음의 희망을 저버리지 말아야 합니다. 그 복음은 하늘 아래 모든 피조물에게 선포되었고, 나 바오로는 그 복음의 일꾼이 되었습니다.

031 신앙의 조문들이 중요한 이유는 무엇인가?

신앙의 조문들은 공동 언어를 사용하여 다른 신앙인들과 함께 신앙 진리들을 표현하고 거행하며 공유하게 해 주는 것이므로 중요하다.

해설 우리의 믿음을 조리 있게 말로 표현한 것이 신앙 조문條文이다. 이런 신앙 조문을 통해 믿는 이들이 함께 믿음을 고백하고, 같은 믿음을 전하며, 함께 믿음을 전례로써 거행하고, 믿음을 삶으로 실현한다.

용어 **신앙 조문** 대표적인 신앙 조문이 바로 '사도신경'이다. 신경은 우리 믿음의 내용을 말로 표현한 것이다. 우리는 말마디를 믿는 것이 아니라, 말로 표현하는 실재 곧 하느님을 믿는다.

성구 **탈출 24,6-7** 모세는 그 피의 절반을 가져다 여러 대접에 담아 놓고, 나머지 절반은 제단에 뿌렸다. 그리고 나서 계약의 책을 들고 그것을 읽어 백성에게 들려주었다. 그러자 그들은 "주님께서 말씀하신 모든 것을 실행하고 따르겠습니다." 하고 말하였다.

2코린 9,13 그리스도의 복음을 고백하는 여러분의 순종을 보고 또 자기들만이 아니라 다른 모든 사람과도 함께 나누는 여러분의 후한 인심을 보고 하느님을 찬양할 것입니다.

032 교회는 어떻게 하나의 신앙을 간직해 왔는가?

교회는 수많은 언어와 문화와 예식에 속하는 다양한 사람들로 구성되어 있을지라도, 한 분이신 주님에게서 받아 유일한 사도전승으로 전해지는 유일한 신앙을 한마음으로 고백한다. 교회는 한 분 하느님이신 성부와 성자와 성령을 고백하며 유일한 구원의 길을 선포한다. 그러므로 우리는 전승되거나 또는 기록된 하느님의 말씀 안에 담겨 있고, 교회가 하느님의 계시로 제시한 진리를 한마음 한뜻으로 믿는다.

해설 이 세상에는 다양한 사람과 언어와 문화와 관습이 있다. 그럼에도 교회는 오직 한 믿음만을 간직해 왔다. 이처럼 다양한 언어와 문화와 관습을 지닌 신앙인들이 한마음, 한뜻, 한목소리로 같은 한 하느님을 고백하고 있다. 그것은 한 하느님, 한 주님 예수 그리스도, 한 성령, 한 세례의 한 교회를 통해 믿음의 진리가 한결같이 그리고 그르침 없이 전승되기 때문이다.

용어 **예식(예법)의 다양성** 세상에는 많은 전례 전통이 있어, 예식 또는 예법禮法이 다르지만(예를 들어 서방 교회 예법과 동방 교회의 예법이 다르다. 교리서 1200항 이하 참조), 고백하는 믿음의 내용은 온전히 같다. → 문답 247 참조.

성구 **1열왕 8,43** "당신께서는 계시는 곳 하늘에서 들으시고, 그 이방인이 당신께 호소하는 것은 무엇이나 이루어 주십시오. 그렇게 하시면 이 세상 모든 민족들이 당신의 이름을 알아 모시고, 당신의 백성 이스라엘처럼 당신을 경외하게 될 것입니다. 그리고 그들은 제가 지은 이 집이 당신의 이름으로 불리는 것을 알게 될 것입니다."

에페 4,3-6ㄱ 성령께서 평화의 끈으로 이루어 주신 일치를 보존하도록 애쓰십시오. 하느님께서 여러분을 부르실 때에 하나의 희망을 주신 것처럼, 그리스도의 몸도 하나이고 성령도 한 분이십니다. 주님도 한 분이시고 믿음도 하나이며 세례도 하나이고, 만물의 아버지이신 하느님도 한 분이십니다.

이사 25,6-7*

제2부

그리스도교 신앙 고백

제1장
천주 성부를 믿나이다

■ 신경信經들

033 신경은 무엇인가?

신경은 신앙 조문들을 하나로 묶은 것으로서 '신앙 고백' 또는 '크레도'(Credo – "저는 믿나이다")라고 불리기도 한다. 교회는 처음부터 모든 신앙인에게 규범적이고 공통의 언어인 조문들을 통하여 자신의 신앙을 요약해서 표현하고 전달해 왔다.

해설 신경信經은 신앙 조문들을 체계 있게 하나로 엮은 것이다.

용어 **신경** 신경을 '크레도'라고 부르는 것은, 신경의 첫 대목이 크레도(Credo: 나는 믿나이다)라는 말로 시작되기 때문이다. 신경을 신앙의 심볼이라고 부르는 것은 신경이 신앙의 요약 또는 종합이며, 특히 믿는 이들의 신표信標이기 때문이다. 심볼symbolon은 깨뜨린 물건의 반쪽으로, 나머지 반쪽과 맞추어 보아 그것을 가진 사람의 신원을 확인하는 데 사용하였다.

신앙 고백 말 그대로 신앙의 고백을 말하는데, 세례 때나 전례 중에 신경으로 같은 신앙을 한마음 한뜻으로 고백한다. 신앙 고백문이 바로 신경이다.

성구 **2마카 7,37** "나는 형들과 마찬가지로 조상들의 법을 위하여 몸도 목숨도 내놓았소. 그러면서 하느님께서 우리 민족에게는 어서 자비를 베푸시고 당신에게는 시련과 재앙을 내리시어 그분만이 하느님이심을 고백하게 해 주시기를 간청하오."

2코린 4,13-14 "나는 믿었다. 그러므로 말하였다."고 성경에 기록되어 있습니다. 이와 똑같은 믿음의 영을 우리도 지니고 있으므로 "우리는 믿습니다. 그러므로 말합니다." 주 예수님을 일으키신 분께서 우리도 예수님과 함께 일으키시어 여러분과 더불어 당신 앞에 세워 주시리라는 것을 알고 있기 때문입니다.

신명 6,4-5* 1티모 6,12*

034 가장 오래된 신경은 어떤 것인가?

가장 오래된 신경은 **세례** 때의 신앙 고백이다. 세례는 "아버지와 아들과 성령의 이름으로"(마태 28,19) 베풀어지므로, 세례 때 고백하는 신앙의 진리들은 삼위일체의 세 위격을 중심으로 연결되어 있다.

해설 가장 오래된 신앙 고백은 세례 때의 신앙 고백이다. 오늘도 교회는 세례를 받기에 앞서 신앙을 고백하게 한다. 특히 부활 성야에는 (세례를 받는 이들과 함께) 세례 때 고백한 신앙을 갱신한다. "천지의 창조주 전능하신 천주 성부를 믿습니까?" "예, 믿습니다." "동정 마리아께 잉태되어 나시고, 고난을 받으시고 묻히셨으며, 죽은 이들 가운데서 부활하시고, 성부 오른편에 앉으신 독생 성자 우리 주 예수 그리스도를 믿습니까?" "예, 믿습니다." "성령과, 거룩하고 보편된 교회와 모든 성인의 통공과, 죄의 용서와, 육신의 부활과, 영원한 삶을 믿습니까?" "예, 믿습니다."

용어 **삼위일체의 세 위격** 성부 성자 성령을 말한다. 위격이라 부르는 것은 성부 성자 성령이 각각 '무엇'이 아니라 '누구'임을 나타내기 위해서다. → 문답 48과 문답 66 참조.

성구 **시편 113,1-4** 할렐루야! 찬양하여라, 주님의 종들아.
찬양하여라, 주님의 이름을.
주님의 이름은 찬미받으소서,
이제부터 영원까지.
해 뜨는 데서 해 지는 데까지
주님의 이름은 찬양받으소서.
주님께서는 모든 민족들 위에 높으시고
그분의 영광은 하늘 위에 높으시다.
1코린 12,3ㄷ 성령에 힘입지 않고서는 아무도 "예수님은 주님이시다." 할 수 없습니다.
마태 28,19*

제2부 그리스도교 신앙 고백

035 가장 중요한 신경들은 어떤 것인가?

주요 신경들은 로마 교회의 세례를 위한 옛 신경인 **사도 신경**과 오늘날에도 동방과 서방 교회에서 공히 간직하고 있는 초기의 두 공의회, 곧 니케아(325년)와 콘스탄티노폴리스(381년) 공의회의 결실인 **니케아-콘스탄티노폴리스 신경**이다.

해설 가장 중요한 신경은 '사도 신경'과 '니케아-콘스탄티노폴리스 신경'이다. 우리는 주일 미사나 큰 축일 미사에서 이 신경으로 우리 믿음을 고백한다. 그 밖에도 몇몇 공의회와 교황들의 신앙 고백문이 있고, 최근의 신경으로는 1968년 교황 바오로 6세의 '하느님 백성의 신앙 고백'이 있다.

용어 **사도 신경** 로마 교회의 세례를 위한 옛 신경이다. '사도' 신경이라 불리는 것은 사도들의 신앙을 충실히 요약하였기 때문이다. 전통적으로 열두 사도를 상징하여 열두 절로 나눈다.

니케아-콘스탄티노폴리스 신경 325년 니케아 공의회와 381년 콘스탄티노폴리스 공의회에서 나온 신경이기 때문에 그렇게 불린다. 이 신경은 오늘에도 동방과 서방의 양대 교회에 공히 간직되어 있다.

동방교회와 서방교회 1054년 교회의 대분열 때 로마를 중심으로 한 서방교회(로마 가톨릭 교회)와 동방교회가 갈라졌다. 동방교회 가운데는 교황의 **수위권**首位權을 인정하는 동방 가톨릭 교회가 있으나, 대부분은 이른바 정교회로서 서방교회와 일치를 이루지 못하고 있다.

공의회 교황이 교회를 책임지고 있는 주교단과 함께 신앙과 도덕에 관한 문제나, 사목 문제를 논의 결정하는 보편교회의 공식 회의다.

성구 **1역대 29,10ㄴ-11** "저희 조상 이스라엘의 하느님이신 주님, 영원에서 영원까지 찬미받으소서. 주님, 위대함과 권능과 영화와 영예와 위엄이 당신의 것입니다. 주님, 정녕 하늘과 땅에 있는 모든 것이 당신의 것이고, 나라도 당신의 것입니다. 또한 당신께서는 으뜸으로서 만물 위에 드높으십니다."

로마 10,9 그대가 예수님은 주님이시라고 입으로 고백하고 하느님께서 예수님을 죽은 이들 가운데에서 일으키셨다고 마음으로 믿으면 구원을 받을 것입니다.

1코린 12,3ㄷ*

■ "전능하신 천주 성부, 천지의 창조주를 저는 믿나이다"

036 신앙 고백이 "천주를 저는 믿나이다."라고 시작되는 이유가 무엇인가?

"천주를 저는 믿나이다."라는 고백은 가장 중요하고, 인간과 세상에 관한 다른 모든 진리와 하느님을 믿는 모든 이의 삶의 근원이기 때문이다.

해설   신경 전체는 하느님에 대해서 말하고 있으며, 인간과 세상에 대해서 말할 때에도 그것을 하느님과 관련시켜 말하고 있다. 이 첫 구절이 신경 전체를 밝혀 준다. 하느님은 "처음이며 마지막"(이사 44,6), 곧 모든 것의 시작이며 마침이시다.

용어   **인간과 세상에 관한 진리의 근원**   '하느님을 믿음'은 우리의 인생관과 세계관을 결정하는 근본적인 생활방식이다. → 문답 43 참조.

믿는 이들의 삶의 근원   하느님을 믿음으로써 신앙인들의 삶 전체가 새로운 의미를 지니게 된다. 우리의 삶은 현세적인 것에 머무르지 않고 영원한 의미를 지니게 되는 것이다.

성구   **집회 16,26-27**   주님께서는 한처음 당신의 작품들을 창조하실 때부터, 그것들을 지으실 때부터 제자리를 각각 정해 놓으셨다. 그분께서는 당신의 작품들에게 영원한 질서를 주시고 제 영역을 세세 대대로 정해 놓으셨다. 그리하여 그들은 굶주리거나 지치지 않고 제구실을 그만두지도 않는다.

히브 11,6   믿음이 없이는 하느님 마음에 들 수 없습니다. 하느님께 나아가는 사람은 그분께서 계시다는 것과 그분께서 당신을 찾는 이들에게 상을 주신다는 것을 믿어야 합니다.

037 왜 '한 분'이신 하느님을 고백하는가?

"이스라엘아, 들어라! 주 우리 하느님은 한 분이신 주님이시다"(신명 6,4). "나는 하느님, 다른 이가 없다"(이사 45,22). 이렇게 말씀하신 대로 하느님께서는 이스라엘 백성에게 당신이 유일한 하느님이심을 알려 주셨기 때문이다. 예수님께서도 친히 "하느님은 한 분이신 주님이시다."(마르 12,29)는 사실을 확인하셨다. 예수님과 성령을 하느님이시

해설	며 주님이시라고 고백한다고 해서 유일하신 하느님에 대한 신앙이 훼손되지 않는다. 하느님은 오직 한 분뿐이시다. 오직 한 분 하느님만이 계신다. 하느님께서는 스스로 오로지 당신만이 하느님이시라고 밝혀 주셨다. 참 하느님에 대한 믿음이 중요한 이유는, 우리가 한 분 하느님을 모신 한 인류 가족이라는 사실 때문이기도 하다.
용어	**유일하신 하느님** 하느님은 한 분밖에 없다. "이스라엘아, 들어라! 주 우리 하느님은 한 분이신 **주님**이시다"(신명 6,4). 이것이 이스라엘 전통 신앙 고백의 첫마디다.
성구	**이사 45,21ㄷ-22** "나밖에는 다른 신이 아무도 없다. 의롭고 구원을 베푸는 하느님 나 말고는 아무도 없다. 땅 끝들아, 모두 나에게 돌아와 구원을 받아라. 나는 하느님, 다른 이가 없다." **마르 12,29-31** 예수님께서 대답하셨다. "첫째는 이것이다. '이스라엘아, 들어라. 주 우리 하느님은 한 분이신 주님이시다. 그러므로 너는 마음을 다하고 목숨을 다하고 정신을 다하고 힘을 다하여 주 너의 하느님을 사랑해야 한다.' 둘째는 이것이다. '네 이웃을 너 자신처럼 사랑해야 한다.' 이보다 더 큰 계명은 없다." **신명 6,4-5***

038 하느님께서는 어떤 이름으로 당신을 계시하시는가?

하느님께서는 모세에게 살아 있는 하느님, 곧 "아브라함의 하느님, 이사악의 하느님, 야곱의 하느님"(탈출 3,6)으로 당신을 계시하신다. 또한 그에게 당신의 신비로운 이름 "나는 있는 나다YHWH."라는 이름을 알려 주신다. 알아들을 수 없는 이 하느님의 이름은 구약 성경 시대에 이미 **주님**이라는 말로 대체되었다. 마찬가지로 신약 성경에는 예수님께서 **주님**이라 불리시며 참하느님으로 나타나신다.

해설 하느님께서 당신 이름을 밝히신 것은 구약 성경 탈출 3,14이다. "나는 '있는 나'다." 야훼YWHW. 이것이 하느님의 거룩한 이름이다. 이스라엘은 이 하느님의 이름을 경외하여 함부로 부르지 않았다. 그 대신 '아도나이'라고 바꾸어 불렀는데, 그리스어 성경은 이를 '퀴리오스'(주님)라 옮긴다. 신약에 와서 예수님을 '주님'으로 고백하는 것은(로마 10,9; 1코린 12,3; 콜로 2,6 등) 그분이 하느님의 아들 곧 하느님과 같은 분임을 고백하는 것이다.

용어 **아브라함의 하느님, 이사악의 하느님, 야곱의 하느님** 하느님께서는 이스라엘의 조상들을 거명하여 당신을 이렇게 부르셨다(탈출 3,6). 신약에 와서 예수님께서는 이 이름이 바로 하느님께서 산 이들의 하느님, 곧 부활 생명을 주시는 하느님이라는 뜻이라고 분명히 밝히셨다(마르 12,26 병행. 사도 3,13 참조).

야훼YHWH 야훼라는 하느님 이름이 정확히 무슨 뜻인지 정의하기는 쉽지 않다. 우리는 새 번역 성경에 따라 '있는 나'로 이해한다. 이 말의 깊은 의미에 대해서는 교리서 203-213항을 보라. 개신교 형제들은 공동번역 성서와는 달리 '여호와'라고 부른다. 이는 한국 개신교의 오랜 전통이므로 존중해야 한다. → 문답 447 참조.

성구 **탈출 3,14-15** 하느님께서 모세에게 "나는 '있는 나'다." 하고 대답하시고, 이어서 말씀하셨다. "너는 이스라엘 자손들에게 '있는 나께서 나를 너희에게 보내셨다.' 하여라." 하느님께서 다시 모세에게 말씀하셨다. "너는 이스라엘 자손들에게, '너희 조상들의 하느님, 곧 아브라함의 하느님, 이사악의 하느님, 야곱의 하느님이신 야훼께서 나를 너희에게 보내셨다.' 하여라. 이것이 영원히 불릴 나의 이름이며, 이것이 대대로 기릴 나의 칭호이다."

묵시 1,8; 11,17ㄴ 지금도 계시고 전에도 계셨으며 또 앞으로 오실 전능하신 주 하느님께서, "나는 알파요 오메가다." 하고 말씀하십니다. … "지금도 계시고 전에도 계시던 전능하신 주 하느님 큰 권능을 쥐시고 친히 다스리기 시작하셨으니 저희가 하느님께 감사드립니다."

039 하느님만이 홀로 "있는 자"이신가?

피조물은 그분께 존재와 소유를 받았으나, 오로지 그분께서만 충만한 존재요 완전한 분이시다. 하느님께서는 시작도 마침도 없으신 '나는 있는 나'이시다. 예수님께서도 하느님의 이름인 "내가 나"(요한 8,28)로서 하느님이심을 알려 주신다.

해설 하느님만이 시작도 마침도 없이 스스로 존재하시는 분이시다. 다른 모든 것들은 하느님에게서 존재를 받아 생겨난 피조물被造物일 따름이다. 하느님만이

용어	모든 존재의 근원, 곧 모든 것을 존재케 하시는 분이다. **'내가 나'** 예수님께서는 당신이 누구신지 '내가 나'라는 정식定式을 빌어 밝히신다(요한 8,24.28; 13,19). "나는 하늘에서 내려온 빵이다"(요한 6,41), "나는 착한 목자다"(요한 10,11.14), "나는 부활이요 생명이다"(요한 11,25), "나는 포도나무다"(요한 15,5) 등도 이 정식에 속한다.
성구	**이사 43,10-11** 주님의 말씀이다. 너희가 나의 증인이다. 너희는 내가 선택한 나의 종이다. 이는 너희가 깨쳐서 나를 믿고 내가 바로 그분임을 깨닫게 하려는 것이다. 나 이전에 신이 만들어진 일이 없고 나 이후에 어떤 신도 존재하지 않으리라. 내가, 바로 내가 주님이다. 나 말고는 구원해 주는 이가 없다. **요한 8,28** "너희는 사람의 아들을 들어 올린 뒤에야 '내가 나'임을 깨달을 뿐만 아니라, 내가 스스로는 아무것도 하지 않고 아버지께서 가르쳐 주신 대로만 말한다는 것을 깨달을 것이다." **탈출 20,2-3***

040 하느님 이름의 계시는 왜 중요한가?

하느님께서는 당신의 이름을 계시하시면서 그 형언할 수 없는 신비 안에 내포된 풍성한 진리를 알려 주신다. 곧 하느님만이 홀로 영원으로부터 영원히 계시며, 세상과 역사를 초월하신다. 하느님께서는 하늘과 땅을 만드신 분이시다. 당신 백성을 구원하시려고 늘 그들 가까이 계시는 성실한 분이시다. 온전히 거룩하시고 항상 용서해 주실 마음을 지니신 "자비가 풍성하신"(에페 2,4) 분이시다. 하느님께서는 영적 존재 자체이시며, 초월적이고 전능하시고, 영원하고 인격적이며 완전한 분이시다. 하느님께서는 진리이며 사랑이시다.

해설 이름은 인격 전체, 한 존재의 본질 자체다. 더구나 몸을 지니지 않으신 하느님께는 이름이 그분의 실체다. 하느님은 당신 이름을 알려 주시어 우리가 언제나 당신을 부르게 하셨다. 우리가 그분을 부를 때마다 우리는 그분이 어떤 분이신지, 그리고 내가 어떤 존재인지 깨닫게 된다. 그분은 거룩하신 하느님이시다(레위 11,44-45; 호세 11,9; 1베드 1,16). 그분은 자비하고 너그러우신, 자애와 진실이 넘치는 하느님이시다(탈출 34,6; 에페 2,4). 그분은 영원하신 하느님이시다. 그분은 사랑이시다(1요한 4,8).

용어 **영원으로부터 영원히 계시며, 세상과 역사를 초월하신다** 주 하느님은 항상 영원히 '있는 자'이시며, 세상에 있는 모든 것들은 그분이 있게 한 것이다. 그분은 이 모든 것들 안에 계시면서도 이 모든 것들을 초월하신다.
영적 존재 자체이시며, 초월적이고 전능하시고, 영원하고 인격적이며 완전한 분 이 모든 것들은 하느님의 위대한 속성들이다. 신을 믿는 모든 종교는 이와 같은 하느님의 속성을 고백하고 있다.

성구 **탈출 34,5-7ㄱ** 그때 주님께서 구름에 싸여 내려오셔서 모세와 함께 그곳에 서시어, '야훼'라는 이름을 선포하셨다. 주님께서는 모세 앞을 지나가며 선포하셨다. "주님은, **주님**은 자비하고 너그러운 하느님이다. 분노에 더디고 자애와 진실이 충만하며 천대에 이르기까지 자애를 베풀고 죄악과 악행과 잘못을 용서한다."
묵시 4,8 "거룩하시다, 거룩하시다, 거룩하시다, 전능하신 주 하느님. 전에도 계셨고 지금도 계시며 또 앞으로 오실 분!"
시편 145,8-9*

041 하느님께서는 어떤 의미에서 진리이신가?

하느님께서는 진리 자체이시며, 거짓이 없으시며 거짓이 있을 수 없다. 하느님께서는 "빛이시며 그분께는 어둠이 전혀 없다"(1요한 1,5). 강생하신 지혜, 곧 하느님의 영원한 아드님께서는 "진리를 증언하려고"(요한 18,37) 세상에 파견되셨다.

해설 우리가 신덕송信德頌에서 고백하는 대로 하느님은 진리의 근원이시며, 그르침이 없으시다. 이 세상 모든 진리는 하느님에게서 나왔다. 하느님의 말씀이 바로 진리다(요한 17,17). 하느님의 진리, 하느님의 진실성은 성경에서 풍부히 드러난다. 구약에서는 계약과 약속이라는 맥락 안에서 분명히 드러나는데, 하느님은 계약에 충실하시고 변함이 없으시다. 신약에서는 약속의 실현인 예수 그리스도 안에서 하느님의 진실성이 충만히 드러난다.

용어 **강생하신 지혜** 말씀이신 성자 예수 그리스도를 말한다. 말씀으로 온 세상을 창조하신 하느님께서는 그 말씀을 세상에 보내시어 진리를 증언하게 하셨다(요한 18,37).

성구 **2사무 7,28** "주 하느님, 당신은 하느님이시며 당신의 말씀은 참되십니다."
1요한 1,5-6 우리가 그분에게서 듣고 이제 여러분에게 전하는 말씀은 이것입니다. 곧 하느님은 빛이시며 그분께는 어둠이 전혀 없다는 것입니다. 만일 우리가 하느님과 친교를 나눈다고 말하면서 어둠 속에서 살아간다면, 우리는 거짓말을 하는 것이고 진리를 실천하지 않는 것입니다.

042 하느님께서는 당신이 사랑이심을 어떻게 드러내시는가?

하느님께서는 부모가 자녀를 사랑하는 것보다, 신랑이 신부를 사랑하는 것보다 더 강한 사랑을 이스라엘에게 드러내 보이신다. 하느님께서는 "사랑이시다"(1요한 4,8.16). 하느님께서 당신 자신을 온전히 거저 내어 주시고, "아들을 세상에 보내신 것은 … 세상이 아들을 통하여 구원을 받게 하시려는 것이다"(요한 3,17). 하느님께서는 성자와 성령을 보내심으로써 당신이 영원한 사랑의 통교이심을 드러내 보이신다.

해설 구약에서는 이스라엘 민족의 역사를 통해 당신의 사랑을 드러내셨다. 하느님께서 이스라엘 민족을 선택하시고 지극한 사랑을 보여 주신 것은 그들이 다른 민족보다 더 훌륭해서가 아니라, 오로지 하느님의 사랑 때문이다. 그 사랑은 부모의 자식 사랑(호세 11,1; 이사 49,14-15), 신랑과 신부의 사랑(에제 16장; 호세 11장)보다 더하다. 그 사랑은 이스라엘이 당신 사랑을 저버렸음에도 한결같이 지속된다.

신약에서는 예수 그리스도를 통해 당신의 사랑을 드러내셨다. 우리를 사랑하시어 당신 아드님을 보내주셨고, 아드님의 십자가상 죽음도 마다하지 않으셨다. 그리고 그 사랑을 위해 성령을 보내주셨다.

하느님의 사랑은 영원하시다(이사 54,8). 다시 말해 하느님이 먼저 사랑하시고, 하느님 사랑은 가이없으시다. 그래서 요한은 이렇게 고백한다. "하느님은 사랑이십니다"(1요한 4,8.16).

용어 **영원한 사랑의 통교** 성부와 성자와 성령 하느님께서는 영원으로부터 서로 사랑을 주고받는다. "성부는 성자를 사랑하고 성자는 성부를 사랑하며 성령은 사랑 자체이시다"(성 아우구스티노).

성구　이사 62,5　정녕 총각이 처녀와 혼인하듯 너를 지으신 분께서 너와 혼인하고, 신랑이 신부로 말미암아 기뻐하듯 너의 하느님께서는 너로 말미암아 기뻐하시리라.

1요한 4,16　하느님께서 우리에게 베푸시는 사랑을 우리는 알게 되었고 또 믿게 되었습니다. 하느님은 사랑이십니다. 사랑 안에 머무르는 사람은 하느님 안에 머무르고 하느님께서도 그 사람 안에 머무르십니다.

043　유일하신 하느님에 대한 신앙의 결과는 무엇인가?

유일하신 하느님을 믿는다는 것은 하느님의 위대함과 위엄을 깨닫는 것이다. 이는 감사하는 삶을 살며, 역경 속에서도 늘 하느님께 의지하고, 하느님의 모습으로 창조된 모든 인간의 단일성과 참된 존엄성을 깨닫고, 창조된 만물을 선용하는 것을 의미한다.

해설　신앙은 어떤 처지에서도, 역경 가운데서도 하느님을 신뢰하게 한다. 모든 것이 하느님에게서 오고, 하느님은 사랑에서 그 모든 것을 우리에게 베푸시거나 허락하시기 때문이다. 교리서는 다음 다섯 가지 결과를 예시한다. ① 하느님의 위대함과 위엄을 깨달음(223항), ② 감사하며 살아감(224항), ③ 모든 인간의 단일성과 참된 존엄성을 깨달음(225항), ④ 창조된 만물을 선용함(226항), ⑤ 어떠한 처지에서도 하느님을 신뢰함(227항).

용어　**인간의 단일성과 존엄성**　모든 인간은 하느님 안에서 하나이며, 하느님의 모습대로 창조되어 하느님의 사랑을 받으니 존귀하다.

만물의 선용　모든 것이 하느님의 선물이므로, 이를 하느님께 가까이 나아가는 데에, 하느님 사랑과 이웃 사랑에 사용해야 한다.

성구　이사 46,4　"너희가 늙어 가도 나는 한결같다. 너희가 백발이 되어도 나는 너희를 지고 간다. 내가 만들었으니 내가 안고 간다. 내가 지고 가고 내가 구해 낸다."

1테살 5,16-18　언제나 기뻐하십시오. 끊임없이 기도하십시오. 모든 일에 감사하십시오. 이것이 그리스도 예수님 안에서 살아가는 여러분에게 바라시는 하느님의 뜻입니다.

시편 8,5-7* 1티모 4,4*

044 그리스도인의 신앙과 삶의 핵심적인 신비는 무엇인가?

지극히 거룩한 삼위일체의 신비는 바로 그리스도인의 믿음과 삶의 핵심적인 신비이다. 그리스도인은 성부와 성자와 성령의 이름으로 세례를 받는다.

해설 삼위일체 신비는 그리스도인 믿음의 중심에 있으며, 그리스도인 삶을 규명하는 핵심적인 신비다. 삼위일체 하느님 곧 성부와 성자와 성령의 신비는 하느님이 어떤 분이신지(신학), 그리고 하느님이 어떤 일을 하시는지(경륜)를 밝혀 준다. 하느님이 어떤 분이신지는 그분이 하시는 일을 보고 알 수 있다. 이 삼위일체 하느님의 신비를 통해 우리의 존재와 삶의 근본 진리를 깨닫게 된다. 신앙생활은 성령 안에서 성자를 통하여 성부께 나아가는 것이다.

용어 **그리스도인의 믿음과 삶의 핵심적인 신비** 삼위일체 신비는 하느님이 어떤 분이고 어떤 일을 하시는지 밝혀 줄 뿐 아니라, 그리스도인은 누구이고, 어떤 일을 해야 하는지도 밝혀 준다.

성구 **창세 1,26** 하느님께서 말씀하셨다. "우리와 비슷하게 우리 모습으로 사람을 만들자. 그래서 그가 바다의 물고기와 하늘의 새와 집짐승과 온갖 들짐승과 땅을 기어 다니는 온갖 것을 다스리게 하자."

요한 17,2-3 "아버지께서는 아들이 아버지께서 주신 모든 이에게 영원한 생명을 주도록 아들에게 모든 사람에 대한 권한을 주셨습니다. 영원한 생명이란 홀로 참하느님이신 아버지를 알고 아버지께서 보내신 예수 그리스도를 아는 것입니다."

마태 28,18ㄴ-20ㄱ*

045 삼위일체의 신비를 인간의 이성만으로 인식할 수 있는가?

하느님께서는 당신의 창조 업적과 구약의 계시 안에 삼위일체이신 당신 존재의 자취를 남겨 놓으셨다. 그러나 성자의 강생과 성령의 파견 이전에는, 거룩한 삼위일체이신 하느님 존재의 본질은 이성만으로 또 이스라엘 신앙으로도 접근할 수 없는 신비였다. 이 삼위일체의 신비는 예수 그리스도께서 계시하셨으며, 다른 모든 신비의 원천이다.

해설 이것은 인간 이성만으로는 인식할 수 없는 신비이며, 오로지 하느님께서 계시하셨기 때문에 인식이 가능하다. 생각해 보라. 하느님이 사람이 되신 일이나,

성령께서 우리 안에 사시는 일은 우리 이성을 초월한다. 하느님께서 당신 아드님을 우리에게 보내 주시고, 당신 성령을 보내 주셨기 때문에 하느님이 삼위일체이심을 알게 된 것이다.

용어 **성자의 강생** 하느님이 당신 아들을 세상에 보내심, 곧 하느님이 사람이 되신 사실을 말한다. **강생**은 성자의 사람 되심을 가리키는 고유한 용어다. 우리말 강생降生은 하늘에서 내려오셨다는 뜻이다. 그러나 라틴어 incarnatio는 요한 1,14("말씀이 살이 되셨다.")에서 나온 말로서 육화肉化라고 번역되기도 하는데, 여기서 "살"은 허약하고 유한한 인간의 몸, 곧 인간 자체를 가리킨다.

성령의 파견 하느님께서 당신 성령을 세상에 보내신다. 성부께서는 성자만을 우리에게 보내신 것이 아니라 성령도 보내셨다. 성령의 경우에는 강생이라 하지 않고 강림降臨이라는 말로 표현한다. → 문답 86 참조.

성구 **욥 42,3** 당신께서는 "지각없이 내 뜻을 가리는 이자는 누구냐?" 하셨습니다. 그렇습니다. 저에게는 너무나 신비로워 알지 못하는 일들을 저는 이해하지도 못한 채 지껄였습니다.

요한 14,16-17 "그리고 내가 아버지께 청하면, 아버지께서는 다른 보호자를 너희에게 보내시어, 영원히 너희와 함께 있도록 하실 것이다. 그분은 진리의 영이시다. 세상은 그분을 보지도 못하고 알지도 못하기 때문에 그분을 받아들이지 못하지만, 너희는 그분을 알고 있다. 그분께서 너희와 함께 머무르시고 너희 안에 계시기 때문이다."

046 예수 그리스도께서는 성부의 신비에 대하여 우리에게 무엇을 계시하시는가?

예수 그리스도께서는, 하느님을 우주와 인간의 창조주이실 뿐 아니라, 하느님 말씀으로서 "하느님 영광의 광채이시며 하느님 본질의 모상"(히브 1,3)이신 아들을 영원으로부터 낳으신 '아버지'로서 우리에게 계시하신다.

해설 예수 그리스도께서는 하느님을 "우리 아버지"라 부르셨다(마태 6,9). 이는 구약의 전통을 이어받은 것이라 할 수 있다. 이스라엘은 감히 하느님을 아버지라 불렀던 것이다. 다른 종교에서도 하느님을 그렇게 부르기도 한다. 이것은 하느님이 창조주이시고, 창조하신 모든 피조물을 부성적인 사랑으로 보살피고 계시다는 믿음을 드러내는 것이다. 그러나 한편 예수 그리스도께서는 하느님을 '나의 아버지'와 '너희 아버지'로 엄격하게 구별하신다(마태 11,27; 요한 8,17.38.54). 이는 하느님과 당신 사이의 관계가 우리와 하느님 사이의 관계와 전혀 다르다는 사실을 나타내는 것이다. 예수님의 죽음과 부활로 하느님의 자녀가 된(갈라 4,5; 1요한 3,1-2) 우리는 이제 예수님처럼 하느님을 "아빠! 아버지!"라고 부르게 되었다(로마 8,15; 갈라 4,6).

용어 **"하느님 영광의 광채이시며 하느님 본질의 모상"** 히브 1,3에 나오는 예수님 신원의 표현이다. 예수님은 하느님의 외아들로서 하느님의 영광, 하느님의 본질을 그대로 보여 주신다.

아들을 영원으로부터 낳으신 아버지; 영원으로부터 성부에게서 나신 분 니케아-콘스탄티노폴리스 신경에 나오는 대로 성자는 성부에게서 창조되신 것이 아니라 성부에게서 나신 분으로서, 영원으로부터 비롯된 분이시다.

성구 **시편 110,1** 주님께서 내 주군께 하신 말씀.
"내 오른쪽에 앉아라,
내가 너의 원수들을
네 발판으로 삼을 때까지."

히브 1,2-3ㄱ 하느님께서 이 마지막 때에는 아드님을 통하여 우리에게 말씀하셨습니다. 하느님께서는 아드님을 만물의 상속자로 삼으셨을 뿐만 아니라, 그분을 통하여 온 세상을 만들기까지 하셨습니다. 아드님은 하느님 영광의 광채이시며 하느님 본질의 모상으로서, 만물을 당신의 강력한 말씀으로 지탱하십니다.

요한 8,29.54*

047 예수 그리스도께서 우리에게 계시하신 성령은 누구이신가?

성령께서는 지극히 거룩하신 성삼위의 제3 위격이시다. 성부와 성자와 하나이시며 동일한 하느님이시다. 또한 성령께서는 시작이 없는 시초이시며 삼위일체적 생명 전체의 근원이신 성부에게서 "나오신다"(요한 15,26). 그리고 성령께서는 성부께서 성자

해설 께 베푸시는 영원한 선물이시기에 성자에게서(**필리오퀘**) 나오신다. 성부와 사람이 되신 성자에게서 파견되신 성령께서는 교회를 "모든 진리 안으로"(요한 16,13) 이끄신다.

예수 그리스도께서 우리에게 계시하신 성령은 우선 보호자(파라클레토스)시다 (요한 14,16.26; 15,26; 16,7-8). 파라클레토스라는 말은 보호자, 협조자, 변호자, 위로자로 번역되는데 원 의미는 '곁으로(파라) 불려온 분(클레토스)'이라는 의미다. 그분은 우리에게 오시어 우리를 보호, 변호, 위로하신다. 예수님께서는 그분을 '진리의 영'이라고 부르신다. 그분이 진리, 곧 성자께서 전해 주신 하느님의 말씀을 온전히 깨닫게 하시기 때문이다(요한 16,13). 예수님께서는 당신이 아버지께 가신 다음 아버지에게서 성령을 보내시겠다고 약속하셨다(요한 16,7). 성령께서는 성부와 성자에게서 파견되신다. → 문답 138 참조.

용어 **시작이 없는 시초** 하느님은 영원으로부터 계시며 만물을 있게 하신 분이시다. 그분은 "근원이 없는 근원"이시다.

필리오퀘Filioque 오늘 우리가 외우는 니케아-콘스탄티노폴리스 신경 안에 있는 라틴말인데 "성자에게서도"라는 뜻으로, 성령께서 성부에게서만이 아니라 성자에게서도 나오시는 분임을 고백하는 것이다("성령께서는 성부와 성자에게서 발하시고").

나오다 성령께서 성부와 성자에게서 "발發하신다"는 말을 현대어로 바꾸어 번역한 것이다.

성구 **에제 36,26-28** 너희에게 새 마음을 주고 너희 안에 새 영을 넣어 주겠다. 너희 몸에서 돌로 된 마음을 치우고, 살로 된 마음을 넣어 주겠다. 나는 또 너희 안에 내 영을 넣어 주어, 너희가 나의 규정들을 따르고 나의 법규들을 준수하여 지키게 하겠다. 그리하여 너희는 내가 너희 조상들에게 준 땅에서 살게 될 것이다. 너희는 나의 백성이 되고 나는 너희의 하느님이 될 것이다.

요한 15,26 "내가 아버지에게서 너희에게로 보낼 보호자, 곧 아버지에게서 나오시는 진리의 영이 오시면, 그분께서 나를 증언하실 것이다."

요한 16,14-15*

048 교회는 삼위일체 신앙을 어떻게 표현하는가?

교회는 성부와 성자와 성령, 세 위격 안에 계시는 한 분 하느님만을 고백함으로써 삼위일체 신앙을 표현한다. 삼위일체 하느님께서는 불가분의 오직 한 신성을 지니신 각 위격이 저마다 완전한 하느님이시기에 삼위는 한 하느님이시다. 하느님의 세 위격은 그 근원적 관계로 말미암아 실제적으로 서로 구분된다. 곧 성부께서는 성자를 낳으시고, 성자께서는 성부에게서 나시는 분이시며, 성령께서는 성부와 성자에게서 나오시는 분이시다.

해설 삼위 곧 성부, 성자, 성령은 세 하느님이 아니다. 삼위는 한 하느님이시다(253항). 하느님의 세 위격은 서로 실제적으로 구별된다(254항). 성부는 성자가 아니고, 성자는 성부가 아니고, 성령은 성부와 성자가 아니다. 하느님 세 위격은 서로 관계를 맺고 있다(255항). 성부는 성자를 낳으시고, 성자는 성부에게서 나시고, 성령은 성부와 성자에게서 나오신다. "가톨릭 신앙은 이러하다. 한 분이신 하느님을 삼위로, 삼위를 한 하느님으로 흠숭하되 각 위격을 혼동하지 않으며, 그 실체를 분리하지 않는 것이다. 성부의 위격이 다르고 성자의 위격이 다르고 성령의 위격이 다르다. 그러나 성부와 성자와 성령의 천주성(하느님의 본성)은 하나이고, 그 영광은 동일하고, 그 위엄은 다 같이 영원하다"(쿠쿰퀘 신경).

용어 **삼위일체** 세 위격이신 성부와 성자와 성령이 한 본체 곧 한 하느님이심을 나타내는 말이다.

위격位格 또는 **위**位 무엇(어떤 것)이 아닌 누구(어떤 분)를 가리키는 말이다. 예를 들어 공기나 동물이나 식물은 '무엇'이라고 하지 '누구'라고 하지는 않는다. 그러나 사람이나 천사나 하느님은 '누구'라고 하지 '무엇'이라고 하지 않는다. 라틴어 persona(위격)는 그리스말 prosopon(얼굴)에서 나왔다. → 문답 34와 문답 66 참조. 본체本體 또는 실체實體에 관해서는 문답 49, 283 참조.

성구 **창세 1,1-3** 한처음에 하느님께서 하늘과 땅을 창조하셨다. 땅은 아직 꼴을 갖추지 못하고 비어 있었는데, 어둠이 심연을 덮고 하느님의 영이 그 물 위를 감돌고 있었다. 하느님께서 말씀하시기를 "빛이 생겨라." 하시자 빛이 생겼다.
2코린 13,13 주 예수 그리스도의 은총과 하느님의 사랑과 성령의 친교가 여러분 모두와 함께하기를 빕니다.
마태 28,19-20ㄱ*

049 성부, 성자, 성령의 세 위격은 어떻게 활동하시는가?

하느님의 삼위가 오직 하나의 동일한 본성을 지니셨듯이, 그 하시는 일에서도 분리될 수 없다. 성삼위의 활동은 유일하고 동일하다. 그러나 삼위일체 하느님 안에서 각 위격은 개별적인 위격의 특성에 따라 고유한 신적 활동을 하신다.

해설 우리는 흔히 성부와 창조 사업을, 성자와 구원 사업을, 성령과 성화 사업을 결부시켜 말한다. 그러나 성자의 강생과 성령의 파견으로 완성된 하느님의 구원 경륜 전체는 하느님 성부, 성자, 성령의 공동 활동임이 분명하다. 성부의 창조 활동에 성자와 성령이 함께 하셨으며, 성자의 구원 활동에 성부와 성령께서 함께 하시듯이, 성령의 성화 활동에 성부와 성자께서 함께 하신다.

용어 **하나의 동일한 본성** 하느님 성부, 성자, 성령께서는 분리될 수 없는 오직 한 본성 곧 신성을 지니신다.

성구 잠언 8,28-31 "그분께서 위의 구름을 굳히시고 심연의 샘들을 솟구치게 하실 때, 물이 그분의 명령을 어기지 않도록 바다에 경계를 두실 때, 그분께서 땅의 기초를 놓으실 때 나는 그분 곁에서 사랑받는 아이였다. 나는 날마다 그분께 즐거움이었고 언제나 그분 앞에서 뛰놀았다. 나는 그분께서 지으신 땅 위에서 뛰놀며 사람들을 내 기쁨으로 삼았다."

1코린 12,4-6 은사는 여러 가지지만 성령은 같은 성령이십니다. 직분은 여러 가지지만 주님은 같은 주님이십니다. 활동은 여러 가지지만 모든 사람 안에서 모든 활동을 일으키시는 분은 같은 하느님이십니다.

지혜 7,26-27* 요한 14,23*

050 하느님께서 전능하시다는 것은 무슨 뜻인가?

하느님께서는 당신을 "힘세고 용맹하신 주님"(시편 24,8)으로서 무엇이든 "불가능한 일이 없는"(루카 1,37) 분으로 계시하셨다. 하느님의 전능은 우주적이며 신비롭고 세상을 무無에서 지으시고 인간을 사랑으로 창조하신 사실에서 드러나지만, 특히 성자의 강

	생과 부활에서, 인간을 당신 자녀로 삼아 주시며 죄를 용서하시는 자비에서 드러난다. 이 때문에 교회는 '전능하시고 영원하신 하느님'께 기도를 드린다.
해설	우리는 사도 신경에서 "전능하신 천주 성부"라고 고백한다. 물론 하느님은 당연히 '전능하신 분'이겠지만, 우리가 믿는 하느님의 전능은 우리를 사랑하시는 데서 드러나는 전능 곧 사랑으로 충만한 전능이다. 우리를 사랑하시는 하느님 아버지로서 우리에게 무엇이든 다 하실 수 있고, 다 하신다. 사랑이신 하느님의 전능은 성자의 강생과 성령의 파견에서 완전하게 드러난다.
용어	**전능하시고 영원하신 하느님** 우리가 기도할 때 자주 하느님을 이렇게 부르는 것은 그분의 힘이 전능하고 그분의 존재가 영원하다는 막연한 뜻으로가 아니라, 우리를 향한 그분의 사랑이 전능하고도 영원함을 강조하는 것이다. 나를 사랑하시는 그 사랑은 변함없으며 가실 줄 모른다.
성구	**욥 42,2** "저는 알았습니다. 당신께서는 모든 것을 하실 수 있음을, 당신께는 어떠한 계획도 불가능하지 않음을!" **마태 19,24-26** "내가 다시 너희에게 말한다. 부자가 하느님 나라에 들어가는 것보다 낙타가 바늘구멍으로 빠져나가는 것이 더 쉽다." 제자들이 이 말씀을 듣고 몹시 놀라서, "그렇다면 누가 구원받을 수 있는가?" 하고 말하였다. 예수님께서는 그들을 눈여겨보며 이르셨다. "사람에게는 그것이 불가능하지만 하느님께는 모든 것이 가능하다." 지혜 11,23.26* 루카 1,37*

051 "한처음에 하느님께서 하늘과 땅을 창조하셨다"(창세 1,1)는 신앙 고백은 왜 중요한가?

	창조는 구원을 위한 하느님의 모든 계획의 기초이기 때문이다. 창조는 하느님의 전능하신 사랑과 지혜를 드러내며 유일하신 하느님께서 당신 백성과 맺으시는 계약에 대한 첫걸음이고, 그리스도 안에서 정점을 이루는 구원 역사의 시작이며, 또 인간이 그 기원과 목적에 관하여 품게 되는 기본 물음에 대한 첫 번째 응답이기 때문이다.
해설	하느님은 아무런 생각 없이 우연히 천지를 창조하신 것이 아니다. 그 창조 안에 구원 역사의 완성도 이미 자리 잡고 있다. 영원하신 하느님께는 창조와 구

원은 한 사건이다. 하느님의 창조는 예수님의 십자가 죽음("다 이루어졌다." 요한 19,30)과 부활로써 완성된다. "창조는 구원을 위한 하느님의 모든 계획의 기초이며, 그리스도 안에서 절정에 이르는 구원 역사의 시작이다. 거꾸로 말하면, 그리스도의 신비는 창조의 신비를 비추는 결정적인 빛이다. 그리스도의 신비는 '한처음에 하느님께서 하늘과 땅을 창조하신' 창조의 목적을 밝혀 준다"(280항).

용어 **창조** 창조는 하느님만이 하실 수 있는 일이다. 하느님께서는 무無에서 만물을 창조하셨다. 하느님을 믿는 모든 종교는 하느님을 **창조주**로 고백한다.

하느님께서 하늘과 땅을 창조하셨다 흔히 우리는 천지창조天地創造라는 말을 쓴다. 이것은 보이는 것(땅)뿐 아니라 보이지 않는 것(하늘)까지 모두 하느님이 창조하셨음을 가리키는 말이다.

성구 **시편 115,15-16** 너희는 **주님**께 복을 받으리라,
하늘과 땅을 만드신 그분께.
하늘은 **주님**의 하늘,
땅은 사람들에게 주셨네.

묵시 4,11 "주님, 저희의 하느님, 주님은 영광과 영예와 권능을 받기에 합당한 분이십니다. 주님께서는 만물을 창조하셨고, 주님의 뜻에 따라 만물이 생겨나고 창조되었습니다."

052 누가 세상을 창조하였는가?

창조의 업적을 특별히 성부께 돌리기는 하지만 성부, 성자, 성령께서 세상 창조의 유일하고 분리될 수 없는 근원이시다.

해설 이미 문답 49에서 해설한 대로 성부께 돌리는 창조 업적은 성부 성자 성령의 공동 활동이다.

용어 **유일하고 분리될 수 없는 근원** 성부, 성자, 성령, 삼위일체 하느님은 창조의 유일한 근원이시며, 창조는 세 위의 공동 업적이다.

성구 **시편 33,6.9** 주님의 말씀으로 하늘이,
그분의 입김으로 그 모든 군대가 만들어졌네 …

그분께서 말씀하시자 이루어졌고

그분께서 명령하시자 생겨났기 때문이네.

요한 1,1-3 한처음에 말씀이 계셨다. 말씀은 하느님과 함께 계셨는데, 말씀은 하느님이셨다. 그분께서는 한처음에 하느님과 함께 계셨다. 모든 것이 그분을 통하여 생겨났고, 그분 없이 생겨난 것은 하나도 없다.

053 하느님께서는 왜 세상을 창조하셨는가?

세상은 당신의 진선미를 드러내고 전해 주기를 원하신 하느님의 영광을 위하여 창조되었다. 창조의 목적은 하느님께서 그리스도 안에서 당신의 영광과 우리의 행복을 위하여 "모든 것 안에서 모든 것"(1코린 15,28)이 되시는 것이다.

해설 세상은 하느님의 영광을 위해 창조되었다. "하느님께서는 당신 영광을 더하기 위해서가 아니라 그 영광을 드러내고 나누시기 위해서 만물을 창조하셨다"(성 보나벤투라). 특히 인간의 창조는 하느님의 가장 위대한 업적이다. "하느님의 영광은 바로 살아 있는 인간이며, 인간의 생명은 하느님을 뵙는 것이다"(성 이레네오). 창조된 모든 것은 하느님의 영광과 인간의 행복을 위해 창조되었다.

용어 **하느님의 영광** 사실 하느님에게 영광은 본래적인 것이다. 인간에게는 누군가가 영광스럽게 해야 하지만, 하느님께는 그럴 수도 없고 그럴 필요도 없다. 하느님의 영광은 완전하기 때문이다. 하느님의 영광은 외형적인 것이라기보다 초월적인 선 또는 거룩함에 더 가깝다. 한 마디로 하느님의 영광은 하느님 자신, 그분의 존엄·전능·거룩함을 가리키는 말이다.

성구 **시편 19,2** 하늘은 하느님의 영광을 이야기하고
창공은 그분 손의 솜씨를 알리네.

로마 11,36 과연 만물이 그분에게서 나와, 그분을 통하여 그분을 향하여 나아갑니다. 그분께 영원토록 영광이 있기를 빕니다. 아멘.

054 하느님께서 어떻게 우주를 창조하셨는가?

하느님께서는 지혜와 사랑과 자유로 우주를 창조하셨다. 세상은 어떤 필연성이나, 맹목적 운명이나, 우연의 산물이 아니다. 하느님께서는 초월적인 무한한 방식으로 질

서 있고 선한 세상을 "무에서"(2마카 7,27 참조) 창조하셨다. 하느님께서는 성자와 성령을 통하여 피조물을 존재 안에 보존하시고, 지탱해 주시며, 그들에게 활동 능력을 주시고, 그 목적으로 이끄신다.

해설 하느님께서는 지혜와 사랑으로(295항), 무에서(296항), 질서 있고 선한 세상을 창조하셨다(299항). 하느님께서는 피조물을 초월하시며, 또 그 안에 현존하신다(300항). 하느님께서는 만물을 보존하시고 이끌어가신다(301항). 세상은 우연히 존재하거나, 제멋대로 움직이거나, 자동적으로 지탱하는 것이 아니다. 하느님의 무한한 지혜와 사랑으로 질서 있고 선하게 창조된 우주는 성자와 성령을 통하여 그 창조 목적을 향하여 나아간다.

용어 **질서 있고 선한 세상** 하느님께서 만드신 이 세상은 본래 질서 있고 선하다.
"무에서" 하느님께서는 아무것도 없는 가운데 이 세상을 창조하셨다.

성구 **2마카 7,28** "애야, 너에게 당부한다. 하늘과 땅을 바라보고 그 안에 있는 모든 것을 살펴보아라. 그리고 하느님께서, 이미 있는 것에서 그것들을 만들지 않으셨음을 깨달아라. 사람들이 생겨난 것도 마찬가지다."
히브 11,3 믿음으로써, 우리는 세상이 하느님의 말씀으로 마련되었음을, 따라서 보이는 것이 보이지 않는 것에서 나왔음을 깨닫습니다.
지혜 1,14* 요한 1,1-3*

055 무엇이 하느님의 섭리인가?

하느님의 섭리는 하느님께서 피조물들에게 부여하신 궁극적인 완성을 향하여 이끄시는 배려이다. 하느님께서는 당신 계획의 최고 주인이시다. 그러나 이 계획의 실현을 위하여 인간의 협동도 이용하신다. 아울러 피조물들에게 스스로 행동하고, 서로가 서로에게 원인이 되도록 하신다.

해설 만물은 하느님께서 정해 주신, 아직도 다다라야 할 궁극적인 완성을 향한 '진행의 상태'로 창조되었다. 당신의 피조물을 이러한 완성으로 이끄시는 하느님의 배려를 '하느님의 섭리'라고 부른다(302항). 하느님의 섭리는 그 어떤 상황에도 미치는 주도적인 부성적 사랑이다. 우리는 하느님의 자녀답게 그분 섭리에 의탁해야 한다.

용어	**섭리**	하느님께서 당신 피조물에게 베푸시는 알뜰한 배려. 우리말 **섭리**攝理는 – '자연의 섭리'처럼 – 흔히 자연계를 지배하고 있는 원리나 법칙을 말한다.
성구	**시편 104,28-30**	당신께서 그들에게 주시면 그들은 모아들이고 당신 손을 벌리시면 그들은 좋은 것으로 배불립니다. 당신의 얼굴을 감추시면 그들은 소스라치고 당신께서 그들의 숨을 거두시면 그들은 죽어 먼지로 돌아갑니다. 당신의 숨을 내보내시면 그들은 창조되고 당신께서는 땅의 얼굴을 새롭게 하십니다.
	마태 6,31-33	"그러므로 무엇을 먹을까 무엇을 마실까, 또 무엇을 입을까 하고 걱정하지 마라. 이런 것들은 모두 이방인들이 찾는 것이다. 하늘에 계신 아버지께서는 이 모든 것이 너희에게 있어야 할 것을 잘 알고 계신다. 너희는 먼저 하느님의 나라와 하느님께서 의롭게 여기시는 것을 구하여라. 그러면 이 모든 것도 곁들여 받게 될 것이다."

056 인간은 하느님의 섭리에 어떻게 협력하는가?

하느님께서 인간의 자유를 존중하시는 가운데 "당신 호의에 따라 의지를 일으키시고 그것을 실현하게도 하심으로써"(필리 2,13) 인간이 행동과 기도와 고통을 통해서도 당신 섭리에 협조하도록 하신다.

해설		세상 만사는 하느님의 계획에 따라 이루어지지만, 하느님께서는 인간이 당신 계획에 협력하기를 바라신다. 그러므로 하느님께서는 피조물들이 스스로 행동하고, 서로가 서로에게 원인이 되게 하신다. 또한 인간이 그 자유 의지로 하느님의 섭리에 협력할 수 있게 하신다.
용어	**서로가 서로에게 원인**	인간이나 피조물은 서로 영향을 주고받으면서 하느님의 뜻에 따른다.
성구	**잠언 16,9**	인간이 마음으로 앞길을 계획하여도 그의 발걸음을 이끄시는 분은 **주님**이시다.
	필리 2,13	여러분 안에 계셔서 여러분에게 당신의 뜻에 맞는 일을 하고자 하

는 마음을 일으켜주시고 그 일을 할 힘을 주시는 분은 하느님이십니다.

057 하느님께서 전능하시고 섭리하시는 분이시라면, 왜 악이 존재하는가?

그리스도교 신앙 전체가 고통스럽고도 신비한 이 질문에 대한 답이다. 하느님께서는 결코 직접적이든 간접적이든 어떤 식으로든 악의 원인일 수 없다. 하느님께서는 인간의 죄, 다른 악들의 뿌리, 거대한 악을 물리치시려고 돌아가시고 부활하신 당신의 아들 예수 그리스도를 통하여 악의 신비를 밝히신다.

해설 왜 악이 존재하는가? 인간은 자신의 불행 앞에서 이 근본적인 물음에 맞닥뜨리게 된다. 우리는 다만 하느님이 악의 원인일 수 없음을 확인할 뿐이다. 그리스도교 신앙 전체 특히 우리를 궁극적인 불행에서 구해 내신 예수 그리스도의 수난과 죽음이 이 근본 물음에 대한 답이다. "자유로이 응할 수 있는 인간을 행복한 삶에 초대함으로써 인간에게 다가오시는 하느님의 고통스런 사랑이 그 답이다"(309항).

용어 **악** 선의 반대 개념. 물리적 악과 윤리적 악으로 구분한다. 윤리적 악은 자연 재해 같은 물리적 악과 달리 인간이 저지른 악을 말한다. 철학에서는 악을 '선의 결핍'으로 설명한다.

성구 **시편 34,14-17** 네 혀는 악을,
네 입술은 거짓된 말을 조심하여라.
악을 피하고 선을 행하며
평화를 찾고 또 추구하여라.
주님의 눈은 의인들을 굽어보시고
그분의 귀는 그들의 부르짖음을 들으신다.
주님의 얼굴은 악을 행하는 자들에게 맞서시니
그들에 대한 기억을 세상에서 없애시기 위함이라네.
로마 12,21 악에게 굴복하지 말고 선으로써 악을 이겨내십시오.
로마 8,28*

058 하느님께서는 왜 악을 허용하시는가?

신앙은 하느님께서 악에서조차도 선을 이끌어 내지 않으신다면 악을 방치하실 리 없다는 것을 확신하게 해 준다. 하느님께서는 이 사실을 이미 그리스도의 죽음과 부활을 통하여 놀라운 방식으로 밝히셨다. 실제로 하느님께서는 가장 큰 윤리적 악인 당신 성자의 살해에서 가장 큰 선, 곧 그리스도의 영광과 우리의 구원을 일구어 내셨다.

해설 "전능하신 하느님께서는 최상의 선이시므로, 만일 악에서 선을 이끌어 내실 충분한 능력과 선을 가지고 계시지 않다면 당신의 피조물들 안에 어떠한 악도 존재하도록 내버려 두지 않으실 것이다"(성 아우구스티노). 우리가 믿는 하느님은 악에서도 선을 이끌어내실 수 있는 분이시다. "하느님을 사랑하는 이들에게는 모든 것이 함께 작용하여 선을 이룬다는 것을 우리는 압니다"(로마 8,28).

용어 **가장 큰 윤리적 악** 인간이 저지른 가장 큰 죄악은 성자 살해다. 하느님께서는 이 최악最惡에서 최선最善 곧 그리스도의 영광과 인간의 구원을 이끌어 내셨다.

성구 **창세 50,20** "형님들은 나에게 악을 꾸몄지만, 하느님께서는 그것을 선으로 바꾸셨습니다. 그것은 오늘 그분께서 이루신 것처럼, 큰 백성을 살리시려는 것이었습니다."

요한 11,50-52 "온 민족이 멸망하는 것보다 한 사람이 백성을 위하여 죽는 것이 여러분에게 더 낫다는 사실을 여러분은 헤아리지 못하고 있소." 이 말은 카야파가 자기 생각으로 한 것이 아니라, 그해의 대사제로서 예언한 셈이다. 곧 예수님께서 민족을 위하여 돌아가시리라는 것과, 이 민족만이 아니라 흩어져 있는 하느님의 자녀들을 하나로 모으시려고 돌아가시리라는 것이다.

■ 하늘과 땅

059 하느님께서는 무엇을 창조하셨는가?

"한처음에 하느님께서 하늘과 땅을 창조하셨다."(창세 1,1)라고 성경은 말한다. 교회는 신앙 고백을 통하여 하느님께서 유형무형한 만물, 모든 영신계와 물질계, 곧 천사들과 보이는 세계, 그리고 특별히 인간을 창조하신 창조주이심을 고백한다.

해설　우리는 하느님을 "천지의 창조주" 곧 하늘과 땅을 창조하신 분이라고 고백한다. 하늘은 보이지 않는 천상 세계 또는 영적인 세계를 의미하고, 땅은 보이는 이 지상 세계 또는 물질 세계를 의미한다. 하느님은 보이거나 보이지 않는 만물의 창조주이시다. 성경은 첫머리에서 이렇게 장엄하게 선포한다. "한처음에 하느님께서 하늘과 땅을 창조하셨다"(창세 1,1).

용어　**유형무형한 만물**　보이는 세계는 물질계物質界이고 보이지 않는 세계는 영신계靈身界다.

성구　**시편 104,24-25**　주님, 당신의 업적들이 얼마나 많습니까!
그 모든 것을 당신 슬기로 이루시어
세상이 당신의 조물들로 가득합니다.
저 크고 넓은 바다에는 수없이 많은 동물들이,
크고 작은 생물들이 우글거립니다.

사도 4,24ㄴ　"주님, 주님은 하늘과 땅과 바다와 그 안에 있는 모든 것을 만드신 분이십니다."

060　천사들은 누구인가?

천사는 순수한 영적 피조물들로서 육체를 가지지 않고, 눈에 보이지 않으며, 죽지 않고, 지성과 의지를 가진 인격적인 존재들이다. 그들은 하느님을 대면하여 하느님을 끊임없이 관상하고, 하느님께 찬미와 봉사를 드리며, 모든 사람을 위한 구원의 사명을 수행하는 전령들이다.

해설　천사天使는 본성을 나타내는 이름이 아니라, 직무를 나타내는 이름이다. 천사는 하느님[天]의 심부름꾼[使]이다. 그들은 하느님을 직접 뵙고 흠숭하며 하느님을 찬미할 뿐 아니라, 사람들의 구원을 위해 인간 세상에 파견되어 그들을 돌보는 일도 맡는다. 천사들은 영적 피조물이므로, 보이지도 죽지도 않는다. 그들은 지성과 의지를 지닌 인격적 존재다.

용어　**순수한 영적 피조물**　하느님께서는, 영적이며 동시에 육체적인 인간과는 달리, 천사들을 영적인 존재로 창조하셨다. 그러므로 그들에게는 죽음이 없다.

관상觀想　천사들은 하느님 대전에서 하느님을 바라보며 그분을 흠숭하고 찬미한다. → 문답 571항 참조.

성구　**시편 91,11-12**　그분께서 당신 천사들에게 명령하시어
네 모든 길에서 너를 지키게 하시리라.
행여 네 발이 돌에 차일세라
그들이 손으로 너를 받쳐 주리라.

히브 1,14　천사들은 모두 하느님을 섬기는 영적인 존재들로서 결국은 구원의 유산을 받을 사람들을 섬기라고 파견된 일꾼들이 아닙니까?

탈출 23,20*

061 천사들은 어떤 형식으로 교회 생활에 현존하는가?

교회는 천사들과 하나 되어 하느님을 흠숭하고, 그들에게 도움을 청한다. 또한 전례 거행 중에 몇몇 천사들을 기념한다.

해설　교회는 특히 전례에서 천사들과 함께 하느님을 찬미한다. 천사들은 하느님의 뜻을 받들어 신자 공동체를 보호할 뿐 아니라, 신자 한 사람 한 사람도 보살핀다. 이처럼 하느님께 나아가는 순례의 여정에서 우리를 보호하는 천사들을 특히 '수호천사'라 부른다.

용어　**천사들을 기념함**　전례에서 기념하는 천사 축일은 성 미카엘, 가브리엘, 라파엘 대천사 축일(9월 30일)과 수호천사 기념일(10월 2일)이 있다. 각종 감사송에서도 좌품, 주품 천사 등 여러 천사들의 이름이 거명된다.

성구　**이사 6,2-3**　그분 위로는 사랍들이 있는데, 저마다 날개를 여섯씩 가지고서, 둘로는 얼굴을 가리고 둘로는 발을 가리고 둘로는 날아다녔다. 그리고 그들은 서로 주고받으며 외쳤다. "거룩하시다, 거룩하시다, 거룩하시다, 만군의 주님! 온 땅에 그분의 영광이 가득하다."

사도 12,7-8　그런데 갑자기 주님의 천사가 나타나더니 감방에 빛이 비치는 것이었다. 천사는 베드로의 옆구리를 두드려 깨우면서, "빨리 일어나라." 하고 말하였다. 그러자 그의 손에서 쇠사슬이 떨어져 나갔다. 천사가 베드로에게 "허리띠를 매고 신을 신어라." 하고 이르니 베드로가 그렇게 하였다. 천사

가 또 베드로에게 "겉옷을 입고 나를 따라라." 하고 말하였다.
마태 18,10*

062 성경은 유형의 세계 창조에 관하여 무엇을 가르치는가?

'6일' 동안의 창조에 관한 이야기를 통하여 성경은 피조물들의 가치와 하느님 찬미와 인간 봉사를 위한 목적을 우리에게 깨닫게 한다. 모든 피조물은 하느님에게서 완전성과 선, 그리고 우주 안에서 고유의 법칙과 질서를 받았으며, 하느님에 의해 저마다 고유한 존재를 지닌다.

해설 성경의 창조 이야기는 하느님 찬미를 지향하는 피조물의 본질과 가치와 목적을 인식하게 한다. 교리서는 이렇게 정리하고 있다. ① 창조주 하느님에게서 존재를 받지 않은 것은 없다(338항). ② 피조물은 저마다 고유한 선과 완전성을 지니고 있다(339항). ③ 피조물은 서로 의존한다(340. 344항). ④ 우주의 아름다움은 창조주의 아름다움을 반영한다(341항). ⑤ 피조물에는 위계질서가 있다(342항). ⑥ 인간은 창조 업적의 절정이다(343항).

용어 **피조물의 완전성과 선** 하느님은 피조물 하나하나를 나름대로 완벽하게 그리고 선하게 만드셨다. 그러므로 피조물 하나하나는 고유의 가치와 아름다움을 지닌다. → 문답 5 참조.

성구 **시편 145,9-10** 주님은 모두에게 좋으신 분
그 자비 당신의 모든 조물 위에 미치네.
주님, 당신의 모든 조물이 당신을 찬송하고
당신께 충실한 이들이 당신을 찬미합니다.
콜로 1,16-17 만물이 그분 안에서 창조되었기 때문입니다. 하늘에 있는 것이든 땅에 있는 것이든 보이는 것이든 보이지 않는 것이든 왕권이든 주권이든 권세든 권력이든 만물이 그분을 통하여 또 그분을 향하여 창조되었습니다. 그분께서는 만물에 앞서 계시고 만물은 그분 안에서 존속합니다.

063 인간은 창조계에서 어떤 자리를 차지하는가?

인간은 하느님을 닮은 모습으로 창조되었으므로 창조 업적의 절정이다.

해설	우리는 흔히 인간을 만물萬物의 영장靈長이라고 한다. 그렇다. 하느님께서는 인간을 우주 만물의 절정으로 창조하셨다. "하느님께서는 당신의 모습으로 사람을 창조하셨다"(창세 1,27). 교부들은 사도 바오로를 따라(2코린 4,4; 콜로 1,15) 참사람이신 예수 그리스도께서 하느님의 모상(모습)임을 강조한다.
용어	**하느님을 닮은 모습으로** 창세기는 하느님께서 인간을 당신 모습으로 당신과 비슷하게 창조하셨다고 한다(창세 1,26). 이것은 참으로 놀라운 표현이다. 창세기 저자는 이로써 인간이 하느님의 최고 창조물임을 나타낸다. 하느님의 모습대로 하느님과 비슷하게 되는 것이 인간 창조의 목적이요 구원의 본질이다. (우리말에서는 "하느님을 닮은 모습"이라 표현하지만, 서양말에서는 '하느님을 닮음'과 '하느님의 모습'을 구분한다.)
성구	**시편 8,5-7** 인간이 무엇이기에 이토록 기억해 주십니까? 사람이 무엇이기에 이토록 돌보아 주십니까? 신들보다 조금만 못하게 만드시고 영광과 존귀의 관을 씌워 주셨습니다. 당신 손의 작품들을 다스리게 하시고 만물을 그의 발아래 두셨습니다. **마태 10,28-31** "육신은 죽어도 영혼은 죽이지 못하는 자들을 두려워하지 마라. 오히려 영혼도 육신도 지옥에서 멸망시키실 수 있는 분을 두려워하여라. 참새 두 마리가 한 닢에 팔리지 않느냐? 그러나 그 가운데 한 마리도 너희 아버지의 허락 없이는 땅에 떨어지지 않는다. 그분께서는 너희의 머리카락까지 다 세어 두셨다. 그러니 두려워하지 마라. 너희는 수많은 참새보다 더 귀하다." **지혜 2,23***

064 피조물들 사이에는 어떤 연대가 존재하는가?

피조물들 사이에는 하느님께서 원하시는 대로 상호 의존 관계와 위계질서가 있다. 아울러 모든 피조물은 서로 단일성과 연대성 안에서 존재하며, 동일한 창조주를 모시고 그분의 사랑을 받으며, 그분의 영광을 위하여 창조되었다. 그러므로 피조물 안에 새겨진 법칙과 사물들의 본성에서 나오는 관계들을 존중하는 것이 바로 모든 지혜의 근원이며 도덕의 기초이다.

해설 하느님께서는 피조물이 서로 의존하도록 창조하셨다. 피조물들은 서로 의존하며, 서로 봉사하며 살아간다(340항). 또한 모든 피조물은 연대성을 가지고 있다. 피조물들은 서로를 필요로 한다(344항). "피조물 안에 새겨진 법칙과, 사물들의 본성에서 나오는 관계들을 존중하는 것이 지혜의 근원이며 도덕의 기초이다"(354항). 이 같은 교리는 자연과 생태를 존중해야 할 인간의 사명을 일깨워 준다. 단일성과 연대성은 본디 삼위일체 하느님에게서 비롯된다. 성부, 성자, 성령께서는 서로 구별되면서도 한 하느님으로 창조와 구원을 이루신다.

용어 **피조물의 위계질서** 피조물의 위계질서는 하느님의 창조가 덜 완전한 것에서 더 완전한 것으로 진행되는 것으로 나타나 있다.

피조물의 단일성과 연대성 피조물의 단일성 역시 그 기원과 목적 등에서 나타난다(360항, 인간의 단일성 참조). 피조물은 서로 의존하도록 창조되었다. 이것이 그 연대성이다.

성구 **시편 104,18-23** 높은 산들은 산양들의 차지
바위들은 오소리들의 은신처.
그분께서 시간을 정하도록 달을 만드시고
제가 질 곳을 아는 해를 만드셨네.
당신께서 어둠을 드리우시면 밤이 되어
숲의 온갖 짐승들이 우글거립니다.
사자들은 사냥 거리 찾아 울부짖으며
하느님께 제 먹이를 청합니다.
해가 뜨면 물러나서
제 보금자리로 들어가고
사람은 일하러,
저녁까지 노동하러 나옵니다.
로마 8,28 하느님을 사랑하는 이들, 그분의 계획에 따라 부르심을 받은 이들에게는 모든 것이 함께 작용하여 선을 이룬다는 것을 우리는 압니다.
지혜 11,24-26*

065 창조 업적과 구원 업적은 어떤 관계인가?

창조 업적은 더욱 큰 구원이라고 하는 업적에서 절정에 이른다. 그러므로 구원 업적은 새로운 창조의 시작으로서 이 창조 안에서 만물은 그 충만한 의미를 발견하고 정점에 도달한다.

해설 하느님의 창조 업적은 구원 업적으로 완성된다. 우리는 하느님의 구원 업적을 통해 창조의 완전한 의미를 파악하게 된다. 성자의 파스카로 이룩된 구원 업적을 '새로운 창조'라고 부르는 것은 이 때문이다. 이 새 창조 안에서 만물은 그 충만한 의미, 그 완전한 의미를 찾게 된다.

용어 **창조 업적** 흔히 창조 사업이라고도 하는데, 하느님께서 한처음에 세상을 창조하신 일을 두고 하는 말이다.

구원 업적 흔히 구원 사업이라고도 하는데, 예수 그리스도께서 죽음과 부활을 통해 인류를 죄와 죽음에서 구원하신 일을 두고 하는 말이다. 그러나 영원하신 하느님 안에서는 창조와 구원이 한 사건이다.

성구 **예레 33,25-26** — 주님께서 이렇게 말씀하신다. — "내가 만일 낮과 밤과 계약을 맺지 않고 하늘과 땅의 질서를 정해 놓지 않았다면, 야곱과 나의 종 다윗의 후손들을 내치고, 아브라함과 이사악과 야곱의 후손들을 다스릴 자들을 다윗의 후손 가운데에서 뽑지도 않을 것이다. 그러나 나는 그들의 운명을 되돌리고 그들을 가엾이 여기겠다."

1코린 15,45-48 성경에도 이렇게 기록되어 있습니다. "첫 인간 아담이 생명체가 되었다." 마지막 아담은 생명을 주는 영이 되셨습니다. 그러나 먼저 있었던 것은 영적인 것이 아니라 물질적인 것이었습니다. 영적인 것은 그다음입니다. 첫 인간은 땅에서 나와 흙으로 된 사람입니다. 둘째 인간은 하늘에서 왔습니다. 흙으로 된 그 사람이 그러하면 흙으로 된 다른 사람들도 마찬가지입니다. 하늘에 속한 그분께서 그러하시면 하늘에 속한 다른 사람들도 마찬가지입니다.

■ 인 간

066 인간은 어떤 의미에서 "하느님의 모습으로" 창조되었는가?

인간은 자신의 창조주를 알고 자유로이 사랑할 수 있다는 뜻에서 하느님의 모습으로 창조되었다. 인간만이 이 지상에서 그 자체를 위하여 하느님께서 원하신 유일한 피조물이고, 오직 인간만이 하느님을 알고 사랑함으로써, 하느님의 생명에 참여하게끔 부름을 받았다. 인간은 하느님의 모습을 지녔으므로, 존엄한 인격을 지니고 있다. 인간은 '무엇'이 아니라 자신을 인식하고, 자유로이 자신을 내어 주며, 하느님과 함께 다른 인격들과 더불어 친교를 이룰 수 있는 '누구'이다.

해설   인간은 하느님을 알고 자유로이 하느님을 사랑할 수 있다. 다시 말해 인간은 하느님 사랑의 파트너가 된다. 이것이 바로 인간이 "하느님의 모습으로" 창조되었다는 뜻이다. 인간은 '무엇'이 아닌 '누구'다. 자신을 인식하고 자유로이 자신을 내어 주며, 하느님과 이웃과 친교를 나누는 인격이다. 창세기는 인간의 창조를 두 번 언급하는데(창세 1,26-28; 2,7.18-24), 교부들은 첫 번째 언급을 예수 그리스도와 연관시킨다.

용어   **인격**   지성과 자유의지를 지니고 있고, 알고 사랑하는 능력을 갖춘 존재를 말한다. 하느님에 관련해서는 인격이라는 말 대신 **위격**位格이라는 말을 쓴다. 성부와 성자와 성령은 한 하느님의 세 위격이시다. → 문답 34와 문답 48 참조.

성구   **창세 1,26-27**   하느님께서 말씀하셨다. "우리와 비슷하게 우리 모습으로 사람을 만들자. 그래서 그가 바다의 물고기와 하늘의 새와 집짐승과 온갖 들짐승과 땅을 기어 다니는 온갖 것을 다스리게 하자." 하느님께서는 이렇게 당신의 모습으로 사람을 창조하셨다. 하느님의 모습으로 사람을 창조하시되 남자와 여자로 그들을 창조하셨다.

로마 8,29-30   하느님께서는 미리 뽑으신 이들을 당신의 아드님과 같은 모상이 되도록 미리 정하셨습니다. 그리하여 그 아드님께서 많은 형제 가운데 맏이가 되게 하셨습니다. 그렇게 미리 정하신 이들을 또한 부르셨고, 부르신 이들을 또한 의롭게 하셨으며, 의롭게 하신 이들을 또한 영광스럽게 해 주셨습니다.

067 하느님께서 인간을 창조하신 목적은 무엇인가?

하느님께서는 모든 것을 인간을 위하여 창조하셨다. 그러나 인간은 하느님을 알고, 하느님을 섬기며, 하느님을 사랑함으로써, 이 세상 안에서 하느님께 감사의 마음으로 모든 피조물을 봉헌하도록 창조되었고, 하늘나라에서 하느님과 함께 나누는 생명으로 부름을 받았다. 오로지 사람이 되신 하느님 말씀의 신비 안에서만 인간의 신비가 밝혀진다. 인간은 "보이지 않는 하느님의 모상"(콜로 1,15), 곧 사람이 되신 하느님의 모습을 재현하도록 미리 정해져 있다.

해설　인간만이 지상에서 그 자체를 위하여 하느님께서 바라신 유일한 피조물이고, 오직 인간만이 하느님을 알고 사랑함으로써 하느님 생명에 참여하도록 부름을 받았다(356항). 하느님께서는 모든 것을 인간을 위해서 창조하셨다. 한편 인간은 하느님을 섬기고 사랑하며, 하느님께 모든 피조물을 봉헌하도록 창조되었다(358항).

용어　**피조물을 하느님께 봉헌**　피조물은 모두 하느님의 것이다. 인간은 하느님의 뜻대로 피조물을 사용함으로써 이를 하느님께 봉헌하게 된다.

하늘나라에서 하느님과 함께 나누는 생명　인간의 궁극 목적은 하느님 생명에 참여하는 것이다. 이것이 바로 하늘나라다.

사람이 되신 하느님 말씀의 신비　제2위이신 말씀이 사람이 되셨다는 사실을 말한다. "말씀이 사람이 되시어 우리 가운데 사셨다"(요한 1,14ㄱ). 이 신비로 인간과 그 구원의 신비가 밝혀진다.

성구　**시편 82,6-7**　"내가 이르건대 너희는 신이며
모두 지극히 높으신 분의 아들이다.
그러나 너희는 사람들처럼 죽으리라.
여느 대관들처럼 쓰러지리라."

1베드 1,3ㄴ-4　하느님께서는 당신의 크신 자비로 우리를 새로 태어나게 하시어, 죽은 이들 가운데에서 다시 살아나신 예수 그리스도의 부활로 우리에게 생생한 희망을 주셨고, 또한 썩지 않고 더러워지지 않고 시들지 않는 상속 재산을 얻게 하셨습니다. 이 상속 재산은 여러분을 위하여 하늘에 보존되어 있습니다.

2코린 3,18* 콜로 1,15-16* 2베드 1,3-4*

068 사람들은 왜 단일성을 이루는가?

모든 사람은 하느님에게서 받은 공통 기원으로 인류의 단일성을 이룬다. 하느님께서는 "한 사람에게서 온 인류를"(사도 17,26) 만드시었다. 나아가 모든 이는 유일한 구세주를 모시고 있으며, 하느님의 영원한 행복을 나누도록 부름을 받았다.

해설 하느님은 "한 사람에게서 온 인류를 만드시어 온 땅 위에 살게 하셨다"(사도 17,26). 이는 인류의 단일성을 나타내는 말이다. 이를 자세히 살펴보면 다음과 같다(360항). ① **기원**의 단일성. 사람은 모두 한 하느님에게서 창조되었다. ② **본성**의 단일성. 사람은 모두 영혼과 육체로 되어 있다. ③ **목적**의 단일성. 사람은 모두 하느님을 향해 창조되었다. ④ **사명**의 단일성. 사람은 모두 하느님을 알고 사랑해야 한다. ⑤ **주거**의 단일성. 사람은 모두 이 세상에서 살아간다. ⑥ **방법**의 단일성. 사람은 모두 같은 방법으로 같은 목적에 도달한다. ⑦ **구원**의 단일성. 사람은 모두 그리스도께 구원을 받았다.

용어 **공통 기원** 사람은 모두 하느님에게서 창조되었다. 그런 의미에서 모든 인류는 한 형제자매이며, 가족적 유대를 지닌다.

성구 **창세 2,7** 그때에 주 하느님께서 흙의 먼지로 사람을 빚으시고, 그 코에 생명의 숨을 불어넣으시니, 사람이 생명체가 되었다.

1코린 8,6 우리에게는 하느님 아버지 한 분이 계실 뿐입니다. 모든 것이 그분에게서 나왔고 우리는 그분을 향하여 나아갑니다. 또 주님은 예수 그리스도 한 분이 계실 뿐입니다. 모든 것이 그분으로 말미암아 있고 우리도 그분으로 말미암아 존재합니다.

사도 17,26-27ㄱ* 로마 10,12-13*

069 인간 안에 영혼과 육체가 어떻게 단일성을 이루는가?

인간만이 육체적이며 동시에 영적인 존재이다. 인간 안에는 정신과 물질이 단 하나의 본성으로 형성된다. 이 단일성은 아주 심오한 것이어서 영적 근원인 영혼 때문에 물질로 구성된 육체가 인간 육체로서 살아 있는 존재가 되며, 하느님의 모습으로 살아가는 품위를 누린다.

해설   인간 안의 영혼과 육체, 정신과 물질은 결합된 두 개의 본성이 아니라, 그 둘의 결합으로 하나의 단일한 인간 본성이 형성된다. 그러므로 인간은 육체적이며 동시에 영적인 존재다. 이 사실은 인간의 위대함을 일깨워준다. 인간은 그 육체성으로 하여 물질 세계와 연결되고, 그 영신성으로 하여 영신 세계와 연결되며 이 두 세계를 하나로 아우른다.

용어   **영혼**   우리말 영혼은 영靈과 혼魂이 합쳐진 것이다. 그래서 '영혼'이라 할 때 순전히 혼만을 가리키는 것이 아니라, 영과 혼의 의미를 하나로 수용하고 있다. 라틴어로 표현할 때는 anima rationalis(이성적 영혼)라 하여 식물이나 동물에게 있는 혼이 아닌, 인간 고유의 혼 곧 영혼을 가리킨다. 그리스 철학에서는 인간을 몸(soma), 혼(psyche), 영(pneuma)의 결합으로 보는데, 바오로 사도도 이를 수용한다(1테살 5,23).→ 문답 88과 문답 412 참조.

성구   **코헬 12,7**   먼지는 전에 있던 흙으로 되돌아가고 목숨은 그것을 주신 하느님께로 되돌아간다.

1테살 5,23   평화의 하느님께서 친히 여러분을 완전히 거룩하게 해 주시기를 빕니다. 또 우리 주 예수 그리스도께서 재림하실 때까지 여러분의 영과 혼과 몸을 온전하고 흠 없이 지켜 주시기를 빕니다.

창세 2,7* 마태 10,28*

070   인간 영혼은 어디에서 오는가?

각 사람의 영혼은 부모들이 만드는 것이 아니라, 하느님께서 직접 창조하셨고 불멸한다. 죽음의 순간에 영혼은 육체와 분리되어도 없어지지 않으며, 마지막 부활 때에 육체와 다시 결합될 것이다.

해설   각 사람의 영혼은 부모에게서 받는 것이 아니라, 하느님께서 직접 지으신다. 죽음으로 육체와 분리되어도 영혼은 없어지지 않으며, 부활 때에 "영적인 몸으로 되살아난"(1코린 15,44) 육체와 다시 결합될 것이다.

용어   **영혼 불멸**   영혼은 죽지도 없어지지도 않는다는 말이다.

성구   **코헬 12,6-7**   은사슬이 끊어지고, 금 그릇이 깨어지며, 샘에서 물동이가 부서

지고, 우물에서 도르래가 깨어지기 전에, 너의 창조주를 기억하여라. 먼지는 전에 있던 흙으로 되돌아가고, 목숨은 그것을 주신 하느님께로 되돌아간다.
1테살 4,16-17 명령의 외침과 대천사의 목소리와 하느님의 나팔 소리가 울리면, 주님께서 친히 하늘에서 내려오실 것입니다. 그러면 먼저 그리스도 안에서 죽은 이들이 다시 살아나고, 그다음으로, 그때까지 남아 있게 될 우리 산 이들이 그들과 함께 구름 속으로 들려 올라가 공중에서 주님을 맞이할 것입니다. 이렇게 하여 우리는 늘 주님과 함께 있을 것입니다.
지혜 2,23* 지혜 8,19-20* 묵시 20,12*

071 하느님께서는 남자와 여자를 어떤 관계에 두셨는가?

남자와 여자는 인격적으로 동등한 존엄성 안에서 하느님에게서 창조되었으며, 동시에 남자 됨과 여자 됨으로써 상호 보완하는 관계에 있다. 하느님께서는 남자와 여자가 서로 인격적으로 일치하고, 서로를 **위한** 존재가 되기를 원하셨다. 아울러 그들은 혼인을 통하여 "한 몸"(창세 2,24)을 이루고, 인간 생명을 전달함으로써 하느님의 관리인으로서 이 땅을 다스리도록 부름을 받았다.

해설 하느님은 남자와 여자를 동등한 인격을 지닌 존재로 창조하셨으며, 서로 전혀 다른 남자 됨[男性]과 여자 됨[女性]을 지니게 하심으로써 서로 돕고, 서로에게 속하며, 둘이 한 몸이 되게 하셨다. 한처음부터 남자와 여자는 서로를 위한 존재로 창조되었다.

용어 **서로 인격적으로 일치**   사람과 사람의 일치는 사물의 일치와는 다르다. 그것은 서로 다름을 보존한 채 이루어지는 하나 됨이다.

서로를 위한 존재   여자는 남자에게(남자는 여자에게) "알맞은 협력자"(창세 2,20)다. 이 '협력자'는 단순한 내조자가 아니라, 서로에게 도움을 주는 존재를 말한다. 출애굽에서는 하느님이 이스라엘의 '협력자'시다.

하느님의 관리인   하느님께서 창조하신 만물의 관리를 남자에게만이 아닌, 남자와 여자에게 맡기셨다는 것은 의미심장하다. 남녀의 협력 없이 자연의 관리는 제대로 될 수 없다.

성구 **창세 2,18.20ㄴ.22-23** 주 하느님께서 말씀하셨다. "사람이 혼자 있는 것이 좋지 않으니, 그에게 알맞은 협력자를 만들어 주겠다." … 그러나 그는 사람인 자기에게 알맞은 협력자를 찾지 못하였다. 그래서 주 하느님께서는 사람 위로 깊은 잠이 쏟아지게 하시어 그를 잠들게 하신 다음, 그의 갈빗대 하나를 빼내시고 그 자리를 살로 메우셨다. 주 하느님께서 사람에게서 빼내신 갈빗대로 여자를 지으시고, 그를 사람에게 데려오시자, 사람이 이렇게 부르짖었다. "이야말로 내 뼈에서 나온 뼈요 내 살에서 나온 살이로구나! 남자에게서 나왔으니 여자라 불리리라." 그러므로 남자는 아버지와 어머니를 떠나 아내와 결합하여, 둘이 한 몸이 된다.

1코린 11,11-12 그러나 주님 안에서는 남자 없이 여자가 있을 수 없고 여자 없이 남자가 있을 수 없습니다. 여자가 남자에게서 나온 것과 마찬가지로 남자도 여자를 통하여 태어나기 때문입니다. 그러나 모든 것이 하느님에게서 나옵니다.

072 하느님의 계획에 따르면 인간은 원래 어떤 상태였나?

하느님께서는 남자와 여자를 창조하실 때, 그들이 거룩함과 의로움 안에서 고유한 신적 생명에 참여할 수 있도록 특별히 배려하셨다. 하느님의 계획에 따르면, 원래 인간은 고통을 당하지도 죽지도 않게 되어 있었다. 인간의 내적인 조화뿐 아니라 피조물과 창조주, 남자와 여자, 그리고 첫 부부와 모든 피조물 사이에 완벽한 조화를 이루게 되어 있었다.

해설 　인간은 원래 선하게 창조되었을 뿐 아니라, 하느님의 은총으로 '원초적인 거룩함과 의로움'의 상태에 있었다. 이로써 인간은 죽지 않고 하느님의 생명에 참여할 수 있었다. 우리는 인간의 첫 범죄를 '원죄'原罪라고 부르듯, 원죄 이전의 상태를 '원의'原義라고 부른다. 이 원초적인 의로움으로 인간의 내적인 조화, 남자와 여자 사이의 조화, 인간과 다른 피조물과의 조화, 하느님과 인간 사이의 조화가 이루어졌다. 이런 인간의 모습이 바로 진정한 인간상인데, 예수 그리스도 안에서 이 참인간상을 확인할 수 있다.

용어 　**신적 생명**　하느님의 생명, 영원한 삶을 말한다. 인간은 처음부터 하느님의 생명에 참여하도록 창조되었다.

	인간의 내적인 조화 조화로운 인격체, 자기 다스림이 완벽히 이루어져 이성과 감정과 자유 의지가 서로 조화롭게 작용하는 인간을 가리킨다.
성구	**지혜 1,13; 2,23-24** 하느님께서는 죽음을 만들지 않으셨고 산 이들의 멸망을 기뻐하지 않으신다. … 정녕 하느님께서는 인간을 불멸의 존재로 창조하시고 당신 본성의 모습에 따라 인간을 만드셨다. 그러나 악마의 시기로 세상에 죽음이 들어와 죽음에 속한 자들은 그것을 맛보게 된다. **요한 19,5** 이윽고 예수님께서 가시나무 관을 쓰시고 자주색 옷을 입으신 채 밖으로 나오셨다. 그러자 빌라도가 그들에게 "자, 이 사람이오." 하고 말하였다. **창세 2,25***

■ 타 락

073 죄의 실재를 어떻게 이해하는가?

	죄는 인간 역사 안에 현존한다. 원죄의 실재는 오로지 하느님 계시의 빛으로 밝혀지고, 무엇보다 죄가 많은 곳에 은총이 더 넘쳐흐르게 하신 모든 사람의 구세주 그리스도의 빛으로 밝혀진다.
해설	죄는 실재한다. 죄를 정확하게 인식할 때 비로소 내가 누구인지, 나와 이웃이 어떤 관계에 있고, 나와 하느님이 어떤 관계에 있는지 알게 된다. 한 마디로 죄는 하느님께서 창조하신 인간들이 그분을 사랑하고 서로를 사랑할 수 있도록 주신 자유를 잘못 사용하는 것이다. 죄의 신비는 하느님의 계시, 하느님의 계획, 하느님의 구원 행위를 통해서 밝혀진다. 어둠과 죽음으로 표현되는 죄는 은총의 빛과 생명으로 밝혀지는 것이다.
용어	**죄의 실재** 죄는 분명히 존재한다. 내 안에, 이 세상에 존재하는 죄를 무시하거나, 부정할 수 없다.
성구	**시편 51,5-7** 저의 죄악을 제가 알고 있으며 저의 잘못이 늘 제 앞에 있습니다. 당신께, 오로지 당신께 잘못을 저지르고 당신 눈에 악한 짓을 제가 하였기에

판결을 내리시더라도 당신께서는 의로우시고
심판을 내리시더라도 당신께서는 결백하시리이다.
정녕 저는 죄 중에 태어났고
허물 중에 제 어머니가 저를 배었습니다.

1요한 1,8-9 만일 우리가 죄 없다고 말한다면, 우리는 자신을 속이는 것이고 우리 안에 진리가 없는 것입니다. 우리가 우리 죄를 고백하면, 그분은 성실하시고 의로우신 분이시므로 우리의 죄를 용서하시고 우리를 모든 불의에서 깨끗하게 해 주십니다.

로마 5,12*

074 천사들의 타락은 어떤 것인가?

성경과 성전은 사탄과 마귀들을 본래 하느님께서 선하게 창조하신 천사였다고 표현하고 가르친다. 그들은 자유롭고 결정적인 선택으로 하느님과 그분의 나라를 거부하고 지옥을 생기게 하였기에 악이 되었다. 그리고 그들은 하느님에 대한 자신들의 반역에 인간을 끌어들이고자 애쓰지만, 하느님께서는 그리스도 안에서 악마에 대한 확실한 승리를 단호하게 천명하신다.

해설 천사들의 타락으로 악마가 생겨났다. 악마는 타락한 천사다. 그들은 본래 하느님께서 선하게 창조하셨으나, 하느님을 거부하였으며, 자신들의 타락에 인간을 끌어들이려 애쓴다. "사실 하느님께서는 죄를 지은 천사들을 그냥 보아 넘기지 않으시고, 어둠의 사슬로 지옥에 가두시어 심판을 받을 때까지 갇혀 있게 하셨습니다"(2베드 2,4).

용어 **사탄과 마귀** 악마와 사탄은 같은 의미로 쓰이고, 마귀와 악령 또는 더러운 영도 같은 의미로 쓰이나, 마귀 또는 악령은 악마 또는 사탄의 부하다. → 문답 252 참조.

지옥 지옥은 마귀 또는 악마가 지배하는 곳이다. 교리서는 지옥을 "하느님과 또 복된 이들과 이루는 친교를 결정적으로 '스스로 거부한' 상태"(1033항)라고 정의한다. 우리말 **지옥**地獄은 악인들이 지하에 갇혀 있음을 상징적으로 나타낸다. → 문답 212 참조.

성구 　창세 3,1.14-15　뱀은 주 하느님께서 만드신 모든 들짐승 가운데에서 가장 간교하였다. 그 뱀이 여자에게 물었다. "하느님께서 '너희는 동산의 어떤 나무에서든지 열매를 따 먹어서는 안 된다.'고 말씀하셨다는데 정말이냐?" … 주 하느님께서 뱀에게 말씀하셨다. "네가 이런 일을 저질렀으니 너는 모든 집짐승과 들짐승 가운데에서 저주를 받아 네가 사는 동안 줄곧 배로 기어 다니며 먼지를 먹으리라. 나는 너와 그 여자 사이에, 네 후손과 그 여자의 후손 사이에 적개심을 일으키니 여자의 후손은 너의 머리에 상처를 입히고 너는 그의 발꿈치에 상처를 입히리라."
　요한 8,44　"그(악마)는 처음부터 살인자로서, 진리 편에 서 본 적이 없다. 그 안에 진리가 없기 때문이다. 그가 거짓을 말할 때에는 본성에서 그렇게 말하는 것이다. 그가 거짓말쟁이며 거짓의 아비기 때문이다."
　1요한 3,8*

075　인간의 첫 범죄는 어떤 것인가?

악마에게 유혹을 받은 인간은 자신의 마음속에 있는 창조주를 향한 신뢰가 죽게 내버려 두었으며, 하느님께 불순종함으로써 하느님 없이 하느님을 따르지 않고서 "하느님처럼"(창세 3,5) 되고자 하였다. 그리하여 아담과 하와는 죄를 지음으로써, 곧바로 자기 자신뿐 아니라 그들의 모든 후손까지 원초적 은총인 거룩함과 의로움을 잃어버렸다.

해설　인간의 첫 범죄는 한 마디로 "불순종"(로마 5,19)이다. 하느님의 계획에 따르는 대신 스스로 - 하느님 없이 하느님을 따르지 않고서 - "하느님처럼"(창세 3,5) 되려고 하였다. 그리하여 그들 자신뿐 아니라 그 후손까지 원초적인 거룩함과 의로움의 은총을 잃어버렸다.

용어　**창조주를 향한 신뢰**　창조주께서 어련히 알아서 잘 마련하시고 잘 해 주실 것으로 믿고 따르는 대신 그 분부를 거역함으로써 신뢰를 깨뜨린 것이다.

성구　창세 3,4-6　뱀이 여자에게 말하였다. "너희는 결코 죽지 않는다. 너희가 그것을 먹는 날, 너희 눈이 열려 하느님처럼 되어서 선과 악을 알게 될 줄을 하느님께서 아시고 그렇게 말씀하신 것이다." 여자가 쳐다보니 그 나무 열매는 먹음직하고 소담스러워 보였다. 그뿐만 아니라 그것은 슬기롭게 해 줄 것처럼 탐스러웠다. 그래서 여자가 열매 하나를 따서 먹고 자기와 함께 있는 남편에게도 주자, 그도 그것을 먹었다.

로마 5,17-18 사실 그 한 사람의 범죄로 그 한 사람을 통하여 죽음이 지배하게 되었지만, 은총과 의로움의 선물을 충만히 받은 이들은 예수 그리스도 한 분을 통하여 생명을 누리며 지배할 것입니다. 그러므로 한 사람의 범죄로 모든 사람이 유죄 판결을 받았듯이, 한 사람의 의로운 행위로 모든 사람이 의롭게 되어 생명을 받습니다.

창세 2,16-17*

076 원죄란 무엇인가?

원죄 안에서 태어난 모든 사람의 원죄는 원초적 거룩함과 의로움을 상실한 상태이다. 원죄는 우리가 '범한' 죄가 아니라 '짊어진' 죄이며, 개인 행위가 아니라 탄생의 상태이다. 모든 인간이 하나의 근원에서 태어나므로 원죄는 '모방이 아닌 번식'으로 인간 본성과 함께 아담의 후손들에게 전달된다. 이 전달은 우리가 완전히 이해할 수 없는 하나의 신비이다.

해설 원죄는 우선 원조들이 지은 죄를 말한다. "하느님께서 의롭게 창조하신 인간은 그러나 악의 유혹에 넘어가 역사의 시초부터 제 자유를 남용하여, 하느님께 반항하고, 하느님을 떠나서 제 목적을 달성하려 하였다"(사목 헌장, 13항). 그렇지만 모든 사람에게 해당되는 원죄는 원조의 죄로 인하여 하느님의 원초적인 의로움과 거룩함을 상실한 상태로 태어난다는 것, 그리하여 모든 사람에게 하느님의 구원 은총이 필요하다는 사실을 가리키는 말이다. 원죄는 '범한' 죄가 아니라 '짊어진' 죄이며, 행위가 아니라 상태다. 원죄는 모방이 아닌 번식으로 인간 본성과 함께 인류에게 전해진다.

용어 **범한 죄가 아니라 짊어진 죄** 원죄는 인간 개인이 지은 죄와는 달리, 인류 공동체가 대대로 감당하게 되는 죄의 상태다.

모방이 아닌 번식으로 다른 사람이 하는 대로 짓는 죄가 아니라, 전염되듯이 죄의 상태에 있음을 의미한다.

성구 **지혜 2,23-24** 정녕 하느님께서는 인간을 불멸의 존재로 창조하시고 당신 본성의 모습에 따라 인간을 만드셨다. 그러나 악마의 시기로 세상에 죽음이 들어와 죽음에 속한 자들은 그것을 맛보게 된다.

로마 7,17-20   그렇다면 이제 그런 일을 하는 것은 더 이상 내가 아니라, 내 안에 자리 잡고 있는 죄입니다. 사실 내 안에, 곧 내 육 안에 선이 자리 잡고 있지 않음을 나는 압니다. 나에게 원의가 있기는 하지만 그 좋은 것을 하지는 못합니다. 선을 바라면서도 하지 못하고, 악을 바라지 않으면서도 그것을 하고 맙니다. 그래서 내가 바라지 않는 것을 하면, 그 일을 하는 것은 더 이상 내가 아니라 내 안에 자리 잡은 죄입니다.

시편 51,5-7*

077 원죄는 어떤 다른 결과들을 가져왔는가?

원죄의 결과로 인간 본성이 온전히 타락한 것은 아니지만, 그 본연의 힘에 손상을 입고 무지와 고통과 죽음의 세력에 휘둘리며 죄에 기우는 것이다. 악으로 기우는 이 경향을 **탐욕**이라고 부른다.

해설   원죄로 인해 인류는 원초적인 거룩함과 의로움을 잃어 죄와 죽음 아래 놓이게 되었다. 나아가 인간 본성이 완전히 타락한 것은 아니지만, 죄로 기우는 경향을 지니게 되었다. 이를 탐욕이라 한다. 인간은 이같은 탐욕 때문에 구원을 위한 힘든 싸움을 계속하고 있다.

용어   **탐욕**   "인간 본성이 손상을 입고 무지와 고통과 죽음의 세력에 휘둘리며 죄에 기우는 것"(405항)을 말한다. **사욕**邪慾이라고도 한다. 우리말 **탐욕**貪慾은 지나친 욕심을 말한다. 곧 자기 절제를 벗어난 욕심이다.

성구   **집회 17,16**   그들의 길은 젊어서부터 악으로 기울어져 있으니 그들은 자기네 심장을 돌 대신 살로 바꿀 수 없었다.

1요한 2,16   세상에 있는 모든 것, 곧 육의 욕망과 눈의 욕망과 살림살이에 대한 자만은 아버지에게서 온 것이 아니라 세상에서 온 것입니다.

078 첫 범죄가 있은 다음에 하느님께서는 무엇을 하셨는가?

최초의 범죄가 있은 뒤에 세상에는 죄가 넘쳐 났지만, 하느님께서는 인간을 죽음의 세력 아래 버려두지 않으시고 오히려 신비로운 방식으로 '원복음'(原福音, 창세 3,15) 안에서 악을 이기고 인간이 타락에서 일어서게 하리라는 것을 약속하셨다. 이 약속이 구세주 메시아에 대한 첫 예고이다. 그래서 타락은 **복된 탓**이라 불리기까지 한다. 그것은 "위대한 구세주를 얻게 되었기"(부활 성야의 부활 찬송) 때문이다.

해설　원조의 타락 후 하느님께서는 즉시 구원을 약속하신다. "나는 너와 그 여자 사이에, 네 후손과 그 여자의 후손 사이에 적개심을 일으키니 여자의 후손은 너의 머리에 상처를 입히고 너는 그의 발꿈치에 상처를 입히리라"(창세 3,15). 하느님께서 유혹자에게 하신 이 말씀을 교회는 인류에게 구세주를 약속하신 것으로 이해하여 '원복음'이라고 부른다.

용어　**죽음의 세력**　죽음의 세력이나 죄의 세력은 바로 악마의 세력을 말한다. 원죄로 인한 불행한 사태는 바로 인간이 죽음의 세력 아래 놓이게 된 것이다.

원복음　악마와의 싸움에서 인류가 승리할 것임을 처음 예고한 것이어서 이렇게 부른다.

구세주 메시아　구약의 예언자들이 예고한 구원자는 메시아로서, 그는 죄와 죽음에서 인류를 속량贖良할 분이다.

성구　**이사 53,11ㄴ-12**　의로운 나의 종은 많은 이들을 의롭게 하고 그들의 죄악을 짊어지리라. 그러므로 나는 그가 귀인들과 함께 제 몫을 차지하고 강자들과 함께 전리품을 나누게 하리라. 이는 그가 죽음에 이르기까지 자신을 버리고 무법자들 가운데 하나로 헤아려졌기 때문이다. 또 그가 많은 이들의 죄를 메고 갔으며 무법자들을 위하여 빌었기 때문이다.

1코린 15,21-22　죽음이 한 사람을 통하여 왔으므로 부활도 한 사람을 통하여 온 것입니다. 아담 안에서 모든 사람이 죽는 것과 같이 그리스도 안에서 모든 사람이 살아날 것입니다.

제2장
하느님의 외아들
예수 그리스도를 만나이다

079 인간에게 복음은 무엇인가?

복음은 돌아가시고 부활하신 "살아 계신 하느님의 아드님"(마태 16,16) 예수 그리스도에 관한 선언이다. 헤로데 임금과 카이사르 아우구스투스 황제 때에 하느님께서는 "당신의 아드님을 보내시어 여인에게서 태어나 율법 아래 놓이게 하셨다. 율법 아래 있는 이들을 속량하시어 우리가 하느님의 자녀 되는 자격을 얻게"(갈라 4,4-5) 하심으로써 아브라함과 그 후손들에게 몸소 약속하신 바들을 이행하셨다.

해설 "하느님께서 당신 아들을 우리에게 보내 주셨다." 이것이 바로 복음이다. 우리에게 보내 주신 하느님의 아드님 예수 그리스도가 복음이며, 약속하신 대로 우리를 죄와 죽음에서 구해 주신 그분의 구원 은총이 복음이다.

용어 **예수 그리스도에 관한 선언** 복음 선포는 "예수 그리스도에 관한 선포" 곧 예수 그리스도를 선포하는 것이며, 그분이 이루신 구원을 선포하는 것이다.

성구 **시편 2,7-8** 주님의 결정을 나는 선포하리라.
나에게 말씀하셨다. "너는 내 아들.
내가 오늘 너를 낳았노라.
나에게 청하여라.
내가 민족들을 너의 재산으로,
땅 끝까지 너의 소유로 주리라."

로마 1,2-4 이 복음은 하느님께서 당신의 예언자들을 통하여 미리 성경에 약속해 놓으신 것으로, 당신 아드님에 관한 말씀입니다. 그분께서는 육으로는 다윗의 후손으로 태어나셨고, 거룩한 영으로는 죽은 이들 가운데에서 부활하시어, 힘을 지니신 하느님의 아드님으로 확인되신 우리 주 예수 그리스도이십니다.

사도 10,36-38*

080 복음은 어떻게 전파되는가?

첫 제자들은 처음부터 모든 사람을 예수 그리스도에 대한 신앙으로 이끌고자 그리스도를 알리려는 열정에 불탔다. 오늘날에도 그리스도에 대한 사랑을 인식함으로써, 복음을 전하고 교리를 가르치려는 열의가 솟아난다. 그 열의는 그리스도의 인격 안에서 하느님의 계획 전체를 밝히고, 인류가 그분과 친교를 이루게 하려는 것이다.

해설 예수 그리스도의 첫 제자들 곧 사도들은 열성을 다하여 사람들에게 예수 그리스도를 선포하였다. 그것은 사람들에게 예수 그리스도를 알리고, 사람들을 예수 그리스도께 이끌어 그분과 친교를 이루도록 하려는 것이었다. 우리는 이를 전도傳道, 신앙 전파, 복음 선포라고 부른다.

용어 **복음福音** 복음 *euangelion*이라는 말은 원래 '기쁜 소식'이라는 뜻이다. 그런데 사도들은 이 말을 '예수 그리스도의' 기쁜 소식을 가리키는 교회 용어로 사용하였다. "예수 그리스도의 복음"(마르 1,1)은 예수 그리스도에 관한 복음이기도 하고, 예수 그리스도께서 선포하신 복음이기도 하다. 우리말 복음은 '복된 말씀'이라는 뜻인데, 예수 그리스도의 기쁜 소식에 잘 어울리는 말이다. → 문답 22 참조.

성구 **이사 61,1** 주님께서 나에게 기름을 부어 주시니 주 **하느님**의 영이 내 위에 내리셨다. 주님께서 나를 보내시어 가난한 이들에게 기쁜 소식을 전하고 마음이 부서진 이들을 싸매어 주며 잡혀간 이들에게 해방을, 갇힌 이들에게 석방을 선포하게 하셨다.

마르 16,20 제자들은 떠나가서 곳곳에 복음을 선포하였다. 주님께서는 그들과 함께 일하시면서 표징들이 뒤따르게 하시어, 그들이 전하는 말씀을 확증해 주셨다. … 예수님께서도 친히 그들을 통하여 동쪽에서 서쪽에 이르기까지, 영원한 구원을 선포하는 거룩한 불멸의 말씀이 두루 퍼져 나가게 하셨다. 아멘.

이사 52,7* 마태 9,35* 루카 8,1* 사도 4,10-12*

■ **"그 외아들 우리 주 예수 그리스도"**

081 "예수"라는 이름은 무슨 뜻인가?

주님 탄생 예고 때에 천사가 가르쳐 준 '예수'라는 이름은 '하느님께서 구원하신다.'라는 뜻이다. 이 이름은 예수님께서 "당신 백성을 죄에서 구원하실 것"(마태 1,21)이므로 그분의 신원과 사명을 드러낸다. 베드로는 "사람들에게 주어진 이름 가운데에서 우리가 구원받는 데에 필요한 이름은 이 이름밖에 없습니다."(사도 4,12)라고 선언한다.

해설 '예수'는 히브리어로 여호수아, 곧 "주님(하느님)께서 구원하신다"는 뜻이다. 천사가 일러준 이 이름은 예수님이 어떤 분이시고, 그분의 사명이 무엇인지 잘 드러낸다. 사도 베드로가 성령을 받고 처음 복음을 선포하면서 말한 대로 "우리가 구원받는 데 필요한 이름은 이 이름밖에 없다"(사도 4,12).

용어 **예수** 복음서에는 마태오 복음(1,21)과 루카 복음(1,31)에 예수의 이름이 점지된다. 마태오 복음에는 이 이름의 뜻이 그 자리에서 밝혀지고, 루카 복음에서는 뒤이어 밝혀진다(1,69.71.77; 2,30; 3,6). 예수님은 구원자 하느님이시다.

성구 **신명 31,23** 주님께서 눈의 아들 여호수아에게 명령하셨다. "힘과 용기를 내어라. 내가 이스라엘 자손들에게 주겠다고 맹세한 땅으로 그들을 데리고 들어갈 사람은 바로 너다. 내가 너와 함께 있겠다."

사도 4,10-12 "여러분 모두와 온 이스라엘 백성은 이것을 알아야 합니다. 나자렛 사람 예수 그리스도의 이름으로, 곧 여러분이 십자가에 못 박았지만 하느님께서 죽은 이들 가운데에서 다시 일으키신 바로 그분의 이름으로, 이 사람이 여러분 앞에 온전한 몸으로 서게 되었습니다. 이 예수님께서는 '너희 집 짓는 자들에게 버림을 받았지만 모퉁이의 머릿돌이 되신 분이십니다. 그분 말고는 다른 누구에게도 구원이 없습니다. 사실 사람들에게 주어진 이름 가운데에서 우리가 구원받는 데 필요한 이름은 이 이름밖에 없습니다."

마태 1,21*

082 예수님을 왜 "그리스도"라 부르는가?

그리스 말로 '그리스도', 히브리말로 '메시아'라는 칭호는 '기름부음받은이'를 뜻한다. 예수님께서는 하느님께 축성되고 성령을 통하여 구원 사명을 완수하시려고 기름 부음을 받았으므로 그리스도이시다. 그분께서는 이스라엘 사람들이 기다려 왔고, 성부께서 세상에 파견하신 메시아이시다. 예수님께서는 메시아 칭호를 받아들이면서 그 의미를 명확히 하셨다. "하늘에서 내려오시어"(요한 3,13), 십자가에 못 박히시고, 부활하신 예수님께서는 "많은 이들의 몸값으로 자기 목숨을 바치러 오신"(마태 20,28) 분, 곧 고통 받는 종이시다. '그리스도'라는 칭호에서 **그리스도인**이라는 이름이 유래했다.

해설   그리스도는 그리스말이고, 히브리말로는 메시아다. 우리말로는 '기름부음받은이'라고 번역하기도 한다(고유명사화하여 붙여 씀). 그리스도라는 칭호는 무엇보다도 예수님이 "하느님께서 당신 나라를 세우시기 위해 파견하시는 메시아"임을 가리킨다(436항). 구약에서는 성령을 부여하는 의미에서 기름을 부어 축성하였지만, 예수님은 기름부음 자체이신 성령을 받으셨으므로 메시아이시다. 메시아 칭호는 예수라는 칭호처럼 그분이 누구이시고 그분의 사명이 무엇인지 잘 드러낸다.

용어   **그리스도/메시아**   '기름부음 받은 이'라는 뜻. 이스라엘은 왕과 사제와 예언자에게 기름을 부어 축성하였다. 과연 예수님께서는 사제-예언자-왕의 삼중 임무 안에서 메시아에 대한 이스라엘의 희망을 채워 주셨다.

     고통 받는 종   이사야서에는 '고난 받는 주님의 종의 노래'가 네 개 실려 있다(42,1-9; 49,1-7; 50,4-11; 52,13─53,12). 복음서들은 예수님이 모든 이의 구원을 위해 하느님께서 보내신 메시아로서 고난과 죽음을 받아들이신 분으로 이해하였다(마태 8,17; 12,15-21; 루카 9,35; 22,37; 요한 12,38). → 문답 118 참조.

성구   **시편 2,1-2**   어찌하여 민족들이 술렁거리며
겨레들이 헛일을 꾸미는가?
주님을 거슬러, 그분의 기름부음받은이를 거슬러
세상의 임금들이 들고 일어나며
군주들이 함께 음모를 꾸미는구나.

     사도 4,26-28   "주님을 거슬러, 그분의 기름부음받은이를 거슬러 세상의 임금들이 들고일어나며 군주들이 함께 모였구나.' 과연 헤로데와 본시오 빌라도는 주님께서 기름을 부으신 분, 곧 주님의 거룩한 종 예수님을 없애려고, 다른 민족들은 물론 이스라엘 백성과도 함께 이 도성에 모여, 그렇게 되도록 주

님의 손과 주님의 뜻으로 예정하신 일들을 다 실행하였습니다."
마태 16,15-16* 요한 1,29ㄴ*

083 예수님께서는 어떤 의미에서 "하느님의 외아들"이신가?

예수님께서는 유일하고 완전한 의미로 하느님의 외아드님이시다. 예수님의 세례 때와 변모 때에 성부께서는 당신의 음성으로 예수님을 당신의 '사랑하는 아들'이라고 말씀하신다. 예수님께서는 당신 자신을 "아버지를 아는"(마태 11,27) 아들로 소개하시면서, 당신께서 아버지 하느님과 유일하고 영원한 관계를 맺고 있음을 단언하신다. 그분께서는 하느님의 "외아드님"(1요한 4,9)으로서 성삼위의 둘째 위격이시다. 그분께서는 사도들 설교의 중심이시다. 사도들은 그분께서 "아버지의 외아드님으로서 지니신 영광을 보았다."(요한 1,14)고 증언한다.

해설 예수님과 하느님 사이의 관계는 유일무이한 아버지와 아들의 관계다. 이 유일한 관계는 "외아들"(요한 1,14; 3,16; 1요한 4,9)이라는 칭호로 확인된다. 하느님과 유일한 부자의 관계를 나타내는 성경 말씀은 많다. 우선 하느님께서 예수 그리스도를 아들로 장엄하게 선언하신다(세례 때와 변모 때). 예수님 자신이 하느님을 "나의 아버지"라 부르시면서(요한 20,17) 자신이 하느님의 유일한 아들임을 천명하신다(루카 22,70). 제자들은 예수님을 "하느님의 아들"이라고 고백하였는데(마태 16,16), 이 신앙 고백은 교회의 중심적인 신앙 고백이 되었다(요한 20,31).

용어 **예수님의 세례와 변모** 예수님은 공생활을 시작하면서 요한에게 세례를 받으셨고, 수난의 길을 시작하면서 거룩한 변모를 이루셨다(556항). 그 때마다 성부께 "내가 사랑하는 아들"임을 확인받으셨으며, 공생활과 수난에서 아버지의 뜻을 이루어내셨다.

하느님의 외아드님 이스라엘은 '하느님의 아들'이라는 칭호를 폭넓게 사용하였다(창세 6,2.4; 에스 8,12⑯; 지혜 2,18 등). 신약에 와서도 교회는 믿는 이들을 '하느님의 자녀'라고 부르기를 주저하지 않는다(마태 5,9; 루카 20,36; 요한 1,12; 사도 17,29; 로마 8,14.16 등). 그러나 영원으로부터 성부께 나신 분은 제2위이신 성자 예수 그리스도뿐임을 '외아드님'이라는 칭호로 천명한다.

성구　**이사 9,5**　우리에게 한 아기가 태어났고 우리에게 한 아들이 주어졌습니다. 왕권이 그의 어깨에 놓이고 그의 이름은 놀라운 경륜가, 용맹한 하느님, 영원한 아버지 평화의 군왕이라 불리리이다.

　　　마르 9,7　그때에 구름이 일어 그들을 덮더니 그 구름 속에서, "이는 내가 사랑하는 아들이니 너희는 그의 말을 들어라." 하는 소리가 났다.

　　　루카 22,70-71* 요한 1,14.18*

084 "주님"이란 칭호는 무슨 뜻인가?

성경에서 이 칭호는 통상적으로 하느님의 주권을 가리킨다. 예수님께서는 이 칭호를 당신 자신에게 적용하시며 자연, 마귀, 죄와 죽음을 지배하시고, 특별히 당신의 부활을 통하여 하느님의 주권을 드러내신다. 초대 교회의 신앙 고백은 권능과 영예와 영광을 하느님 아버지와 마찬가지로 예수님께도 드려야 한다는 사실을 확인한다. 하느님께서는 "모든 이름 위에 뛰어난 이름을 그분께 주셨다"(필리 2,9). 예수님께서는 세계와 역사의 주님이시며, 인간은 오직 그분께만 자신의 인격적 자유를 온전히 종속시켜야 한다.

해설　문답은 주님이라는 칭호가 예수님의 신적 주권을 가리킨다고 말한다. 옳은 말이다. 그렇지만 "주님"이라는 칭호는 성경에서 특별한 자리를 차지한다. 이스라엘의 거룩하신 하느님 '야훼'를 가리키는 말이 바로 '주님'이다. 이스라엘은 하느님의 이 거룩한 이름 대신 '아도나이'(나의 주님) 곧 '주님'으로 고쳐 불렀다(문답 38 해설 참조). 그러므로 예수님을 '주님'이라 부르는 것은 그분이 구약에서 말하는 주 하느님과 같은 분, 곧 하느님이심을 고백하는 것이다(455항).

용어　**하느님의 주권**　하느님은 만물의 주인이시다. 만물을 창조하시고 만물을 지배하신다.

　　　주님/키리오스 Kyrios　히브리어 성경에서 '야훼'라는 지극히 거룩한 이름 대신 사용한 '아도나이'를 그리스어 성경에서는 '키리오스' 곧 '주님'으로 번역하였고, 그리스어로 쓴 신약 성경도 이 전통을 따른다. 신약의 교회는 성부와 성자와 성령을 이 칭호로 부른다. 우리말 구약 성경에서는 이를 나타내기 위해서 **주님**이라고 고딕체로 쓴다.

성구   **여호 3,11.13** "자, 온 땅의 주인이신 분의 계약 궤가 너희 앞에 서서 요르단을 건널 것이다. … 온 땅의 주인이신 주님의 궤를 멘 사제들의 발바닥이 요르단 강 물에 닿으면, 위에서 내려오던 요르단 강 물이 끊어져 둑처럼 멈추어 설 것이다."

필리 2,9-11 그러므로 하느님께서도 그분을 드높이 올리시고 모든 이름 위에 뛰어난 이름을 그분께 주셨습니다. 그리하여 예수님의 이름 앞에 하늘과 땅 위와 땅 아래에 있는 자들이 다 무릎을 꿇고 예수 그리스도는 주님이시라고 모두 고백하며 하느님 아버지께 영광을 드리게 하셨습니다.

신명 10,14-18* 시편 110,1* 사도 2,36*

■ **"예수 그리스도께서 성령으로 인하여
동정 마리아께 잉태되어 나셨다"**

085 천주 성자께서는 왜 사람이 되셨는가?

성자께서는 인간을 위하여, 인간 구원을 위하여 성령으로 동정 마리아의 태중에서 육신을 취하시어 사람이 되셨다. 또한 그분께서는 우리 죄인들을 하느님과 화해시키시고자 우리에게 거룩한 모범이 되시어, 우리가 하느님의 무한한 사랑을 깨닫고 "하느님의 본성에 참여하게"(2베드 1,4) 하시려고 사람이 되셨다.

해설 성자께서 사람이 되신 이유를 교리서는 다음과 같이 정리한다. ① 우리를 하느님과 화해시켜 구원하시고자(457항), ② 우리가 하느님의 사랑을 깨닫게 하시려고(458항), ③ 우리에게 거룩함의 모범이 되시려고(459항), ④ 우리를 하느님의 본성에 참여하게 하시려고(460항) 성자께서는 사람이 되셨다. "성자께서는 저희 인간을 위하여, 저희 구원을 위하여 하늘에서 내려오셨음을 믿나이다"(니케아-콘스탄티노폴리스 신경). 하느님께서 사람이 되심으로써 하느님이 어떤 분이시고 사람이 어떤 존재인지 분명히 계시된 것이다.

용어 **하느님과 화해** 성자께서 사람이 되신 것은 우리 죄인을 하느님과 화해시키기 위해서다.

거룩한 모범 성자께서는 우리의 길이시다. 그분만 따라 하면 우리도 거룩하신 하느님의 거룩한 자녀가 된다.

하느님의 사랑을 깨달음 성자께서 사람이 되심으로 하느님의 사랑이 극적으로 드러났다.

하느님의 본성에 참여 성자께서는 우리가 그분의 신성에 참여하도록 우리의 인성을 취하셨다. "하느님이 사람이 되신 것은 사람이 하느님이 되게 하려는 것이다"(토마스 데 아퀴노).

성구 　이사 42,1-4　여기에 나의 종이 있다. 그는 내가 붙들어 주는 이, 내가 선택한 이, 내 마음에 드는 이다. 내가 그에게 나의 영을 주었으니 그는 민족들에게 공정을 펴리라. 그는 외치지도 않고 목소리를 높이지도 않으며 그 소리가 거리에서 들리게 하지도 않으리라. 그는 부러진 갈대를 꺾지 않고 꺼져 가는 심지를 끄지 않으리라. 그는 성실하게 공정을 펴리라. 그는 지치지 않고 기가 꺾이는 일 없이 마침내 세상에 공정을 세우리니 섬들도 그의 가르침을 고대하리라.

화해　콜로 1,22　이제 하느님께서는 당신 아드님의 죽음을 통하여 그분의 육체로 여러분과 화해하시어, 여러분이 거룩하고 흠 없고 나무랄 데 없는 사람으로 당신 앞에 설 수 있게 해 주셨습니다.

모범　요한 15,12　"내가 너희를 사랑한 것처럼 너희도 서로 사랑하여라."

사랑　1요한 4,9　하느님의 사랑은 우리에게 이렇게 나타났습니다. 곧 하느님께서 당신의 외아드님을 세상에 보내시어 우리가 그분을 통하여 살게 해 주셨습니다.

하느님의 본성　2베드 1,4　그분께서는 그 영광과 능력으로 귀중하고 위대한 약속을 우리에게 내려 주시어, 여러분이 그 약속 덕분에, 욕망으로 이 세상에 빚어진 멸망에서 벗어나 하느님의 본성에 참여하게 하셨습니다.

086 "강생"은 무슨 뜻인가?

교회는 말씀의 유일한 신적 위격 안에 결합된 신성과 인성의 놀라운 일치의 신비를 '강생'이라고 부른다. 우리의 구원을 완성하시고자 하느님의 아드님께서 참으로 인성을 취하시어 "사람"(요한 1,14)이 되셨다. 따라서 강생 신앙은 그리스도교 신앙의 특징이다.

해설 "하느님의 아드님께서 참으로 사람이 되셨다." 이 놀라운 신비를 '강생' 또는 '육화'라고 한다(문답 45 용어풀이 참조). 하느님이 보고 듣고 만지고 느낄 수 있는 살/몸/사람이 되셨다! 강생의 신비는 그리스도교 신앙의 가장 큰 특징이다.

용어 **강생** 문답은 강생을 "말씀의 유일한 신적 위격 안에 결합된 신성과 인성의 놀라운 일치의 신비"라고 정의하였다. 삼위일체 하느님의 제2위이신 성자 안에 놀랍게도 신성과 인성이 하나가 되었다는 말이다. 우리말 **강생**降生은 하늘에서 내려와 사람으로 태어나셨음을 나타낸다. → 문답 45 참조.

성구 **지혜 8,19-20** 나는 재능을 타고났으며
훌륭한 영혼을 받은 아이였다.
더 정확히 말하면
나는 훌륭한 영혼으로서 티 없는 육체 안으로 들어갔다.
요한 1,14 말씀이 사람(직역: 살)이 되시어 우리 가운데 사셨다. 우리는 그분의 영광을 보았다. 은총과 진리가 충만하신 아버지의 외아드님으로서 지니신 영광을 보았다.
에제 11,19-20* 마태 1,16*

087 예수 그리스도께서는 어떤 방식으로 참하느님이시고, 참사람이신가?

예수님께서는 신적 위격의 단일성 안에서 갈라질 수 없는 참하느님이시고, 참사람이시다. '창조되지 않고 나시어 성부와 한 본체'로서 하느님의 아드님이신 그분께서는 우리와 형제인 참인간이 되셨지만, 언제나 우리 주 하느님이시다.

해설 예수 그리스도는 성삼위의 제2위로서 신성과 인성을 함께 지니셨으므로 참하느님이시고 참사람이시다. 그분은 성부에게서 나셨으니, 참하느님이시고, 동정 마리아에게서 나셨으니 참사람이시다. 그분은 사람으로서 우리의 형제이시고, 하느님으로서 우리의 주님이시다. 예수 그리스도께서는 단순히 신성과 인성을 갖추신 참하느님이요 참사람이 아니라, 헛된 이방신들과는 달리 자애가 넘치는 살아계신 하느님이시며 하느님의 모습을 완전하게 닮은 인간이시다.

용어 **신적 위격의 단일성** 예수 그리스도께서는 오직 신적 위격만 가지고 계실 뿐이다. "그리스도의 인성은 하느님 아들의 신적 위격 외에 다른 주체를 가지지 않는다"(466항).

한 본체 '같은 본체'라는 뜻이다. 다만 '삼위께서 오직 한 본체'이심 곧 '삼위일체'이심을 강조하여 '한 본체'라고 번역한 것이다.

성구 **호세 13,4** 나는 이집트 땅에서부터 주 너의 하느님이다. 너는 나 말고 다른 신을 알아서는 안 된다. 나밖에 다른 구원자는 없다.

콜로 2,9 온전히 충만한 신성이 육신의 형태로 그리스도 안에 머무르고 있습니다.

히브 4,14-15* 요한 20,17*

088 칼케돈 공의회(451년)는 위 문답과 관련하여 무엇을 가르치는가?

칼케돈 세계 공의회는 다음과 같이 고백하도록 가르친다. "유일하고 동일한 아들, 우리 주 예수 그리스도께서는 신성에서 완전하시고, 인성에서도 완전하시며, 참하느님이시고, 영혼과 육체로 이루어진 참사람이시다. 신성으로는 아버지와 한 본체이시고, 인성으로는 우리와 한 본체이시며, '모든 면에서 우리와 똑같이 유혹을 받으신, 그러나 죄를 짓지 않으신'(히브 4,15) 분이시다. 신성으로는 시간 이전에 아버지에게서 나셨으며, 인성으로는 이 마지막 날에 하느님의 어머니 동정 마리아에게서 우리를 위하여 우리 구원을 위하여 태어나셨다."

해설 칼케돈 공의회 신경을 간결하게 정리하면 다음과 같다. "그분은 완전한 신성을 갖추시고 완전한 인성을 갖추셨다. 그분은 우리와 똑같이 이성적 영혼과 육체로 이루어진 참사람이시다. 그분은 성부와 똑같으시니, 곧 성부와 한 본체consubstantialis이시다. 하느님으로서는 영원으로부터 성부께 나시고, 사람으로서는 이 마지막 때에 마리아에게서 나셨다. 우리는 예수 그리스도 안에 있는 이 신성과 인성을 혼합하거나 혼동하거나 분할하지 않고서, 참하느님이시고 참사람이시라고 고백한다"(467항).

용어 **영혼** 중세 철학에 따르면 생물은 모두 혼이 있다. 그러나 식물에게는 생명체로서 자라게 하는 생혼生魂이, 동물에게는 감지할 수 있는 각혼覺魂이, 사람에게는 사유할 수 있는 영혼이 있다고 본다. 따라서 인간의 영혼을 '이성적 영혼'이라 표현하는 것이다. 그렇지만 우리말 영혼에는 영靈과 혼魂이라는 두 개념을 동시에 지니고 있어, 굳이 '이성적 영혼'이라 하지 않고 그냥 '영혼'이라고 하는 것이 더 자연스럽다. → 문답 69 용어 풀이 참조.

성구 **다니 7,13-14** "내가 이렇게 밤의 환시 속에서 앞을 보고 있는데 사람의 아들 같은 이가 하늘의 구름을 타고 나타나 연로하신 분께 가자 그분 앞으로 인도되었다. 그에게 통치권과 영광과 나라가 주어져 모든 민족들과 나라들, 언어가 다른 모든 사람들이 그를 섬기게 되었다. 그의 통치는 영원한 통치로서 사라지지 않고 그의 나라는 멸망하지 않는다."

히브 2,11-12.17 사람들을 거룩하게 해 주시는 분이나 거룩하게 되는 사람들이나 모두 한 분에게서 나왔습니다. 그러한 까닭에 예수님께서는 그들을 형제라고 부르기를 부끄러워하지 않으시고, 이렇게 말씀하십니다. "저는 당신 이름을 제 형제들에게 전하고 모임 한가운데에서 당신을 찬양하오리다." … 그렇기 때문에 그분께서는 모든 점에서 형제들과 같아지셔야 했습니다. 자비로울 뿐만 아니라 하느님을 섬기는 일에 충실한 대사제가 되시어, 백성의 죄를 속죄하시려는 것이었습니다.

로마 8,29*

089 교회는 강생의 신비를 어떻게 표현하는가?

예수 그리스도께서는 참하느님이시고 참사람이시며, 신성과 인성의 두 본성은 서로 혼동되지 않으면서, 하느님 아들의 단일한 위격 안에 결합되어 있다고 선언함으로써 그 신비를 고백한다. 그와 같은 결합으로 말미암아, 예수님의 인성 안에서 행하여진 모든 일, 곧 기적들과 고통과 죽음은 신적 위격에 귀속된다.

해설 하느님께서 정하신 때에, 성부의 외아들께서 강생하셨다. 그분은 신성을 잃지 않으면서 인성을 취하셨다(479항). 예수 그리스도는 오직 하느님 제2위로서 참하느님이시며 참사람이시다. 그러므로 그분은 하느님과 인간 사이의 유일한 중개자이시다(480항). 예수 그리스도는 신성과 인성의 두 본성을 지니신다. 이 두 본성은 혼동되지 않으면서, 천주 성자의 단일한 위격 안에 결합되어 있다(481항).

용어 **하느님 아들의 단일한 위격** 성자는 하느님의 위격과 인간의 위격을 가지고 있는 것이 아니다. 그분은 오직 천주 성자 위(位)만 가지고 있을 뿐이다.

성구 **이사 8,17-18** 그리고 주님을 기다리리라. 야곱 집안에서 당신 얼굴을 감추신 분, 나는 그분을 고대하리라. 보라, 주님께서 나에게 주신 자녀들과 나야말로 시온 산에 계시는 만군의 주님께서 이스라엘에 세우신 표징과 예표이다.

히브 2,12-14ㄱ 예수님께서는 이렇게 말씀하십니다. "저는 당신 이름을 제 형제들에게 전하고 모임 한가운데에서 당신을 찬양하오리다." 또 "나는 그분을 신뢰하리라." 하시고 "보라, 나다. 그리고 하느님께서 나에게 주신 자녀들이다." 하고 말씀하십니다. 이 자녀들이 피와 살을 나누었듯이, 예수님께서도 그들과 함께 피와 살을 나누어 가지셨습니다.

시편 22,23* 이사 9,5*

090 사람이 되신 성자는 인간의 인식 능력을 갖춘 영혼을 가지셨는가?

천주 성자께서는 인간적 인식 능력을 갖춘 영혼을 취하셨다. 인간적 지성을 가지신 예수님께서는 경험을 통하여 많은 것을 터득하셨다. 그러나 인간이 되신 하느님의 아드님으로서도 성자께서는 당신의 아버지이신 하느님을 친밀하고도 직접적으로 인식하고 계셨다. 아울러 인간 안에 감추어진 생각들을 꿰뚫어 보시고, 당신께서 계시하러 오신 영원한 계획들을 온전히 알고 계셨다.

해설 예수 그리스도께서는 인간으로서도 하느님으로서도 인식 능력을 가지고 계셨다. 우리가 인식하듯 그렇게 인식하셨을 뿐 아니라, 하느님으로서 인간적 한계를 뛰어넘어 인식하셨다. 특히 하느님을 알고 하느님의 구원 계획을 온전히 알고 계셨다.

용어 **인간적 인식** 인간은 경험 또는 학습을 통해 인식한다. "이러한 인간 인식은 한계를 지니지 않을 수 없다. 자신이 존재하는 시간과 공간의 역사적 조건 안에서 이루어지는 인식이다"(472항).

성구 **잠언 2,1-5** 내 아들아, 네가 만일 내 말을 받아들이고 내 계명을 네 안에 간직한다면, 지혜에 네 귀를 기울이고 슬기에 네 마음을 모은다면, 그래, 네가 예지를 부르고 슬기를. 향해 네 목소리를 높인다면, 네가 은을 구하듯 그것을 구하고 보물을 찾듯 그것을 찾는다면, 그때에 너는 **주님** 경외함을 깨닫고 하느님을 아는 지식을 찾아 얻으리라.

요한 8,55 "너희는 그분을 알지 못하지만 나는 그분을 안다. 내가 그분을 알지 못한다고 말하면 나도 너희와 같은 거짓말쟁이가 될 것이다. 그러나 나는 그분을 알고 또 그분의 말씀을 지킨다."

루카 2,26.52*

091 사람이 되신 말씀의 두 의지가 어떻게 조화를 이루는가?

예수님께서는 신적 의지와 인간적 의지를 지니셨다. 지상 생활을 하시는 동안 천주 성자께서는 우리의 구원을 위하여 성부와 성령과 함께 하느님으로서 결정하신 것을 인간으로서도 원하셨다. 그리스도의 인간적 의지는 신적 의지에 저항하거나 반대하지 않고, 오히려 그 의지를 따르고 순종한다.

해설 "하느님의 아들께서는 인간의 손으로 일하시고, 인간의 정신으로 생각하시고, 인간의 의지로 행동하시고, 인간의 마음으로 사랑하셨다"(사목 헌장, 22항). 성자께서는 우리 구원을 위하여 하느님으로서 결정하신 것을 인간으로서도 원하셨다. 인간으로서 당신의 뜻을 하느님의 뜻에 온전히 조화시키셨다. "제 뜻이 아니라 아버지의 뜻이 이루어지게 하십시오"(루카 22,42).

용어 **신적 의지** 예수님께서 하느님으로서 지니신 의지를 말한다. 이 의지는 성부와 성령과 공유하시는 의지다. (그분께서 하느님으로서 지니신 인식도 마찬가지로 성부와 성령과 공유하시는 인식이다. 482항 참조.)

성구 예레 23,5 그날이 온다! **주님**의 말씀이다. 내가 다윗을 위하여 의로운 싹을 돋아나게 하리라. 그 싹은 임금이 되어 다스리고 슬기롭게 일을 처리하며 세상에 공정과 정의를 이루리라.

요한 12,27 "이제 제 마음이 산란합니다. 무슨 말씀을 드려야 합니까? '아버지, 이때를 벗어나게 해 주십시오.' 하고 말할까요? 그러나 저는 바로 이때를 위하여 온 것입니다."

마태 26,39.42* 요한 6,38-39*

092 그리스도께서는 참인간의 육체를 지니셨는가?

그리스도께서는 참된 인간 육체를 취하시어 보이지 않는 하느님께서 보이는 인간으로 나타나셨다. 이러한 이유로 그리스도께서는 성화로 표현되고, 또한 그것을 통하여 공경받을 수 있게 되었다.

해설 그리스도께서는 인간으로서 육체를 지니신 것은 당연하다. 이로써 그분은 고난을 당하시고 죽으심으로써 하느님의 뜻인 인류 구원을 이루셨다. 특히 십자가에 못 박히신 예수님은 당신이 하느님이심을 보여 주신다. "참으로 이 사람은 하느님의 아드님이셨다"(마르 15,39).

용어 **성화** 여기에는 그림만이 아닌 조각도 포함되며, 따라서 성화聖畫와 성상聖像을 두루 합하여 성화상聖畫像이라고 표현한다. 성화상은 그냥 인간적인 모습을 표현해 내는 데 그치지 않고, 그 보이는 모습을 통해 "보이지 않는 하느님의 모상"(콜로 1,15)을 표현한다. → 문답 240과 문답 446 참조.

성구 **에제 37,4-6** 그분께서 또 나에게 말씀하셨다. "이 뼈들에게 예언하여라. 이렇게 말하여라. '너희 마른 뼈들아, **주님**의 말을 들어라. 주 **하느님**이 뼈들에게 이렇게 말한다. 나 이제 너희에게 숨을 불어넣어 너희가 살아나게 하겠다. 너희에게 힘줄을 놓고 살이 오르게 하며 너희를 살갗으로 씌운 다음, 너희에게 영을 넣어 주어 너희를 살게 하겠다. 그제야 너희는 내가 **주님**임을 알게 될 것이다.'" 그래서 나는 분부받은 대로 예언하였다. 그런데 내가 예언할 때, 무슨 소리가 나고 진동이 일더니, 뼈들이, 뼈와 뼈가 서로 다가가는 것이었다.
1요한 4,2 여러분은 하느님의 영을 이렇게 알 수 있습니다. 예수 그리스도께서 사람의 몸으로 오셨다고 고백하는 영은 모두 하느님께 속한 영입니다.
루카 24,39-40*

093 예수님의 성심은 무엇을 드러내는가?

예수님께서는 인간적인 마음으로 우리를 알고 사랑하셨다. 우리의 구원을 위하여 찔리신 예수님의 성심은, 성부와 모든 사람에 대한 그분의 무한한 사랑의 상징이다.

해설 예수님께서는 인간적인 마음으로 우리를 사랑하셨다(사목 헌장, 22항 참조). 창에 찔린 예수님의 심장(요한 19,34)은 하느님 아버지와 인류에 대한 성자의 사용어   **인간적인 마음**   장기臟器의 하나인 심장을 가리키기보다는 마음을 가리키기 위해 '인간적인 마음'이라 하였다. 마음은 사랑이 솟아나는 곳이다.

성구   **요나 3,10**   하느님께서는 그들이 악한 길에서 돌아서는 모습을 보셨다. 그래서 하느님께서는 마음을 돌리시어 그들에게 내리겠다고 말씀하신 그 재앙을 내리지 않으셨다.

마태 11,29-30   "나는 마음이 온유하고 겸손하니 내 멍에를 메고 나에게 배워라. 그러면 너희가 안식을 얻을 것이다. 정녕 내 멍에는 편하고 내 짐은 가볍다."

예레 23,9* 마르 6,34* 요한 19,34-35ㄱ* 필리 2,5-8*

094   "성령으로 잉태되어"는 무슨 의미인가?

천사가 주님의 탄생을 예고할 때에 "성령께서 너에게 내려오시고"(루카 1,35)라고 마리아께 말한 대로, 남자의 관여 없이 성령의 힘으로 동정 마리아의 태중에 영원한 성자께서 잉태되셨음을 뜻한다.

해설   복음서는 예수 그리스도께서 성령으로 잉태되었음을 증언한다. "성령께서 너에게 내려오시고 지극히 높으신 분의 힘이 너를 덮을 것이다"(루카 1,35). "그 몸에 잉태된 아기는 성령으로 말미암은 것이다"(마태 1,20). 교회는 이를 '동정 잉태'conceptio virginalis라고 부른다. 동정 마리아가 남자의 관여 없이 성령의 힘으로 예수님을 잉태한 것이다.

용어   **남자의 관여 없이**   부부행위 없이 예수님이 잉태되셨음을 말한다.

성구   **이사 7,14**   "그러므로 주님께서 몸소 여러분에게 표징을 주실 것입니다. 보십시오, 젊은 여인이 잉태하여 아들을 낳고 그 이름을 임마누엘이라 할 것입니다."

마태 1,18-20   예수 그리스도께서는 이렇게 탄생하셨다. 그분의 어머니 마리아가 요셉과 약혼하였는데, 그들이 같이 살기 전에 마리아가 성령으로 말미암아 잉태한 사실이 드러났다. 마리아의 남편 요셉은 의로운 사람이었고 또 마리아의 일을 세상에 드러내고 싶지 않았으므로, 남모르게 마리아와 파혼하기로 작정하였다. 요셉이 그렇게 하기로 생각을 굳혔을 때, 꿈에 주님의 천사가 나타나 말하였다. "다윗의 자손 요셉아, 두려워하지 말고 마리아를 아내로 맞아들여라. 그 몸에 잉태된 아기는 성령으로 말미암은 것이다."
루카 1,34-35*

095 "동정녀 마리아에게서 나시고"는 무슨 뜻이며, 왜 마리아께서는 하느님의 어머니이신가?

마리아께서는 예수님의 어머니(요한 2,1; 19,25)시기 때문에, 참으로 **하느님의 어머니**시다. 성령으로 잉태되시어 참으로 마리아의 아드님이 되신 예수님께서는 성부의 영원한 아드님이시고, 하느님 자신이시기 때문이다.

해설   "동정녀 마리아에게서 나셨다"는 말은 예수님께서는 육친 아버지 없이 오로지 하느님 아버지만 계시다는 뜻이다. 그리고 "마리아는 하느님의 어머니시다"는 말은 마리아에게서 태어나신 예수님이 참으로 하느님이시라는 뜻이다.

용어   **하느님의 어머니/테오토코스**Theotokos   하느님에게 어머니가 있을 수 없다. 그럼에도 이 모순된 말을 쓰는 이유는 예수님이 마리아의 아들로서, 사람이실 뿐 아니라 참으로 하느님이시라는 사실을 강조하기 위해서다. 그리스어 '테오토코스'는 '하느님을 낳은 이'라는 뜻이다. 그러나 성모님은 성부와 성령의 어머니가 아니다.

동정녀   처녀라는 말이다. 원래 '동정'童貞이라는 우리말은 남자가 총각임을 가리키는 말이나, 고유명사처럼 마리아에게 이 칭호를 부여해 왔다.

성구   **판관 13,3-5**   주님의 천사가 그 여자에게 나타나서 말하였다. "보라, 너는 임신할 수 없는 몸이어서 자식을 낳지 못하였지만, 이제 잉태하여 아들을 낳을 것이다. 그러니 앞으로 조심하여 포도주도 독주도 마시지 말고, 부정한 것은 아무것도 먹지 마라. 네가 임신하여 아들을 낳을 것이기 때문이다. 그리고 아기의 머리에 면도칼을 대어서는 안 된다. 그 아이는 모태에서부터 이미 하느님께 바쳐진 나지르인이 될 것이다. 그가 이스라엘을 필리스티아인들의 손에서 구원해 내기 시작할 것이다."

갈라 4,4-5   때가 차자 하느님께서 당신의 아드님을 보내시어 여인에게서 태어나 율법 아래 놓이게 하셨습니다. 율법 아래 있는 이들을 속량하시어 우리가 하느님의 자녀 되는 자격을 얻게 하시려는 것이었습니다.

루카 1,41-43*

096 "원죄 없으신 잉태"는 무슨 의미인가?

하느님께서는 마리아를 천주 성자의 어머니가 되게 하시려고 그분을 영원으로부터 자유로이 선택하셨다. 그러한 사명의 수행을 위하여 마리아께서는 **원죄 없이 잉태되신** 것이다. 이는 마리아께서 하느님의 은총과 예수 그리스도의 공로를 미리 입으시어, 잉태되시는 첫 순간부터 원죄에 물들지 않으셨음을 뜻한다.

해설   마리아는 구세주의 어머니가 되기 위하여 하느님에게서 이 임무에 맞갖은 은혜를 받았다(490항). 곧, 마리아는 잉태되는 순간부터 원죄에서 완전히 보호되었다(508항). 그리하여 성자는 죄 없이 깨끗한 마리아의 몸에서 사람으로 태어나셨다.

용어   **예수 그리스도의 공로를 미리 입으시어**   예수 그리스도의 구속 공로는 예수님 이전과 이후의 모든 사람에게 미친다. 예수 그리스도의 구속 공로의 첫 수혜자는 마땅히 그 어머니 마리아다.

원죄 없으신 잉태   원죄에 물들지 않고 잉태되었다는 말이다. 원조 이후 마리아만이 예외적으로 원죄 없이 잉태되었다.

성구   **창세 3,15**   "나는 너와 그 여자 사이에, 네 후손과 그 여자의 후손 사이에 적개심을 일으키리니 여자의 후손은 너의 머리에 상처를 입히고 너는 그의 발꿈치에 상처를 입히리라."

에페 1,3ㄴ-4   하느님께서는 그리스도 안에서 하늘의 온갖 영적인 복을 우리에게 내리셨습니다. 세상 창조 이전에 그리스도 안에서 우리를 선택하시어, 우리가 당신 앞에서 거룩하고 흠 없는 사람이 되게 해 주셨습니다.

루카 1,30-31*

097 마리아께서는 하느님의 구원 계획에 어떻게 협조하시는가?

마리아께서는 하느님의 은총으로 일생 동안 어떠한 죄도 범하지 않으셨다. 그분께서는 "은총이 가득한 이"(루카 1,28)이시며 '온전히 거룩하신 분'이시다. 천사가 마리아께

"지극히 높으신 분의 아드님"(루카 1,32)을 낳게 되리라는 사실을 일러 줄 때 그분께서는 "믿음의 순종"(로마 1,5)으로 자유로이 동의하셨다. 마리아께서는 온전한 마음으로 하느님의 구원 의지를 받아들이시고, 당신 아드님의 인격과 활동에 당신 자신을 온전히 바치셨다.

해설 "은총이 가득한"(루카 1,28) 마리아는 하느님에게서 받은 은총을 헛되게 하지 않았다. 잉태되는 순간부터 아무런 죄가 없었을 뿐 아니라 일생 죄를 짓지 않았다. 곧 하느님의 뜻을 받들어 온전히 순종한 것이다. "마리아는 ① 온전한 마음으로 아무런 죄의 거리낌도 없이, ② 하느님의 구원 의지를 받아들이고, ③ 당신 아드님의 인격과 활동에 당신 자신을 온전히 바쳐, ④ 전능하신 하느님의 은총으로 아드님 밑에서 아드님과 함께, ⑤ 구원의 신비에 봉사하였다"(494항).

용어 **온전히 거룩하신 분/판아기아**Panagia 동방 교부들은 마리아를 그렇게 불렀다. 동방 교회 전통에서는 천주의 성모 마리아가 '판아기아' 곧, "온전히 거룩하신 분, 죄의 온갖 더러움에 물들지 않으신 분, 성령께서 빚어 만드신 새로운 인간"이다.

아드님의 인격과 활동 마리아는 아드님과 아드님의 일에 온전히 헌신하였다.

성구 **유딧 16,1** 유딧이 이렇게 노래하였다. "손북 치며 나의 하느님께 바치는 노래를 시작하여라. 자바라 치며 나의 주님께 노래를 불러라. 시편과 찬양 노래를 지어 바치고 그분을 높이 받들며 그분의 이름을 불러라."

요한 19,25-26 예수님의 십자가 곁에는 그분의 어머니와 이모, 클로파스의 아내 마리아와 마리아 막달레나가 서 있었다. 예수님께서는 당신의 어머니와 그 곁에 선 사랑하시는 제자를 보시고, 어머니에게 말씀하셨다. "여인이시여, 이 사람이 어머니의 아들입니다."

요한 2,4-5*

098 예수님께서 동정녀에게서 잉태되셨다는 것은 무엇을 의미하는가?

예수님께서 남자의 관여 없이 오로지 성령의 힘으로 동정녀의 태중에 잉태되셨음을 의미한다. 그분께서는 신성으로는 성부의 아들이시며, 그 인성으로는 마리아의 아들이시지만, 신적 위격 안에서 결합된 두 본성 안에서 참으로 성부의 아들이시다.

해설   예수님께서 동정녀께 잉태되신 것은 성령으로 말미암은 것이다. 예수님께서 하느님으로서는 성부의 아들이시고, 사람으로서는 마리아의 아들이시지만, 하느님이시고 사람이신 하느님 제2위로서는 참으로 천주 성자이시다.

용어   **신적 위격 안에서 결합된 두 본성 안에서**   천주 성자께서는 오직 제2위로서 그 한 위격에 두 본성 곧 신성과 인성이 있다.

성구   **판관 13,3**   그런데 주님의 천사가 그 여자에게 나타나서 말하였다. "보라, 너는 임신할 수 없는 몸이어서 자식을 낳지 못하였지만, 이제 잉태하여 아들을 낳을 것이다."

마태 1,22-23   주님께서 예언자를 통하여 하신 말씀이 이루어지려고 이 모든 일이 일어났다. 곧 "보아라, 동정녀가 잉태하여 아들을 낳으리니 그 이름을 임마누엘이라고 하리라." 하신 말씀이다. 임마누엘은 번역하면 '하느님께서 우리와 함께 계시다.'는 뜻이다.

099 마리아께서는 어떤 의미로 "평생 동정"이신가?

마리아께서는 "당신 아드님을 동정으로 잉태하시고, 동정으로 낳으시고, 동정으로 기르셨으니, 평생 동정"(성 아우구스티노)이셨다. 따라서 복음서들의 "예수님의 형제자매들"이라는 말은 성경의 표현 방식대로 예수님의 가까운 친척들을 일컫는다.

해설   마리아는 예수님을 낳기 전에도 낳은 후에도 동정이시고, 죽을 때까지 동정이셨다고 교회는 고백하며 찬미한다. 마리아는 당신의 존재와 삶 전체로 "주님의 종"(루카 1,38)이셨으니, 온몸 온 마음을 바쳐 하느님의 구원 계획에 협조하셨다. 그 동정성은 마리아의 믿음의 표지이며 하느님의 의지에 대한 흐트러짐 없는 헌신의 표지다.

용어   **평생 동정**/아에이파르테노스 Aeiparthenos   하느님께 대한 마리아의 신앙과 온 인류에 대한 그 사랑은 아드님이신 예수 그리스도처럼 평생 동정으로 나타난다.

예수님의 형제들   "다른 마리아"(마태 28,1)라고 명시된 예수님의 제자 마리아의 아들들이다. 성경의 표현 방식대로 여기서 형제라는 말은 예수님의 가까

성구 　1사무 1,11　 그는 서원하며 이렇게 말하였다. "만군의 **주님**, 이 여종의 가련한 모습을 눈여겨보시고 저를 기억하신다면, 그리하여 당신 여종을 잊지 않으시고 당신 여종에게 아들 하나만 허락해 주신다면, 그 아이를 한평생 **주님**께 바치고 그 아이의 머리에 면도칼을 대지 않겠습니다."

　마태 13,54ㄷ-56　 "저 사람이 어디서 저런 지혜와 기적의 힘을 얻었을까? 저 사람은 목수의 아들이 아닌가? 그의 어머니는 마리아라고 하지 않나? 그리고 그의 형제들은 야고보, 요셉, 시몬, 유다가 아닌가? 그의 누이들도 모두 우리와 함께 살고 있지 않은가? 그런데 저 사람이 어디서 저 모든 것을 얻었지?"

　마태 1,20ㄴ.22-23ㄱ* 요한 19,26-27*

100　마리아의 영적 모성은 어떤 방식으로 보편적인가?

　　예수님께서는 마리아의 유일한 아드님이시다. 그러나 마리아의 영적인 모성은 예수님께서 구원하러 오신 모든 사람에게 미친다. 새 아담이신 예수 그리스도의 바로 곁에서 순종하시는 동정 마리아께서는 **새로운 하와**, 곧 살아 있는 모든 것의 참어머니로서 그들이 태어날 때와 은총 안에서 성장해 나갈 때 모성애로 협력하신다. 동정이시며 어머니이신 마리아께서는 교회의 전형이시며 가장 완전한 실현이시다.

해설　평생 동정이신 마리아는 예수님의 어머니일 뿐 아니라, 예수님의 형제들인 우리 모두의 어머니가 되신다. 이것이 바로 마리아의 '영적 모성'이다. 우리가 믿음으로 얻게 된 새 생명은 "전적으로 성령께서 인간에게 주시는 것이므로, 이 생명을 받음은 동정으로 이루어지는 것이다. 인간이 하느님과 관계를 맺는 혼인적 소명은 마리아의 동정 모성 안에서 완벽하게 이루어진다"(505항).

용어　**영적 모성**　마리아는 영적으로 우리 모두의 어머니가 되신다. 예수님께서 십자가 위에서 마리아께 제자를 두고서 "여인이시여, 이 사람이 어머니의 아들입니다"(요한 19,26) 하신 것은 매우 의미심장하다. 여기서 "어머니" 대신 "여인"이라 부르신 것은 인류의 첫 여인 하와를 상기시킨다. 하와가 생명 있는 모든 것의 어머니가 된 것처럼, 마리아는 새 생명을 지닌 모든 이의 어머니가 되신다.

　새 하와　예수님을 새 아담이라 부르듯이(1코린 15,45 참조), 마리아를 새 하와로 부르는 것은 마리아께서 아들 예수님처럼 일생 하느님의 뜻에 순종하여 그리스도를 따르는 모든 사람의 어머니가 되기 때문이다.

성구 **창세 3,20** 사람은 자기 아내의 이름을 하와라 하였다. 그가 살아 있는 모든 것의 어머니가 되었기 때문이다.

요한 19,26 예수님께서는 당신의 어머니와 그 곁에 선 사랑하시는 제자를 보시고, 어머니에게 말씀하셨다. "여인이시여, 이 사람이 어머니의 아들입니다"(요한 2,4 참조).

101 그리스도의 전 생애는 어떤 의미에서 '신비'인가?

그리스도의 전 생애는 계시이다. 예수님의 삶 안에서 드러나는 모든 것은 그분의 **보이지 않는 신비**, 특히 "나를 본 사람은 곧 아버지를 뵌 것이다."(요한 14,9)라는 말씀대로 결국 그분께서 **하느님의 아드님**이시라는 **신비**에 귀착된다. 나아가 구원은 결정적으로 십자가의 죽음과 부활에서 오지만, 예수님께서 행하시고 말씀하시고 겪으신 모든 것과 고통의 목적은, 타락한 인간을 구하시고 하느님의 자녀로 부르시어 완성하시는 것이므로 그리스도의 전 생애가 **구원의 신비**이다.

해설 교리서는 그리스도의 전 생애가 세 가지 점에서 신비라고 말한다. 그리스도의 전 생애는 ① '계시'다(516항). 하느님 아버지의 사랑을 보여 주기 때문이다. ② '속량'의 신비다(517항). 우리를 위하여 목숨을 바치셔서 우리를 살려내셨기 때문이다. ③ '총괄 수렴'의 신비다(518항). 곧 "그리스도께서는 몸소 살며 겪으신 모든 것을 우리가 당신 안에서 그대로 살게 하시고, 그분은 우리 안에서 그것을 살며 겪으신다"(521항).

용어 **구원의 신비** 정확히는 '속량의 신비'다. 그리스도께서 행하시고, 말씀하시고, 고통당하신 모든 것이 인간을 죄에서 구원하시고 하느님의 자녀가 되게 하시려는 것이었음을 가리킨다. → 문답 1과 문답 219 참조.

성구 **예레 31,34** 그때에는 더 이상 아무도 자기 이웃에게, 아무도 자기 형제에게 "**주님을 알아라.**" 하고 가르치지 않을 것이다. 그들이 낮은 사람부터 높은 사람까지 모두 나를 알게 될 것이기 때문이다. **주님의 말씀이다.** 나는 그들의 허물을 용서하고, 그들의 죄를 더 이상 기억하지 않겠다.

요한 14,9ㄷ-10 "나를 본 사람은 곧 아버지를 뵌 것이다. 그런데 너는 어찌하여 '저희가 아버지를 뵙게 해 주십시오.' 하느냐? 내가 아버지 안에 있고 아버지께서 내 안에 계시다는 것을 너는 믿지 않느냐? 내가 너희에게 하는 말은 나 스스로 하는 말이 아니다. 내 안에 머무르시는 아버지께서 당신의 일을 하시는 것이다."
마태 8,16ㄴ-17*

102 예수님의 '신비들'에 앞서 준비된 사건은 어떤 것인가?

우리는 오랜 세기 동안 희망해 오던 것을 대림 시기의 전례를 거행하면서 재현한다. 하느님께서는 이교인들의 마음속에 당신의 아드님께서 오시리라는 막연한 기대를 불러일으키셨고, 가장 위대한 마지막 예언자인 세례자 요한에 이르기까지 옛 계약을 통하여 당신 아드님의 강생을 준비해 오셨다.

해설 구약의 역사 전체는 하느님의 아드님이 사람이 되시는 신비를 준비하는 것이었고, 마침내 때가 찼을 때 그 아드님의 강생을 위해 선구자인 요한이 등장하여 하느님의 아드님을 맞이하게 한다. "너는 지극히 높으신 분의 예언자라 불리고 주님을 앞서 가 그분의 길을 준비하리니 죄를 용서받아 구원됨을 주님의 백성에게 깨우쳐 주려는 것이다"(루카 1,76-77).

용어 **대림 시기** 성자의 탄생을 준비하는 전례 시기로서, 성탄 전 4주간을 말한다. → 문답 241 참조.

가장 위대한 마지막 예언자 주님께서 직접 세례자 요한에 대해 이렇게 증언하셨다(마태 11,7-15 참조).

성구 **미카 5,1.3-4ㄱ** 그러나 너 에프라타의 베들레헴아, 너는 유다 부족들 가운데에서 보잘것없지만, 나를 위하여 이스라엘을 다스릴 이가 너에게서 나오리라. 그의 뿌리는 옛날로, 아득한 시절로 거슬러 올라간다. … 그는 **주님**의 능력에 힘입어, **주** 그의 하느님 이름의 위엄에 힘입어, 목자로 나서리라. 그러면 그들은 안전하게 살리니, 이제 그가 땅 끝까지 위대해질 것이기 때문이다. 그리고 그 자신이 평화가 되리라.

사도 13,23-24 "이 다윗의 후손 가운데에서, 하느님께서는 약속하신 대로 예수님을 구원자로 이스라엘에 보내셨습니다. 이분께서 오시기 전에 요한이 이스라엘 온 백성에게 회개의 세례를 미리 선포하였습니다."
루카 1,68-71*

103 복음서는 예수님의 탄생과 유년의 '신비들'에 관하여 무엇을 가르치는가?

성탄 때에 하늘의 영광이 아기의 연약함에서 나타나고, 예수님의 **할례**는 이스라엘 백성의 일원이 되는 표시로서, 우리 세례의 예형이다. **주님 공현**은 이스라엘의 임금이시며 메시아이심을 모든 사람에게 드러낸다. 예수님을 **성전에서 바치실** 때에 함께 있던 시메온과 한나는, 기다려 온 구세주를 드디어 만나는 이스라엘을 대표한다. **이집트 피난**과 죄 없는 아기들의 학살은 그리스도의 전 생애가 박해로 이어지리라는 것을 알려 주며, 또한 **이집트에서 올라오신 일**은 이집트 탈출을 상기시키며, 예수님을 새 모세, 곧 참되고 결정적인 해방자로 제시한다.

해설 ① **성탄**. 그 가난과 연약한 아기 됨은 하느님의 영광을 신비롭게 드러낸다. ② **할례**. 이스라엘 백성의 일원이 되는 표시로서, 우리 세례의 예형이다. ③ **공현**. 예수님이 온 세상의 구원자이심을 드러낸다. ④ **성전에서 봉헌**. 이스라엘에게 구원이요 이방인들에게 계시의 빛이신 분을 드러내며, 십자가의 봉헌을 예고한다. ⑤ **이집트 피난**. 박해를 예고하며, 이집트에서 돌아옴은 새로운 이집트 탈출을 예고한다.

용어 **성탄** 예수님이 베들레헴에서 태어나심을 말한다. 영어 '크리스마스'는 '그리스도의 미사'Christ's Mass라는 뜻이다.

할례 이스라엘의 남자는 모두 할례를 받았다. 할례는 남자의 성기의 포피를 베어내는 의식이다. 이는 아브라함과 맺은 계약의 표시다(창세 17,10-12).

공현 원래는 하느님의 발현發現을 가리키는 말이지만, 여기서는 그리스도께서 공적으로 당신의 모습을 온 세상에 드러내심을 말한다.

성전에서 봉헌 이스라엘의 맏아들은 모두 하느님께 바쳤다. 이는 맏아들이 모두 주 하느님의 것임을 드러낸다(탈출 13,1-2.11-16).

이집트 피난 이스라엘은 가뭄과 흉년을 피해 이집트로 피난했고, 거기서 노예계층으로 전락하여 고생하다가 주 하느님의 도움으로 탈출하였다. 이것이 바로 '이집트 탈출'이다.

성구 　성탄　**미카 5,1**　너 에프라타의 베들레헴아 너는 유다 부족들 가운데에서 보잘것없지만 나를 위하여 이스라엘을 다스릴 이가 너에게서 나오리라. 그의 뿌리는 옛날로, 아득한 시절로 거슬러 올라간다.

　　　　루카 2,6-7　그들이 거기에 머무르는 동안 마리아는 해산 날이 되어, 첫 아들을 낳았다. 그들은 아기를 포대기에 싸서 구유에 뉘었다. 여관에는 그들이 들어갈 자리가 없었던 것이다.

　　　할례　**창세 17,10-11**　"너희가 지켜야 하는 계약, 곧 나와 너희 사이에, 그리고 네 뒤에 오는 후손들 사이에 맺어지는 계약은 이것이다. 곧 너희 가운데 모든 남자가 할례를 받는 것이다. 너희는 포피를 베어 할례를 받아야 한다. 이것이 나와 너희 사이에 세운 계약의 표징이다."

　　　　루카 2,21　여드레가 차서 아기에게 할례를 베풀게 되자 그 이름을 예수라고 하였다. 그것은 아기가 잉태되기 전에 천사가 일러 준 이름이었다.

　　　공현　**민수 24,17**　"나는 한 모습을 본다. 그러나 지금은 아니다. 나는 그를 바라본다. 그러나 가깝지는 않다. 야곱에게서 별 하나가 솟고 이스라엘에서 왕홀이 일어난다. 그는 모압의 관자놀이를, 셋의 모든 자손의 정수리를 부수리라."

　　　　마태 2,1-2　예수님께서는 헤로데 임금 때에 유다 베들레헴에서 태어나셨다. 그러자 동방에서 박사들이 예루살렘에 와서, "유다인들의 임금으로 태어나신 분이 어디 계십니까? 우리는 동방에서 그분의 별을 보고 그분께 경배하러 왔습니다." 하고 말하였다.

성전에서 봉헌　**탈출 13,2**　"이스라엘 자손들 가운데에서 맏아들, 곧 태를 맨 먼저 열고 나온 첫아들은 모두 나에게 봉헌하여라. 사람뿐 아니라 짐승의 맏배도 나의 것이다."

　　　　루카 2,22-23　모세의 율법에 따라 정결례를 거행할 날이 되자, 그들은 아기를 예루살렘으로 데리고 올라가 주님께 바쳤다. 주님의 율법에 "태를 열고 나온 사내아이는 모두 주님께 봉헌해야 한다."고 기록된 대로 한 것이다.

이집트 피난 호세 11,1 이스라엘이 아이였을 때에 나는 그를 사랑하여 나의 그 아들을 이집트에서 불러내었다.

마태 2,13-15 박사들이 돌아간 뒤, 꿈에 주님의 천사가 요셉에게 나타나서 말하였다. "일어나 아기와 그 어머니를 데리고 이집트로 피신하여, 내가 너에게 일러 줄 때까지 거기에 있어라. 헤로데가 아기를 찾아 없애 버리려고 한다." 요셉은 일어나 밤에 아기와 그 어머니를 데리고 이집트로 가서, 헤로데가 죽을 때까지 거기에 있었다. 주님께서 예언자를 통하여, "내가 내 아들을 이집트에서 불러내었다." 하신 말씀이 이루어지려고 그리된 것이다.

104 감추어진 예수님의 나자렛 생활은 무엇을 가르치는가?

나자렛의 **감추어진 생활** 동안, 예수님께서는 일상적인 삶 안에서 침묵 가운데 사셨다. 이러한 그분의 삶 덕분으로 우리는 기도, 단순성, 노동, 가족의 사랑으로 짜여 있는 일상생활에서 거룩함을 발견하고 예수님과 일치할 수 있게 되었다. 예수님께서 마리아와 당신의 양부 요셉에게 순종하신 것은 그분께서 성자로서 성부께 보여 드린 순종의 표현이다. 마리아와 요셉은 예수님의 신비를 알아듣지는 못하였으나 신앙으로 잘 받아들였다.

해설 "예수님은 부모와 함께 나자렛으로 내려가, 그들에게 순종하며 지냈다"(루카 2,51). 예수님의 어린 시절을 그런 대로 자세히 전하는 루카는 예수님의 공생활 이전의 나자렛 생활을 이 한마디로 마감한다. 드러나지 않은 예수님의 나자렛 생활은 우리에게 일상의 거룩함, 곧 기도와 단순한 삶과 노동과 가족 사랑의 가치를 확인시켜 준다.

용어 **나자렛의 감추어진 생활** 예수님의 알려지지 않은 나자렛 생활을 말한다. 이와 비교하여 예수님께서 사람들에게 하느님 나라의 복음을 선포하신 기간을 '공생활'이라 부른다.

성구 **이사 45,15** 아, 구원을 베푸시는 이스라엘의 하느님! 정녕 당신은 자신을 숨기시는 하느님이십니다.

루카 2,51-52 예수님은 부모와 함께 나자렛으로 내려가, 그들에게 순종하며 지냈다. 그의 어머니는 이 모든 일을 마음속에 간직하였다. 예수님은 지혜와 키가 자랐고 하느님과 사람들의 총애도 더하여 갔다.
마태 2,21-23*

105 예수님께서는 왜 "죄의 용서를 위한 회개의 세례"(루카 3,3)를 요한에게서 받았는가?

예수님께서는 당신의 공생활을 시작하시기 위해, 죽음의 '세례'를 미리 받으심으로써 죄 없으시면서도 죄인들 가운데 한 사람이 되기를 수락하시고, 그분께서는 "세상의 죄를 없애시는 하느님의 어린양"(요한 1,29)으로 드러나신다. 성부께서는 예수님을 당신의 "사랑하는 아들"(마태 3,17)로 선포하시고, 성령께서는 그분 위에 머무르신다. 예수님의 세례 받으심은 우리 세례의 예표이다.

해설 예수님께서는 "죽음의 세례"(마르 10,38; 루카 12,50 참조)를 미리 받으심으로써 죄 없으시면서도 죄인들 가운데 한 사람이 되기를 수락하시고, "세상의 죄를 없애시는 하느님의 어린양"(요한 1,29)으로 드러나신다. 성부께서 예수님을 당신의 사랑하는 아들로 선포하시고, 성령이 그분 위에 머무르시는 예수님의 세례는 우리 세례의 예표다.

용어 **죽음의 세례** 예수님께서는 당신 죽음을 당신이 받으셔야 할 세례로 표현하셨다. "너희는 너희가 무엇을 청하는지 알지도 못한다. 내가 마시는 잔을 너희가 마실 수 있으며, 내가 받는 세례를 너희가 받을 수 있느냐?"(마르 10,38) "내가 받아야 하는 세례가 있다. 이 일이 다 이루어질 때까지 내가 얼마나 짓눌릴 것인가?"(루카 12,50) 우리의 세례도 죽음을 의미한다. 세례로써 주님의 죽음과 하나 되기 때문이다(로마 6,3).

세상의 죄를 없애시는 하느님의 어린양 세례자 요한은 제자들에게 예수님을 이렇게 소개한다. "보라, 세상의 죄를 없애시는 하느님의 어린양이시다"(요한 1,29). 그분은 '주님의 고통받는 종'(이사 52,13 이하)과 '파스카 어린 양'(탈출 12,1 이하)의 표상이다(608항). 우리는 성찬례에서 평화의 인사 직후와 영성체 직전에 이 칭호로 예수님을 부르며 기도한다.

예표 '예표'는 '미리 보여 주는 것'이며, 따라서 상징이라 말할 수 있다. 구약의 여러 사건이나 사물들은 사실 신약의 사건이나 사물들을 미리 보여 주는

것이다. 예를 들어 노아의 홍수 사건이나 이스라엘이 홍해를 건넌 사건은 세
례성사의 예표가 된다. → 문답 105 참조.

성구 **미카 7,19ㄴ-20** 당신께서 저희의 모든 죄악을 바다 깊은 곳으로 던져 주십시오. 먼 옛날 당신께서 저희 조상들에게 맹세하신 대로 야곱을 성실히 대하시고 아브라함에게 자애를 베풀어 주십시오.

마르 1,9-11 그 무렵에 예수님께서 갈릴래아 나자렛에서 오시어, 요르단에서 요한에게 세례를 받으셨다. 그리고 물에서 올라오신 예수님께서는 곧 하늘이 갈라지며 성령께서 비둘기처럼 당신께 내려오시는 것을 보셨다. 이어 하늘에서 소리가 들려왔다. "너는 내가 사랑하는 아들, 내 마음에 드는 아들이다."

마태 3,13-15*

106 예수님께서 광야에서 겪으신 유혹은 무엇을 의미하는가?

예수님께서 겪으신 광야의 유혹은 낙원에서 아담이 받은 유혹과 광야에서 이스라엘이 받은 유혹을 재현하는 것이다. 사탄은 성부께서 맡겨 주신 사명에 순종하려는 예수님을 유혹한다. 새 아담이신 그리스도께서 유혹을 물리치시고 일구어 낸 승리는 당신의 수난, 곧 자녀다운 사랑으로 아버지께 바친 최고의 순종을 드러낸다. 교회는 특별히 40일간의 **사순 시기**에 이 신비와 결합한다.

해설 예수님이 광야에서 겪으신 유혹은 낙원에서 아담이 받은 유혹과 이스라엘이 광야에서 받은 유혹을 재현한 것이다. 사탄은 하느님에 대한 예수님의 자녀다운 자세를 무너뜨리려고 유혹을 시도한다. 첫 아담과는 달리 예수님은 하느님의 뜻에 순종하셨고, 이스라엘과는 달리 하느님의 뜻을 온전히 받드는 '하느님의 종'의 모습을 보여 주신다. 이는 십자가의 순종을 통한 승리의 예고다.

용어 **사순 시기** 사순四旬은 사십일을 말한다. 1순은 10일로서, 한 달을 상, 중, 하 순으로 나눈다. 교회는 예수님의 부활 전 40일 동안 주님의 수난을 기념하는데 이를 사순 시기라 한다. → 문답 241 참조.

성구 **시편 95,8-11** "너희는 마음을 완고하게 하지 마라, 므리바에서처럼

광야에서, 마싸의 그날처럼.
거기에서 너희 조상들은 내가 한 일을 보고서도
나를 시험하고 나를 떠보았다.
사십 년 동안 그 세대에 진저리가 나서 나는 말하였노라.
'마음이 빗나간 백성이다.
그들은 내 길을 깨닫지 못하였다.'"

마르 1,12-13 그 뒤에 성령께서는 곧 예수님을 광야로 내보내셨다. 예수님께서는 광야에서 사십 일 동안 사탄에게 유혹을 받으셨다. 또한 들짐승들과 함께 지내셨는데 천사들이 그분의 시중을 들었다.

마르 10,14-15* 마태 18,3-4*

107 예수님께서 선포하시고 실현하신 하느님 나라에는 누가 초대받았는가?

예수님께서는 모든 사람을 하느님 나라로 초대하신다. 가장 악한 죄인들조차도 회개하고 성부의 무한한 자비를 받아들이라는 부름을 받았다. 하느님 나라는 지상에서 이미 겸손한 마음으로 그 나라를 받아들이는 이들의 차지가 되고 있다. 그들에게서 하느님 나라의 신비들이 드러난다.

해설 예수님께서는 모든 사람을 하느님 나라에 초대하셨다. "때가 차서 하느님의 나라가 가까이 왔다. 회개하고 복음을 믿어라"(마르 1,15). 특히 가난하고 겸손한 사람들이 하느님 나라의 복음을 받아들였다. 지혜롭다는 자들은 이 초대를 알아듣지 못하고 철부지들이 이를 받아들인 것이다. "행복하여라, 마음이 가난한 사람들! 하늘 나라가 그들의 것이다"(마태 5,3).

용어 하느님 나라의 신비 '하느님 나라'(마르코 복음과 루카 복음) 또는 '하늘 나라'(마태오 복음)의 신비는 바깥사람들에게는 감추어져 있다. 그 나라에 들어간 사람 곧 예수님의 말씀을 받아들인 사람만이 알아듣는다. "너희에게는 하느님 나라의 신비가 주어졌지만, 저 바깥사람들에게는 모든 것이 그저 비유로만 다가간다"(마르 4,11).

성구 1사무 2,8 가난한 이를 먼지에서 일으키시고 궁핍한 이를 거름 더미에서 일으키시어 귀인들과 한자리에 앉히시며 영광스러운 자리를 차지하게 하신다. 땅의 기둥들은 주님의 것이고 그분께서 세상을 그 위에 세우셨기 때문이다.
마태 21,31 "이 둘 가운데 누가 아버지의 뜻을 실천하였느냐?" 그들이 "맏아들입니다." 하고 대답하자, 예수님께서 그들에게 말씀하셨다. "내가 진실로 너희에게 말한다. 세리와 창녀들이 너희보다 먼저 하느님의 나라에 들어간다."
마르 10,14-15* 마태 18,3-4*

108 예수님께서는 왜 표징과 기적들을 통하여 하느님 나라를 드러내시는가?

예수님께서는 당신 말씀과 더불어 하느님 나라가 메시아인 당신 안에 현존한다는 것을 나타내는 **기적들**과 **표징들**을 행하신다. 여러 사람을 치유하기는 했어도 그분께서는 세상의 모든 불행을 없애려고 오신 것이 아니라, 무엇보다도 우리를 죄에서 해방시키려고 오셨다. 마귀를 쫓아내심은 예수님의 십자가가 "이 세상의 우두머리"(요한 12,31)에 대한 승리를 미리 보여 주는 것이다.

해설 예수님께서는 하느님 나라가 당신 안에 현존한다는 사실을 나타내시려고 표징과 기적을 행하신다. 예수님이 행하신 표징과 기적들은 ① 하느님 나라가 그분 안에 현존한다는 것을 나타낸다(547항). ② 성부께서 그분을 보내셨다는 것을 증명한다(548항). ③ 현세적 불행에서 사람들을 해방시키는 것에 그치지 않고, 죄에서 해방시키는 메시아임을 드러낸다(549항). ④ 사탄 나라의 패배를 나타낸다(550항).

용어 **표징과 기적들** 성경에서 표징은 기적과 같은 말이다. 다만 기적이 하느님 나라의 표징이라는 점을 강조하여 쓰인 말이다. 요한 복음에서는 주로 기적 대신 표징이라는 말을 쓴다.

하느님 나라가 당신 안에 현존 하느님 나라는 하느님의 왕권과 통치도 의미한다(2816항). 메시아이신 예수님 안에 하느님의 나라, 하느님의 왕권, 하느님의 통치가 온전히 현존한다. 그러므로 "하느님 나라는 곧 예수 그리스도"(성 치프리아노)라고 말할 수 있다.

성구   **1역대 16,31-33**   하늘은 기뻐하고 땅은 즐거워하여라. "주님은 임금님이시다." 하고 겨레들에게 말하여라. 바다와 그 안에 가득 찬 것들은 소리치고 들과 거기 있는 것들도 모두 기뻐 뛰어라. 숲의 나무들도 환호하여라. 주님 앞에서 환호하여라. 그분께서 오신다, 세상을 다스리러 그분께서 오신다.

루카 17,20-21   예수님께서는 바리사이들에게서 하느님의 나라가 언제 오느냐는 질문을 받으시고 그들에게 대답하셨다. "하느님의 나라는 눈에 보이는 모습으로 오지 않는다. 또 '보라, 여기에 있다.', 또는 '저기에 있다.' 하고 사람들이 말하지도 않을 것이다. 보라, 하느님의 나라는 너희 가운데에 있다."

마태 12,28*

109   예수님께서는 하느님 나라에 대하여 사도들에게 어떠한 권한을 부여하시는가?

예수님께서는 **열두 사람**을 선택하시어, 당신 부활을 증언할 미래의 증인으로 삼으셨다. 그리고 가르치고, 죄를 사하며, 교회를 건설하고 다스리는 당신의 권한과 사명에 그들을 동참하게 하셨다. 이 사도단 가운데 베드로는 "하늘 나라의 열쇠"(마태 16,19)를 받고 첫 자리를 차지하여, 신앙을 온전하게 보호하고, 그의 형제들을 굳세게 하는 사명을 받았다.

해설   예수님께서는 열두 사도를 뽑으시어 하느님 나라의 복음을 선포하게 하셨다. 그리고 사도 베드로에게는 하늘 나라의 열쇠를 주셨으니, 이는 죄를 사하고 교회를 보호하고 다스릴 권한을 부여하셨음을 의미한다.

용어   **하늘 나라의 열쇠**   하늘 나라의 열쇠는 천국의 열쇠를 말하는 것도, 베드로가 천국의 문지기라는 말도 아니다. 그것은 지상에서 행사할 교회에 관한 권한이다. "나는 너에게 하늘 나라의 열쇠를 주겠다. 그러니 네가 무엇이든지 땅에서 매면 하늘에서도 매일 것이고, 네가 무엇이든지 땅에서 풀면 하늘에서도 풀릴 것이다"(마태 16,19). '열쇠들'이라고 복수로 되어 있는 것은 그 권한이 다양함을 나타내는 것은 아닐까. (아우구스티노 성인은 그 권한이 베드로 개인에게가 아니라 교회에 맡겨져 있음을 나타내는 것으로 이해한다. 성무일도 6월 29일 독서기도 참조).

성구   **이사 22,22**   나는 다윗 집안의 열쇠를 그의 어깨에 메어 주리니 그가 열면

닫을 사람이 없고 그가 닫으면 열 사람이 없으리라.

마태 16,19 "나는 너에게 하늘 나라의 열쇠를 주겠다. 그러니 네가 무엇이든지 땅에서 매면 하늘에서도 매일 것이고, 네가 무엇이든지 땅에서 풀면 하늘에서도 풀릴 것이다."

마르 3,14-15* 루카 22,29-30*

110 거룩한 변모는 어떤 의미를 지니는가?

예수님의 거룩한 변모 때에 무엇보다 성삼위께서 나타나신다. "성부께서는 소리로, 성자께서는 인간으로, 성령께서는 빛나는 구름으로 나타나셨다"(성 토마스 데 아퀴노). 예수님께서는 모세와 엘리야와 함께 당신께서 세상을 "떠나실 일"(루카 9,31)에 관하여 말씀을 나누시면서, 당신의 영광이 십자가의 길을 거쳐야 한다는 것과, 당신께서 부활하시리라는 것, 그리고 "우리 비천한 몸을 당신의 영광스러운 몸과 같은 모습으로 변화시키고자"(필리 3,21) 영광스럽게 오시리라는 것을 미리 보여 주신다.

해설 예수님의 거룩한 변모는 그분의 죽음이 부활의 영광과 직결되어 있음을 보여 준다. 사실 예수님은 당신 죽음과 함께 부활을 예고하셨다. 거룩한 변모 때에 모세와 엘리야가 나타나 예수님과 이야기를 나누는데, 이는 율법과 예언서가 메시아의 수난을 예고한 사실을 상기시킨다. 예수님의 거룩한 변모는 "우리의 비천한 몸이 당신의 영광스러운 몸과 같은 모습으로 변화시켜 주실"(필리 3,21) 그리스도의 영광스런 재림을 미리 맛보게 한다. 그것은 또한 "우리가 하느님 나라에 들어가려면 많은 환난을 겪어야 한다."(사도 14,22)는 사실도 일깨워 준다.

용어 **거룩한 변모** 예수님께서 베드로와 야고보와 요한만을 데리고 산에 오르셨는데, 그들 앞에서 영광스런 모습으로 변하신 사건을 말한다(마태 17,1-9; 마르 9,2-10; 루카 9,28-36).

성구 **창세 22,2** 그분께서 말씀하셨다. "너의 아들, 네가 사랑하는 외아들 이사악을 데리고 모리야 땅으로 가거라. 그곳, 내가 너에게 일러 주는 산에서 그를 나에게 번제물로 바쳐라."

2베드 1,17-19 그분은 정녕 하느님 아버지에게서 영예와 영광을 받으셨습니다. 존귀한 영광의 하느님에게서, "이는 내 아들, 내가 사랑하는 이, 내 마음에 드는 이다." 하는 소리가 그분께 들려왔을 때의 일입니다. 우리도 그 거룩한 산에 그분과 함께 있으면서, 하늘에서 들려온 그 소리를 들었습니다. 이로써 우리에게는 예언자들의 말씀이 더욱 확실해졌습니다. 여러분의 마음속에서 날이 밝아 오고 샛별이 떠오를 때까지, 어둠 속에서 비치는 불빛을 바라보듯이 그 말씀에 주의를 기울이는 것이 좋습니다.

마르 9,2.9*

111 예수님께서 메시아로서 예루살렘에 입성하시는 일은 어떻게 일어나는가?

정해진 때가 오자 예수님께서는 수난과 죽음과 부활을 위하여 예루살렘으로 가시기로 마음을 정하셨다. 하느님 나라의 도래를 드러내는 임금이신 메시아로서 예수님께서는 나귀를 타시고 당신의 거룩한 도성에 입성하신다. 그분께서는 어린이들의 환영을 받으시며 "주님의 이름으로 오시는 분은 복되시어라. 지극히 높은 곳에 호산나!" (마태 21,9)라는 환호 소리를 들으신다. 이 환호성은 성찬례 거행 중에, **거룩하시도다**라고 노래할 때 반복된다. 교회 전례는 이 예루살렘 입성을 기념하며 성주간을 시작한다. "호산나"는 "저희를 구원하소서!"라는 뜻이다.

해설 "예수님의 예루살렘 입성은 왕이신 메시아께서 당신의 죽음과 부활의 파스카를 통해 완성하시려는 하느님 나라의 도래를 나타낸다"(560항). '다윗의 자손'이신 예수님은 다윗의 도성에 메시아로서 입성하신 것이다. 그러나 그 입성은 임금으로서 군림하기 위해서가 아니라 '고난 받는 종'으로서 목숨을 바치기 위해서다.

용어 **메시아로서 예루살렘에 입성** 이는 즈카르야 예언서(9,9-10 평화를 가져오는 겸손한 메시아)에 이미 예언되어 있다. 그래서 사람들은 어린 나귀를 타고 입성하시는 예수님의 모습을 보고 그분을 메시아로 환영하였던 것이다.

성주간 주님 수난 성지주일로 시작되는 한 주간을 말하며, 이 주간의 목, 금, 토요일을 성목요일, 성금요일, 성토요일 - 성삼일聖三日 - 이라 부른다.

성구 **즈카 9,9-10** 딸 시온아, 한껏 기뻐하여라. 딸 예루살렘아, 환성을 올려라. 보라, 너의 임금님이 너에게 오신다. 그분은 의로우시며 승리하시는 분이시다. 그분은 겸손하시어 나귀를, 어린 나귀를 타고 오신다. 그분은 에프라임에서 병거를, 예루살렘에서 군마를 없애시고 전쟁에서 쓰는 활을 꺾으시어 민족들에게 평화를 선포하시리라. 그분의 통치는 바다에서 바다까지, 강에서 땅 끝까지 이르리라.

마태 21,7-10 그들은 그렇게 암나귀와 어린 나귀를 끌고 와서 그 위에 겉옷을 펴 놓았다. 예수님께서 그 위에 앉으시자, 수많은 군중이 자기들의 겉옷을 길에 깔았다. 또 어떤 이들은 나뭇가지를 꺾어다가 길에 깔았다. 그리고 앞서 가는 군중과 뒤따라가는 군중이 외쳤다. "다윗의 자손께 호산나! 주님의 이름으로 오시는 분은 복되시어라. 지극히 높은 곳에 호산나!" 이렇게 하여 예수님께서 예루살렘에 들어가시니 온 도성이 술렁거리며, "저분이 누구냐?" 하고 물었다.

■ "예수 그리스도께서 본시오 빌라도 통치 아래서 고난을 받으시고 십자가에 못 박혀 돌아가시고 묻히셨다"

112 예수님의 파스카 신비는 왜 중요한가?

수난과 죽음, 부활과 현양을 포함한 예수님의 파스카 신비는 그리스도교 신앙의 핵심이다. 하느님의 구원 계획이 구원자이신 당신의 아들 예수 그리스도의 죽음을 통하여 단 한 번에 이루어졌기 때문이다.

해설 예수님의 수난과 죽음, 부활과 승천을 포함하는 파스카 신비는 그리스도교 신앙의 핵심이다. 하느님의 구원 계획이 주님의 파스카로 성취되었기 때문이다.

용어 **파스카 신비** 구약의 파스카 사건이 이스라엘의 중심 구원 사건이듯이, 예수님의 파스카 곧 그분의 죽음과 부활 사건은 구세사의 핵심이다.

현양 예수님의 영광 받으심을 말한다. 우리는 예수님께서 부활하시고 "하늘에 올라 전능하신 천주 성부 오른편에 앉으시며"라고 그분의 영광 받으심을 고백한다.

단 한 번에 성경은 예수님의 구원 행위가 단 한 번에 완수되었다고 말한다

(히브 7,27. 로마 6,6; 히브 9,12.26.28; 10,10; 1베드 3,18 참조). 그분이 단 한 번 죽임을 당하심으로 모든 이들의 구원이 단 한 번에 이루어진 것이다.

성구   탈출 12,5-7.13-14 "이 짐승은 일 년 된 흠 없는 수컷으로 양이나 염소 가운데에서 마련하여라. 너희는 그것을 이달 열나흗날까지 두었다가, 이스라엘의 온 공동체가 모여 저녁 어스름에 잡아라. 그리고 그 피는 받아서, 짐승을 먹을 집의 두 문설주와 상인방에 발라라. … 너희가 있는 집에 발린 피는 너희를 위한 표지가 될 것이다. 내가 이집트를 칠 때, 그 피를 보고 너희만은 거르고 지나가겠다. 그러면 어떤 재앙도 너희를 멸망시키지 않을 것이다. 이날이야말로 너희의 기념일이니, 이날 주님을 위하여 축제를 지내라. 이를 영원한 규칙으로 삼아 대대로 축제일로 지내야 한다."

히브 10,10.14 예수 그리스도의 몸이 단 한 번 바쳐짐으로써 우리가 거룩하게 되었습니다. … 한 번의 예물로, 거룩해지는 이들을 영구히 완전하게 해 주신 것입니다.

탈출 12,11ㄴ-13* 히브 9,11-12*

113 예수님께서는 무슨 죄목으로 고발당하시고 단죄를 받으셨는가?

이스라엘의 일부 지도자들은 예수님께서 율법을 거스르고 예루살렘 성전에 맞서며, 특히 자기 스스로 하느님의 아들로 자처하였기에, 유일한 하느님에 대한 신앙에 정면으로 거슬렀다고 그분을 고발하였다. 이러한 이유로 그들은 예수님을 빌라도에게 넘겨주어 죽음에 처하도록 하였다.

해설 유다인들은 예수님이 ① 율법을 거슬렀다, ② 성전을 거슬렀다, ③ 유일신 신앙을 거슬렀다고 고발하였다. 특히 요한 복음이 "유다인들"이라고 부른 예루살렘의 종교 지도자들은 예수님을 유다교의 가르침을 거스르는 자로 적대시하였다. 이 같은 사실은 이른바 '논쟁사화'라고 부르는 복음서 대목들에 나와 있다(예를 들어 율법 논쟁 - 마태 12,1-14; 성전 논쟁 - 요한 2,13-22; 유일신 논쟁 - 요한 8,48-59).

용어 **유일한 하느님에 대한 신앙**   이른바 유일신 신앙을 말한다. 그렇지만 우리가 믿는 삼위일체 하느님에 대한 신앙은 유일신 신앙과 반대되는 것이 아니다.

사실 오직 하느님만을 섬기고, 다른 모든 것들을 상대화하는 것이야말로 진정한 유일신 신앙이다. → 문답 43 참조.

성구 **시편 109,2ㄴ-5** 그들이 저를 거슬러 사악한 입과 음험한 입을 벌려
거짓된 혀로 제게 말합니다.
미움의 말로 저를 에워싸고
까닭 없이 저를 공격하며
제 사랑의 대가로 저를 적대합니다.
그러나 저는 오직 기도드릴 뿐.
그들은 제게 선을 악으로,
제 사랑을 미움으로 갚습니다.

예수님과 율법 **마태 12,7-8** "'내가 바라는 것은 희생 제물이 아니라 자비다.' 하신 말씀이 무슨 뜻인지 너희가 알았더라면, 죄 없는 이들을 단죄하지는 않았을 것이다. 사실 사람의 아들은 안식일의 주인이다."

예수님과 성전 **요한 2,19-21** 예수님께서 그들에게 대답하셨다. "이 성전을 허물어라. 그러면 내가 사흘 안에 다시 세우겠다." 유다인들이 말하였다. "이 성전을 마흔여섯 해나 걸려 지었는데, 당신이 사흘 안에 다시 세우겠다는 말이오?" 그러나 그분께서 성전이라고 하신 것은 당신 몸을 두고 하신 말씀이었다.

예수님과 하느님 **요한 8,54-56** "내가 나 자신을 영광스럽게 한다면 나의 영광은 아무것도 아니다. 나를 영광스럽게 하시는 분은 내 아버지시다. 너희가 '그분은 우리의 하느님이시다.' 하고 말하는 바로 그분이시다. 너희는 그분을 알지 못하지만 나는 그분을 안다. 내가 그분을 알지 못한다고 말하면 나도 너희와 같은 거짓말쟁이가 될 것이다. 그러나 나는 그분을 알고 또 그분의 말씀을 지킨다. 너희 조상 아브라함은 나의 날을 보리라고 즐거워하였다. 그리고 그것을 보고 기뻐하였다."

요한 2,19-21*

114 예수님께서는 이스라엘의 율법에 대하여 어떻게 처신하셨는가?

예수님께서는 하느님께서 시나이 산에서 모세에게 주신 율법을 폐지하신 것이 아니라, 율법에 관한 결정적인 해석을 내놓으심으로써 율법을 성취하셨다. 예수님께서는 율법을 온전히 준수하신 입법자이시다. 더구나 하느님의 충실한 종이신 예수님께서는 "첫째 계약 아래에서 저지른 범죄로부터 사람들을 속량"(히브 9,15)할 수 있는 유일한 희생 제사를 당신의 속량적 죽음으로 바치신다.

해설 예수님께서는 입법자로서 구약의 이스라엘의 율법을 신약의 은총의 빛으로 해석하셨다. 사실 율법의 완전한 성취는 하느님의 아들이신 예수 그리스도만이 이룰 수 있는 일이었다. 그분은 율법을 그 정신까지 살려 온전히 준수하시고 "첫째 계약 아래에서 저지른 범죄로부터 사람들을 속량하시려고"(히브 9,15) 목숨까지 바치셨다. 그분은 결코 구약의 율법을 폐지하신 것이 아니다. "내가 율법이나 예언서들을 폐지하러 온 줄로 생각하지 마라. 폐지하러 온 것이 아니라 오히려 완성하러 왔다"(마태 5,17).

용어 **율법** 유다인들은 일반적으로 모세오경을 토라(율법)라고 불렀다. 여기서 말하는 율법은 특히 구약 곧 옛 계약인 시나이 계약의 조문들을 말한다. 율법을 어기는 것은 하느님과의 계약을 깨뜨리는 것이다.

입법자 법을 제정하는 이를 말한다. 하느님은 진정한 입법자이시고, 법의 올바른 집행자이시며 해석자이시다.

성구 **예레 31,31-32** 보라, 그날이 온다. **주님의** 말씀이다. 그때에 나는 이스라엘 집안과 유다 집안과 새 계약을 맺겠다. 그것은 내가 그 조상들의 손을 잡고 이집트 땅에서 이끌고 나올 때에 그들과 맺었던 계약과는 다르다. 그들은 내가 저희 남편인데도 내 계약을 깨뜨렸다. **주님의** 말씀이다.

마태 23,2-3 "율법 학자들과 바리사이들은 모세의 자리에 앉아 있다. 그러니 그들이 너희에게 말하는 것은 다 실행하고 지켜라. 그러나 그들의 행실은 따라 하지 마라. 그들은 말만하고 실행하지는 않는다."

마태 5,33-34.37* 마태 12,10ㄴ-12*

115 예루살렘 성전에 대한 예수님의 태도는 어떠했는가?

제1편 신앙 고백

예수님께서는 성전에 대한 적의로 고발당하셨다. 그렇지만 그분께서는 성전을 "내 아버지의 집"(요한 2,16)으로 존중하셨으며, 그곳에서 중요한 가르침을 전해 주셨다. 반면에 그분께서는 당신의 죽음과 관련하여 성전의 파괴를 예고하기도 하셨으며, 당신 자신을 사람들 가운데 계시는 하느님의 확실한 거처(성전)라고 소개하셨다.

해설 예수님은 성전을 "내 아버지의 집"(요한 2,16)으로 존중하셨고, 그 때문에 성전을 정화하기도 하셨다. 나아가 당신 몸이 하느님의 성전임을 밝히셨고, 당신 죽음과 부활을 통해 새로운 시대를 여셨다. "너희가 이 산도 아니고 예루살렘도 아닌 곳에서 아버지께 예배를 드릴 때가 온다"(요한 4,21ㄴ).

용어 **성전에 대한 적의** 유다인들은 예수님의 성전 정화를 성전에 대한 적대행위로 보았다.

성전의 파괴 서기 70년에 로마 군대는 예루살렘을 점령하고 성전을 파괴하였다. 예수님께서 예언하시기도 한 이 성전 파괴는 마지막 때의 징조로 인식된다(루카 21,5 이하).

하느님의 거처 성전은 사람들 사이에 계시는 하느님의 처소로 인식되어 왔다. 다윗은 하느님의 거처로서 성전을 짓고자 했으며(사도 7,46), 묵시록은 하느님의 거처로서 성전은 사라질 것이라 말한다. 하느님 친히 사람들과 함께 계시기 때문이다(묵시 21,22).

성구 **시편 69,9-10** 저는 제 형제들에게 남이 되었고
제 어머니의 소생들에게 이방인이 되었습니다.
당신 집에 대한 열정이 저를 불태우고
당신을 모욕하는 자들의 모욕이 제 위로 떨어졌기 때문입니다.

요한 2,16-19 비둘기를 파는 자들에게는, "이것들을 여기에서 치워라. 내 아버지의 집을 장사하는 집으로 만들지 마라." 하고 이르셨다. 그러자 제자들은 "당신 집에 대한 열정이 저를 집어삼킬 것입니다."라고 성경에 기록된 말씀이 생각났다. 그때에 유다인들이 예수님께, "당신이 이런 일을 해도 된다는 무슨 표징을 보여 줄 수 있소?" 하고 말하였다. 그러자 예수님께서 그들에게 대답하셨다. "이 성전을 허물어라. 그러면 내가 사흘 안에 다시 세우겠다."

루카 2,46.48-49*

116 예수님께서는 왜 구원자이신 유일한 하느님에 대한 이스라엘의 신앙에 상반된 입장을 보이셨는가?

예수님께서는 유일한 하느님에 대한 신앙에 상반되는 말씀을 하신 적이 한 번도 없으셨다. 메시아의 약속을 성취하는 놀라운 하느님의 업적을 수행하실 때나, 당신 자신을 하느님과 동등한 분으로 계시하실 때, 곧 죄의 용서를 선포하실 때에도 모순되는 입장은 결코 취하지 않으셨다. 그러나 한편으로는 당신을 믿고 회개하라는 예수님의 요구를 감안하면 신성 모독자로 사형에 처해 마땅하다고 판정한 유다 의회 법정의 비극적 오해를 이해할 수도 있다.

해설 예수님께서는 당신이 하시는 말씀이 아버지 하느님의 말씀이며(요한 14,24), 당신이 하시는 일이 아버지의 일이라고(요한 10,37-38) 주장하셨다. 그뿐 아니라 죄인들을 용서하셨는데, 이는 오직 하느님만이 하실 수 있는 일이었다(마르 2,5-7). 이로써 예수님은 당신이 하느님의 아들임을 밝히셨고, 오직 한 분 하느님의 뜻만을 받들어 헌신하셨다. "아버지와 나는 하나다"(요한 10,30). 유다인들은 예수님 안에서 사람이 되신 하느님을 보지 못하고 그분을 신성 모독자로 여겨 죽음으로 내몰았다.

용어 **신성 모독자** 하느님을 증오하거나 비난하거나 도발하고, 하느님을 나쁘게 말하며, 하느님에 대해 불경스러운 말을 하고, 하느님의 이름을 함부로 부르는 것 등을 신성 모독이라 하며(2148항) 이런 짓을 하는 사람이 신성 모독자다.

유다 의회 71명의 대표(원로)로 이루어진 최고 의결 기구로서 예루살렘에 있었으며, 지방에도 의회가 있었다.

성구 **레위 24,16** "주님의 이름을 모독한 자는 사형을 받아야 한다. 온 공동체가 그에게 돌을 던져야 한다. 이방인이든 본토인이든 주님의 이름을 모독하면 사형을 받아야 한다."

요한 5,16-18 그리하여 유다인들은 예수님께서 안식일에 그러한 일을 하셨다고 하여, 그분을 박해하기 시작하였다. 그러나 예수님께서는 그들에게, "내 아버지께서 여태 일하고 계시니 나도 일하는 것이다." 하고 말씀하셨다. 이 때문에 유다인들은 더욱 예수님을 죽이려고 하였다. 그분께서 안식일을 어기실 뿐만 아니라, 하느님을 당신 아버지라고 하시면서 당신 자신을 하느님과 대등하게 만드셨기 때문이다.
마르 2,5-7* 요한 10,36-38*

117 예수님의 죽음의 책임은 누구에게 있는가?

예수님의 수난과 죽음에 대한 책임을 그 당시에 살고 있던 모든 유다인들과 그 이후의 시간과 공간에 속한 다른 유다인들에게까지 무분별하게 돌릴 수는 없다. 죄인으로서 모든 사람이 실제로 구세주께서 겪으신 고난의 원인이고 도구이며, 특히 계속해서 죄에 떨어지고 악습을 일삼는 그리스도인의 죄가 더 크다.

해설 예수님의 죽음에 대한 책임을 당시 유다인들이나, 나아가 오늘의 유다인들에게 둘러씌우는 것은 가당치 않다. 예수님의 죽음에 개입한 사람들은 다양한 죄인들을 대표한다. 예수님께서는 우리 죄 때문에 돌아가셨다(1코린 15,3; 갈라 1,4; 1베드 3,18). 그러므로 우리가 짓는 죄, 특히 죄의 악습에 젖어 회개할 줄 모르는 그리스도인들의 죄가 예수님을 다시금 십자가에 못 박는 것으로 알고 회개해야 한다.

용어 **구세주 고난의 원인이며 도구** 「로마 교리서」는 "죄인들 자신이 하느님이신 구세주께서 겪으신 모든 고난의 장본인이었고 그 도구였다."고 가르친다(598항). 우리 죄 때문에 예수님이 수난하시고, 죄인인 우리가 예수님을 죽였다는 말이다.

성구 **이사 50,5-6** 주 하느님께서 내 귀를 열어 주시니 나는 거역하지도 않고 뒤로 물러서지도 않았다. 나는 매질하는 자들에게 내 등을, 수염을 잡아 뜯는 자들에게 내 뺨을 내맡겼고 모욕과 수모를 받지 않으려고 내 얼굴을 가리지도 않았다.

사도 3,15.17-19 "여러분은 생명의 영도자를 죽였습니다. 그러나 하느님께서는 죽은 이들 가운데에서 그분을 다시 일으키셨고, 우리는 그 증인입니다. … 이제, 형제 여러분! 나는 여러분도 여러분의 지도자들과 마찬가지로 무지한 탓으로 그렇게 하였음을 압니다. 하느님께서는 모든 예언자의 입을 통하여 당신의 메시아께서 고난을 겪으시리라고 예고하신 것을 그렇게 이루셨습니다. 그러므로 회개하고 하느님께 돌아와 여러분의 죄가 지워지게 하십시오."

1코린 15,3*

118 그리스도의 죽음은 어떤 이유에서 하느님의 계획에 속하는가?

하느님께서는 죄로 말미암아 죽게 된 모든 사람을 당신 자신과 화해시키시고자 당신 아들을 세상에 보내시는 사랑의 주도권을 행사하시고, 당신 아들이 죄인들을 위하여 스스로 죽음에 넘겨지도록 하셨다. 구약 성경에서 특히 고난 받는 종의 희생으로 예언한 그리스도의 죽음은 "성경 말씀대로" 이루어진 사건이다.

해설 예수님께서는 "성경 말씀대로" 우리를 위해서 돌아가셨다고 성경은 말한다(1코린 15,3-4). "성경 말씀대로"라는 말은 물론 구약 성경에 나오는 대로라는 뜻이지만, 사실은 하느님의 계획에 따라, 하느님의 뜻에 따라 이루어진 것임을 강조한 말이다. 성부께서 아드님의 죽음을 원하신 것은 아니다. 다만 인류의 구원을 간절히 원하셨을 뿐이다. 아드님께서는 이 같은 성부의 뜻을 받들어 자신의 목숨을 인류 구원의 제물로 내놓으신 것이다. 한 마디로 그리스도의 죽음은 성부와 성자의 인류에 대한 사랑에서 이루어진 일이다.

용어 **사랑의 주도권** 사랑은 먼저 행동하는 주도적인 것이다. 하느님의 사랑은 더욱 그러하다. "그 사랑은 이렇습니다. 우리가 하느님을 사랑한 것이 아니라, 그분께서 우리를 사랑하시어 당신의 아드님을 우리 죄를 위한 속죄 제물로 보내 주신 것입니다"(1요한 4,10).

고난 받는 종 이사야서에는 고난 받는 주님의 종의 노래가 네 번 나온다(① 42,1-9, ② 49,1-6, ③ 50,4-9, ④ 52,13—53,12). 이는 하느님의 종, 메시아의 수난을 예고한 것이다. → 문답 82 참조.

성구 **이사 53,10** 그러나 그를 으스러뜨리고자 하신 것은 **주님의 뜻이었고** 그분께서 그를 병고에 시달리게 하셨다. 그가 자신을 속죄 제물로 내놓으면 그는 후손을 보며 오래 살고 그를 통하여 **주님의 뜻이 이루어지리라.**

사도 2,23-24 하느님께서 미리 정하신 계획과 예지에 따라 여러분에게 넘겨지신 그분을, 여러분은 무법자들의 손을 빌려 십자가에 못 박아 죽였습니다. 그러나 하느님께서는 그분을 죽음의 고통에서 풀어 다시 살리셨습니다. 그분께서는 죽음에 사로잡혀 계실 수가 없었던 것입니다.

1코린 15,3-5*

119 예수님께서는 어떻게 당신 자신을 성부께 바치셨는가?

그리스도의 생애 전체는 성부의 구원 계획을 실행하시려고 성부께 당신을 바치시는 자유로운 봉헌이다. 그분께서는 "많은 이들의 몸값으로 자기 목숨"(마르 10,45)을 내어 주시고, 또 그러한 방법으로 온 인류를 하느님과 화해시키신다. 그분의 고난과 죽음은 그분의 인성이 어떻게 인류의 구원을 바라시는 하느님 사랑의 자유롭고 완전한 도구가 되는지를 드러낸다.

해설 예수님의 전 생애는 아버지의 뜻을 이루시는 사랑의 헌신이다. "예수님께서는 당신 아버지에 대한 사랑으로 또 아버지께서 구하시기를 간절히 원하신 사람들에 대한 사랑으로 당신 수난과 죽음을 자유롭게 받아들이셨다. 그러므로 하느님의 아들은 가장 자유롭게 스스로 죽음을 향해 나아가셨다"(609항).

용어 **자유로운 봉헌** 예수님의 십자가상 죽음은 그 누구의 강요도, 그 어떤 이념의 강제도 아닌 예수님 자신의 자유로운 결단이었다. "아무도 나에게서 목숨을 빼앗지 못한다. 내가 스스로 그것을 내놓는 것이다"(요한 10,18). 그러므로 그분의 죽음은 가장 큰 사랑이 된다(요한 15,13).

성구 **창세 45,5.7-8ㄱ** "그러나 이제는 저를 이곳으로 팔아넘겼다고 해서 괴로워하지도, 자신에게 화를 내지도 마십시오. 우리 목숨을 살리시려고 하느님께서는 나를 여러분보다 앞서 보내신 것입니다. 하느님께서는 나를 여러분보다 앞서 보내시어, 여러분을 위하여 자손들을 이 땅에 일으켜 세우고, 구원받은 이들의 큰 무리가 되도록 여러분의 목숨을 지키게 하셨습니다. 그러니 나를 이곳으로 보낸 것은 여러분이 아니라 하느님이십니다."

요한 10,17-18 "아버지께서는 내가 목숨을 내놓기 때문에 나를 사랑하신다. 그렇게 하여 나는 목숨을 다시 얻는다. 아무도 나에게서 목숨을 빼앗지 못한다. 내가 스스로 그것을 내놓는 것이다. 나는 목숨을 내놓을 권한도 있고 그것을 다시 얻을 권한도 있다. 이것이 내가 내 아버지에게서 받은 명령이다."

마르 8,31-33*

120 최후의 만찬에서 예수님의 봉헌은 어떻게 표현되는가?

예수님께서는 수난 전날 사도들과 함께 마지막 만찬을 하시던 중에 당신 자신의 자발적인 봉헌을 미리 실행하고 그 의미를 드러내신다. "이는 너희를 위하여 **내어 주는** 내 몸이다"(루카 22,19). "이는 …… 많은 사람을 위하여 **흘리는** 내 계약의 피다"(마태 26,28). 이리하여 그분께서는 동시에 성체성사를 당신 희생의 "기념제"(1코린 11,25 참조)로 제정하시고 당신 사도들을 새로운 계약의 사제로 세우신다.

해설 "예수님께서는 제자들과 가진 마지막 만찬을 인류의 구원을 위하여 자신을 성부께 바치는 자발적인 봉헌의 기념으로 삼으셨다"(610항). 예수님은 이 성찬례를 당신 희생의 기념제가 되게 하시고, 이를 계속할 것을 명하신다. 새로운 계약의 사제직을 세우신 것이다.

용어 **희생의 기념제** 예수님께서는 성찬례로써 당신의 죽음을 기념하게 하셨다. "이 잔은 내 피로 맺는 새 계약이다. 너희는 이 잔을 마실 때마다 나를 기억하여 이를 행하여라"(1코린 11,25ㄴ).

새로운 계약의 사제들 아론과 그 후손이 구약의 사제들이었다면, 이제 신약의 사제는 사도들과 그 후계자들이다.

성구 **탈출 24,6-8** 모세는 그 피의 절반을 가져다 여러 대접에 담아 놓고, 나머지 절반은 제단에 뿌렸다. 그러고 나서 계약의 책을 들고 그것을 읽어 백성에게 들려주었다. 그러자 그들은 "**주님**께서 말씀하신 모든 것을 실행하고 따르겠습니다." 하고 말하였다. 모세는 피를 가져다 백성에게 뿌리고 말하였다. "이는 **주님**께서 이 모든 말씀대로 너희와 맺으신 계약의 피다."

루카 22,19-20 예수님께서는 또 빵을 들고 감사를 드리신 다음, 그것을 떼어 사도들에게 주시며 말씀하셨다. "이는 너희를 위하여 내어 주는 내 몸이다. 너희는 나를 기억하여 이를 행하여라." 또 만찬을 드신 뒤에 같은 방식으로 잔을 들어 말씀하셨다. "이 잔은 너희를 위하여 흘리는 내 피로 맺는 새 계약이다."

1코린 11,23-26*

121 겟세마니 동산의 고뇌 중에 무슨 일이 일어났는가?

"생명의 영도자"(사도 3,15)이신 예수님의 거룩한 인성 안에 미리 죽음의 공포가 드리워져 있음에도, 우리 구원을 위하여 천주 성자의 인간적 의지로 성부의 뜻을 받아들이신다. 예수님께서는 "죽음에 이르기까지 순종하심으로써"(필리 2,8) 당신의 몸에 우리의 죄를 기꺼이 짊어지시고자 하셨다.

해설   예수님께서는 겟세마니에서 이렇게 기도하셨다. "아버지, 하실 수만 있으시면 이 잔이 저를 비켜 가게 해 주십시오. 그러나 제가 원하는 대로 하지 마시고 아버지께서 원하시는 대로 하십시오"(마태 26,39). 인간으로서 예수님은 죽음의 공포를 느끼셨지만, 아버지께 대한 사랑과 인류에 대한 사랑으로 이를 극복하시고, "죽음에 이르기까지, 십자가 죽음에 이르기까지 순종하심"(필리 2,8)으로써 아버지의 뜻을 오롯이 받드셨다.

용어   **"생명의 영도자"**   사도 베드로는 자신의 선교 설교에서 예수님을 "생명의 영도자"라고 부른다(사도 3,15). 이는 매우 오래된 그리스도의 칭호일 것이다(사도 5,31; 히브 2,10; 12,2 참조). 예수님께서 부활 생명을 누리신 첫 사람이시고, 사람들을 부활 생명으로 이끄시는 분임을 드러내는 칭호다.

성구   **애가 3,55-57**   그 깊은 구렁 속에서 **주님**, 저는 당신의 이름을 불렀습니다. "제 탄원과 간청에 귀를 막지 마소서." 하는 제 소리를 당신께서는 들으셨습니다. 제가 당신을 부르던 날 당신께서는 가까이 오시어 말씀하셨습니다. "두려워하지 마라."

마르 14,34-36   그래서 그들에게 "내 마음이 너무 괴로워 죽을 지경이다. 너희는 여기에 남아서 깨어 있어라." 하고 말씀하셨다. 그런 다음 앞으로 조금 나아가 땅에 엎드리시어, 하실 수만 있으면 그 시간이 당신을 비켜 가게 해 주십사고 기도하시며, 이렇게 말씀하셨다. "아빠! 아버지! 아버지께서는 무엇이든 하실 수 있으시니, 이 잔을 저에게서 거두어 주십시오. 그러나 제가 원하는 것을 하지 마시고 아버지께서 원하시는 것을 하십시오."

히브 5,7-8*

122   그리스도께서 십자가 위에서 바치신 희생 제사의 효과는 무엇인가?

예수님께서는 스스로 당신의 목숨을 속죄 제물로 바치셨다. 곧 죽기까지 사랑하심으로써 아버지께 온전히 순종하시어 우리의 죄를 보상하셨다. 천주 성자의 이와 같은 "끝까지 사랑"(요한 13,1)하심은 온 인류를 성부와 화해시킨다. 그러므로 그리스도의 파스카 희생은 유일하고 완전하며, 결정적인 방법으로 사람들을 속량하고 하느님과 일치시킨다.

해설 ① 그리스도의 죽음은 파스카의 희생 제사이며 새로운 계약의 희생 제사다(613항). ② 그리스도의 희생 제사는 유일하며 구약의 모든 제사를 완성하고 초월한다. 이 희생 제사는 성부께서 우리에게 주신 최상의 선물이며, 성자께서 성부께 드린 최상의 예물이다(614항). ③ 그리스도의 죽음은 우리를 위한 속죄의 제물이다(615항). ④ 그리스도의 죽음은 지고至高의 사랑이다(요한 15,13). 그 한없는 사랑으로 모든 사람이 구원되었다(616항). 그리스도의 십자가상 죽음으로 인류 구원 성업이 온전히 성취되었다.

용어 **속죄 제물** 구약의 속죄 제물(레위 4장)은 사람들의 죄를 대속代贖하는 뜻으로 바치는 제사였다. 예수님께서는 당신 죽음으로 우리 대신 속죄하셨다. "그리스도의 희생 제사는 속량적, 배상적, 속죄적, 보상적 가치를 지닌다"(616항).
그리스도의 파스카 희생 파스카는 히브리어 '파샤'(넘어가다)에서 나왔다. 죽음에서 생명으로 넘어가는 것을 가리킨다. 우리는 그리스도의 죽음과 부활을 그리스도의 파스카라고 부른다. 구약의 파스카를 완성하기 때문이다. 구약의 파스카 어린양의 피가 이스라엘을 죽음에서 건졌듯이, 신약의 파스카 어린양이신 예수 그리스도의 피로 우리가 죄와 죽음에서 해방되었다.
유일하고 완전하며 결정적인 방법으로 그리스도의 파스카 희생을 대신할 다른 제사는 없다. 그리스도의 희생 제사는 유일하고 완전하며 결정적인 효과를 가져왔다.

성구 **이사 53,10-11** 그러나 그를 으스러뜨리고자 하신 것은 **주님**의 뜻이었고 그분께서 그를 병고에 시달리게 하셨다. 그가 자신을 속죄 제물로 내놓으면 그는 후손을 보며 오래 살고 그를 통하여 **주님**의 뜻이 이루어지리라. 그는 제 고난의 끝에 빛을 보고 자기의 예지로 흡족해하리라. 의로운 나의 종은 많은 이들을 의롭게 하고 그들의 죄악을 짊어지리라.
로마 8,1-3 그러므로 이제 그리스도 예수님 안에 있는 이들은 단죄를 받을 일이 없습니다. 그리스도 예수님 안에서 생명을 주시는 성령의 법이 그대를 죄와 죽음의 법에서 해방시켜 주었기 때문입니다. 율법이 육으로 말미암아 나약해져 이룰 수 없던 것을 하느님께서 이루셨습니다. 곧 당신의 친아드님을 죄 많은 육의 모습을 지닌 속죄 제물로 보내시어 그 육 안에서 죄를 처단하셨습니다.

1요한 4,9-10*

123 예수님께서는 왜 제자들에게 제 십자가를 지고 따르라고 부르시는가?

제 십자가를 지고 당신을 따라야 한다고 제자들에게 요구함으로써, 예수님께서는 속량을 위한 당신 희생 제사의 첫 수혜자들인 바로 그들이 당신 희생 제사에 참여하기를 원하신다.

해설 단 한 번에 완전하고 결정적인 속죄 제사를 바치신 예수님께서는 우리도 당신의 희생 제사에 참여하기를 바라신다. 우리 삶은 예수님의 희생처럼 참으로 속죄적 의미를 지닌다. 이렇게 우리는 그리스도의 속량적 고난의 신비에 참여한다. "날마다 제 십자가를 지고 나를 따라야 한다"(루카 9,23).

용어 **속량을 위한 당신 희생 제사의 첫 수혜자** 맨 먼저 그리스도의 십자가를 통한 구원의 은총을 받은 사람들은 그 제자들이다.

성구 **즈카 13,9** 나는 그 삼분의 일을 불 속에 집어넣어 은을 정제하듯 그들을 정제하고 금을 제련하듯 그들을 제련하리라. 그들은 나의 이름을 부르고 나는 그들에게 대답하리라. 나는 '그들은 나의 백성이다!' 하고 그들은 '**주님**께서는 우리의 하느님이시다!' 하리라."

콜로 1,24 이제 나는 여러분을 위하여 고난을 겪으며 기뻐합니다. 그리스도의 환난에서 모자란 부분을 내가 이렇게 그분의 몸인 교회를 위하여 내 육신으로 채우고 있습니다.

마태 16,24*

124 그리스도께서 무덤에 계시는 동안 그분의 육신은 어떤 상태였는가?

그리스도께서는 참으로 죽음을 겪으셨고 진실로 묻히셨다. 그러나 하느님의 힘이 그리스도의 육신을 부패하지 않게 하셨다.

해설 그리스도께서 무덤에 묻히신 것은 "우주 전체에 평화를 가져오는 인간의 구원을 이루신 다음 취하시는 하느님의 안식을 드러낸다. 이것이 성토요일의 신비이다"(624항). "그분의 육신은 하느님 아들의 위격과 결합되어 있어 다른 시체들처럼 썩지 않았다"(627항).

용어 **하느님의 힘** 하느님은 불사불멸이시다. 그러므로 죽음으로 예수님의 영혼과 육체가 분리되었다 해도 그 신성, 그 신적 위격 안에 예수님의 육체와 영혼이 함께 머물러 있었으므로 시신 부패가 이루어지지 않았던 것이다.

성구 **시편 16,10-11** 당신께서는 제 영혼을 저승에 버려두지 않으시고
당신께 충실한 이는 구렁을 아니 보게 하십니다.
당신께서 저에게 생명의 길을 가르치시니
당신 면전에서 넘치는 기쁨을,
당신 오른쪽에서 길이 평안을 누리리이다.

사도 13,35-37 "그래서 다른 시편에서는 '당신께서는 당신의 거룩한 이가 죽음의 나라를 아니 보게 하실 것입니다.' 하였습니다. 다윗은 일생 동안 하느님의 뜻을 받들어 섬기고 나서 잠든 다음, 조상들 곁에 묻혀 죽음의 나라를 보았습니다. 그러나 하느님께서 다시 일으키신 그분께서는 죽음의 나라를 보지 않으셨습니다."

마태 12,39-40*

■ "예수 그리스도께서 저승에 가시어
사흗날에 죽은 이들 가운데서 부활하시고"

125 예수님께서 내려가신 "저승"은 어떤 곳인가?

단죄를 받은 **지옥**과는 다른 "저승"은 의인이든 악인이든 그리스도 이전에 죽은 모든 이가 처해 있던 상태이다. 예수님께서는 당신의 신적 위격과 결합된 영혼으로, 하느

님을 볼 수 있게 할 구세주를 기다리는 의인들을 만나러 저승에 가셨다. 그분께서는 당신의 죽음을 통하여 "죽음의 권능을 쥐고 있는"(히브 2,14) 악마에게서 죽음을 쳐 이기신 뒤, 구세주를 기다리고 있는 의인들을 해방시키시고, 그들에게 하늘 나라의 문을 열어 주셨다.

해설 저승은 영원한 단죄를 받은 지옥과는 다르다. 저승은 그리스도 이전에 죽은 모든 이들의 장소 또는 상태다. 예수님은 저승에 가셨다. ① 예수님께서는 모든 인간과 마찬가지로 죽음을 겪으셨고, ② 그 영혼은 죽은 이들의 거처에서 그들과 함께 계셨으며, ③ 그곳에 묶여 있는 영혼들에게 복음을 선포하는 구원자로서 그곳에 내려가신 것이다(623항).

용어 **저승** 저승은 구약 성경의 '셔올' 곧 죽은 이들의 처소를 우리말로 옮긴 것이다.

신적 위격과 결합된 영혼 예수님의 영혼은 그 육신과 마찬가지로 신적 위격과 결합되어 있다.

죽음의 권능을 쥐고 있는 악마 예수님께서는 이전에 죄의 업보인 죽음의 권세로 사람들을 꼼짝 못하게 하였던 악마를 쳐부수시고, 사람들을 죽음에서 해방시키셨다(히브 2,14-15 참조).

구세주를 기다리고 있는 의인들 "예수님께서는 지옥에 떨어진 이들을 구하거나 저주받은 지옥을 파괴하기 위해서가 아니라 의인들을 해방시키고자 저승에 가셨다"(633항).

성구 **집회 48,5** 당신은 죽은 자를 죽음에서 일으키고 지극히 높으신 분의 말씀에 따라 그를 저승에서 건져 냈습니다.

히브 2,14-15 이 자녀들이 피와 살을 나누었듯이, 예수님께서도 그들과 함께 피와 살을 나누어 가지셨습니다. 그것은 죽음의 권능을 쥐고 있는 자 곧 악마를 당신의 죽음으로 파멸시키시고, 죽음의 공포 때문에 한평생 종살이에 얽매여 있는 이들을 풀어 주시려는 것이었습니다.

시편 16,10; 30,4; 49,16; 86,13* 다니 3,88* 요나 2,3* 1베드 3,18-19*

126 그리스도의 부활은 우리 신앙에서 어떤 위치를 차지하는가?

예수님의 부활은 그리스도에 대한 신앙 진리의 정수이며, 십자가와 함께 파스카 신비의 핵심 부분이다.

해설 예수님의 부활은 그리스도 신앙의 정수精髓다. 부활은 예수님의 십자가 죽음과 함께 파스카 신비의 핵심을 이룬다.

용어 **신앙 진리의 정수** 부활은 우리 그리스도교 신앙의 중심에 놓여 있다. 부활의 빛으로 다른 모든 신앙 진리가 밝혀진다.

파스카 신비의 핵심 우리는 예수님의 죽음과 부활을 그리스도의 파스카라고 부른다(문답 122). 예수님의 죽음과 부활은 언제나 함께 언급된다. 그래서 이 둘을 함께 말하기 위해 '파스카'라는 의미 깊은 용어를 사용한다.

성구 **호세 6,1-2** 자, 주님께 돌아가자. 그분께서 우리를 잡아 찢으셨지만 아픈 데를 고쳐 주시고 우리를 치셨지만 싸매 주시리라. 이틀 뒤에 우리를 살려 주시고 사흘째 되는 날에 우리를 일으키시어 우리가 그분 앞에서 살게 되리라.

1코린 15,14.17 그리스도께서 되살아나지 않으셨다면, 우리의 복음 선포도 헛되고 여러분의 믿음도 헛됩니다 … 그리스도께서 되살아나지 않으셨다면, 여러분의 믿음은 덧없고 여러분 자신은 아직도 여러분이 지은 죄 안에 있을 것입니다.

루카 24,46-48[*]

127 어떤 "표징"들이 예수님의 부활을 입증하는가?

예수님의 부활은 빈 무덤이라는 핵심적인 징표 이외에, 예수님을 처음으로 만나서 그리스도의 부활을 사도들에게 알린 여인들에 의하여 증명되었다. 그 후 예수님께서는 "케파(베드로)에게, 또 이어서 열두 사도에게 …. 그 다음에는 한 번에 오백 명이 넘는 형제들에게 나타나셨고"(1코린 15,5-6) 그 밖에 다른 이들에게도 나타나셨다. 사도들에게 부활이 불가능하게 보였으므로 그들은 부활에 대한 생각을 꾸며 낼 수도 없었다. 그러기에 예수님께서 그들의 불신을 질책하신 것이다.

해설 예수 부활의 표징은 ① '빈 무덤'과 ② 부활하신 예수님의 '발현'이다. 여성들을 포함한 여러 제자들은 빈 무덤을 보고 주님의 부활을 믿었으며, 그들에게 나타나신 주님을 보고 믿었다. 그러나 예수님의 부활 사실은 오히려 그들에게 혼란을 불러일으켰다. 지금까지 없었던 일이기 때문이다. 그러므로 그들이 전한(증언한) 예수님의 부활은 꾸며 낸 이야기일 수 없다.

용어	**나타나다/발현**	영적인 존재의 나타남을 발현이라고 한다. (예를 들어 성모님 발현, 천사의 발현 등)
성구	**요나 2,1-3**	주님께서는 큰 물고기를 시켜 요나를 삼키게 하셨다. 요나는 사흘 낮과 사흘 밤을 그 물고기 배 속에 있었다. 물고기 배 속에서 요나는 주 그의 하느님께 기도드리며, 이렇게 아뢰었다. "제가 곤궁 속에서 **주님**을 불렀더니 주님께서 저에게 응답해 주셨습니다. 저승의 배 속에서 제가 부르짖었더니 당신께서 저의 소리를 들어 주셨습니다."
	요한 20,6-9	시몬 베드로가 뒤따라와서 무덤으로 들어가 아마포가 놓여 있는 것을 보았다. 예수님의 얼굴을 쌌던 수건은 아마포와 함께 놓여 있지 않고, 따로 한곳에 개켜져 있었다. 그제야 무덤에 먼저 다다른 다른 제자도 들어갔다. 그리고 보고 믿었다. 사실 그들은 예수님께서 죽은 이들 가운데에서 다시 살아나셔야 한다는 성경 말씀을 아직 깨닫지 못하고 있었던 것이다.
	루카 24,33-35*	

128 부활은 왜 동시에 초월적인 사건인가?

부활은 표징과 증거를 통하여 확인되고 확증될 수 있는 역사적인 사건인 동시에, 그리스도의 인성이 하느님의 영광 안으로 들어갔기 때문에, 신앙의 신비로서 역사를 초월하고 넘어선다. 바로 이러한 이유로 부활하신 그리스도께서 세상에 나타나지 않으시고 당신 제자들에게 발현하시어 그들이 백성들에 대한 당신 증인이 되게 하셨다.

해설		예수님의 부활은 역사적인 사건인 동시에 초월적인 사건이다. 사람들은 부활하신 예수님을 직접 만났다. 그분의 죽음이 역사 안에서 이루어졌듯이 그분의 부활도 그러하였다. 그렇지만 죽음을 벗어나 영원한 생명으로 넘어 간다는 부활 자체는 우리의 감각 기관으로 지각할 수 없는 사건이다.
용어	**초월적 사건**	역사 곧 시간과 공간을 초월하는 사건이라는 말이다. 부활은 이 생명에서 다른 생명으로 건너가는 초월적 사건이다.

성구 　에제 37,11-12　 그러므로 예언하여라. 그들에게 말하여라. "주 **하느님**이 이렇게 말한다. 나 이제 너희 무덤을 열겠다. 그리고 내 백성아, 너희를 그 무덤에서 끌어내어 이스라엘 땅으로 데려가겠다. 내 백성아, 내가 이렇게 너희 무덤을 열고, 그 무덤에서 너희를 끌어 올리면, 그제야 너희는 내가 **주님**임을 알게 될 것이다."

　　　로마 1,3ㄴ-4　 그분께서는 육으로는 다윗의 후손으로 태어나셨고, 거룩한 영으로는 죽은 이들 가운데에서 부활하시어, 힘을 지니신 하느님의 아드님으로 확인되신 우리 주 예수 그리스도이십니다.

　　　1코린 15,42.44-45*

129　부활하신 예수님의 육신은 어떤 상태인가?

그리스도의 부활은 지상의 삶으로 돌아옴을 의미하지 않는다. 그분의 부활하신 몸은 십자가에 못 박히고 수난의 표들을 지닌 육신이지만 이미 영광스런 상태로 하느님의 생명에 참여한다. 이러한 까닭에 부활하신 예수님께서는 당신 뜻대로 자유로이 원하시는 때에 여러 가지 모습으로 제자들에게 발현하신 것이다.

해설　부활하신 예수님의 육신은 수난하고 묻히셨던 육신이다. "한편 이 참되고 실제적인 육신은 영광스러운 육신의 새로운 특성들도 함께 지니고 있다"(645항). 한 마디로 시간과 공간의 제약을 받지 않는 영적인 육신이다. 더 이상 지상에 묶여 있지 않고 성부의 신적인 영역에 속하여 있으며, 지상의 삶으로 되돌아온 소생한 육신이 아니다. 사도 바오로의 표현대로 그분은 "하늘의 인간"(1코린 15,48)이시다.

용어　**지상의 삶으로 돌아옴**　 소생蘇生을 의미한다. 복음에서 생명의 주인이신 예수님께서는 몇몇 사람을 살리셨다. 그들은 부활한 것이 아니라, 소생한 것이다.

　　　영광스런 상태로 하느님의 생명에 참여　 부활하신 예수님은 하느님 본래의 영광을 지닌 채 하느님의 생명 곧 부활 생명을 누리신다. 이는 삼위일체 하느님의 생명에 함께 하시는 것을 말한다.

성구　지혜 2,23　 우리는 우연히 태어난 몸, 뒷날 우리는 있지도 않았던 것처럼 될 것이다. 우리의 콧숨은 연기일 뿐이며 생각은 심장이 뛰면서 생기는 불꽃일 따름이다. 불꽃이 꺼지면 몸은 재로 돌아가고 영은 가벼운 공기처럼 흩어져 버린다.

요한 20,26-27 여드레 뒤에 제자들이 다시 집 안에 모여 있었는데 토마스도 그들과 함께 있었다. 문이 다 잠겨 있었는데도 예수님께서 오시어 가운데에 서시며, "평화가 너희와 함께!" 하고 말씀하셨다. 그러고 나서 토마스에게 이르셨다. "네 손가락을 여기 대 보고 내 손을 보아라. 네 손을 뻗어 내 옆구리에 넣어 보아라. 그리고 의심을 버리고 믿어라."

루카 24,30-31*

130 부활은 어떻게 거룩한 삼위의 업적이 되는가?

그리스도의 부활은 하느님의 초월적인 업적이다. 거룩한 삼위는 각기 고유한 방식으로 함께 활동하신다. 곧, 성부께서는 당신의 권능을 드러내시고, 성자께서는 당신의 영혼과 육신을 결합시키심으로써 자유로이 바치신 당신의 "목숨을 다시 얻으시고"(요한 10,17), 성령께서는 부활하신 성자께 생명을 불어 넣으시고 영광스럽게 하신다.

해설 ① **하느님 아버지**께서는 성자를 부활시키셨다. "하느님께서는 그분을 죽음의 고통에서 풀어 다시 살리셨습니다"(사도 2,24ㄱ). ② **예수 그리스도**께서는 당신의 신적 능력으로 다시 살아나셨다. "죽은 이들 가운데에서 부활하시어, 힘을 지니신 하느님의 아드님으로 확인되신 우리 주 예수 그리스도이십니다"(로마 1,4). ③ **성령**께서는 예수님을 다시 살리셨다(로마 8,11 참조). 성령은 "살리시는 분"(니케아-콘스탄티노폴리스 신경)이다. 이처럼 부활은 성삼위의 업적이다. 삼위의 공동 업적이며 동시에 각 위의 독자적인 업적이다.

용어 **하느님의 초월적인 업적** 그리스도의 부활은 하느님께서 피조물과 역사 안에 초월적으로 개입하신 일이다(648항). 이것은 자연적인 일이 아니라 초자연적인 일이다.

성구 **창세 18,2ㄱ.10** 그가 눈을 들어 보니 자기 앞에 세 사람이 서 있었다. 그러자 그분께서 말씀하셨다. "내년 이때에 내가 반드시 너에게 돌아올 터인데, 그때에는 너의 아내 사라에게 아들이 있을 것이다." 사라는 아브라함의 등 뒤 천막 어귀에서 이 말을 듣고 있었다.

로마 8,11 예수님을 죽은 이들 가운데에서 일으키신 분의 영께서 여러분 안에 사시면, 그리스도를 죽은 이들 가운데에서 일으키신 분께서 여러분 안에 사시는 당신의 영을 통하여 여러분의 죽을 몸도 다시 살리실 것입니다.
1코린 15,20-21* 1테살 4,14*

131 부활의 의미와 구원의 효과는 무엇인가?

부활은 강생의 정점이다. 부활은 그리스도의 신성뿐 아니라 그분께서 행하시고 가르치신 것을 확인해 주고 우리를 위하여 하느님께서 약속하신 모든 것을 실현한다. 뿐만 아니라 죄와 죽음을 이기시고 부활하신 그리스도께서는 우리 의화와 부활의 근원이시다. 곧 그분께서는 이제 우리를 하느님의 자녀가 되게 하는 은총을 실현하시며, 외아드님의 생명에 실제적으로 참여하도록 하신다. 그분께서는 세상 마지막 때에 우리의 육신을 살리실 것이다.

해설 그리스도의 부활은 ① 그리스도께서 행하시고 가르치신 모든 것이 참되다는 것을 확인해 준다(652항). ② 구약의 약속과 예수님의 약속의 실현이다(652항). ③ 예수님이 참 하느님이심을 확증한다(653항). ④ 하느님의 영원한 계획에 따른 강생의 완성이다(653항). ⑤ 우리를 의화하여, 하느님의 자녀가 되게 한다(654항). ⑥ 우리 부활의 근원이며 원천이다(655항).

용어 **강생의 정점** 하느님의 아들로서 사람이 되어 오신 강생으로 시작된 그리스도의 구원 성업은 부활로 완성된다(653항).

성구 **2마카 7,22-23** "너희가 어떻게 내 배 속에 생기게 되었는지 나는 모른다. 너희에게 목숨과 생명을 준 것은 내가 아니며, 너희 몸의 각 부분을 제자리에 붙여 준 것도 내가 아니다. 그러므로 사람이 생겨날 때 그를 빚어 내시고 만물이 생겨날 때 그것을 마련해 내신 온 세상의 창조주께서, 자비로이 너희에게 목숨과 생명을 다시 주실 것이다. 너희가 지금 그분의 법을 위하여 너희 자신을 하찮게 여겼기 때문이다."

에페 2,4-6 자비가 풍성하신 하느님께서는 우리를 사랑하신 그 큰 사랑으로, 잘못을 저질러 죽었던 우리를 그리스도와 함께 살리셨습니다. ― 여러분은 이렇게 은총으로 구원을 받은 것입니다. ― 하느님께서는 그리스도 예수님 안에서 우리를 그분과 함께 일으키시고 그분과 함께 하늘에 앉히셨습니다.
1코린 15,14-15* 로마 4,24ㄴ-25* 1베드 1,3ㄴ-4ㄱ*

■ "예수님께서는 하늘에 올라
   전능하신 천주 성부 오른편에 앉으셨다"

132 승천은 무엇을 가리키는가?

그리스도께서 사도들에게 40일 동안 평범한 인성의 모습으로 자신을 드러내 보여 주실 때에 그분의 영광은 보통 인간의 모습에 가려져 있었고, 그 후 하늘에 올라 성부 오른편에 앉아 계신다. 그리스도께서는 이미 당신 인성을 지니신 채 천주 성자의 영원한 영광 안에서 다스리시고 성부 곁에서 우리를 위하여 끊임없이 전구하시는 주님이시다. 그분께서는 당신의 성령을 우리에게 보내시며 우리를 위한 자리를 준비해 놓으심으로써 우리도 언젠가 그곳에 도달하리라는 희망을 갖게 해 주신다.

해설 승천은 예수 그리스도께서 하늘에 오르심을 말한다. 부활하신 예수님께서는 자주 제자들에게 나타나시어, 시간과 공간 안에서 활동하셨다. 그러나 이제는 하늘에 오르시어 시공을 초월하여 계시지만, 성령을 보내시어 우리와 함께, 우리 안에서 활동하신다. 우리는 인성을 지닌 채 승천하시어 성부 오른쪽에 앉아 계신 주님의 천상 영광과 중개에 그분과 한 몸으로서 참여한다.

용어 **승천** "그리스도의 승천은 그리스도의 인성이 하느님의 천상 영역으로 결정적으로 들어감을 의미한다"(665항). "그리스도의 승천은 그 인성이 하느님의 권능과 권위에 참여함을 뜻한다"(668항).

당신 인성을 지니신 채 성자께서는 인성을 지니신 채 승천하셨다. 이는 매우 중요한 의미를 지닌다. 그 인성 안에서 우리와 영원히 결합되어 계시기 때문이다.

천주 성자의 영원한 영광 물론 성자로서 창조 이전에 누리시던 영광, 부활하신 주님으로서 누리시는 영광, 승천하시어 성부 오른편에 좌정하신 영광이 다르게 나타나지만 오직 같은 하느님의 영광이다.

성구 **시편 110,1** 주님께서 내 주군께 하신 말씀.

"내 오른쪽에 앉아라,
내가 너의 원수들을
네 발판으로 삼을 때까지."

1티모 3,16 우리 신앙의 신비는 참으로 위대합니다. 그분께서는 사람으로 나타나시고 그 옳으심이 성령으로 입증되셨으며 천사들에게 당신 모습을 보이셨습니다. 모든 민족들에게 선포되시어 온 세상이 믿게 된 그분께서는 영광 속으로 올라가셨습니다.

시편 47,6-8* 마르 16,19* 사도 1,9-11*

■ "그리로부터 산 이와 죽은 이를 심판하러 오시리라"

133 주님이신 예수님께서는 지금 어떻게 다스리고 계시는가?

우주와 역사의 주인이시고, 당신 교회의 머리이시며 하늘로 올라가신 그리스도께서는 지상의 교회 안에 신비롭게 머무르신다. 그리스도의 나라는 이미 교회 안에서 싹트고 시작되어 현존한다. 그분께서는 언젠가 영광스러운 모습으로 재림하실 것이지만 우리는 그때를 모른다. 그러므로 우리는 "오십시오, 주 예수님!"(묵시 22,20) 하고 간청하면서 깨어 기다리며 살고 있다.

해설   "그리스도께서는 모든 것이 그분에게 굴복할 때까지 교회를 통해 다스리고 계신다"(668-672항의 소제목). ① 그리스도께서는 만물의 주님으로서, 우주와 역사를 주관하신다(에페 1,22). ② 또한 교회의 머리로서, 교회 안에서 교회를 통해 만물을 다스리신다(에페 1,22). ③ 그리스도께서 다스리시는 이 시기는 깨어 기다리는 때다. 지금은 성령과 증거의 때지만, 한편 재난과 악의 시련이 계속되는 시기이기 때문이다(672항).

용어   **우주와 역사의 주님**   그리스도께서는 성부에게서 우주와 역사를 다스리는 권한을 받으셨다(에페 1,21-22).

교회의 머리   성부께서는 그리스도를 교회의 머리가 되게 하셨다(에페 1,22). 교회는 그리스도의 몸으로서, 그 머리는 그리스도요 믿는 이들은 그 지체다.

그리스도의 나라   하느님 나라가 완성될 때까지 그리스도께서 성부에게서 권한을 받아 만물을 통치하신다. 이것이 그리스도의 나라, "메시아 왕국"(이사 11,1-9; 다니 7,14)이다.

성구 **요엘 2,27** 너희는 내가 이스라엘 한가운데에 있음을, 주 너희 하느님이 바로 나요 나 말고는 다른 신이 없음을 알게 되리라. 다시는 내 백성이 수치를 당하지 않으리라.

콜로 1,15.17-18 그분은 보이지 않는 하느님의 모상이시며 모든 피조물의 맏이이십니다. … 그분께서는 만물에 앞서 계시고 만물은 그분 안에서 존속합니다. 그분은 또한 당신 몸인 교회의 머리이십니다. 그분은 시작이시며 죽은 이들 가운데에서 맏이이십니다. 그리하여 만물 가운데에서 으뜸이 되십니다.

다니 7,13-14*

134 주님의 영광스런 재림은 어떻게 실현되는가?

지나갈 이 세상의 우주적인 마지막 동요가 있고 나서 그리스도께서는 영광스러운 모습으로 재림하시어, 그날에 하느님의 최후 승리를 거두시며, 최후 심판을 집행하실 것이다. 그리하여 하느님 나라가 완성될 것이다.

해설 성경은 주님의 재림 전에 일어날 일들을 다양하게 소개한다. ① 재난과 악의 시련으로 점철된 시기가 온다. 그로써 하느님께서는 참 신앙을 밝혀내실 것이다(672항). ② 온 이스라엘의 회개가 이루어질 것이다(674항). ③ 가짜 그리스도가 나타날 것이다(675항). ④ 지나갈 이 세상의 우주적 동요가 있을 것이다(677항). 그런 다음 주님께서 다시 오시어, 하느님께서 모든 것 안에서 모든 것이 되시는 그리스도의 충만한 경지에 다다를 것이다(474항).

용어 **그리스도의 영광스런 재림** 파루시아 parousia 라고도 하는 그리스도의 오심은 영광 중에 이루어질 것이다. "그때에 '사람의 아들이' 큰 권능과 영광을 떨치며 '구름을 타고 오는 것' 사람들이 볼 것이다"(마르 13,26).

우주적 마지막 동요 재림에 앞서 지금껏 겪어보지 못한 천재지변天災地變이 일어날 것이다. "그 무렵 환난에 뒤이어 해는 어두워지고 달은 빛을 내지 않으며 별들은 하늘에서 떨어지고 하늘의 세력들은 흔들릴 것이다"(마르 13,24-25).

하느님의 최후의 승리 하느님의 승리는 최후 심판과 함께 이루어질 것이다.

제2부 그리스도교 신앙 고백

곧 악은 망하고 사랑이 승리할 것이다. "어린양이 그들을 무찌르고 승리하실 것이다. 그분은 주님들의 주님이시며 임금들의 임금이시다"(묵시 17,14ㄱ).

하느님 나라의 완성 "그때에 그리스도께서는 모든 권세와 모든 권력과 권능을 파멸시키시고 나서 나라를 하느님 아버지께 넘겨 드리실 것입니다. … 그리하여 하느님께서는 모든 것 안에서 모든 것이 되실 것입니다"(1코린 15,24.28ㄴ). 하느님 나라는 이렇게 실현된다.

성구 **요엘 2,10-11** 그 앞에서 땅은 떨고 하늘은 뒤흔들린다. 해와 달은 어두워지고 별들은 제 빛을 거두어들인다. **주님**께서 당신 군대 앞에서 크게 소리를 지르신다. 정녕 그분의 군대는 많기도 하고 그분의 명령을 수행하는 이는 막강하기도 하구나! 정녕 **주님**의 날은 큰 날 너무도 무서운 날 누가 그날을 견디어 내랴?

마르 13,24-26 "그 무렵 환난에 뒤이어 해는 어두워지고 달은 빛을 내지 않으며 별들은 하늘에서 떨어지고 하늘의 세력들은 흔들릴 것이다. 그때에 '사람의 아들'이 큰 권능과 영광을 떨치며 '구름을 타고 오는 것'을 사람들이 볼 것이다."

마태 24,11-14* 2베드 3,8ㄴ-10*

135 그리스도께서는 산 이와 죽은 이를 어떻게 심판하시는가?

그리스도께서는 사람들을 구원하시러 세상의 구세주로 오심으로써 획득하신 권한으로 심판하실 것이다. 하느님과 이웃에 대한 각 사람의 행위만이 아니라 마음속의 비밀도 드러내실 것이다. 각자는 그의 행업에 따라 영원한 생명을 충만히 누리거나 단죄받을 것이다. 그리하여 "그리스도의 충만한 경지"(에페 4,13)에 다다르게 되며, 그 충만함 안에서 "하느님께서는 모든 것 안에서 모든 것이 되실 것이다"(1코린 15,28).

해설 그리스도의 심판은 이렇게 이루어질 것이다. ① 각자의 행동과 마음속 비밀까지 드러날 것이다. ② 하느님의 크신 은총을 무시한 고의적 불신이 단죄 받을 것이다. ③ 하느님 사랑을 받아들였는지 거부했는지 이웃 관계 안에서 드러날 것이다. ④ 사랑의 성령을 거부한 사람은 스스로 영원한 저주를 자초하게 된다(679항). 사실 그리스도를 통해 드러난 하느님의 사랑을 거절한 사람은 용어 **그리스도의 충만한 경지** 그리스도의 재림으로 우리는 그리스도의 충만함, 곧 완성에 이른다. 그것은 하느님을 닮은 완전한 사람이 되는 것이다(마태 5,48). "우리가 모두 하느님의 아드님에 대한 믿음과 지식에서 일치를 이루고 성숙한 사람이 되며 그리스도의 충만한 경지에 다다르게 됩니다"(에페 4,13).

모든 것 안에 모든 것 그리스도의 재림으로 하느님 나라는 완성된다. 그리하여 하느님께서 모든 것 안에 모든 것(모든 이에게 모든 것)이 되신다(1코린 15,28). "그때에 그리스도께서는 나라를 하느님 아버지께 넘겨 드리실 것입니다. 그리하여 하느님께서는 모든 것 안에서 모든 것이 되실 것입니다"(1코린 15,24ㄴ.28ㄴ).

성구 **요엘 4,14** 거대한 무리가 '결판의 골짜기'로 모여들었다. '결판의 골짜기'에 주님의 날이 가까웠다.

사도 10,42 "그분께서는 하느님께서 당신을 산 이들과 죽은 이들의 심판관으로 임명하셨다는 것을 백성에게 선포하고 증언하라고 우리에게 분부하셨습니다."

요한 5,22.24* 1코린 4,5*

제3장
성령을 믿나이다

■ "성령을 믿으며"

136 "성령을 믿으며"라는 교회의 고백은 무엇을 의미하는가?

성령을 믿는 것은 성령께서 삼위일체의 한 위격이시며, 성부와 성자와 한 본체로서, "성부와 성자와 더불어 같은 흠숭과 영광을 받으시는 분"이심을 고백하는 것이다. 성령께서는 우리가 하느님의 자녀로서 누리는 새 생명을 받을 수 있게 "우리 마음 안에"(갈라 4,6) 보내지셨다.

제2부 그리스도교 신앙 고백

해설 "성령을 믿는 것은 곧 성령께서 삼위일체의 한 위격이시며, 성부와 성자와 한 본체로서, 성부와 성자와 더불어 같은 흠숭과 영광을 받으시는 분이심을 고백하는 것이다"(685항). 성령께서는 우리 신앙을 불러일으키는 데 첫째이시며, 새 생명의 전달에서도 첫째이시다(684항). 성령의 도움 없이는 아무도 예수님은 주님이시라고 고백할 수 없고(1코린 12,3), 하느님을 "아빠! 아버지!" 하고 부를 수도 없기(갈라 4,6) 때문이다.

용어 **새 생명** 우리는 세례로 다시 태어나 하느님의 자녀가 되었다. 하느님의 자녀로서 우리가 누리는 생명이 바로 새 생명이다. 물과 성령으로 새로 나지 않으면 하느님 나라에 들어갈 수 없다(요한 3,5).

성구 **에제 11,19-20** 나는 그들에게 다른 마음을 넣어 주고, 그들 안에 새 영을 넣어 주겠다. 그들의 몸에서 돌로 된 마음을 치워 버리고 살로 된 마음을 넣어 주어, 그들이 나의 규정들을 따르고 나의 법규들을 준수하여 그대로 지키게 하겠다. 그리하여 그들은 나의 백성이 되고 나는 그들의 하느님이 될 것이다.
갈라 4,6-7 진정 여러분이 자녀이기 때문에 하느님께서 당신 아드님의 영을 우리 마음 안에 보내 주셨습니다. 그 영께서 "아빠! 아버지!" 하고 외치고 계십니다. 그러므로 그대는 더 이상 종이 아니라 자녀입니다. 그리고 자녀라면 하느님께서 세워 주신 상속자이기도 합니다.
요엘 3,1-2* 요한 3,5-6*

137 성자와 성령의 파견이 분리될 수 없는 이유는 무엇인가?

나누어질 수 없는 삼위일체 안에서 성자와 성령께서는 서로 구별되면서도 분리되지 않으신다. 성부께서는 태초부터 종말에 이르기까지 당신의 아들을 보내실 때에 당신의 성령도 보내신다. 성령께서는 우리가 하느님의 자녀로서 하느님을 "아버지"(로마 8,15)라고 부를 수 있도록 신앙 안에서 우리를 그리스도와 결합시키신다. 성령께서는 볼 수 없는 분이시지만 우리는 그분이 교회 안에서 활동하실 때와 우리에게 '말씀'을 계시해 주실 때에 그분의 활동을 통하여 그분을 알게 된다.

해설 나누어질 수 없는 삼위일체 안에서 성자와 성령은 분리될 수 없을 뿐 아니라, 성부께서 성자를 파견하실 때에는 성자와 성령을 함께 보내신다. 구원 경륜

안에서 성자와 성령은 항상 함께 파견되신다. 성자께서 사람이 되어 오실 때에 성령이 그분 안에 충만하셨다. 이제 성령께서 우리에게 오실 때에 성자도 함께 오시어 우리 안에 머무르신다.

용어 **나누어질 수 없는 삼위일체** 삼위일체 하느님은 세 위격이 분명히 구별되나 나누어질 수 없다.

성령이 교회 안에서 활동 성령께서는 교회 안에서 다양하게 활동하신다. 말씀 선포, 성전, 교도권, 친교, 전례 거행, 기도, 은사와 직무, 사도직 등을 통해 성령께서 활동하심을 우리는 알 수 있다(688항).

성구 **에제 11,24-25** 그때에 하느님의 영이 보여 주시는 환시 속에서, 그 영이 나를 들어 올리셔서 칼데아에 있는 유배자들에게 데려가셨다. 그러자 내가 본 환시가 나에게서 떠나갔다. 그래서 나는 **주님**께서 나에게 보여 주신 모든 것을 유배자들에게 일러 주었다.

티토 3,6 이 성령을 하느님께서는 우리 구원자이신 예수 그리스도를 통하여 우리에게 풍성히 부어 주셨습니다.

요한 7,37-39* 요한 16,13-15*

138 성령의 칭호에는 어떤 것들이 있는가?

"성령"이란 성삼위의 셋째 위격의 고유한 이름이다. 예수님께서는 또한 성령을 파라클리토(위로자, 보호자), 진리의 영이라고 부르신다. 신약 성경은 성령을 그리스도의 영, 주님의 영, 하느님의 영, 영광의 성령, 약속의 성령이라 일컫기도 한다.

해설 **성령**聖靈은 우리말 그대로 풀이하자면, '거룩한 영'이다. 그러나 하느님은 영이시고 거룩하시므로 그 이름은 성부와 성자에게도 해당될 수 있지만, '성령'은 오직 제3위만을 가리키는 고유한 이름이다. 예수님께서는 성령을 "**파라클리토**"(보호자)라 부르시고(요한 14,16.26; 15,26; 16,7.8), "**진리의 영**"(14,17; 15,26; 16,13)이라고 부르신다. 신약에서는 그리스도의 영(로마 8,9; 필리 1,19; 1베드 1,11), 주님의 영(사도 5,9; 2코린 3,17), 하느님의 영(로마 8,9.14; 15,19; 1코린 2,11.14; 3,16), 영광의 성령(1베드 4,14), 약속된 성령(갈라 3,14; 에페 1,13)이라고 부른다.

용어 **파라클리토/보호자** 파라클레토스*Paracletos*라는 그리스말은 '곁으로 불려온

분'이라는 뜻이며, 공동번역에서는 '협조자'라 하였지만, 새번역 성경에서는 '보호자'라고 번역하였다. '변호자'라고 번역하기도 하는데 우리를 변호하시기 때문이다(1요한 2,1). → 문답 47 참조.

성구 **지혜 9,17** 당신께서 지혜를 주지 않으시고 그 높은 곳에서 당신의 거룩한 영을 보내지 않으시면 누가 당신의 뜻을 깨달을 수 있겠습니까?
요한 15,26-27 "내가 아버지에게서 너희에게로 보낼 보호자, 곧 아버지에게서 나오시는 진리의 영이 오시면, 그분께서 나를 증언하실 것이다. 그리고 너희도 처음부터 나와 함께 있었으므로 나를 증언할 것이다."
로마 8,14-16*

139 성령께서는 어떤 상징으로 나타나시는가?

성령의 상징은 여러 가지다. 창에 찔리신 그리스도의 성심에서 흘러나오고, 세례를 받은 이들의 목마름을 해소시켜 주는 **물**, 견진성사의 성사적 표징인 **기름 부음**, 닿는 것을 변화시키는 **불**, 하느님의 영광을 나타내는 어둡고 빛나는 **구름**, 성령이 주어지는 **안수**, 세례 때에 그리스도 위에 내려와 그분께 머무른 **비둘기** 등이 있다.

해설 히브리어로 성령은 '루아흐'다. 숨 또는 입김(창세 2,7; 욥 27,3; 이사 42,5), 그리고 바람(요한 3,8; 사도 2,2)으로 번역되는 말이다. 성령의 상징은 다양하다. ① **물**. 예수님께서 이미 성령을 물로 표현하셨다(요한 3,5; 4,10-14; 7,37-39). ② **불**. 성령과 불은 동의어다(루카 3,16; 사도 2,3; 1테살 5,19). ③ **기름부음**도 성령을 가리킨다(1사무 16,13; 루카 4,18; 1요한 2,20.27; 2코린 1,21). ④ **구름**도 성령을 나타내는 상징이다(탈출 24,15; 33,9; 루카 9,34-35; 사도 1,9). ⑤ **안수** 역시 성령이 내려오심을 상징한다(마르 6,5; 8,23; 사도 8,17; 19,6). ⑥ 그 밖에도 **인호**(1코린 1,22), **손가락**(2코린 3,3), **비둘기**(마태 3,16) 등도 성령을 가리키는 상징이다.

용어 **성사적 표징** 교회의 성사에 도입된 표징을 말한다. 예를 들어 세례의 표징은 물이고, 견진의 표징은 기름부음이고, 성체의 표징은 빵과 포도주다.

성구 **이사 42,5** 하늘을 창조하시고 그것을 펼치신 분 땅과 거기에서 자라는 온갖 것들을 펴신 분 그곳에 사는 백성에게 목숨을, 그 위를 걸어 다니는 사람들에게 숨을 넣어 주신 분 **주** 하느님께서 이렇게 말씀하신다.

1요한 2,27　그러나 여러분은 그분에게서 기름부음을 받았고 지금도 그 상태를 보존하고 있으므로, 누가 여러분을 가르칠 필요가 없습니다. 그분께서 기름부으심으로 여러분에게 모든 것을 가르치십니다. 기름부음은 진실하고 거짓이 없습니다. 여러분은 그 가르침대로 그분 안에 머무르십시오.
창세 2,7* 욥 27,2-4* 1요한 5,6ㄴ-8* 사도 9,17*

140　성령께서 "예언자들을 통하여 말씀하셨다"는 고백은 무슨 의미인가?

예언자는 하느님의 이름으로 말하는 데 성령에게서 영감을 받은 사람을 말한다. 성령께서는 구약 성경의 예언들을 그리스도 안에서 충만히 성취하시고, 신약 성경 안에서 그리스도의 신비를 계시하신다.

해설　구약의 예언자들은 성령을 받아 하느님의 말씀을 전하였다. 그리고 성령께서는 그리스도 안에서 구약의 예언들을 충만히 성취하신다. 신약에서는 따로 말씀하시지 않고, 하느님의 말씀 자체이신 그리스도께서 하신 말씀을 우리에게 일깨워 주신다.

용어　**예언자**　우리말 '예언자'는 미래를 예언하는 사람이라는 뜻이어서, 하느님의 말씀을 받아 전하는 사람이라는 뜻과 거리가 있다. 그래서 예언자預言者라는 한문을 쓰기도 한다. '말씀을 위탁받은 사람'이라는 뜻이다. 히브리어 성경 전통은 우리가 흔히 역사서라고 분류하는 일부 책들(여호수아기, 사무엘기, 열왕기)도 예언서라고 부른다. 신경의 "예언자"라는 말은 왕정시대와 유배시대에 활동한 예언자뿐 아니라, 성령의 영감을 받아 성경을 쓴 사람들을 다 이르는 말이다(702항).

성구　**예레 26,4-6**　"너는 그들에게 이렇게 말하여라. '주님께서 이렇게 말씀하신다. 너희가 내 말을 듣지 않고 내가 너희 앞에 세워 둔 내 법대로 걷지 않는다면, 또 내가 너희에게 잇달아 보낸 나의 종 예언자들의 말을 듣지 않는다면, ─ 사실 너희는 듣지 않았다. ─ 나는 이 집을 실로처럼 만들어 버리고, 이 도성을 세상의 모든 민족들에게 저주의 대상이 되게 하겠다.'"

루카 1,70-71　"당신의 거룩한 예언자들의 입을 통하여 예로부터 말씀하신 대로 우리 원수들에게서, 우리를 미워하는 모든 자의 손에서 우리를 구원하시려는 것입니다."

집회 36,20-21* 1베드 1,10-11*

141 성령께서는 세례자 요한 안에서 무엇을 실현하시는가?

성령께서는 구약 시대의 마지막 예언자인 세례자 요한에게 임하셨다. 그는 성령의 감화로 "백성이 주님을 맞이할 준비를 갖추게 하고"(루카 1,17), 하느님의 아드님이신 그리스도께서 오심을 선포하였다. 그는 "성령으로 세례를 주시는"(요한 1,33) 그리스도 위에 성령이 내려와 머무르시는 것을 보았다.

해설 세례자 요한은 "어머니 태중에서부터 성령으로 가득 찰 것"(루카 1,15)으로 예언되었다. 그는 성령의 감화로 백성이 주님을 맞이할 준비를 하게 하고(루카 1,17), 하느님의 아드님인 그리스도께서 오셨음을 선포하였다(요한 1,26.29-30). 그는 예수님 위에 성령이 내려오시는 것을 보았고(요한 1,32), 예수님이 "성령으로 세례를 주실 분"임을 증언하였다(요한 1,33).

용어 **세례자 요한** 요한은 그리스도보다 앞서 와 사람들이 그분을 맞이할 수 있도록 회개의 세례를 주었다(마르 1,4). 그래서 붙여진 이름이 '세례자'다.

구약 시대의 마지막 예언자 예수님께서 요한에 대해 그렇게 말씀하셨다. "모든 예언서와 율법은 요한에 이르기까지 예언하였다"(마태 11,13). 사실 말씀이 사람이 되심으로써 예언자의 시대는 끝났다. "성령께서는 요한 안에서 예언자들을 통하여 말씀하시는 일을 완수하신다"(719항).

성령의 감화 성령께서 사람의 마음을 움직이신다는 말이다. '성령의 감동'이라는 표현도 쓴다.

"성령으로 세례를 주시는" 이것은 흔히 말하는 성령 세례가 아니라, 요한의 회개의 세례와 비교하여 물과 성령으로 이루어지는 세례를 강조한 말이다.

성구 **말라 3,1** 보라, 내가 나의 사자를 보내니 그가 내 앞에서 길을 닦으리라. 너희가 찾던 주님, 그가 홀연히 자기 성전으로 오리라. 너희가 좋아하는 계약의 사자 보라, 그가 온다. ─ 만군의 **주님**께서 말씀하신다. ─

마태 11,10-11.13 "그는 성경에 이렇게 기록되어 있는 사람이다. '보라, 내가 네 앞에 나의 사자를 보낸다. 그가 네 앞에서 너의 길을 닦아 놓으리라.' 내가 진실로 너희에게 말한다. 여자에게서 태어난 이들 가운데 세례자 요한보다 더 큰 인물은 나오지 않았다. 그러나 하늘 나라에서는 가장 작은 이라도 그보다 더 크다. … 모든 예언서와 율법은 요한에 이르기까지 예언하였다."
탈출 23,20-21* 루카 1,15-17*

142 성령께서 마리아 안에서 이루신 일은 무엇인가?

성령께서는 마리아 안에서 그리스도의 오심에 대한 구약의 기대와 준비를 성취하셨다. 성령께서는 독특한 방식으로 강생하시는 하느님의 아드님을 태어나게 하시고자 마리아를 은총으로 가득 채우시어 그분의 동정성이 출산력을 지니게 하셨다. 또한 성령께서는 마리아를 '온전한 그리스도'의 어머니, 곧 머리이신 예수님의 어머니이며, 그 분의 몸인 교회의 어머니가 되게 하셨다. 마리아께서는 오순절에 성령께서 교회의 등장과 함께 열어젖히신 '마지막 때'에 열두 사도와 함께 계셨다.

해설 ① 성령께서는 당신 은총으로 마리아를 준비시켜, 구약의 성취인 그리스도의 강생을 이루셨다(722항). ② 성령께서는 마리아를 통해 하느님과 사람들이 만나는 친교를 이루셨다(725항). ③ 성령으로 이루어진 성자의 파스카에서 마리아는 새로운 하와, '온 그리스도'의 어머니가 되었다(726항). ④ 마리아는 오순절 성령 강림 때 열두 사도와 함께 하여 교회가 시작하는 자리에서 교회의 어머니가 되었다(726항).

용어 **그리스도의 오심에 대한 구약의 기대와 준비** 구약은 실로 구원자이신 메시아의 오심을 기다리며 준비하는 긴 과정이다. 성령께서는 이 기다림과 준비를 동정녀 마리아의 선택으로 훌륭히 마무리하셨다.

마리아의 동정성이 출산력을 갖게 하시다 마리아는 성령으로 성자를 잉태하여 낳으셨으며, 또한 성령으로 많은 믿는 이들의 어머니가 된다.

'온전한 그리스도'의 어머니 '온전한 그리스도'는 중요한 교리 용어인 totus Christus를 우리말로 번역한 것이다. 이는 오해를 불러올 만한 번역이어서 '온 그리스도'라고 번역할 것을 제안한다. 온 그리스도란 머리이신 그리스도와 함께 그 지체들 전체를 가리키는 말이다. 그러므로 '온 그리스도의 어머니'란 마리아께서 머리이신 성자의 어머니이실 뿐 아니라 지체인 그리스도인들의 어머니라는 뜻이다. → 문답 157과 문답 233 참조.

오순절 → 문답 144와 문답 255 참조.

'마지막 때' 그리스도께서 오신 지금은 구원의 역사에서 마지막 때에 해당된다(히브 1,2; 1베드 1,20). 결정적인 구원의 시기이기 때문이다.

성구 **집회 24,8-10** 그때 만물의 창조주께서 내게 명령을 내리시고 나를 창조하신 분께서 내 천막을 칠 자리를 마련해 주셨다. 그분께서 말씀하셨다. '야곱 안에 거처를 정하고 이스라엘 안에서 상속을 받아라.' 한처음 세기가 시작하기 전에 그분께서 나를 창조하셨고 나는 영원에 이르기까지 사라지지 않으리라. 나는 거룩한 천막 안에서 그분을 섬겼으며 이렇게 시온에 자리 잡았다.

갈라 4,4-6 그러나 때가 차자 하느님께서 당신의 아드님을 보내시어 여인에게서 태어나 율법 아래 놓이게 하셨습니다. 율법 아래 있는 이들을 속량하시어 우리가 하느님의 자녀 되는 자격을 얻게 하시려는 것이었습니다. 진정 여러분이 자녀이기 때문에 하느님께서 당신 아드님의 영을 우리 마음 안에 보내 주셨습니다. 그 영께서 "아빠! 아버지!" 하고 외치고 계십니다.

143 예수 그리스도께서 지상 사명을 수행하실 때, 그분과 성령 사이에 어떤 관계가 맺어졌는가?

천주 성자께서는 강생하실 때 성령의 기름부음을 받으심으로써 그분의 인성 안에서 메시아로서 축성되셨다. 성자께서는 조상들에게 하신 약속을 실현하는 가르침을 통해서 성령을 계시하시고, 또 부활 후 사도들 위에 성령을 보내심으로써 탄생하는 교회에 성령을 전하셨다.

해설 무엇보다도 성자께서는 "강생하실 때 성령으로 기름부음을 받으심으로써 그리스도(메시아)로 축성되셨다"(745항). 예수님께서는 공생활 동안 자주 성령을 암시하시고(요한 3,5-8; 4,10.14; 7,37-39), 마침내 당신의 파스카에 이르러 성령을 약속하셨다(요한 14,16-17; 15,26; 17,26). 예수님께서는 십자가 위에서 당신 영을 아버지께 맡기시고(루카 23,46), 부활하신 후에는 제자들에게 숨을 불어 넣어 성령을 주신다(요한 20,22). 이때부터 그리스도와 성령의 사명은 교회의 사명이 된다.

용어 **성령의 기름부음** 성령을 받았다는 말이다. 예수님께서는 성령을 받음을 상징하는 기름부음 대신 직접 성령을 받으신 것이다. 성령과 기름부음은 동의어로 쓰인다(문답 139 참조).

메시아로 축성되다 예수님께서는 구약에 약속된 메시아로 확정되시고, 메시아의 사명을 부여받으신 것이다.

성구 **이사 61,1-2** 주님께서 나에게 기름을 부어 주시니 주 **하느님**의 영이 내 위에 내리셨다. 주님께서 나를 보내시어 가난한 이들에게 기쁜 소식을 전하고 마음이 부서진 이들을 싸매어 주며 잡혀간 이들에게 해방을, 갇힌 이들에게 석방을 선포하게 하셨다.

루카 4,18-19.21 "주님께서 나에게 기름을 부어 주시니 주님의 영이 내 위에 내리셨다. 주님께서 나를 보내시어 가난한 이들에게 기쁜 소식을 전하고 잡혀간 이들에게 해방을 선포하며 눈먼 이들을 다시 보게 하고 억압받는 이들을 해방시켜 내보내며 주님의 은혜로운 해를 선포하게 하셨다." … 예수님께서 그들에게 말씀하셨다. "오늘 이 성경 말씀이 너희가 듣는 가운데에서 이루어졌다."

요한 1,32-33*

144 오순절에 어떤 일이 일어났는가?

부활 후 50일째 되는 날인 오순절에, 영광스럽게 되신 예수 그리스도께서는 성령을 풍성하게 부어 주시고, 신적 위격으로서 성령을 드러내 주셨기에 거룩하신 삼위일체가 완전하게 계시되었다. 그리스도와 성령의 파견은 교회의 파견이 되었다. 교회는 성삼위에서 이루시는 친교의 신비를 선포하고 퍼져 나가게 하려고 파견된 것이다.

해설 이스라엘의 대축제인 오순절에 성령께서 내려오심으로써 그리스도의 파스카가 완성된다. 성령께서는 하느님의 제3위로 나타나시고, 우리에게 주어진다(731-732항). 성령강림으로 ① 지극히 거룩한 삼위일체 하느님이 완전히 계시되고, ② 그리스도께서 선포하신 하느님 나라가 믿는 이들에게 열렸으며, ③ 믿는 이들이 신앙 안에서 이미 삼위일체의 친교에 참여하게 되고, ④ 교회의 때가 열렸다. 곧 삼위일체 하느님께서 교회를 통해 다스리신다(하느님 나라).

용어 **오순절** 오순五旬이라는 말은 '50일'을 의미한다. 곧 파스카 축제 후 50일 되는 날에 이스라엘은 밀 수확을 끝낸 후 큰 감사 축제를 지냈다. 수확절(탈출 23,16) 또는 주간절(레위 23,16)이라고도 불렀다. → 문답 255 용어 풀이 참조.

성구 **요엘 3,1-3** 나는 모든 사람에게 내 영을 부어 주리라. 그리하여 너희 아들딸들은 예언을 하고 노인들은 꿈을 꾸며 젊은이들은 환시를 보리라. 그날에 남종들과 여종들에게도 내 영을 부어 주리라. 내가 하늘과 땅에 징조를 보여 주리니 곧 피와 불과 연기 기둥이다.

사도 2,1-4 오순절이 되었을 때 그들은 모두 한자리에 모여 있었다. 그런데 갑자기 하늘에서 거센 바람이 부는 듯한 소리가 나더니, 그들이 앉아 있는 온 집 안을 가득 채웠다. 그리고 불꽃 모양의 혀들이 나타나 갈라지면서 각 사람 위에 내려앉았다. 그러자 그들은 모두 성령으로 가득 차, 성령께서 표현의 능력을 주시는 대로 다른 언어들로 말하기 시작하였다.

탈출 19,1-2* 사도 2,33*

145 성령께서는 교회 안에서 무엇을 하시는가?

성령께서는 교회를 세우시고, 생기를 주시며, 거룩하게 하신다. 사랑의 영이신 성령께서는 세례 받은 사람들에게 죄로 잃었던, 하느님을 닮은 유사성을 회복시켜 주시며, 그리스도 안에서 그들이 성삼위의 생명 자체를 누릴 수 있게 해 주신다. 성령께서는 그리스도인들을 그리스도의 진리를 증언하도록 파견하시고 또 모든 이가 "성령의 열매"(갈라 5,22)를 맺도록 그들에게 다양한 직분들을 부여하시어 유기적으로 묶어 주신다.

해설 성령께서는 교회 안에 계시면서 그리스도께서 교회에 맡기신 사명을 수행하신다. 성령께서 교회 안에서 이루시는 일은 ① 사랑(733항), ② 죄의 용서(734항), ③ 새 생명(735항), ④ 풍성한 열매(736항) 등이다. "성령께서는 사람들을 하느님과 화해시켜, 하느님과 친교를 이루게 하시며, 그들이 많은 열매를 맺도록 그리스도의 신비를 그들 안에, 특히 성체 안에 탁월하게 현존하게 하신다"(737항).

용어 **교회를 세움** 교회를 건물에 비교한다면, 성령께서는 다양한 은사와 직분을 통해 교회를 건설하신다(799항 참조).

성령의 열매 갈라 5,22-23은 성령이 맺으시는 열매로 "사랑, 기쁨, 평화, 인내, 호의, 선의, 성실, 온유, 절제", 이 아홉 가지를 꼽는다.

다양한 직분 교회 안에는 다양한 직분이 있다(1코린 12장). 이들은 유기적으로 묶여 한 그리스도의 몸 곧 교회를 이룬다. "직분은 여러 가지지만 주님은 같은 주님이십니다"(1코린 12,5).

성구 **이사 11,1-2** 이사이의 그루터기에서 햇순이 돋아나고 그 뿌리에서 새싹이 움트리라. 그 위에 **주님의 영**이 머무르리니 지혜와 슬기의 영 경륜과 용맹의 영 지식의 영과 **주님을 경외함**이다.

1코린 12,4-7 은사는 여러 가지지만 성령은 같은 성령이십니다. 직분은 여러 가지지만 주님은 같은 주님이십니다. 활동은 여러 가지지만 모든 사람 안에서 모든 활동을 일으키시는 분은 같은 하느님이십니다. 하느님께서 각 사람에게 공동선을 위하여 성령을 드러내 보여 주십니다.

갈라 5,22-23.25[*]

146 그리스도와 성령께서는 신자들의 마음속에서 어떻게 활동하시는가?

그리스도께서는 **성사들**을 통하여 성령에 의한 **새로운 삶**의 열매를 맺어 주시는 하느님의 은총과 당신의 영을 교회의 모든 지체들에게 전해 주신다. 성령께서는 **기도의 스승**이시다.

해설 그리스도와 성령의 공동 사명은 곧 교회의 사명이다. "교회는 모든 지체들 안에서 지극히 거룩한 성삼위의 친교를 선포하고 증언하며 실현하고 퍼져 나가게"(738항) 한다. 이는 전적으로 그리스도와 성령께서 교회 안에서 하시는 일이다. ① 그리스도께서는 교회의 성사들을 통하여 당신 몸의 지체들에게 당신 영을 주신다(교리서 제2편). ② 신자들은 그리스도 안에서 성령을 따르는 새로운 삶에서 그 열매를 맺는다(교리서 제3편). ③ 성령께서는 신자들이 그리스도를 통하여 하느님 아버지께 기도하게 하신다(교리서 제4편).

용어 **성령에 의한 새로운 삶** 물과 성령으로 다시 난 우리는 성령 안에서 새로운 삶을 산다. 성령 안에서 사는 삶, 이것이 바로 **영성 생활**이다.

기도의 스승 우리는 기도할 줄 모른다. 성령께서 몸소 우리와 함께 기도하신다. "우리는 올바른 방식으로 기도할 줄 모르지만, 성령께서 몸소 말로 다할 수 없이 탄식하시며 우리를 대신하여 간구해 주십니다"(로마 8,26ㄴ).

성구 에제 36,26 "너희에게 새 마음을 주고 너희 안에 새 영을 넣어 주겠다. 너희 몸에서 돌로 된 마음을 치우고, 살로 된 마음을 넣어 주겠다."

로마 8,26-27 이와 같이, 성령께서도 나약한 우리를 도와주십니다. 우리는 올바른 방식으로 기도할 줄 모르지만, 성령께서 몸소 말로 다할 수 없이 탄식하시며 우리를 대신하여 간구해 주십니다. 마음속까지 살펴보시는 분께서는 이러한 성령의 생각이 무엇인지 아십니다. 성령께서 하느님의 뜻에 따라 성도들을 위하여 간구하시기 때문입니다.

요한 15,5*

■ "거룩하고 보편된 교회와 모든 성인의 통공을 믿으며"

□ 하느님 계획 안의 교회

147 '교회'는 무엇인가?

교회는 신앙과 세례로 하느님의 자녀, 그리스도의 지체, 성령의 성전이 된 사람들의 집회로서, 하느님께서 세상의 모든 극변에 이르기까지 부르시고 모으시는 백성을 말한다.

해설 교회를 의미하는 그리스어 에클레시아 - 이를 라틴어에서도 그대로 쓴다 - 라는 말은 '불러 모음'을 뜻한다. 구약에서는 "하느님 앞에 모인 선택된 백성들의 모임"을 가리키고, 신약에서는 구약의 하느님 백성을 계승하는 새로운 하느님 백성을 가리키는 말이다. 신앙과 세례로 하느님의 자녀가 된 믿는 이들은 하느님의 백성, 그리스도의 몸, 성령의 성전이 된다. 이것이 "교회를 믿는다"고 우리가 고백하는 교회의 신비로운 면이다.

용어 **교회** 우리말 **교회**敎會는 '교인(믿는 이)들의 모임'이라 풀이할 수 있다. 교회는 ① 전례적 집회, ② 지역 신자 공동체, ③ 온 세계 신자 공동체 전체를 가리키기도 한다.

성구　**탈출 19,5-6** "이제 너희가 내 말을 듣고 내 계약을 지키면, 너희는 모든 민족들 가운데에서 나의 소유가 될 것이다. 온 세상이 나의 것이다. 그리고 너희는 나에게 사제들의 나라가 되고 거룩한 민족이 될 것이다. 이것이 네가 이스라엘인들에게 알려 줄 말이다."
　　　사도 20,28 "여러분 자신과 모든 양 떼를 잘 보살피십시오. 성령께서 여러분을 양 떼의 감독으로 세우시어, 하느님의 교회 곧 하느님께서 당신 아드님의 피로 얻으신 교회를 돌보게 하셨습니다."
　　　레위 23,36*

148　교회를 가리키는 또 다른 명칭들과 표상들이 성경에 있는가?

　　　성경에는 교회의 신비를 드러내는 수많은 표상들이 있다. 구약 성경에서는 **하느님의 백성**과 관련된 표상들이 특별히 드러나고, 신약 성경에서는 당신 지체의 머리가 되시는 그리스도와 관련된 표상들과 유목 생활(양 우리, 양 떼, 양), 농업 생활(밭, 올리브 나무, 포도밭), 건물(집, 돌, 성전), 가족생활(신부, 어머니, 가정)에서 나온 표상들이 나타난다.
해설　구약에서는 하느님의 백성이라는 교회 개념을 중심으로 다양한 표상들이, 신약에서는 "교회의 머리"(에페 1,22)이신 그리스도를 중심으로 여러 가지 표상들이 등장한다. ① 교회는 양 우리이고 그리스도는 문이다. 교회는 양 떼이고 그리스도는 목자다. ② 교회는 밭이고 하느님은 농부시다. ③ 교회는 하느님의 집이며, 하느님과 그 자녀들이 그 안에서 산다. 교회는 하느님의 건물이며, 그 모퉁잇돌은 그리스도다. ④ 교회는 신부이며, 그리스도는 신랑이다.
용어　**교회의 표상들** (구약 성경에) 교회의 표상들은 그밖에도 많이 찾을 수 있다. 대표적인 예로 노아의 방주라든지, 아담이 잠든 사이에 그 옆구리에서 뽑은 갈비뼈로 빚은 하와를 들 수 있다. 하느님께서 인류를 개인적으로가 아니라 하나로 불러 모으시어 공동체적으로 구원하시고자 하셨기 때문이다(759항).
성구　**양 떼　에제 34,11-13** "주 하느님이 이렇게 말한다. '나 이제 내 양 떼를 찾아서 보살펴 주겠다. 자기 가축이 흩어진 양 떼 가운데에 있을 때, 목자가 그 가축을 보살피듯, 나도 내 양 떼를 보살피겠다. 캄캄한 구름의 날에, 흩어진 그 모든 곳에서 내 양 떼를 구해 내겠다. 그들을 민족들에게서 데려 내오고 여러 나라에서 모아다가, 그들의 땅으로 데려가겠다. 그런 다음 이스라엘의 산과 시냇가에서, 그리고 그 땅의 모든 거주지에서 그들을 먹이겠다.'"

양 우리   요한 10,7.9.16   "내가 진실로 진실로 너희에게 말한다. 나는 양들의 문이다. … 누구든지 나를 통하여 들어오면 구원을 받고, 또 드나들며 풀밭을 찾아 얻을 것이다. … 그러나 나에게는 이 우리 안에 들지 않은 양들도 있다. 나는 그들도 데려와야 한다. 그들도 내 목소리를 알아듣고 마침내 한 목자 아래 한 양 떼가 될 것이다."

포도밭   이사 5,1-2.7ㄱ   내 친구를 위하여 나는 노래하리라, 내 애인이 자기 포도밭을 두고 부른 노래를. 내 친구에게는 기름진 산등성이에 포도밭이 하나 있었네. 땅을 일구고 돌을 골라내어 좋은 포도나무를 심었네. 그 가운데에 탑을 세우고 포도 확도 만들었네. 그러고는 좋은 포도가 맺기를 바랐네. … 만군의 **주님**의 포도밭은 이스라엘 집안이요 유다 사람들은 그분께서 좋아하시는 나무라네.

포도나무   요한 15,4-5   "내 안에 머물러라. 나도 너희 안에 머무르겠다. 가지가 포도나무에 붙어 있지 않으면 스스로 열매를 맺을 수 없는 것처럼, 너희도 내 안에 머무르지 않으면 열매를 맺지 못한다. 나는 포도나무요 너희는 가지다. 내 안에 머무르고 나도 그 안에 머무르는 사람은 많은 열매를 맺는다. 너희는 나 없이 아무것도 하지 못한다."

149   교회는 어떻게 시작되고 완성되는가?

교회는 하느님의 영원한 계획 안에서 시작되고 완성된다. 교회는 장차 모든 민족들을 불러 모으는 일치의 징표인 이스라엘의 선택으로써, 옛 계약 안에서 준비되었다. 교회는 예수 그리스도의 말씀과 활동으로 세워지고, 무엇보다도 속량을 위한 그분의 죽음과 부활로 실현되었다. 그 후 오순절에 성령 강림을 통하여 교회는 구원의 신비로서 드러났다. 교회는 지상으로부터 구원된 모든 이의 모임으로서 천상 영광 안에서 완성될 것이다.

해설   교회는 하느님의 영원한 계획 안에서 시작되고 완성된다. 교회는 ① 세상이 생길 때부터 예시되었다(760항). ② 이스라엘 백성의 역사와 구약에서 오묘하게 준비되었다(761-762항). ③ 마지막 시대에 그리스도께서 세우셨다(763-766항). ④ 성령강림으로 세상에 나타났다(767-768항). ⑤ 그리스도의 오심으로 영광스럽게 완성될 것이다(769항).

용어 **민족들의 일치의 징표인 이스라엘의 선택** 하느님께서는 이스라엘을 당신 백성으로 선택하심으로써 장차 모든 민족을 하나로 모아 구원하시려는 당신 뜻을 드러내신 것이다(762항).

교회는 구원의 신비 교회는 인류 구원을 나타내는 표징이자 이를 이루는 도구다. 곧 구원의 성사(신비)다(774-776항).

성구 **신명 7,6** "이는 너희가 주 너희 하느님의 거룩한 백성이며, 주 너희 하느님께서 너희를 선택하시어 땅 위에 있는 모든 민족들 가운데에서 너희를 당신 소유의 백성으로 삼으셨기 때문이다."

묵시 21,3-4 그때에 나는 어좌에서 울려오는 큰 목소리를 들었습니다. "보라, 이제 하느님의 거처는 사람들 가운데에 있다. 하느님께서 사람들과 함께 거처하시고 그들은 하느님의 백성이 될 것이다. 하느님 친히 그들의 하느님으로서 그들과 함께 계시고 그들의 눈에서 모든 눈물을 닦아 주실 것이다. 다시는 죽음이 없고 다시는 슬픔도 울부짖음도 괴로움도 없을 것이다. 이전 것들이 사라져 버렸기 때문이다."

150 교회의 사명은 무엇인가?

교회의 사명은 예수 그리스도에 의하여 시작된 하느님 나라를 모든 민족들 가운데에서 선포하고 세우는 일이다. 또한 교회는 이 지상에서, 구원을 가져다주는 하느님 나라의 시작과 싹이 된다.

해설 교회의 사명은 바로 그리스도와 성령의 사명과 같다(738항 참조). "교회는 하느님과 그리스도의 나라를 선포하고 모든 민족 가운데에서 이 나라를 세울 사명을 받았으며, 지상에서 이 나라의 싹과 시작이 된 것이다"(교회 헌장. 5항).

용어 **예수 그리스도에 의해 시작된 하느님 나라** 하느님 나라는 천지창조 이래 계속되고 있다고 말할 수 있다. 다만 예수 그리스도께서 시작하셨다는 말은, 예수 그리스도께서 이 지상에 시작하셨다는 뜻이다.

하느님 나라의 시작과 싹 그리스도께서 이 세상에서 개시開始하신 하느님 나라의 시작과 싹이 바로 교회다. 완성된 하느님 나라와 비교할 때 교회는 그 시작과 싹에 불과하다.

성구 **미카 4,2** 수많은 민족이 모여 오며 말하리라. "자, **주님**의 산으로, 야곱의 하느님 집으로 올라가자. 그분께서 당신의 길을 우리에게 가르쳐 주시어 우리가 그분의 길을 걷게 될 것이다." 시온에서 가르침이 나오고 예루살렘에서 **주님**의 말씀이 나오기 때문이다.

루카 4,43-44 예수님께서는 그들에게 말씀하셨다. "나는 하느님 나라의 기쁜 소식을 다른 고을에도 전해야 한다. 사실 나는 그 일을 하도록 파견된 것이다." 그리고 나서 예수님께서는 유다의 여러 회당에서 복음을 선포하셨다.

이사 2,3* 마르 16,20* 사도 8,12*

151 교회는 어떤 의미에서 '신비'인가?

교회는 가시적 실재 안에서 현존하고 활동하는, 오직 신앙의 눈으로만 볼 수 있는 영적이며 신적 실재이기에 신비이다.

해설 교회는 가시적이면서 영적인 실재다. 교회는 역사 안에 있으면서 역사를 초월한다. 지상의 교회만이 아닌 천상 교회도 교회 안에 포함된다. 교회는 인간과 하느님의 결합의 신비다. 교회를 하느님 백성, 그리스도의 몸, 성령의 성전이라 할 때, 그 보이는 면은 보이지 않는 면에 비교가 안 된다. 우리는 이런 '신비'의 교회를 믿는다.

용어 **가시적 실재** 교회는 보이는 면을 지니고 있다. 신자들의 전례적 모임이나 교계제도가 대표적인 예다.

영적이며 신적인 실재 교회는 또한 영적이고 신적인 면을 지니고 있다. 사실 이런 실재이므로 믿음의 대상이 된다. 성부, 성자, 성령께서 그 안에 현존하시고 활동하신다.

성구 **즈카 8,3** **주님**이 이렇게 말한다. 내가 시온으로 돌아가 예루살렘 한가운데에 살리라. 예루살렘은 '진실한 도성'이라고, 만군의 **주님**의 산은 '거룩한 산'이라고 불리리라.

에페 5,29-32　아무도 자기 몸을 미워하지 않습니다. 그리스도께서 교회를 위하여 하시는 것처럼 오히려 자기 몸을 가꾸고 보살핍니다. 우리는 그분 몸의 지체입니다. "그러므로 남자는 아버지와 어머니를 떠나 아내와 결합하여, 둘이 한 몸이 됩니다." 이는 큰 신비입니다. 그러나 나는 그리스도와 교회를 두고 이 말을 합니다.

에페 1,9-11*

152 교회가 구원의 보편적 성사라는 것은 무슨 의미인가?

교회는 모든 인류와 하느님 사이에 화해와 친교를 이루게 하고, 또한 온 인류를 하나가 되게 하는 표지이자 도구이다.

해설　"교회는 그리스도 안에서 성사와 같다"(교회 헌장, 1항). 교회는 곧 하느님과 인간이 이루는 일치와 인간과 인간 사이의 일치를 나타내는 표징이요 그 일치를 이루는 도구이기 때문이다. "교회는 온 인류가 하느님의 한 백성을 이루고, 그리스도의 한 몸으로 모이며, 성령의 한 성전을 함께 세우기를 원하시는 인류에 대한 하느님 사랑의 가시적인 계획이다"(776항).

용어　**구원의 보편적 성사**　교회를 성사라고 하는 것은 교회의 일곱 성사처럼 표징과 도구 구실을 하기 때문이다. 그리고 여기서 구원은 하느님과 온 인류가 하나가 되는 것을 말한다. 교회는 하느님과 온 인류 사이의 하나 됨을 나타내는 표징이요, 이를 이루는 도구라는 말이다.

성구　**시편 35,18**　저는 큰 모임에서 당신을 찬송하며
수많은 백성 가운데에서 당신을 찬양하오리다.

히브 9,11.15　그리스도께서는 이미 이루어진 좋은 것들을 주관하시는 대사제로 오셨습니다. 그분께서는 사람 손으로 만들지 않은, 곧 이 피조물에 속하지 않는 더 훌륭하고 더 완전한 성막으로 들어가셨습니다. … 그러므로 그리스도께서는 새 계약의 중개자이십니다. 첫째 계약 아래에서 저지른 범죄로부터 사람들을 속량하시려고 그분께서 돌아가시어, 부르심을 받은 이들이 약속된 영원한 상속 재산을 받게 해 주셨기 때문입니다.

시편 40,11* 묵시 7,9*

□ 하느님의 백성, 그리스도의 몸, 성령의 성전인 교회

153 교회는 왜 하느님의 백성인가?

하느님께서는 사람들을 개별적으로가 아니라, 성부와 성자와 성령의 단일성 안에서 하나로 모으시어 하나의 백성이 되게 하심으로써 그들을 거룩하게 하시고 구원하기를 원하셨기에, 교회는 하느님의 백성이다.

해설 하느님께서는 사람들을 개별적으로가 아니라 하나로 모으시어 구원하기를 원하셨다. 이를 위해 구약에서는 이스라엘을 당신 백성으로 부르셨고, 신약에서는 그리스도 안에서 당신과 하나 된 이들을 하느님의 새 백성이 되게 하셨다. 그러므로 교회는 하느님의 백성이다. "교회는 성부와 성자와 성령의 일치에서 하나로 모인 백성으로 나타난다"(교회 헌장, 4항).

용어 **성부와 성자와 성령의 단일성** 성부, 성자, 성령은 말하자면 공동체이며, 이 공동체적 친교에 참여하는 것이 구원이다. 교회는 이 같은 일치/친교의 표징이요 도구인 일치/친교의 성사다.

성구 **신명 27,9-10** 모세와 레위인 사제들이 온 이스라엘에게 일렀다. "이스라엘아, 조용히 하고 들어라. 오늘 너희는 **주** 너희 하느님의 백성이 되었다. 그러므로 **주** 너희 하느님의 소리를 듣고, 내가 오늘 너희에게 명령하는 그분의 계명과 규정들을 실천해야 한다."

티토 2,14 그리스도께서는 우리를 위하여 당신 자신을 내어 주시어, 우리를 모든 불의에서 해방하시고 또 깨끗하게 하시어, 선행에 열성을 기울이는 당신 소유의 백성이 되게 하셨습니다.

1베드 2,9*

154 하느님 백성의 특성은 무엇인가?

그리스도에 대한 신앙과 세례로써 그 일원이 된 하느님의 백성은, **기원**으로는 하느님 아버지를, **머리**로는 그리스도를, **신분**으로는 하느님의 자녀의 품위와 자유를, **법**으로는 사랑의 새 계명을, **사명**으로는 지상의 소금과 빛이 됨을, **목적**으로는 이 땅에 이미 시작된 하느님 나라를 특성으로 삼고 있다.

해설	하느님의 백성으로서 교회는 다음과 같은 특성을 지니고 있다. ① 그들은 하느님의 소유다. ② 그들은 믿음과 세례로 그 일원이 된다. ③ 그 (우두)머리는 그리스도이시다. ④ 그들은 하느님 자녀로서 품위를 지닌다. ⑤ 그들은 사랑의 새 계명을 지킨다. ⑥ 그들의 사명은 세상의 빛과 소금이 되는 것이다. ⑦ 그들의 목적은 이 땅에 이미 시작된 하느님 나라다.
용어	**하느님 자녀의 품위와 자유** 우리는 하느님의 자녀라는 사실 자체에서 드높은 품위와 자유를 누린다. 우리 안에 하느님의 성령께서 머무시기 때문이다.
성구	신명 4,7-8 "우리가 부를 때마다 가까이 계셔 주시는, 주 우리 하느님 같은 신을 모신 위대한 민족이 또 어디에 있느냐? 또한 내가 오늘 너희 앞에 내놓는 이 모든 율법처럼 올바른 규정과 법규들을 가진 위대한 민족이 또 어디에 있느냐?" 요한 13,34-35 "내가 너희에게 새 계명을 준다. 서로 사랑하여라. 내가 너희를 사랑한 것처럼 너희도 서로 사랑하여라. 너희가 서로 사랑하면, 모든 사람이 그것을 보고 너희가 내 제자라는 것을 알게 될 것이다." 즈카 13,9* 마태 5,13ㄱ.14.16*

155 하느님의 백성은 어떤 의미로 사제, 예언자, 왕이신 그리스도의 세 직분에 동참하는가?

하느님의 백성은 세례를 받은 사람으로서 영적 희생을 바치고자 성령에 의하여 축성된 까닭에, 그리스도의 **사제직**에 참여한다. 이 백성은 초자연적 신앙 감각으로 믿음을 온전히 지키며 그 신앙에 대한 이해를 깊게 하고 그리스도의 증인이 될 때, 그리스도의 **예언자직**에 참여한다. 하느님의 백성은 우주의 임금이시면서도 모든 이의 종이 되시는 예수 그리스도를 본받아, 특히 가난하고 고통 받는 사람들에게 봉사함으로써 그분의 **왕직**에 참여한다.

해설   구약에서 사제, 예언자, 왕은 기름부음 곧 성령을 받아 그 사명을 수행하였다. 예수님은 이 세 직분을 완수하신 참 메시아이시고, 하느님 백성인 우리도 그분을 본받아 이 세 사명을 수행한다. ① 우리도 그리스도처럼 자신의 삶을 인류 구원을 위한 희생으로 바침으로써 사제직을 수행한다(784항). ② 우리도 그리스도처럼 하느님의 말씀을 전하고 그 말씀대로 살아 우리 신앙을 증거함으로써 예언자직을 수행한다(785항). ③ 우리도 그리스도처럼 모든 사람, 특히 가난하고 고통 받는 사람들을 섬김으로써 왕직을 수행한다(786항).

용어 **성령에 의해 축성됨** "세례 받은 사람들은 새로 남과 성령의 도우심을 통하여 사제직으로 축성되었으므로"(교회 헌장, 10항) 자신과 자신의 삶을 영적 제물로 바친다.

초자연적 신앙 감각 → 문답 15의 용어 풀이 참조(91-93항).

성구 **사제직** **탈출 19,6** "'그리고 너희는 나에게 사제들의 나라가 되고 거룩한 민족이 될 것이다.' 이것이 네가 이스라엘인들에게 알려 줄 말이다."

1베드 2,4-5 주님께 나아가십시오. 그분은 살아 있는 돌이십니다. 사람들에게는 버림을 받았지만 하느님께는 선택된 값진 돌이십니다. 여러분도 살아 있는 돌로서 영적 집을 짓는 데에 쓰이도록 하십시오. 그리하여 하느님 마음에 드는 영적 제물을 예수 그리스도를 통하여 바치는 거룩한 사제단이 되십시오.

레위 5,26* 로마 12,1*

예언자직 **사도 2,16-17** "이 일은 요엘 예언자를 통하여 하신 말씀대로 된 것입니다. '하느님께서 말씀하신다. 마지막 날에 나는 모든 사람에게 내 영을 부어 주리라. 그리하여 너희 아들딸들은 예언을 하고 너희 젊은이들은 환시를 보며 너희 노인들은 꿈을 꾸리라.'"

2티모 4,2 하느님의 말씀을 전파하시오. 기회가 좋든지 나쁘든지 꾸준히 전하고 끝까지 참고 가르치면서 사람들을 책망하고 훈계하고 격려하시오.

왕직 **이사 58,6-7** 내가 좋아하는 단식은 이런 것이 아니겠느냐? 불의한 결박을 풀어 주고 멍에 줄을 끌러 주는 것, 억압받는 이들을 자유롭게 내보내고 모든 멍에를 부수어 버리는 것이다. 네 양식을 굶주린 이와 함께 나누고 가련하게 떠도는 이들을 네 집에 맞아들이는 것, 헐벗은 사람을 보면 덮어 주고 네 혈육을 피하여 숨지 않는 것이 아니겠느냐?

로마 6,12.14 그러므로 죄가 여러분의 죽을 몸을 지배하여 여러분이 그 욕망에 순종하는 일이 없도록 하십시오. … 죄가 여러분 위에 군림할 수는 없습니다. 여러분은 율법 아래 있지 않고 은총 아래 있습니다.
1코린 3,22-23*

156 교회는 어떻게 그리스도의 몸이 되는가?

부활하신 그리스도께서는 성령을 통하여 신자들을 당신과 굳게 결합시키신다. 이렇게 그리스도를 믿는 이들은 무엇보다 먼저 성체성사 안에서 그리스도와 결속되는 까닭에 사랑 안에서 하나 되는 것이다. 그들은 교회라는 한 몸을 형성하고, 그 단일성은 지체들의 다양성과 직무의 다양성 안에서 실현된다.

해설   예수님께서는 "모든 민족 가운데서 불러 모으신 당신 형제들에게 당신의 성령을 주시어 신비로이 당신의 몸을 이루셨다"(교회 헌장, 7항). 또한 성체성사를 통해 신비로이 당신과 한 몸이 되게 하셨다. 교리서는 그리스도의 몸인 교회의 세 가지 측면을 강조한다. ① 그리스도의 한 몸(790-791항), ② 머리이신 그리스도(792-795항), ③ 그리스도의 신부인 교회(796항).

용어   **지체들의 다양성과 직무의 다양성**   사람의 몸에 다양한 지체들이 있고 그 기능 역시 다양하듯이, 교회 안에도 지체들의 다양성과 그 직무의 다양성이 있지만 한 분 성령께서는 사랑으로 이 다양성을 통해 일치(단일성)를 이루어 내신다.

성구   **창세 1,27**   하느님께서는 이렇게 당신의 모습으로 사람을 창조하셨다. 하느님의 모습으로 사람을 창조하시되 남자와 여자로 그들을 창조하셨다.

에페 4,15-16   우리는 사랑으로 진리를 말하고 모든 면에서 자라나 그분에게까지 이르러야 합니다. 그분은 머리이신 그리스도이십니다. 그분 덕분에, 영양을 공급하는 각각의 관절로 온몸이 잘 결합되고 연결됩니다. 또한 각 기관이 알맞게 기능을 하여 온몸이 자라나게 됩니다. 그리하여 사랑으로 성장하는 것입니다.

요한 6,56-57*

157 누가 이 몸(교회)의 머리이신가?

그리스도께서는 "당신 몸인 교회의 머리"(콜로 1,18)이시다. 교회는 그리스도로 말미암아, 그리스도 안에서, 그리스도를 위하여 살아간다. 그리스도와 교회는 "온전한 그리스도"(성 아우구스티노)를 이루며, "머리와 지체들은 말하자면 신비스러운 하나의 인격체이다"(성 토마스 데 아퀴노).

해설   그리스도께서는 "당신 몸인 교회의 머리"(콜로 1,18)이시다. 그분은 ① 창조와 구속의 근원이시고, 만물 가운데 으뜸이시며, 교회 안에서 교회를 통해 당신 통치권을 만물 위에 펼치신다. ② 우리를 당신의 파스카에 결합시키신다(우리는 그분의 고난에 참여하여 그분과 함께 영광을 받게 된다). ③ 지체인 우리를 성장시켜 주신다. 그리스도와 우리는 한 몸 곧 "온 그리스도"가 된다(795항).

용어   **"온전한 그리스도"** 하느님 제2위를 말하는 것이 아니라, 머리이신 그리스도와 지체인 그리스도인들이 한 인격체를 이루고 있음을 가리키는 말이다. 머리 없는 몸을 상상할 수 없듯이, 머리와 지체를 따로 떼어 생각할 수 없듯이 그리스도와 그리스도인이 합체合體되어 "온 그리스도"를 이룬다. → 문답 142와 문답 233 참조.

성구   **1사무 15,17**   사무엘이 말하였다. "임금님은 자신을 하찮은 사람으로 여기실지 몰라도, 이스라엘 지파의 머리가 아니십니까? 주님께서 임금님에게 기름을 부으시어 이스라엘 위에 임금으로 세우신 것입니다."

콜로 1,18   그분은 또한 당신 몸인 교회의 머리이십니다. 그분은 시작이시며 죽은 이들 가운데에서 맏이이십니다. 그리하여 만물 가운데에서 으뜸이 되십니다.

에페 1,22-23*

158 교회는 왜 그리스도의 신부라 불리는가?

주님께서 당신을 "신랑"(마르 2,19)으로 자처하시고 친히 영원한 계약을 통하여 교회를 당신과 결합시키심으로써, 당신의 교회를 사랑하셨다. 그리고 주님께서는 당신 피로 교회를 정화하시고 "거룩하게 하시며"(에페 5,26), 교회를 하느님의 모든 자녀를 출산하는 어머니로 삼으심으로써 당신 자신을 내어 주셨다. '몸'이라는 말은 '머리'와 지체들의 일치를 드러내는 반면, '신부'라는 표현은 인격적 관계를 맺고 있는 둘의 구별을 부각시킨다.

해설	예수님께서는 자신을 신랑이라 하셨고(마르 2,19), 바오로 사도는 혼인의 원형을 그리스도와 교회의 결합으로 보았다(에페 5,31-32). 실로 교회는 흠 없는 어린양의 흠 없는 신부다(묵시 22,17). 남편인 그리스도는 아내인 교회를 위해 목숨을 바치셨다. 그것은 "교회를 말씀과 더불어 물로 씻어 깨끗하게 하셔서 거룩하게 하시려는 것이었습니다. 그리고 교회를 티나 주름 같은 것 없이 아름다운 모습으로 당신 앞에 서게 하시며, 거룩하고 흠 없게 하시려는 것이었습니다"(에페 5,26-27).
용어	**영원한 계약** 구약 곧 주 하느님께서 이스라엘과 맺으신 옛 계약은 이스라엘의 불충실로 깨졌다. 그러나 예언자들이 예고한 대로(이사 55,3; 예레 32,40; 바룩 2,35; 에제 37,26) 결코 깨지지 않는 영원한 계약 곧 신약이 예수 그리스도를 통해 이루어졌던 것이다(히브 13,20).
	하느님의 자녀를 출산하는 어머니 교회 안에서 세례를 통하여 하느님의 자녀들이 태어난다. 그러므로 교회는 하느님의 자녀를 출산하는 어머니다.
성구	**창세 2,22-23** 주 하느님께서 사람에게서 빼내신 갈빗대로 여자를 지으시고, 그를 사람에게 데려오시자, 사람이 이렇게 부르짖었다. "이야말로 내 뼈에서 나온 뼈요 내 살에서 나온 살이로구나! 남자에게서 나왔으니 여자라 불리리라."
	에페 5,25-27 남편 여러분, 그리스도께서 교회를 사랑하시고 교회를 위하여 당신 자신을 바치신 것처럼, 아내를 사랑하십시오. 그리스도께서 그렇게 하신 것은 교회를 말씀과 더불어 물로 씻어 깨끗하게 하셔서 거룩하게 하시려는 것이었습니다. 그리고 교회를 티나 주름 같은 것 없이 아름다운 모습으로 당신 앞에 서게 하시며, 거룩하고 흠 없게 하시려는 것이었습니다.
	묵시 21,2*

159 교회는 왜 '성령의 성전'이라 불리는가?

성령께서 교회인 신비체 안에, 곧 그 머리와 지체들 안에 계시기 때문이다. 나아가 성령께서는 하느님의 말씀과 성사들과 덕행과 은사들을 통하여 교회를 사랑 안에서 건설하신다.

해설   성령께서는 교회가 그리스도와 결합하여 신비체가 되게 하신다. 성령께서 온전히 그 머리 안에, 그 몸 안에, 그 지체들 안에 계시기 때문이다. 우리 영혼이 육체 안에 있어 우리가 살아 있듯이, 성령께서 영혼처럼 교회 안에 계시어 교회를 "살아 계신 하느님의 성전"(2코린 6,16)이 되게 하신다. 한 마디로 성령께서 교회 안에 계시므로, 성부와 성자께서도 교회 안에 머무르신다.

용어   **신비체**   그리스도의 몸인 교회를 그렇게 부른다. 그냥 몸이 아니라, 그리스도와 교회가 한 몸이 되기 때문이다.

하느님의 말씀과 성사들과 덕행과 은사들   이는 성령께서 교회(신비체)를 이루시는 다양한 방법들이다. 덕행은 여러 가지 덕들을 말하고(1803항 이하), 은사는 성령의 특별한 은혜를 말한다(문답 160).

성구   **이사 61,10**   나는 주님 안에서 크게 기뻐하고 내 영혼은 나의 하느님 안에서 즐거워하리니 신랑이 관을 쓰듯 신부가 패물로 단장하듯 그분께서 나에게 구원의 옷을 입히시고 의로움의 겉옷을 둘러 주셨기 때문이다.

1코린 3,16-17   여러분이 하느님의 성전이고 하느님의 영께서 여러분 안에 계시다는 사실을 여러분은 모릅니까? 누구든지 하느님의 성전을 파괴하면 하느님께서도 그자를 파멸시키실 것입니다. 하느님의 성전은 거룩하기 때문입니다. 여러분이 바로 하느님의 성전입니다.

1코린 12,12-13*

160   은사는 무엇인가?

은사는 성령의 특별한 은총으로서 인류의 선익과 세상의 필요를 위하여, 특히 교회의 건설을 위하여 각 개인들에게 주어진다. 이 은사의 식별은 교회 교도권의 책임이다.

해설   **은사**恩賜는 성령의 특별한 은혜를 말한다. 이것은 신자 개인에게 주어지지만 특히 교회의 건설을 위하여 주어지므로, 공동체의 선익을 위하여 사용해야 한다. 그러므로 은사 식별의 기준은 은사를 받았다는 사람이 그것을 교회 공동체의 선익을 위해 사용하는지, 아니면 개인의 이익과 명예를 위해 사용하는지에 있다.

용어   **인류의 선익과 세상의 필요**   은사는 영적인 것만이 아니라 물질적인 은혜도 포함한다는 말이다. 예를 들어 치유의 은사가 그러하다.

성구 **1사무 10,6** "그때 **주님**의 영이 당신에게 들이닥쳐, 당신도 그들과 함께 황홀경에 빠져 예언하면서 딴사람으로 바뀔 것이오."

1코린 12,7-9 하느님께서 각 사람에게 공동선을 위하여 성령을 드러내 보여 주십니다. 그리하여 어떤 이에게는 성령을 통하여 지혜의 말씀이, 어떤 이에게는 같은 성령에 따라 지식의 말씀이 주어집니다. 어떤 이에게는 같은 성령 안에서 믿음이, 어떤 이에게는 그 한 성령 안에서 병을 고치는 은사가 주어집니다.

이사 11,2* 1코린 13,1-2*

□ 하나이고 거룩하고 보편되며 사도로부터 이어 오는 교회

161 교회는 왜 "하나"인가?

교회는 삼위일체 하느님의 일치를 그 기원과 표본으로 가지므로 하나이다. 교회는 한 몸으로 모든 사람의 일치를 회복시키시는 설립자이시며 머리이신 예수 그리스도처럼 하나이고, 그리스도와 이루는 친교 속에 모든 신자를 하나 되게 하는 교회의 영혼이신 성령처럼 하나이다. 교회는 단 하나의 신앙과 단 하나의 성사 생활과 단 하나의 사도적 계승, 그리고 단 하나의 공동 희망과, 단 하나의 사랑을 가진다.

해설 교회는 ① 그 **기원**상 하나다. 삼위일체 하느님의 일치가 그 기원이기 때문이다. ② 그 **설립자**로 보아 하나다. 성자께서 모든 사람을 하느님과 화해시키시고 한 백성, 한 몸 안에서 모든 사람의 일치를 회복하셨기 때문이다. ③ 그 **영혼**으로 하나다. 성령께서 교회 안에 살아 계시면서 신자들의 친교를 이루시어 교회 일치(단일성)의 원리가 되시기 때문이다. 이 "일치의 *끈*"(콜로 3,14)은 사랑, 한 신앙 고백, 공통된 예배 거행, 성품성사를 통한 사도적 계승 등이다.

용어 **교회 단일성의 기원과 표본** 교회가 하나인 것은 삼위일체 하느님에게서 유래하기 때문이며, 하느님 성부, 성자, 성령의 친교와 일치를 본받기 때문이다.

성구 **이사 51,4** 내 백성아, 내 말을 들어라. 내 겨레야, 내게 귀를 기울여라. 나에게서 가르침이 나가리라. 나의 공정을 내가 민족의 빛으로 만들리라.

에페 4,3-6 성령께서 평화의 끈으로 이루어 주신 일치를 보존하도록 애쓰십시오. 하느님께서 여러분을 부르실 때에 하나의 희망을 주신 것처럼, 그리스도의 몸도 하나이고 성령도 한 분이십니다. 주님도 한 분이시고 믿음도 하나이며 세례도 하나이고, 만물의 아버지이신 하느님도 한 분이십니다. 그분은 만물 위에, 만물을 통하여, 만물 안에 계십니다.
1사무 7,10* 요한 17,21-23ㄴ*

162 그리스도의 유일한 교회는 어디에 존재하는가?

그리스도의 유일한 교회는 이 세상에 설립되고 조직된 사회로서 베드로의 후계자와 그와 친교를 이루는 주교들이 다스리고 있는 가톨릭 교회 안에 존재한다. 오직 가톨릭 교회를 통해서만 구원의 수단이 온갖 충만함에 이를 수 있다. 그것은 주님께서 베드로가 으뜸이 되는 사도단에 신약의 모든 보화를 맡기셨기 때문이다.

해설 그리스도께서 친히 세우신 유일한 교회는 베드로의 후계자와 그와 친교를 이루는 주교들이 다스리는 가톨릭 교회 안에 존재한다. 가톨릭 교회는 구원의 보편적 수단이다. "가톨릭 교회를 통해서만 구원 수단이 온갖 충만함에 이를 수 있다. 그것은 주님께서 베드로가 으뜸이 되는 사도단에 신약의 모든 보화를 맡기셨기 때문이다"(일치 교령, 3항).

용어 **이 세상에 설립되고 조직된 사회** 그리스도께서는 교회를 영적인 실재로만 존재하게 하지 않으시고 볼 수 있는 실재로 세우셨다. 교회는 조직과 구조를 지닌 일종의 사회다.

베드로의 후계자와 그와 친교를 이루는 주교들 베드로 사도는 지상 교회의 으뜸으로서, 그 후계자는 교황을 말한다. 베드로를 으뜸으로 하여 사도들이 사도단을 이루듯이, 주교들은 교황을 으뜸으로 하여 주교단을 이룬다.

신약의 모든 보화 신약의 보화는 무수히 많다. 교회에 맡겨진 보화는 예를 들어, 말씀, 거룩한 전승, 성사들, 직분의 은사 등이다.

성구 **탈출 18,25-26** 모세는 온 이스라엘에서 유능한 사람들을 뽑아 백성의 우두머리, 곧 천인대장, 백인대장, 오십인대장, 십인대장으로 삼았다. 그리하여 이들이 늘 백성을 재판하였다. 그들은 어려운 일만 모세에게 가져오고, 작은 일들은 모두 그들이 맡아 재판하였다.

사도 15,3-4 이렇게 안티오키아 교회에서 파견된 그들은 페니키아와 사마리아를 거쳐 가면서, 다른 민족들이 하느님께 돌아선 이야기를 해 주어 모든 형제에게 큰 기쁨을 주었다. 그들은 예루살렘에 도착하여 교회와 사도들과 원로들의 영접을 받고, 하느님께서 자기들과 함께 해 주신 모든 일을 보고하였다.

탈출 40,12-15* 마태 16,18-19*

163 비가톨릭 그리스도인들을 어떻게 이해해야 하는가?

가톨릭 교회와 완전한 일치를 이루지 못하고 갈라져 나간 교회들과 교회적 공동체들 안에는 성화와 진리의 많은 요소들이 존재한다. 이 모든 선물은 그리스도에게서 오고, 보편적(가톨릭) 일치를 재촉하고 있다. 비가톨릭 그리스도 교회와 이 교회의 구성원들은 세례로써 그리스도와 결합되어 있으므로 우리는 그들을 형제로 인정한다.

해설 "가톨릭 교회는 그들을 형제적 존경과 사랑으로 끌어안는다. 세례 때에 믿음으로 의화된 그들은 그리스도와 한 몸을 이루고 마땅히 그리스도인이라는 이름을 가지며, 가톨릭 교회의 자녀들은 그들을 당연히 주님 안의 형제로 인정한다"(일치 교령, 3항). 가톨릭 교회와 완전한 일치를 이루지 못하고 갈라져 나간 교회들과 교회적 공동체들 안에도 "성화와 진리의 많은 요소가 발견되지만"(교회 헌장, 8항) 이는 그리스도 교회의 고유한 선물로서 보편적 일치를 재촉한다.

용어 **갈라져 나간 교회와 교회 공동체들** 갈라져 나갔지만 '교회'라고 불리는 이들은 동방 교회들이고, '교회 공동체'라고 불리는 이들은 개신교를 말한다.

성화와 진리의 요소들 교리서는 그 예로 하느님 말씀, 은총의 생활, 신망애덕, 성령의 선물들을 들고 있다. 이런 것들은 갈라져 나간 교회에만 있는 것이 아니라, 가톨릭 교회를 포함한 모든 그리스도교에 공통된 선물이다. 성령께서는 갈라져 나간 이들 안에서도 이 같은 선물들을 통해 그들을 구원하신다.

성구 **이사 19,23-25** 그날에 이집트에서 아시리아로 가는 큰길이 생겨, 아시리아인들은 이집트로 가고 이집트인들은 아시리아로 가며, 이집트인들이 아시리아인들과 함께 예배를 드릴 것이다. 그날에 이스라엘은 이집트와 아시리아에 이어 세 번째로 이 세상 한가운데에서 복이 될 것이다. 곧 만군의 **주님**께서 "복을 받아라, 내 백성 이집트야, 내 손의 작품 아시리아야, 내 소유 이스라엘아!" 하고 말씀하시면서 복을 내리실 것이다.

요한 10,16 "그러나 나에게는 이 우리 안에 들지 않은 양들도 있다. 나는 그들도 데려와야 한다. 그들도 내 목소리를 알아듣고 마침내 한 목자 아래 한 양 떼가 될 것이다."

에페 4,2-4*

164 그리스도인들의 일치를 위하여 어떻게 해야 하는가?

모든 그리스도인의 일치를 재건하려는 열망은 그리스도의 은총이고 성령의 부르심이다. 일치 회복의 열의는 온 교회의 관심사로서 마음의 회개와 기도, 형제적 상호 이해, 신학자들 사이의 대화로 실현된다.

해설   "모든 그리스도인의 일치를 재건하려는 열망은 그리스도의 은총이고 성령의 부르심이다"(일치 교령, 1항). 일치 교령은 다음과 같은 노력이 필요하다고 말한다. ① **쇄신**. 교회의 소명에 더욱더 충실하려는 끊임없는 쇄신이 필요하다. ② **회개**. 복음에 따라 더욱 순수한 생활을 하려는 회개가 요구된다. ③ **기도**. 교회 일치를 위한 개인 기도나 공동 기도는 일치 운동의 혼이다. ④ **이해**. 형제적인 상호 이해를 도모해야 한다. ⑤ **교육**. 신자들과 목자들에 대한 일치 교육이 꾸준히 이루어져야 한다. ⑥ **대화**. 신학자들 사이의 대화와 그리스도인들 사이의 만남. ⑦ **협력**. 특히 인간을 위하여 여러 봉사 분야에서 힘을 합쳐 일하는 것은 사랑의 일치다.

우리는 교회를 위한 그리스도의 기도와, 우리를 위한 성부의 사랑과, 친교를 이루시는 성령의 능력에 교회 일치의 희망을 둔다.

용어   **일치를 재건하려는 열망**   일치를 회복하고자 하는 열망은 시대의 징표다. 오늘의 세계가 간절히 원하는 평화는 종교적 일치 운동에서 찾을 수 있다.

그리스도의 은총이고 성령의 부르심   그리스도께서는 수난 전에 일치를 염원하시며 기도하셨다. 또한 성령강림 날에는 언어의 소통을 통해 일치를 이루어 주셨다. 그러므로 그리스도와 성령께서 우리 안에서 일치를 호소하시며, 일치를 이루어 주신다.

성구 **즈카 11,7** 나는 양 장사꾼들의 도살될 양 떼를 돌보기로 하고, 지팡이 두 개를 가져다가, 하나는 '호의'라고 하고 다른 하나는 '일치'라고 하였다. 그렇게 하여 나는 양 떼를 돌보았다.

필리 2,1-2ㄱ.5 그러므로 여러분이 그리스도 안에서 격려를 받고 사랑에 찬 위로를 받으며 성령 안에서 친교를 나누고 애정과 동정을 나눈다면, 뜻을 같이하고 같은 사랑을 지니고 같은 마음 같은 생각을 이루어, … 그리스도 예수님께서 지니셨던 바로 그 마음을 여러분 안에 간직하십시오.

요한 17,21* 1코린 1,10* 에페 2,14.16*

165 교회는 어떤 의미에서 "거룩"한가?

교회는 지극히 거룩하신 하느님께서 그 창시자이시기에 거룩하다. 그리스도께서는 교회를 거룩하게 하시려고 또 성화의 원천이 되게 하시려고 당신 자신을 내어 주셨다. 성령께서는 사랑으로 교회에 생명을 주신다. 우리는 교회 안에 풍부한 구원의 수단들이 있음을 찾아볼 수 있다. 성덕은 교회 구성원 각자의 성소이자, 그들의 행동 목표이다. 교회는 그 내부에 모범과 전구자로 동정 마리아와 많은 성인들을 모시고 있다. 교회의 거룩함은, 모두가 이 땅 위에서 언제나 회개와 정화가 필요한 죄인임을 인식하는 하느님 자녀들의 성화의 원천이다.

해설 교회는 거룩하다. ① 교회는 지극히 거룩하신 **하느님**께서 그 창시자이시기 때문이다. ② **그리스도**께서 교회를 당신의 신부로 삼아 사랑하시고, 교회를 거룩하게 하시려고 당신 자신을 내어주셨기 때문이다. ③ **성령**께서 사랑으로 교회에 생명을 주시기 때문이다. 교회의 지체들은 특히 성사와 기도로 삼위일체 하느님의 거룩함을 닮으려 애쓴다. 그래서 많은 봉헌생활회가 있고, 성모 마리아를 비롯하여 많은 성인들을 모시고 있다.

용어 **성화의 원천** 교회는 신부인 그리스도를 통하여 성화되며, 또한 그리스도를 통하여 성화시키는 도구가 된다.

구원의 수단들   교회에는 구원의 수단들이 충만하다. 예를 들어 하느님의 말씀, 거룩한 전승, 성령의 은사와 직무, 신망애의 삶, 성사와 기도, 봉헌생활 등이다.

모범과 전구자   성모 마리아를 비롯한 모든 성인들은 거룩함의 모범일 뿐 아니라 우리가 거룩하게 살도록 우리를 위해 기도한다.

성구   신명 28,9   "너희가 주 너희 하느님의 계명들을 지키고 그분의 길을 따라 걸으면, 주님께서는 너희에게 맹세하신 대로 너희를 당신의 거룩한 백성으로 세우실 것이다."

2티모 1,9-10   하느님께서는 우리의 행실이 아니라 당신의 목적과 은총에 따라 우리를 구원하시고 거룩히 살게 하시려고 우리를 부르셨습니다. 이 은총은 창조 이전에 그리스도 예수님 안에서 이미 우리에게 주신 것인데, 이제 우리 구원자 그리스도 예수님께서 나타나시어 환히 드러났습니다. 그리스도께서는 죽음을 폐지하시고, 복음으로 생명과 불멸을 환히 보여 주셨습니다.

요한 17,16-19*

166 왜 교회는 "보편되다"고 하는가?

교회는 그 안에 그리스도께서 현존하시므로 **보편적**이고 **우주적**이다. "예수 그리스도께서 계시는 곳에 가톨릭 교회가 있다"(안티오키아의 성 이냐시오). 교회는 신앙의 전체성과 온전성을 선포하고, 구원의 충만한 방법들을 받아 관리하며, 그리스도에 의하여 전 인류에게 파견되었다.

해설   ① 교회는 그 안에 그리스도께서 현존하시므로 보편되다. 교회는 그리스도에게서 "구원의 완전하고 충만한 방법"을 받는다. 곧 완전한 신앙 고백, 온전한 성사 생활, 사도적 계승을 통한 서품된 직무 등을 받는다. ② 그리스도께서 교회를 온 인류에게 파견하셨기 때문에 교회는 보편되다.

용어   **보편된 교회**   그리스말 '가톨릭'*catholicos*은 '보편되다'는 뜻이다. 그러므로 가톨릭 교회라는 말은 '보편된 교회'라는 말이다. 가톨릭이라는 말에는 전체성, 온전성, 보편성이라는 뜻이 있다.

신앙의 전체성과 온전성   가톨릭 교회는 그 신앙 진리의 선포에서 전체적인 조화와, 조금도 부족하거나 변질되지 않은 온전함을 유지한다.

구원의 충만한 방법들　가톨릭 교회는 예수 그리스도에게서 구원을 위한 수단들을 모두 받았다(마태 28,18-20 참조).

성구　**이사 2,2-3**　세월이 흐른 뒤에 이러한 일이 이루어지리라. **주님**의 집이 서 있는 산은 모든 산들 위에 굳게 세워지고 언덕들보다 높이 솟아오르리라. 모든 민족들이 그리로 밀려들고 수많은 백성들이 모여 오면서 말하리라. "자, **주님**의 산으로 올라가자. 야곱의 하느님 집으로! 그러면 그분께서 당신의 길을 우리에게 가르치시어 우리가 그분의 길을 걷게 되리라." 이는 시온에서 가르침이 나오고 예루살렘에서 **주님**의 말씀이 나오기 때문이다.

에페 1,22-23　또한 만물을 그리스도의 발아래 굴복시키시고, 만물 위에 계신 그분을 교회에 머리로 주셨습니다. 교회는 그리스도의 몸으로서, 모든 면에서 만물을 충만케 하시는 그리스도로 충만해 있습니다.

167　'개별 교회'는 보편적인가?

믿음과 성사 안에서 사도적 계승으로 서품된 그의 주교들과 친교를 이루고, "사랑으로 다스리는"(안티오키아의 성 이냐시오) 로마 교회와 일치를 이루는 그리스도인들의 공동체로 형성된 모든 **개별 교회**(곧, 교구)는 보편적이다.

해설　개별 교회 곧 사도적 계승으로 서품된 주교가 다스리는 '교구' 또한 보편되다. 교구라는 기본 단위의 교회도 '가톨릭 교회'라는 말이다. 여기서 개별 교회는 주교와 친교를 이루고, 나아가 로마 교회와 일치를 이루는 그리스도인들의 공동체를 말한다.

용어　**주교**　사도들의 후계자로서, 주교 성품을 받고 교황의 권위 아래 사도적 책임과 교회 전체의 사명에 참여하면서, 사제들의 협력을 받아 개별 교회의 사목을 책임진 성직자다.

개별 교회　교회의 가장 기본이 되는 단위 교회, 곧 교구敎區를 가리키는 말이다. ('개별 교회'라는 말이 혹시 본당 공동체를 가리키는 것으로 오해할 소지가 있기 때문에, '개별교회'라고 붙여 씀으로써 고유명사화할 것을 제안한다.)

사도적 계승　사도적 계승은 특히 두 가지 측면에서 살펴 볼 수 있다. 하나는 신앙의 계승, 곧 주 예수 그리스도께서 사도들에게 맡기신 신앙 진리의 계승이다. 다른 하나는 성품성사로 이어지는 교회 직무의 계승이다. 사도적 계승은 가톨릭 교회 안에서 이루어지고 있다.

성구　**민수 11,25**　그때에 **주님**께서 구름 속에서 내려오시어 모세와 말씀하시고, 그에게 있는 영을 조금 덜어 내시어 그 일흔 명의 원로들에게 내려 주셨다. 그 영이 그들에게 내려 머무르자 그들이 예언하였다. 그러나 다시는 예언하지 않았다.

1코린 1,2　코린토에 있는 하느님의 교회에 인사합니다. 곧 그리스도 예수님 안에서 거룩하게 되어 다른 신자들이 사는 곳이든 우리가 사는 곳이든 어디에서나 우리 주 예수 그리스도의 이름을 받들어 부르는 모든 이들과 함께 성도로 부르심을 받은 여러분에게 인사합니다.

사도 14,22-23*

168　누가 가톨릭 교회에 속하는가?

모든 사람이 여러 모로 하느님 백성의 보편적 일치에 소속되거나 관련되어 있다. 신앙 고백과 성사, 교회 통치와 친교의 유대로 교회와 하나 된, 그리스도의 성령을 지닌 이들은 완전히 가톨릭 교회에 결합되어 있다. 세례를 받았으나 가톨릭의 단일성을 충만하게 실현하지 못하는 사람들은 비록 완전하지는 않더라도 어느 정도 가톨릭 교회와 친교를 이루고 있다.

해설　① **모든 사람**은 여러 모로 하느님 백성의 보편적 일치(가톨릭의 단일성)에 속하거나 연관되어 있다. ② 그리스도의 성령을 모시고서 신앙 고백과 성사, 교회 통치와 친교의 유대로 **교회와 하나 된 이들**은 완전히 가톨릭 교회에 결합되어 있다. ③ 세례는 받았으나 가톨릭의 단일성을 충만하게 실현하지 못하는 **그리스도인들**은 비록 완전하지는 않더라도 어느 정도 가톨릭 교회와 친교를 이루고 있다.

용어　**교회 통치**　사도들과 그 후계자들에게는 교회를 다스릴 권한이 맡겨져 있다(894-896항). 사목 권한이다. "내 양들을 돌보아라"(요한 21,15.16.17).

가톨릭의 단일성　주 예수 그리스도께서 세우신 교회의 단일성("하나인 교회")

을 가리킨다. 문답에서는 같은 말을 "보편적 일치"라고도 번역하였는데, 이는 그리스도교 신앙을 지니지 않은 사람도 모두 어떤 면에서 이를 향하고 있음을 나타내기 위해서다.

성사 → 문답 224 참조.

성구 **민수 11,26** 그때에 두 사람이 진영에 남아 있었는데, 한 사람의 이름은 엘닷이고 다른 사람의 이름은 메닷이었다. 그런데 명단에 들어 있으면서 천막으로 나가지 않은 이 사람들에게도 영이 내려 머무르자, 그들이 진영에서 예언하였다.

사도 2,46-47 그들은 날마다 한마음으로 성전에 열심히 모이고 이 집 저 집에서 빵을 떼어 나누었으며, 즐겁고 순박한 마음으로 음식을 함께 먹고, 하느님을 찬미하며 온 백성에게서 호감을 얻었다. 주님께서는 날마다 그들의 모임에 구원받을 이들을 보태어 주셨다.

마태 7,21* 에페 4,1ㄴ-4*

169 가톨릭 교회와 유다 민족은 어떤 관계인가?

가톨릭 교회는 하느님께서 모든 백성 가운데에서 특별히 유다인들을 택하시어 당신의 말씀을 받아들이도록 하신 사실을 통하여 그들과의 각별한 유대를 인식하고 있다. "하느님의 자녀가 되는 자격, 영광, 여러 계약, 율법, 예배, 여러 약속이 그들에게 주어졌습니다. 그들은 저 조상들의 후손이며, 그리스도께서도 육으로는 그들에게서 태어나셨습니다"(로마 9,4-5). 그리스도교가 아닌 다른 종교들과는 달리 유다인들의 신앙은 이미 옛 계약 안에서 이루어진 하느님 계시에 대한 응답이다.

해설 가톨릭 교회와 유다교 사이에는 하느님과 맺은 계약이라는 유대가 있다. 그 계약은 취소된 바 없다. "하느님의 은사와 소명은 철회될 수 없는 것이기 때문입니다"(로마 11,29). 그들은 옛 계약의 하느님 백성이고, 가톨릭 교회는 그들을 잇는 새 계약의 하느님 백성이다. 다만 그들은 예수 그리스도 안에서 메시아 약속과 나아가 그 위대한 계약이 실현되었음을 인정하지 않고 있다. 그렇지만 다른 비그리스도교와는 달리 유다교는 이미 옛 계약 안에서 이루어진 하느님 계시에 대한 응답이다.

용어	**옛 계약 안에서 이루어진 하느님 계시에 대한 응답** 신앙은 하느님께서 계시하신 구원의 진리를 받아들이는 것이고(142항), 하느님 계시는 특히 계약 안에서 이루어진다(70-73항).
성구	**창세 12,2-3** "나는 너를 큰 민족이 되게 하고, 너에게 복을 내리며, 너의 이름을 떨치게 하겠다. 그리하여 너는 복이 될 것이다. 너에게 축복하는 이들에게는 내가 복을 내리고, 너를 저주하는 자에게는 내가 저주를 내리겠다. 세상의 모든 종족들이 너를 통하여 복을 받을 것이다." **로마 9,4-5** "그들은 이스라엘 사람입니다. 하느님의 자녀가 되는 자격, 영광, 여러 계약, 율법, 예배, 여러 약속이 그들에게 주어졌습니다. 그들은 저 조상들의 후손이며, 그리스도께서도 육으로는 바로 그들에게서 태어나셨습니다. 그분은 만물 위에 계시는 하느님으로서 영원히 찬미받으실 분이십니다. 아멘." **시편 105,8-10* 로마 11,28-29***

170 가톨릭 교회와 비그리스도교 종교의 관계는 어떠한가?

	이 둘 사이에는 먼저 인류의 공통적 기원과 공통적 목적에 따른 유대가 형성되어 있다. 가톨릭 교회는 다른 종교들 안에서 찾아볼 수 있는 모든 선한 것과 참된 것은 하느님에게서 온 것이고 하느님의 진리를 반사하는 것이라고 알고 있다. 이 모든 것은 다른 종교인들이 복음을 받아들일 수 있도록 준비시키고, 그리스도 교회 안에서 인류가 일치를 이루도록 자극한다.
해설	비그리스도교에 속하는 종교와 미신(사이비 종교)은 엄연히 구별되어야 한다. 우리나라에서는 특히 사람들이 종교로 믿어 신봉하는 불교나 유교를 우선 생각할 수 있겠다. 그런 종교 안에 있는 "모든 선한 것과 참된 것"은 하느님에게서 나온 것으로서, 그리스도의 복음을 받아들이기 위한 준비라 할 수 있다. 우리는 모든 사람 사이에 공통 기원과 공통 목적에 따른 유대가 형성되어 있음을 잊어서는 안 된다(문답 68 참조).
용어	**선한 것과 참된 것** 하느님은 선의 근원이시고 진리의 근원이시기 때문에, 선하고 참된 모든 것은 선하신 하느님, 참되신 하느님을 반영한다(교회 헌장,

16항 참조).

성구　**지혜 13,5-7**　피조물의 웅대함과 아름다움으로 미루어 보아 그 창조자를 알 수 있다. 그렇다고 해서 그들을 크게 탓할 수는 없다. 그들은 하느님을 찾고 또 찾아낼 수 있기를 바랐지만 그러는 가운데 빗나갔을지도 모른다. 그들은 그분의 업적을 줄곧 주의 깊게 탐구하다가 눈에 보이는 것들이 하도 아름다워 그 겉모양에 정신을 빼앗기고 마는 것이다.

사도 17,25ㄴ.27-28　"하느님은 오히려 모든 이에게 생명과 숨과 모든 것을 주시는 분이십니다. … 이는 사람들이 하느님을 찾게 하려는 것입니다. 더듬거리다가 그분을 찾아낼 수도 있습니다. 사실 그분께서는 우리 각자에게서 멀리 떨어져 계시지 않습니다. 여러분의 시인 가운데 몇 사람이 '우리도 그분의 자녀다.' 하고 말하였듯이, 우리는 그분 안에서 살고 움직이며 존재합니다."

171　"교회 밖에는 구원이 없다"는 무슨 의미인가?

이 말은 머리이신 그리스도의 모든 구원이 당신의 몸인 교회를 통하여 주어진다는 의미이다. 그러므로 교회가 그리스도에 의하여 설립되었고 구원에 필요한 것임을 인정하면서도 교회에 들어오기를 싫어하거나, 그 안에 머물러 있기를 거부하는 사람들은 구원을 받을 수가 없을 것이다. 반면에 자기 탓 없이 그리스도의 복음과 그분의 교회를 모르지만, 진실한 마음으로 하느님을 찾고 양심의 명령을 통하여 알게 된 하느님의 뜻을 실현하려고 노력하는 사람은 그리스도와 그분 교회의 은총 덕분에 영원한 구원을 얻을 수 있다.

해설　"이 말은 머리이신 그리스도의 모든 구원이 당신의 몸인 교회를 통해 주어진다는 의미이다"(846항). 그리스도와 한 몸을 이룸은 가시적인 사실이 아니다. 그러므로 이 말을 좀더 넓게 이해할 필요가 있다. ① 자기 탓 없이 그리스도의 복음과 교회를 모르는 사람이라도 양심에 따라 착하게 살면 구원을 얻을 수 있다(847항). ② 하느님께서는 당신만 아시는 길로 자기의 탓 없이 복음을 모르는 사람들을 당신께로 이끄실 수 있다(848항).

용어　**자기 탓 없이**　사람에게는 양심이 있고, 자연법이 있다. 따라서 전혀 복음을 들어보지 못한 오지에 사는 사람들이 그 양심과 자연법에 따라 바르게 산다면 구원을 받을 수 있다. 다만 무관심, 게으름, 고집, 그릇된 판단, 오류에 대한 너그러움 등으로 하느님을 찾지도, 복음을 듣지도 못한 것이라면 그것은 자기 탓이다.

성구 **지혜 1,1-2** 세상의 통치자들아, 정의를 사랑하여라. 선량한 마음으로 주님을 생각하고 순수한 마음으로 그분을 찾아라. 주님께서는 당신을 시험하지 않는 이들을 만나 주시고 당신을 불신하지 않는 이들에게 당신 자신을 드러내 보이신다.

사도 17,26-27 "그분께서는 또 한 사람에게서 온 인류를 만드시어 온 땅 위에 살게 하시고, 일정한 절기와 거주지의 경계를 정하셨습니다. 이는 사람들이 하느님을 찾게 하려는 것입니다. 더듬거리다가 그분을 찾아낼 수도 있습니다. 사실 그분께서는 우리 각자에게서 멀리 떨어져 계시지 않습니다."

172 교회는 왜 온 세상에 복음을 선포해야 하는가?

그리스도께서 "너희는 가서 모든 민족들을 내 제자로 삼아, 아버지와 아들과 성령의 이름으로 세례를 주라."(마태 28,19)고 명령하셨기 때문이다. 주님의 이 선교 사명의 원천은 "모든 사람이 구원을 받고 진리를 깨닫게 되기를 원하시기"(1티모 2,4)에 당신 성자와 성령을 보내신 하느님의 영원한 사랑이다.

해설 복음 선포의 이유는 ① 모든 사람의 구원을 원하시는 하느님의 사랑 때문이고(선교의 동기), ② "구원의 근원"(히브 5,9)이신 그리스도께서 명령하셨기 때문이며(선교 명령), ③ 이를 위해 파견되신 성자와 성령께서 교회를 통해 그 일을 하시기 때문이고(선교의 기원), ④ 모든 이가 성령 안에서 성부와 성자의 친교에 참여해야하기 때문이다(선교의 목적).

용어 **성자와 성령을 보내신 하느님의 영원한 사랑** 하느님의 사랑은 성자와 성령을 우리에게 보내 주신 사실에서 분명하게 드러난다(1요한 4,10.13). "하느님께서는 세상을 너무나 사랑하신 나머지 외아들을 내 주시어, 그를 믿는 사람은 누구나 멸망하지 않고 영원한 생명을 얻게 하셨다"(요한 3,16).

성구 **이사 49,6** "네가 나의 종이 되어 야곱의 지파들을 다시 일으키고 이스라엘의 생존자들을 돌아오게 하는 것만으로는 충분하지 않다. 나의 구원이 땅 끝까지 다다르도록 나는 너를 민족들의 빛으로 세운다."

마태 28,19-20 "그러므로 너희는 가서 모든 민족들을 제자로 삼아, 아버지와 아들과 성령의 이름으로 세례를 주고, 내가 너희에게 명령한 모든 것을 가르쳐 지키게 하여라. 보라, 내가 세상 끝 날까지 언제나 너희와 함께 있겠다."

1티모 2,4-5 하느님께서는 모든 사람이 구원을 받고 진리를 깨닫게 되기를 원하십니다. 하느님은 한 분이시고 하느님과 사람 사이의 중개자도 한 분이시니 사람이신 그리스도 예수님이십니다.

173 교회는 어떤 의미에서 선교적인가?

성령으로 인도되는 교회는 역사의 흐름에 따라 바로 그리스도의 사명을 수행한다. 따라서 그리스도인들은 순교를 각오하면서까지 자기 자신을 기꺼이 바치려는 자세로 그리스도께서 가신 길을 따라야 하고, 그분께서 선포하신 기쁜 소식을 모든 사람에게 전해야 한다.

해설 성부께서 성자와 성령을 인류 구원을 위해 파견하신 것처럼, 성자께서도 사도들을 파견하신다. 그러므로 교회는 태어날 때부터 이미 선교적이다. 파견, 선교, 사명이라는 말이 라틴어로 한 단어 Missio라는 사실은 매우 의미 깊다. 성자께서 파견되신 것, 다시 말해 그분의 사명은 복음 선포 곧 선교에 있다. 이 점은 성령과 교회에도 똑같이 해당된다.

용어 **교회는 선교적** '선교적'이라고 번역한 것은 이 단어를 형용사로 보았기 때문이고, 명사로 본다면 선교사라고 번역해야 한다. 교회는 선교사다. 물론 성자와 성령도 선교사이시다. 선교사 교회의 본은 선교사 성자이시고, 그 혼은 선교사 성령이시다. 우리말 **선교**宣敎는 자신이 믿는 종교를 널리 두루 전한다는 뜻이다.

성구 **이사 40,9** 기쁜 소식을 전하는 시온아 높은 산으로 올라가라. 기쁜 소식을 전하는 예루살렘아 너의 목소리를 한껏 높여라. 두려워 말고 소리를 높여라. 유다의 성읍들에게 "너희의 하느님께서 여기에 계시다." 하고 말하여라.

로마 10,14-15 그런데 자기가 믿지 않는 분을 어떻게 받들어 부를 수 있겠습니까? 자기가 들은 적이 없는 분을 어떻게 믿을 수 있겠습니까? 선포하는 사람이 없으면 어떻게 들을 수 있겠습니까? 파견되지 않았으면 어떻게 선포할 수 있겠습니까? 이는 성경에 기록된 그대로입니다. "기쁜 소식을 전하는 이들의 발이 얼마나 아름다운가!"
루카 4,43* 2코린 2,17*

174 교회는 왜 "사도적"인가?

교회는 "사도들의 기초"(에페 2,20) 위에 세워졌으므로 그 **기원**에서 사도적이다. 교회는 사도들이 가르쳐 준 동일한 **가르침**을 보존하기에 사도적이다. 교회는 그리스도께서 다시 오실 때까지 베드로의 후계자와 하나 되어 주교단과 그들을 계승한 사람들을 통하여 사도들의 가르침을 받고 거룩하게 되며, 지도를 받는 **구조**를 갖기에 사도적이다.

해설 교회가 사도적인 이유는 다음 네 가지로 정리할 수 있다. ① **기원**. 교회는 "사도들의 기초"(에페 2,20) 위에 세워졌으므로 사도적이다. ② **가르침**. 교회는 사도들이 가르쳐 준 동일한 믿음을 보존하기에 사도적이다. ③ **구조**. 교회는 사도들의 사목직을 이어받아 사도직을 수행하는 이들의 가르침을 받고 거룩하게 되며 지도를 받기에 사도적이다. ④ **선교**. 교회는 선교의 사명을 받고 파견되었기 때문에 사도적이다("교회는 사도적이다."라는 말과 "교회는 선교적이다."라는 말이 서로 통하는 것으로 보아 ④를 덧붙였다. 아래 문답 참조).

용어 **사도적** 우리말 니케아-콘스탄티노폴리스 신경에는 "사도로부터 이어오는"이라고 되어 있지만 원래 "사도적"이다. '사도적'이라는 말에는 '사도로부터 이어온다'는 뜻도 포함되어 있다.

성구 **탈출 24,13-14** 모세는 일어나 자기 시종 여호수아를 데리고 하느님의 산으로 올라가면서, 원로들에게 말하였다. "우리가 너희에게 돌아올 때까지 여기에서 우리를 기다려라. 아론과 후르가 너희와 함께 있으니, 문제가 있는 이는 그들에게 가거라."

마태 28,16.18-20 열한 제자는 갈릴래아로 떠나 예수님께서 분부하신 산으로 갔다. … 예수님께서는 그들에게 다가가 이르셨다. "나는 하늘과 땅의 모든 권한을 받았다. 그러므로 너희는 가서 모든 민족들을 제자로 삼아, 아버지와 아들과 성령의 이름으로 세례를 주고, 내가 너희에게 명령한 모든 것을 가르쳐 지키게 하여라. 보라, 내가 세상 끝 날까지 언제나 너희와 함께 있겠다." 에페 2,20-22*

175 사도들의 사명은 무엇인가?

사도라는 말은 '파견된 자'라는 뜻이다. 곧 성부에게서 파견된 예수님께서는 당신 제자들 가운데에서 열둘을 뽑아 사도로 삼으시고, 그들을 당신 부활의 증인으로 선택하시며, 나아가 당신 교회의 기초가 되게 하셨다. "아버지께서 나를 보내신 것처럼 나도 너희를 보낸다."(요한 20,21)라는 말씀대로 세상 끝 날까지 그들과 함께 있겠다고 약속하시면서 사도들에게 당신의 사명을 지속하라고 명하셨다.

해설 사도라는 말은 '파견된 자'라는 뜻이다. 이 '파견'은 구원 경륜에서 매우 중요한 용어다. 성부께서 성자를 파견하시고, 성부와 성자께서 성령을 파견하시며, 성자께서는 열두 사도를 파견하심으로써 성자-성령의 파견에 사도들을 동참시키셨다. "아버지께서 나를 보내신 것처럼 나도 너희를 보낸다"(요한 20,21). 그러므로 사도들의 파견/사명은 성자와 성령의 파견/사명의 연장으로 볼 수 있다. 사도들은 ① 주님 부활의 증인으로서 ② 주님 교회의 기초가 된다. ③ 또한 주님의 구원 사명을 세상 끝 날까지 계속한다. 성자와 성령께서는 세상 끝 날까지 그들과 함께 계신다.

용어 **사도** *Apostolos*(사도)는 '파견된 자'라는 그리스말이다. 예수님께서는 제자들 가운데 열둘을 뽑아 사도로 세우시고, 그들을 파견하시어 복음을 선포하게 하셨다. 마티아가 유다스 대신 사도로 뽑혔고(사도 1,26), 바오로도 부활하신 주님을 만나 사도가 되었다(사도 9,4).

성구 **신명 31,28** "너희 지파들의 모든 원로와 관리를 나에게 불러모아라. 내가 그들에게 이 말씀들을 똑똑히 들려주고, 하늘과 땅을 그들에 대한 증인으로 내세우겠다."

마르 3,13-15 예수님께서 산에 올라가신 다음, 당신께서 원하시는 이들을 가까이 부르시니 그들이 그분께 나아왔다. 그분께서는 열둘을 세우시고 그들을 사도라 이름하셨다. 그들을 당신과 함께 지내게 하시고, 그들을 파견하시어 복음을 선포하게 하시며, 마귀들을 쫓아내는 권한을 가지게 하시려는 것이었다.

요한 20,21-23* 사도 1,21-22*

176 사도적 계승은 무엇인가?

사도적 계승은 성품성사를 통하여 사도들의 사명과 권한이 그들의 후계자인 주교들에게 전해지는 것을 말한다. 이러한 계승 덕분에 교회는 신앙생활에서 그 기원과 일치를 이루고 있으며, 긴 세기를 통하여 이 세상 안에서 꾸준히 그리스도의 나라를 확산시키는 데 자신의 사도직을 수행하고 있는 것이다.

해설   사도들이 받은 사명은 그 후계자(주교)들에게 계승되는데 이를 사도적 계승이라 한다. 이 계승은 성품성사로 이루어진다. 사도적 계승 덕분에 교회는 그 신앙과 삶에서 그리스도와 일치를 이룬다. 그리하여 오늘에 이르기까지 이 세상에서 그리스도의 나라를 널리 펼치고 있다.

용어   **그 기원과 일치를 이룸**   교회의 기원은 그리스도이므로 그리스도와 이루는 일치를 가리킨다.

성구   **민수 11,16**   주님께서 모세에게 말씀하셨다. "네가 백성의 원로이며 관리라고 알고 있는 이스라엘의 원로들 가운데에서 나를 위해 일흔 명을 불러 모아라. 그들을 데리고 만남의 천막으로 와서 함께 서 있어라."

티토 1,5.9   그대를 크레타에 남겨 둔 까닭은, 내가 그대에게 지시한 대로 남은 일들을 정리하고 고을마다 원로들을 임명하라는 것이었습니다. … 가르침을 받은 대로 진정한 말씀을 굳게 지키는 사람이어야 합니다. 그래야 건전한 가르침대로 남을 격려할 수도 있고 반대자들을 꾸짖을 수도 있습니다.

사도 14,23*

▫ 그리스도 신자: 성직자, 평신도, 봉헌생활자

177 그리스도 신자들은 누구인가?

그리스도 신자들은 세례로 그리스도와 한 몸이 됨으로써 하느님의 백성을 이룬 이들이다. 그들은 그리스도의 사제직과 예언자직과 왕직에 나름대로 고유한 조건에 따라 참여하여 하느님께서 교회에 맡기신 사명을 실행하도록 소명을 받았다. 그들 모두는 하느님의 자녀로서 누리는 품위 안에서 진정 평등하다.

해설   그리스도 신자들: ① **정의**. 그리스도 신자는 세례로 그리스도와 한 몸이 됨으로써 하느님의 백성을 이룬 사람들이다. ② **임무**. 그들은 각자의 조건에 따라 그리스도의 사제직과 예언자직과 왕직에 참여하여 교회의 사명을 수행한다. ③ **품위**. 그들은 모두 하느님의 자녀로서 서로 평등하다.

용어   **그리스도 신자**   그리스도 신자는 그리스도를 믿는 이들을 통칭하는 **그리스도교 신자**와 구별된다. 그리스도 신자는 성직자, 수도자, 평신도를 포함한 모든 가톨릭 신자를 의미한다.

나름대로 고유한 조건에 따라   평신도는 평신도대로, 수도자는 수도자대로, 성직자는 성직자대로 그 고유한 방식에 따라 교회의 사명을 수행한다는 말이다.

성구   **탈출 19,5-6**   "이제 너희가 내 말을 듣고 내 계약을 지키면, 너희는 모든 민족들 가운데에서 나의 소유가 될 것이다. 온 세상이 나의 것이다. 그리고 너희는 나에게 사제들의 나라가 되고 거룩한 민족이 될 것이다.' 이것이 네가 이스라엘인들에게 알려 줄 말이다."

1코린 12,27-29   여러분은 그리스도의 몸이고 한 사람 한 사람이 그 지체입니다. 하느님께서 교회 안에 세우신 이들은, 첫째가 사도들이고 둘째가 예언자들이며 셋째가 교사들입니다. … 모두 사도일 수야 없지 않습니까? 모두 예언자일 수야 없지 않습니까? 모두 교사일 수야 없지 않습니까?

갈라 3,26-28*

178   하느님 백성은 어떻게 이루어져 있는가?

교회 안에는 하느님께서 세우신 성품성사를 받아 교계 제도를 이루는 **거룩한 교역자**(성직자)들이 있다. 그 외의 신자들은 **평신도**들이라고 부른다. 이 양편 사람들 가운데 복음적 권고 곧 정결, 청빈, 순명에 대한 선서를 통하여 특별한 방법으로 하느님께 **봉헌된 신자**들이 있다.

해설	하느님 백성 곧 교회에는 세 부류가 있다. ① **성직자**. 성품성사를 받아 교회 직무를 수행하는 사람들이다. ② **평신도**. 일반 신자들을 말한다. ③ **봉헌생활자**. 복음적 권고를 서원誓願하여 특별한 방식으로 하느님께 봉헌된 삶을 사는 이들이다.
용어	**성직자** 그들을 성직자라고 부르는 것은 그들 자신이 거룩해서가 아니라 그들이 맡은 직무가 거룩하기 때문이다. 그들은 성품성사를 받아 교회 직무를 수행한다.
	평신도 신도라 하지 않고 굳이 평신도라 하는 이유는 성직자나 수도자도 신도이기 때문이다. 평신도는 교회의 사명을 교회와 세상 안에서 수행한다는 점에서 교회의 중추다.
	이 양편 사람들 가운데 봉헌된 삶을 사는 사람들은 성직자나 평신도에 속한다. 예를 들어 수도회 사제는 성직자에 속한다.
	봉헌된 신자 봉헌 생활을 하는 사람들을 말한다. 여기서 '봉헌 생활'이라 함은 봉헌된 삶을 말한다. (따라서 평신도들도 하는 봉헌 생활과 구별하여 '봉헌생활'이라고 붙여 써서 고유명사화할 것을 제안한다.)
	복음적 권고를 서원 가난, 정결, 순명을 지키며 살 것을 하느님께 약속함으로써 하느님께 자신을 봉헌한 삶을 사는 것을 말한다. → **서원**에 대해서는 문답 443 참조.
성구	**성직자** 요엘 2,16 백성을 모으고 회중을 거룩하게 하여라. 원로들을 불러 모으고 아이들과 젖먹이들까지 모아라. 신랑은 신방에서 나오고 신부도 그 방에서 나오게 하여라.
	에페 4,11-12 그분께서 어떤 이들은 사도로, 어떤 이들은 예언자로, 어떤 이들은 복음 선포자로, 어떤 이들은 목자나 교사로 세워 주셨습니다. 성도들이 직무를 수행하고 그리스도의 몸을 성장시키는 일을 하도록, 그들을 준비시키시려는 것이었습니다.
	2티모 1,11*
	수도자 1사무 1,27-28 "제가 기도한 것은 이 아이 때문입니다. 주님께서는 제가 드린 청을 들어주셨습니다. 그래서 저도 아이를 주님께 바치기로 하

였습니다. 이 아이는 평생을 주님께 바친 아이입니다." 그런 다음 그들은 그곳에서 주님께 예배를 드렸다.

  2코린 11,2 나는 하느님의 열정을 가지고 여러분을 위하여 열정을 다하고 있습니다. 사실 나는 여러분을 순결한 처녀로 한 남자에게, 곧 그리스도께 바치려고 그분과 약혼시켰습니다.

평신도 **민수 11,29** 모세가 그에게 말하였다. "너는 나를 생각하여 시기하는 것이냐? 차라리 주님의 온 백성이 예언자였으면 좋겠다. 주님께서 그들에게 당신의 영을 내려 주셨으면 좋겠다."

  1코린 1,1-2 하느님의 뜻에 따라 그리스도 예수님의 사도로 부르심을 받은 바오로와 소스테네스 형제가 코린토에 있는 하느님의 교회에 인사합니다. 곧 그리스도 예수님 안에서 거룩하게 되어 다른 신자들이 사는 곳이든 우리가 사는 곳이든 어디에서나 우리 주 예수 그리스도의 이름을 받들어 부르는 모든 이들과 함께 성도로 부르심을 받은 여러분에게 인사합니다.

179 그리스도께서는 왜 교회의 교계 제도를 정하셨는가?

  그리스도께서는 하느님의 이름으로 하느님 백성을 사목하게 하시려고 교계 제도를 제정하시고, 권위를 부여하셨다. 교계 제도는 거룩한 교역자들인 주교, 사제, 부제로 이루어져 있다. 주교와 사제는 성품성사로써 그들의 직무 수행에서 머리이신 그리스도를 대신하여 그분의 이름으로 활동한다. **부제**는 말씀과 전례와 자신의 봉사를 통하여 하느님 백성을 섬긴다.

해설 그리스도께서는 '하느님의 이름으로' 하느님 백성을 사목하도록 교계 제도를 제정하셨다. 거룩한 직무를 수행하는 이들은 주교, 사제, 부제들이다. 주교와 사제는 '머리이신 그리스도를 대신하여' 성무를 수행하고, 부제는 교회의 각종 봉사(말씀, 전례, 자선)를 통하여 성무를 수행한다.

용어 **교계 제도** 교회의 거룩한 직무를 수행하는 데에는 계통이 확립되어 있다. 이를 교계 제도라 한다. 사제와 부제는 주교에게 속한 사람들이다. 부제는 사제에게 속하지 않고 직접 주교에게 속한다.

  하느님의 이름으로 성직자들의 권위는 하느님에게서 나온다. 하느님께서 그들에게 교회 일을 맡기신 것이다.

머리이신 그리스도를 대신하여 성직자들은 그리스도를 대신하여 교회 직무를 수행한다. 이를 '머리이신'이라는 말로 강조한 것은 그 사목적 권한과 능력이 그리스도에게서 나온다는 점을 분명히 하기 위해서다(1548항 참조). → 문답 336 참조.

주교/사제/부제 교계 제도의 명칭이다. **주교**는 신약 성경에서 자주 감독監督이라고 일컫는다. **사제**는 사실 주교까지 포함하는 명칭이지만, 흔히 우리가 신부神父라고 부르는 이들을 말한다. 그러나 신부는 직무의 이름이 아닌 경칭敬稱일 뿐이다. 신약 성경에서는 자주 원로元老라고 일컫는다. **부제**副祭 역시 적절한 이름은 아니다. 사제 바로 아래 계층을 나타내는 말이겠지만, 원래는 봉사diaconia하는 사람, 곧 봉사자를 말한다(사도 6,1 이하; 필리 1,1; 1티모 3,12-13).

성구 **주교** 레위 21,10 "자기 형제들 가운데에서 으뜸으로 뽑힌 대사제는 성별 기름을 머리에 받고 직무를 맡아 예복을 입었으므로, 머리를 풀거나 옷을 찢어서는 안 된다."

1티모 3,1-2 이 말은 확실합니다. 어떤 사람이 감독 직분을 맡고 싶어 한다면 훌륭한 직무를 바라는 것입니다. 그러므로 감독은 나무랄 데가 없어야 하고 한 아내의 충실한 남편이어야 하며, 절제할 줄 알고 신중하고 단정하며 손님을 잘 대접하고 또 가르치는 능력이 있어야 합니다.

사제 민수 11,24-25 모세는 밖으로 나와 **주님**의 말씀을 백성에게 전하였다. 그는 백성의 원로들 가운데에서 일흔 명을 불러 모아, 천막 주위에 둘러 세웠다. 그때에 **주님**께서 구름 속에서 내려오시어 모세와 말씀하시고, 그에게 있는 영을 조금 덜어 내시어 그 일흔 명의 원로들에게 내려 주셨다. 그 영이 그들에게 내려 머무르자 그들이 예언하였다. 그러나 다시는 예언하지 않았다.

1티모 5,17 지도자 직무를 훌륭히 수행하는 원로들은 이중으로 존대를 받아 마땅합니다. 설교하고 가르치는 일에 애쓰는 이들이 특히 그렇습니다.

부제 민수 3,6 "너는 레위 지파를 가까이 오게 하여, 그들을 아론 사제 앞에 세워서 그를 시중들게 하여라."

사도 6,5-6 이 말에 온 공동체가 동의하였다. 그리하여 그들은 믿음과 성령이 충만한 사람인 스테파노, 그리고 필리포스, 프로코로스, 니카노르, 티몬, 파르메나스, 또 유다교로 개종한 안티오키아 출신 니콜라오스를 뽑아, 사도들 앞에 세웠다. 사도들은 기도하고 그들에게 안수하였다.

1티모 3,12-13*

180 교회 직무의 단체적 차원은 어떻게 실현되는가?

그리스도에 의해 함께 선택되고 파견된 열두 사도들을 본받아, 교계 제도의 구성원들의 일치는 모든 신자들의 친교에 이바지한다. 모든 주교는 교황과 친교를 이루며 그와 함께 보편 교회를 보살핌으로써 주교단의 일원으로 자신의 직무를 수행한다. 사제들도 그들의 주교와 친교를 이루며 그의 지도 아래 교구 사제단 안에서 봉사 직무를 수행한다.

해설 그리스도께서는 열두 사도를 뽑으셨다. "함께 선택되어 함께 파견된 사도들의 형제적 일치는 모든 신자의 형제적 친교에 이바지하며, 삼위일체이신 하느님의 친교를 반영하고 증언한다. 이러한 까닭에 모든 주교는 베드로의 후계자이자 주교단의 으뜸인 교황과 친교를 이루는 주교단 안에서 그 직무를 수행한다. 사제들도 그들의 주교와 친교를 이루는 교구 사제단 안에서 직무를 수행한다"(877항).

용어 **교회 직무** 교회 직무는 철저히 봉사직이다(876항). minister(직무자)라는 말이 magister(스승)과 대조되는 용어라는 사실에서도 이를 확인할 수 있다. (마이너 리그와 메이저 리그라는 말을 상기하라).

주교단/사제단 주교단이 교황을 중심으로 세계의 주교들이 하나 된 것을 말한다면, 사제단은 주교를 중심으로 교구 사제들이 하나 된 것을 말한다.

성구 **신명 31,9** 모세는 이 율법을 써서, 주님의 계약 궤를 나르는 레위 자손 사제들과 이스라엘의 모든 원로에게 주었다.

사도 15,22-23 그때에 사도들과 원로들은 온 교회와 더불어, 자기들 가운데에서 사람들을 뽑아 바오로와 바르나바와 함께 안티오키아에 보내기로 결정하였다. 뽑힌 사람들은 형제들 가운데 지도자인 바르사빠스라고 하는 유다와 실라스였다. 그들 편에 이러한 편지를 보냈다. "여러분의 형제인 사도들과 원로들이 안티오키아와 시리아와 킬리키아에 있는 다른 민족 출신 형제들에게 인사합니다."

에페 2,20* 1베드 5,1-2ㄱ*

181 교회 직무는 왜 개별적 특성도 지니는가?

교회 직무는 성품성사로 말미암아 교역자 각자를 개별적으로 불러 그에게 직무를 맡기신 그리스도 앞에서 책임을 지고 있으므로 개별적 특성을 지닌다.

해설 교회는 성품성사를 통하여 직무를 맡을 사람을 개별적으로 불러 그 개인에게 직무를 부여한다. 그리하여 그는 '그리스도를 대신하여' 사람들에게 "나는 … 세례를 줍니다." 또는 "나는 … 죄를 사합니다." 하면서 전례를 집전한다.

용어 **교역자** 교회 직무를 수행하는 사람이라는 뜻이다. 교사敎師의 임무를 수행하는 사람도 같은 말로 가리킬 수 있다. 그러므로 '교회 직무자'라고 할 것을 제안한다.

성구 **탈출 29,35** "너는 이와 같이 내가 너에게 명령한 것을 아론과 그의 아들들에게 그대로 다 해 주어라. 너는 이레 동안 그들의 임직식을 거행해야 한다."

콜로 1,25 하느님께서 여러분을 위하여 당신 말씀을 선포하는 일을 완수하라고 나에게 주신 직무에 따라, 나는 교회의 일꾼이 되었습니다.

사도 3,6*

182 교황의 사명은 무엇인가?

로마의 주교이며 베드로 사도의 후계자인 교황은, 교회 일치의 영구적이고 가시적인 근원이며 토대이다. 교황은 그리스도의 대리이며, 주교단의 으뜸이고, 온 교회의 목자로서 하느님께서 제정하신 대로 교회 전체에 대하여 완전하고 직접적이며 보편적인 최고의 권한을 가진다.

해설 교황은 ① 로마의 주교이며 베드로 사도의 후계자, ② 교회적 일치의 영구적이고 가시적인 근원이며 토대, ③ 그리스도의 대리이며 주교단의 으뜸, ④ 온 교회의 목자로서, 교회 전체에 대하여 완전하고 직접적이며 보편적인 최고의 권한을 가진다.

용어 **교황** 우리말 교황에서 황제라는 말을 연상하는 사람들이 있다. 서양말에는 전혀 그런 의미가 없다. Pontifex(교황)는 '다리를 놓는 사람'이라는 뜻이다. 문답에 나와 있는 대로 그 직무적 관점에 따라 여러 가지로 부를 수 있다.

로마의 주교 베드로 사도가 당시 세계의 중심인 로마에서 순교하고 그곳에 교회 공동체를 이룩함으로써 로마의 주교가 되었다.

그리스도의 대리 교황은 지상에서 그리스도를 대리한다.

완전하고 직접적이며 보편적인 최고 권한 교황에게는 교회에 대한 모든 권한이 주어지며, 온 교회에 행사되므로 완전하고 보편적이다. '직접적'이라는 것은 주교들과는 달리 교황은 주교들 없이도 직접 그 권한을 행사할 수 있다. 물론 이 같은 권한은 완전하고 보편적인 그리스도의 권한에서 나온 것이다.

성구 **2열왕 12,11-12ㄱ** 그 궤에 돈이 많아 보이면, 임금의 서기관과 대사제가 올라가서 주님의 집에 있는 돈을 쏟아 내어 세었다. 그리고 셈이 끝난 돈은 주님의 집 공사 책임자들에게 주었다.

루카 22,31-32 "시몬아, 시몬아! 보라, 사탄이 너희를 밀처럼 체질하겠다고 나섰다. 그러나 나는 너의 믿음이 꺼지지 않도록 너를 위하여 기도하였다. 그러니 네가 돌아오거든 네 형제들의 힘을 북돋아 주어라."

마태 16,18-19* 요한 21,15*

183 주교단의 권한은 무엇인가?

주교단은 교황과 더불어 교회에 대한 완전한 최고 권한을 행사하는데, 교황 없이는 그 권한을 결코 행사하지 못한다.

해설 주교단은 교황과 더불어 (교황처럼) 완전한 최고 권한을 행사한다. 그러나 교황 없이는 그 권한을 결코 행사할 수 없다.

용어 **권한** 우리말 본문에는 임무로 되어 있으나, **권한**potestas으로 바로잡았다.

교황과 더불어/교황 없이는 주교단이 완전한 최고 권위를 행사하기 위해서는 교황과 함께 해야 하고 교황의 동의가 있어야 한다.

성구 **탈출 3,18** "그러면 그들이 너의 말을 들을 것이다. 너는 이스라엘의 원로들과 함께 이집트 임금에게 가서, '주 히브리인들의 하느님께서 저희에게 나타나셨습니다. 그러니 이제 저희가 광야로 사흘 길을 걸어가, 주 저희 하느님께 제사를 드릴 수 있도록 허락해 주십시오.' 하고 말하여라."

사도 5,42 사도들은 날마다 성전에서 또 이 집 저 집에서 끊임없이 가르치면서 예수님은 메시아시라고 선포하였다.

마르 3,14-15*

184 주교는 '가르치는 임무'를 어떻게 수행하는가?

교황과 더불어 사도적 신앙의 참증인이며 그리스도의 권위를 지닌 주교들은 복음을 모든 사람에게 충실히 또 권위 있게 전달해야 하는 임무가 있다. 하느님의 백성은 초자연적인 신앙 감각으로 교회의 살아 있는 교도권의 지도를 받아 신앙을 온전히 지킨다.

해설 주교들은 주님의 명령에 따라(마르 16,15), 주님께 받은 복음의 진리를 모든 사람에게 전할 임무가 있다. 이것이 바로 교회에 맡겨진 교도권이다. 신자들은 주교들이 전한 복음의 진리를 초자연적 신앙 감각으로 교회의 교도권의 지도를 받아 온전히 지키게 된다.

용어 **교도권** 주교들의 가르치는 임무 또는 권한(85항). → 문답 16-17 참조.
초자연적 신앙 감각 신자들의 초자연적 진리들을 인지하는 감각. → 문답 15 참조.

성구 **신명 27,1** 모세와 이스라엘의 원로들이 백성에게 명령하였다. "내가 오늘 너희에게 명령하는 모든 계명을 지켜라."

티토 1,9 (감독은) 가르침을 받은 대로 진정한 말씀을 굳게 지키는 사람이어야 합니다. 그래야 건전한 가르침대로 남을 격려할 수도 있고 반대자들을 꾸짖을 수도 있습니다.

사도 15,35*

185 교도권의 무류성은 언제 행사되는가?

로마 교황이 교회의 최고 목자의 권한으로써, 또는 주교단이 교황과 일치하여 특별히 세계 공의회에서 신앙과 도덕에 관한 교리를 확정적 행위로 선언할 때에 무류권이 행사된다. 그리고 교황과 주교들이 그들의 통상 교도권 안에서 합심하여 어떤 교리를 확정적인 것으로 선언할 때도 무류권이 행사된다. 이러한 가르침에 대하여 각 신자는 신앙의 순종으로 따라야 한다.

해설 ① 교황이 교회의 최고 목자의 권한으로 신앙과 도덕에 관한 교리를 확정적 행위로 선언할 때, ② 주교단이 교황과 일치하여 특별히 공의회에서 신앙과 도덕에 관한 교리를 선언할 때, ③ 교황과 주교들이 그 통상적 교도권 안에서 합심하여 교리를 확정적으로 선언할 때, 무류성이 행사된다. 신자들은 신앙의 순종으로 이를 받아들여야 한다.

용어 **교회의 최고 목자의 권한으로** 교황은 성직자나 수도자나 평신도들을 망라한 모든 그리스도 신자들의 목자요 스승이다.
신앙과 도덕에 관한 교리 교황은 오직 교회의 목자로서 구원에 꼭 필요한 신앙과 도덕의 진리를 가르치는 것이다.
확정적 행위로 선언하다 하느님의 계시나 그리스도의 가르침이라고 분명하게 선언하는 것이다.
통상 교도권 공의회 같은 특수한 방식이 아닌 일반적인 방식으로 행사하는 교도권을 말한다.

성구 **신명 18,15** "주 너희 하느님께서 너희 동족 가운데에서 나와 같은 예언자를 일으켜 주실 것이니, 너희는 그의 말을 들어야 한다."
2요한 1,1ㄴ-2 나는 그대들을 진리 안에서 사랑합니다. 나뿐만 아니라 진리를 아는 모든 사람이 그대들을 사랑합니다. 이는 우리 안에 머물러 있고 또 영원히 우리와 함께 있을 진리 때문입니다.
여호 24,1* 마태 16,18* 루카 10,16* 요한 14,17*

186 주교는 '거룩하게 하는 임무'를 어떻게 수행하는가?

주교는 말씀과 성무, 특별히 성찬례 집전과 그들의 기도, 모범과 일을 통해서 그리스도의 은총을 나누어 주며 교회를 거룩하게 한다.

해설 충만한 성품성사를 받은 주교는 ① 특별히 성찬례로써, ② 기도와 성무, 말씀 선포와 성사 집전으로, ③ 양들의 모범이 됨으로써, 교회를 거룩하게 한다.
용어 **그리스도의 은총을 나누어 줌** 은총의 분배는 특히 성사 집전으로 이루어진다.
성구 **레위 4,35** "그런 다음 친교 제물로 바치는 양의 굳기름을 떼어 내듯 그 굳기름을 모두 떼어 낸다. 그러면 사제는 그것을 주님을 위한 화제물과 함께 살라 바친다. 이렇게 사제가 어떤 사람이 지은 죄 때문에 그를 위하여 속죄 예식을 거행하면, 그는 용서를 받는다."

사도 20,32 "이제 나는 하느님과 그분 은총의 말씀에 여러분을 맡깁니다. 그 말씀은 여러분을 굳건히 세울 수 있고, 또 거룩하게 된 모든 이와 함께 상속 재산을 차지하도록 여러분에게 그것을 나누어 줄 수 있습니다."

탈출 29,44* 1테살 5,23*

187 주교는 '다스리는 직무'를 어떻게 수행하는가?

주교단의 일원으로서 주교는 교황과 일치되어 있는 다른 주교들과 함께 온 교회와 모든 개별 교회를 위하여 단체적으로 성실히 사목한다. 개별 교회를 위탁받은 주교는 착한 목자이신 그리스도의 이름으로, 온 교회의 친교 안에서 베드로 후계자의 지도 아래 통상적이고도 직접적이며, 고유하고 성스러운 권한으로 개별 교회를 다스린다.

해설 주교에게는 가르치는 임무(예언자직)와 거룩하게 하는 임무(사제직) 말고도 다스리는 임무(왕직), 곧 목자의 직무가 있다. 주교들은 "조언과 권고와 모범으로 또한 권위와 거룩한 권한으로"(894항) 개별 교회(교구)를 다스린다. 이 다스리는 임무는 개별 교회만이 아니라 온 교회(보편 교회)에까지 미친다. 이 주교 직무의 모범은 바로 참 목자이신 예수님이다.

용어 **온 교회와 개별 교회를 위하여 단체적으로** 교황과 주교들은 단일한 주교단을 이루어 개별 교회와 보편 교회를 사목한다.

통상적이고도 직접적이며, 고유하고 성스러운 권한으로 교황의 직접적이고도 통상적인 최고 권한은 주교의 사목 권한을 무효화하지 않고 오히려 확인하고 보호한다. 말하자면 주교가 개별 교회를 다스리는 권한은 교황의 로마 교회를 다스리는 권한과 같다.

성구 **신명 18,18-19** "나는 그들을 위하여 그들의 동족 가운데에서 너와 같은 예언자 하나를 일으켜, 나의 말을 그의 입에 담아 줄 것이다. 그러면 그는 내가 그에게 명령하는 모든 것을 그들에게 일러 줄 것이다."

1베드 5,2-3 여러분 가운데에 있는 하느님의 양 떼를 잘 치십시오. 그들을 돌보되, 억지로 하지 말고 하느님께서 원하시는 대로 자진해서 하십시오. 부정한 이익을 탐내서 하지 말고 열성으로 하십시오. 여러분에게 맡겨진 이들을 위에서 지배하려고 하지 말고, 양 떼의 모범이 되십시오.

루카 22,25-26*

188 평신도의 소명은 무엇인가?

평신도들의 임무는 자기의 소명에 따라 현세의 일을 하고, 하느님의 뜻에 비추어 세상사를 조명하고 관리함으로써 하느님 나라를 추구하는 것이다. 그렇게 함으로써, 그들은 세례를 받은 모든 이에게 주어진 성덕과 사도직의 소명을 수행한다.

해설 ① 평신도들의 소명은 그리스도인의 사명에 따라 현세의 일을 하고, 하느님의 뜻대로 관리하며, 하느님의 나라를 추구하는 것이다. 그렇게 함으로써 모든 일이 언제나 그리스도의 뜻에 따라 이루어지고 발전하여 창조주와 구세주께 찬미가 되도록 해야 한다(898항). ② 평신도들도 세례와 견진을 통해 사도직을 받았으므로 그들도 하느님의 구원 소식을 전해야 한다. 특히 평신도를 통해서만 사람들이 복음을 들을 수 있는 경우에는 그 의무가 더욱 절실해진다(890항).

용어 **평신도** 성직자와 수도자가 아닌 그리스도 신자, "곧 세례로 그리스도와 한 몸이 되어 하느님 백성으로 구성되고, 그리스도의 사제직과 예언자직과 왕직에 자기 나름대로 참여하는 자들이 되어 그리스도교 백성 전체의 사명 가운데에서 자기 몫을 교회와 세상 안에서 실천하는 이들을 말한다"(교회 헌장, 31항). → 문답 178의 용어 풀이 참조.

세상사를 조명하고 관리 평신도는 다른 사람들과 마찬가지로 세상의 일에 종사한다. 다만 그 세상사를 복음의 빛에 비추어보고 하느님 나라를 지향하도록 관리하는 중대한 구실을 맡는다.

성덕과 사도직의 소명 그리스도인은 누구나 거룩한 삶을 살아야 할 소명과,

거룩한 삶 가운데 복음을 선포할 소명이 있다.

성구 **레위 19,2** "너는 이스라엘 자손들의 온 공동체에게 일러라. 그들에게 이렇게 말하여라. '나, 주 너희 하느님이 거룩하니 너희도 거룩한 사람이 되어야 한다.'"

필리 2,13.15 하느님은 당신 호의에 따라 여러분 안에서 활동하시어, 의지를 일으키시고 그것을 실천하게도 하시는 분이십니다. … 비뚤어지고 뒤틀린 이 세대에서 허물없는 사람, 순결한 사람, 하느님의 흠 없는 자녀가 되어, 이 세상에서 별처럼 빛날 수 있도록 하십시오.

신명 14,2* 마태 5,14-16* 루카 8,1-3*

189 평신도는 그리스도의 '사제직'에 어떻게 참여하는가?

평신도들은 특별히 성찬례 거행 때에 "하느님 마음에 드는 영적 제물을 예수 그리스도를 통하여"(1베드 2,5), 곧 그들의 모든 일, 기도, 사도직 활동, 가정생활, 일상 노동, 겪어야 할 생활의 어려움, 정신적 육체적 휴식 등의 삶 자체를 봉헌함으로써 사제직에 참여한다. 이와 같이 평신도들은 그리스도께 봉헌되고 성령으로 도유된 사람들로서 바로 세상을 하느님께 봉헌한다.

해설 평신도들은 그리스도께 봉헌되고 성령으로 도유된 사람들로서 ① 모든 일, 곧 자신의 삶을 "하느님 마음에 드는 영적 제물"(1베드 2,5)로 봉헌하고, ② 또한 이 세상을 봉헌함으로써 그리스도의 사제직에 참여한다. ③ 특히 교회의 사제적 직무에 참여할 수 있다. "말씀의 직무를 집행하고, 전례 기도를 주재하며, 세례를 수여하고, 성체를 분배할 수 있다"(교회법 제230조 3항).

용어 **영적 제물** 우리는 물질적 제물만이 아닌 영적 제물도 하느님께 바쳐야 한다. 교리서가 제시한 영적 제물로는 기도, 사도직 활동, 부부 생활, 가정생활, 일상 노동, 생활고, 심신의 휴식 등이다(901항).

그리스도께 봉헌되고 성령으로 도유된 사람들 그리스도 신자는 모두 세례와 견진을 통해 그리스도께 봉헌되어 그리스도의 몸이 되었고, 성령으로 도유되어 성령의 궁전이 되었다.

성구 **집회 35,1-6** 율법을 지키는 것이 제물을 많이 바치는 것이고, 계명에 충실한 것이 구원의 제사를 바치는 것이다. 은혜를 갚는 것이 고운 곡식 제물을 바치는 것이고, 자선을 베푸는 것이 찬미의 제사를 바치는 것이다. 악을 멀리 하는 것이 주님을 기쁘게 해 드리는 것이고, 불의를 멀리하는 것이 속죄하는 것이다. 주님 앞에 빈손으로 나타나지 마라.

1베드 2,5 여러분도 살아 있는 돌로서 영적 집을 짓는 데에 쓰이도록 하십시오. 그리하여 하느님 마음에 드는 영적 제물을 예수 그리스도를 통하여 바치는 거룩한 사제단이 되십시오.

→ 문답 155 성구, 사제직 참조.

190 평신도는 '예언자직'에 어떻게 참여하는가?

평신도들은 그리스도의 말씀을 신앙 안에서 더 깊이 받아들이고, 생활의 증거와 말씀, 복음 선포 활동과 교리교육을 통하여 그것을 세상에 선포함으로써 예언자직에 참여한다. 이러한 복음 선포 활동은 세속의 일반 환경에서 이루어진다는 점에서 특별한 효력을 지닌다.

해설 평신도들도 그리스도의 증인이다. ① 그들은 복음 선포를 통해, "곧 생활의 증거와 말씀으로 전하는 그리스도 선포"(교회 헌장, 35항)를 통해 예언자직의 사명을 수행한다. ② 평신도가 참여하는 교회의 예언자적 직무로는 교리 교육, 신학 교육, 교회의 사회 홍보 매체 종사 등이다.

용어 **생활의 증거와 말씀으로** 평신도들은 그저 거룩한 삶으로만 그리스도의 증인이 되는 것이 아니라 말로도 그리스도를 증언해야 한다. 우리 신앙의 증거는 말과 삶이 일치해야 한다.

세속의 일반 환경에서 평신도들은 일반 사람들과 똑같은 여건/환경에서 살면서 그리스도의 증인이 되는 것이다.

성구 **요엘 3,1** 그런 다음에 나는 모든 사람에게 내 영을 부어 주리라. 그리하여 너희 아들딸들은 예언을 하고 노인들은 꿈을 꾸며 젊은이들은 환시를 보리라.

사도 11,19-20 스테파노의 일로 일어난 박해 때문에 흩어진 이들이 페니키아와 키프로스와 안티오키아까지 가서, 유다인들에게만 말씀을 전하였다. 그들 가운데에는 키프로스 사람들과 키레네 사람들도 있었는데, 이들이 안티오키아로 가서 그리스계 사람들에게도 이야기하면서 주 예수님의 복음을 전하였다.

신명 28,9* 사도 18,24-26*

→ 문답 155 성구, 예언자직 참조.

191 평신도는 '왕직'에 어떻게 참여하는가?

평신도들은 자신과 세상에서 죄를 물리칠 능력을 그리스도에게서 받았기에 자기 희생과 거룩한 생활을 통하여 그리스도의 왕직에 동참한다. 그들은 공동체 봉사를 위하여 다양한 임무를 수행하며, 인간의 활동과 사회 제도에 도덕적 가치가 스며들게 한다.

해설 평신도는 다음과 같이 그리스도의 왕직에 참여한다. ① 자기 자신 안에서 죄의 나라("죄의 지배". 로마 6,6.12 참조)를 완전히 쳐 이김으로써(908항), ② 세상의 제도들과 여건들을 바로잡아 인간 활동과 문화에 도덕적 가치가 스며들게 함으로써(909항), ③ 교회 공동체의 활동과 성장을 위한 다양한 임무/은사를 수행함으로써(910; 913항). ④ 다음과 같은 교회 직무는 구체적인 평신도의 왕직 참여다. 지역 공의회, 교구 대의원 회의(교구 시노드), 사목 평의회, 재무평의회, 교회 법원, 평신도협의회 등의 위원으로 일함.

용어 **자기 희생과 거룩한 생활** 극기克己 또는 절제를 통한 거룩한 삶을 말한다.
인간의 활동과 사회 제도에 도덕적 가치가 스며들게 한다 그리스도 신자들은 도덕적인 인간 활동, 도덕적인 사회 제도가 이루어지도록 사회에 투신해야 한다. → 문답 410 참조.

성구 다니 7,18 "그러나 지극히 높으신 분의 거룩한 백성이 그 나라를 이어받아 영원히, 영원무궁히 차지할 것이다."

묵시 5,10 "주님께서는 그들이 우리 하느님을 위하여 한 나라를 이루고 사제들이 되게 하셨으니 그들이 땅을 다스릴 것입니다."

→ 문답 155 성구, 왕직 참조.

192 봉헌생활은 무엇인가?

봉헌 생활, 곧 봉헌된 삶은 교회가 인정한 생활양식이다. 이 생활은 그리스도의 특별한 부르심에 대한 자유로운 응답으로 하느님께 자신을 온전히 봉헌하고 성령의 감도 아래 사랑의 완성을 추구한다. 이와 같은 봉헌은 복음적 권고에 따른 삶으로 특징지어진다.

해설 봉헌된 삶이란 그리스도의 특별한 부르심에 대한 자유로운 응답으로서, 하느님께 자신을 완전히 봉헌하고 성령의 인도로 사랑의 완성을 추구하는 삶이다. 봉헌된 삶의 특징은 복음적 권고를 서원하고 이에 따라 사는 것이다.

용어 **봉헌 생활** 하느님께 봉헌된 삶을 사는 것을 말한다. 곧 서원을 통해 하느님께 자신을 온전히 봉헌한 삶이다. → 문답 178과 문답 443 참조.

교회가 인정한 생활양식 아무나 봉헌된 삶을 사는 것이 아니다. 봉헌된 삶은 교회가 인정한(인준한) 생활양식 또는 신분이다.

복음적 권고 하느님 나라를 위한 독신 생활의 정결, 청빈, 순명을 말한다. 이 세 가지는 복음적 가치를 지닌다.

성구 **정결 마태 19,11-12** 예수님께서 그들에게 이르셨다. "모든 사람이 이 말을 받아들일 수 있는 것은 아니다. 허락된 이들만 받아들일 수 있다. 사실 모태에서부터 고자로 태어난 이들도 있고, 사람들 손에 고자가 된 이들도 있으며, 하늘 나라 때문에 스스로 고자가 된 이들도 있다. 받아들일 수 있는 사람은 받아들여라."

청빈 마태 19,21 예수님께서 그에게 이르셨다. "네가 완전한 사람이 되려거든, 가서 너의 재산을 팔아 가난한 이들에게 주어라. 그러면 네가 하늘에서 보물을 차지하게 될 것이다. 그리고 와서 나를 따라라."

순명 1베드 1,2ㄱ 하느님 아버지께서 미리 선택하신 여러분은 성령으로 거룩해져 예수 그리스도께 순종하게 되었고, 또 그분의 피가 뿌려져 정결하게 되었습니다.

193 봉헌생활은 교회의 사명에 어떻게 참여하는가?

봉헌 생활은 하느님 나라에 대한 희망을 증언하면서, 그리스도와 형제들에게 자신을 온전히 내맡김으로써 교회의 사명에 참여한다.

해설	봉헌된 삶을 사는 이들은 ① 그리스도를 더 가까이 따름으로써, ② 모든 것 위에 사랑하는 하느님께 자신을 봉헌함으로써, ③ 하느님 나라를 위해 봉사하는 애덕의 완성을 추구함으로써, ④ 기도와 참회로 하느님 찬미와 세상의 구원에 자신의 신명을 바침으로써, ⑤ 하느님 나라의 영광을 미리 보여줌으로써, ⑥ 오시는 주님을 기다리고 증언함으로써, 교회의 사명에 참여한다.
용어	**하느님 나라에 대한 희망을 증언함** 봉헌된 삶은 이 세상을 넘어 하느님 나라를 희망하는 삶이다. 그들은 하느님 나라의 행복(마태 5,3-12)을 추구하며, 하느님 나라가 오기를 간절히 기도하면서(마태 6,10) 하느님 나라를 위한 사랑에 헌신한다.
성구	**판관 13,5** "네가 임신하여 아들을 낳을 것이다. 그리고 아기의 머리에 면도칼을 대어서는 안 된다. 그 아이는 모태에서부터 이미 하느님께 바쳐진 나지르인이 될 것이다. 그가 이스라엘을 필리스티아인들의 손에서 구원해 내기 시작할 것이다." **로마 6,11-13** 이와 같이 여러분 자신도 죄에서는 죽었지만 그리스도 예수님 안에서 하느님을 위하여 살고 있다고 생각하십시오. 그러므로 죄가 여러분의 죽을 몸을 지배하여 여러분이 그 욕망에 순종하는 일이 없도록 하십시오. 그리고 여러분의 지체를 불의의 도구로 죄에 넘기지 마십시오. 오히려 죽은 이들 가운데에서 살아난 사람으로서 자신을 하느님께 바치고, 자기 지체를 의로움의 도구로 하느님께 바치십시오. **티토 2,11-13***

□ 모든 성인의 통공을 믿나이다

194 '성인들의 통공'은 무슨 뜻인가?

이 표현은 무엇보다도 교회의 모든 구성원이 '거룩한 것들'sancta 곧 신앙, 성사, 특히 성찬례와 은사들과 다른 영적 선물들을 공유함을 가리킨다. 통공의 뿌리에는 "자기 이익을 추구하지 않는"(1코린 13,5) 사랑이 있지만, 신자에게 통공은 "모든 것을 공동으로 소유하도록"(사도 4,32) 자극하며 무엇보다 가난한 이들을 위하여 봉사하는 데 자신

	의 물질과 재화들을 활용하도록 촉진한다.
해설	**성인들의 통공**communio sanctorum. 먼저 교회의 모든 지체들이 거룩한 것들을 공유함을 뜻한다. 교리서는 ① 신앙의 공유(949항), ② 성사의 공유(950항), ③ 은사의 공유(951항), ④ 재산의 공유(952항), ⑤ 사랑의 공유(953항)를 꼽고 있다.
용어	**성인들의 통공** 우리말 '모든 성인의 통공'은 사실 모든 성도들이 공功을 공유共有한다는 뜻이다. 그렇지만 라틴어는 두 가지 뜻으로 해석되는데, 하나는 '거룩한 것들의 공유'이고(문답 194), 다른 하나는 '거룩한 이들의 친교'다(문답 195). → 문답 258과 문답 276 참조.
성구	**레위 19,9-10** "너희 땅의 수확을 거두어들일 때, 밭 구석까지 모조리 거두어들여서는 안 된다. 거두고 남은 이삭을 주워서도 안 된다. 너희 포도를 남김없이 따 들여서는 안 되고, 포도밭에 떨어진 포도를 주워서도 안 된다. 그것들을 가난한 이와 이방인을 위하여 남겨 두어야 한다. 나는 **주** 너희 하느님이다." **사도 4,32** 신자들의 공동체는 한마음 한뜻이 되어, 아무도 자기 소유를 자기 것이라 하지 않고 모든 것을 공동으로 소유하였다. **로마 14,7*** **1코린 12,26-27***

195 "모든 성인의 통공"은 또 무엇을 뜻하는가?

	성인들의 통공은 또한 '거룩한 사람들'sancti 사이의 친교, 곧 돌아가시고 부활하신 그리스도 안에서 일치된 이들이 그리스도의 은총에 힘입어 이루는 친교도 가리킨다. 지상에서 순례자로 있는 사람들, 현세의 삶을 떠나 우리 기도의 도움을 받으며 정화 과정을 거치고 있는 이들, 끝으로 이미 하느님의 영광을 누리며 우리를 위하여 전구하는 이들이 나누는 친교를 말한다. 이 모든 이가 다 함께 그리스도 안에서 성삼위께 찬미와 영광을 드리는 하나의 가족, 곧 교회를 이룬다.
해설	앞에서 말했듯이 **성인들의 통공**communio sanctorum은 또한 모든 성도들의 친교를 의미한다. 지상의 나그넷길에 있는 성도들과 연옥에서 정화 가운데 있는 성도들, 그리고 천상에서 하느님의 영광을 누리고 있는 성도들이 한 가족을 이루고 있다. 이것이 교회, 곧 그리스도 안에서 이루는 거룩한 이들

의 친교다.

용어 **친교** 함께 '하나임'을 의미한다. 이것은 일치一致, 곧 '하나 됨'보다 더 성서적인 의미를 지닌다. '다름'을 제거함으로써가 아니라 '다름'을 수용/수렴함으로써 이루는 하나다. 한 마디로 사랑으로 하나 되는 것이 곧 친교(그리스말로 코이노니아 *koinonia*)다.

전구 다른 사람을 위하여, 다른 사람을 대신하여 기도하는 것을 말한다 (2634-2636항). → 문답 554

성구 **2마카 12,44-45** 그가 전사자들이 부활하리라고 기대하지 않았다면, 죽은 이들을 위하여 기도하는 것이 쓸모없고 어리석은 일이었을 것이다. 그러나 경건하게 잠든 이들에게는 훌륭한 상이 마련되어 있다고 내다보았으니, 참으로 거룩하고 경건한 생각이었다. 그러므로 그가 죽은 이들을 위하여 속죄를 한 것은 그들이 죄에서 벗어나게 하려는 것이었다.

1요한 1,3 우리가 보고 들은 것을 여러분에게도 선포합니다. 여러분도 우리와 친교를 나누게 하려는 것입니다. 우리의 친교는 아버지와 또 그 아드님이신 예수 그리스도와 나누는 것입니다.

사도 2,42* 2코린 13,11-13*

□ 마리아 - 그리스도의 어머니, 교회의 어머니

196 복되신 동정 마리아께서는 어떤 의미에서 교회의 어머니신가?

복되신 동정 마리아께서는 은총의 세계에서 교회의 어머니시다. 마리아께서는 한 몸을 이루고 있는 교회의 머리이신, 하느님의 아들, 예수님을 낳으셨기 때문이다. 십자가 위에서 운명하시는 예수님께서는 제자에게 "이 분이 네 어머니시다."(요한 19,27) 하고 말씀하시며 성모님을 어머니로 주셨다.

해설 마리아께서는 "분명 그리스도의 지체들의 어머니이시다. 왜냐하면 저 머리의 지체인 신자들이 교회 안에서 태어나도록 사랑으로 협력하셨기 때문이다"(교회 헌장, 53항). 교회를 그리스도의 몸이라 할 때 마리아는 그 머리이신 예수 그리스도의 어머니이시고, 그 지체인 신자들의 어머니이시다(726항). 그러므로 제2차 바티칸 공의회는 그분을 "교회의 어머니"로 선언하였다.

용어 **은총의 세계에서 교회의 어머니** 마리아는 믿음과 순종과 희망과 불타는 사랑으로 아드님의 구원 성업에 협력하시어 우리로 하여금 하느님의 자녀가 되게 하셨다. 이러한 까닭에 은총의 세계에서 우리의 어머니가 되셨다(968항).

성구 **아가 6,10** 새벽빛처럼 솟아오르고 달처럼 아름다우며 해처럼 빛나고 기를 든 군대처럼 두려움을 자아내는 저 여인은 누구인가?

요한 19,26-27 예수님께서는 당신의 어머니와 그 곁에 선 사랑하시는 제자를 보시고, 어머니에게 말씀하셨다. "여인이시여, 이 사람이 어머니의 아들입니다." 이어서 그 제자에게 "이분이 네 어머니시다." 하고 말씀하셨다. 그때부터 그 제자가 그분을 자기 집에 모셨다.

이사 7,14* 루카 11,27-28*

197 동정 마리아께서는 어떻게 교회를 도우시는가?

하느님의 아드님께서 승천하신 다음에 동정 마리아께서는 교회의 설립 때부터 당신 기도로 교회와 함께하신다. 하늘로 올림을 받으신 성모님께서는 당신 자녀들을 위하여 계속 전구하시며 모든 이를 위하여 신앙과 사랑의 모범이 되시고, 그들을 위하여 그리스도의 풍성한 공로에서 흘러나오는 구원의 영향력을 활용하신다. 신자들은 성모님 안에서 장차 그들을 맞이하게 될 부활의 예표와 표상을 보고, 그분을 변호자, 원조자, 협조자, 중개자라는 칭호로 부른다.

해설 성모 마리아께서는 "성부의 뜻과 성자의 구속 사업과 성령의 모든 활동에 전적으로 헌신하심으로 교회를 위하여 신앙과 사랑의 모범이 되신다"(967항). ① 성모 마리아는 아드님께서 승천하신 다음 교회가 탄생하는 자리에 함께 하셨고(사도 1,14), ② 당신의 승천 후에는 아드님과 함께 교회를 도우신다. ③ 성모님은 교회를 위하여 신앙과 사랑의 모범이 되시고, ④ 어머니로서 교회에 구원의 은혜를 얻어 주신다. 이 같은 성모님의 모습은 유일한 중개자이신 예수님의 역할을 오히려 더 빛나게 한다.

용어 **그리스도의 풍성한 공로에서 흘러나오는 구원의 영향력** 그리스도의 구원 공로는 무한하며, 그 넘치는 구원 공로에서 흘러나오는 영향력 또한 무한하다. 성모님은 아드님과 함께 이를 행사하신다. 성모님께서 그리스도의 유일한 중개에 참여하시는 것이다.

부활의 예표와 표상 마리아께서 받으신 영광은 우리가 누릴 부활의 예표 *typos*가 되며, 우리가 누릴 부활을 앞당겨 누리신 것이다.

변호자, 원조자, 협조자, 중개자 성모님은 아드님의 변호자, 원조자, 협조자, 중개자 역할에 참여하심으로써 그 같은 칭호를 받으신다.

성구 **유딧 16,25** 유딧이 살아 있을 때는 물론 그가 죽은 뒤에도 오랫동안, 이스라엘 자손들을 위협하는 자가 더 이상 없었다.

사도 1,12-14 그 뒤에 사도들은 올리브 산이라고 하는 그곳을 떠나 예루살렘으로 돌아갔다. 그 산은 안식일에도 걸어갈 수 있을 만큼 예루살렘에 가까이 있었다. 성안에 들어간 그들은 자기들이 묵고 있던 위층 방으로 올라갔다. 그들은 베드로와 요한과 야고보와 안드레아, 필립보와 토마스, 바르톨로메오와 마태오, 알패오의 아들 야고보와 열혈당원 시몬과 야고보의 아들 유다였다. 그들은 모두, 여러 여자와 예수님의 어머니와 그분의 형제들과 함께 한마음으로 기도에 전념하였다.

198 복되신 동정녀께는 어떤 유형의 공경을 드리는가?

독특한 공경을 드리는데, 오직 성삼위께만 드리는 흠숭의 공경과는 본질적으로 다른 공경이다. 이러한 특별한 공경은 하느님의 어머니를 기념하는 전례 축일들과 복음 전체의 요약인 묵주기도와 같은 마리아께 드리는 기도에서 나타난다.

해설 성모님께 드리는 공경은 하느님께 드리는 흠숭과는 다르다. 그렇지만 교회는 성모님을 모든 천사들과 성인들 위에 드높이며, 특히 어려울 때에 그분을 힘 있는 전구자로 모신다. 교회는 성모님 공경을 신심 차원에 머물지 않고 전례로 기념한다. 성모 승천 대축일을 비롯한 많은 축일들 특히 대림시기 전례를 통하여, 그리고 묵주기도를 포함한 여러 가지 성모 신심으로 그분을 공경한다.

용어 **'복음 전체의 요약'인 묵주기도** 묵주기도는 환희의 신비, 빛의 신비, 고통의 신비, 영광의 신비를 통해 예수님의 탄생, 생애, 수난, 부활을 묵상하므로, 복음의 축소판이라 할 수 있다(테르툴리아누스는 '주님의 기도'를 "복음 전체의 요약"이라고 하였다. 2761항).

성구 **룻 4,14-15** 그러자 아낙네들이 나오미에게 말하였다. "오늘 그대에게 대를 이을 구원자가 끊어지지 않게 해 주신 주님께서는 찬미받으시기를 빕니다. 이 아이의 이름이 이스라엘에서 기려지기를 바랍니다. 그대를 사랑하고 그대에게는 아들 일곱보다 더 나은 며느리가 아들을 낳았으니, 이제 이 아기가 그대의 생기를 북돋우고 그대의 노후를 돌보아 줄 것입니다."

루카 1,41-45 엘리사벳이 마리아의 인사말을 들을 때 그의 태 안에서 아기가 뛰놀았다. 엘리사벳은 성령으로 가득 차 큰 소리로 외쳤다. "당신은 여인들 가운데에서 가장 복되시며 당신 태중의 아기도 복되십니다. 내 주님의 어머니께서 저에게 오시다니 어찌 된 일입니까? 보십시오, 당신의 인사말 소리가 제 귀에 들리자 저의 태 안에서 아기가 즐거워 뛰놀았습니다. 행복하십니다, 주님께서 하신 말씀이 이루어지리라고 믿으신 분!"

루카 1,48ㄴ-49ㄱ* **루카 11,27-28***

199 복되신 동정 마리아께서는 교회의 종말론적 표상이 되시는가?

해설 온전히 거룩하시고 이미 영혼과 육신이 천상 영광을 누리시는 마리아를 바라보면서 교회는 이 지상에서 이루고 천상에서 완성해야 할 미래의 모습을 관상하고 있다. 우리는 교회의 신비 안에서 곧 그 기원과 과정과 완성 안에서 마리아를 바라본다. "예수님의 어머니께서는 어느 모로든 하늘에서 영혼과 육신으로 이미 영광을 받으시어 내세에 완성될 교회의 표상이 되시고 그 시작이 되시는 것처럼, 이 지상에서 주님의 날이 올 때까지 순례하는 하느님 백성에게 확실한 희망과 위로의 표지로 빛날 것이다"(교회 헌장, 68항). 마리아께서는 지극히 거룩하신 삼위일체 하느님의 영광 안에서 교회를 기다리고 계신다(972항).

용어 **지상에서 이루고 천상에서 완성될 미래의 모습** 마리아는 지상 교회의 모습과 함께 천상 교회의 모습도 보여 준다.

성구 **이사 60,19ㄴ-20** 주님께서 너에게 영원한 빛이 되어 주시고 너의 하느님께서 너의 영광이 되어 주시리라. 다시는 너의 해가 지지 않고 너의 달이 사라지지 않으리니 **주님**께서 너에게 영원한 빛이 되어 주시고 이제 네 애도의 날들이 다하였기 때문이다.

묵시 12,1 그리고 하늘에 큰 표징이 나타났습니다. 태양을 입고 발 밑에 달을 두고 머리에 열두 개 별로 된 관을 쓴 여인이 나타난 것입니다.

아가 6,10* 묵시 21,9-11*

■ "죄의 용서를 믿나이다"

200 죄는 어떻게 용서받는가?

죄를 용서하는 첫째가는 주된 성사는 세례이다. 그리스도께서는 세례 받은 사람이 세례 이후 지은 죄를 용서해 주시려고 하느님과 교회와 화해시켜 주는 고해성사를 제정하셨다.

해설 ① 우리는 세례로써 완전히 죄를 용서받는다. 곧 원죄와 본죄 그리고 죄의 벌까지도 완전히 용서받는다. ② 또한 세례 이후의 죄는 고해성사로써 용서받는다. 곧 교회는 주님에게서 받은 '죄를 용서하는 권한'을 세례와 고해성사로 행사한다. (문답 본문에서 고해성사를 다루지 않고 오직 세례성사만 다룬 이유는, 니케아-콘스탄티노폴리스 신경에서 죄의 용서와 세례를 연관시켜, "죄를 씻는 유일한 세례를 믿으며"라고 고백하기 때문이다.)

용어 **하느님과 교회와 화해** 죄의 용서는 하느님과 화해하는 것으로 그치지 않고 이웃과의 화해도 포함한다.

성구 **레위 4,20** "속죄 제물로 바치는 황소를 처리하듯 이 황소도 그것과 똑같이 처리해야 한다. 사제가 이렇게 그들을 위하여 속죄 예식을 거행하면 그들은 용서를 받는다."

콜로 2,12-14 여러분은 세례 때에 그리스도와 함께 묻혔고, 그리스도를 죽은 이들 가운데에서 일으키신 하느님의 능력에 대한 믿음으로 그리스도 안에서 그분과 함께 되살아났습니다. 여러분은 잘못을 저지르고 육의 할례를 받지 않아 죽었지만, 하느님께서는 여러분을 그분과 함께 다시 살리셨습니다. 그분께서는 우리의 모든 잘못을 용서해 주셨습니다. 우리에게 불리한 조항들을 담은 우리의 빚 문서를 지워 버리시고, 그것을 십자가에 못 박아 우리 가운데에서 없애 버리셨습니다.

탈출 30,10* 사도 2,38*

201 교회는 죄를 용서하는 권한을 어떻게 가지게 되었는가?

교회는 죄를 용서하는 사명과 권한을 가지고 있다. 그리스도께서는 친히 "성령을 받아라. 너희가 누구의 죄든지 용서해 주면 그가 용서를 받을 것이고, 그대로 두면 그대로 남아 있을 것이다."(요한 20,22-23)라고 말씀하시며 교회에 그 권한을 주셨다.

해설 　주 예수님께서 인간의 죄를 없애시고, 교회에 죄를 용서하는 권한을 주셨으며, 이를 위해 성령을 주셨다. "성령을 받아라. 너희가 누구의 죄든지 용서해 주면 그가 용서를 받을 것이고, 그대로 두면 그대로 남아 있을 것이다"(요한 20,22-23).

용어 　**죄를 용서하는 사명과 권한**　교회는 죄를 용서할 권한만 가진 것이 아니라, 죄를 용서할 임무까지 지니고 있다. 여기서 말하는 **죄의 용서**remissio peccatorum는 죄를 없애는 것을 의미하며, 하느님만이 하실 수 있는 일이다(마르 2,7).

성구 　**레위 9,7**　그리고 나서 모세는 아론에게 말하였다. "제단으로 가까이 가서 형님의 속죄 제물과 번제물을 바쳐, 형님과 백성을 위하여 속죄 예식을 거행하십시오. 그리고 주님께서 명령하신 대로, 백성의 예물을 바쳐 그들을 위하여 속죄 예식을 거행하십시오."

요한 20,22-23　이렇게 이르시고 나서 그들에게 숨을 불어넣으며 말씀하셨다. "성령을 받아라. 너희가 누구의 죄든지 용서해 주면 그가 용서를 받을 것이고, 그대로 두면 그대로 남아 있을 것이다."

마태 18,18* 2코린 5,18-20*

■ **"육신의 부활을 믿나이다"**

202 "육신"은 무엇을 의미하고, 어떤 중요성을 갖는가?

우리는 사도신경에 쓰여 있는 그대로 "육신의 부활을 믿나이다."라고 고백한다. 육

신이란 연약하고 죽어야 할 운명에 놓여 있는 인간을 가리킨다. "육신은 구원의 축이다"(테르툴리아누스). 우리는 육신을 창조하신 하느님을 믿고, 육신을 취하신 말씀을 믿으며, 육신의 창조와 속량을 완성하는 육신의 부활을 믿는다.

해설 육신은 우리의 몸, 곧 육체를 말한다. 물론 '육신'이라는 말은 성경에서 흔히 "연약하고 죽을 운명에 놓여 있는 사람"을 가리키기도 하지만(990항), 신경에서 "육신의 부활"이라고 한 것은 그냥 '사람의 부활'이 아니라, '육체의 부활'에 초점이 맞춰져 있다.

우리는 ① 육신의 창조주이신 하느님을 믿고, ② 육신을 속량하시려고 육신을 취하신 말씀을 믿고, ③ 육신의 창조와 속량을 완성하는 육신의 부활을 믿는다. "육신은 구원의 축이다."

용어 **"육신은 구원의 축이다"** Caro salutis est cardo   테르툴리아누스는 caro와 cardo를 써서 수사학적으로 표현하였지만, 이는 매우 중요한 말이다. 성자 그리스도께서 육체를 통해 우리를 구원하셨듯이, 우리 역시 육체를 통해 구원된다.

성구 **창세 9,15-16** "나는 나와 너희 사이에, 그리고 온갖 몸을 지닌 모든 생물 사이에 세워진 내 계약을 기억하고, 다시는 물이 홍수가 되어 모든 살덩어리들을 파멸시키지 못하게 하겠다. 무지개가 구름 사이로 드러나면, 나는 그것을 보고 하느님과 땅 위에 사는, 온갖 몸을 지닌 모든 생물 사이에 세워진 영원한 계약을 기억하겠다."

필리 3,21 그리스도께서는 만물을 당신께 복종시키실 수도 있는 그 권능으로, 우리의 비천한 몸을 당신의 영광스러운 몸과 같은 모습으로 변화시켜 주실 것입니다.

창세 3,21* 에제 37,5-6* 1코린 6,19-20*

203 "육신의 부활"은 무엇을 의미하는가?

'육신의 부활'은 인간의 마지막 상태가 육신에서 분리된 영혼뿐 아니라 우리의 죽을 몸까지도 다시 살아나리라는 것을 가리킨다.

해설 육신의 부활은 죽음으로 영혼과 분리된 육체까지도 다시 부활한다는 말이다. 육신의 부활은 죽음을 이기시고 인간을 구원하시는 하느님의 창조와 구원의 완성을 의미한다.

용어 **인간의 마지막 상태** 마지막 날의 인간의 모습을 말한다. 곧 그리스도 안에서 구원된 인간의 결정적인 상태다. 부활한 인간은 영혼과 육체가 결합된 모습이다. 다만 그 육체가 죽을 몸이 아니라 불사불멸의 몸이라는 점에서 지상의 모습과는 다르다(1코린 15,42-44).

성구 **에제 37,12-13** "내 백성아, 내가 이렇게 너희 무덤을 열고, 그 무덤에서 너희를 끌어 올리면, 그제야 너희는 내가 주님임을 알게 될 것이다. 내가 너희 안에 내 영을 넣어 주어 너희를 살린 다음, 너희 땅으로 데려다 놓겠다. 그제야 너희는, 나 주님은 말하고 그대로 실천한다는 사실을 알게 될 것이다. 주님의 말이다."

로마 8,10-11 그러나 그리스도께서 여러분 안에 계시면, 몸은 비록 죄 때문에 죽은 것이 되지만, 의로움 때문에 성령께서 여러분의 생명이 되어 주십니다. 예수님을 죽은 이들 가운데에서 일으키신 분의 영께서 여러분 안에 사시면, 그리스도를 죽은 이들 가운데에서 일으키신 분께서 여러분 안에 사시는 당신의 영을 통하여 여러분의 죽을 몸도 다시 살리실 것입니다.

1코린 15,52-53*

204 그리스도의 부활과 우리의 부활은 어떤 관련이 있는가?

그리스도께서 참으로 죽은 이들 가운데에서 부활하시고 영원토록 살아 계시듯이, 그분께서는 마지막 날에 모든 이를 썩지 않을 육신으로 다시 살리실 것이다. 그리하여 "선을 행한 이들은 부활하여 생명을 얻고, 악을 저지른 자들은 부활하여 심판을 받을 것이다"(요한 5,29).

해설 그리스도께서는 부활하심으로써 당신 말씀을 확증하셨다. "나는 부활이요 생명이다. 나를 믿는 사람은 죽더라도 살고, 또 살아서 나를 믿는 모든 사람은 영원히 죽지 않을 것이다"(요한 11,25-26). 부활하신 그분은 우리를 부활시키실 것이며, 영원한 생명 곧 부활 생명을 누리게 하실 것이다.

용어 **썩지 않을 육신** 부활하는 의인의 몸은 불사불멸이다. 곧 죽지도 없어지지도 않는 영원한 삶을 누린다.

성구   호세 6,2   이틀 뒤에 우리를 살려 주시고 사흘째 되는 날에 우리를 일으키시어 우리가 그분 앞에서 살게 되리라.

에페 2,5-6   잘못을 저질러 죽었던 우리를 그리스도와 함께 살리셨습니다. — 여러분은 이렇게 은총으로 구원을 받은 것입니다. — 하느님께서는 그리스도 예수님 안에서 우리를 그분과 함께 일으키시고 그분과 함께 하늘에 앉히셨습니다.

요나 2,1-3* 로마 6,5* 1코린 6,14*

205 죽은 뒤, 우리 육신과 영혼에는 무슨 일이 일어나는가?

죽은 뒤 육신과 영혼이 분리되어 육신은 썩고, 불멸의 영혼은 하느님의 심판대에 서게 되지만, 주님의 재림 때에 변화되고 부활하여 육신과 결합되기를 고대한다. 그렇지만 부활이 **어떻게** 일어나리라는 것은 우리의 상상과 이해를 초월한다.

해설   ① 죽으면 우리 육신과 영혼은 분리된다. ② 불멸의 영혼은 하느님의 심판을 받는다. ③ 육신은 썩지만, ④ 주님의 재림 때에 "영적인 몸"(1코린 15,44)으로 부활하여 영혼과 결합된다. ⑤ "선을 행한 이들은 부활하여 생명을 얻고 악을 저지른 자들은 부활하여 심판을 받을 것이다"(요한 5,29).

용어   **변화되고 부활하여**   육신은 변화된 모습으로 부활한다. (의인은) 영광스런 모습으로 변화되어 부활할 것이 확실하다.

성구   다니 12,1-2   "그때에 네 백성의 보호자 미카엘 대제후 천사가 나서리라. 또한 나라가 생긴 이래 일찍이 없었던 재앙의 때가 오리라. 그때에 네 백성은, 책에 쓰인 이들은 모두 구원을 받으리라. 또 땅 먼지 속에 잠든 사람들 가운데에서 많은 이가 깨어나 어떤 이들은 영원한 생명을 얻고 어떤 이들은 수치를, 영원한 치욕을 받으리라."

1코린 15,49   우리가 흙으로 된 그 사람의 모습을 지녔듯이, 하늘에 속한 그분의 모습도 지니게 될 것입니다.

요한 5,28-29* 필리 3,20-21*

206 '예수 그리스도 안에서 죽는다'는 것은 무엇을 의미하는가?

대죄(죽을 죄) 없이 하느님의 은총 안에서 죽는다는 말이다. 그리스도 안에 있는 신앙인은 그분의 모범을 따라 자신의 죽음을 성부에 대한 순종과 사랑의 행위로 변화시킬 수 있다. "이 말은 확실합니다. 우리가 그분과 함께 죽었으면 그분과 함께 살 것입니다"(2티모 2,11).

해설 '예수 그리스도 안에서의 죽음'을 두 가지 의미로 이해할 수 있다. ① 우리는 이미 세례를 통하여 그리스도 안에서 죽고 다시 살아났다. "여러분은 세례 때에 그리스도와 함께 묻혔고, 그리스도를 죽은 이들 가운데에서 일으키신 하느님의 능력에 대한 믿음으로 그리스도 안에서 그분과 함께 되살아났습니다"(콜로 2,12). ② 우리는 은총 가운데, 곧 주님 사랑 안에 머무르는(요한 15,9-10) 상태로 죽음을 맞이할 수 있으며, 그리스도처럼 "자신의 죽음을 아버지에 대한 순종과 사랑의 행위로 변화시킬 수 있다"(1011항).

용어 **그리스도 안에서** 사도 바오로의 서간에는 이 말이 수없이 나온다. 우리가 그리스도와 한 몸임을 나타내는 말이다.

자신의 죽음을 성부에 대한 순종과 사랑의 행위로 변화시키다 생명의 주인이신 성부께 드리는 최고의 순종은 자신의 목숨을 바치는 것이며, 최고의 사랑 또한 자신의 목숨을 바치는 것이다.

성구 **1사무 2,35** "나는 믿음직한 사제 하나를 일으키리니, 그가 내 마음과 생각에 따라 행동할 것이다. 내가 믿음직한 집안을 그에게 일으켜 주고, 그가 나의 기름부음받은이 앞에서 언제나 살아가게 하겠다."

묵시 14,13 나는 또 "'이제부터 주님 안에서 죽는 이들은 행복하다.'고 기록하여라." 하고 하늘에서 울려오는 목소리를 들었습니다. 그러자 성령께서 말씀하셨습니다. "그렇다, 그들은 고생 끝에 이제 안식을 누릴 것이다. 그들이 한 일이 그들을 따라가기 때문이다."

2티모 2,11* 필리 3,10-11* 로마 6,8*

■ "영원한 삶을 믿나이다"

207 "영원한 삶"은 무엇인가?

영원한 삶은 죽은 다음 곧바로 시작되는 삶이다. 이 삶은 끝이 없을 것이다. 각 사람은 산 이와 죽은 이들이 심판자이신 그리스도께 개별 심판(사심판)을 받게 될 것이며, 이는 최후 심판(공심판)에 의하여 확정될 것이다.

해설 그리스도인은 자신의 죽음을 통해 그리스도의 죽음에 동참함으로써 그리스도의 부활 생명을 누리게 된다. 이것이 "영원한 삶"이다. 위령미사에서 우리는 죽은 이를 위해 이렇게 기도한다. "그는 세례를 통하여 성자의 죽음에 동참하였으니, 그 부활도 함께 누리게 하소서."

용어 **산 이와 죽은 이들의 심판자이신 그리스도** 성부께서는 성자께 심판의 권한을 주셨다(요한 5,22.25). 그분의 심판은 참되고 의롭다(묵시 19,2). 그분은 사랑이라는 잣대로 심판하신다(마태 25,31-46). 모든 이가(갈라 5,10), 산 이와 죽은 이들이 모두 심판을 받는다(사도 10,42; 1베드 4,5). → 문답 135 참조.

성구 **2마카 7,36** "우리 형제들은 잠시 고통을 겪고 나서 하느님의 계약 덕분에 영원한 생명을 누리게 되었소. 그러나 당신은 주님의 심판을 받아 그 교만에 마땅한 벌을 짊어질 것이오."

2코린 5,1 우리의 이 지상 천막집이 허물어지면 하느님께서 마련하신 건물 곧 사람 손으로 짓지 않은 영원한 집을 하늘에서 얻는다는 사실을 우리는 압니다.

요한 3,15-18* 요한 6,40* 요한 17,2-3*

208 개별 심판은 무엇인가?

개별 심판은 각자가 죽은 뒤 곧바로 자신의 행실과 믿음에 따라 그 불멸의 영혼이 하느님께 셈 바치는 심판이다. 그 결과는 즉각 또는 정화를 거친 다음, 하늘의 행복으로 들어가거나, 곧바로 지옥에서 영원한 벌을 받는 것이다.

해설 개별 심판은 각자가 죽은 뒤 바로 자신의 행실과 믿음에 대해 하느님께 받는 심판이다. 그 결과는 ① 즉각 천국에 들어가거나 ② 정화를 거치거나 ③ 곧바로 지옥의 영원한 벌을 받는 것이다.

용어 **개별 심판** 개별적으로 받는 심판으로서, 세상 끝 날에 모든 사람이 받는 최후 심판과 비교하여 이렇게 부른다. = 사심판私審判

하늘의 행복 천상 행복 또는 하늘나라 행복 → 다음 문답 209 참조.

성구 **에제 33,20** "그런데도 너희는 '주님의 길은 공평하지 않다.'고 말한다. 이스라엘 집안아, 나는 저마다 걸어온 길에 따라 너희를 심판하겠다."

히브 9,27 사람은 단 한 번 죽게 마련이고 그 뒤에 심판이 이어진다.

루카 16,22-23* 루카 23,42-43*

209 '천국'은 무엇을 뜻하는가?

천국은 결정적으로 가장 행복한 상태를 가리킨다. 하느님의 은총 속에서 죽고 더 이상의 정화가 필요 없는 사람들은 예수님과 마리아, 천사들과 성인들과 함께 모인다. 그러므로 "그때에는 얼굴과 얼굴을 마주하여"(1코린 13,12) 하느님을 바라보는 천상 교회를 형성하고, 그곳에서 그들은 성삼위와 사랑의 친교를 이루며 우리를 위하여 전구한다.

해설 인간의 궁극 목적이고 가장 간절한 소망의 실현이며 가장 행복한 결정적 상태인 천국은 죽음 이후에 누리는 하늘 나라의 행복한 삶을 말한다. ① 천국에서는 하느님을 있는 그대로, 얼굴과 얼굴을 마주 바라본다. 그리하여 영원히 하느님을 닮게 된다(1023항, 1028항). ② 천국은 삼위일체 하느님과 함께 하고, 성모 마리아와 천사와 성인들과 함께 하는 생명과 사랑의 친교다(1024항). ③ 천국은 그리스도와 함께 있는 것, 그리스도와 한 몸이 된 사람들의 복된 공동체다(1025-1027항). ④ 천국은 하느님 나라의 완성이다. 천국에서는 하느님의 뜻이 완전히 이루어진다(1029항).

용어 **천국** 말 그대로 하늘 나라다. 하늘, 또는 하늘 낙원이라고도 한다. 마태오 복음서에는 하느님 나라와 같은 의미로 '하늘 나라'라는 말을 사용하는데, 이는 천국과는 약간 다른 의미를 지닌다. 여기서 '하늘'은 천상이 아니라 하느님을 가리킨다. 하늘 나라 또는 하느님 나라는 하느님의 왕국-통치-왕권을 나타내는 말이다(2816항), 천국은 완성된 하느님 나라다. 따라서 혼동을 피하기 위해 천국은 '하늘나라'로 붙여 써서 고유명사화할 것을 제안한다.

성구 **미카 4,1.3-4** 마지막 때에 주님의 집이 서 있는 산은 산들 가운데에서 가장 높이 세워지고 언덕들보다 높이 솟아오르리라. 백성들이 이리로 밀려들고 … 그분께서 수많은 백성 사이의 시비를 가리시고 멀리 떨어진 강한 민족들의 잘잘못을 밝혀 주시리라. 그러면 그들은 칼을 쳐서 보습을 만들고 창을 쳐서 낫을 만들리라. 한 민족이 다른 민족을 거슬러 칼을 쳐들지도 않고 다시는 전쟁을 배워 익히지도 않으리라. 사람마다 아무런 위협도 받지 않고 제 포도나무와 무화과나무 아래에 앉아 지내리라. 만군의 주님께서 친히 말씀하셨다.

묵시 22,3-5 그곳에는 더 이상 하느님의 저주를 받는 것이 없을 것입니다. 도성 안에는 하느님과 어린양의 어좌가 있어, 그분의 종들이 그분을 섬기며 그분의 얼굴을 뵐 것입니다. 그리고 그들의 이마에는 그분의 이름이 적혀 있을 것입니다. 다시는 밤이 없고 등불도 햇빛도 필요 없습니다. 주 하느님께서 그들의 빛이 되어 주실 것이기 때문입니다. 그들은 영원무궁토록 다스릴 것입니다.

1코린 2,9* 1코린 13,12*

210 '연옥'은 무엇인가?

연옥은 사람이 하느님의 사랑 안에서 죽어 영원한 구원을 보장받기는 하였지만, 하늘의 기쁨으로 들어가는 데 필요한 정화를 거쳐야 하는 상태이다.

해설 하느님의 은총과 사랑 안에서 죽었으나 완전히 정화되지 않은 사람은 천국에 들어가기 전에 정화의 과정을 거쳐야 한다. 이것이 연옥이다.

용어 **연옥** '단련 받는 옥살이'라고 풀이할 수 있다. 지옥 벌은 끝이 없지만 연옥의 단련은 끝이 있다.

정화 깨끗하게 됨을 말한다. 죄의 벌을 다 받아 온전히 깨끗해지는 것이다.

성구 **다니 11,35** 현명한 이들 가운데 일부가 이렇게 쓰러지면서, 마지막 때가 되기까지 다른 이들이 단련되고 정화되고 순화되게 할 것이다. 아직 정해진 때가 되지 않았기 때문이다.

1베드 1,7 그러나 그것은 불로 단련을 받고도 결국 없어지고 마는 금보다 훨씬 값진 여러분의 믿음의 순수성이 예수 그리스도께서 나타나실 때에 밝혀져, 여러분이 찬양과 영광과 영예를 얻게 하려는 것입니다.
1코린 3,15*

211 연옥 영혼이 정화되도록 어떻게 도울 수 있는가?

성인들의 통공에 힘입어, 지상에서 여전히 순례하고 있는 신자들은 연옥 영혼들을 위하여 위령기도, 특히 미사성제를 바치고, 자선과 대사와 보속 등을 통하여 그들을 도울 수 있다.

해설 　성인들의 통공 안에서 지상 교회는 연옥 영혼들을 도울 수 있다. 교회는 ① 처음부터 죽은 이들을 존중하고 기념하였으며, ② 그들을 위해 기도하며 특히 미사 성제聖祭를 드렸다. ③ 교회는 또한 죽은 이들을 위한 자선과 대사와 보속도 권한다(1032항).

용어 　**성인들의 통공** 　→ 문답 194-195 참조.

위령 기도 　죽은 이를 위한 기도를 말한다. 말 그대로 '(정화 중인) 영혼을 위로하는 기도'다. **연도**煉禱라고도 하는데, 연옥 영혼을 위한 기도라는 뜻이다.

대사大赦 　→ 문답 312 참조.

보속補贖 　→ 문답 302 용어 풀이 참조.

성구 　**2마카 12,43ㄴ-45** 　그는 부활을 생각하며 그토록 훌륭하고 숭고한 일을 하였다. 그가 전사자들이 부활하리라고 기대하지 않았다면, 죽은 이들을 위하여 기도하는 것이 쓸모없고 어리석은 일이었을 것이다. 그러나 경건하게 잠든 이들에게는 훌륭한 상이 마련되어 있다고 내다보았으니, 참으로 거룩하고 경건한 생각이었다. 그러므로 그가 죽은 이들을 위하여 속죄를 한 것은 그들이 죄에서 벗어나게 하려는 것이었다.

2티모 1,18 　그날에 주님께서 허락하시어 그가 주님에게서 자비를 얻기 바랍니다. 에페소에서 그가 얼마나 많은 봉사를 하였는지는 그대가 더 잘 알고 있습니다.

212 '지옥'은 무엇을 의미하는가?

지옥은 자유로운 선택으로 대죄(죽을죄) 중에 죽은 이들의 영원한 멸망의 상태를 말한다. 지옥의 주된 고통은, 인간이 창조된 목적이며 인간이 갈망하는 생명과 행복을 주시는 유일한 분이신 하느님과 영원히 단절되는 것이다. 그리스도께서는 이 영원한 지옥을 "저주받은 자들아, 나에게서 떠나 … 불 속으로 들어가라."(마태 25,41)고 표현하셨다.

해설 지옥은 자유로운 선택으로 하느님과 사람들이 이루는 사랑의 친교를 거부함으로써 영원히 멸망의 상태에 놓이게 되는 것을 말한다. "죽을죄를 뉘우치지 않고 하느님의 자비로운 사랑을 받아들이지 않은 채 죽는 것은 곧 영원히 하느님과 헤어져 있겠다고 우리 자신이 자유로이 선택하는 것을 의미한다"(1033항). 지옥의 고통은, 인간이 창조된 목적이며 인간이 갈망하는 생명과 행복을 주시는 유일한 분이신 하느님과 영원히 단절되는 데 있다.

용어 **지옥**地獄 우리말 지옥은 말 그대로 '땅 아래 감옥'이다. 옛 사람들은 지옥이 지하에 있다고 상상하였다. 서양말도 마찬가지다. → 문답 74 참조.

대죄(죽을죄) → 문답 395 참조.

성구 이사 38,18 "저승은 당신을 찬송할 수 없고 죽음은 당신을 찬양할 수 없으며 구렁으로 내려가는 자들은 당신의 성실하심에 희망을 두지 못합니다."

마태 25,41.46 "그때에 임금은 왼쪽에 있는 자들에게도 이렇게 말할 것이다. '저주받은 자들아, 나에게서 떠나 악마와 그 부하들을 위하여 준비된 영원한 불 속으로 들어가라. …' 이렇게 하여 그들은 영원한 벌을 받는 곳으로 가고 의인들은 영원한 생명을 누리는 곳으로 갈 것이다."

1요한 3,14-15*

213 지옥의 존재와 하느님의 무한한 선이 어떻게 양립할 수 있는가?

하느님께서는 "모두 회개하기를 바라시고"(2베드 3,9), 인간을 자유롭고 책임 있는 존재로 창조하셨으면서도 그 결단을 존중하신다. 그러므로 인간 편에서 죽는 순간까지 자신의 완전한 자유로 하느님의 자비로우신 사랑을 거부하며 대죄(죽을죄)를 짓고 끝까지 그것을 고집함으로써 스스로 하느님과의 친교를 단절시키는 것이다.

해설   하느님께서는 모든 이가 회개하기를 바라시고(2베드 3,9), 구원 받기를 원하신다(1티모 2,4). 그렇지만 하느님께서는 우리의 자유로운 결단을 존중하시며, 당신께 나아오기를 기다리신다. 그러므로 지옥에 대한 가르침은 하느님의 선과 사랑에서 나오는 그분의 간절한 호소로 이해해야 한다.

용어   **하느님의 무한한 선**   하느님은 그 무한하신 선으로 만물을 창조하셨다. 그렇다면 선하신 하느님과 지옥의 존재가 양립할 수 있단 말인가?

자유롭고 책임 있는 인간   인간은 자유롭고 책임 있는 존재로 창조되었다. 그 자유를 선을 행하거나 악을 행하는 데 사용할 수 있으며, 그에 따른 결과에 대해 책임은 인간에게 있다.

성구   **집회 17,20-21**   주님께서는 인자하시고 당신의 피조물을 아시어 그들을 외면하거나 버리지 않고 아껴 주셨다.

2베드 3,9   어떤 이들은 미루신다고 생각하지만 주님께서는 약속을 미루지 않으십니다. 오히려 여러분을 위하여 참고 기다리시는 것입니다. 아무도 멸망하지 않고 모두 회개하기를 바라시기 때문입니다.

마태 7,13-14*

214 '최후 심판'은 어떤 것인가?

최후 심판은 복된 삶 또는 영원한 멸망에 대한 판결이다. 주 예수님께서 산 이와 죽은 이의 심판자로 재림하시어 당신 앞에 다시 함께 모인 "의로운 이들이나 불의한 자들"(사도 24,15)에 대하여 심판을 내리실 것이다. 이 최후 심판으로 부활한 육신은, 그 영혼이 개별 심판 때 받은 대가에 참여하게 될 것이다.

해설   최후 심판은 그리스도의 영광스런 재림 때에 진리이신 그리스도 앞에서 각 사람이 하느님과 맺은 관계의 진상이 결정적으로 밝혀지는 것을 말한다. "최후 심판은 사람들이 저지른 모든 불의에 대하여 하느님의 정의가 승리한다는 사실을 드러낼 것이며, 당신의 사랑이 죽음보다 강하다는 것을 드러낼 것이다"(1040항). 최후 심판 교리 역시 회개하라는 하느님의 간절한 호소다(1041항).

용어   **최후 심판**   세상 끝 날에 있을 최종적인 심판이다. 죽은 다음 각자가 받는 개별 심판 또는 사심판에 비교하여 공심판公審判이라고도 한다. 모든 사람 앞에서 공적으로 이루어지기 때문이다.

성구 **요엘 4,12-16** 민족들은 일어나 여호사팟 골짜기로 올라가라. 내가 사방의 모든 민족들을 심판하려고 거기에 자리를 잡으리라. 낫을 대어라. 수확 철이 무르익었다. 와서 밟아라. 포도 확이 가득 찼다. 확마다 넘쳐흐른다. 그들의 악이 크다. 거대한 무리가 '결판의 골짜기'로 모여들었다. '결판의 골짜기'에 주님의 날이 가까웠다. 해와 달은 어두워지고 별들은 제 빛을 거두어들인다. 주님께서 시온에서 호령하시고 예루살렘에서 큰 소리를 치시니 하늘과 땅이 뒤흔들린다. 그러나 주님께서는 당신 백성에게 피난처가, 이스라엘 자손들에게 요새가 되어 주신다.

요한 5,27-29 아버지께서는 또 그가 사람의 아들이므로 심판을 하는 권한도 주셨다. 이 말에 놀라지 마라. 무덤 속에 있는 모든 사람이 그의 목소리를 듣는 때가 온다. 그들이 무덤에서 나와, 선을 행한 이들은 부활하여 생명을 얻고 악을 저지른 자들은 부활하여 심판을 받을 것이다.

마태 25,31-33.46*

215 최후 심판은 언제 일어나는가?

해설 최후 심판은 하느님만이 그 날짜와 시간을 알고 계시는 세상 끝 날에 일어날 것이다. 주 예수 그리스도께서 다시 오시는 날, 세상 끝 날 최후 심판이 이루어질 것이다. "그러나 그날과 그 시간은 아무도 모른다. 하늘의 천사들도 아들도 모르고 오로지 아버지만 아신다"(마태 24,36).

용어 **세상 끝 날에** 세상의 마지막 날을 말한다. 세상은 영원히 지속되지 않는다. 주님께서 다시 오시는 날 이 세상은 끝날 것이다.

성구 **오바 1,15** 모든 민족들에게 주님의 날이 가까웠으니 네가 한 그대로 너도 당하고 너의 행실이 네 머리 위로 돌아가리라.

마태 24,3-6.14 예수님께서 올리브 산에 앉아 계실 때, 제자들이 따로 예수님께 다가와 여쭈었다. "저희에게 일러 주십시오. 그런 일이 언제 일어나겠습니까? 또 스승님의 재림과 세상 종말의 표징은 어떤 것입니까?" 예수님께서 그들에게 대답하셨다. "너희는 누구에게도 속는 일이 없도록 조심하여라. 많은 사람이 내 이름으로 와서, '내가 그리스도다.' 하면서 많은 이를 속일 것이다. 그리고 너희는 여기저기에서 전쟁이 났다는 소식과 전쟁이 일어난다는 소문을 듣더라도 불안해하지 않도록 주의하여라. 그러한 일이 반드시 벌어지겠지만 그것이 아직 끝은 아니다. … 이 하늘 나라의 복음이 온 세상에 선포되어 모든 민족들이 그것을 듣게 될 터인데, 그때에야 끝이 올 것이다."
요엘 3,4-5* 마태 24,36*

216 "새 하늘과 새 땅"에 대한 희망은 무엇인가?

최후 심판이 있은 뒤에 부패의 사슬에서 벗어난 우주 자체도 "새 하늘과 새 땅"(2베드 3,13)의 시작과 더불어 그리스도의 영광에 참여할 것이다. 그리하여 하느님 나라의 충만성, 곧 "하늘과 땅에 있는 만물을 그리스도 안에서 … 한데 모으는"(에페 1,10) 하느님의 구원 계획이 결정적으로 실현될 것이다. 그 때 하느님께서는 영원한 생명으로 "모든 것 안에서 모든 것"(1코린 15,28)이 되실 것이다.

해설 "새 하늘과 새 땅"(2베드 3,13)에 대한 희망은 인간의 구원뿐 아니라, 모든 피조물의 구원 또는 완성에 대한 희망을 말한다. ① 피조물도 그리스도의 영광에 참여하게 된다. "피조물도 멸망의 종살이에서 해방되어, 하느님의 자녀들이 누리는 영광의 자유를 얻을 것입니다"(로마 8,21). ② 이로써 인류 일치의 계획은 온 우주의 새로움 안에서 실현된다. "때가 차면 하늘과 땅에 있는 만물을 그리스도 안에서 그분을 머리로 하여 한데 모으는 계획입니다"(에페 1,10). ③ 마침내 그리스도께서는 인간과 함께 우주 전체를 성부께 돌려드릴 것이다. "그리하여 하느님께서는 모든 것 안에서 모든 것이 되실 것입니다"(1코린 15,28).

용어 **부패의 사슬에서 벗어난 우주** 새 하늘 새 땅에서는 온 우주도 부패에 묶이지 않고, 의인들과 함께 영원한 영광을 누린다.

하느님 나라의 충만성 하느님 나라의 완성을 말한다. 하자瑕疵 또는 부족함이 전혀 없음이다. 성경은 하느님의 충만을 반영하는 그리스도의 충만(요한 1,16; 콜로 1,19; 에페 4,13 등)을 강조한다. 우주와 인류는 그 충만함에 참여하는 것이다.

성구	**이사 65,17-19** "보라, 나 이제 새 하늘과 새 땅을 창조하리라. 예전의 것들은 이제 기억되지도 않고 마음에 떠오르지도 않으리라."
로마 8,19-21 사실 피조물은 하느님의 자녀들이 나타나기를 간절히 기다리고 있습니다. … 피조물도 멸망의 종살이에서 해방되어, 하느님의 자녀들이 누리는 영광의 자유를 얻을 것입니다.
2베드 3,12-13* 묵시 21,1.5ㄱ*

■ "아 멘"

217 우리의 신앙 고백을 끝맺는 "아멘"은 무슨 뜻인가?

히브리어 **아멘**은 성경의 마지막 책과 신약 성경의 일부 기도문 끝과 전례 기도문 끝에 나온다 이 말은 우리가 궁극적 "아멘"(묵시 3,14)이신 분, 곧 주 그리스도께 우리 자신을 온전히 내맡기면서 신앙으로 고백한 바를 완전한 신뢰로써 '예.' 하고 응답하는 것이다.

해설	'아멘'은 우리에 대한 하느님의 성실하심과 하느님에 대한 우리의 신뢰를 나타내는 말이다. 구약에서는 "아멘이신 하느님"(이사 65,16)을 신약에서는 "아멘이신 예수님"(묵시 3,14)을 말한다. "그러므로 신경 끝의 '아멘'은 첫머리의 '나는 믿나이다.'라는 말마디를 되풀이하고 확인하는 것이다"(1064항).
기도 끝에 바치는 아멘이라는 말(로마 16,27; 갈라 6,18; 에페 3,21; 필리 4,20; 1테살 3,13; 2티모 4,18; 2베드 3,18; 유다 1,25; 묵시 7,12 등)도 같은 뜻이다. 곧 우리에 대한 하느님의 성실성과 하느님에 대한 우리의 신뢰를 담은 응답이다.
용어	**아멘** 히브리어 아멘은 '믿다'라는 말과 같은 어원에서 나왔다. 그 어원은 견고함, 신뢰성, 성실성을 의미한다(1062항). 예수님께서는 "아멘"이라는 말로(공관복음에서 50번 이상), 때로는 아멘을 두 번 써서 "아멘. 아멘"이라는 말로(요한복음에서 25번 이상) 자신의 말이 진실함을 강조하셨다. (우리말 성경에서는 "진실로"라고 번역하였다. "내가 진실로 너희에게 말한다." "내가 진실로 진실로 너희에게 말한다.")
성구	**이사 65,16** 땅에서 자신을 위하여 복을 비는 자는 신실하신 하느님(직역: 아멘의 하느님)께 복을 빌고 땅에서 맹세하는 자는 신실하신 하느님(직역: 아멘의 하

느님)을 두고 맹세하여라. 지난날의 곤경들은 잊혀지고 내 눈에서 사라지리라.

2코린 1,19-20 우리가 여러분에게 선포한 하느님의 아드님 예수 그리스도께서는 "예!"도 되시면서 "아니요!"도 되시는 분이 아니셨기 때문입니다. 그분께는 늘 "예!"만 있을 따름입니다. 하느님의 그 많은 약속이 그분에게서 "예!"가 됩니다. 그러므로 하느님의 영광을 위하여 우리도 그분을 통해서 "아멘!" 합니다.

묵시 3,14*

"그렇다, 내가 곧 간다." 아멘. 오십시오, 주 예수님!
― 묵시 22,20

제2편
그리스도 신비의 기념

ize
제1부

성사의 경륜

218 전례는 무엇인가?

전례는 그리스도의 신비, 특히 그리스도 파스카 신비의 거행이다. 예수 그리스도의 사제직을 수행하는 전례 안에서 인간들의 성화가 실현되며 표징으로 드러난다. 그리스도 신비체, 곧 머리와 그 지체들은 하느님께 공적 예배를 드려야 한다.

해설 **전례**典禮라는 우리말은 국가나 사회의 공적인 의식儀式 또는 예식禮式을 가리키는 말이지만, 교회에서 말하는 전례는 하느님 백성의 공적인 예배를 가리킨다. 이 전례는 예수 그리스도께서 특히 당신 파스카를 통해 완벽하게 수행하셨다. 따라서 우리는 전례의 거행자이신 예수 그리스도를 통하여, 그리스도와 함께, 그리스도 안에서 전례를 거행하며, 이로써 우리의 성화와 구원이 이루어진다.

용어 **전례**Liturgia 본래 '공적인 일' 또는 '백성들의, 백성들을 위한 봉사'를 뜻한다. 그리스도교 전통에서는 하느님 백성이 하느님의 일에 참여함을 의미하고(1069항), 신약 성경에서는 하느님에 대한 예배의 거행뿐 아니라 복음 선포와 사랑의 실천도 가리킨다(1070항).

그리스도의 신비 교리서는 그리스도의 신비를 강생의 신비, 구속의 신비, 파스카 신비, 십자가의 신비 등 여러 가지로 세분한다. 하느님의 아들이 사람이 되시어 죽음과 부활로 인류를 구원하신 것은 참으로 큰 신비다.

그리스도의 파스카 신비 그리스도의 죽음과 부활을 말한다.

그리스도의 사제직 당신 자신을 십자가 위에서 바치신 희생 제사를 통하여 인류를 구원하심으로써 그리스도께서는 사제로 축성되셨으며, 구약의 사제직을 완성하셨다.

그리스도 신비체 그리스도와 한 몸을 이룬 신자들, 곧 교회를 말한다.

공적 경배 전례는 개인적인 행위가 아니라 공동체, 곧 교회의 공적인 하느님 예배 행위다.

성구 **탈출 12,26-27** "너희 자녀들이 너희에게 '이 예식은 무엇을 뜻합니까?' 하고 물으면, 이렇게 대답하여라. '그것은 **주님**을 위한 파스카 제사이다. 그분께서는 이집트인들을 치실 때, 이스라엘 자손들의 집을 거르고 지나가시어, 우리 집들을 구해 주셨다.'" 그러자 백성은 무릎을 꿇고 경배하였다.

요한 4,23 "진실한 예배자들이 영과 진리 안에서 아버지께 예배를 드릴 때가 온다. 지금이 바로 그때다. 사실 아버지께서는 이렇게 예배를 드리는 이들을 찾으신다."

219 교회에서 전례는 어떤 위치에 있는가?

탁월하고 거룩한 행위인 전례는 교회의 활동이 지향하는 정점이며, 동시에 교회의 생명력이 흘러나오는 원천이다. 그리스도께서는 전례를 통하여, 당신 교회 안에서, 교회와 더불어, 교회를 통하여 우리의 속량을 위한 일을 계속하신다.

해설 "전례는 당연히 예수 그리스도의 사제직을 수행하는 것이다. 전례 안에서 인간의 성화가 … 실현되며, 그리스도의 신비체, 곧 머리와 그 지체들이 완전한 공적 예배를 드린다. 따라서 모든 전례 거행은 사제이신 그리스도와 그 몸인 교회의 활동이므로 탁월하게 거룩한 행위이다. 그 효과는 교회의 다른 어떠한 행위와 같은 정도로 비교될 수 없다"(전례 헌장 7항).

용어 **속량贖良** 우리말 속량은 몸값을 받고 노비의 신분을 풀어 주어 양민이 되게 하는 것을 말한다. 그리스도교에서는 예수 그리스도께서 당신 자신을 몸값으로 치르고 우리를 죄와 죽음에서 구해 내신 것을 말한다. = **구속救贖** → 문답 1 참조.

성구 레위 25,47-49 "너희 곁에 사는 이방인이나 거류민이 넉넉해졌는데, 그 옆에 사는 너희 형제가 가난해져, 너희 곁에 사는 이방인이나 거류민, 또는 이방인 씨족의 후손에게 자신을 팔 경우, 팔린 다음에라도 그는 자신을 되살 권리를 지닌다. 그의 형제 가운데 한 사람이 그를 되살 수도 있다. 아니면 그의 삼촌이나 삼촌의 아들이 그를 되살 수도 있고, 그 씨족의 다른 살붙이가 그를 되살 수도 있다. 그 자신이 넉넉해지면 스스로 제 몸을 되살 수도 있다."

사도 2,42.46-47ㄱ 그들은 사도들의 가르침을 받고 친교를 이루며 빵을 떼어 나누고 기도하는 일에 전념하였다. 그들은 날마다 한마음으로 성전에 열심히 모이고 이 집 저 집에서 빵을 떼어 나누었으며, 즐겁고 순박한 마음으로 음식을 함께 먹고, 하느님을 찬미하며 온 백성에게서 호감을 얻었다.

220 성사의 경륜은 무엇으로 이루어지는가?

성사의 경륜은 "주님께서 오실 때까지"(1코린 11,26) 교회의 성사들 특히 성찬례의 거행을 통하여 그리스도의 구원의 열매를 전해 주는 것이다.

해설 그리스도께서는 성사들을 통하여 활동하신다. 교회는 이를 **성사의 경륜**이라고 부른다. 그리고 이 성사의 경륜은 교회가 성사의 거행을 통하여 그리스도의 파스카 신비에서 얻은 열매를 나누어 주는 것이다(1076항).

용어 **성사의 경륜** 교회에서 말하는 **경륜**은 하느님께서 당신 구원 계획을 인류 역사 안에서 오묘하게 펼치시는 것을 말한다. **성사의 경륜**이란 특히 성사를 통하여 이루시는 구원 성업을 두고 하는 말이다.

성찬례聖餐禮 성체성사의 다른 이름으로 에우카리스티아는 '감사'라는 뜻이다. 성체성사는 하느님의 창조와 구원과 성화 업적에 대한 감사이기도 하다(마태 26,26-27 참조). = **감사제**感謝祭 → 문답 271 참조.

성구 **레위 7,12** 감사의 뜻으로 친교 제물을 바치려면, 감사의 제물에, 누룩 없이 기름을 섞어 만든 과자와 누룩 없이 기름을 발라 만든 부꾸미와 고운 곡식가루에 기름을 섞어 과자처럼 반죽한 것을 곁들여 바친다.

에페 1,11-12 만물을 당신의 결정과 뜻대로 이루시는 분의 의향에 따라 미리 정해진 우리도 그리스도 안에서 한몫을 얻게 되었습니다. 그리하여 하느님께서는 이미 그리스도께 희망을 둔 우리가 당신의 영광을 찬양하는 사람이 되게 하셨습니다.

제1장
교회 시대의 파스카 신비

■ 거룩하신 삼위의 행위인 전례

221 성부께서는 어떻게 전례의 원천이요 목표가 되시는가?

	전례 거행 중에 성부께서는, 우리를 위하여 강생하시고 부활하신 당신의 말씀 안에서 우리를 복으로 채워 주시며, 성령을 우리 마음에 부어 주신다. 동시에 교회는 흠숭과 찬미와 감사의 행위로 성부께 찬양을 드리며 성자와 성령의 선물을 간청한다.
해설	하느님께서 피조물에게 하시는 일, 곧 생명을 주시는 하느님의 행위는 축복祝福이다. 하느님의 축복은 교회의 전례에서 온전하게 드러나고 베풀어진다. 또한 전례를 통하여, 피조물에게 내리는 모든 축복과 구원의 원천이며 목적이신 성부께서 찬미를 받으신다.
용어	**축복**祝福 또는 **강복**降福 그리고 **찬미** 　 **강복**은 하느님께서 우리에게 내리시는 복, 또는 복을 내리심을 말한다. 축복이라는 말이 하느님께는 맞지 않다는 의견에 따라 천주교에서는 강복이라는 말을 쓴다. 복을 내리시는 하느님께 드리는 **찬미**도 같은 낱말(Benedictio)로 나타낸다. **성자와 성령의 선물**　 여기서는 성자와 성령을 선물로 주십사 청하는 것이다.
성구	민수 6,24 　"주님께서 그대에게 복을 내리시고 그대를 지켜 주시리라." 에페 1,3 　우리 주 예수 그리스도의 아버지 하느님께서 찬미 받으시기를 빕니다. 하느님께서는 그리스도 안에서 하늘의 온갖 영적인 복을 우리에게 내리셨습니다.

222　그리스도께서는 전례 때에 어떤 일을 하시는가?

	교회의 전례 안에서 그리스도께서는 무엇보다도 당신의 파스카 신비를 드러내시고 실현하신다. 그리스도께서는 사도들에게 성령을 주심으로써 그들과 그 후계자들에게 희생 제사와 성사들을 통하여 구원 활동을 수행할 권능을 맡기셨다. 그리스도께서는 그들을 통하여 모든 시대와 전 세계의 모든 신자에게 당신의 은총을 전해 주시고자 몸소 그 안에서 활동하신다.
해설	"영광스럽게 되신 그리스도께서는 사도 교회 때부터 지상의 전례에 현존하시는데, 지상 전례는 천상 전례에 참여하는 것이다" 교리서 1084-1090항은 이런 제목으로 그리스도께서 전례에 현존하심을 설명한다. 그리스도께서는 모든 시대 모든 사람들에게 당신의 구원 은총을 주시기 위해 전례 안에 현존하신다. 그러므로 이미 천상 영광을 누리는 이들이 그리스도와 한 몸으로서 지

상 전례에 참여하고 있음을, 따라서 우리가 천상 전례에 참여하고 있음을 잊지 말아야 한다.

용어 **희생 제사와 성사들** 성찬례 곧 성체성사와 다른 성사들을 말한다. 그리스도께서 성사들 안에 현존하심으로, 이 성사들이 그저 표징에 불과한 것이 아니라 실제로 성사의 은총을 이루어 준다.

성구 **탈출 34,5-7** 그때 주님께서 구름에 싸여 내려오셔서 모세와 함께 그곳에 서시어, '야훼'라는 이름을 선포하셨다. 주님께서는 모세 앞을 지나가며 선포하셨다. "주님은, 주님은 자비하고 너그러운 하느님이다. 분노에 더디고 자애와 진실이 충만하며 천대에 이르기까지 자애를 베풀고 죄악과 악행과 잘못을 용서한다. 그러나 벌하지 않은 채 내버려 두지 않고 조상들의 죄악을 아들 손자들을 거쳐 삼 대 사 대까지 벌한다."

요한 14,12-13 "내가 진실로 진실로 너희에게 말한다. 나를 믿는 사람은 내가 하는 일을 할 뿐만 아니라, 그보다 더 큰 일도 하게 될 것이다. 내가 아버지께 가기 때문이다. 너희가 내 이름으로 청하는 것은 무엇이든지 내가 다 이루어 주겠다. 그리하여 아버지께서 아들을 통하여 영광스럽게 되시도록 하겠다."

223 성령께서는 교회의 전례 때에 어떻게 활동하시는가?

성령과 교회는 전례 안에서 가장 긴밀한 협력을 이룬다. 성령께서는 교회가 그리스도를 만나도록 준비시키시고, 회중들의 신앙에 그리스도를 일깨우시며 드러내 주신다. 또한 성령께서는 그리스도의 신비를 현존하게 하시고 실현시키시며, 교회를 그리스도의 생명과 사명에 결합시키시어 교회 안에서 친교의 열매를 맺게 하신다.

해설 ① 성령께서는 그리스도를 받아들이도록 준비시키신다(1093-1098항). ② 성령께서는 그리스도의 신비를 상기시키신다(1099-1103항). ③ 성령께서는 그리스도의 신비를 실현시키신다(1104-1107항). ④ 성령께서는 (그리스도와 우리 그리고 우리 서로의) 친교를 이루신다(1108-1109항). 교리서는 이렇게 네 가지 성령의 활동을 설명한다. 성령께서는 특히 구약과 신약의 하느님 말씀을 우리에게 깨우쳐 주시어 우리가 의식적이고 능동적인 전례에 참여하게 함으로써 그리스도와의 친교를 이룰 준비를 갖추어 주신다. 성령께서는 또한 하느님 말씀으로 그리스도의 구원 사건들을 기념-기억하게 하신다. 거룩하게 하시는 성령께서 임하시어 성사가 되고, 그 성사 안에서 우리는 그리스도와 친교를 이루어 그리스도의 신비체가 된다.

용어 **친교** 성령께서 이루어 주시는 가장 큰 열매다. 친교라고 번역되는 그리스 말 코이노니아는 사랑으로 하나 됨을 말한다. 성부의 사랑, 성자의 은총, 성령의 친교는 사실 한 하느님 사랑의 세 가지 표현이다. → 문답 161 용어 풀이 참조.

성구 **민수 14,14** 그들은 그것을 저 땅의 주민들에게 말할 것입니다. 주님, 당신께서 이 백성 한가운데에 계시다는 말을 그들은 들었습니다. 그리고 주님, 당신께서는 눈과 눈을 마주하여 이 백성에게 나타나 보여 주시고, 당신의 구름이 그들 위에 머무르며, 낮에는 구름 기둥 속에서, 밤에는 불기둥 속에서 몸소 그들 앞에 서서 가신다는 말을 그들은 들었습니다.

요한 14,26 "보호자, 곧 아버지께서 내 이름으로 보내실 성령께서 너희에게 모든 것을 가르치시고 내가 너희에게 말한 모든 것을 기억하게 해 주실 것이다."

탈출 40,36-38* 2코린 13,13*

■ 파스카 신비와 교회의 성사

224 성사는 무엇이며, 교회의 성사에는 어떤 것들이 있는가?

성사는 그리스도께서 세우시고 교회에 맡기신 은총의 유효한 표징들로서, 이러한 가시적인 표징들을 통하여 하느님의 생명이 우리에게 베풀어진다. 교회의 성사는 세례성사, 견진성사, 성체성사, 고해성사, 병자성사, 성품성사, 혼인성사로서 일곱 가지이다.

해설 성사의 세 요소는 ① 예수 그리스도께서 세우시고 ② 은총을 나타내는 가시적 표징으로 되어 있으며 ③ 그 표징이 나타내는 은총을 이루어준다. (영광스럽게 되신) **그리스도께서** 이제는 당신의 은총을 나누어 주고자 **세우신 성사들**을 통하여 일하신다. 성사들은 우리가 감지할 수 있고 다가갈 수 있는 **표징**이다. 성사들은 그리스도의 행위와 성령의 힘으로 그것들을 가리키는 은총을 실제로 이루어 준다"(1084항. 1131항도 참조).

교회에는 일곱 성사가 있다. 세례·견진·성체·고해·병자·성품·혼인 성사다.

용어 **표징** 표징은 성사를 보이는 실재가 되게 한다. 표징은 표지와 상징의 두 가지 뜻을 지닌다. 예를 들어 세례에서 물이라는 표징은 생명과 죽음을 가리키고 나타낸다. 물은 생명을 가져올 뿐 아니라 죽음도 가져온다(노아의 대홍수, 홍해에 수몰된 이집트 병사들).

세례·견진·성체·고해·병자·성품·혼인 성사 각 성사의 설명 조항을 참조하라. 여기서는 "세례", "견진", "성체", "고해"처럼, 흔히 성사라는 말을 빼고 사용하기도 한다는 점을 일러둔다.

성구 **창세 9,12-13** 하느님께서 다시 말씀하셨다. "내가 미래의 모든 세대를 위하여, 나와 너희, 그리고 너희와 함께 있는 모든 생물 사이에 세우는 계약의 표징은 이것이다. 내가 무지개를 구름 사이에 둘 것이니, 이것이 나와 땅 사이에 세우는 계약의 표징이 될 것이다."

루카 24,30-31 그들과 함께 식탁에 앉으셨을 때, 예수님께서는 빵을 들고 찬미를 드리신 다음 그것을 떼어 그들에게 나누어 주셨다. 그러자 그들의 눈이 열려 예수님을 알아보았다. 그러나 그분께서는 그들에게서 사라지셨다.

225 성사와 그리스도는 어떤 관계에 있는가?

그리스도의 생애가 드러내는 신비들은 이제 그리스도께서 당신 교회의 봉사자들을 통하여 성사 안에서 나누어 주시는 것의 기초가 된다.

해설 성사를 **그리스도의 성사**라 할 수 있는 것은, 그리스도께서 세우셨기 때문이다. 그리스도의 신비, 특히 파스카 신비는 이제 그리스도께서 당신 교회의 봉사자들을 통하여 성사 안에서 나누어 주시는 은총의 기초가 된다. 성사의 은총은 그리스도의 몸에서 나오는 힘이요, 그리스도의 교회 안에서 일하시는 성령의 행위다.

용어 **교회의 봉사자들** 여기서는 성품성사를 받고 거룩한 직무를 수행하는 성직자들.

성구 　민수 12,6-8 "너희는 내 말을 들어라. 너희 가운데에 예언자가 있으면 나 주님이 환시 속에서 나 자신을 그에게 알리고 꿈속에서 그에게 말할 것이다. 나의 종 모세는 다르다. 그는 나의 온 집안을 충실히 맡고 있는 사람이다. 나는 입과 입을 마주하여 그와 말하고 환시나 수수께끼로 말하지 않는다. 그는 주님의 모습까지 볼 수 있다. 그런데 너희는 어찌하여 두려움도 없이 나의 종 모세를 비방하느냐?"

　　　루카 6,19 　군중은 모두 예수님께 손을 대려고 애를 썼다. 그분에게서 힘이 나와 모든 사람을 고쳐 주었기 때문이다.

　　　루카 6,19* 사도 19,11-12*

226 　성사는 교회와 어떤 관계인가?

그리스도께서는 성사를 당신 교회에 맡기셨다. 성사는 두 가지 의미에서 '**교회의**' 성사이다. 교회가 그 안에서 활동하시는 그리스도의 성사라는 의미에서 성사는 '**교회를 통하여**' 존재하며, 또한 성사가 교회를 이룬다는 의미에서 성사는 '**교회를 위하여**' 존재한다.

해설 　성사는 '교회를 통하여', '교회를 위하여' 존재한다는 두 가지 의미에서 **교회의 성사**다. 예수님 생전과는 달리 지금 이곳에서는 그리스도께서 성령의 파견으로 교회 안에서 활동하신다. 곧 교회를 통해 성사를 이루시는 것이다. 그리고 성사로써 이루어 주시는 은총, 곧 삼위일체 하느님과의 친교(사랑의 일치)는 바로 교회를 위한, 교회를 이루는 거룩한 일[聖事]이다.

용어 　**교회** 　교회 헌장 1장은 교회를 이렇게 정의하고 있다. "교회는 그리스도 안에서 성사와 같다. 교회는 곧 하느님과 이루는 깊은 결합과 온 인류가 이루는 일치의 표징이며 도구이다." 교회는 "모든 인간 상호간의 친교와 인간과 하느님 사이의 친교"(요한 바오로 2세, 교회의 선교 사명, 15항)의 성사이다.

성구 　1마카 4,59 　유다와 그의 형제들과 이스라엘 온 회중은 해마다 그때가 돌아오면, 키슬레우 달 스무닷샛날부터 여드레 동안 제단 봉헌 축일로 기쁘고 즐겁게 지내기로 결정하였다.

　　　1코린 4,1 　그러므로 누구든지 우리를 그리스도의 시종으로, 하느님의 신비를 맡은 관리인으로 생각해야 합니다.
신명 5,22* 사도 8,17-20*

227 성사의 인호는 무엇인가?

세례성사, 견진성사, 성품성사 때에 영적 '인장' 곧 **인호**가 주어진다. 인호는 하느님의 보호에 대한 약속과 보증이다. 이 인호를 통하여 그리스도인은 그리스도와 하나 되고 여러 가지 모양으로 그리스도의 사제직에 참여하며, 각기 다른 신분과 역할에 따라 교회의 지체를 이룬다. 그러므로 그리스도인은 하느님에 대한 예배와 교회 봉사에 헌신하게 된다. 인호는 결코 소멸될 수 없으므로 그것을 새겨 주는 성사들은 평생에 한 번만 받을 수 있다.

해설 특히 교리서 1121항에서는 인호를 동화同化 Configuratio라는 면에서 고찰한다. 이 동화는 성령으로 이루어지는데, 그리스도와 하나 되고 교회와 하나 되는 이 동화는 결코 소멸될 수 없다.

용어 **인호印號** 쉽게 말해 도장 또는 인장이다. 교리서는 인호를 여러 면에서 설명한다. ① 우선 인호는 '하느님의 것'이라는 표로서, 하느님의 보호에 대한 약속과 보증이다(1121항). ② 인호는 성령의 활동으로서 우리 구원을 위한 표시다(1274항). 각 성사의 인호, 곧 세례성사의 인호와 견진성사의 인호와 품성사의 인호는 각각 문답 263, 268, 328번에서 설명할 것이다.

성구 에제 9,4 주님께서 그에게 말씀하셨다. "너는 저 도성 가운데로, 예루살렘 가운데로 돌아다니면서, 그 안에서 저질러지는 그 모든 역겨운 짓 때문에 탄식하고 괴로워하는 사람들의 이마에 표를 해 놓아라."

에페 1,13ㄹ-14 여러분도 그리스도 안에서 진리의 말씀, 곧 여러분을 위한 구원의 복음을 듣고 그리스도 안에서 믿게 되었을 때, 약속된 성령의 인장을 받았습니다. 우리가 하느님의 소유로서 속량될 때까지, 이 성령께서 우리가 받을 상속의 보증이 되어 주시어, 하느님의 영광을 찬양하게 하십니다.

창세 4,15* 묵시 7,2-3*

228 성사와 신앙은 어떤 관계에 있는가?

성사는 신앙을 전제할 뿐 아니라 말씀과 예식의 요소들로 신앙을 기르고 굳건하게 하고 드러낸다. 교회는 성사를 거행하면서 사도들에게서 받은 신앙을 고백한다. 여기서부터 "기도의 법칙은 신앙의 법칙"Lex orandi, lex credendi 곧 "교회는 기도하는 대로 믿는다."는 옛 격언이 생긴 것이다.

해설   "성사는 신앙을 전제할 뿐 아니라 (성사 예식에서 들려주고 보여 주는) 말씀과 사물로 신앙을 기르고 굳건하게 하고 드러낸다. 그래서 **신앙의 성사**라고 한다"(전례 헌장 59항). 신앙이 전제되지 않으면 성사는 아무 의미가 없다.

용어   **기도의 법칙은 신앙의 법칙**   우리는 기도하는 대로 믿으며, 믿는 대로 기도한다. 올바로 믿으면 올바로 기도하고, 올바로 기도하면 올바로 믿는 것이다. 또는 깊은 기도는 깊은 신앙에서 나오고 깊은 신앙은 깊은 기도에서 나온다. "교회 또한 자신이 기도하는 대로 믿는다. 전례는 살아 있는 성전聖傳을 구성한다"(1124항). 성사 예식에서 표현되는 신앙과 기도는 이처럼 서로 밀접히 연관되어 있다.

성구   **시편 66,19-20**   그러나 정녕 하느님께서는 들으셨네.
내 기도 소리를 새겨들으셨네.
내 기도를 물리치지 않으시고
내게서 당신 자애를 거두지 않으신
하느님께서는 찬미받으소서.

마태 9,20-22   그때에 열두 해 동안 혈루증을 앓는 여자가 예수님 뒤로 다가가, 그분의 옷자락 술에 손을 대었다. 그는 속으로 '내가 저분의 옷에 손을 대기만 하여도 구원을 받겠지.' 하고 생각하였던 것이다. 예수님께서 돌아서시어 그 여자를 보시며 이르셨다. "딸아, 용기를 내어라. 네 믿음이 너를 구원하였다." 바로 그때에 그 부인은 구원을 받았다.

마르 11,24*

229   성사는 왜 유효한가?

성사들은 '**사효적으로**'(ex opere operato: 성사 거행 그 자체로) 효력을 가진다. 집전자의 개인적인 성덕과 관계없이 그 안에서 그리스도께서 일하시고 그 성사가 의미하는 은총을 주시기 때문이다. 그렇지만 성사가 맺는 결실은 그것을 받는 이들의 마음가짐에도 달려 있다.

해설 성사들은 '성사 거행 그 자체로'ex opere operato 효력을 발생한다. 성사를 주는 집전자나 성사를 받는 신자의 성덕과 관계없이 유효하다. 그리스도께서 성령의 힘으로 교회를 통해 그 성사를 거행하시기 때문이다.

용어 **사효적으로** '성사 거행 그 자체로' 또는 '성사 거행으로 인해'라는 뜻이다.

성구 **민수 20,10-12** 모세가 아론과 함께 공동체를 바위 앞에 불러 모은 다음, 그들에게 말하였다. "이 반항자들아, 들어라. 우리가 이 바위에서 너희가 마실 물을 나오게 해 주랴?" 그러고 나서 모세가 손을 들어 지팡이로 그 바위를 두 번 치자, 많은 물이 터져 나왔다. 공동체와 그들의 가축이 물을 마셨다. 주님께서 모세와 아론에게 말씀하셨다. "너희는 나를 믿지 않아 이스라엘 자손들이 보는 앞에서 나의 거룩함을 드러내지 않았다. 그러므로 너희는 내가 이 공동체에게 주는 땅으로 그들을 데리고 가지 못할 것이다."

2베드 1,3 그리스도께서는 우리를 영광과 능력을 가지고 부르신 분을 알게 해 주심으로써, 당신이 지니신 하느님의 권능으로 우리에게 생명과 신심에 필요한 모든 것을 내려 주셨습니다(아래의 4절도 참조).

230 성사가 구원에 필요한 이유는 무엇인가?

그리스도 안에 있는 신자들에게는 성사들이 각 개인 신자에게 모두 주어지는 것이 아니더라도 구원을 위하여 필요하다. 성사는 성사 은총을 부여하고, 죄를 용서하며, 하느님의 자녀가 되게 하고, 그리스도와 결합시키며 교회의 일원이 되게 한다. 성령께서는 성사를 받은 이들을 치유하시고 변화시키신다.

해설 "성사 생활의 효과는 인간을 하느님의 자녀가 되게 하는 성령께서 신자들을 외아들이신 구세주와 근본적으로 결합시킴으로써 하느님의 본성에 참여하는 사람이 되게 하는 것이다"(1129항). 성사를 통해 우리는 삼위일체 하느님과 친교를 누리게 된다. 구원은 다름 아닌 삼위일체 하느님과 사랑으로 하나 됨이다. 성사는 ① 성사의 은총을 부여하고, ② 죄를 용서하며, ③ 하느님의 자녀가 되게 하고, ④ 그리스도와 결합시키며, ⑤ 교회의 일원이 되게 한다. 그러므로 일곱 성사 모두 구원에 필요하다.

용어 **성사 은총** → 문답 231 참조.
성사들이 각 개인 신자에게 모두 주어지는 것이 아니더라도 어떤 신자는 세례성사만 받고 세상을 떠날 수도 있고, 어떤 신자는 일곱 성사 모두 받을 수도 있다. (언젠가 예루살렘에서 있었던 세계 사제 피정에 참석하였는데, 알래스카에서 온 사제 한 분이 우리에게 가족사진을 보여 주었다. 그는 성공회에서 개종하여 가톨릭 사제로서 사목하고 있었다. 이런 이는 일곱 성사를 모두 받을 수 있다.)

성구 **호세 2,1** 이스라엘 자손들의 수가 바다의 모래처럼 불어나 헤아릴 수도 셀 수도 없으리라. 그들에게 "너희는 내 백성이 아니다." 하던 그곳에서 "너희는 살아 계신 하느님의 자녀들이다." 하리라.

2베드 1,4 그분께서는 그 영광과 능력으로 귀중하고 위대한 약속을 우리에게 내려 주시어, 여러분이 그 약속 덕분에, 욕망으로 이 세상에 빚어진 멸망에서 벗어나 하느님의 본성에 참여하게 하셨습니다(위의 3절도 참조).

231 성사 은총은 무엇인가?

성사 은총은 그리스도께서 주시는 성령의 은총이며, 각 성사에 고유한 것이다. 성사 은총은 신자들이 성덕의 여정을 걷도록 도와주고, 교회가 사랑과 증거의 사명에서 성장하도록 돕는다.

해설 성사의 은총 또는 성사 은총은 각 성사에 고유하게 내려지는 은총이다. 예를 들어 세례성사에서 주어지는 은총은 세례의 성사 은총이고, 견진성사에서 주어지는 은총은 견진의 성사 은총이다.

용어 **성사 은총** 그리스도께서 주시는 성령의 은총이며, 각 성사마다 고유한 은총을 베풀어 준다(1129항). 각 성사의 은총, 곧 세례성사의 은총, 견진성사의 은총, 성체성사의 은총, 고해성사의 은총, 병자성사의 은총, 성품성사의 은총, 혼인성사의 은총은 각 성사를 다룰 때 설명할 것이다.

성구 **세례성사의 성사 은총** **탈출 14,21-22** 모세가 바다 위로 손을 뻗었다. 주님께서는 밤새도록 거센 샛바람으로 바닷물을 밀어내시어, 바다를 마른 땅으로 만드셨다. 그리하여 바닷물이 갈라지자, 이스라엘 자손들이 바다 가운데로 마른 땅을 걸어 들어갔다. 물은 그들 좌우에서 벽이 되어 주었다.

로마 6,3-4 그리스도 예수님과 하나 되는 세례를 받은 우리가 모두 그분의 죽음과 하나 되는 세례를 받았다는 사실을 여러분은 모릅니까? 과연 우리는 그분의 죽음과 하나 되는 세례를 통하여 그분과 함께 묻혔습니다. 그리하여 그리스도께서 아버지의 영광을 통하여 죽은 이들 가운데에서 되살아나신 것처럼, 우리도 새로운 삶을 살아가게 되었습니다.

2마카 7,23*

→ 각 성사의 '성사 은총'에 관한 성구는 해당 성사편에 실음.

232 성사와 영원한 생명은 어떤 관계에 있는가?

교회는 "복된 희망이 이루어지기를, 우리의 위대하신 하느님이시며 구원자이신 예수 그리스도의 영광이 나타나기를 기다리며"(티토 2,13), 성사 안에서 이미 영원한 생명에 참여하고 있다.

해설   교회는 "마라나 타"(저희의 주님, 오십시오. 1코린 16,22)라고 기도한다. 성사는 그리스도의 재림과 함께 완성될 것이기 때문이다. 그렇지만 우리는 성사 안에서 이미 영원한 생명에 미리 참여하고 있다. 그래서 성사를 **영원한 생명의 성사**라 한다. "성사는 전에 있었던 일, 곧 그리스도의 수난(과 부활)에 대한 기억을 되살리는 표징이다. 성사는 그리스도의 수난(과 부활)으로 우리에게 지금 이루어지는 일, 곧 은총을 보여준다. 성사는 수난(과 부활)이 예표하는 것, 곧 장차 나타날 영광을 예고한다"(성 토마스 데 아퀴노).

용어   **복된 희망**   그리스도인들의 최종 희망 곧 우리 구원이 완성될 그리스도의 재림을 가리키는 말이다(미사 때 주님의 기도에 이어 바치는 기도 참조).

영원한 생명   하느님의 은총과 친교 안에서 죽은 사람들이 천국의 행복 속에서 하느님과 영원히 함께 사는 것을 말한다. = **영생**永生

성구   **시편 133,3**   시온의 산들 위에 흘러내리는
헤르몬의 이슬 같아라.
주님께서 그곳에 복을 내리시니
영원한 생명이어라.

티토 2,11.13 과연 모든 사람에게 구원을 가져다주는 하느님의 은총이 나타났습니다. … 복된 희망이 이루어지기를, (이 은총은) 우리의 위대하신 하느님이시며 구원자이신 예수 그리스도의 영광이 나타나기를 기다리는 우리를 그렇게 살도록 해 줍니다.

1요한 1,2*

제2장
파스카 신비의 성사적 거행

■ 교회의 전례 거행

□ 누가 거행하는가?

233 누가 전례 안에서 활동하는가?

전례 안에서 **온 그리스도** Christus totus, 곧 머리와 몸이 일하신다. 대사제이신 그리스도께서는 당신 몸인 천상 교회와 지상 교회와 더불어 전례를 거행하신다.

해설 우리가 전례를 거행할 때에는 그리스도의 몸 전체 곧 그리스도를 머리로 하는 온 몸, 곧 머리이신 그리스도와 결합된 모든 지체들이 대사제이신 그리스도의 전례 거행에 참여한다.

용어 **'온 그리스도'** Christus totus 머리이신 그리스도와 지체들인 신자들이 이루는 몸 전체. → 문답 142와 문답 157 참조.

대사제이신 그리스도 성경은 그리스도께서 대사제로서 천상 전례를 주관하시는 분이라고 말한다(히브 4,14-15; 9,11-12 등). 대사제는 사제 가운데 으뜸 사제다. 예수 그리스도는 십자가의 완벽한 희생 제사를 통해 단 한 번에 영원히 자신을 바치셨다. 그리하여 그분은 영원히 새 계약의 중개자가 되신다(히브 8,6-13; 10,10-18). 그분의 사제직은 교회의 '직무 사제직'이라는 특수한 방식으로 현존한다.

천상 교회와 지상 교회   가톨릭 교리는 전통적으로 교회를 셋으로 구분한다. 천상 교회는 그리스도 안에서 하나 되어 하늘나라의 복락을 누리는 성인들을 가리키고, 지상 교회는 그리스도의 신비체로서 하느님 나라의 완성을 향해 나아가는 이 세상 신자들을 가리킨다. 그리고 다른 한 교회는 정화 중인 교회, 곧 연옥 영혼들을 말한다.

성구   **즈카 3,8**   "예수아 대사제야! 너와 네 앞에 앉아 있는 너의 동료들은 들어라. ─ 이들은 정녕 예표가 되는 사람들이다. ─ 보라, 내가 나의 종 '새싹'을 데려오려고 한다."

히브 9,11   그러나 그리스도께서는 이미 이루어진 좋은 것들을 주관하시는 대사제로 오셨습니다. 그분께서는 사람 손으로 만들지 않은, 곧 이 피조물에 속하지 않는 더 훌륭하고 더 완전한 성막으로 들어가셨습니다.

234   누가 천상 전례를 거행하는가?

천상 전례를 거행하는 이들은, 천사들, 구약과 신약의 성인들, 특히 천주의 성모, 사도들, 순교자들, 그리고 "아무도 그 수를 셀 수 없을 만큼 큰 무리", 곧 "모든 민족과 종족과 백성과 언어권에서 나온"(묵시 7,9) 이들이다. 우리가 구원의 신비를 성사 안에서 거행할 때 우리는 이 영원한 전례에 참여한다.

해설   물론 천상 전례의 집전자는 그리스도이시지만, 온 그리스도로서 그리스도와 결합되어 천상 영광을 누리는 모든 이들이 천상 전례를 거행한다.

용어   **천상 전례**   우리 순례의 목적지인 천상 예루살렘에서 거행되는 전례로, 그곳에서는 그리스도께서 성전과 참된 장막의 사제로서 성부 오른편에 앉아 계신다(전례 헌장 8).

구약과 신약의 성인들   구약의 성인들 또한 그리스도의 구속 공로를 입어 천국에 들어간 이들이다. 꼭 교회가 성인으로 선언한 이들만이 아니라, 무명의 성인들도 다 포함된다. 이들은 이스라엘의 144,000명(묵시 7,4)만이 아니라 모든 민족에서 나온(묵시 7,9) 이들이다.

성구   **여호 8,35**   모세가 명령한 모든 말씀 가운데, 여호수아가 이스라엘의 온 회중과 여자들과 아이들, 그리고 그들 가운데에 사는 이방인들 앞에서 읽어 주지 않은 말씀은 하나도 없었다.

묵시 7,9-12 그다음에 내가 보니, 아무도 수를 셀 수 없을 만큼 큰 무리가 있었습니다. 모든 민족과 종족과 백성과 언어권에서 나온 그들은, 희고 긴 겉옷을 입고 손에는 야자나무 가지를 들고서 어좌 앞에 또 어린양 앞에 서 있었습니다. 그들이 큰 소리로 외쳤습니다. "구원은 어좌에 앉아 계신 우리 하느님과 어린양의 것입니다." 그러자 모든 천사가 어좌와 원로들과 네 생물 둘레에 서 있다가, 어좌 앞에 얼굴을 땅에 대고 엎드려 하느님께 경배하며 말하였습니다. "아멘. 우리 하느님께 찬미와 영광과 지혜와 감사와 영예와 권능과 힘이 영원무궁하기를 빕니다. 아멘."

히브 10,19-21*

235 교회는 지상에서 어떻게 전례를 거행하는가?

교회는 지상에서 사제직을 받은 백성으로서 전례를 거행한다. 전례 안에서 각 신자는 성령으로 하나 되어 각자의 고유한 임무에 따라 행동한다. 세례 받은 이들은 자기 자신을 영적 희생 제물로 바치고, 성품을 받은 봉사자들은 교회의 모든 구성원을 섬기고자 받은 품계에 따라 전례를 거행하며, 주교와 사제들은 머리이신 그리스도를 대신하여 행동한다.

해설 교회의 전례 거행에서 ① 신자들은 자신의 '보편 사제직'을 수행하며(1141항), ② 사제들은 '직무 사제직'을 수행한다(1142항). 직무 사제직을 수행하는 사제들만이 아니라, 사제적 백성인 교회 공동체 전체가 전례를 거행한다는 말이다. 그렇지만 "전례 거행에서는 누구나 성직자든 신자든 각자 자기 임무를 수행하며 예식의 성격과 전례 규범에 따라 자기에게 딸린 모든 부분을 또 그것만을 해야 한다"(전례 헌장 28항).

용어 **사제직을 받은 백성** 믿는 이들의 공동체 전체는 그 자체로 사제적인 공동체이며, 신자들은 각자의 소명에 따라 사제이고 예언자이며 왕이신 그리스도의 사명에 참여함으로써 세례로 받은 사제직을 수행한다. 이 같은 사제직은 세례성사를 통해 축성되고 견진성사를 통해 더욱 성숙해진다.

영적 희생 제물 우리는 전례에서 그리스도의 희생 제물만 바치는 것이 아니라, 우리 자신을 희생 제물로 바친다. 우리의 생명과 가진 모든 것, 일상의 모든 일과 바람까지도 다 하느님께 드리는 영적 제물이 된다.

성품을 받은 봉사자들 성품성사를 통해 사제직에 봉사하는 이들은 사제와 주교다. 그리고 부제는 사제 직무 아닌 봉사 직무를 위해 서품된다.

품계 교회의 품계는 주교, 사제, 부제다.

머리이신 그리스도를 대신하여 전례 거행이 온 그리스도의 행위이지만, 지체인 일반 신자들과는 달리 사제나 주교는 머리이신 그리스도를 대신하여 전례를 거행한다고 말하는 것은 "신비체의 머리이시고, 양 떼의 목자이시며, 속량을 위한 희생 제사의 대사제이시고, 진리의 스승이신 그리스도 자신이 성품 직무자의 교회적 봉사 안에서 당신 교회에 현존하신다"(1548항)는 사실을 강조한 표현이다.

보편 사제직 세례 받은 신자면 누구나 그리스도의 사제직에 참여하는데 이를 보편 사제직(가끔은 일반 사제직 또는 세례 사제직)이라고 한다.

직무 사제직 성품을 받은 교회 봉사자들 가운데 주교와 사제는 교회 직무로써 그리스도의 사제직에 참여하는데 이를 직무 사제직(가끔은 서품 사제직 또는 성품 사제직)이라고 한다(문답 336). 부제는 직무 사제직을 수행하지 않는다.

성구 **탈출 19,6** "'그리고 너희는 나에게 사제들의 나라가 되고 거룩한 민족이 될 것이다.' 이것이 네가 이스라엘인들에게 알려 줄 말이다."

1베드 2,5 여러분도 살아 있는 돌로서 영적 집을 짓는 데에 쓰이도록 하십시오. 그리하여 하느님 마음에 드는 영적 제물을 예수 그리스도를 통하여 바치는 거룩한 사제단이 되십시오.

□ 어떻게 거행하는가?

236 전례는 어떻게 거행하는가?

전례 거행은 표징과 상징으로 짜여 있다. 전례적 표징들의 의미는 창조 업적과 인류 문화에 근거를 두고 있으며, 또 구약의 사건들 안에서 드러나고, 그리스도의 인격과 업적에서 충만하게 계시된다.

해설 교회의 전례는 풍부한 표징과 상징으로 이루어져 있다. 이 표징들에는 특별히 성경에서 빌려온 것들도 있고, 인류 문화에서 유래하는 것들도 있다.

용어 **표징과 상징** 문답 224에서 설명하였듯이, 표징이라고 번역한 sign은 표지 또는 표시이고, symbol은 말 그대로 상징이다. 도로 표지판들은 표지 또는 표시이지만, 태극기는 우리나라를 나타내는 상징이다. 전례에서는 이 두 가지 뜻을 동시에 지닌 경우가 많으므로 '표징'이라고 번역한 것이다. 창조 업적에서 예를 들자면, 낙엽은 종말의 표징이 된다. 인류 문화에서 예를 들자면, 고개를 숙임은 사죄(謝罪)의 표징이다.

그리스도의 인격과 업적 그리스도께서 사람이 되신 것 자체가 하느님 사랑의 큰 표징이다. 예수님 자신(인격)과 그 행위(업적)에서 우리는 전례적 표징들의 깊은 의미를 깨닫게 된다. 최후 만찬과 이어진 십자가 죽음이 대표적인 예다.

성구 **탈출 12,3.6.8.11** "이달 초열흘날 너희는 가정마다 작은 가축을 한 마리씩, 집집마다 작은 가축을 한 마리씩 마련하여라. 너희는 그것을 이달 열나흘날까지 두었다가, 이스라엘의 온 공동체가 모여 저녁 어스름에 잡아라. 그날 밤에 그 고기를 먹어야 하는데, 불에 구워, 누룩 없는 빵과 쓴나물을 곁들여 먹어야 한다. 그것을 먹을 때는, 허리에 띠를 매고 발에는 신을 신고 손에는 지팡이를 쥐고, 서둘러 먹어야 한다. 이것이 **주님**을 위한 파스카 축제다."

루카 22,7-8 파스카 양을 잡아야 하는 무교절 날이 왔다. 그러자 예수님께서 베드로와 요한을 보내시며 이르셨다. "가서 우리가 먹을 파스카 음식을 차려라."

237 성사의 표징들은 어디에서 유래하는가?

어떤 표징들은 창조(빛, 물, 빵, 술, 기름), 어떤 것들은 인간 생활(씻음, 기름 바름, 빵을 나눔), 다른 어떤 것들은 옛 계약의 구원 역사(파스카 예식, 희생 제사, 안수, 축성)를 표현하고 있다. 이 표징들 가운데 일부는 규범적이고 불변하는 특징을 지녔는데, 그리스도께서 취하신 이러한 표징들은 구원과 성화 행위를 우리에게 전해 준다.

해설 교리서는 성사의 표징들이 창조에서(1145. 1147항), 인간 생활에서(1146. 1148항),

구약에서(1150항) 비롯되었음을 설명한다. 그리스도께서는 이 모든 것들에 새로운 의미를 부여하셨다.

용어 **구약의 파스카 예식, 희생 제사, 안수, 축성** 이러한 구약의 표징들이 교회의 전례에 들어와 있으며, 다만 그리스도 신비 안에서 새로운 의미가 부여되었다. **파스카** 예식 또는 축제는 이스라엘을 이집트에서 해방시키신 하느님의 위대한 업적을 기리는 대축제다. 이스라엘은 속죄와 감사와 찬미를 드리는 **제사**를 하느님께 바쳤다. 두 손을 얹어 축복하는 **안수**(신명 34,9)나 기름을 바르는 **축성**(레위 21,12)은 모두 지도자들에게 베풀어졌다.

성화 행위 거룩하게 하는 행위. 교회의 일 가운데 거룩하게 하는 일은 중심적인 일이며, 성령께서 교회를 통해 이루시는 일이다.

성구 **창세 17,9-11** 하느님께서 다시 아브라함에게 말씀하셨다. "너는 내 계약을 지켜야 한다. 너와 네 뒤에 오는 후손들이 대대로 지켜야 한다. 너희가 지켜야 하는 계약, 곧 나와 너희 사이에, 그리고 네 뒤에 오는 후손들 사이에 맺어지는 계약은 이것이다. 곧 너희 가운데 모든 남자가 할례를 받는 것이다. 너희는 포피를 베어 할례를 받아야 한다. 이것이 나와 너희 사이에 세운 계약의 표징이다."

마르 7,32-34 사람들이 귀먹고 말 더듬는 이를 예수님께 데리고 와서, 그에게 손을 얹어 주십사고 청하였다. 예수님께서는 그를 군중에게서 따로 데리고 나가셔서, 당신 손가락을 그의 두 귀에 넣으셨다가 침을 발라 그의 혀에 손을 대셨다. 그리고 나서 하늘을 우러러 한숨을 내쉬신 다음, 그에게 "에파타!" 곧 "열려라!" 하고 말씀하셨다.

238 성사 거행에서 언어와 행위는 어떤 관계가 있는가?

성사 거행 중에 언어와 행위는 긴밀히 결합되어 있다. 실제로 상징적인 행위 자체가 이미 언어인 것은 분명하지만, 예식의 언어는 이 행위들에 따라 나와야 하고 거기에 생명을 불어넣어야 한다. 표징과 가르침이라는 점에서 서로 분리될 수 없는 전례적인 말씀과 행위는 그것들이 가리키는 바를 실현한다는 면에서도 분리될 수 없다.

해설 성사 거행은 언어와 행위로 이루어진다. 특히 언어는 하느님 말씀을 듣고 응답하는 것이다. 그래서 미사 곧 성체성사뿐 아니라 다른 모든 성사에서 말씀 전례가 중요한 자리를 차지한다. 그리고 거기에 알맞은 행위가 뒤따른다.

용어 **언어(말)와 행위** 상징 행위 자체가 언어라 할 수 있다. 그렇지만 그 행위가 어떤 의미를 지니는지 분명히 하기 위해서는 말씀이 필요하다. 예를 들어 세례 예식에서 아무 말 없이 물만 붓는다면 뜻이 전달되기 어렵다. 물로 이마를 씻으면서 "성부와 성자와 성령의 이름으로 세례를 줍니다." 해야 세례성사의 뜻이 분명해진다.

성구 **이사 6,5-7** 나는 말하였다. "큰일났구나. 나는 이제 망했다. 나는 입술이 더러운 사람이다. 입술이 더러운 백성 가운데 살면서 임금이신 만군의 주님을 내 눈으로 뵙다니!" 그러자 사람들 가운데 하나가 제단에서 타는 숯을 부집게로 집어 손에 들고 나에게 날아와, 그것을 내 입에 대고 말하였다. "자, 이것이 너의 입술에 닿았으니 너의 죄는 없어지고 너의 죄악은 사라졌다."

요한 9,11 "예수님이라는 분이 진흙을 개어 내 눈에 바르신 다음, '실로암 못으로 가서 씻어라.' 하고 나에게 이르셨습니다. 그래서 내가 가서 씻었더니 보게 되었습니다."

탈출 12,25-27* 마르 14,22*

239 전례 거행에서 사용하는 노래와 음악의 합당한 기준은 무엇인가?

노래와 음악은 전례 행위와 밀접한 관계를 가지고 있으므로, 다음 기준을 존중해야 한다. 가사는 가톨릭 교리에 부합해야 하며, 주로 성경과 전례의 샘에서 길어 올려야 한다. 기도가 아름답게 표현되어야 하며, 음악이 품위 있어야 하고, 신자 회중이 동참하는 가운데 하느님 백성의 풍부한 문화로 표현되어 성스럽고 장엄해야 한다. "성가는 두 배의 기도입니다"(성 아우구스티노).

해설 음악이나 성화상은 정서적인 것이므로 매우 중요하다. 감정 또는 정서가 전례에 매우 중요한 것은 두말할 나위가 없다. 다만 그것이 전례에 참석하는 사람들의 마음을 드높여 하느님께 올리는 것이어야 하며, 이를 방해하는 것이어서는 안 된다.

용어 **성경과 전례의 샘에서** 성가의 가사는 성경 말씀이나 전례문에서 뽑는 것이 바람직하다는 말이다. 가톨릭성가집에는 성경 말씀 특히 시편에서 뽑은 가사들이 많다(7. 13. 50. 58. 421. 477번 등).

성구 **시편 33,2-3**　비파로 **주님**을 찬송하며
열 줄 수금으로 그분께 찬미 노래 불러라.
그분께 노래하여라, 새로운 노래를.
환성과 함께 고운 가락 내어라.
에페 5,19　시편과 찬미가와 영가로 서로 화답하고, 마음으로 주님께 노래하며 그분을 찬양하십시오.

240　성화상의 목적은 무엇인가?

그리스도의 형상은 탁월한 전례적 성화상이다. 성모 마리아와 성인들을 나타낸 성화상들은 그들 안에서 영광 받으시는 그리스도를 나타낸다. 성화상은 성경이 언어로 전하는 복음의 메시지를 형상으로 선포하고, 신자들의 신앙을 일깨우고 기르는 데 도움을 준다.

해설 성화상은 모두 그리스도를 지향한다. 성모님을 비롯한 성인 성녀들의 성화상 역시 그들 안에서 영광을 받으시는 그리스도를 향하고 있다. 특히 영상의 시대라고 일컫는 오늘날에는 영상 언어로서 성화상이 큰 중요성을 지닌다.

용어 **성화상**　원래 '거룩한 형상'이라는 뜻이지만, 우리말로 '성화상'이라고 번역함으로써, **성화**聖畫와 **성상**聖像을 통틀어 지칭한다. → 문답 92와 문답 446 참조.

성구 **탈출 25,19-20**　"커룹 하나는 이쪽 끝에, 다른 하나는 저쪽 끝에 자리 잡게 만들어라. 그 커룹들은 속죄판 양쪽 끝에 만들어야 한다. 커룹들은 날개를 위로 펴서 그 날개로 속죄판을 덮고, 서로 얼굴을 마주 보게 하여라. 커룹들의 얼굴은 속죄판 쪽을 향해야 한다."

묵시 5,6　나는 또 어좌와 네 생물과 원로들 사이에, 살해된 것처럼 보이는 어린양이 서 계신 것을 보았습니다. 그 어린양은 뿔이 일곱이고 눈이 일곱이셨습니다. 그 일곱 눈은 온 땅에 파견된 하느님의 일곱 영이십니다.

□ 언제 거행하는가?

241 전례 시기의 중심은 무엇인가?

전례 시기의 중심은 주일이다. 주일은 전례주년 전체의 토대이며 핵심으로서, 축일 중의 축일인 부활절을 경축함으로써 절정을 이룬다.

해설 　전례 시기의 중심은 주일이고, 전례주년의 중심은 부활 대축일이다. 주일은 축일 중의 축일인 부활절을 경축하는 날이다.

용어 　**주일/주님의 날**　이날을 **주님의 날** 곧 **주일**이라고 부르는 이유는 주 예수 그리스도께서 부활하신 날이요, 나아가 주님의 부활을 경축하는 날이기 때문이다. 사실 예수님께서는 당신 부활로 스스로 주님이심을 보여 주셨다.

전례 시기　일반 세상사에 때 또는 시기가 있듯이 전례에도 시기가 있다.

전례주년　교회는 일 년을 주기로 하여 부활 대축일을 중심으로 강생과 성탄과 승천, 성령 강림 그리고 복된 희망을 품고 주님의 재림을 기다리는 대림까지 그리스도 신비 전체를 경축한다. 따라서 전례주년은 성탄대축일에 앞서 주님의 오심을 기다리는 **대림 시기**, 주님의 탄생을 기념하는 **성탄 시기**, 부활 대축일에 앞서 40일 동안 주님의 수난에 동참하는 **사순 시기**, 주님의 부활을 경축하는 **부활 시기**, 그 밖의 시기인 **연중 시기**로 나누어진다. → 문답 102와 문답 106 참조.

축일　하느님, 그리스도, 성령, 마리아와 성인들, 천사들의 거룩한 신비와 구원 사건들을 기념하는 날이다. 대축일, 축일, 기념일 등으로 구분하지만 이를 통틀어 축일이라고 부르기도 한다.

성구 　**에제 20,20**　"안식일을 거룩하게 지켜, 그것이 나와 너희 사이의 표징이 되게 하고, 나 주님이 너희의 하느님이라는 것을 알아라."

히브 4,7　하느님께서는 다시 "오늘"이라는 날을 정하셨습니다. 앞서 인용한 대로 오랜 세월이 지난 뒤에 다윗을 통하여 "오늘 너희가 그분의 소리를 듣거든 마음을 완고하게 갖지 마라." 하고 말씀하실 때에 그리하신 것입니다.

탈출 20,11* 신명 5,15* 시편 118,22-24*

242 전례주년의 기능은 무엇인가?

전례주년 안에서 교회는 강생에서 시작하여 영광스러운 재림에 이르기까지 그리스도의 신비 전체를 거행한다. 아울러 정해진 날에 교회는 천주의 성모 복되신 마리아를 특별한 사랑으로 공경한다. 또한 그리스도를 위하여 살고 그리스도와 함께 고통을 받고 함께 영광을 받은 성인들도 기억한다.

해설 전례주년 곧 대림 시기로 시작되는 한 해의 전례는 우선 그리스도의 신비 하나 하나를 전체적인 관련성 안에서 경축한다. 그리고 성모님의 여러 축일도 경축하는데, 이는 그리스도 신비 안에서 조명된다. 성인 축일도 마찬가지인데, 성인들의 삶은 결국 그리스도의 신비에 참여함, 곧 그분과 함께 죽고 그분과 함께 부활한 것이므로 전례주년의 큰 틀 안에서 기리게 된다.

용어 **강생** → 문답 45의 용어 풀이와 문답 86 참조.

재림 → 문답 134 참조.

천주의 성모 복되신 마리아 동정 마리아의 가장 빛나는 칭호다. 마리아는 복된 분이며(루카 1,42.48), 하느님의 어머니(루카 1,43 참조)로 공경을 받는다. 복되신 마리아, 천주의 성모 축일은 성탄 8일 축제의 끝인 1월 1일에 지낸다.

성구 **1마카 12,11** "우리는 축제일이나 그 밖의 적절한 날에 희생 제물을 바치거나 기도를 드리면서 늘 여러분을 끊임없이 생각합니다. 형제들을 생각하는 것은 당연하고 합당한 일이 아니겠습니까?"

에페 6,18 여러분은 늘 성령 안에서 온갖 기도와 간구를 올려 간청하십시오. 그렇게 할 수 있도록 인내를 다하고 모든 성도들을 위하여 간구하며 깨어 있으십시오.

243 시간 전례란 무엇인가?

교회의 공적이며 통상적 기도인 시간 전례(성무일도)는 그리스도께서 당신의 몸인 교회와 함께 바치는 기도이다. 우리가 성찬례에서 거행하는 그리스도의 신비는 시간 전례를 통하여 매일의 시간을 거룩하게 변화시킨다. 이 기도는 주로 시편과 다른 성경 구절, 그리고 교부들과 영성가들의 글로 구성되어 있다.

해설 오늘 하루는 거룩하고 주님을 찬미하는 데 매우 좋은 시간이다. 교회는 하루를 거룩하게 지내기 위해 시간 전례를 마련하였다. 이는 "끊임없이 기도하라"는 예수님(루카 18,1 이하)과, 사도(1테살 5,17)의 권고에 따른 것이며, 정해진 시간마다 기도하는 이스라엘의 전통을 이어받은 것이다. 시간 전례는 초대송, 독서기도, 아침기도, 낮기도(삼시경·육시경·구시경), 저녁기도, 끝기도로 되어 있다.

용어 **시간 전례** 또는 **성무일도** 시간 전례 또한 전례 곧 온 그리스도의 행위로서, 그리스도께서 당신 몸인 교회와 함께 바치는 기도다. 성무일도(거룩한 업무)라고 한 것은 성직자들이 매일 꼭 바쳐야 할 기도이기 때문에 그렇게 불려왔지만, 이제는 성직자나 수도자뿐 아니라 일반 신자들이 바쳐야 하는 전례적 기도이므로 '시간 전례'라 부르는 것이 마땅하다.

교부들과 영성가들 초기 교회의 스승이자 저술가들을 교부라 부르며, 성령 안에 새 삶을 산 거룩한 사람들을 영성가라고 부른다.

성구 **집회 47,10** 다윗은 축제를 화려하게 벌였고 그 시기를 완벽하게 정리하였으며 주님의 거룩하신 이름을 찬미하고 그 찬미가 이른 아침부터 성소에 울려 퍼지게 하였다.

1테살 5,16-18 언제나 기뻐하십시오. 끊임없이 기도하십시오. 모든 일에 감사하십시오. 이것이 그리스도 예수님 안에서 살아가는 여러분에게 바라시는 하느님의 뜻입니다.

◻ 어디에서 거행하는가?

244 교회는 전례 거행의 장소가 필요한가?

"영과 진리 안에서"(요한 4,24) 드리는 신약의 예배는 어느 한 특정 장소에만 매이지 않는다. 그리스도께서는 그리스도인과 교회 전체를 성령의 활동으로 살아 계신 하느님의 성전이 되게 하는, 하느님의 참된 성전이시기 때문이다. 그럼에도 하느님의 백성은 지상 조건 때문에 전례 거행을 위하여 공동체가 모일 수 있는 장소를 필요로 한다.

해설 전례 거행을 위해 공동체가 모일 수 있는 장소는 필요하다. 박해시대 우리 신앙의 선조들의 형편을 상상해 보면 금방 그 필요성을 깨닫게 될 것이다. 눈에 보이는 교회 건물은 그 지역에 살아 있는 교회, 그리스도 안에서 화해하여 하나가 된 사람들과 함께 하느님께서 머물러 계시는 교회를 나타낸다.

용어　**영과 진리 안에서**　요한 4,24에 나오는 예수님의 이 말씀을 공동번역에서는 "영적으로 참되게"라고 번역하였다. 하느님은 어느 장소에 매이지 않음을 강조하신 말씀이다.

　　　그리스도는 하느님의 성전　"부활하신 그리스도의 몸은 생수가 솟아 나오는 영적인 성전이다. 성령으로 그리스도와 한 몸이 된 우리는 '살아 있는 하느님의 성전'(2코린 6,16)이다"(1179항).

성구　**탈출 25,8-9**　"그들이 나를 위하여 성소를 만들게 하여라. 그러면 내가 그들 가운데에 머물겠다. 내가 너에게 보여 주는 성막의 모형과 온갖 기물의 모형에 따라 모든 것을 만들어라."

　　　2코린 6,16　우리는 살아 계신 하느님의 성전입니다. 이는 하느님께서 이르신 그대로입니다. "나는 그들과 함께 살며 그들 가운데에서 거닐리라. 나는 그들의 하느님이 되고 그들은 나의 백성이 되리라."

245 성당은 무엇인가?

성당은 하느님의 집이며, 그곳에서 살고 있는 교회의 상징일 뿐 아니라 천상 예루살렘의 표상이다. 무엇보다도 그곳은 교회가 성찬례를 거행하고 감실 안에 실제로 현존하시는 그리스도께 예배드리는 기도의 장소이다.

해설　"기도의 집은 성찬례가 거행되고, 성체가 보존되어 있으며, 신자들이 모이고, 우리를 위하여 희생의 제단에서 봉헌되신 우리 구세주이신 하느님의 아들의 현존을 공경하며 신자들이 도움을 받는 곳이므로 아름다워야 하고 기도와 장엄한 성사에 알맞아야 한다"(사제 생활 교령, 5항. 교리서 1199항도 참조하라).

용어　**성당**　거룩한 집이라는 뜻이다. 교회 건물을 이렇게 부른다.

　　　천상 예루살렘의 표상　구약의 예루살렘과 비교되는 신약의 새 예루살렘은 천상의 하느님 집을 가리킨다(히브 12,22; 묵시 21장). 교회(성당)는 이 천상 예루살렘을 이 세상에서 미리 보여 주는 표상이 된다.

성구　**이사 56,7**　"나는 그들을 나의 거룩한 산으로 인도하고 나에게 기도하는 집에서 그들을 기쁘게 하리라. 그들의 번제물과 희생 제물들은 나의 제단 위에서 기꺼이 받아들여지리니 나의 집은 모든 민족들을 위한 기도의 집이라 불리리라."

히브 12,22-24 여러분이 나아간 곳은 시온 산이고 살아 계신 하느님의 도성이며 천상 예루살렘으로, 무수한 천사들의 축제 집회와 하늘에 등록된 맏아들들의 모임이 이루어지는 곳입니다. 또 모든 사람의 심판자 하느님께서 계시고, 완전하게 된 의인들의 영이 있고, 새 계약의 중개자 예수님께서 계시며, 그분께서 뿌리신 피, 곧 아벨의 피보다 더 훌륭한 것을 말하는 그분의 피가 있는 곳입니다.

246 성당 안에서 특별한 장소는 어디인가?

그러한 곳으로는 제대, 감실, 축성 성유와 다른 성유들의 보관소, 주교의 좌석(주교좌성당의 경우)이나 사제석, 독서대, 세례대, 고해소 등이다.

해설 성당의 중심은 제대다. "신약의 제대는 주님의 십자가이며, 그곳으로부터 파스카 신비의 성사들이 흘러나온다. 성당의 중심인 제대 위에서 십자가의 제사가 성사의 표징을 통하여 재현된다. 제대는 하느님의 백성이 초대되는 주님의 식탁이기도 하다"(1182항).

용어 **제대** 성당의 제대는 미사를 봉헌하는 **제상**祭床이다. 이 제대는 주님의 십자가와 주님 만찬의 식탁을 상징한다. = **제단**祭壇

감실龕室 미사 후 남은 성체를 모셔두는 곳. 감실에 성체가 모셔져 있음을 나타내기 위해 켜 놓은 등을 **성체등**聖體燈이라 한다.

축성 성유와 다른 성유 축성 성유 외의 성유는 병자 성유와 예비 신자 성유가 있다.

독서대 미사의 말씀 전례를 거행하는 곳이다.

세례대 세례성사를 거행하는 곳이다.

고해소 고해성사를 거행하는 곳이다.

성구 **탈출 20,24** "너희는 나를 위하여 흙으로 제단을 만들어, 그 위에서 너희의 번제물과 친교 제물, 그리고 양과 소를 바쳐라. 내가 나의 이름을 기억하여 예배하게 하는 곳이면 어디든지 가서 너희에게 강복하겠다."

묵시 8,3-4　다른 천사 하나가 금 향로를 들고 나와 제단 앞에 서자, 많은 향이 그에게 주어졌습니다. 모든 성도의 기도와 함께 어좌 앞 금 제단에 바치라는 것이었습니다. 그리하여 천사의 손에서 향 연기가 성도들의 기도와 함께 하느님 앞으로 올라갔습니다.

■ 전례의 다양성과 신비의 단일성

247　교회는 왜 그리스도의 유일한 신비를 다양한 전례 전통에 따라 거행하는가?

그리스도의 신비는 헤아릴 수 없이 풍부하므로, 하나의 개별 전례 전통은 그것을 완전하게 표현하지 못한다. 따라서 처음부터 이 풍요로운 신비는 여러 민족과 문화 안에서 아주 다양하게 또 서로를 보완하면서 표현되어 왔다.

해설　그리스도의 신비를 표현하는 전례 전통들은 문화의 산물이다. 따라서 여러 민족 문화에 따라 그 표현 방식이 다양하다. 이 같은 다양한 전례 전통은 서로 보완하여 그리스도의 신비를 더 깊이 이해하도록 도와준다.

용어　**전례 전통**　보편 교회 안에는 다양한 전례 전통이 있다. 이를 전례 예법이라고도 하는데, 크게는 (한국 천주교회가 따르는) 라틴 예법과 동방 교회 예법들이 있다.

성구　**시편 81,2-4**　우리 힘 하느님을 기꺼이 찬양하라
　　야곱의 하느님을 소리 높여 기리라.
　　풍악을 울려라 북들을 쳐라
　　현금에 맞추어 비파소리 곱게.
　　초승에 한보름에 우리네 축제일에
　　너희는 우렁차게 나팔을 불라.
로마 10,12　유다인과 그리스인 사이에 차별이 없습니다. 같은 주님께서 모든 사람의 주님으로서, 당신을 받들어 부르는 모든 이에게 풍성한 은혜를 베푸십니다.
묵시 7,9*

248 다양성 안에서 일치를 보증하는 기준은 무엇인가?

이 기준은 사도전승에 대한 충실성이다. 곧 사도들에게서 물려받은 신앙과 성사들 안에서 이루는 친교이다. 이 친교는 사도적 계승으로 표명되고 보장되는 것이다. 교회는 보편되다. 교회는 모든 문화의 풍요로운 다양성을 자신의 단일성 안에 수용할 수 있다.

해설 이 세상에 여러 가지 전례 전통을 따르는 다양한 지역 교회가 있지만, 하나의 보편 교회를 이루고 있다. 이 하나 됨은 사도전승에 대한 충실성으로 보존된다. 특히 사도 시대부터 지켜온 공통된 신앙, 그리스도께 물려받은 성사적인 표징들, 교계 제도 안에서의 친교가 바로 사도전승에 대한 충실성이다.

용어 **사도전승** 사도 시대부터 교회 안에 내려오는 살아 있는 전통을 말한다. → 문답 12 참조.

사도적 계승 사도들은 주님에게서 받은 자신들의 사명을 후계자들에게 위임하였다. 교회 안에서 이루어지는 이 합법적 계승을 사도적 계승이라 한다. → 문답 167 용어 풀이와 문답 176 참조.

성구 **말라 1,11** 나의 이름은 해 뜨는 데서 해 지는 데까지 뭇 민족 사이에 크게 떨쳐, 사람들은 내 이름을 부르며 향기롭게 제물을 살라 바치고 깨끗한 곡식 예물을 바치고 있다. 만군의 야훼가 말한다. 내 이름은 뭇 민족 사이에 크게 떨치고 있다.

2테살 3,6 형제 여러분, 우리는 우리 주 예수 그리스도의 이름으로 여러분에게 지시합니다. 무질서하게 살아가면서 우리에게서 받은 전통을 따르지 않는 형제는 누구든지 멀리하십시오.

시편 102,22-23*

249 전례에서 모든 것은 결코 변경할 수 없는가?

전례, 특히 성사의 전례에는 변경될 수 없는 부분이 있는데, 이는 하느님께서 제정하신 부분이기 때문에 교회는 이 부분을 그대로 보존해야 한다. 또 변경할 수 있는 부분에 대해서는 이를 다양한 민족들의 문화에 적용시킬 권한과 때로는 의무까지 가지고 있다.

해설	주님께서 직접 제정하신 부분은 변경할 수 없다. 그 외의 다양한 전례적 표징들은 민족과 시대에 맞게 적응하는 것이 바람직하다. 예를 들어 "성부와 성자와 성령의 이름으로" 대신 "창조주와 구속주와 성화주의 이름으로" 세례를 줄 수는 없다. 그렇지만 견진 때 교회와의 친교를 나타내기 위해 주교와 나누는 평화의 인사 방식은 시대와 문화에 따라 바뀔 수 있다.
용어	**문화에 적용시킬 권한과 의무** 전례 거행에서 이루어지는 말과 행위 가운데 변경 가능한 것들을 시대와 문화의 변화에 따라 알맞게 바꾸는 것(이른바 전례의 토착화)은 권리이자 의무라는 말이다.
성구	**탈출 12,18-19** "첫째 달 열나흘날 저녁부터 그달 스무하룻날 저녁까지, 너희는 누룩 없는 빵을 먹어야 한다. 이레 동안 너희 집 안에 누룩이 있어서는 안 된다. 누룩 든 것을 먹는 자는 이방인이든 본토인이든 누구든지 이스라엘 공동체에서 잘려 나갈 것이다."
	루카 22,19 예수님께서는 또 빵을 들고 감사를 드리신 다음, 그것을 떼어 사도들에게 주시며 말씀하셨다. "이는 너희를 위하여 내어 주는 내 몸이다. 너희는 나를 기억하여 이를 행하여라."
	마태 28,19-20*

제2부

교회의 일곱 성사

250 교회의 성사들은 어떻게 구분되는가?

그리스도교 입문 성사(세례성사, 견진성사, 성체성사), 치유의 성사(고해성사, 병자성사), 친교와 사명을 위한 봉사의 성사(성품성사, 혼인성사)로 구분된다. 이 일곱 성사는 그리스도인 생활의 중요한 모든 시기에 관련된다. 모든 성사는 "마치 자신들의 목적을 향하듯"(성 토마스 데 아퀴노) 성체성사를 지향하고 있다.

해설 교회의 일곱 성사는 입문 성사, 치유의 성사, 봉사의 성사로 크게 나눌 수 있다. 세례성사만이 아니라 견진성사와 성체성사를 받음으로써 비로소 교회의 입문이 완결된다. 병자성사와 고해성사는 치유의 성사로서 서로 연관되어 있다. 구약뿐 아니라 예수님의 시대에도 사람들은 병은 죄와 밀접히 연결되어 있다고 생각하였다. 혼인성사와 성품성사도 서로 비슷한 면이 있다. 어떤 면에서 신랑과 신부가 부모를 떠나 한 몸이 되듯이, 성품을 받는 이들도 부모를 떠나 교회와 한 몸이 된다.

용어 **입문 성사** 세례성사와 견진성사와 성체성사는 교회의 일원이 되게 하는 성사로서 단일성을 이룬다. 이 세 성사를 다 받아야 비로소 완전한 하느님의 백성, 그리스도의 몸, 성령의 성전이 된다는 말이다.

그리스도인 생활의 중요한 모든 시기 태어남(세례), 식사(성체), 성인이 됨(견진), 죄를 지음(고해), 일을 맡음(성품), 혼인하여 가정을 이룸(혼인), 병이 나거나 늙음(병자)이라는 인생의 중요한 시기에 성사를 통해 그리스도의 파스카에 참여하며, 인생 대사大事의 큰 뜻을 이룰 성사 은총을 받는다.

성체성사를 지향하다 성체성사야말로 그리스도와 한 몸을 이루는, 그리하여 삼위일체 하느님의 친교에 드는 성사 중의 성사다. 다른 모든 성사들은 성체성사를 통해 이루어지는 그리스도의 파스카 신비에 참여함을 그 목적으로 한다.

성구 **2열왕 19,29** "이것이 너를 위한 표징이다. 너희가 올해에는 떨어진 낟알에서 난 곡식을 먹고 내년에는 뿌리지 않고 저절로 난 곡식을 먹으리라. 그러나 후년에는 씨를 뿌려서 곡식을 거두고 포도밭을 가꾸어 그 열매를 먹으리라."
1테살 5,10 그리스도께서는 우리가 살아 있든지 죽어 있든지 당신과 함께 살게 하시려고, 우리를 위하여 돌아가셨습니다.

신명 11,8* 요한 17,22.24*

제1장
그리스도교 입문 성사들

251 그리스도교 입문은 어떻게 이루어지는가?

교회 입문은 그리스도교 생활의 기초들을 놓는 성사들을 통하여 이루어진다. 곧 세례성사를 통하여 새로운 생명으로 태어난 신자들은 견진성사로 굳건하게 되며, 성체성사로 양육된다.

해설　앞에서 설명한 대로 세례성사, 견진성사, 성체성사를 받음으로써 교회의 일원이 된다. 그러므로 유아 세례가 아닌 어른 입교에서는 이 세 성사를 함께 받는 것이 바람직하다.

용어　**그리스도교 생활의 기초**　세례성사, 견진성사, 성체성사 곧 입문 성사가 그리스도인 생활의 기초를 놓지만(1212항), 특히 세례성사는 그리스도인 생활 전체의 기초가 된다(1213항). 이 성사로써 성령 안에 사는 삶으로 들어가고, 다른 성사들을 받아 하느님의 자녀로 살게 된다.

성구　**탈출 13,11-12.14**　"주님께서 너희와 너희 조상들에게 맹세하신 대로, 너희를 가나안족의 땅으로 데려가서서 그 땅을 너희에게 주시면, 너희는 태를 맨 먼저 열고 나온 것을 모두 주님께 바쳐야 한다. 너희 가축이 처음 낳은 것으로 수컷은 모두 주님의 것이다. … 뒷날, 너희 아들이 '왜 그렇게 하십니까?' 하고 물으면, 이렇게 대답하여라. '주님께서 강한 손으로 이집트에서, 곧 종살이하던 집에서 우리를 이끌어 내셨다.'"

갈라 3,26-27　여러분은 모두 그리스도 예수님 안에서 믿음으로 하느님의 자녀가 되었습니다. 그리스도와 하나 되는 세례를 받은 여러분은 다 그리스도를 입었습니다.

에페 4,22-24*

■ 세례성사

252 그리스도교 입문의 첫 번째 성사를 무엇이라고 부르는가?

이 성사가 이루어지는 중심 예식에 따라 **세례성사**라고 부른다. 세례를 준다는 말은 원래 물에 '잠기게 하다'라는 의미이다. 세례 받는 사람은 그리스도의 죽음 속에 묻히며 그리스도와 함께 부활하여 "새로운 피조물"(2코린 5,17)이 된다. "성령을 통하여 거듭 나고 새로워지도록 물로 씻은"(티토 3,5) 세례 받은 사람은 "빛의 자녀"(에페 5,8)가 되기 때문에 세례는 '조명'이라 부르기도 한다.

해설   세례성사는 그밖에도 "성령에 의한 재생再生과 갱신更新의 목욕"(티토 3,5)이라고 불리기도 하는데, 세례가 물과 성령으로 새로 태어나는 것이기 때문이다. 또 교부들의 시대에는 **조명**照明(빛을 받음)이라고도 하였는데, 세례를 받은 이는 그리스도처럼(요한 8,12) 빛의 자녀(1테살 5,5)가 되기 때문이다.

용어   **세례**   세례라는 우리말은 씻는 예식을 의미한다. 그렇지만 원래 그리스말 밥티제인*baptizein*은 '물에 잠그다'라는 뜻이다. 이전에는 성세聖洗라는 말도 썼다. 영세領洗라는 말은 세례를 받음을 말하므로 "영세를 받는다."는 말은 맞지 않는다.

성구   **탈출 12,27**   "그것은 주님을 위한 파스카 제사이다. 그분께서는 이집트인들을 치실 때, 이스라엘 자손들의 집을 거르고 지나가시어, 우리 집들을 구해 주셨다."

티토 3,5   하느님께서 우리를 구원해 주셨습니다. 우리가 한 의로운 일 때문이 아니라 당신 자비에 따라, 성령을 통하여 거듭나고 새로워지도록 물로 씻어 구원하신 것입니다.

사도 2,38*

253 세례성사는 구약에서 어떻게 예시되는가?

구약에서 세례성사의 다양한 예표들을 찾아볼 수 있다. 생명과 죽음의 원천인 **물**, 물로 구원을 받은 **노아의 방주**, 이집트 종살이에서 이스라엘을 해방하는 **홍해를 건너감**, 영원한 생명의 표상인 약속의 땅에 이스라엘이 들어갈 수 있게 한 **요르단 강을 건너감**이 있다.

해설　"태초에 하느님의 영이 물 위를 감돌고 있었다"(창세 1,2). 노아의 홍수 때에 사람들은 모두 물에 휩쓸려 죽었지만, 노아와 그 가족들은 살았다(창세 7—8장). 이스라엘 백성은 홍해를 건넜지만 이집트 병사들은 모두 바다에 수장되었다(탈출 14장). 이스라엘이 약속의 땅으로 들어갈 때에도 홍해를 건널 때처럼 요르단 강을 물도 적시지 않고 건넜다(여호 3장). 이러한 사건들은 모두 신약의 세례를 예시豫示한다.

용어　**노아의 방주**　사람들이 타락하여 죄가 하늘을 찌르자 하느님은 홍수로 의인 노아와 그 가족만 남기고 다 쓸어버리신다. 이 때 노아가 하느님의 명을 받들어 만든 배가 노아의 방주다. 교부들은 노아의 방주를 교회의 예표로 본다. **방주**方舟는 궤짝 모양의 배.

성구　**창세 6,17-19**　"이제 내가 세상에 홍수를 일으켜, 하늘 아래 살아 숨쉬는 모든 살덩어리들을 없애 버리겠다. 땅 위에 있는 모든 것이 숨지고 말 것이다. 그러나 내가 너와는 내 계약을 세우겠다. 너는 아들들과 아내와 며느리들과 함께 방주로 들어가거라. 그리고 온갖 생물 가운데에서, 온갖 살덩어리 가운데에서 한 쌍씩 방주에 데리고 들어가, 너와 함께 살아남게 하여라. 그것들은 수컷과 암컷이어야 한다."

1베드 3,20-21　옛날에 노아가 방주를 만들 때 하느님께서는 참고 기다리셨지만 그들은 끝내 순종하지 않았습니다. 몇몇 사람 곧 여덟 명만 방주에 들어가 물로 구원을 받았습니다. 이제는 그것이 가리키는 본형인 세례가 여러분을 구원합니다. 세례는 몸의 때를 씻어 내는 일이 아니라, 예수 그리스도의 부활에 힘입어 하느님께 바른 양심을 청하는 일입니다.

254　누가 세례성사에 대한 구약의 예표를 완성하는가?

구약의 모든 예표는 예수 그리스도 안에서 성취된다. 예수님께서는 공생활을 시작하실 때 세례자 요한에게 요르단 강에서 세례를 받으신다. 십자가 위에서 찔리신 당신 옆구리에서 세례와 성체의 상징인 피와 물이 흘러나왔다. 부활하신 뒤에는 사도들에게 다음과 같은 사명을 주신다. "너희는 가서 모든 민족들을 내 제자로 삼아, 아버지와 아들과 성령의 이름으로 세례를 주어라"(마태 28,19).

해설   예수 그리스도는 세례성사에 대한 구약의 예표만 완성하시는 것이 아니다. 구약의 모든 예표가 신약의 그리스도 신비 안에서 온전히 성취된다. 그리스도께서 세례를 받으시고(마르 1,9-11), 당신이 받으셔야 할 세례(마르 10,38)라고 하신 십자가의 죽음을 당하셨다. 예수님 옆구리에서 흘러나온 피와 물(요한 19,34)은 세례성사와 성체성사의 예표다. 예수님은 승천하시기 전에 제자들에게 세례의 사명을 주셨다.(마태 28,19-20)

용어   **예표** '예표' 또는 '예시'는 미리 보여 주는 것을 말한다. 구약의 여러 사건이나 사물들은 사실 신약의 사건이나 사물들을 미리 보여 주는 것이다. → 문답 105 참조.

공생활 → 문답 104 참조.

성구   **요나 2,1-2.11** **주님**께서는 큰 물고기를 시켜 요나를 삼키게 하셨다. 요나는 사흘 낮과 사흘 밤을 그 물고기 배 속에 있었다. 물고기 배 속에서 요나는 **주** 그의 하느님께 기도드리며, … **주님**께서는 그 물고기에게 분부하시어 요나를 육지에 뱉어 내게 하셨다.

콜로 2,12 여러분은 세례 때에 그리스도와 함께 묻혔고, 그리스도를 죽은 이들 가운데에서 일으키신 하느님의 능력에 대한 믿음으로 그리스도 안에서 그분과 함께 되살아났습니다.

마태 12,39-40*

255 교회는 언제부터 또 누구에게 세례를 베풀었는가?

성령 강림 날, 곧 오순절 바로 그날부터 교회는 예수 그리스도를 믿는 이들에게 세례를 베풀어 왔다.

해설   사도행전에 따르면 성령 강림 날부터 세례를 주었다. 사도들은 유다인과 이방인, 남녀 노소를 가리지 않고 믿음을 고백하는 이면 누구나 세례를 주었다. 특히 온 가족이 세례를 받았다는 사실(사도 16,31-33)에서 우리는 어린이들도 세례를 받았음을 알 수 있다.

용어   **오순절** 순旬은 10일을 가리키며 오순은 50일이다. 이스라엘은 파스카 명절 후 50일 되는 날을 큰 축일로 지냈다. 바로 그 축제날 성령께서 강림하셨다.

이 날은 또한 신약의 파스카인 주님 부활 후 50일 되는 날이다.

성구 **민수 28,26** "맏물의 날, 곧 햇곡식을 주님에게 제물로 바치는 주간절에 너희는 거룩한 모임을 열고, 생업으로 하는 일은 아무것도 해서는 안 된다."

사도 2,41-42 (오순절 날) 베드로의 말을 받아들인 이들은 세례를 받았다. 그리하여 그날에 신자가 삼천 명가량 늘었다. 그들은 사도들의 가르침을 받고 친교를 이루며 빵을 떼어 나누고 기도하는 일에 전념하였다.

256 세례성사의 핵심적인 예식은 무엇인가?

이 성사의 핵심적인 예식은 성부와 성자와 성령의 이름을 부르면서 예비신자를 물에 담그거나 머리에 물을 붓는 것이다.

해설 '세례' 예식이 핵심 예식이다. "성부와 성자와 성령의 이름으로" 물에 담그거나 머리에 물을 붓는 것이다.

용어 **세례 예식** 보통 세례식이라고 하면 세례성사 예식 전체를 가리킨다. 그렇지만 여기서 말하는 세례 예식은 물에 담그거나 머리에 물을 붓는 세례성사의 중심 예식만을 가리킨다.

예비신자 예비신자 명부에 등록된 사람을 말한다(교회법 206조, 788조). 이들은 교회법적으로 일반 신자와 비슷한 권리와 의무가 있다(교회법 1170조, 1183조).

성구 **탈출 30,18** "너는 몸을 씻을 물두멍과 그 받침을 청동으로 만들어, 만남의 천막과 제단 사이에 놓고, 거기에 물을 담아라."

사도 8,37-38 이렇게 그들이 길을 가다가 물이 있는 곳에 이르자 내시가 말하였다. "여기에 물이 있습니다. 내가 세례를 받는 데에 무슨 장애가 있겠습니까?" 그러고 나서 수레를 세우라고 명령하였다. 필리포스와 내시, 두 사람은 물로 내려갔다. 그리고 필리포스가 내시에게 세례를 주었다.

257 누가 세례를 받을 수 있는가?

아직 세례를 받지 않은 이는 누구나 세례를 받을 수 있다.

해설 누구나 세례를 받을 수 있지만, 교회는 이 성사를 합당하게 받도록 교육시킨다. 이를 예비 신자 교육이라고 한다. "세례 준비 또는 예비 신자 교육의 목적은 예비 신자들이 하느님의 주도에 응답하고 교회 공동체와 하나 되어, 그 회개와 신앙이 성숙하도록 이끄는 것이다"(1248항).

용어 **아직 세례를 받지 않은 이** 물론 세례를 받지 않았음이 확실한 사람은 세례를 받을 수 있다. 그런데 세례를 받았는지 안 받았는지 의심스러운 경우는 어떨까? 예를 들어 한국전쟁 중에 세례를 받았다고 하는데 전혀 증거(기념사진이나 세례대장, 부모 또는 대부모의 증언 등)가 없는 경우 어떻게 하면 좋은가. 이런 경우에는 조건부 세례를 받으면 된다. 세례를 받되 만일 이미 세례를 받은 사실이 확인되면 이전의 세례만이 유효함은 물론이다.

성구 **2열왕 5,13-14** 그의 부하들이 그에게 다가가 말하였다. "아버님, 만일 이 예언자가 어려운 일을 시켰다면 하지 않으셨겠습니까? 그런데 그는 아버님께 몸을 씻기만 하면 깨끗이 낫는다고 하지 않습니까?" 나아만은 하느님의 사람이 일러 준 대로, 요르단 강에 내려가서 일곱 번 몸을 담갔다. 그러자 그는 어린아이 살처럼 새살이 돋아 깨끗해졌다.

사도 8,12 그들은 하느님의 나라와 예수 그리스도의 이름에 관한 복음을 전하는 필리포스를 믿게 되면서, 남자 여자 할 것 없이 세례를 받았다.

258 교회는 왜 어린이에게 세례를 주는가?

어린이는 원죄를 지니고 태어나므로, 어둠의 세력에서 해방되어 하느님 자녀들이 누리는 자유의 영역으로 옮겨 갈 필요가 있기 때문이다.

해설 누구나, 갓 태어난 어린 애라도 하느님께서 주시는 구원이 필요하다. 세례는 이를 위한 성사이다.

용어 **원죄** 인류는 처음부터 하느님의 뜻을 거역하고 그 사랑을 거부함으로써 하느님의 생명에 참여하지 못하게 되었다. 이 은총의 상실로 인한 죄와 죽음의 상태를 원죄라 한다. → 문답 76 참조.

어둠의 세력에서 해방되다 성경은 하느님 나라, 곧 하느님의 다스림에서 벗어난 상태 또는 하느님 나라에 대항하는 자세를 '어둠'이라고 표현한다(마태 4,16; 루카 1,79; 요한 1,5; 1테살 5,5; 1요한 2,9 등). 어둠의 세력에서 해방된 사람은 하느님의 자녀가 누리는 자유의 세상에 있게 됨은 물론이다.

성구 　2열왕 5,10　 엘리사는 심부름꾼을 시켜 말을 전하였다. "요르단 강에 가서 일곱 번 몸을 씻으십시오. 그러면 새살이 돋아 깨끗해질 것입니다."
　　　사도 16,15　 리디아는 온 집안과 함께 세례를 받고 나서, "저를 주님의 신자로 여기시면 저의 집에 오셔서 지내십시오." 하고 청하며 우리에게 강권하였다.
　　　사도 2,38-39* 사도 18,8*

259　세례 후보자에게 요구되는 것은 무엇인가?

어른일 경우에는 세례 후보자 개개인이, 어린이일 경우에는 부모나 교회가 신앙을 고백해야 한다. 대부모와 교회 공동체 전체도 세례를 준비하는 일(예비신자 교리교육 과정)과 신앙을 성숙시키고 세례에서 받은 은총을 키워 주는 데에 책임이 있다.

해설　신앙 고백이 필수적이다. 어린이의 경우에는 세례를 청하는 부모(와 대부모) 그리고 교회가 어린이를 대신하여 신앙을 고백한다. 그들은 그 어린이를 신앙인으로 키워 낼 책임이 있다.

용어　**세례 후보자**　세례 준비를 마친 예비 신자를 말한다.
　　　대부, 대모　세례 받는 사람이 그리스도인으로 살아가도록 이끌어줄 사람으로 신앙생활에서 부모 구실을 한다.

성구　2열왕 5,13　 그의 부하들이 그에게 다가가 말하였다. "아버님, 만일 이 예언자가 어려운 일을 시켰다면 하지 않으셨겠습니까? 그런데 그는 아버님께 몸을 씻기만 하면 깨끗이 낫는다고 하지 않습니까?"
　　　사도 22,16　 "그러니 이제 무엇을 망설입니까? 일어나 그분의 이름을 받들어 부르며 세례를 받고 죄를 용서받으십시오."
　　　콜로 1,13-14*

260　누가 세례를 줄 수 있는가?

세례의 일반적인 집전자는 주교와 사제이며, 라틴 교회에서는 부제도 집전한다. 부득이한 경우에는 누구든지 세례를 줄 수 있다. 다만 교회가 행하고자 하는 것을 하겠다는 의향을 가지고 있어야 한다. 집전자가 "나는 성부와 성자와 성령의 이름으로 당신에게 세례를 줍니다." 하고 삼위일체 세례 양식문을 외우면서 세례 받을 사람의 머리에 물을 붓기만 하면 된다.

해설 세례도 성사이므로 교회의 사제직을 수행하는 주교와 사제가 집전하는 것이 원칙이다. 부제도 통상적인 집전자이다. 그렇지만 세례는 구원을 위해 꼭 필요한 성사이므로, 일반 신자나 심지어 신자 아닌 사람도 거행할 수 있도록 허용되어 있다(교회법 861조).

용어 **일반적인 집전자** 정규 집전자(↔ 비정규 집전자) 또는 통상적인 집전자(↔ 비상적인 집전자)를 말한다. 세례성사의 정규 집전자는 주교, 사제, 부제다.

라틴 교회 동방 교회와 대비되는 서방 교회를 말한다. 교회 공식 용어로 동방 교회는 그리스어를, 서방 교회는 라틴어를 사용해 왔다.

교회가 행하고자 하는 것을 한다 세례를 주는 교회가 갖는 원의대로 세례를 준다는 의미다.

세례 양식문 "나는 성부와 성자와 성령의 이름으로 아무개에게 세례를 줍니다." 이것이 세례 양식문이다. 사도 시대에는 아직 이 양식문이 확정적이지 않아서, "예수의 이름으로" 세례를 받은 경우도 있었다(사도 8,16; 19,5).

성구 **시편 51,9** 우슬초로 제 죄를 없애 주소서. 제가 깨끗해지리이다. 저를 씻어 주소서. 눈보다 더 희어지리이다.

마태 28,18-19 예수님께서는 그들에게 다가가 이르셨다. "나는 하늘과 땅의 모든 권한을 받았다. 그러므로 너희는 가서 모든 민족들을 제자로 삼아, 아버지와 아들과 성령의 이름으로 세례를 주어라."

261 세례성사는 구원에 필요한가?

세례는 복음을 듣고 이 성사를 청할 수 있는 사람들의 구원에 필수적이다.

해설 "세례는 그리스도 안에서 새 생명으로 태어나게 한다. 주님의 뜻에 따라, 교회가 구원에 필요하듯이 세례도 구원에 필요하다. 세례를 통하여 교회에 들어간다"(1277항).

용어 **복음** 여기서 말하는 복음은 예수 그리스도께서 선포하신 구원의 기쁜 소식을 말한다. → 문답 22 용어 풀이와 문답 79 참조.

구원 여기서 말하는 구원은 하느님 나라에 들어감, 영원한 (하느님) 생명을 누림을 뜻한다. → 문답 65와 문답 101 용어 풀이 참조.

성구 **창세 35,2-3** 야곱은 가족들과 자기에게 딸린 모든 사람에게 말하였다. "너희에게 있는 낯선 신들을 내버려라. 몸을 깨끗이 씻고 옷을 갈아입어라. 일어나 베텔로 올라가자. 그곳에 제단을 만들어, 내가 어려움을 당할 때 나에게 응답해 주시고 내가 어디를 가든 나와 함께 계셔 주신 하느님께 바치고자 한다."

요한 3,5 "내가 진실로 진실로 너에게 말한다. 누구든지 물과 성령으로 태어나지 않으면, 하느님 나라에 들어갈 수 없다."

마르 16,15-16*

262 세례성사를 받지 않고도 구원될 수 있는가?

그리스도께서는 모든 사람의 구원을 위하여 돌아가셨으므로 세례를 받지 않았으나 신앙 때문에 죽임을 당하는 사람들은 구원받을 수 있다(혈세血洗 Baptismus sanguinis). 그리스도와 교회를 모른다고 해도, 진실하게 하느님을 찾고 그분의 뜻을 실천하려고 노력하는 모든 사람도 세례를 받지 않았어도 구원받을 수 있다(화세火洗 Votum Baptismi). 세례를 받지 않고 죽은 어린이들의 경우, 교회는 전례 가운데서 그들을 하느님의 자비에 맡긴다.

해설 구원은 그리스도 안에서, 그리스도를 통하여 이루어진다고 우리는 믿는다. 세례는 받지 않았어도 그리스도 안에서 죽는 사람이 있을 수 있다. 예를 들어 신앙 때문에 죽임을 당하거나, 진실하게 하느님의 뜻을 찾고 이를 실천하는 사람들이 그러하다.

용어 **혈세血洗 Baptismus sanguinis** 글자 그대로 번역하면 '피의 세례'라는 말이다. 신앙 때문에 죽임을 당하는 사람은 피로써 세례를 받았다고 말할 수 있다.

화세火洗 Votum Baptismi 글자 그대로 번역하면 '세례 허원許願'이라는 말이다. 간절하게 세례받기를 원한 사람은 마음으로 세례를 받았다고 할 수 있다.

성구 **2마카 7,23** "그러므로 사람이 생겨날 때 그를 빚어 내시고 만물이 생겨날 때 그것을 마련해 내신 온 세상의 창조주께서, 자비로이 너희에게 목숨과 생명을 다시 주실 것이다. 너희가 지금 그분의 법을 위하여 너희 자신을 하찮게 여겼기 때문이다."

루카 12,50 "내가 받아야 하는 세례가 있다. 이 일이 다 이루어질 때까지 내가 얼마나 짓눌릴 것인가?"

필리 2,12ㄷ-13*

263 세례성사의 효과는 무엇인가?

세례는 원죄와 본죄 그리고 모든 죄벌까지도 용서하고, 성화하는 은총 곧 그리스도와 교회에 결합시켜 주는 의화 은총을 통하여 삼위일체 하느님의 생명에 참여하게 하며, 그리스도의 사제직에 참여시킨다. 또한 세례는 모든 그리스도인들이 이루는 친교의 기초가 되며, 향주덕向主德과 성령의 은혜를 베풀어 준다. 세례 받은 사람은 영원토록 그리스도께 속한 자가 된다. 그러므로 지워지지 않는 그리스도의 인장(인호)을 받는다.

해설 세례성사의 효과란 세례의 성사 은총을 말한다. 교서서는 크게 다섯 가지 세례 은총을 말한다. ① 죄의 용서(1263-1264항), ② 새 사람이 됨(1265-1266항), ③ 그리스도의 몸인 교회와 합체됨(1267-1270항), ④ 그리스도인들을 일치시키는 성사적 유대(1271항), ⑤ 지워지지 않는 영적 표지 곧 인호(1272-1274항).

용어 **원죄와 본죄와 죄벌의 용서** 세례성사는 모든 죄 곧 타고난 죄인 원죄와 스스로 지은 죄인 본죄 그리고 죄를 지으면 당연히 받게 되는 벌까지 모두 용서해 준다.

성화 은총 사람을 거룩하게 하는 은총, 곧 하느님의 거룩함에 참여하게 하는 은총이다.

의화 은총 사람을 의롭게 하는 은총, 곧 하느님의 의로움에 참여하게 하는 은총이다.

삼위일체 하느님의 생명에 참여 → 문답 359와 문답 423 참조.

모든 그리스도인이 이루는 친교 → 문답 194와 문답 584 참조.

향주덕向主德 하느님께서 주시는 덕이며 하느님을 향하게 하는 덕이다. 향주덕은 믿음과 희망과 사랑, 이 세 가지다.

지워지지 않는 그리스도의 인장 세례는 그리스도인이 그리스도께 속해 있음을 나타내는 지워지지 않는 표지를 새겨 준다.

성구　**창세 9,15**　"나는 나와 너희 사이에, 그리고 온갖 몸을 지닌 모든 생물 사이에 세워진 내 계약을 기억하고, 다시는 물이 홍수가 되어 모든 살덩어리들을 파멸시키지 못하게 하겠다."

콜로 2,11-12　여러분은 또한 그분 안에서 육체를 벗어 버림으로써, 사람 손으로 이루어지지 않는 할례 곧 그리스도의 할례를 받았습니다. 여러분은 세례 때에 그리스도와 함께 묻혔고, 그리스도를 죽은 이들 가운데에서 일으키신 하느님의 능력에 대한 믿음으로 그리스도 안에서 그분과 함께 되살아났습니다.

갈라 4,6-7*

264　세례 때에 받는 세례명은 어떤 의미를 지니는가?

이름은 중요하다. 하느님께서는 각 사람을 그 이름으로 아시기 때문이다. 세례와 더불어 그리스도인은 교회 안에서 고유한 이름, 선호하는 성인의 이름을 받는다. 이는 성인이 세례 받는 이에게 성덕의 모범을 보여 주며 하느님의 면전에서 전구를 보장해 주려는 것이다.

해설　그리스도인은 교회에서 부르는 자기 이름을 세례 때에 받는다. 대개는 성인의 이름을 받는데, 그가 곧 수호성인이다. 수호성인은 사랑의 모범을 보여 주며 전구를 보장해 준다(2156항).

용어　**세례명**　세례 때에 받는 이름이다. 옛날에는 본명本名이라 하여, 신자들은 이것을 본 이름으로 생각하였다. 하느님 나라에서도 이 이름으로 불릴 것이기 때문이다.

전구　다른 사람 대신 기도하거나, 또는 다른 사람을 위해 기도하는 것을 말한다. 우리가 성인들에게 기도할 때 이는 그들의 전구를 청하는 것이다. → 문답 554 참조.

성구　**시편 147,4**　별들의 수효를 세어 두시고
저마다의 이름을 부르시도다.

요한 10,3　문지기는 목자에게 문을 열어 주고, 양들은 그의 목소리를 알아

듣는다. 그리고 목자는 자기 양들의 이름을 하나하나 불러 밖으로 데리고 나간다.
창세 17,4-5* 루카 2,21*

■ 견진성사

265 견진성사는 하느님의 구원 경륜에서 어떤 위치를 차지하는가?

구약 성경에서 예언자들은 기다리던 메시아 위에, 그리고 모든 메시아 백성에게 주님의 영이 전해질 것이라고 예고하였다. 예수님의 전 생애와 사명은 성령과 이루는 완전한 친교 안에서 실현된다. 사도들은 오순절에 성령을 받고 "하느님의 위업"(사도 2,11)을 선포하였다. 그들은 새 신자들에게 안수하여 같은 성령의 선물을 베풀어 주었다. 수세기 동안 교회는 성령으로 살아왔으며 자기 자녀들에게 성령을 계속 전해 주고 있다.

해설 구약에서는 하느님의 영이 예언자들에게 내려 그들이 하느님의 말씀을 전하게 하셨다. 그 예언자들이 바로 메시아 위에 그리고 모든 메시아 백성에게 하느님의 영이 내릴 것이라 예고하였다. 과연 메시아이신 예수 그리스도께서는 성령을 충만히 받아 구원 사업을 완수하셨고, 약속하신 성령을 하느님의 새 백성인 교회에 보내시어 교회로 하여금 당신의 일을 계속하게 하셨다.

용어 **메시아와 메시아 백성**   메시아라는 말은 '기름부음받은이'라는 뜻이며, 하느님께서 직접 당신 백성을 다스리시기 위해 보내실 이를 가리킨다. 메시아 백성은 그 메시아가 하느님의 이름으로 다스리게 될 백성이다.

성령의 선물   여기서 말하는 '성령의 선물'은 성령께서 주시는 선물 곧 은사들을 말하는 것이 아니라, 하느님의 최고 선물인 성령을 말한다. 곧 성령과 선물은 동격이다(사도 2,38; 루카 11,13; 요한 7,39 참조).

하느님의 위업   공동번역은 이를 "하느님께서 하신 큰 일들"이라고 번역하였다. 성경은 창조계만이 아니라 인간 세계에도 하느님이 하신 놀라운 일들로 가득 차 있음을 증언한다.

성구 에제 36,26-27 "너희에게 새 마음을 주고 너희 안에 새 영을 넣어 주겠다.

너희 몸에서 돌로 된 마음을 치우고, 살로 된 마음을 넣어 주겠다. 나는 또 너희 안에 내 영을 넣어 주어, 너희가 나의 규정들을 따르고 나의 법규들을 준수하여 지키게 하겠다."

요한 7,38-39 "나를 믿는 사람은 성경 말씀대로 '그 속에서부터 생수의 강들이 흘러나올 것이다.'" 이는 당신을 믿는 이들이 받게 될 성령을 가리켜 하신 말씀이었다. 예수님께서 영광스럽게 되지 않으셨기 때문에, 성령께서 아직 와 계시지 않았던 것이다.

266 왜 '도유 성사' 또는 '견진성사'라고 부르는가?

견진성사의 주요 예식 곧 기름을 바르는 예식 때문에 **도유**(동방 교회에서는 도유 성사 또는 크리스마 도유)라고도 부르는데, 세례를 확정하고 세례의 은총을 견고하게 한다는 의미로 **견진성사**라 부른다.

해설 라틴 교회에서 **견진성사**라고 부르고 동방교회에서는 **도유 성사**라고 부른다. (견진성사를 그냥 '견진'이라고 부르듯이, 도유 성사도 그냥 '도유'라고 부르기도 한다.) 도유 성사라고 부르는 것은 그 성사의 핵심 예식이 도유이기 때문이다. 도유는 곧 성령의 부여를 뜻한다(이사 61,1; 루카 4,18 참조). 견진성사라고 부르는 것은 세례를 확정하고 세례의 은총을 견고하게 하기 때문이다.

용어 **도유**塗油 기름 바름이라는 뜻이다. 이때의 기름은 주로 **크리스마** 곧 **향유**香油다. 성경은 도유와 성령을 한 가지로 생각한다(이사 61,1; 사도 10,38; 1요한 2,20.27 등). → 문답 139 참조.

크리스마Chrisma 축성 성유를 말하며, 그리스도와 그리스도인은 이 말에서 나왔다. 예수님은 "성령으로 기름부음"(사도 10,38) 받으신 분, 참 그리스도(메시아)이시다.

견진성사堅振聖事 견진이라는 우리말은 견고하게 한다는 뜻이다. 라틴어 confirmare("확정하다, 굳게 하다")에서 나온 이 말은, 견진성사가 세례성사를 확정하고 세례성사의 은총을 견고하게 한다는 의미를 잘 살리고 있다.

성구 **이사 61,1** 주님께서 나에게 기름을 부어 주시니 주 **하느님**의 영이 내 위에 내리셨다. 주님께서 나를 보내시어 가난한 이들에게 기쁜 소식을 전하고 마음이 부서진 이들을 싸매어 주며 잡혀간 이들에게 해방을, 갇힌 이들에게 석방을 선포하게 하셨다.

2코린 1,21-22 우리를 여러분과 함께 그리스도 안에서 굳세게 하시고 우리에게 기름을 부어 주신 분은 하느님이십니다. 하느님께서는 또한 우리에게 인장을 찍으시고 우리 마음 안에 성령을 보증으로 주셨습니다.

267 견진성사의 핵심 예식은 무엇인가?

견진성사의 핵심 예식은 집전자의 안수와, 세례를 받은 사람의 이마에 축성 성유(주교에 의해 축성되며 발삼 향이 혼합된 올리브기름)를 바르는 것인데, 이때 집전자는 예식 고유의 성사적인 말씀을 선언한다. 로마 예법에서는 "성령 특은의 날인을 받으시오."라고 말하며 세례를 받은 사람의 이마에 축성 성유를 바른다. 비잔틴 예법의 동방 교회에서는 "성령 특은의 인호"라고 말하며 신체의 다른 부분에도 기름을 바른다.

해설 견진성사의 핵심 예식은 안수와 도유다. 안수는 성령의 일곱 은혜를 비는 축복 기도와 함께 이루어지고, 축성 성유를 이마에 바르는 도유는 "성령 특은의 날인을 받으십시오."라는 말과 함께 이루어진다.

용어 **안수** 두 손을 펴서 머리에 얹는 동작으로, 성령을 부여하는 상징적 행위다.

축성 성유 축성 성유는 성목요일 성유 축성 미사 때 주교가 축성하며, 견진성사와 성품성사에 사용된다. 이 성유는 발삼향이 첨가된 일종의 향유다. 성유에는 그밖에도 병자성사 때 사용하는 병자 성유와 세례성사 때 사용하는 예비신자 성유가 있다. → 문답 246 참조.

견진성사 고유의 성사적인 말씀 성사마다 성사를 이루는 말씀[經文]이 있다(1228; 1234항 참조). 이를 성사적인 말씀이라 하며, 견진성사에서는 "성령 특은의 날인을 받으시오." 하면서 도유하거나(로마 예법), "성령 특은의 인호" 하면서 도유한다(동방 예법).

성구 **1사무 16,12ㄴ-13** 주님께서 "바로 이 아이다. 일어나 이 아이에게 기름을 부어라." 하고 말씀하셨다. 사무엘은 기름이 담긴 뿔을 들고 형들 한가운데에서 그에게 기름을 부었다. 그러자 **주님**의 영이 다윗에게 들이닥쳐 그날부터 줄곧 그에게 머물렀다.

사도 8,15-17 베드로와 요한은 내려가서 그들이 성령을 받도록 기도하였다. 그들이 주 예수님의 이름으로 세례를 받았을 뿐, 그들 가운데 아직 아무에게도 성령께서 내리지 않으셨기 때문이다. 그때에 사도들이 그들에게 안수하자 그들이 성령을 받았다.

268 견진성사의 효과는 무엇인가?

견진성사의 효과는 오순절 때처럼 성령의 특별한 부여이다. 성령 강림은 영혼에 지워지지 않는 인호를 새겨 주며 세례성사의 은총을 증가시켜 준다. 또한 견진성사는 하느님의 자녀로서 더욱더 뿌리내리게 해 주며, 그리스도와 교회에 더욱 굳게 결합시키고, 영혼에 성령의 선물을 증대시키며, 그리스도교 신앙의 증인이 되게 하는 특별한 힘을 선사한다.

해설 견진성사의 효과 곧 견진의 성사 은총은 물론 성령과 성령의 특별한 은혜(특은)이다. 교리서(1303항)는 견진성사의 효과를 다섯 가지로 정리한다. ① 하느님의 자녀로서 더욱더 뿌리 내리게 한다. ② 그리스도와 더욱 굳게 결합시킨다. ③ 성령의 선물을 증대시킨다. ④ 교회와의 결합을 더욱 완전하게 한다. ⑤ 그리스도의 참된 증인이 되게 한다. 견진성사는 세례성사의 은총을 더욱 견고하게 하며(①~④), 어른 된 하느님 자녀로서 그리스도의 사명에 참여하는 것(⑤)은 견진 고유의 성사은총이라 할 수 있다.

용어 **성령 강림** 성령께서 내려오심. 오순절날 성령이 사도들에게 내리신 것만이 아니라, 오늘날 신자들에게 성령이 내려오시는 것 또한 성령 강림이다.

그리스도교 신앙의 증인 예수 그리스도께서는 제자들을 당신의 증인으로 파견하셨다(요한 15,27). "아버지께서 나를 보내신 것처럼, 나도 너희를 보낸다"(요한 20,21). 그러므로 모든 신자는 그리스도의 증인, 그리스도교 신앙의 증인이다.

견진의 인호 → 문답 227의 용어 풀이 참조.

성구 **이사 11,2** 그 위에 **주님의** 영이 머무르니 지혜와 슬기의 영 경륜과 용맹의 영 지식의 영과 **주님을** 경외함이다.

사도 1,8 "성령께서 너희에게 내리시면 너희는 힘을 받아, 예루살렘과 온 유다와 사마리아, 그리고 땅 끝에 이르기까지 나의 증인이 될 것이다."
요한 16,13* 1요한 2,27*

269 누가 견진성사를 받을 수 있는가?

견진성사를 유효하게 받으려면 이미 세례성사를 받은 자로서 은총의 상태에 있어야 한다. 이 성사는 단 한 번 받을 수 있으며, 받아야만 한다.

해설 세례성사를 받은 신자라면 누구나 견진성사를 받을 수 있고, 또 받아야만 한다. 견진성사는 세례성사를 확정하고 세례성사의 은총을 견고하게 하기 때문이다. 라틴 교회는 전통적으로 견진성사를 받기 위한 기준으로 '분별력을 가질 나이'를 제시하고 있으며(1307항), 한국 천주교회는 이를 '만 12세 이상'으로 규정하고 있다(한국 천주교 사목 지침서, 67조).

용어 **유효하게 받다** 성사의 은총을 받으려면, 곧 견진성사가 효과가 있으려면(유효하려면) 받는 이가 은총의 상태에 있어야 한다.

은총의 상태 하느님과의 친교가 단절되지 않은 상태를 말한다. 대죄는 하느님과의 친교를 단절시킨다.

성구 **민수 11,26.29** 그때에 두 사람이 진영에 남아 있었는데, 한 사람의 이름은 엘닷이고 다른 사람의 이름은 메닷이었다. 그런데 명단에 들어 있으면서 천막으로 나가지 않은 이 사람들에게도 영이 내려 머무르자, 그들이 진영에서 예언하였다. … 모세가 그에게 말하였다. "너는 나를 생각하여 시기하는 것이냐? 차라리 주님의 온 백성이 예언자였으면 좋겠다. 주님께서 그들에게 당신의 영을 내려 주셨으면 좋겠다."

사도 19,5-6 그들은 이 말을 듣고 주 예수님의 이름으로 세례를 받았다. 그리고 바오로가 그들에게 안수하자 성령께서 그들에게 내리시어, 그들이 신령한 언어로 말하고 예언을 하였다.

사도 10,44-45*

270 견진성사의 집전자는 누구인가?

정규 집전자는 주교이다. 이로써 견진을 받은 자는 교회와 사도적 친교를 이루고 있음을 나타낸다. 동방 교회에서는 일반적으로, 라틴 교회에서는 특별한 경우에 사제가 견진성사를 베풀지만, 이때에도 주교와 교회와 이루는 유대는 주교의 협력자인 사제로 또 주교가 직접 축성한 축성 성유로써 표현된다.

해설 견진성사의 본 집전자는 주교다. 주교 집전이 교회와의 사도적 친교를 나타내기 때문이다. 신앙 생활에서 그리스도의 유일한 교회와 이루는 친교는 매우 중요하다. 그러나 죽을 위험에 있는 신자에게는 사제도 견진성사를 줄 수 있다. 세례성사와 마찬가지로, 교회는 그 자녀 가운데 한 사람이라도 이 성사를 받지 않고 세상을 떠나는 것을 원치 않기 때문이다(1314항).

용어 **정규 집전자** → 문답 260의 용어 풀이 참조.

사도적 친교 참된 교회는 사도로부터 이어오는 법통을 간직하고 있다. 이 사도로부터 이어오는 교회와 이루는 친교가 사도적 친교다.

주교의 협력자 사제는 주교의 협력자, 곧 주교에게서 교회 직무를 위임받아 수행하는 성직자다(1562항 참조).

성구 **1사무 10,1** 사무엘은 기름병을 가져다가, 사울의 머리에 붓고 입을 맞춘 다음 이렇게 말하였다. "주님께서 당신에게 기름을 부으시어, 그분의 소유인 이스라엘의 영도자로 세우셨소."

사도 8,14-17 예루살렘에 있는 사도들은 사마리아 사람들이 하느님의 말씀을 받아들였다는 소식을 듣고, 베드로와 요한을 그들에게 보냈다. 베드로와 요한은 내려가서 그들이 성령을 받도록 기도하였다. 그들이 주 예수님의 이름으로 세례를 받았을 뿐, 그들 가운데 아직 아무에게도 성령께서 내리지 않으셨기 때문이다. 그때에 사도들이 그들에게 안수하자 그들이 성령을 받았다.

■ 성체성사

271 성찬례는 무엇인가?

성찬례는 주님이신 예수님의 몸과 피의 희생 제사이다. 그리스도께서 다시 오실 때까지 십자가의 희생 제사를 세세에 영속화하고, 또한 그때까지 교회에 당신 죽음과 부활의 기념제를 맡기시려고 이 성사를 제정하셨다. 이 제사는 일치의 표징이고 사랑의 끈이며, 그 안에서 그리스도를 받아 모시어, 마음을 은총으로 가득 채우고 우리가 영원한 생명의 보증을 받는 파스카 잔치이다.

해설 미사나 성찬례는 다 같이 성체성사를 이르는 말이다. 성찬례의 다양한 측면을 교리서는 ① 주님의 수난과 부활의 기념(1330항; 1341-1344항), ② 희생 제사(1362-1369항), ③ 감사와 찬미(1359-1361항), ④ 그리스도의 현존(1373-1381항), ⑤ 파스카 잔치(1382-1390항) 등으로 설명하고 있다.

용어 **성찬례** 우리말 성찬례는 '거룩한 잔치 예식'이라고 풀어 설명할 수 있겠지만, 성찬례는 본래 에우카리스티아(감사)의 우리말 번역이다. 유다인들의 파스카 식사에서 감사와 찬미는 중요한 요소였으며, 예수님께서 제자들과 파스카 음식을 들면서 제정하신 성체성사에서도 감사와 찬미는 그대로 이어졌다. → 문답 220 참조.

예수님의 몸과 피의 희생 제사 예수님께서는 성금요일에 이루어질 십자가상 죽음을 하루 앞당겨 최후 만찬에서 당신의 희생 제사로 제정하셨는데 이것이 바로 미사성제, 곧 성체성사다(유다력으로는 최후 만찬과 십자가 죽음이 같은 날 이루어짐).

죽음과 부활의 기념제 예수님께서 성체성사를 세우신 것은 당신의 죽음과 부활을 영원히 기념하게 하기 위해서다.

파스카 잔치 성체성사는 또한 죽음에서 생명으로 건너가는 하느님 나라에서 이루어질 잔치에 앞당겨 참여하는 것이다. → 문답 452 참조.

성구 **탈출 12,3.11** "이스라엘의 온 공동체에게 이렇게 일러라. 이달 초열흘날 너희는 가정마다 작은 가축을 한 마리씩, 집집마다 작은 가축을 한 마리씩 마련하여라. … 그것을 먹을 때는, 허리에 띠를 매고 발에는 신을 신고 손에는 지팡이를 쥐고, 서둘러 먹어야 한다. 이것이 **주님**을 위한 파스카 축제다."

마태 26,26-28 그들이 음식을 먹고 있을 때에 예수님께서 빵을 들고 찬미를 드리신 다음, 그것을 떼어 제자들에게 주시며 말씀하셨다. "받아 먹어라. 이는 내 몸이다." 또 잔을 들어 감사를 드리신 다음 제자들에게 주시며 말씀하셨다. "모두 이 잔을 마셔라. 이는 죄를 용서해 주려고 많은 사람을 위하여 흘리는 내 계약의 피다."

1코린 11,24ㄴ-25*

→ 아래 문답 272 성구 참조.

272 예수 그리스도께서는 언제 성체성사를 제정하셨는가?

예수님께서는 성목요일 당신께서 "잡히시던 날 밤에"(1코린 11,23) 당신 사도들과 함께 최후의 만찬을 거행하시면서 이 성사를 제정하셨다.

해설 예수님께서는 성목요일에 이 성사를 세우셨는데, 그 날은 파스카 어린양을 잡는 날이요(마르 14,12), 그분이 잡히시어 사람들 손에 넘어간 날이다.

용어 **최후 만찬** 흔히 성목요일 예수님께서 제자들과 함께 나눈 저녁식사를 최후 만찬이라고 한다. 생전에 예수님께서 하신 식사는 그것이 마지막인데, 이는 파스카 식사였다(마태 26,18-19; 루카 22,15).

성구 **탈출 12,21** 모세는 이스라엘의 원로들을 모두 불러 그들에게 말하였다. "너희는 가서 저마다 제 집안을 위하여 작은 짐승을 한 마리씩 끌어다 파스카 제물로 잡아라."

1코린 11,23ㄴ-24 주 예수님께서는 잡히시던 날 밤에 빵을 들고 감사를 드리신 다음, 그것을 떼어 주시며 말씀하셨습니다. "이는 너희를 위한 내 몸이다. 너희는 나를 기억하여 이를 행하여라."

마르 14,12.16*

273 성체성사는 어떻게 제정되었는가?

예수님께서는 사도들을 이층 방에 불러 모으신 후, 빵을 손에 드시고 쪼개어 그들에게 나누어 주시며 말씀하셨다. "너희는 모두 이것을 받아 먹어라. 이는 너희를 위하여 내어 줄 내 몸이다." 그다음 포도주 잔을 손에 드시고 그들에게 말씀하셨다. "너희는 모두 이것을 받아 마셔라. 이는 새롭고 영원한 계약을 맺는 내 피의 잔이니, 죄를 사하여 주려고 너희와 모든 이를 위하여 흘릴 피다. 너희는 나를 기억하여 이를 행하여라."

해설 주님의 성체성사 제정은 복음서(마태 26,26-30; 마르 14,22-26; 루카 22,14-20)와 코린토 1서(11,23-25)가 전한다. "그들이 음식을 먹고 있을 때에 예수님께서 빵을 들고 찬미를 드리신 다음, 그것을 떼어 제자들에게 주시며 말씀하셨다. '받아라. 이는 내 몸이다.' 또 잔을 들어 감사를 드리신 다음 제자들에게 주시니 모두 그것을 마셨다. 그때에 예수님께서 그들에게 이르셨다. '이는 많은 사람을 위하여 흘리는 내 계약의 피다'"(마르 14,22-24).

성체성사는 예수님께서 파스카 식사를 제자들과 함께 나누는 가운데 제정되었다. 다시 말해 구약의 파스카와 연계하여 신약의 파스카 잔치인 성체성사를 세우신 것이다.

용어 **새롭고 영원한 계약** 예수님께서는 당신 피로써 옛 계약, 곧 구약을 새 계약, 곧 신약으로 바꾸셨다. 이 새 계약은 깨지지 않는 영원한 계약이다.

성구 **탈출 24,6-8** 모세는 그 피의 절반을 가져다 여러 대접에 담아 놓고, 나머지 절반은 제단에 뿌렸다. 그리고 나서 계약의 책을 들고 그것을 읽어 백성에게 들려주었다. 그러자 그들은 "주님께서 말씀하신 모든 것을 실행하고 따르겠습니다." 하고 말하였다. 모세는 피를 가져다 백성에게 뿌리고 말하였다. "이는 주님께서 이 모든 말씀대로 너희와 맺으신 계약의 피다."

루카 22,19-20 예수님께서는 또 빵을 들고 감사를 드리신 다음, 그것을 떼어 사도들에게 주시며 말씀하셨다. "이는 너희를 위하여 내어 주는 내 몸이다. 너희는 나를 기억하여 이를 행하여라." 또 만찬을 드신 뒤에 같은 방식으로 잔을 들어 말씀하셨다. "이 잔은 너희를 위하여 흘리는 내 피로 맺는 새 계약이다."

1코린 11,23-25*

→ 문답 271-272의 성구 참조.

274 성찬례는 교회 생활에서 무엇을 드러내는가?

성찬례는 그리스도교 생활 전체의 원천이며 정점이다. 성찬례 안에서 우리를 향한 하느님의 성화 활동과 하느님을 향한 우리의 예배가 그 정점에 이른다. 교회의 모든 영적 선, 곧 우리의 파스카이신 그리스도께서 성체성사 안에 계신다. 하느님 생명의 친교와 하느님 백성의 일치는 성찬례로 표현되고 실현된다. 우리는 성찬례를 거행함으로써 이미 천상 전례에 결합되며, 영원한 생명을 미리 맛본다.

해설 ① 교회의 모든 직무와 활동, 그리고 성사들은 성체성사를 지향한다(1324항).
② 성체성사는 교회를 존재하게 한다(1325항). "교회는 성체성사로 산다"(요한

바오로 2세의 회칙 이름). ③ 성체성사는 교회를 천상 전례, 천상 교회와 결합시킨다(1326항). 한 마디로 성체성사는 우리 신앙의 핵심이요 요약이다(1327항).

용어 **하느님의 성화 활동과 우리의 예배** 전례 안에서 하느님께서는 우리를 거룩하게 하시고, 우리는 하느님을 예배한다. 전례는 하느님께서 하시는 일(聖事)임과 동시에 우리(교회)가 하느님의 일에 참여하는 것이다.

영적 선 영적으로 가장 좋은 것은 바로 그리스도이시다.

하느님 생명의 친교와 하느님 백성의 일치 교회는 삼위일체 하느님의 친교와 그 친교에 참여하는 하느님과 사람 사이의 친교, 그리고 사람과 사람 사이의 친교를 나타내고 이루어 주는 친교의 성사다.

성구 에즈 6,19-22ㄱ 돌아온 유배자들은 첫째 달 열나흗날에 파스카 축제를 지냈다. 사제들과 레위인들은 일제히 자신을 정결하게 하였다. 그래서 그들은 모두 정결하게 되었다. 그런 다음 그들은, 돌아온 모든 유배자와 동료 사제들과 자기들이 먹을 파스카 제물을 잡았다. 그러자 유배에서 돌아온 이스라엘 자손들은, 주 이스라엘의 하느님을 공경하기 위하여 그 지방 민족들의 부정을 떨쳐 버린 모든 이와 함께 그것을 먹었다. 그리고 이레 동안 무교절을 즐겁게 지냈다.

사도 2,46-47 그들은 날마다 한마음으로 성전에 열심히 모이고 이 집 저 집에서 빵을 떼어 나누었으며, 즐겁고 순박한 마음으로 음식을 함께 먹고, 하느님을 찬미하며 온 백성에게서 호감을 얻었다. 주님께서는 날마다 그들의 모임에 구원받을 이들을 보태어 주셨다.

이사 55,1-3* 사도 20,7*

275 성체성사를 또 무엇이라고 부르는가?

성체성사의 무한한 풍요로움은 여러 가지의 이름들에서 나타난다. 이 이름들은 각기 성체성사의 어떤 측면들을 환기시킨다. 보통 쓰이는 이름들은 성찬례, 미사성제, 주님의 만찬, 빵 나눔, 성찬 모임, 주님의 수난과 죽음과 부활의 기념, 거룩한 희생 제사, 하느님의 거룩한 전례, 거룩한 신비, 지극히 거룩한 제단의 성사, 영성체(친교) 등이다.

해설 성체성사는 여러 가지 별칭이 있다. ① 성찬례(에우카리스티아 - 감사제). ② 미사

성제. ③ 주님의 만찬晩餐. ④ 빵 나눔. ⑤ 성찬 모임. ⑥ 주님의 수난과 죽음과 부활의 기념. ⑦ 거룩한 희생 제사. ⑧ 하느님의 거룩한 전례. ⑨ 거룩한 신비. ⑩ 지극히 거룩한 제단의 성사. ⑪ 영성체領聖體. ⑫ 우리 신앙 선조들은 성체성사를 "큰 성사"라고 불렀다. 성사 중의 성사라는 말이다.

용어 **성찬례** → 문답 271 용어 풀이 참조.

미사 성제 성체성사 거행 후 신자들은 "미사가 끝났으니 가서 복음을 전하라"Ite, 'missa' est고 파견된다. 여기에서 미사라는 말이 나왔다. 이 미사 곧 성체성사는 거룩한 제사다.

주님의 만찬 만찬이란 저녁식사를 말한다. 주 예수님께서는 성목요일 만찬 중에 성체성사를 세우셨다.

빵 나눔 성체성사에서 우리는, 제자들과 함께 음식을 나누는 동안 이 성사를 세우신(마태 26,26) 주님을 기억할 뿐 아니라, 그 식탁에서처럼 그분과 함께 나눈 빵을 통해 주님과 친교를 이루며 그분 안에서 오직 한 몸을 이룬다.

성찬 모임/시낙시스Synaxis 처음부터 교회는 이 거룩한 잔치를 중심으로 모여 하느님을 예배하였다(사도 2,46).

주님의 수난과 죽음과 부활의 기념 주님께서는 "나를 기억하여"(루카 22,19) 성체성사를 행하라고 명하셨고, 교회는 성체성사를 거행할 때마다 주님의 죽음과 부활을 기억한다(1코린 11,26).

거룩한 희생 제사 인류 역사상 주님의 십자가상 희생 제사는 가장 거룩하고 유일무이한 제사다. 이 희생 제사는 "벗을 위해 목숨을 바치는 큰 사랑"(요한 15,13) 바로 그것이다.

하느님의 거룩한 전례 교회의 모든 전례는 성체성사를 중심으로 이루어지며 다른 전례 거행은 이 성사 안에 집약된다.

거룩한 신비 성사적인 차원에서 신비Mysterium와 성사Sacramentum는 같은 뜻이다. 영어로 성체성사를 Blessed Sacrament라고 하는데, 같은 의미다.

지극히 거룩한 제단의 성사 예수 그리스도 자신이 제단이요 제물이며, 제사를 주관하는 사제다.

영성체Communio 성체성사는 주님의 몸과 피를 먹고 마심으로써 주님과 하나가 되는 성사다. 그러므로 영성체는 미사의 핵심적인 부분이라 할 수 있다. "내 살을 먹고 내 피를 마시는 사람은 내 안에 머무르고, 나도 그 사람 안에 머무른다"(요한 6,56).

성구 **탈출 12,25-27** "너희는 주님께서 약속하신 대로 너희에게 주실 땅에 들어가거든, 이 예식을 지켜라. 너희 자녀들이 너희에게 '이 예식은 무엇을 뜻합니까?' 하고 물으면, 이렇게 대답하여라. '그것은 주님을 위한 파스카 제사이다. 그분께서는 이집트인들을 치실 때, 이스라엘 자손들의 집을 거르고 지나가시어, 우리 집들을 구해 주셨다.'"

사도 2,42 그들은 사도들의 가르침을 받고 친교를 이루며 빵을 떼어 나누고 기도하는 일에 전념하였다.

1코린 11,20* 묵시 19,9*

276 성찬례는 하느님의 구원 경륜에서 어떤 위치에 있는가?

성찬례는 무엇보다 구약 안에서 이스라엘 백성이 해마다 파스카 축제에 누룩 없는 빵을 먹으면서 이집트 종살이에서 벗어나려고 서둘러 떠났음을 기념하는 것에서 예고되었다. 예수님께서는 가르침을 통하여 성체성사를 예고하시고 드디어 파스카 식사 중에 사도들과 최후의 만찬을 거행하시면서 성체성사를 세우셨다. "너희는 나를 기억하여 이를 행하여라."(1코린 11,24) 하신 주님의 명령에 충실한 교회는 언제나, 특히 예수님께서 부활하신 날, 곧 주일에 성찬례를 거행하였다.

해설 구약에서는 물론 파스카 식사 때 먹는 "누룩 없는 빵"(탈출 12,8)과 식사 끝에 마시는 "축복의 잔"(1코린 10,16)이 성체성사를 예고한다. 교회는 그 외에도 "빵과 포도주를 가지고 나온"(창세 14,18) 멜키체덱을 미사 거행의 예표로 본다. 구약의 사제들은 빵과 포도주를 감사 제물로 바쳤다(레위 7,13; 23,13). 신약에서는 예수님이 빵을 축복하시고 떼어서 제자들을 시켜 나누어 주신 빵의 기적과(마태 14,13-21; 요한 6장), 카나의 혼인 잔치에서 물을 포도주로 변화시킨 표징(요한 2,11)은 당신의 파스카를 예고하신 것이다. 교회는 처음부터 예수님의 명을 받들어 성찬례를 거행하여 왔다.

용어 **누룩 없는 빵** 이스라엘은 누룩 없는 빵으로 파스카 축제를 지낸다. 이는 이집트 종살이에서 서둘러 떠나옴을 기념하는 행위다.

성구 　**탈출 13,3** "너희는 이집트에서, 곧 종살이하던 집에서 나온 이날을 기억하여라. 주님께서 강한 손으로 너희를 그곳에서 이끌어 내셨기 때문이다. 이날 누룩 든 빵을 먹어서는 안 된다."

　　사도 20,7.11 주간 첫날에 우리는 빵을 떼어 나누려고 모였다. 바오로가 신자들에게 이야기하였는데, 이튿날 떠나기로 되어 있었기 때문에 자정까지 이야기를 계속하였다. … 바오로는 다시 올라가 빵을 떼어 나누고 또 식사를 한 다음, 날이 샐 때까지 오래 이야기를 하고 나서 떠났다.

　　탈출 12,11.18*

277　성찬례는 어떻게 거행하는가?

오직 하나의 예배 행위를 이루는 두 가지의 주요 부분, 곧 하느님 말씀의 선포와 들음으로 이루어지는 **말씀 전례**, 빵과 포도주의 봉헌, 축성의 감사 기도와 영성체로 이루어지는 **성찬 전례**로 진행된다.

해설 　성찬례 곧 미사의 거행은 크게 말씀 전례와 성찬 전례로 이루어진다. (말씀 전례에 앞서 시작 예식이 있고, 성찬 전례 끝에는 마침 예식이 있다.)

　　말씀 전례에는 신·구약 성경의 봉독과 강론, 신앙 고백과 보편 지향 기도가 있다. **성찬 전례**에는 예물 준비, 감사기도, 영성체 예식이 있다.

　　감사기도는 다양한 양식이 마련되어 있다. 제2양식의 내용을 살펴보면, 감사송, 성령 청원(축성 기원), 성찬 제정과 축성문, 기념과 봉헌, 성령 청원(일치 기원), 전구, 마침 영광송으로 되어 있다.

용어 　**말씀 전례**　미사의 전반부로서, 하느님의 말씀을 듣는 부분이다. 미사 곧 성체성사 이외의 성사에서도 먼저 말씀 전례가 거행된다. 신자들은 하느님의 말씀으로 성사의 신비를 깊이 이해하게 된다.

　　성찬 전례　미사에서 인간 노동의 결과인 빵과 포도주가 주님의 몸과 피로 변화되며, 이를 먹고 마심으로써 주님과도 하나 되고 우리 서로도 한 몸(그리스도의 몸; 신비체)이 된다.

　　감사기도_Anaphora_　이것은 일반적인 감사 기도(2637-2638항)가 아니라 성찬 전례의 핵심을 이루는 '성찬기도'다. 이를 구분하기 위해 '감사기도'라고 붙여 쓸 것을 제안한다.

성구 **느헤 8,2-3.10**   에즈라 사제는 남자와 여자, 그리고 말귀를 알아들을 수 있는 모든 이로 이루어진 회중 앞에 율법서를 가져왔다. 때는 일곱째 달 초하룻날이었다. 그는 '물 문' 앞 광장에서, 해 뜰 때부터 한낮이 되기까지 남자와 여자와 알아들을 수 있는 이들에게 그것을 읽어 주었다. 백성은 모두 율법서의 말씀에 귀를 기울였다. 에즈라가 다시 그들에게 말하였다. "가서 맛있는 음식을 먹고 단 술을 마시십시오. 오늘은 우리 주님께 거룩한 날이니, 미처 마련하지 못한 이에게는 그의 몫을 보내 주십시오. 주님께서 베푸시는 기쁨이 바로 여러분의 힘이니, 서러워하지들 마십시오."

루카 24,27.30   그리고 이어서 모세와 모든 예언자로부터 시작하여 성경 전체에 걸쳐 당신에 관한 기록들을 그들에게 설명해 주셨다. … 그들과 함께 식탁에 앉으셨을 때, 예수님께서는 빵을 들고 찬미를 드리신 다음 그것을 떼어 그들에게 나누어 주셨다.

마태 14,19* 사도 2,42* 사도 20,11*

278 성찬례 거행의 집전자는 누구인가?

성찬례의 집전자는 유효하게 성품을 받은, 머리이신 그리스도를 대신하여 교회의 이름으로 행하는 사제(주교나 신부)이다.

해설   성품 성사를 받아 직무 사제직을 수행하는 주교와 사제가 미사를 거행한다. 그렇지만 세례를 받은 신자들도 그리스도의 사제직에 참여하는데 이를 보편 사제직이라 부른다. 머리이신 대사제 그리스도를 대신하여 미사를 집전하는 사제뿐 아니라 미사에 참여하는 지체(신자)들도 미사를 봉헌한다고 말할 수 있다. "여러분도 살아 있는 돌로서 영적 집을 짓는 데에 쓰이도록 하십시오. 그리하여 하느님 마음에 드는 영적 제물을 예수 그리스도를 통하여 바치는 거룩한 사제단이 되십시오."(1베드 2,5).

용어   **유효하게 성품을 받은**   가톨릭 교회의 주교에게서 성품성사를 받는 것을 말한다.

성구	**2역대 30,15-17** 그리고 둘째 달 열나흗날에 파스카 양을 잡았다. 사제들과 레위인들은 부끄러움을 느끼며 자신들을 거룩하게 한 다음, 주님의 집으로 번제물들을 가져왔다. 그들은 하느님의 사람 모세의 율법에 따라 법규로 정해진 자리에 섰다. 사제들은 레위인들의 손에서 피를 받아 뿌렸다. 그런데 회중 가운데에는 자신들을 거룩하게 하지 못한 사람들이 많았다. 그래서 레위인들은 부정한 탓으로 주님께 파스카 양을 봉헌하지 못하는 모든 이를 위하여 파스카 양을 잡는 일을 맡았다. **묵시 1,6** 우리가 한 나라를 이루어 당신의 아버지 하느님을 섬기는 사제가 되게 하신 그분께 영광과 권능이 영원무궁하기를 빕니다. 아멘.

279 성찬례를 거행하는 데 필요한 본질적이고 필수적인 요소는 무엇인가?

빵과 포도주이다.

해설	교회는 성찬례의 본질적이고 필수적인 재료인 빵과 포도주를 정성껏 마련한다. 대개 빵[제병祭餅]은 수도원에서 만든다. 제주祭酒로는 아무런 첨가물도 사용하지 않은 순수한 포도주를 사용한다.
용어	**빵과 포도주** 빵과 포도주는 인간 노동의 결실이며, 이것이 주님의 몸과 피로 변한다는 사실은 인간이 하는 모든 일이 하느님 나라의 실재로 변화됨을 의미한다. "온 누리의 주 하느님, 찬미받으소서. 주님의 너그러우신 은혜로 저희가 땅을 일구어(포도를 가꾸어) 얻은 이 빵(술)을 주님께 바치오니 생명의 양식이(구원의 음료가) 되게 하소서"(예물 준비 기도).
성구	**창세 14,18** 살렘 임금 멜키체덱도 빵과 포도주를 가지고 나왔다. 그는 지극히 높으신 하느님의 사제였다. **히브 10,5** 그러한 까닭에 그리스도께서는 세상에 오실 때에 이렇게 말씀하셨습니다. "당신께서는 제물과 예물을 원하지 않으시고 오히려 저에게 몸을 마련해 주셨습니다."

280 성찬례는 어떤 의미에서 그리스도 희생의 기념제인가?

성체성사는 그리스도께서 인류를 대신하여 십자가에서 단 한 번 모든 사람을 위하여 성부께 바친 희생을 재현한다는 뜻에서 **기념제**이다. 성찬례가 지닌 제사적 성격은 성찬 제정 말씀, 곧 "이는 너희를 위하여 내어 주는 내 몸이다. … 이 잔은 너희를 위하여 흘리는 내 피로 맺는 새 계약이다."(루카 22,19-20) 하신 말씀에 나타나 있다. 십자가의 희생 제사와 성찬례의 희생 제사는 **동일한 제사**이다. 제물과 봉헌자는 동일하나 봉헌하는 방식이 다를 뿐이다. 곧 십자가 위에서는 피 흘림이 있었으나 성찬례 안에는 피 흘림이 없다.

해설   기념(아남네시스)은 성경과 성사에서 매우 중요한 개념이다. 성경에서 기념은 하느님께서 우리를 위해 이루신 놀라운 일을 기억하고 이를 선포하는 것을 의미한다. 한편 성사에서는 하느님의 일들을 기억할 뿐 아니라 이를 현재화하는 것이다. 주님의 파스카를 기억하며 현재화하는 성체성사에서 주님의 십자가상 희생 제사가 오늘 이 자리에서 그대로 이루어진다는 말이다.

용어   **재현再現하다**   다시 그대로 이루어진다는 뜻이다(= 현재화하다. 1366항). 미사에서 그리스도의 십자가상 희생 제사가 오늘 다시 그대로 이루어진다.

성찬 제정 말씀   이것은 성사의 핵심 역할을 하는 성사적 말씀이다. "너희는 모두 이것을 받아 먹어라. 이는 너희를 위하여 내어줄 내 몸이다. 너희는 모두 이것을 받아 마셔라. 이는 새롭고 영원한 계약을 맺는 내 피의 잔이니 죄를 사하여 주려고 너희와 모든 이를 위하여 흘릴 피다. 너희는 나를 기억하여 이를 행하여라." 미사 때의 이 성찬 제정 말씀은 복음서와 코린토 1서의 성찬 제정 말씀을 종합 정리한 것이다. 사제는 예수님께서 최후 만찬에서 하신 성찬 제정의 말씀으로 빵과 포도주를 축성하며, 이로써 십자가 위에서 단 한 번 영원히 봉헌된 희생 제물인 주님의 살과 피가 된다.

성구   **탈출 24,8**   모세는 피를 가져다 백성에게 뿌리고 말하였다. "이는 주님께서 이 모든 말씀대로 너희와 맺으신 계약의 피다."

1코린 11,23ㄴ-26   주 예수님께서는 잡히시던 날 밤에 빵을 들고 감사를 드리신 다음, 그것을 떼어 주시며 말씀하셨습니다. "이는 너희를 위한 내 몸이다. 너희는 나를 기억하여 이를 행하여라." 또 만찬을 드신 뒤에 같은 모양으로 잔을 들어 말씀하셨습니다. "이 잔은 내 피로 맺는 새 계약이다. 너희는 이 잔을 마실 때마다 나를 기억하여 이를 행하여라." 사실 주님께서 오실 때까지, 여러분은 이 빵을 먹고 이 잔을 마실 적마다 주님의 죽음을 전하는 것입니다.

281 교회는 성찬례의 희생 제사에 어떤 방식으로 참여하는가?

성찬례에서 그리스도의 제사는 그 신비체의 지체들의 제사이기도 하다. 신자들의 삶, 찬미, 고통, 기도, 노동 등은 그리스도의 그것들과 결합된다. 희생 제사로서 성찬례는 산 이와 죽은 이들의 죄에 대한 보상으로도 바치는 것이며, 하느님께 영적이거나 현세적인 은혜를 얻으려고도 바치는 것이다. 천상의 교회도 그리스도의 봉헌에 결합된다.

해설 교회가 미사(성찬례)를 봉헌할 때 그 미사는 어느 한 성당에서 그곳에 모인 신자들만의 미사가 아니다. 보편 교회 전체의 미사일 뿐 아니라, 이른바 천상의 교회와 정화 중인 교회도 함께 하는 미사다. 이 사실은 감사기도의 성체 축성에 이어 나오는 전구에서 교황과 주교, 산 이와 죽은 이, 그리고 성모 마리아를 비롯한 모든 성인을 기억하는 데서 잘 나타난다. 한 마디로 교회 곧 그리스도의 지체인 우리 모두는 미사에서 머리이신 그리스도와 함께 성부께 봉헌된다.

용어 **죄에 대한 보상** 예수님의 십자가상 죽음은 "죄를 용서해 주려고 많은 사람을 위하여 흘리신"(마태 26,18) 속죄의 희생 제사다.

하느님의 영적이거나 현세적인 은혜 우리는 미사에서 하느님께 영적인 은혜와 함께 물질적인 복도 청한다.

성구 **1열왕 8,42-43** "그들이 당신의 위대한 이름을 듣고, 당신의 강한 손과 뻗은 팔이 하신 일을 듣고 와서 이 집을 향하여 기도하면, 당신께서는 계시는 곳 하늘에서 들으시고, 그 이방인이 당신께 호소하는 것은 무엇이나 이루어 주십시오. 그렇게 하시면 이 세상 모든 민족들이 당신의 이름을 알아 모시고, 당신의 백성 이스라엘처럼 당신을 경외하게 될 것입니다. 그리고 그들은 제가 지은 이 집이 당신의 이름으로 불리는 것을 알게 될 것입니다."

묵시 5,8-9 어린양이 두루마리를 받으시자, 네 생물과 스물네 원로가 그 앞에 엎드렸습니다. 그들은 저마다 수금과, 또 향이 가득 담긴 금 대접을 가지고 있었습니다. 향이 가득 담긴 금 대접들은 성도들의 기도입니다. 그들이 새 노래를 불렀습니다. "주님께서는 두루마리를 받아 봉인을 뜯기에 합당하십니다. 주님께서 살해되시고 또 주님의 피로 모든 종족과 언어와 백성과 민족 가운데에서 사람들을 속량하시어 하느님께 바치셨기 때문입니다."
1베드 2,9*

282 예수님께서는 성찬례 안에 어떻게 현존하시는가?

예수 그리스도께서는 비할 데 없는 독특한 방식으로 성찬례 안에 현존하신다. 예수 그리스도의 영혼과 천주성과 하나 된 몸과 피가, 따라서 그리스도께서 참으로, 실재적으로, 그리고 실체적으로 담겨 계신다. 그러므로 성찬례 안에서 하느님이시며 인간이신 그리스도의 온전한 존재가 성사적인 방식으로, 빵과 포도주의 성체성사의 형상 안에 현존하신다.

해설 성찬례에서 예수님은 빵과 포도주라는 성체성사의 형상 안에 참으로, 실재적으로, 그리고 실체적으로 현존하신다. 그런데 우리는 흔히 이 현존만 생각하는데, 성체를 받아 모신 신자들 안에 참으로, 실재적으로, 실체적으로 현존하시는 사실에 대해서도 소홀히 해서는 안 된다. 부활하신 주님께서는 성체를 모신 사람들 안에 사신다. "이제는 내가 사는 것이 아니라 그리스도께서 내 안에 사시는 것입니다"(갈라 2,20ㄱ).

용어 **예수 그리스도의 영혼과 천주성과 하나 된 몸과 피** 예수 그리스도 온전한 그분 자신을 말한다. 그분의 영혼도 천주성도 몸도 피도 온전히 한 분 그리스도를 이룬다.

참으로, 실재적으로, 실체적으로 정말로 존재한다는 점을 강조하여 표현한 말이다.

성체의 형상들 축성된 빵과 포도주의 외형을 말한다. '성사의 형상'species sacramentales이라고도 한다.

천주성 천주성天主性은 신성神性 즉 신적 본성을 말한다. 신성이라는 말은 성부, 성자, 성령의 삼위일체 하느님 말고도 다른 신적 존재들 예컨대 천사에게도 쓸 수 있는 말이어서, 오직 하느님의 본성을 가리키기 위해 천주성이라

한 것이다. → 문답 48 참조.

성구 **탈출 25,21-22** "너는 그 속죄판을 궤 위에 얹고, 궤 안에는 내가 너에게 줄 증언판을 넣어라. 내가 그곳에서 너를 만나고, 속죄판 위, 곧 증언 궤 위에 있는 두 커룹 사이에서 이스라엘 자손들을 위하여 내가 너에게 명령할 모든 것을 일러 주겠다."

요한 6,56-57 "내 살을 먹고 내 피를 마시는 사람은 내 안에 머무르고, 나도 그 사람 안에 머무른다. 살아 계신 아버지께서 나를 보내셨고 내가 아버지로 말미암아 사는 것과 같이, 나를 먹는 사람도 나로 말미암아 살 것이다."

283 실체 변화는 무엇을 뜻하는가?

실체 변화란 빵의 실체 전체가 그리스도의 몸의 실체로, 포도주의 실체 전체가 그리스도의 피의 실체로 변화하는 것을 뜻한다. 이 변화는 그리스도의 말씀과 성령의 활동을 통하여 성체 축성문으로 이루어진다. 그럼에도 빵과 포도주의 감각적 특성들 곧 '성체의 형상들'은 변하지 않은 채 그대로 남아 있다.

해설 우리가 음식을 섭취하면 살과 피가 된다. 우리 몸이 그렇게 한다. 우리의 의지나 원의와 상관없이 그렇게 된다. 그렇지만 아무도 밥이나 고기를 가지고 살아 있는 살과 피를 만들지 못한다. 이처럼 놀라운 내 생명의 주인이신 주님께서 말씀하신 것이므로, 그 말씀 그대로 이루어진다고 믿는 것은 자연스런 일이다. 미사에서 축성된 빵과 포도주는 주님의 몸과 피다!

용어 **실체 변화** '실체' 또는 '본체'는 - 니케아 콘스탄티노폴리스 신경에는 본체라고 되어 있다. - 라틴어 substantia를 우리말로 번역한 것이다. 실체는 상황에 따라 여러 가지로 변할 수 있는 성질, 조건, 작용, 관계 등의 근저에서 이를 떠받들고 있는 기본 존재를 말한다. 하느님에 관해서 이 말을 쓸 때는 '하느님의 존재적 본질'이라고 설명할 수 있겠다. 우리는 이런 철학적이고 신학적인 용어에 얽매이지 말고, 그저 예수님께서 성체성사 안에 계신다고 단순하게 이해하면 될 것이다.

빵과 포도주의 감각적 특성 오감으로는 그저 빵과 포도주로 지각된다는 말이다.

성구 **지혜 16,20-21** 당신의 백성은 당신께서 천사들의 음식으로 먹여 살리셨습니다. 그들의 노고 없이 미리 준비된 빵을 하늘에서 마련해 주셨습니다. 그 빵은 갖가지 맛을 낼 수 있는 것, 모든 입맛에 맞는 것이었습니다. 당신의 양식은 자녀들을 향한 당신의 달콤함을 드러내는 것으로 그것을 받는 이의 소원을 채워 주고 저마다 원하는 대로 모양이 변하는 양식이었습니다.

요한 6,51-53 "나는 하늘에서 내려온 살아 있는 빵이다. 누구든지 이 빵을 먹으면 영원히 살 것이다. 내가 줄 빵은 세상에 생명을 주는 나의 살이다." 그러자 "저 사람이 어떻게 자기 살을 우리에게 먹으라고 줄 수 있단 말인가?" 하며, 유다인들 사이에 말다툼이 벌어졌다. 예수님께서 그들에게 이르셨다. "내가 진실로 진실로 너희에게 말한다. 너희가 사람의 아들의 살을 먹지 않고 그의 피를 마시지 않으면, 너희는 생명을 얻지 못한다."

탈출 16,35*

284 빵을 나누면 그리스도께서 나누어지시는가?

빵을 나누어도 그리스도께서는 나뉘지 않으신다. 곧 그리스도께서는 성체의 각 형상 안에 그리고 각 부분에도 전체적으로 온전하게 현존하신다.

해설 부활하신 몸이신 주님의 성체는 그 존재 방식이 우리와는 다르다. 그분은 성체와 성혈 안에, 그리고 성체의 각 조각에도 전체적으로 온전하게 현존하신다.

용어 **성체의 각 형상 안에** 성체성사의 두 가지 형상은 성체와 성혈로 변화된 주님의 빵과 포도주다.

전체적으로 온전하게 그리스도의 몸 전체, 온전한 그리스도의 몸이 현존함을 나타내는 말이다.

성구 **1열왕 17,16** 주님께서 엘리야를 통하여 하신 말씀대로, 단지에는 밀가루가 떨어지지 않고 병에는 기름이 마르지 않았다.

1코린 10,16-17 우리가 축복하는 그 축복의 잔은 그리스도의 피에 동참하는 것이 아닙니까? 우리가 떼는 빵은 그리스도의 몸에 동참하는 것이 아닙니까? 빵이 하나이므로 우리는 여럿일지라도 한 몸입니다. 우리 모두 한 빵을 함께 나누기 때문입니다.

285 그리스도의 성체 현존은 언제까지 지속되는가?

성체의 형상이 존속하는 동안 계속 그 안에 현존하신다.

해설 눈으로 보아 성체의 형상이, 성혈의 형상이 없어지는 경우에는 성체 현존이 없어지는 것이다. 예를 들어 성체를 나눌 때 눈에 보이지 않을 정도로 미세한 조각이 생길 수 있는데, 그 보이지 않는 조각에는 성체가 현존하지 않는다는 말이다.

용어 **현존** 지금 이곳에 계신다는 뜻이다.

성구 **탈출 16,32** 모세가 말하였다. "주님께서 내리신 분부는 이렇다. '그것을 한 오메르 가득 채워 대대로 보관하여라. 그리하여 내가 너희를 이집트 땅에서 이끌어 낼 때, 광야에서 너희를 먹여 살린 이 양식을 자손들이 볼 수 있게 하여라.'"

요한 6,55-56 "내 살은 참된 양식이고 내 피는 참된 음료다. 내 살을 먹고 내 피를 마시는 사람은 내 안에 머무르고, 나도 그 사람 안에 머무른다."

1요한 5,20*

286 어떤 유형의 공경을 성체께 드려야 하는가?

성체성사에 대한 **흠숭** 행위는 미사 중에든 미사가 끝난 뒤에든 오로지 하느님께만 드려야 하는 최고의 공경이어야 한다. 그러므로 교회는 축성된 제병(성체)을 아주 정성스럽게 보존하고, 미사에 참여할 수 없는 사람들과 환자들에게 가져다주어 받아 모시게 하며, 장엄한 흠숭을 위하여 신자들에게 현시하고, 백성들의 행렬 중에 모신다. 그리고 감실 안에 계시는 성체께 자주 조배하고 흠숭을 드릴 것을 권유한다.

해설 성체성사에는 흠숭의 공경 행위가 마땅하다. 흠숭이란 하느님께만 드리는 행위이다. 성체 조배, 환자 봉성체, 성체 현시(성체 강복), 성체 행렬(성체 거동)에서도 마찬가지로 흠숭의 예를 드린다.

용어 **흠숭** 하느님 예배 행위 가운데 첫째가는 것이 흠숭이다. 하느님께 대한 흠숭은 그분을 하느님으로, 창조주요 구세주로, 주님이며 존재하는 모든 것의 주인으로, 사랑과 자비가 무한하신 분으로 받들어 모시는 것이다.

환자들에게 받아 모시게 하다 교회는 처음부터 미사에 참석할 수 없는 신자들에게 성체를 모셔갔다. 이를 흔히 병자 봉성체奉聖體라고 한다.

성체 현시   신자들에게 성체 신심을 북돋아 주기 위해 성체를 현시顯示하고 성체를 찬미한다. 흔히 성체 강복降福이라고 하는데, 이 강복은 Benedictio의 우리말 번역이다. 이 말에는 하느님의 강복만이 아니라 복을 내려주시는 하느님께 우리가 드리는 찬미의 뜻도 포함된다.

성체 행렬   이 역시 성체 신심을 북돋는 신심 행위다. 흔히 **성체 거동**擧動 또는 성체 거둥이라 한다.

성체 조배   성체가 모셔진 성당에서 성체께 흠숭을 드리는 기도의 한 형태다. 조배는 **경배** 또는 **흠숭**과 같은 뜻이다.

감실   미사 때 영성체 하고 남은 성체를 모셔두는 곳이다. 감실의 성체는 병자들에게 모셔가기도 하고, 성체가 모셔진 감실 앞에서 흠숭기도를 드리기도 한다. → 문답 246 용어 풀이 참조.

성구   **탈출 16,33-34**   그러고 나서 모세가 아론에게 말하였다. "항아리 하나를 가져다 그 안에 만나 한 오메르를 가득 담아서, **주님** 앞에 두어 대대로 보관하십시오." 그래서 아론은 주님께서 모세에게 명령하신 대로 그것을 증언판 앞에 놓아 보관하게 하였다.

묵시 4,9-10ㄱ   어좌에 앉아 계시며 영원무궁토록 살아 계신 그분께 생물들이 영광과 영예와 감사를 드릴 때마다, 스물네 원로는 어좌에 앉아 계신 분 앞에 엎드려, 영원무궁토록 살아 계신 그분께 경배하였습니다.

287   성찬례는 왜 파스카 잔치인가?

성찬례는 그리스도께서 성사적 방식으로 당신의 파스카를 실현하심으로써 당신의 몸과 피를 음식과 음료로 우리에게 내어 주시고 또 당신의 희생 제사 안에서 우리를 당신과 그리고 우리 서로를 일치시키시므로 파스카 잔치이다.

해설   예수님께서는 이스라엘의 파스카 음식을 나누시는 가운데 성체성사를 세우셨다. 이는 당신의 파스카와 천상에서 이루어질 영원한 파스카 잔치를 앞당겨 실현하신 것이다. **이스라엘의 파스카**는 이스라엘이 주 하느님의 크신 사랑으로 이집트 종살이에서 벗어난 사건을 말한다. **예수님의 파스카**는 우리를 죄와 죽음의 종살이에서 해방시키기 위해 당신을 희생하신 십자가의 죽음과 부활 사건을 말한다. **영원한 파스카 잔치**는 하느님 나라에서 이루어질 것이다. 성체성사는 희생 제사일 뿐 아니라 파스카 잔치다.

용어 **성사적 방식으로** 성사는 하느님의 일을 표징으로 나타낼 뿐 아니라 이를 실현한다. 하느님 사랑의 표징과 그 사랑의 실현, 이것이 성사적 방식이다.

파스카 잔치 이스라엘 백성은 주 하느님께서 자신들을 이집트 종살이에서 해방시키신 사건을 파스카 잔치로 기념하고 선포하였다. 이 잔치 또는 식사는 하느님과 이스라엘 사이, 이스라엘 백성 사이를 하나로 묶는 것이었다. 식사 또는 잔치는 그 자리에 모인 사람들을 하나가 되게 한다. 성체성사는 신약의 파스카 잔치다. → 문답 271 용어 풀이 참조.

성구 **탈출 12,24** "너희는 이것을 너희와 너희 자손들을 위한 규정으로 삼아 영원히 지켜야 한다."

루카 22,15-16 그리고 그들에게 이르셨다. "내가 고난을 겪기 전에 너희와 함께 이 파스카 음식을 먹기를 간절히 바랐다. 내가 너희에게 말한다. 파스카 축제가 하느님의 나라에서 다 이루어질 때까지 이 파스카 음식을 다시는 먹지 않겠다."

288 제대는 무엇을 의미하는가?

제대는 두 가지 측면에서 그리스도 바로 그분을 상징한다. 곧 희생 제사의 제물(제대-십자가 희생)로 그리고 우리에게 당신 자신을 선사하시는 천상 음식(제대-성찬 식탁)으로 현존하시는 그리스도를 가리킨다.

해설 제대 또는 제단은 성체성사 거행의 중심에 있다. 성체성사 거행에서 제대는 바로 그리스도를 상징한다. 그것은 십자가의 희생을 상징하며, 자신을 하느님께 바치신 제물이신 그리스도를 상징한다.

용어 **제대/제단** 제사를 드리는 대臺 또는 단壇이다. → 문답 246 용어 풀이 참조.
천상 음식 예수님은 하늘에서 내려온 음식이다. "나는 하늘에서 내려온 살아 있는 빵이다"(요한 6,51ㄱ). 천사들의 양식, 하늘의 양식(만나) 등으로 부르기도 한다.

성구   **창세 22,9**   그들이 하느님께서 아브라함에게 말씀하신 곳에 다다르자, 아브라함은 그곳에 제단을 쌓고 장작을 얹어 놓았다. 그러고 나서 아들 이사악을 묶어 제단 장작 위에 올려놓았다.

루카 22,10-13   예수님께서 그들에게 이르셨다. "너희가 도성 안으로 들어가면 물동이를 메고 가는 남자를 만날 터이니, 그가 들어가는 집으로 따라 들어가거라. 그리고 그 집주인에게 '스승님께서 「내가 제자들과 함께 파스카 음식을 먹을 방이 어디 있느냐?」 하고 물으십니다.' 하여라. 그러면 그 사람이 이미 자리를 깔아 놓은 큰 이층 방을 보여 줄 것이다. 거기에다 차려라." 제자들이 가서 보니 예수님께서 일러 주신 그대로였다. 그리하여 그들은 파스카 음식을 차렸다.

히브 13,15-16*

289 교회는 신자들에게 언제 미사성제에 의무적으로 참여하도록 하는가?

교회는 신자들에게 모든 주일과 의무 축일에 미사성제에 참여할 의무를 부과하고, 또 다른 날에도 참여할 것을 권장한다.

해설   미사는 교회가 거행하는 최고의 전례이며, "하느님의 거룩한 전례"(1330항)다. 주님의 부활을 기념하는 주일에 그리고 큰 축일에 미사에 참여하는 것은 "우리 의무요 구원"(감사송)이다.

용어   **의무 축일**   주일처럼 미사 참례와 안식의 의무가 있는 축일. 우리나라에서 주일 말고 지키는 의무 축일은 주님 성탄 대축일(12월 25일)과 천주의 성모 마리아 대축일(1월 1일), 성모 승천 대축일(8월 15일)이다.

성구   **레위 23,2-3**   "너는 이스라엘 자손들에게 일러라. 그들에게 이렇게 말하여라. '너희가 거룩한 모임을 소집해야 하는 주님의 축일들은 이러하다. 이것들이 나의 축일이다. 너희는 엿새 동안 일을 할 수 있다. 그러나 이렛날은 안식일로서 거룩한 모임을 여는 안식의 날이니, 어떤 일도 해서는 안 된다. 이날은 너희가 사는 곳 어디에서나 지켜야 하는 주님의 안식일이다.'"

히브 10,25   어떤 이들이 습관적으로 그러듯이 우리의 모임을 소홀히 하지 말고, 서로 격려합시다. 여러분도 보다시피 그날이 가까이 오고 있으니 더욱

더 그렇게 합시다.

필리 2,10-11*

290 언제 영성체를 해야 하는가?

교회는 신자들에게 적어도 일 년에 한 번 부활 시기에 의무적으로 영성체할 것을 명하면서, 미사성제에 참여할 때마다 합당한 마음가짐으로 영성체하기를 권고한다.

해설   미사에 참여할 때마다 성체를 모시는 것은 당연하다. 미사에서 성체를 모시지 않는 것은 잔칫집에 손님으로 초대되어 가서 음식을 먹는 대신 음식 구경만 하는 셈이다.

용어   **부활 시기에 의무적으로 영성체**   이것은 정말 최소한의 영성체 의무다. 부활 시기(예수 부활 대축일부터 성령 강림 대축일까지)라고 한 것은 부활 시기에 파스카 잔칫상에서 주님을 모시는 것이 가장 탁월한 영성체이기 때문이다.

성구   **레위 23,6**   이달 보름에는 주님의 무교절을 지내는데, 너희는 이레 동안 누룩 없는 빵을 먹어야 한다.

묵시 3,20-21   "보라, 내가 문 앞에 서서 문을 두드리고 있다. 누구든지 내 목소리를 듣고 문을 열면, 나는 그의 집에 들어가 그와 함께 먹고 그 사람도 나와 함께 먹을 것이다. 승리하는 사람은, 내가 승리한 뒤에 내 아버지의 어좌에 그분과 함께 앉은 것처럼, 내 어좌에 나와 함께 앉게 해 주겠다."

291 영성체를 하는 데에 필요한 것은 무엇인가?

성체를 받아 모시려면, 신자는 가톨릭 교회와 온전히 결합되어 있고 은총의 상태에 있어야 한다. 곧 죽을죄를 지었다는 의식이 없어야 한다. 중한 죄를 지었다고 느끼는 사람은 성체를 모시기 전에 고해성사를 받아야 한다. 또한 정신 집중과 기도, 교회가 정한 공복재의 준수, 그리스도에 대한 존경의 표시인 몸가짐(행동, 복장)도 중요하다.

해설   누구든지 은총의 상태에 있으면 영성체할 수 있다. 주님의 잔칫상에서 주님을 음식으로 먹기 위한 "예복"(마태 22,12)을 갖추어 입는 마음으로 공복재와 단정한 몸가짐도 필요하다.

용어   **가톨릭 교회와 온전히 결합된**   가톨릭 교회와 친교를 온전히 이루지 못한 동방 교회나 다른 개신교 신자는 미사에서 성체를 모시지 못한다. 가톨릭 신자라 하더라도 중대한 이유로 교회의 친교에서 벗어났을 경우, 성체를 모시지 못한다. 예를 들면 교회의 자녀로서 교회 안에서 혼인하지 않은 경우가 그러하다.

죽을죄 또는 **중한 죄**   주님의 은총과 친교에서 벗어날 정도로 큰 죄를 말한다.

성구   **탈출 12,15**   "너희는 이레 동안 누룩 없는 빵을 먹어야 한다. 아예 첫날에 너희 집 안에서 누룩을 치워 버려라. 첫날부터 이렛날까지 누룩 든 빵을 먹는 자는 누구든지 이스라엘에서 잘려 나갈 것이다."

마태 5,23-24   "그러므로 네가 제단에 예물을 바치려고 하다가, 거기에서 형제가 너에게 원망을 품고 있는 것이 생각나거든, 예물을 거기 제단 앞에 놓아두고 물러가 먼저 그 형제와 화해하여라. 그런 다음에 돌아와서 예물을 바쳐라."

1코린 11,27-28*

292 영성체의 효과는 무엇인가?

영성체는 우리와 그리스도, 그리고 교회와의 일치를 증대시키며, 세례성사와 견진성사 때 받은 은총의 생명을 보존하며 새롭게 해 주고, 이웃 사랑 안에서 우리를 성장하게 해 준다. 성체는 우리의 사랑을 북돋아 주며, 소죄를 없애 주고, 미래의 대죄(죽을죄)에서 우리를 보호한다.

해설   영성체의 효과, 곧 성체성사의 은총은 풍부하다. ① 그리스도 그리고 교회와의 일치를 증대시킨다(1391항). ② 은총의 생명을 보존하며 새롭게 한다(1392항). ③ 이웃 사랑을 키워 준다(1394. 1397항). ④ 소죄를 없애 주고, 대죄에서 우리를 보호한다(1393-1395항). 그밖에도 ⑤ 신비체의 일치, 곧 교회를 건설한다(1396항). 교회 일치 특히 갈라진 형제들과의 일치를 열망하게 한다(1398-1401항). ⑥ 다가올 영광을 기다리게 하며, 그 영광을 보증한다(1402-1405항).

용어   **은총의 생명**   세례성사에서 비롯된 성화 은총 또는 의화 은총으로 받게 된 신적 생명을 의미한다.

성구   **민수 9,10-11**   "이스라엘 자손들에게 일러라. '너희와 너희 후손들 가운데 누가 주검에 닿아 부정하게 되거나, 먼 길을 나선다 해도, 주님을 위한 파스카 축제를 지내야 한다. 이런 이들은 둘째 달 열나흗날 저녁 어스름에 파스카 축제를 지내라. 누룩 없는 빵과 쓴나물을 곁들여 파스카 제물을 먹어라.'"
요한 6,56-57 "내 살을 먹고 내 피를 마시는 사람은 내 안에 머무르고, 나도 그 사람 안에 머무른다. 살아 계신 아버지께서 나를 보내셨고 내가 아버지로 말미암아 사는 것과 같이, 나를 먹는 사람도 나로 말미암아 살 것이다."
1코린 10,16-17*

293 다른 그리스도인들은 언제 영성체할 수 있는가?

가톨릭 교회와 온전하게 일치되어 있지 않은 동방 교회 신자들이 영성체를 기꺼이 요청하고 마음의 준비가 잘 되어 있을 때, 가톨릭 성직자들은 그들에게 정당하게 성체를 줄 수 있다. 절박한 필요성이 생겼을 때 가톨릭 성직자들은, 성사에 대하여 가톨릭적 신앙을 표명하고 올바른 마음의 준비를 갖춘 상황에서 자진하여 성사를 청하는 다른 그리스도인들에게 정당하게 성체를 줄 수 있다.

해설   여기서는 가톨릭 신자가 아닌 그리스도인들이 미사에서 성체를 모실 수 있는 경우를 말하고 있다. 한 가지 덧붙이고 싶은 것은 가톨릭 신자가 동방 교회나 성공회의 미사, 또는 개신교의 성찬식에 참여할 수 있다는 사실이다. 이의 허용은 직권자(교구장)의 권한에 속한다.

용어   **가톨릭 교회와 온전하게 일치되어 있지 않은 동방 교회**   가톨릭 교회와 온전하게 일치되어 있는 동방 교회도 있다. 이들을 '동방 가톨릭 교회'라고 부른다. 이들은 교황의 수위권을 인정하며, 가톨릭 교회와 친교를 이루고 있다. 문답에서 다루는 동방 교회는 그렇지 못하다.

절박한 필요성이 있을 때   죽음의 위험이 있을 경우가 가장 좋은 예인데, 만일 그들 쪽에서 가톨릭적 신앙, 특히 성사에 대한 믿음을 드러내어 성사를 청하면 성체성사뿐 아니라 고해성사나 병자성사도 줄 수 있다.

성구   **탈출 12,48** "네 곁에 머무르는 이방인이 주님을 위하여 파스카 축제를 지내려면, 남자는 모두 할례를 받아야 한다. 그러면 그는 본토인처럼 파스카 축제를 함께 지낼 수 있다. 할례를 받지 않은 자는 아무도 함께 먹지 못한다."

1코린 10,16-18 우리가 축복하는 그 축복의 잔은 그리스도의 피에 동참하는 것이 아닙니까? 우리가 떼는 빵은 그리스도의 몸에 동참하는 것이 아닙니까? 빵이 하나이므로 우리는 여럿일지라도 한 몸입니다. 우리 모두 한 빵을 함께 나누기 때문입니다. 저 이스라엘 백성을 보십시오. 희생 제물을 먹는 이들은 모두 제단에 동참하는 이들이 아닙니까?

294 왜 성찬례가 "다가올 영광의 보증"인가?

성찬례가 우리에게 하늘의 온갖 은총과 축복을 가득히 베풀고, 현세의 순례 생활을 위하여 우리를 강하게 해 주며, 성부 오른편에 오르신 그리스도와, 천상 교회와, 지극히 복되신 동정녀와 모든 성인과 이미 우리를 일치시켜 주면서, 우리가 영원한 생명을 갈망하게 하기 때문이다.

해설 "이 세상에서 성부께로 건너가신 그리스도께서는 성찬례에서 우리에게 당신 곁에서 누릴 영광의 보증을 주신다. 거룩한 제사에 참여하는 우리는 그리스도의 성심을 닮고, 이 세상의 순례길에서 늘 힘을 받고, 영원한 생명을 바라며, 이미 천상 교회와 복되신 동정 마리아와 모든 성인과 결합된다"(1419항).

용어 **다가올 영광의 보증** 우리는 하느님 나라를 향해 발걸음을 재촉한다. 성체성사는 지상 여정에 있는 우리가 하느님 나라에 들어갈 것, 곧 하느님의 영광에 참여할 것을 보증하는 천상 음식이다.

현세의 순례 생활 지상 생활은 천상을 향한 순례다.

성부 오른편에 오르신 그리스도 성부 오른편에 오르셨다는 것은 메시아가 누리는 하느님의 영광을 나타내는 전통적인 용어다. → 문답 132 참조.

성구 **탈출 12,14** "이날이야말로 너희의 기념일이니, 이날 주님을 위하여 축제를 지내라. 이를 영원한 규칙으로 삼아 대대로 축제일로 지내야 한다."

티토 2,13-14 복된 희망이 이루어지기를, 우리의 위대하신 하느님이시며 구원자이신 예수 그리스도의 영광이 나타나기를 기다리는 우리를 그렇게 살도록 해 줍니다. 그리스도께서는 우리를 위하여 당신 자신을 내어 주시어, 우리를 모든 불의에서 해방하시고 또 깨끗하게 하시어, 선행에 열성을 기울이는 당신 소유의 백성이 되게 하셨습니다.

제2장
치유의 성사들

295 그리스도께서는 왜 고해성사와 병자성사를 제정하셨는가?

우리 영혼과 육체의 의사이신 그리스도께서는 고해성사와 병자성사를 제정하셨다. 그리스도교 입문 성사들을 통하여 당신 친히 우리에게 주신 새로운 생명이 죄 때문에 나약해지거나 잃을 수 있기 때문이다. 그러므로 그리스도께서는 이 두 성사를 통하여 치유와 구원 활동을 계속하신다.

해설 예수 그리스도께서는 병자들을 낫게 하시며 이렇게 말씀하셨다. "너는 죄를 용서받았다"(마르 2,5). 예수님은 병자를 낫게 하시며 그 죄도 용서하신다. 이처럼 병 고침과 죄의 용서는 서로 연관되어 있다. 예수님은 이 두 일을 당신 교회에 맡기셨다(마태 10,2; 요한 20,23). 우리에게 주신 하느님 생명이 건강하게 지켜지기를 바라셨기 때문이다.

용어 **영혼과 육체의 의사이신 그리스도** 위에서 말한 대로 주님은 우리 영혼의 병인 죄와 육체의 병을 낫게 하신다.

치유와 구원 활동 우리의 약한 육체가 병들거나 죄를 짓게 되는데 교회는 병자성사와 고해성사로 치유와 구원을 베푼다.

성구 **탈출 29,36** "너는 속죄하기 위하여 날마다 속죄 제물로 황소 한 마리를 바쳐라. 또 제단에 대한 속죄로서 그것을 위하여 속죄 제물을 바치고, 그것에 기름을 부어 성별하여라."

마르 2,10-11 "이제 사람의 아들이 땅에서 죄를 용서하는 권한을 가지고 있음을 너희가 알게 해 주겠다." 그리고 나서 중풍 병자에게 말씀하셨다. "내가 너에게 말한다. 일어나 들것을 들고 집으로 돌아가거라."

요한 20,22ㄴ-23*

■ **고해성사**

296 고해성사는 또 무엇이라고 부르는가?

고해성사는 참회의 성사, 화해의 성사, 용서의 성사, 고백의 성사, 회개의 성사라고도 부른다.

해설 우리말 고해告解는 고백告白과 화해和解를 합쳐 놓은 것이다. 이 성사의 본 이름은 '참회와 화해의 성사'다. 전에는 '고백성사'라고 한 적도 있다.

용어 **고해성사** '참회와 화해의 성사'를 우리말로 번역한 것이다. 고해성사는 죄를 뉘우치고 하느님께 돌아감으로써 하느님과 화해하고 이웃과 화해하는 성사다.

참회의 성사 고해성사에서 죄인의 참회는 필수적이다.

화해의 성사 고해성사에서 하느님과 이웃과의 화해가 이루어지기 때문이다.

용서의 성사 고해성사는 사제의 사죄赦罪를 통하여 하느님의 용서와 평화를 받기 때문이다.

고백의 성사 고백 역시 이 성사의 핵심 요소다.

회개의 성사 이 성사는 죄 때문에 떠나 있던 아버지께 돌아오는 성사다.

성구 **레위 4,27-29.31** "나라 백성 가운데 누가 실수로, 주님이 하지 말라고 명령한 것을 하나라도 하여 죄를 짓고 죄인이 되었으면, 자기가 저지른 죄를 깨닫는 대로, 그 죄를 용서받기 위하여 흠 없는 암염소 한 마리를 예물로 끌고 와서, 그 속죄 제물의 머리에 손을 얹은 다음, 번제물을 잡는 곳에서 그 속죄 제물을 잡는다. … 그런 다음 친교 제물에서 굳기름을 떼어 내듯 그 굳기름을 모두 떼어 낸다. 그러면 사제는 그것을 살라 주님을 위한 향기로 바친다. 이렇게 사제가 그를 위하여 속죄 예식을 거행하면 그는 용서를 받는다."

1요한 1,9 우리가 우리 죄를 고백하면, 그분은 성실하시고 의로우신 분이시므로 우리의 죄를 용서하시고 우리를 모든 불의에서 깨끗하게 해 주십니다.

루카 15,7*

297 세례성사를 받은 뒤에 고해성사가 왜 필요한가?

세례 때 은총 안에서 받게 된 새 생명이 인간 본성의 나약함을 없애거나 죄로 기우는 경향(탐욕)을 없앤 것이 아니므로 그리스도께서는 죄를 지어 당신에게서 멀어져 간 세례 받은 이들의 회개를 위하여 이 성사를 제정하셨다.

해설   세례 후에도 죄를 지어 하느님과 단절되는 현실을 우리는 잘 안다. 이럴 경우 하느님과 화해하고 다시 하느님 생명을 회복해야 할 필요가 있다. 고해성사는 바로 이를 위한 성사다.

용어   **죄의 결과**   죄를 지으면 ① 하느님의 영예와 그분의 사랑을 손상하며, ② 하느님의 자녀로 부름 받은 자신의 인간적 품위와, ③ 그리스도인이 그 살아 있는 돌이 되어야 하는 교회의 영적 선익에 손해를 입힌다(1447항).

탐욕   원죄로 인하여 인간 본성은 죄로 기우는 경향을 지니게 되었다. 이를 탐욕 또는 사욕邪慾이라고 부른다. → 문답 77 참조.

회개   → 문답 299 참조.

성구   **레위 16,30**   "바로 이날이 너희를 위한 속죄 예식을 거행하여 너희를 정결하게 하는 날이기 때문이다. 이로써 너희는 **주님** 앞에서 너희의 모든 잘못을 벗고 정결하게 된다."

1요한 1,8-9   만일 우리가 죄 없다고 말한다면, 우리는 자신을 속이는 것이고 우리 안에 진리가 없는 것입니다. 우리가 우리 죄를 고백하면, 그분은 성실하시고 의로우신 분이시므로 우리의 죄를 용서하시고 우리를 모든 불의에서 깨끗하게 해 주십니다.

요한 8,10-11*

298   고해성사는 언제 제정되었는가?

부활하신 날 저녁 주님께서 당신 사도들에게 나타나셔서 이렇게 말씀하시면서 이 성사를 제정하셨다. "성령을 받아라. 너희가 누구의 죄든지 용서해 주면 그가 용서를 받을 것이고, 그대로 두면 그대로 남아 있을 것이다"(요한 20,22-23).

해설   예수님께서 병자들을 고쳐 주시며 죄를 용서하실 때부터 고해성사는 예고되었다. 예수님께서는 당신 파스카를 통해 구원의 일을 완수하신 다음 성령을 교회에 보내심으로 이 성사를 제정하신 것이다.

용어   **고해성사를 제정**   사실 교회의 일곱 성사를 주님께서 제정하신 것은 분명하지만, 그렇다고 주님께서 직접 확정적으로 말씀하신 사실만을 근거로 주님께서 그 성사를 제정하셨다고 말하는 것은 아니다. 예를 들어 병자성사의 제정에 관련해서 교회는 복음 말씀 아닌 야고보 서간을 근거로 제시한다. "예수 그리스도께서 교회의 성사들을 제정하셨다."는 말은 강생과 십자가의 죽음과 부활을 통하여 이루신 예수 그리스도의 구원이 교회의 일곱 성사의 근거임을 확인하는 말이다.

성구 **레위 9,7** 그리고 나서 모세는 아론에게 말하였다. "제단으로 가까이 가서 형님의 속죄 제물과 번제물을 바쳐, 형님과 백성을 위하여 속죄 예식을 거행하십시오. 그리고 주님께서 명령하신 대로, 백성의 예물을 바쳐 그들을 위하여 속죄 예식을 거행하십시오."

요한 20,21-23 예수님께서 다시 그들에게 이르셨다. "평화가 너희와 함께! 아버지께서 나를 보내신 것처럼 나도 너희를 보낸다." 이렇게 이르시고 나서 그들에게 숨을 불어넣으며 말씀하셨다. "성령을 받아라. 너희가 누구의 죄든지 용서해 주면 그가 용서를 받을 것이고, 그대로 두면 그대로 남아 있을 것이다."

299 세례 받은 이들은 회개할 필요가 있는가?

해설 회개하라는 그리스도의 호소는 그리스도인들의 삶 안에서도 계속 들려온다. 회개는, 거룩하지만 자기 품에 죄인들을 안고 있는 교회가 끊임없이 추구해야 할 임무다. 꼭 하느님과의 친교를 잃고 하느님이 주신 생명을 잃었을 때만 회개해야 하는 것은 아니다. 주님의 뜻을 저버리거나 멀리하였음을 알게 되었을 때는 언제나 회개하고 주님께 돌아가야 하는 것이다.

용어 **회개**悔改 그리스어 메타노이아*metanoia*는 매우 깊고 인격적인 변화를 가리킨다. 그것은 태도의 변화만이 아니라, 마음의 변화까지 포함하는 것으로서, 죄에서 돌아서서 하느님의 사랑으로 복귀하는 것이다.

거룩하지만 죄인들을 안고 있는 교회 그러므로 교회는 끊임없이 회개의 삶을 살아야 한다. 특히 죄인들을 위해 투신하는 것이 회개의 삶이다.

성구 **시편 51,19** 하느님께 맞갖은 제물은 부서진 영.

부서지고 꺾인 마음을
하느님, 당신께서는 업신여기지 않으십니다.

사도 3,19-20 "그러므로 회개하고 하느님께 돌아와 여러분의 죄가 지워지게 하십시오. 그러면 다시 생기를 찾을 때가 주님에게서 올 것이며, 주님께서는 여러분을 위하여 정하신 메시아 곧 예수님을 보내 주실 것입니다."

300 내적 참회는 무엇인가?

내적 참회는 하느님의 자유로운 사랑에 응답하려고 하느님의 은총에 이끌려 움직이는 "부서진 마음"(시편 51,19)이다. 이 참회는 죄에 대한 혐오와 후회, 그리고 다시 죄짓지 않겠다는 굳은 결심과 하느님의 도우심에 대한 신뢰를 포함한다. 참회는 자비로우신 하느님에 대한 희망으로 힘을 얻는다.

해설 이미 앞에서 고해성사의 본 이름이 '참회와 화해의 성사'임을 밝혔다. 참회는 이 성사의 핵심 요소다. 참회는 내적으로 이루어지지만 외적인 참회 행위가 뒤따르는 것은 당연하다(1430항). 참회는 또한 하느님께서 베푸시는 크신 은총이기도 하다. "주님, 저희를 당신께 되돌리소서, 저희가 돌아가오리다. 저희의 날들을 예전처럼 새롭게 하여 주소서"(애가 5,21).

용어 **내적 참회** 참회의 내적인 면을 강조한 말이다. 참회는 죄를 깊이 뉘우치는 것을 말하며, 당연히 죄의 용서를 구하는 단계로 나간다.

하느님의 자비로운 사랑 진정한 참회는 그저 죄의 뉘우침에 그치는 것이 아니라, 하느님의 자비로운 사랑에 의지하여 새 삶으로 나아가는 것을 의미한다.

자비로우신 하느님에 대한 희망 진정한 참회는 또한 자비하신 하느님에 대한 희망으로 가능하다. 하느님께서는 내가 지은 죄가 아무리 크고 많아도 당신의 자비에 매달리는 나를 용서해 주신다.

성구 **지혜 12,2** 그러므로 주님, 당신께서는 탈선하는 자들을 조금씩 꾸짖으시고, 그들이 무엇으로 죄를 지었는지 상기시키며 훈계하시어, 그들이 악에서 벗어나 당신을 믿게 하십니다.

묵시 2,5 "그러므로 네가 어디에서 추락했는지 생각해 내어 회개하고, 처음에 하던 일들을 다시 하여라. 네가 그렇게 하지 않고 회개하지 않으면, 내가 가서 네 등잔대를 그 자리에서 치워 버리겠다."
욥 42,5-6*

301 그리스도인의 삶에서 참회는 어떤 형태로 드러나는가?

참회는 매우 다양하며, 특히 단식과 기도와 자선 등으로 표현된다. 이러한 참회와 다른 많은 형태의 참회는 그리스도인의 일상생활, 특별히 사순 시기와 주님의 수난을 기억하는 매주 금요일에 실행될 수 있다.

해설 성경이 권하는 단식과 기도와 자선은 자신에 대한 참회, 하느님께 대한 참회, 이웃에 대한 참회를 대표한다. 자신에 대한 참회 행위로 단식하며, 하느님에 대한 참회 행위로 기도하며, 이웃에 대한 참회 행위로 자선한다. 주님의 말씀대로 "날마다 제 십자가를 지고 주님을 따르는 것"(루카 9,23)이 바로 참회다.

용어 **단식** 여기서 말하는 단식은 음식을 취하지 않는 참회 행위를 말한다.

기도 기도 또한 탁월한 참회 행위다.

자선 남을 불쌍히 여겨 도와주는 행위다. 단식과 기도와 자선은 구약시대부터 내려오는 전통적인 참회 행위다(토빗 12,8-9; 마태 6,1-18 참조).

사순 시기와 주님의 수난을 기념하는 매주 금요일 교회는 부활 전 40일, 곧 사순시기 동안 광야의 예수님 신비(마르 1,13)와 결합한다. 이 시기에 교회는 그리스도의 수난에 동참하는 마음으로 참회를 한다. 한국교회는 부활 판공성사로써 신자들의 참회를 돕는다. 금요일마다 지키는 **금육재**禁肉齋 역시 교회의 참회 행위다. → 문답 106과 241의 용어 풀이 참조.

성구 **토빗 12,8-9** "진실한 기도와 의로운 자선은 부정한 재물보다 낫다. 금을 쌓아 두는 것보다 자선을 베푸는 것이 낫다. 자선은 사람을 죽음에서 구해 주고 모든 죄를 깨끗이 없애 준다. 자선을 베푸는 이들은 충만한 삶을 누린다."
마태 6,3-4.6.17-18 "네가 자선을 베풀 때에는 오른손이 하는 일을 왼손이 모르게 하여라. 그렇게 하여 네 자선을 숨겨 두어라. 그러면 숨은 일도 보시는 네 아버지께서 너에게 갚아 주실 것이다. … 너는 기도할 때 골방에 들어가 문을 닫은 다음, 숨어 계신 네 아버지께 기도하여라. 그러면 숨은 일도 보시는 네 아버지께서 너에게 갚아 주실 것이다. … 너는 단식할 때 머리에 기름을 바르고 얼굴을 씻어라. 그리하여 네가 단식한다는 것을 사람들에게 드러내 보이지 말고, 숨어 계신 네 아버지께 보여라. 그러면 숨은 일도 보시는 네 아버지께서 너에게 갚아 주실 것이다."

302 고해성사의 근본 요소는 무엇인가?

두 가지가 있다. 곧 성령의 감도로 회개하는 신자의 행위와, 그리스도의 이름으로 용서해 주고 보속의 방법을 정해 주는 사제의 사죄 행위이다.

해설 고해성사의 근본 요소는 신자의 참회懺悔와 사제의 사죄赦罪다. "하나는 성령의 감도로 회개하는 사람의 행위, 곧 통회와 고백과 보속이다. 다른 하나는 교회의 중개를 통한 하느님의 행위다. 곧 교회는 사제를 통해서 예수 그리스도의 이름으로 죄를 용서해 주고, 보속의 방법을 정해주고, 죄인을 위해 기도하며, 그와 함께 속죄한다"(1448항).

용어 **성령의 감도로 회개** 진정한 회개는 성령의 도우심이 필요하다.

사죄 죄를 용서함, 그리하여 하느님과 이웃과 화해를 이루게 함, 나아가 죄의 벌도 없애거나 감면함.

보속補贖 고해사제는 고백자에게 죄로 생긴 손해를 갚고, 그리스도의 제자로서 합당한 생활 태도를 다시 갖추기 위한 보상이나 속죄를 하도록 권한다. 이것이 바로 보속이다. 참된 보속 행위는 속죄를 넘어, 하느님께 드리는 찬미와 감사이고 형제들에게 보여 주는 관심과 사랑이다.

성구 **2사무 24,10** 다윗은 이렇게 인구 조사를 한 다음, 양심에 가책을 느껴 **주님**께 말씀드렸다. "제가 이런 짓으로 큰 죄를 지었습니다. 그러나 **주님**, 이제 당신 종의 죄악을 없애 주십시오. 제가 참으로 어리석은 일을 저질렀습니다."

요한 20,22-23 이렇게 이르시고 나서 그들에게 숨을 불어넣으며 말씀하셨다. "성령을 받아라. 너희가 누구의 죄든지 용서해 주면 그가 용서를 받을 것이고, 그대로 두면 그대로 남아 있을 것이다."

시편 51,3-5* 사도 3,19-20*

303 참회자의 행위는 어떤 것들인가?

참회 행위에는 주의 깊은 **양심 성찰**, 다시는 죄를 짓지 않겠다는 결심을 포함한 **통회**(참회. 하느님에 대한 사랑에서 우러나왔다면 '완전한 통회', 다른 동기에 근거를 두었다면 '불완전한 통회'라고 하고 함), 그리고 참회자가 사제 앞에서 스스로 자기 죄를 말하는 **고백** 행위, 고해 사제가 죄로 생긴 손해를 갚도록 고백자에게 부과하는 **보속**의 실천이다.

해설   문답 302의 해설에서 밝힌 대로 통회와 고백과 보속이 참회자의 행위다. 곧 마음으로 뉘우치고, 말로 고백하며, 행동으로 속죄하는 것이다.

용어   **양심 성찰**   양심을 살펴보는 것이다. 양심 성찰을 위해서 흔히 십계명(탈출 21장)이나 죄 목록(마르 7,21-22; 로마 1,29-31; 1코린 6,9-10; 2코린 12,20; 갈라 5,19-21 등)을 활용한다. 그렇지만 실천하지 못한 사랑에 대한 성찰도 필요함을 잊어서는 안 된다. → 374항 참조.

통회   마음이 아플 정도로 죄를 뉘우치는 것이다. **완전한 통회**는 하느님의 사랑을 깨달아 뉘우치는 것이고, **불완전한 통회**는 자기 죄와 벌에 대한 두려움에서 뉘우치는 것이다.

성구   **레위 16,21-22**   아론은 살려 둔 그 숫염소 머리에 두 손을 얹고, 이스라엘 자손들의 모든 죄, 곧 그들의 허물과 잘못을 고백하여 그것들을 그 염소 머리에 씌우고서는, 기다리고 있는 사람의 손에 맡겨 광야로 내보낸다. 그러면 그 염소는 그들의 모든 죄를 불모지로 날라 간다. 이렇게 그 숫염소를 광야로 내보낸다.

사도 19,18   그러자 신자가 된 많은 사람들이 나서서 자기들이 해 온 행실을 숨김없이 고백하였다.

루카 7,37-38*

304 어떤 죄를 고백해야 하는가?

진지하게 성찰한 뒤에 알아 낸 죄들 가운데 그전에 고백하지 아니한 모든 중죄를 고백해야 한다. 대죄(죽을죄)의 고백은 죄 사함을 받을 유일한 길이다.

해설   대죄, 곧 죽을죄를 고백한다. 가톨릭교회교리서는 '죽을죄' 또는 무거운 죄를 '용서받을 죄' 또는 가벼운 죄와 구별한다(1854항 이하). 죽을죄는 말 그대로 우리가 받은 하느님 생명을 죽음에 이르게 하는 죄다. 그와 비교하여 용서받을 죄는 하느님 생명을 잃게 할 정도로 치명적인 죄가 아니어서, 용서받을 만한 죄를 말한다.

용어 **중죄**重罪 또는 **대죄**(죽을죄) → 문답 291 용어 풀이와 문답 394-395 참조.

성구 **2역대 6,37.39** "그러나 사로잡혀 간 땅에서 마음을 돌이켜 회개하고, '저희가 죄를 지었습니다. 몹쓸 짓을 하고 악을 저질렀습니다.' 하며, 그 유배살이 하던 땅에서 당신께 간청하면, 당신께서는 계시는 곳 하늘에서 그들의 기도와 간청을 들으시고 그들의 사정을 돌보아 주십시오. 또한 당신께 죄를 지은 당신 백성을 용서하여 주십시오."

사도 19,18-19 그러자 신자가 된 많은 사람들이 나서서 자기들이 해 온 행실을 숨김없이 고백하였다. 또 마술을 부리던 자들 가운데 많은 이가 자기 책들을 모아 모든 사람 앞에서 불살라 버렸다. 그 책들을 값으로 따져 보니 은돈 오만 냥어치나 되었다.

느헤 1,6-7*

305 언제 대죄(죽을죄)를 고백해야 하는가?

모든 신자는 사리를 분별할 나이에 이른 뒤에는 매년 적어도 한 번 성체를 모시기 전에 자기의 대죄를 성실히 고백할 의무가 있다.

해설 자신이 대죄를 지었음을 알았으면 빠른 시일 안에 고해성사를 보아야 한다. 그러고 나서야 성체를 모실 수 있다. "사리를 분별할 나이에 이른 뒤에는 매년 적어도 한 번 자기의 대죄를 성실히 고백할 의무가 있다"(교회법 989조).

용어 **사리를 분별할 나이** 철이 들어 죄가 무엇인지 알 수 있는 나이를 말한다.
(우리나라에서는 철이 든 신자들에게 판공성사를 실시하며 특히 부활 판공성사는 꼭 보도록 권면하고 있다.)

성구 **집회 4,26** 죄의 고백을 수치스러워하지 말고 강물의 흐름을 거스르지 마라.
1요한 1,9-10 우리가 우리 죄를 고백하면, 그분은 성실하시고 의로우신 분이시므로 우리의 죄를 용서하시고 우리를 모든 불의에서 깨끗하게 해 주십니다. 만일 우리가 죄를 짓지 않았다고 말한다면, 우리는 그분을 거짓말쟁이로 만드는 것이고 우리 안에 그분의 말씀이 없는 것입니다.

306 왜 소죄도 고해성사 고백의 대상이 될 수 있는가?

소죄의 고백은 반드시 해야 하는 것은 아니지만 교회가 이를 적극 권장한다. 왜냐하면 우리가 올바른 양심을 기르고, 나쁜 성향과 싸우며, 그리스도를 통하여 치유받고, 성령의 생명 안에서 성장하도록 도와주기 때문이다.

해설 고해성사에서 소죄를 고백하는 것은 우리 신앙생활에 매우 유익하다. 우리가 ① 올바른 양심을 기르고, ② 나쁜 성향과 싸우며, ③ 그리스도를 통하여 치유 받고, ④ 성령의 생명 안에서 성장하도록 도와주기 때문이다. 자비로우신 성부의 은총을 더욱 자주 받으면 성부와 같이 자비로워질 힘을 얻는다. "너희 아버지께서 자비하신 것처럼 너희도 자비로운 사람이 되어라"(루카 6,36).

용어 **올바른 양심을 기르다** 인간의 마음에는 하느님의 법이 새겨져 있다. 인간 내면의 소리인 양심에 따라 인간은 선을 행하고 악을 피한다. 올바른 양심은 저절로 이루어지는 게 아니라 양성되고 계발된다(1783-1785항).

나쁜 성향과 싸우다 무질서한 탐욕을 거슬러 싸우는 것을 말한다.

성령의 생명 안에서 성장하다 성령 안에서 사는 삶, 곧 영성 생활의 진보를 말한다.

성구 **시편 32,5** 제 잘못을 당신께 자백하며
제 허물을 감추지 않고 말씀드렸습니다.
"주님께 저의 죄를 고백합니다."
그러자 제 허물과 잘못을
당신께서 용서하여 주셨습니다.

1요한 1,8-10 만일 우리가 죄 없다고 말한다면, 우리는 자신을 속이는 것이고 우리 안에 진리가 없는 것입니다. 우리가 우리 죄를 고백하면, 그분은 성실하시고 의로우신 분이시므로 우리의 죄를 용서하시고 우리를 모든 불의에서 깨끗하게 해 주십니다. 만일 우리가 죄를 짓지 않았다고 말한다면, 우리는 그분을 거짓말쟁이로 만드는 것이고 우리 안에 그분의 말씀이 없는 것입니다.

시편 19,13[*]

307 고해성사의 집전자는 누구인가?

그리스도께서는 당신 사도들에게, 그들의 후계자들인 주교들과 주교들의 협력자인 사제들에게 화해의 직무를 맡기셨다. 이들 모두는 하느님의 자비와 정의의 도구가 된다. 이 교역자들은 **성부와 성자와 성령의 이름으로** 죄를 사해 주는 권한을 행사한다.

해설   그리스도께서는 사도들에게 죄를 용서하는 권한을 맡기셨고, 교회는 사도들의 후계자인 주교들과 주교의 협력자들인 사제들을 통해 이 권한을 행사한다.

용어   **화해의 직무**   죄의 용서를 통해 하느님과 화해하고 이웃과 화해하도록 하는 일은 교회의 중요한 직무다. "이 모든 것은 그리스도를 통하여 우리를 당신과 화해하게 하시고 또 우리에게 화해의 직분을 맡기신 하느님에게서 옵니다"(2코린 5,18).

하느님의 자비와 정의의 도구   사제는 주님의 자비뿐 아니라 그 정의의 도구로서 화해의 직분을 수행한다.

교역자   교회의 직무를 맡은 사람 → 문답 181과 225의 용어 풀이 참조.

성구   **레위 5,26**   "그래서 사제가 그를 위하여 **주님** 앞에서 속죄 예식을 거행하면, 그는 사람이 하면 죄가 되는 일들 가운데 하나라도 하여 지은 죄를 용서받는다."

2코린 5,20-21   그러므로 우리는 그리스도의 사절입니다. 하느님께서 우리를 통하여 권고하십니다. 우리는 그리스도를 대신하여 여러분에게 빕니다. 하느님과 화해하십시오. 하느님께서는 죄를 모르시는 그리스도를 우리를 위하여 죄로 만드시어, 우리가 그리스도 안에서 하느님의 의로움이 되게 하셨습니다.

2코린 5,18-19*

308 특정 죄들에 대한 사죄는 누구에게 유보되어 있는가?

특히 중대한 어떤 죄(예컨대, 가장 엄한 교회의 벌인 파문)들에 대한 사죄는 교황과 지역의 주교, 또는 이들에게서 권한을 받은 사제들만이 가지고 있다. 죽을 위험에 있는 사람에게는 모든 사제가 모든 죄와 파문에서 그를 풀어 줄 수 있다.

해설   중대한 죄 가운데는 교황이, 교구장 주교가, 권한을 위임받은 사제가 풀어줄 수 있는 경우가 있다. 물론 죽을 위험이 있을 때는 어떤 사제든지 풀어줄 수 있다.

용어 **파문破門** 우리말 파문은 가문家門이나 문하門下에서 내쫓는 것이다. 교회의 파문은 교회 공동체에서 내보내는 것이며, 따라서 성사를 받지 못하고 일정한 교회 활동이 금지된다.

지역의 주교 교구장 주교를 말한다.

주교에게서 권한을 받은 사제 교구장 주교가 소속 사제에게 특별히 권한을 위임한 경우를 말한다.

성구 **유딧 4,14-15** 여호야킴 대사제와 주님을 모시는 모든 사제와 주님을 시중드는 이들은 허리에 자루옷을 두르고, 일일 번제물과 백성의 서원 제물과 자원 제물을 바쳤다. 그들은 머리쓰개에 재를 뿌린 채, 온 이스라엘 집안을 은혜로이 돌보아 주십사고 힘을 다하여 주님께 부르짖었다.

1코린 5,13 바깥 사람들은 하느님께서 심판하실 것입니다. "여러분은 여러분 가운데에서 그 악인을 제거해 버리십시오."

마태 18,17-18*

309 고해사제는 비밀을 지켜야 하는가?

이 직무는 미묘하고 중대하며, 사람들을 존중해야 하므로, 모든 고해 사제는 어떠한 예외도 없이 성사의 봉인, 곧 고백을 통해 알게 된 죄에 관하여 절대 비밀을 지킬 의무가 있다. 이를 어길 경우 매우 준엄한 벌을 받는다.

해설 남의 비밀을 지키는 것은 당연한 일이다. 고해의 비밀은 더욱 그러하다. 고해사제는 목숨을 걸고 이를 지켜야 할 의무가 있다. 이를 위해 고해사제에게는 특별한 은사가 주어져 있다.

용어 **고해사제** 고해성사를 집전하는 사제를 말한다.

성사의 봉인 또는 **고해의 비밀** 고해성사를 통해 알게 된 비밀은 영구히 지켜진다는 말이다. 고해사제는 고해의 비밀을 지킬 의무를 지닌다.

성구 **잠언 11,13** 중상하고 다니는 자는 비밀을 누설하지만 마음이 신실한 이는 말을 덮어 둔다.

묵시 5,9-10 "주님께서는 두루마리를 받아 봉인을 뜯기에 합당하십니다. 주님께서 살해되시고 또 주님의 피로 모든 종족과 언어와 백성과 민족 가운데에서 사람들을 속량하시어 하느님께 바치셨기 때문입니다. 주님께서는 그들이 우리 하느님을 위하여 한 나라를 이루고 사제들이 되게 하셨으니 그들이 땅을 다스릴 것입니다."

310 고해성사의 효과는 무엇인가?

고해성사의 효과는 다음과 같다. 하느님과 이루는 화해, 곧 죄의 사함, 교회와 이루는 화해, 잃어버린 은총 지위의 회복, 죽을죄로 받게 되었던 영원한 벌의 사면, 죄의 결과인 잠벌의 부분적인 사면, 양심의 평화와 안온, 영적 위안과 그리스도인의 영적 싸움을 위한 힘의 증대이다.

해설 고해성사의 은총 곧 고해의 성사은총은 ① 죄의 용서, ② 하느님과 이루는 화해, ③ 교회와 이루는 화해, ④ 잃어버린 은총 상태의 회복, ⑤ 영원한 벌의 사면, ⑥ 잠벌의 전부 또는 부분 사면, ⑦ 양심의 평화와 안온, 영적 위안, ⑧ 영적 싸움을 위한 힘의 증대, ⑨ 심판을 앞당겨 받음. "죄인은 참회와 신앙을 통하여 그리스도께 돌아섬으로써 죽음에서 생명으로 건너가 심판을 받지 않는다"(1470항).

"하느님과 하는 이 화해는 죄로 인한 여러 수준의 분열을 다시 회복시켜 줍니다. 자기 존재의 가장 깊은 곳에서 자신과 화해하며, 형제들과도 화해하고, 마침내는 온 창조계와도 화해하게 합니다"(요한 바오로 2세, 「화해와 참회」, 31, 5).

용어 **죄의 사함** 고해성사를 통해 죄의 용서는 철저히 이루어진다.

잃어버린 은총 지위의 회복 죄를 지음으로써 하느님의 자녀가 누리는 은총의 상태를 잃게 되며, 고해성사로써 이 상태를 회복하게 된다.

영벌永罰과 잠벌暫罰의 사면 죄에는 벌이 따르게 마련이다. 지옥의 벌이 영원한 벌이며, 연옥의 벌이 잠시의 벌이다. 고해성사는 영벌을 면하게 하며, 잠벌의 전부 또는 일부를 면하게 한다.

영적 위안 고해성사를 통해 마음의 평화와 안정 그리고 하느님의 위로를 누리게 된다.

영적 싸움 누구나 현세를 살아가면서 악과 싸우지 않으면 안 된다. 고해성사를 통해 이 싸움에서 이길 수 있는 힘을 얻게 된다.

성구 **시편 51,10-12** 기쁨과 즐거움을 제가 맛보게 해 주소서.
당신께서 부수셨던 뼈들이 기뻐 뛰리이다.
저의 허물에서 당신 얼굴을 가리시고
저의 모든 죄를 지워 주소서.
하느님, 깨끗한 마음을 제게 만들어 주시고
굳건한 영을 제 안에 새롭게 하소서.

루카 15,24 "'나의 이 아들은 죽었다가 다시 살아났고 내가 잃었다가 도로 찾았다.' 그리하여 그들은 즐거운 잔치를 벌이기 시작하였다."

311 어떤 경우에 일괄 고백과 집단 사죄의 고해성사가 거행될 수 있는가?

중대한 필요가 있을 때에(예컨대, 죽음의 위험이 임박한 때) 교회는 규정에 따라 일괄로 고백하고 집단으로 죄를 용서하는 화해의 공동 거행이 가능하다. 각자는 적절한 때에 대죄(죽을죄)를 개별적으로 고백하겠다는 의향을 가지고 있어야 한다.

해설 죄는 매우 개인적인 것이어서 고백 또한 개인적으로 이루어지는 것이 자연스럽고, 죄 사함도 마찬가지로 개인적으로 이루어지는 것이 자연스럽다. 그러나 아주 중대한 사유가 있어 일괄 고백과 집단 사죄가 불가피한 경우, 예를 들어 전쟁터에서 군종사제가 많은 병사들에게 고해성사를 주어야 할 때는 그 같은 예외 규정이 적용될 수 있다.

용어 **일괄 고백** 개인적으로 고백하는 대신 집단적 또는 공동체적으로 죄를 고백하는 형태의 고해성사 집전을 말한다. 부득이한 사정의 예외 규정이다.

일괄 사죄 이 때 죄의 용서도 개인적으로 이루어지는 대신 집단적으로 이루어진다. 물론 아주 중대한 사태에서 허용되는 예외적인 고해성사 집전이다.

화해의 공동 거행 고해성사의 공동 거행을 말한다. 중대한 사유가 있어 고해성사가 집단적으로 거행되는 것을 말한다. 일괄 고백과 일괄 사죄가 이루어지지만, 고백자는 가능하면 빠른 시일 안에 개별적으로 고해성사를 보겠다는 의향을 지녀야 한다. '적절한 때에 대죄를 개별적으로 고백하겠다는 의향'은 그런 뜻이다.

성구 **에즈 10,1** 에즈라가 하느님의 집 앞에 쓰러져 울면서 기도하고 죄를 고백하는 동안, 이스라엘 사람들 가운데에서 남자 여자 어린아이 할 것 없이 매우 큰 무리가 에즈라에게 몰려들었다. 이 백성도 큰 소리로 슬피 울었다.

루카 24,45-47 그때에 예수님께서는 그들의 마음을 여시어 성경을 깨닫게 해 주셨다. 이어서 그들에게 이르셨다. "성경에 기록된 대로, 그리스도는 고난을 겪고 사흘 만에 죽은 이들 가운데에서 다시 살아나야 한다. 그리고 예루살렘에서부터 시작하여, 죄의 용서를 위한 회개가 그의 이름으로 모든 민족들에게 선포되어야 한다."

312 대사는 무엇인가?

대사는 이미 그 죄과에 대해서는 용서받았지만 그 죄 때문에 받아야 할 일시적 벌(잠벌)을 하느님 앞에서 면제해 주는 것으로서, 신자가 일정한 조건을 충족시켜 교회를 통하여 자기 자신이나 죽은 이들을 위하여 얻을 수 있다. 교회는 구원의 분배자로서 그리스도와 성인들의 공로의 보고를 열어 준다.

해설 우리나라 법에는 특사 또는 사면이라는 것이 있다. 죄 지은 사람이 받는 형벌을 면해 주거나, 줄여주는 것을 말한다. 교회법에서는 이를 **대사**라고 한다. 대사에는 벌을 완전히 면제해주는 **전대사**全大赦와, 벌의 일부를 면제해주는 **한대사**限大赦 또는 **부분 대사**部分 大赦가 있다. 이 대사 교리는 '교회와 성인들의 통공' 신앙을 잘 드러낸다. 우리는 참회와 속죄에서 혼자가 아니다. 우리의 참회와 속죄는 교회 안에서 공동체적으로 이루어진다.

용어 **대사**大赦 우리나라에서 흔히 **면죄부**免罪符라고 번역하여 오해를 불러일으키는 말이 바로 대사라는 교리 용어다. 대사는 죄를 면하게 하는 것이 아니라, 죄로 인한 벌을 면하게 하는 일종의 **관용**寬容 또는 **은전**恩典 indulgentia이다.

일시적 벌(잠벌)**의 면제** → 문답 210의 용어 풀이 참조.

교회는 구원의 분배자 성사로서 교회는 그리스도의 구원의 도구다. 그리스도께서는 모든 사람을 위한 구원의 보편적 성사로 교회를 세우셨고, 교회는 그리스도의 구원 은총을 나누어주는 일을 수행한다.

그리스도와 성인들의 공로의 보고 "이 보화는 인류가 죄에서 해방되어 하느님 아버지와 일치를 이루도록 바쳐진 우리 주 그리스도의 속죄와 공로이며"(1476항), 성모 마리아를 비롯한 무수한 성인들이 거룩한 삶과 죽음을 통해 이 충만한 구속 공로에 동참한 것이다.

대사를 자신이나 죽은 이들을 위해 얻다 대사는 자신이 지은 죄의 벌을 면하기 위해서 사용하거나, 또는 연옥 영혼의 벌을 면하도록 양도할 수도 있다.

성구 **탈출 21,18-19** 사람들이 서로 다투다 한 사람이 상대방을 돌이나 주먹으로 때려, 그가 죽지는 않고 자리에 눕게 되었을 경우, 그가 나중에 일어나서 지팡이를 짚고 밖을 돌아다니게 되면, 때린 자는 벌을 면한다. 다만 그동안의 손해를 갚고, 나을 때까지 치료해 주어야 한다.

마태 5,26 "내가 진실로 너에게 말한다. 네가 마지막 한 닢까지 갚기 전에는 결코 거기에서 나오지 못할 것이다."

토빗 13,5*

■ 병자성사

313 구약 성경에서는 질병을 어떻게 이해하는가?

구약 성경에서, 인간은 병을 통하여 자신의 유한성을 체험하고 동시에 병이 신비하게 죄와 관련되어 있음을 깨닫는다. 예언자들은 고통이 자기 죄와 타인의 죄를 속량해 주는 가치도 지니고 있음을 깨닫는다. 이리하여 구약 성경의 인간은 하느님 앞에서 병고를 겪으며 하느님께 치유를 애원하였다.

해설 구약의 인간들은 ① 병을 통하여 자신의 유한성을 체험하고, ② 병이 죄와 관련되어 있음을 알고, ③ 고통이 자기와 타인의 죄를 속량하는 가치가 있음을 깨닫는다. 그리하여 하느님께 치유를 간청한다. 이로써 병은 하느님께 돌아서는, 하느님을 만나는 기회가 된다.

용어 **인간의 유한성** 자신의 힘으로 어쩔 수 없음을 말한다. 불치의 병과 죽음 앞에서 인간이 느끼는 한계다.

속량의 가치 여기서는 속죄적인 가치를 말한다. 질병의 고통은 자신의 죄와 다른 사람의 죄를 속죄하는 의미를 지닐 수 있다. 질병이 죄와 연관되어 있기 때문이다.

성구　**이사 53,10**　그러나 그를 으스러뜨리고자 하신 것은 **주님**의 뜻이었고 그분께서 그를 병고에 시달리게 하셨다. 그가 자신을 속죄 제물로 내놓으면 그는 후손을 보며 오래 살고 그를 통하여 **주님**의 뜻이 이루어지리라.

요한 5,14　그 뒤에 예수님께서 그 사람을 성전에서 만나시자 그에게 이르셨다. "자, 너는 건강하게 되었다. 더 나쁜 일이 너에게 일어나지 않도록 다시는 죄를 짓지 마라."

탈출 15,26*

314　병자들에 대한 예수님의 연민은 어떤 의미를 지니는가?

그리스도께서 병자들을 동정하시고 여러 가지 병을 고쳐 주셨다는 것은, 그분의 오심과 더불어 하느님 나라의 도래, 곧 죄와 고통과 죽음에 대한 승리가 이루어졌음을 드러내는 명백한 표징이다. 예수님께서는 당신의 수난과 죽음으로 고통에 새로운 의미를 부여하셨다. 곧 고통은 예수님의 고난에 결합되어 우리와 타인들을 위한 정화와 구원의 도구가 될 수 있다.

해설　예수님이 병자들을 고쳐 주신 것은 물론 측은지심惻隱之心 곧 가엾은 마음 때문이지만, 이 또한 다른 기적들처럼 하느님 나라의 도래를 나타내는 표징이다. 마침내 예수님은 당신의 고난과 죽음을 통해 구원 성업을 완수하심으로써, 고통의 구속적救贖的 의의를 계시하셨다. 우리는 고통을 통해 그리스도를 닮고, 구속을 위한 그분의 수난에 결합될 수 있다.

용어　**병자들을 동정**　여기서 동정은 말 그대로 똑같은 감정을 느끼는 것 이상, 곧 병자와 고통을 함께 겪는 것이다.

하느님 나라의 도래　하느님 나라는 하느님의 다스림을 말한다. 하느님 나라는 강생하신 그리스도와 함께 왔으며 복음으로 선포되었다. 하느님 나라에서는 죄와 고통과 죽음이 사라지고 하느님의 승리가 이루어진다.

표징　예수 그리스도께서는 여러 가지 표징을 사용하여 병을 고쳐 주셨다. 병을 고치신 기적은 다른 기적들처럼 하느님 나라가 와 있음을 드러내는 표징이기도 하다.

수난 고난 곧 고통을 받음.

우리와 타인들을 위한 정화와 구원 우리의 고통은 주님의 고난에 참여하는 수단이 된다. 그리하여 우리가 주님과 함께 겪는 고통을 통해 자신과 이웃의 정화와 구원을 도모하게 된다.

성구 **이사 53,4-5** 그는 우리의 병고를 메고 갔으며 우리의 고통을 짊어졌다. 그런데 우리는 그를 벌받은 자, 하느님께 매맞은 자, 천대받은 자로 여겼다. 그러나 그가 찔린 것은 우리의 악행 때문이고 그가 으스러진 것은 우리의 죄악 때문이다. 우리의 평화를 위하여 그가 징벌을 받았고 그의 상처로 우리는 나았다.

마태 8,16-17 저녁이 되자 사람들이 마귀 들린 이들을 예수님께 많이 데리고 왔다. 예수님께서는 말씀으로 악령들을 쫓아내시고, 앓는 사람들을 모두 고쳐 주셨다. 이사야 예언자를 통하여 "그는 우리의 병고를 떠맡고 우리의 질병을 짊어졌다." 하신 말씀이 이루어지려고 그리된 것이다.

315 병자들을 향한 교회의 태도는 어떠한가?

앓는 사람을 고쳐 주라는 주님의 명령을 받은 교회는 병자들을 보살피고 아울러 그들을 위하여 전구의 기도를 드림으로써 이 사명을 수행하고자 노력한다. 교회는 무엇보다도 그리스도께서 친히 제정하셨고 야고보 성인이 증언하고 있는 성사, 곧 특별히 병자들을 위한 성사를 보유하고 있다. "여러분 가운데에 앓는 사람이 있습니까? 그런 사람은 교회의 원로들을 부르십시오. 원로들은 그를 위하여 기도하고, 주님의 이름으로 그에게 기름을 바르십시오"(야고 5,14).

해설 교회는 병자들에게 병자성사를 주는 것으로 그치지 않고, 병자들을 돌봄으로써 "병자들을 고쳐 주어라." 하신 주님의 분부를 받들어 병자들의 치료와 그들을 위한 기도를 계속한다.

용어 **원로** 천주교에서는 신약 성경에서 원로라고 불리는 이들이 사제의 직책을 맡은 사람들로 해석한다. 개신교에서는 흔히 같은 교회 직책을 **장로**長老라고 번역하지만, 천주교의 사제와 같은 직무를 수행하지는 않는다.

그리스도께서 친히 제정하신 그리스도께서는 병자들을 낫게 하시며 믿음을 요구하셨다. 그리고 여러 가지 성사적 자료, 예를 들어 진흙, 물, 침을 사용하거나, 손가락을 귀에 넣음, 혀를 만짐, 안수 등으로 병을 낫게 하셨다. 마침내 십자가 죽음을 통해 우리를 살리심으로 병자성사의 창시자Auctor가 되셨다.

성구 **토빗 11,11-14** 물고기 쓸개를 손에 든 토비야는 아버지를 붙들고 그 눈에 입김을 불고 나서, "아버지, 용기를 내십시오." 하고 말하였다. 이어서 그 약을 아버지에게 바르고서는 잠시 그대로 두었다. 이윽고 토비야는 양손으로 아버지의 눈가에서부터 하얀 막을 벗겨 내었다. 그러자 토빗이 아들의 목을 껴안고 울면서 "애야, 네가 보이는구나, 내 눈에 빛인 네가!" 하였다. 그리고 이렇게 말하였다. "하느님께서는 찬미받으소서. 그분의 위대한 이름은 찬미받으소서. 그분의 거룩한 천사들 모두 찬미받으소서. 그분의 위대한 이름 언제나 우리 위에 머무르소서. 그분의 천사들 모두 영원히 찬미받으소서. 그분께서 나에게 벌을 내리셨지만 내가 이제는 내 아들 토비야를 볼 수 있게 되었다."

마태 10,8 "앓는 이들을 고쳐 주고 죽은 이들을 일으켜 주어라. 나병 환자들을 깨끗하게 해 주고 마귀들을 쫓아내어라. 너희가 거저 받았으니 거저 주어라."

마르 6,12-13* 야고 5,14-15*

316 누가 병자성사를 받을 수 있는가?

질병이나 노쇠로 죽을 위험이 있는 신자면 이 성사를 받을 수 있다. 병자성사를 받은 병자가 같은 병으로 앓다가 병이 더 중해지는 경우, 또는 다른 중병에 걸리게 되면 다시 이 성사를 받을 수 있다. 병자성사가 거행되기 전에 될 수 있으면 병자의 개별 고해성사가 있어야 한다.

해설 병자성사는 말 그대로 병자가 받는 성사다. 죽을 위험이 있거나, 없어도 병이 중하면 병자성사를 받게 하여 병자가 그 고통을 주님의 수난에 일치시키게 하는 것은 교회 공동체의 신앙 실천에 매우 중요한 일이다.

용어 **병자의 개별 고해성사** 병자가 병자성사를 받기 전에 고해성사를 받아 은총의 상태에 있는 것이 바람직하다. 그러나 병이 중하여 고해성사를 받을 형편이 안 되는 경우에는 병자성사로도 죄가 사해진다.

성구 **탈출 15,26** "너희가 주 너희 하느님의 말을 잘 듣고, 주님의 눈에 드는 옳은 일을 하며, 그 계명에 귀를 기울이고 그 모든 규정을 지키면, 이집트인들에게 내린 어떤 질병도 너희에게는 내리지 않을 것이다. 나는 너희를 낫게 하는 주님이다."

마태 9,2 사람들이 어떤 중풍 병자를 평상에 뉘어 그분께 데려왔다. 예수님께서 그들의 믿음을 보시고 중풍 병자에게 말씀하셨다. "애야, 용기를 내어라. 너는 죄를 용서받았다."

317 병자성사의 집전자는 누구인가?

사제들(주교와 신부)만이 병자성사를 거행한다.

해설 사제(주교와 신부)가 병자성사를 집전한다. 야고보서에 나오는 교회의 원로는 오늘날 사제를 의미한다. 주교가 구약의 대사제나 신약의 사도들의 후계자라면, 사제는 구약의 원로들(예를 들면 탈출기와 민수기에 나오는 원로들)이나 신약의 원로들(사도행전이나 서간에 나오는 원로들)의 후계자다(1542항).

용어 **사제들**(주교와 신부) 사제라는 용어에는 두 가지 의미가 있다. 하나는 주교와 부제와는 구별되는 사제의 **성품**聖品을 나타내고, 다른 하나는 직무 사제직을 수행하는 이들 곧 주교와 사제들을 통칭하기도 한다.

성구 **레위 13,9** "누구든지 악성 피부병이 생기면 그를 사제에게 데려가야 한다."
야고 5,14 여러분 가운데에 앓는 사람이 있습니까? 그런 사람은 교회의 원로들을 부르십시오. 원로들은 그를 위하여 기도하고, 주님의 이름으로 그에게 기름을 바르십시오.

318 병자성사는 어떻게 거행하는가?

병자성사 거행의 핵심은 주교가 축성한 기름을 병자의 이마와 양손에(로마 예법) 또는 몸의 다른 부위(다른 예법)에 **바르는** 것이다. 이때에 사제는 이 성사의 특별한 은총을 청하는 **기도**를 드린다.

해설   병자성사는 안수 기도와 도유로 이루어진다. 안수 기도는 이 성사의 성령 청원 기도(에피클레시스)이다. 도유는 병자의 이마와 두 손에 성유(병자 성유)를 바르면서 "주님께서는 주님의 자비로우신 사랑과 기름 바르는 이 거룩한 예식으로 성령의 은총을 베푸시어 이 병자를 도와주소서. 또한 이 병자를 죄에서 해방시키시고 구원해 주시며, 자비로이 그 병고도 가볍게 해 주소서."라고 기도하며 성사의 은총을 청한다. 물론 병자성사 전에 고해 예식을, 후에는 영성체 예식을 거행하는 것이 바람직하다.

용어   **병자 성유**   병자성사에 사용하는 성유이며, 성목요일 성유 축성 미사에서 축성한다.

성구   **2열왕 5,14**   그리하여 나아만은 하느님의 사람이 일러 준 대로, 요르단 강에 내려가서 일곱 번 몸을 담갔다. 그러자 그는 어린아이 살처럼 새살이 돋아 깨끗해졌다.

마태 8,14-15   예수님께서 베드로의 집으로 가셨을 때, 그의 장모가 열병으로 드러누워 있는 것을 보셨다. 예수님께서 당신 손을 그 부인의 손에 대시니 열이 가셨다. 그래서 부인은 일어나 그분의 시중을 들었다.

마르 7,33-35* 사도 3,6-7ㄱ.16*

319   병자성사의 효과는 무엇인가?

이 성사는 병자에게 위로와 평화와 용기를 주고, 또한 병자가 고해성사를 받지 못한 경우에 죄를 용서해 줌으로써 병자 자신과 교회 전체의 선익을 위하여 그를 그리스도의 수난에 더욱 가까이 결합시키는 특별한 은총을 준다. 이 성사는, 하느님께서 원하신다면, 육체도 치유한다. 어떤 경우든 이 도유의 성사는 병자가 하느님 아버지의 집에 건너가도록 준비시킨다.

해설   병자성사의 고유한 은총, 곧 성사 은총은 다음과 같다. ① 병자에게 위로와 평화와 용기를 줌. ② 병자가 고해성사를 받지 못한 경우 죄의 용서. ③ 병자 자신과 교회 전체의 구속을 위해 그리스도의 수난에 결합됨. ④ 주님께서 원하신다면 육체의 치유와 병고를 덜어줌. ⑤ 병자가 하느님 나라에 들어갈 수 있게 준비시킴("그리스도교 참회의 완성을 베풀어 준다." - 병자성사 예식서, 일러두기, 6항).

용어	**병자 자신과 교회 전체의 선익** 병자성사는 병고를 통해 그리스도의 수난에 동참함으로써 병자 자신과 교회 지체들의 구원에 이바지하게 한다.
성구	**이사 38,17** "보소서, 저의 쓰디쓴 쓰라림은 행복으로 바뀌었습니다. 당신께서는 멸망의 구렁텅이에 빠지지 않게 제 목숨을 지켜 주셨습니다. 정녕 저의 모든 죄악을 당신의 등 뒤로 던져 버리셨습니다." **로마 8,17** 우리는 하느님의 상속자입니다. 그리스도와 더불어 공동 상속자인 것입니다. 다만 그리스도와 함께 영광을 누리려면 그분과 함께 고난을 받아야 합니다. **필리 3,10-11* 콜로 1,24***

320 노자 성체는 무엇인가?

노자 성체는 지상 생활을 곧 떠나 영원한 생명으로 건너갈 준비를 하는 이들이 모시는 성체이다. 이 세상에서 하느님 아버지께로 건너가려는 순간에 모시는 그리스도의 성체, 곧 죽었다가 부활하신 그리스도의 몸과 피는 영원한 생명의 씨앗이며 부활의 힘이다.

해설	'노자 성체'는 병자성사와 함께 모시는 성체를 말한다. 이 순간 예수님의 말씀이 더욱 절실해진다. "내 살을 먹고 내 피를 마시는 사람은 영원한 생명을 얻고, 나도 마지막 날에 그를 다시 살릴 것이다"(요한 6,54).
용어	**노자 성체** 우리말 **노자**路資는 먼길을 떠나기 전 챙기는 여행 비용을 말하는데, 이 세상을 떠나 저 세상으로 가는 사람에게 성체를 모시는 것보다 더 좋은 노자는 없다.
성구	**탈출 16,35** 이스라엘 자손들은 정착지에 다다를 때까지 사십 년 동안 만나를 먹었다. 가나안 땅 경계에 다다를 때까지 그들은 만나를 먹었던 것이다. **요한 6,54** "내 살을 먹고 내 피를 마시는 사람은 영원한 생명을 얻고, 나도 마지막 날에 그를 다시 살릴 것이다."

제3장
친교에 봉사하는 성사

321 친교에 봉사하는 성사는 무엇인가?

성품성사와 혼인성사, 이 두 성사는 교회 안에서 특별한 사명을 수여하고, 하느님 백성의 형성에 이바지하며 특별한 은총을 베푼다. 이 두 성사는 특별히 교회적 친교와 타인의 구원에 이바지한다.

해설 성품성사와 혼인성사는 친교에 이바지하는 성사다. 성품성사는 교회의 친교에, 혼인성사는 가정의 친교에 이바지한다. 이 성사들이 개인의 성화와 구원을 이루는 방식은 자신 아닌 남을 위한 봉사를 통해서다. 이 성사들은 또한 교회 안에서 특별한 사명을 부여하고, 교회 공동체의 건설과 성장에 이바지한다.

용어 **하느님 백성의 형성** 하느님 백성을 건설한다는 말은 교회를 이루고 성장시킨다는 뜻이다. 성품성사뿐 아니라 혼인성사도 교회의 건설에 이바지한다. 자녀들을 낳아 하느님의 자녀들이 되게 하는 성사이기 때문이다.

교회적 친교 친교의 교회적 성격을 특별히 강조하여 한 말이다. 교회는 하느님과 사람, 사람과 사람 사이의 친교를 나타내고 이루는 친교의 성사다.

성구 **탈출 24,4-5** 모세는 주님의 모든 말씀을 기록하였다. 그는 다음 날 아침 일찍 일어나 산기슭에 제단을 쌓고, 이스라엘의 열두 지파에 따라 기념 기둥 열둘을 세웠다. 그는 이스라엘 자손들 가운데 몇몇 젊은이들을 그리로 보내어, 번제물을 올리고 소를 잡아 주님께 친교 제물을 바치게 하였다.

1요한 1,6-7 만일 우리가 하느님과 친교를 나눈다고 말하면서 어둠 속에서 살아간다면, 우리는 거짓말을 하는 것이고 진리를 실천하지 않는 것입니다. 그러나 그분께서 빛 속에 계신 것처럼 우리도 빛 속에서 살아가면, 우리는 서로 친교를 나누게 되고, 그분의 아드님이신 예수님의 피가 우리를 모든 죄에서 깨끗하게 해 줍니다.

1코린 3,9*

■ 성품성사

322 성품성사는 무엇인가?

이 성사를 통하여, 그리스도께서 당신 사도들에게 위임하신 임무가 세상 마칠 때까지 교회 안에서 계속 수행된다.

해설 성품성사는 성품聖品에 들게 하는 성사다. 성품에는 주교품, 사제품, 부제품이 있다. 이 성사는 사도직의 성사다.

용어 **성품** 거룩한 품계 곧 주교품, 사제품, 부제품을 말한다. → 아래 문답 323 용어 풀이 참조.

성구 **탈출 29,4-5** "너는 아론과 그의 아들들을 만남의 천막 어귀로 데려다 물로 씻겨라. 그리고 옷을 가져다가, 저고리와 에폿에 딸린 겉옷, 에폿과 가슴받이를 입히고 에폿 띠를 매어 주어라."

히브 5,4-5 이 영예는 어느 누구도 스스로 얻는 것이 아니라, 아론과 같이 하느님에게서 부르심을 받아 얻는 것입니다. 이처럼 그리스도께서도 대사제가 되는 영광을 스스로 차지하신 것이 아니라, 그분께 "너는 내 아들, 내가 오늘 너를 낳았노라." 하고 말씀하신 분께서 그렇게 해 주신 것입니다.

323 왜 성품성사라고 부르는가?

품계는 특별한 축성을 통하여 들게 되는(서품) 교회 계층을 말한다. 성령의 특별한 선물을 통하여, 이 성사는 서품된 이들이 하느님의 백성을 위한 봉사에 그리스도의 이름과 권위로 **거룩한 권한**을 행사할 수 있게 해 주므로 성품성사라고 한다.

해설 이 성사를 받은 이들이 하느님 백성을 위한 봉사에 그리스도의 이름과 권위로 거룩한 권한을 행사할 수 있게 해 주므로 성품성사라고 부른다.

용어 **품계** 조선 시대에 벼슬(공직)을 품이라고 불렀다. 예를 들어 정일품正一品, 종일품從一品 하는 식이다. 교회에도 일찍이 품계라고 불리는 계층이 있었다.

서품敍品 품계에 받아들이는 것을 말한다. 우리말 서임敍任, 서훈敍勳에서 알 수 있듯이, 서품이란 품을 준다는 뜻이다.

거룩한 권한 그리스도께서 교회에 부여하신 권한 또는 교회가 성직자에게 성구 **시편 110,4** 주님께서 맹세하시고 뉘우치지 않으시리이다.
"너는 멜키체덱과 같이
영원한 사제다."

히브 5,6 "너는 멜키체덱과 같이 영원한 사제다."

324 성품성사는 하느님의 구원 경륜에서 어떤 위치를 차지하는가?

구약 성경에 나타나는 성품성사의 예표들은 레위인들의 봉사, 아론의 사제직, 일흔 명의 "원로들"(민수 11,25)을 세운 일이다. 이 예표들은 십자가의 희생으로 '하느님과 사람 사이의 유일한 중개자'(1티모 2,5 참조) "멜키체덱과 같은 대사제"(히브 5,10)이신 예수 그리스도 안에서 완성된다. 그리스도의 유일한 사제직은 직무 사제직을 통하여 현존한다.

해설 구약 성경에서 레위인들의 봉사(민수 1,48-53), 아론의 사제직(민수 3,10), 일흔 명의 원로들(민수 11,25)은 대표적인 성품성사의 예표이다. 레위인들의 봉사는 부제품을, 아론의 사제직은 주교품을, 일흔 명의 원로는 사제품을 미리 보여준 예표이다. 이러한 예표들은 신약의 유일한 사제이신 예수 그리스도 안에서 완성된다.

용어 **레위인들의 봉사** 이스라엘 열두 지파 가운데 레위 지파는 성전에 봉사하였다. 그들은 사제는 아니지만 사제를 도와 성전의 모든 거룩한 예식에 봉사하였던 것이다.

아론의 사제직 아론과 그 후손들만이 구약의 사제직을 이어받았다.

일흔 명의 원로 모세는 자신의 일을 도울 원로를 뽑았으며, 이들에게 주님의 영이 내렸다(민수 11,24-25).

하느님과 사람 사이의 유일한 중개자 성경에서 중개자는 하느님과 사람 사이를 중개하는 이를 두고 일컫는 말이다. 하느님과 사람 사이의 참 중개자는 예수 그리스도 한 분 뿐이시다. 그분은 참 하느님이시며 참 사람이시기 때문이다. 신약의 사제들은 그리스도의 유일한 중개에 참여한다.

멜키체덱과 같은 대사제 앞에서 본 것처럼 원래 이 말은 멜키체덱의 사제

직분을 잇는 대사제라는 뜻이다. "너는 멜키체덱과 같이 영원한 사제다"(시편 110,4). 히브리서 7장에서 예수님은 아론의 사제 직분을 잇는 것이 아니라 멜키체덱의 사제 직분을 잇는 것으로 해석된다. 곧 조직 또는 계통을 잇는 대신 직접 하느님에게서 사제 직분을 받았다는 것이다.

그리스도의 유일한 사제직은 직무 사제직을 통하여 현존한다 직무 사제직 곧 주교와 사제가 사제 직무를 수행할 때 그리스도께서 그들 안에 현존하신다.

성구 **아론의 사제직** **탈출 29,4.7.9** "너는 아론과 그의 아들들을 만남의 천막 어귀로 데려다 … 성별 기름을 가져다 그의 머리 위에 부어 그를 성별하여라. … 그리하여 영원한 규칙에 따라 사제직이 그들의 것이 되게 하여라. 이렇게 아론과 그의 아들들에게 직무를 맡겨라."

일흔 명의 원로 **민수 11,24-25ㄱ** 모세는 밖으로 나와 **주님**의 말씀을 백성에게 전하였다. 그는 백성의 원로들 가운데에서 일흔 명을 불러 모아, 천막 주위에 둘러 세웠다. 그때에 **주님**께서 구름 속에서 내려오시어 모세와 말씀하시고, 그에게 있는 영을 조금 덜어 내시어 그 일흔 명의 원로들에게 내려 주셨다.

레위인들의 봉사 **민수 1,50** "너는 레위인들에게 증언판을 모신 성막과 모든 기물과 거기에 딸린 모든 물건을 맡겨라. 그들은 성막과 모든 기물을 날라야 하고, 성막을 보살피며 그 둘레에 진을 치고 살아야 한다."

325 성품성사는 어떤 품계로 구성되어 있는가?

성품성사는 교회의 유기적 구조에 필수 불가결한 세 가지 품계, 곧 주교, 사제, 부제로 구성된다.

해설 성품성사는 주교품, 사제품, 부제품으로 구성되어 있다. 이 세 품계는 교회의 삶에 필수 불가결하다. "모두들 부제를 예수 그리스도와 같이 존경하되 마치 하느님 아버지의 모상인 주교를 존중하듯 해야 하며, 사제들을 하느님의 원로원으로 마치 사도단처럼 존중해야 합니다. 그들 없이는 교회라고 말할 수 없습니다"(안티오키아의 성 이냐시오).

용어 **교회의 유기적 구조** 교회는 사람의 몸과 같은 유기체다. 교회는 그리스도의 몸이기 때문이다.

성구 **2역대 30,24-25** 유다 임금 히즈키야가 회중에게 황소 천 마리와 양 칠천 마리를 내놓고, 대신들도 회중에게 황소 천 마리와 양 만 마리를 내놓았기 때문이다. 그때에 많은 사제들이 자신들을 거룩하게 하였다. 유다의 온 회중을 비롯하여 사제들과 레위인들, 이스라엘에서 온 모든 회중, 이스라엘 땅에서 넘어온 이방인들, 유다에 사는 거류민들도 함께 기뻐하였다.

1코린 12,27-28ㄱ 여러분은 그리스도의 몸이고 한 사람 한 사람이 그 지체입니다. 하느님께서 교회 안에 세우신 이들은, 첫째가 사도들이고 둘째가 예언자들이며 셋째가 교사들입니다.

326 주교서품의 효과는 무엇인가?

주교 축성으로 충만한 성품성사가 수여된다. 주교 축성은 주교를 사도들의 합법적 후계자로 만들고, 주교단에 들어 교황과 다른 주교들과 함께 교회 전체에 대하여 공동 관심을 갖도록 해 주며, 주교에게 가르치고 거룩하게 하고 다스리는 직무를 부여한다.

해설 주교 서품으로 주교는 성품성사의 충만함을 받게 된다. 다시 말해 사제품과 부제품은 주교품에 속한다는 말이다. 주교 서품은 ① 주교를 사도들의 후계자로 세우고, ② 주교단에 들어 교황과 다른 주교들과 함께 보편 교회의 사도적 임무에 연대하게 하고, ③ 가르치고 거룩하게 하고 다스리는 직무를 부여한다.

용어 **주교 축성** 주교 서품을 축성이라고 함은 "그리스도께서 친히 교회를 위하여 선별하여 권한을 부여하시기 때문이다"(1538항).

사도들의 합법적 후계자 주교는 사도들의 법통法統을 이어, '사도로부터 이어오는' 교회의 참 목자, 곧 그리스도의 사도가 된다.

주교단 주교의 단체성은 매우 중요하다. 그 단장團長은 물론 교황이다. 주교단은 보편 교회에 그 사도직을 수행하기 위해 공의회나 주교 시노드(주교대의원회의)에 참여한다. 지역 주교회의 역시 그 단체성을 나타낸다. → 문답 162 용어 풀이와 문답 180 용어 풀이 그리고 문답 183 참조.

가르치고 거룩하게 하고 다스리는 직무 주교는 참 스승이요(마태 23,8), 대사제이며(히브 5,10), 목자이신(요한 10,11) 그리스도의 직무에 동참하는 것이다.

성구 **민수 17,16-17.23** 주님께서 모세에게 이르셨다. "이스라엘 자손들에게 일러, 집안마다 지팡이 하나씩, 곧 각 집안의 수장에게서 지팡이 하나씩 열두 개를 거둔 다음, 수장의 이름을 각기 그의 지팡이에 새겨라." 이튿날 모세가 증언판을 모신 천막에 들어가 보니, 레위 집안을 대표한 아론의 막대기에 싹이 나 있는 것이었다. 싹이 나오고 꽃이 피고 편도 열매가 이미 익어 있었다.

콜로 1,25.28ㄴ-29 하느님께서 여러분을 위하여 당신 말씀을 선포하는 일을 완수하라고 나에게 주신 직무에 따라, 나는 교회의 일꾼이 되었습니다. … 그리고 모든 사람을 그리스도 안에서 완전한 사람으로 굳건히 서 있게 하려고, 우리는 지혜를 다하여 모든 사람을 타이르고 모든 사람을 가르칩니다. 이를 위하여 나는 내 안에서 힘차게 작용하는 그리스도의 기운을 받아 열심히 노력하고 있습니다.

사도 20,28*

327 주교에게 맡겨진 개별 교회에서 그의 직무는 무엇인가?

한 개별 교회를 맡은 주교는 그 교회의 볼 수 있는 머리이며 일치의 토대이다. 주교는 그리스도의 대리자로서 사제들과 부제들의 협조를 받아 사목직을 수행한다.

해설 주교는 개별 교회 곧 교구를 맡아 신자들을 가르치고, 거룩하게 하고 다스리는 임무를 수행한다. 주교는 개별 교회의 수장首長이며 그 일치의 구심점이다.

용어 **개별 교회** 교회를 크게 개별 교회, 지역 교회, 보편 교회로 구분한다. **개별 교회**는 우리가 흔히 교구라고 하는 교회를 말한다. **지역 교회**는 한국교회라든지, 아시아교회처럼 여러 교구로 이루어진 일정 지역을 말한다. **보편 교회**는 물론 교회 전체를 말한다. 개별 교회는 사도적 계승을 통하여 주교로 서품된 교구장과 믿음과 성사 안에서 친교를 이루는 신앙 공동체를 말한다. 교구는 여러 **본당**parochia으로 이루어진다. → 문답 167 참조.

사목직 교회를 주님의 양떼라고 표현할 때(1베드 5,2), 교회를 돌보는 일을 **사**

목司牧이라고 말한다. 사목직은 물론 양떼를 돌보는 사목 직무다.

성구 **민수 11,16-17** 주님께서 모세에게 말씀하셨다. "네가 백성의 원로이며 관리라고 알고 있는 이스라엘의 원로들 가운데에서 나를 위해 일흔 명을 불러 모아라. 그들을 데리고 만남의 천막으로 와서 함께 서 있어라. 내가 내려가 그곳에서 너와 말하겠다. 그리고 너에게 있는 영을 조금 덜어 내어 그들에게 나누어 주겠다. 그러면 그들이 이 백성을 너와 함께 짊어져서, 네가 혼자 지지 않아도 될 것이다."

히브 5,1ㄱ.4 모든 대사제는 사람들 가운데에서 뽑혀 사람들을 위하여 하느님을 섬기는 일을 하도록 지정된 사람입니다. 이 영예는 어느 누구도 스스로 얻는 것이 아니라, 아론과 같이 하느님에게서 부르심을 받아 얻는 것입니다.

1베드 5,2-3*

328 사제 서품의 효과는 무엇인가?

성령의 도유로 사제는 지워질 수 없는 영적 인호가 새겨지고 사제이신 그리스도와 동화되어 머리이신 그리스도를 대신하여 행동할 수 있게 된다. 사제는 주교의 협력자가 되어 복음을 선포하고, 하느님께 드리는 예배, 특히 그의 직무를 수행할 힘의 원천인 성찬례의 집전과 신자들의 사목을 위하여 축성된다.

해설 사제로 서품되는 사람은 ① 성령의 도유로 인호가 새겨지고, ② 그리스도와 같아져서 머리이신 그리스도를 대신하여 행하고, 주교의 협력자로서 ③ 복음을 선포하고, ④ 하느님 예배, 특히 성찬례(미사)를 집전하며 ⑤ 신자들을 사목한다.

여기서 말하는 사제는 주교 바로 아래 품계를 말한다. 사제 직무(직무 사제직)를 수행하는 주교와 사제를 함께 사제라고 할 수 있기 때문에, 앞뒤를 살펴, 주교와는 다른 사제만을 이르는지, 주교와 사제를 합쳐 이르는 말인지 구별해야 한다.

용어 **성령의 도유** 여기서는 성령과 도유가 같은 뜻으로 쓰였다. 1요한 2,27이 그 좋은 예다. 우리말로 풀면 '성령으로 도유됨'이라고 해야 할 것이다.

그리스도와 동화 그리스도와 같아지는 것을 말한다.

머리이신 그리스도를 대신하여 사제의 모든 전례 행위는 신비체의 머리이신 그리스도를 대신하여 거행하는 것이다. → 문답 336 참조.

주교의 협력자 사제는 주교의 분신이거나 몸종이 아니라 주교 품계의 협력자다. → 문답 270 참조.

사목 → 문답 327 용어 풀이 참조.

성구 **말라 2,7** 사제의 입술은 지식을 간직하고 사람들이 그의 입에서 법을 찾으니 그가 만군의 주님의 사자이기 때문이다.

1티모 5,17 지도자 직무를 훌륭히 수행하는 원로들은 이중으로 존대를 받아 마땅합니다. 설교하고 가르치는 일에 애쓰는 이들이 특히 그렇습니다.

탈출 29,9* 티토 1,5*

329 사제는 고유의 직무를 어떻게 수행하는가?

사제는 보편적 사명을 위하여 성품을 받았으므로 "사제단"의 일원이 되며, 주교와 일치하고 그에게 예속되어 개별 교회의 책임을 맡은 동료 사제들과 성사적 형제애로 결합되어 개별 교회 안에서 사명을 수행한다.

해설 사제들도 사제단司祭團을 이룬다. 물론 그 수장은 주교다. 사제 서품에서 주교에 이어 모든 사제가 안수하는 것은 이런 뜻에서다. 사제단으로서 사제들은 개별 교회(교구)의 사목을 책임진다. 또한 사제는 주교의 협력자로서 주교가 주는 권한을 가지고 맡은 구역이나 일터에서 그 직무를 수행한다.

용어 **성사적 형제애** 같은 성품성사를 받은 형제로서 서로 사랑하는 것을 말한다. 사실 사제의 마음은 사제가 제일 잘 안다. 그 성화와 구원을 위해 동료 사제들의 형제애는 매우 중요하다.

성구 **2역대 6,41** 주 하느님, 이제 일어나시어 당신의 안식처로 드십시오. 당신 권능의 궤와 함께 드십시오. 주 하느님, 당신 사제들이 구원으로 옷 입고 당신께 충실한 이들이 행복을 누리며 기뻐하게 해 주십시오.

1베드 5,1-2ㄱ 그러므로 나는 여러분 가운데에 있는 원로들에게 같은 원로로서, 또 그리스도께서 겪으신 고난의 증인이며 앞으로 나타날 영광에 동참할 사람으로서 권고합니다. 여러분 가운데에 있는 하느님의 양 떼를 잘 치십시오.

탈출 40,15* 1베드 5,3-4*

330 부제 서품의 효과는 무엇인가?

부제는 모든 이의 종이 되신 그리스도의 모습에 따라 교회에 봉사하고자 성품을 받는다. 부제는 자기 주교의 권위 아래서 말씀과 하느님 예배, 사목적인 지도와 자선 활동의 봉사 임무를 수행한다.

해설 **부제**副祭는 그리스말 디아코노스(종)에서 나온 말이다(라틴어 Diaconus, 영어 Deacon도 같은 어원에서 나왔다). 부제는 모든 이의 종이 되신(마르 10,45) 그리스도를 본받아 교회에 봉사하는 성품이다. 부제는 주교 아래서 ① 말씀 봉사, ② 하느님 예배, ③ 사목적인 지도, ④ 자선 활동 등의 봉사 임무를 수행한다.

용어 **부제** 우리말 부제는 사제 아래 품계를 나타내는 말이다. 그렇지만 위에서 밝힌 대로 부제는 봉사직을 맡으며, 사제 아래 있는 것이 아니라, 전적으로 주교의 권위 아래에 있다. 그래서 부제 서품 때는 주교만 안수한다.

성구 **민수 3,6** "너는 레위 지파를 가까이 오게 하여, 그들을 아론 사제 앞에 세워서 그를 시중들게 하여라."

사도 6,3-4.6ㄴ "그러니 형제 여러분, 여러분 가운데에서 평판이 좋고 성령과 지혜가 충만한 사람 일곱을 찾아내십시오. 그들에게 이 직무를 맡기고, 우리는 기도와 말씀 봉사에만 전념하겠습니다." … 사도들은 기도하고 그들에게 안수하였다.

마태 20,28* 루카 22,26ㄴ-27*

331 성품성사는 어떻게 거행하는가?

세 가지 품계의 성품성사에서, 주교는 서품될 사람의 머리에 **안수**하고, 장엄한 **축성 기도**를 바친다. 이 축성 기도로 주교는 그 봉사 직무에 합당한 성령의 은혜를 내려 주시도록 하느님께 청원한다.

해설 주교와 사제와 부제의 성품성사 예식은 비슷한 구조로 되어 있다. 성품성사는 미사 중에 거행되며, 주교가 서품될 사람의 머리에 안수하고 그 성품에 맞는 성령의 은혜가 내리도록 축성 기도를 바치는 것이 성품성사의 핵심 예식이다. 기도에 이어 주교와 사제 서품에는 도유예식이 있으며, 그 직무를 나타내기 위해 주교에게는 복음서와 반지와 관과 지팡이를, 사제에게는 성반과 성작을, 부제에게는 복음서를 수여한다.

용어 **축성 기도** 성품 성사의 성령 청원 기도(에피클레시스)다.

성구 **레위 8,12-13** "레위인들이 황소들의 머리에 손을 얹고 나면, 너는 한 마리는 속죄 제물로, 또 한 마리는 번제물로 주님에게 바쳐, 레위인들을 위한 속죄 예식을 거행하여라. 너는 또 레위인들을 아론과 그의 아들들 앞에 세우고, 그들을 흔들어 바치는 예물로 주님에게 올려라."

1티모 4,13-14 내가 갈 때까지 성경 봉독과 권고와 가르침에 열중하십시오. 그대가 지닌 은사, 곧 원로단의 안수와 예언을 통하여 그대가 받은 은사를 소홀히 여기지 마십시오.

332 성품성사의 집전자는 누구인가?

해설 유효하게 서품된, 곧 사도 계승을 한 주교들이 세 가지 품계의 성품성사를 줄 수 있다. 성품성사의 집전자는 물론 주교이다. 주교 서품도, 사제 서품도, 부제 서품도 주교가 주례한다. 주교는 문답 326에 명시된 대로 충만한 성품성사를 받았기 때문이다.

용어 **유효하게 서품된 주교** 사도 계승 안에서 이루어진 서품으로 주교가 된 사람을 말한다. 예를 들어 중국의 애국교회가 임명한 주교는 유효하게 서품된 주교가 아니라고 보아야 한다. 교황의 임명을 받지 않았기 때문이다.

사도 계승 사도적 설교와 가르침 그리고 그 권위는 사도들로부터 그 계승자들인 주교들에게 이어진다. 사도 계승을 통해 교회의 직무는 세상 끝날까지 이어진다. → 문답 167 용어 풀이와 문답 176 참조.

성구 **민수 8,10-11** "네가 레위인들을 **주님** 앞으로 가까이 오게 하면, 이스라엘 자손들은 레위인들에게 손을 얹는다. 그러면 아론은 레위인들을 이스라엘 자손들이 올리는 예물로 **주님** 앞에 흔들어 바친다. 그러면 그들은 **주님**을 위한 일을 할 수 있게 된다."

사도 6,5-6 이 말에 온 공동체가 동의하였다. 그리하여 그들은 믿음과 성령이 충만한 사람인 스테파노, 그리고 필리포스, 프로코로스, 니카노르, 티몬, 파르메나스, 또 유다교로 개종한 안티오키아 출신 니콜라오스를 뽑아, 사도들 앞에 세웠다. 사도들은 기도하고 그들에게 안수하였다.

333 성품성사를 받을 수 있는 사람은 누구인가?

세례 받은 남자만이 유효하게 성품성사를 받을 수 있다. 교회는 주님께서 친히 하신 이 선택에 매여 있음을 스스로 인식한다. 누구도 성품성사를 받겠다고 요구할 수 없고, 다만 교회의 권위자가 이 직무에 적합한 자로 인정할 때만 받을 수 있다.

해설 교회의 권위자가 이 거룩한 직무에 적합한 자로 인정한 남자만이 성품성사를 받을 수 있다.

용어 **주님께서 친히 하신 선택** 예수 그리스도께서는 남자들만으로 열두 사도를 뽑으셨다. 교회는 주님의 이 선택을 그대로 따른다.

교회의 권위자 성품성사에 합당한 자를 뽑는 것은 주교이므로, 성품성사에서는 주교가 유일한 교회의 권위다.

성구 탈출 29,29-30 "아론의 거룩한 옷은 그의 후대 자손들에게 물려주어, 그들이 그것을 입고 기름부음을 받아 직무를 맡게 하여라. 그의 자손들 가운데에서 그의 뒤를 이을 사제는 만남의 천막에 들어가 성소에서 예식을 거행할 때, 이레 동안 그 옷을 입어야 한다."

1티모 3,1-2 이 말은 확실합니다. 어떤 사람이 감독 직분을 맡고 싶어 한다면 훌륭한 직무를 바라는 것입니다. 그러므로 감독은 나무랄 데가 없어야 하고 한 아내의 충실한 남편이어야 하며, 절제할 줄 알고 신중하고 단정하며 손님을 잘 대접하고 또 가르치는 능력이 있어야 합니다.

사도 1,21-22*

334 성품성사를 받은 사람에게 독신 생활이 요구되는가?

주교품은 항상 독신 생활이 요구된다. 라틴 교회에서 사제품은 원칙적으로 "하늘 나라 때문에"(마태 19,12) 독신 생활을 계속하겠다는 의지를 지닌 독신 남성 신자들에게

만 수여된다. 동방 교회에서도 사제품을 받은 다음에는 혼인할 수 없다. 종신 부제품은 이미 결혼한 남자들도 받을 수 있다.

해설 　독신의 사제만이 주교품을 받는다. 서방교회에서는 독신 부제만이 사제품을 받는다. 동방 교회에서는 사제품을 받은 다음에는 결혼할 수 없다. 종신 부제품은 기혼의 신자도 받을 수 있다.

용어 　**"하늘 나라 때문에" 독신 생활** 　예수님께서는 하느님 나라를 위한 독신 생활을 분명하게 지적하셨다. "모든 사람이 이 말을 받아들일 수 있는 것은 아니다. 허락된 이들만 받아들일 수 있다. … 하늘 나라 때문에 스스로 고자가 된 이들도 있다"(마태 19,11.12ㄴ).

종신 부제품 　오늘날 우리나라에서 부제품은 사제품을 받기 위한 과정의 하나다. 그렇지만 부제 직무가 절대적으로 필요한 지역교회에서는 종신토록 부제 직무를 수행할 사람을 서품한다. 이들이 종신 부제다.

성구 　**신명 18,2** 　"그들에게는 자기 동족 가운데에서 차지할 상속 재산이 없다. 주님께서 그들에게 이르신 대로, 주님께서 바로 그들의 상속 재산이시다."

마태 19,12 　"사실 모태에서부터 고자로 태어난 이들도 있고, 사람들 손에 고자가 된 이들도 있으며, 하늘 나라 때문에 스스로 고자가 된 이들도 있다. 받아들일 수 있는 사람은 받아들여라."

1코린 7,32*

335 　성품성사의 효과는 무엇인가?

성품성사는 수품자에게 세 가지 품계에 따라 그리스도의 사제직, 예언자직, 왕직의 삼중 역할 안에서 그리스도의 모습을 닮게 하는 성령의 특별한 은총을 내려 준다. 성품성사는 지워지지 않는 영적 인호를 새겨 준다. 따라서 두 번 받을 수 없으며 한시적으로 줄 수도 없다.

해설 　성품성사의 효과, 곧 그 성사 은총은 ① 그리스도의 교회를 위하여 그분의 도구 역할을 하도록 성령의 특별한 은총을 받는다. ② 머리이신 그리스도를 대신하여 사제와 예언자와 왕이라는 그리스도의 삼중 직분을 수행할 자격을 받는다. ③ 지워지지 않는 영적 인호를 받는다.

용어 **수품자** 수품자는 성품성사를 받는 사람을 가리킨다. ('서품자'가 성품성사를 거행하는 사람을 가리키는지, 아니면 성품성사를 받는 사람을 가리키는지 분명하지 않으므로 이를 피하기 위해 만들어 낸 용어다.)

그리스도의 삼중 역할 그리스도(메시아)는 왕이요 예언자요 사제로서 삼중 직무를 수행한다. → 문답 82 용어 풀이 참조.

한시적으로 줄 수 없다 어느 기간까지만 유효한 성품성사를 줄 수는 없다. 그렇지만 본인이 교회의 사도적 친교에서 벗어나게 되면 당연히 성품 직무를 정지시킨다.

성구 **탈출 40,15** "그리고 네가 그들의 아버지에게 기름을 부은 것처럼 그들에게도 기름을 부어, 사제로서 나를 섬기게 하여라. 그들은 기름부음을 받음으로써 대대로 영원한 사제직을 맡게 될 것이다."

1티모 6,11-12 하느님의 사람이여, 그대는 이러한 것들을 피하십시오. 그 대신에 의로움과 신심과 믿음과 사랑과 인내와 온유를 추구하십시오. 믿음을 위하여 훌륭히 싸워 영원한 생명을 차지하십시오. 그대는 많은 증인 앞에서 훌륭하게 신앙을 고백하였을 때에 영원한 생명으로 부르심을 받은 것입니다.

2티모 1,13-14* 2티모 2,15*

336 사제 직무는 어떤 권위로 수행되는가?

성품성사를 받은 사제들의 직무 수행은 자기 권위나 공동체의 명령 또는 위임으로 말하고 행동하는 것이 아니라, 머리이신 그리스도를 대신하여 그리고 교회의 이름으로 직무를 수행하는 것이다. 따라서 직무 사제직은 정도만이 아니라 본질적으로도 신자들의 보편 사제직하고는 다르다. 이 보편 사제직에 대한 봉사를 위하여 그리스도께서 직무 사제직을 제정하신 것이다.

해설 사제들은 자기 권위나 교회 공동체의 명령 또는 위임을 받아 사제 직무를 수행하는 것이 아니라. "머리이신 그리스도를 대신하여", "교회의 이름으로" 직무를 수행한다. 따라서 직무 사제직은 본질적으로 신자들의 보편 사제직과 다르다. 직무 사제직은 다만 보편 사제직을 위해 봉사하는 교회 직무이다('직무'라는 말에는 봉사의 뜻이 들어 있다).

용어 **자기 권위** 사제의 권위는 자기 자신에게서 나오는 것이 아니다.

머리이신 그리스도를 대신하여 "사제이신 그리스도 자신이 성품 직무자의 교회적 봉사 안에서 당신 교회에 현존하신다. 교회는 이 사실을 사제가 성품 성사에 힘입어 **머리이신 그리스도를 대신하여** 행한다는 말로 표현한다"(1548항). → 문답 328 참조.

교회의 이름으로 이것은 교회를 대표한다는 뜻도, 교회의 명령이나 위임을 받았다는 뜻도 아니다. 다만 그리스도의 신비체인 교회의 머리이신 그리스도의 이름으로 - 그리스도를 통하여, 그리스도와 함께, 그리스도 안에서 - 행한다는 뜻이다(1552-1553항).

성구 **탈출 29,9** "그들에게 허리띠를 매어 주고 두건을 감아 주어라. 그리하여 영원한 규칙에 따라 사제직이 그들의 것이 되게 하여라. 이렇게 아론과 그의 아들들에게 직무를 맡겨라."

2코린 2,17 우리는 하느님의 말씀으로 장사하는 다른 많은 사람과 같지 않습니다. 우리는 성실한 사람으로, 하느님의 파견을 받아 하느님 앞에서 또 그리스도 안에서 말합니다.

1티모 1,12[*]

■ 혼인성사

337 남자와 여자에 대한 하느님의 계획은 어떠한가?

사랑이시고 또 사랑으로 남자와 여자를 창조하신 하느님께서는 서로 사랑하라고 그들을 부르셨다. 하느님께서는 남자와 여자를 창조하심으로써 그들을 혼인 안에서 그들 상호의 생활과 사랑의 친밀한 친교를 나누도록 부르셨다. "따라서 그들은 이제 둘이 아니라 한 몸이다"(마태 19,6). 하느님께서는 그들에게 복을 내리며 "자식을 많이 낳고 번성하여라."(창세 1,28) 하고 말씀하셨다.

해설 성경은 하느님을 닮은 남자와 여자의 창조로 시작하여(창세 1,26-27) 어린양의 혼인잔치(묵시 19,9)에 대한 환시로 끝맺는다. 성경은 처음부터 끝까지 혼인과 그 신비, 그 기원과 목적, 구원 역사에서 이루어진 혼인의 다양한 실현, 죄로 생긴 혼인의 어려움, 마침내 그리스도와 교회의 새 계약을 통하여 주님 안에서 이루어진 혼인의 새로운 의미(에페 5,31-32)에 대해 말하고 있다(1602항).

용어 **상호의 생활과 사랑의 친밀한 친교** 부부는 생명과 사랑을 서로 주고받는 가장 친밀한 사이다. 생명과 사랑은 모든 사람의 타고난 소명이다. 사람은 사랑이신 하느님을 닮은 모습으로 창조되었기 때문이다. 하느님은 부부 사랑이 당신의 절대적이고 변함없는 사랑의 표상이 되게 하신다. 부부 사랑은 하느님 사랑으로 드높여진다.

성구 **창세 1,27-28ㄴ** 하느님께서는 이렇게 당신의 모습으로 사람을 창조하셨다. 하느님의 모습으로 사람을 창조하시되 남자와 여자로 그들을 창조하셨다. 하느님께서 그들에게 복을 내리며 말씀하셨다. "자식을 많이 낳고 번성하여라."
마태 19,4ㄴ-6 "창조주께서 처음부터 '그들을 남자와 여자로 만드시고' 나서, '그러므로 남자는 아버지와 어머니를 떠나 아내와 결합하여, 둘이 한 몸이 될 것이다.' 하고 이르셨다. 따라서 그들은 이제 둘이 아니라 한 몸이다. 그러므로 하느님께서 맺어 주신 것을 사람이 갈라놓아서는 안 된다."
에페 5,31-32* 묵시 19,7; 21,2*

338 하느님께서 혼인성사를 제정하신 목적은 무엇인가?

창조주께서 제정하시고 그분께 고유한 법을 받은 남녀의 혼인 결합은 본성상 부부의 친교와 선익, 자녀의 출산과 교육을 지향하고 있다. 혼인 결합은 하느님의 본래 계획에 따라 예수 그리스도께서 단언하신 바와 같이 갈릴 수 없다. "하느님께서 맺어 주신 것을 사람이 갈라놓아서는 안 된다"(마르 10,9).

해설 혼인은 한처음부터 하느님께서 제정하셨으며, 그 목적은 ① 부부 사랑과 친교(둘이 한 몸이 됨-창세 2,24), 그리고 ② 자녀 출산과 교육(자식을 많이 낳고 번성함-창세 1,28)이다.

용어 **부부의 친교와 선익** 하느님께서 남녀의 결합으로 두 사람 사이에 친밀한 사랑의 일치를 이루게 하시고, 혼자서는 불가능하지만 둘이 하나 됨으로써 이룰 수 있는 선익을 이루게 하셨다.

성구 **창세 2,18.22-23** 주 하느님께서 말씀하셨다. "사람이 혼자 있는 것이 좋지 않으니, 그에게 알맞은 협력자를 만들어 주겠다." … 주 하느님께서 사람에게서 빼내신 갈빗대로 여자를 지으시고, 그를 사람에게 데려오시자, 사람이 이렇게 부르짖었다. "이야말로 내 뼈에서 나온 뼈요 내 살에서 나온 살이로구나! 남자에게서 나왔으니 여자라 불리리라."

에페 5,31-33 "그러므로 남자는 아버지와 어머니를 떠나 아내와 결합하여, 둘이 한 몸이 됩니다." 이는 큰 신비입니다. 그러나 나는 그리스도와 교회를 두고 이 말을 합니다. 여러분도 저마다 자기 아내를 자기 자신처럼 사랑하고, 아내도 남편을 존경해야 합니다.

토빗 8,6* 마르 10,6-9*

339 죄는 혼인 생활을 어떻게 위협하는가?

창조주께서 주신 본래의 선물인 남녀의 친교까지 단절시킨 원죄로 말미암아, 혼인 결합은 자주 불화와 불의에 위협받고 있다. 그럼에도 무한히 자비로우신 하느님께서는 당신의 원래 계획대로 부부 생활의 일치를 위한 은총을 부부에게 베푸신다.

해설 원죄는 혼인에 위협을 가져왔다. 우리는 창세기의 아담과 하와 이야기에서 그에 관한 상징적 표현을 볼 수 있다. 왜 그런 짓을 저질렀는지 묻는 하느님께 남자는 "당신께서 저와 함께 살라고 주신 여자"(창세 3,12) 탓으로 핑계를 댄다. 성경은 원죄 이후 저질러진 혼인과 가정의 혼란을 증언한다. 그렇지만 하느님께서는 혼인으로 이루어질 사랑의 완성을 그리스도와 교회의 결합으로 성취하실 것이다.

용어 **불화와 불의에 위협받다** 원죄는 물론이고, 인간이 저지르는 죄는 부부의 삶에 불화와 불의(불성실)를 가져온다. 서로 상대방을 이해하고 용서하는 대신, 상대방을 마치 자신처럼 착각하고 그 엄연한 인격과 개성을 무시하는 것은 혼인 결합에 위협이 된다.

성구 **창세 2,25; 3,7.11-12** 사람과 그 아내는 둘 다 알몸이면서도 부끄러워하지 않았다. … 그러자 그 둘은 눈이 열려 자기들이 알몸인 것을 알고, 무화과나무 잎을 엮어서 두렁이를 만들어 입었다. … 그분께서 "네가 알몸이라고 누가 일러 주더냐? 내가 너에게 따 먹지 말라고 명령한 그 나무 열매를 네가 따 먹었느냐?" 하고 물으시자, 사람이 대답하였다. "당신께서 저와 함께 살라고 주신 여자가 그 나무 열매를 저에게 주기에 제가 먹었습니다."

마태 19,7-8 그들이 예수님께, "그렇다면 어찌하여 모세는 '이혼장을 써 주고 아내를 버려라.' 하고 명령하였습니까?" 하자, 예수님께서 그들에게 말씀하셨다. "모세는 너희의 마음이 완고하기 때문에 너희가 아내를 버리는 것을 허락하였다. 그러나 처음부터 그렇게 된 것은 아니다."

340 구약 성경은 혼인에 관하여 무엇을 가르치는가?

하느님께서는 무엇보다 특히 율법과 예언자들의 교육을 통하여 당신 백성이 혼인의 단일성과 불가해소성에 대한 의식을 점차 성숙시키도록 도와주셨다. 하느님께서 이스라엘과 맺으신 혼인 계약은 하느님의 아들이신 예수 그리스도께서 당신의 신부인 교회와 맺으신 새 계약을 준비시키며 미리 보여 준다.

해설 하느님께서 이스라엘과 맺으신 계약은 이러하다. "나는 너희 하느님이 되고, 너희는 내 백성이 된다." 이것은 물건을 주고받는 계약과는 다르다. 인격의 주고받음, 곧 혼인 계약과 같은 것이다. 구약 성경은 자주 하느님과 이스라엘 사이를 남편과 아내의 관계로 묘사하였다(이사 54,5; 예레 31,32; 에제 16,8; 호세 2,18 등). 그 안에서 우리는 혼인의 단일성과 불가해소성에 대한 의식을 발견할 수 있다. 마침내 이 계약은 그리스도와 교회의 결합으로 새로워지고 완성되었다.

용어 **혼인의 단일성** 혼인은 한 남자와 한 여자의 결합이다. 이 단일성은 부부 사이에 신의信義 - 남편만을, 아내만을 사랑함 - 를 요구한다.

불가해소성 단일한 남녀의 결합은 결코 분리되거나 해소될 수 없다. "따라서 그들은 이제 둘이 아니라 한 몸이다. 그러므로 하느님께서 맺어 주신 것을 사람이 갈라놓아서는 안 된다"(마태 19,6). 오직 죽음만이 둘을 갈라놓는다.

하느님께서 이스라엘과 맺으신 혼인 계약 하느님께서 이스라엘과 맺으신 계약은 서로를 주고받는 계약("나는 너희 하느님이 되고 너희는 내 백성이 된다." 탈출 6,7)으로서, 예언자들은 이를 혼인 계약이라 하였다.

그리스도의 신부인 교회 옛 계약을 완성한 새 계약은 그리스도와 교회의 관계 안에 보존된다. 그리스도는 교회의 남편이요, 교회는 그리스도의 신부이다.

성구　**이사 62,5**　정녕 총각이 처녀와 혼인하듯 너를 지으신 분께서 너와 혼인하고 신랑이 신부로 말미암아 기뻐하듯 너의 하느님께서는 너로 말미암아 기뻐하시리라.

에제 16,8　그때에 내가 다시 네 곁을 지나가다가 보니, 너는 사랑의 때에 이르러 있었다. 그래서 내가 옷자락을 펼쳐 네 알몸을 덮어 주었다. 나는 너에게 맹세하고 너와 계약을 맺었다. 주 **하느님**의 말이다. 그리하여 너는 나의 사람이 되었다.

예레 31,31-32[*]

341　그리스도께서 혼인에 부여하신 새로운 요소는 무엇인가?

예수 그리스도께서는 하느님께서 처음부터 원하신 본래 질서를 회복하실 뿐 아니라 성사의 새로운 품위 안에서 혼인 생활을 하도록 은총을 베푸신다. 이리하여 혼인성사는 그리스도께서 신랑으로서 교회에 쏟으시는 사랑의 표상이 된다. "남편 여러분, 그리스도께서 교회를 사랑하신 것처럼, 아내를 사랑하십시오"(에페 5,25).

해설　예수 그리스도께서는 혼인의 본래 모습을 되찾아주셨고, 나아가 혼인을 성사의 품위로 들어높이셨다. 그리하여 그리스도인의 혼인은 그리스도와 교회의 혼인에 참여하게 된다. 곧 그리스도와 교회의 사랑을 나타내며 이루는 성사가 된다. 그리스도인의 혼인은 그리스도와 교회의 결합에서 흘러나오는 은총을 나타내고 또 그 은총을 나누어 받는다.

용어　**성사의 새로운 품위**　신자 남녀의 혼인이 성사의 품위로 들어 높여짐을 말한다.

성구　**예레 31,31-32**　보라, 그날이 온다. **주님**의 말씀이다. 그때에 나는 이스라엘 집안과 유다 집안과 새 계약을 맺겠다. 그것은 내가 그 조상들의 손을 잡고 이집트 땅에서 이끌고 나올 때에 그들과 맺었던 계약과는 다르다. 그들은 내가 저희 남편인데도 내 계약을 깨뜨렸다. **주님**의 말씀이다.

에페 5,25-27　남편 여러분, 그리스도께서 교회를 사랑하시고 교회를 위하여 당신 자신을 바치신 것처럼, 아내를 사랑하십시오. 그리스도께서 그렇게 하신 것은 교회를 말씀과 더불어 물로 씻어 깨끗하게 하셔서 거룩하게 하시려는 것이었습니다. 그리고 교회를 티나 주름 같은 것 없이 아름다운 모습으로 당신 앞에 서게 하시며, 거룩하고 흠 없게 하시려는 것이었습니다.
마르 10,6-9* 에페 5,31-33* 1베드 3,7*

342 혼인은 모든 이에게 의무인가?

혼인은 모든 이에게 주어진 의무가 아니다. 특히 하느님께서는 여러 남자와 여자들을 부르셔서 그들이 주 예수님을 따라 하늘 나라를 위한 동정 생활이나 독신 생활의 길을 걷도록 배려하신다. 이들은 주님의 일에 전념하려고 혼인의 큰 선익을 포기하고, 주님의 마음에 들고자 노력한다. 그들은 그리스도에 대한 사랑과 그분의 영광스러운 재림에 대한 열렬한 기다림의 절대적 우위성을 드러내는 표징이다.

해설 혼인 대신 하느님 나라를 위한 동정을 선택하는 것은, 그리스도와 하나 되는 삶을 살려는 사람들에게는 거룩한 부르심(聖召)이라 할 것이다. 주 예수님께서 동정의 삶을 보여 주시고 이를 제시하셨으며(마태 19,12), 사도 바오로도 이를 제안하였다(1코린 7,32-35). 그러므로 혼인 생활과 동정 생활은 둘 다 하느님의 뜻을 받드는 삶이다.

용어 **동정 생활이나 독신 생활** 여기서는 일반적인 동정이나 독신이 아닌, 하느님 나라를 위한 동정과 독신을 말한다. "하늘 나라 때문에"(마태 19,12) 동정이나 독신의 삶은 교회 초기부터 이어져 왔다. 동정이나 독신은 부부 생활을 포기하는 것이지만, 어떤 의미에서는 그리스도를 배우자로 삼아 일생을 그리스도께 헌신하는 것이다.

혼인의 큰 선익 혼인 곧 남녀의 공동 생명체가 가져오는 고유한 선善을 말한다.

재림을 기다리는 것의 절대적 우위성 주님이 언제 올지 모르니 깨어 기다리라는(마태 24,42) 명령은 오늘도 유효하다. 바오로 사도는 오시는 주님을 깨어 기다리기 위해 독신의 삶을 권고한다(1코린 7,25 이하).

성구 **판관 13,5** "네가 임신하여 아들을 낳을 것이기 때문이다. 그리고 아기의 머리에 면도칼을 대어서는 안 된다. 그 아이는 모태에서부터 이미 하느님께 바처진 나지르인이 될 것이다. 그가 이스라엘을 필리스티아인들의 손에서 구원해 내기 시작할 것이다."

마태 19,10-12 그러자 제자들이 예수님께, "아내에 대한 남편의 처지가 그러하다면 혼인하지 않는 것이 좋겠습니다." 하고 말하였다. 예수님께서 그들에게 이르셨다. "모든 사람이 이 말을 받아들일 수 있는 것은 아니다. 허락된 이들만 받아들일 수 있다. 사실 모태에서부터 고자로 태어난 이들도 있고, 사람들 손에 고자가 된 이들도 있으며, 하늘 나라 때문에 스스로 고자가 된 이들도 있다. 받아들일 수 있는 사람은 받아들여라."

1코린 7,24.38*

343 혼인성사는 어떻게 거행되는가?

혼인성사는 부부를 교회 생활의 공인된 신분에 있게 해 주므로 이 성사의 전례 거행은 사제(또는 교회의 자격 있는 증인)와 또 다른 증인들이 지켜보는 가운데 공적으로 거행된다.

해설 혼인성사는 대개 미사 중에 거행한다. 그것은 혼인으로 맺어진 신자 남녀가, 교회를 사랑하여 당신 자신을 내어 주신 그리스도의 헌신에 동참하며, 영성체로써 그리스도 안에서 서로 한 몸이 되는 것이 참으로 큰 축복이기 때문이다. 두 증인이 참석한 가운데 사제가 혼인을 주례하지만, 신랑 신부가 그리스도의 은총의 집전자로서 서로에게 혼인성사를 준다. 혼인성사 예식에는 특별한 축복 기도(성령 청원 기도와 신랑 신부를 위한 기도)들이 포함되어 있다.

용어 **교회 생활의 공인된 신분** 혼인성사는 부부에게 교회 내에 공인된 신분을 부여하는 것이다. 혼인한 부부는 교회 안에서 공적인 위치를 차지한다.

증인들 혼인성사에서는 대개 두 남녀를 증인으로 세우는데, 신랑 측의 증인은 남성으로, 신부 측의 증인은 여성으로 세운다.

성구 **시편 45,11-12** 들어라, 딸아, 보고 네 귀를 기울여라.
네 백성과 네 아버지 집안을 잊어버려라.
임금님이 너의 아름다움을 열망하시리니
그분께서 너의 주인이시기 때문이다.

그분 앞에 엎드려라.

묵시 19,7-8 "기뻐하고 즐거워하며 하느님께 영광을 드리자. 어린양의 혼인날이 되어 그분의 신부는 몸단장을 끝냈다. 그 신부는 빛나고 깨끗한 고운 아마포 옷을 입는 특권을 받았다." 고운 아마포 옷은 성도들의 의로운 행위입니다.

344 혼인 합의는 무엇인가?

혼인 합의는 한 남자와 한 여자가 신의를 지키며 자녀를 낳는 사랑의 유대로 살아가고자 서로를 결정적으로 내어 주겠다고 표현한 의지이다. 혼인 합의가 혼인을 성사시키므로 그것은 불가결한 요소로서 대체할 수도 없다. 유효한 혼인이 되려면 혼인 합의가 진정한 혼인을 목적으로 삼아야 하고, 폭력이나 강압에 의해 이루어지지 않는 자유롭고 의식적이며 인간적인 행위이어야 한다.

해설 혼인 합의는 남녀가 서로 혼인하는 데 동의하는 것을 말한다. 혼인 합의는 혼인을 이루는 불가결한 요소다. 혼인 합의가 없이 이루어진 혼인은 무효라는 말이다. 이 합의는 자유롭고 의식적이고 인간적이어야 한다. 서로 신의를 지키며, 자녀를 낳아 기르는 사랑의 유대로 살기로 하여 서로를 내어주겠다는 의지의 표현이 혼인 합의다. 그러므로 ① 자신의 행위에 책임질 수 있는 인격적 결정이어야 하고, ② 혼인이 무엇인지 충분히 알고 이를 선택해야 하며, ③ 혼인의 본질적 의무를 질 수 있어야 한다.

용어 **신의** 혼인에서 **신의**란 부부가 부부애를 온전히 둘 사이에서만 나누는 것을 말한다.

사랑의 유대 글자 그대로는 '사랑의 계약'이다. 혼인은 서로 인격적 사랑을 주고받는 사랑의 계약이다(1662항). 이 '혼인 유대'는 절대로 해소될 수 없다.

서로를 결정적으로 내어 줌 혼인은 서로를 주고받는 것이며, 그러므로 이 인격적 교환은 취소될 수 없다.

혼인의 불가결한 요소 혼인 합의가 없으면 혼인이 성립되지 않는다. 혼인 합의를 다른 것으로 대체할 수 없다. 예를 들어 부모의 합의로 혼인을 성립시킬 수 없다.

진정한 혼인을 목적으로 하다 혼인 아닌 다른 목적, 예를 들어 재산이나 지위를 목적으로 혼인한다면 그 혼인 합의는 무효다.

폭력이나 강압으로 이루어지는 혼인 그 어떠한 외부의 강제도 혼인을 성립시킬 수 없으며, 오직 두 사람의 자유로운 동의만이 혼인을 가능하게 한다.

자유롭고 의식적이고 인간적인 행위 ① 자유롭다는 것은 강요당하지 않고, 자연법이나 교회법에 저촉되지 않는다는 뜻이다. ② 의식적이라는 것은 혼인이 무엇인지 알고 있다는 말이다. 나이 어린 혼인은 무효다. ③ 자유롭고 의식적이기 때문에 인간적인 행위이지만, 한편 혼인이 인간적이라는 말은 서로를 주고받는 행위라는 뜻이기도 하다. "나는 당신을 아내로(남편으로) 맞이합니다."

성구 토빗 8,7-8 "이제 저는 욕정이 아니라 진실한 마음으로 저의 이 친족 누이를 아내로 맞아들입니다. 저와 이 여자가 자비를 얻어 함께 해로하도록 허락해 주십시오." 그들은 "아멘, 아멘." 하고 함께 말하였다.

마르 10,6-8 "창조 때부터 '하느님께서는 사람들을 남자와 여자로 만드셨다.' '그러므로 남자는 아버지와 어머니를 떠나 아내와 결합하여, 둘이 한 몸이 될 것이다.' 따라서 그들은 이제 둘이 아니라 한 몸이다."

호세 2,21-22*

345 배우자 가운데 한 사람이 가톨릭 신자가 아닐 때, 필요한 것은 무엇인가?

혼종혼인(가톨릭 신자와 세례 받은 비가톨릭 신자 사이의 혼인)이 합법적이 되려면 교회 관할권자의 허가가 필요하다. **비신자와의 혼인**(가톨릭 신자와 세례 받지 않은 사람 사이의 혼인)의 유효성을 위해서도 관면(허가)이 요구된다. 어떤 경우에서든 배우자 쌍방이 혼인의 목적과 본질적인 특성을 거부하지 않고 인식하며, 더욱이 가톨릭 신자 당사자가 가톨릭 교회 안에서 자녀에게 세례를 받게 하고 교육시키며 그 신앙을 보호할 의무가 있음을 의식하고 있고, 비가톨릭 신자 당사자가 이를 알고 있다는 것을 전제로 한다.

해설 **혼종혼인**混宗婚姻. 가톨릭 신자와 비 가톨릭의 그리스도교 신자 사이의 혼인과 **비신자와의 혼인**(그리스도교 신자 아닌 사람과의 혼인)에는 교회의 관면(허가)이 필요하다. 두 사람이 혼인의 목적과 본질을 알 뿐 아니라, 가톨릭 신자 편이 자녀에게 세례를 받게 하고 자녀의 신앙을 가르치고 보존할 의무가 있음을 인정한다는 전제 아래 교회의 관면이 이루어진다.

용어 **혼종혼인** 혼종혼인이라는 말은 여기서 종파宗派가 다른 두 사람의 혼인으로 이해하면 된다. 같은 그리스도교 신자이지만 하나는 가톨릭이고 하나는 개신교 신자라는 말이다.

비신자와의 혼인 여기서 말하는 **비신자**非信者는 그리스도교 신자가 아닌 사람을 가리킨다. 예를 들어 불교나 힌두교 신자도 비신자에 속한다.

교회 관할권자 교구장을 말한다. 일반적으로 교구장은 본당신부에게 혼인 관면의 권한을 위임한다.

합법적 혼인 법에 어긋남이 없이 이루어진 혼인을 말한다. 여기서 말하는 법은 물론 교회법을 말하지만 민법상으로도 하자가 없어야 한다.

혼인의 유효성 혼인이 합법적이라 하여 다 유효한 것은 아니다. 특히 종교가 다른 두 사람 사이의 혼인이 유효하려면 관면이 있어야 한다.

혼인 관면寬免 혼인 관면은 혼인에 관련된 관면이다. **관면**은 교회에서 제정한 법률에 대한 개별적인 해제를 말한다. 즉 법률의 구속력을 정지시키고, 그 의무를 해제하는 것이다. 관면은 교회가 내리는 일종의 허가다. 그렇지만 관면은 일반적인 허가와는 다르다. **관면**은 법률을 벗어나는 허락이므로 반드시 관할권이 있어야 하지만, **허가**는 법률 내에서 이루어지므로 지배권만 있어도 가능하다. 교회의 관면은 혼인 관면 외에도 여러 가지가 있다.

혼인의 본질적 특성 혼인의 신의와 불가해소성을 말한다.

성구 **민수 15,15-16** "회중에게는, 너희에게나 함께 머무르는 이방인에게나 규정은 한 가지뿐이다. 이것이 너희가 대대로 지켜야 할 영원한 규정이다. 너희나 이방인이나 주님 앞에서는 마찬가지다. 너희나 너희 곁에 머무르는 이방인에게나 한 가지 법, 한 가지 법규가 있을 따름이다."

1코린 7,14 신자 아닌 남편은 아내로 말미암아 거룩해졌고, 신자 아닌 아내는 그 남편으로 말미암아 거룩해졌기 때문입니다. 그렇지 않으면 여러분의 자녀도 더러울 터이지만, 사실은 그들도 거룩합니다.

1코린 7,39*

346 혼인성사의 효과는 무엇인가?

혼인성사는 부부 사이에 영구적이며 독점적인 **유대**를 맺어 준다. 하느님께서 몸소 부부의 합의를 확정하신다. 그러므로 세례 받은 사람들 사이에 맺어지고 완결된 혼인은 절대 해소될 수 없다. 또한 이 성사는 부부에게 부부 생활의 성덕에 도달하는 데 필요한 은총은 물론, 책임 있게 자녀들을 받아들이며 교육하도록 필요한 은총도 베푼다.

해설 혼인으로 부부 사이에 영구적이며 독점적인 혼인 유대가 이루어진다. 혼인성사에서는 ① 하느님께서 혼인 합의를 확정하시고, 부부의 유대를 축복하시어 그 신의와 불가해소성을 지킬 수 있도록 힘을 주신다. ② 부부 생활을 거룩하게 하는 은총을 베푸신다. ③ 자녀들을 받아들여 교육하는 데 필요한 은총을 주신다. 한 마디로 혼인한 신자 부부는 그리스도와 교회의 신성한 혼인에 참여하게 된다. "부부의 이 계약은 하느님과 사람들의 계약에 통합된다. 진정한 부부 사랑은 하느님의 사랑 안으로 받아들여진다"(1639항).

용어 **영구적이고 독점적인 유대** 혼인 유대는 죽음으로써만 없어지며, 그 누구도 그 유대에 끼어들 수 없다.

하느님께서 부부의 합의를 확정하신다 말하자면 하느님께서 그 혼인의 주재자主宰者가 되신다는 말이다.

맺어지고 완결된 혼인 혼인 합의를 주고받아 맺어진 혼인은 두 사람의 육체적 결합으로 완결된다.

부부 생활의 성덕 부부가 서로 사랑으로 일치하여 자녀를 낳고 기르는 혼인 생활은 그 자체가 하느님의 거룩함을 본받는 것이다.

성구 **창세 2,24** 그러므로 남자는 아버지와 어머니를 떠나 아내와 결합하여, 둘이 한 몸이 된다.

마르 10,7-9 "창조 때부터 '하느님께서는 사람들을 남자와 여자로 만드셨다.' '그러므로 남자는 아버지와 어머니를 떠나 아내와 결합하여, 둘이 한 몸이 될 것이다.' 따라서 그들은 이제 둘이 아니라 한 몸이다. 하느님께서 맺어 주신 것을 사람이 갈라놓아서는 안 된다."

347 혼인성사에 심각하게 어긋나는 죄는 무엇인가?

간음, 그리고 남녀의 동등한 존엄성과 유일하고 독점적인 부부애에 위배되는 일부다처제, 부부 생활에서 자녀의 선물을 박탈하는 출산 거부, 불가해소성을 위반하는 이혼이다.

해설 교리서 2380-2391항에는 혼인의 존엄성을 거스르는 죄에 대해 말한다. ① 간음(2380-81항), ② 이혼(2382; 2384-85항), ③ 일부다처(2387항), ④ 근친상간(2388-89항), ⑤ 자유 결합과 시험 결혼(2390-91항). 여기에 문답은 ⑥ 출산 거부를 덧붙인다.

용어 **간음** 부부의 부정不貞을 가리킨다.

일부다처제 말 그대로 한 남편이 여러 아내를 거느리고 사는 것이다.

이혼 부부가 서로 남남으로 갈라서는 것을 말한다.

성구 **토빗 8,6-7** "당신께서는 아담을 만드시고 그의 협력자며 협조자로 아내 하와도 만들어 주셨습니다. 그 둘에게서 인류가 나왔습니다. 당신께서는 '사람이 혼자 있는 것이 좋지 않으니 그와 닮은 협력자를 우리가 만들어 주자.' 하셨습니다. 이제 저는 욕정이 아니라 진실한 마음으로 저의 이 친족 누이를 아내로 맞아들입니다. 저와 이 여자가 자비를 얻어 함께 해로하도록 허락해 주십시오."

1테살 4,3-5 하느님의 뜻은 바로 여러분이 거룩한 사람이 되는 것입니다. 곧 여러분이 불륜을 멀리하고, 저마다 자기 아내를 거룩하게 또 존중하는 마음으로 대할 줄 아는 것입니다. 하느님을 모르는 이교인들처럼 색욕으로 아내를 대해서는 안 됩니다.

루카 16,18* 히브 13,4*

348 교회는 부부의 별거를 언제 허락하는가?

부부의 화해가 예측되더라도 그들의 동거가 중대한 이유들로 실천 불가능할 때 교회는 부부의 신체적 별거를 허용한다. 그렇지만 그들은 배우자가 살아 있는 동안에 그들의 혼인이 무효화되지 않거나, 또는 교회 관할권에 의하여 무효로 선언되지 않는 한 새로 혼인할 자유가 없다.

해설 부부가 도저히 서로 함께 살 수 없을 때 별거가 허락된다. 그렇지만 그 혼인 유대는 지속된다. 그러므로 별거 중인 사람은 다른 사람과 재혼할 수 없다. 민간 법정에서 (민법상) 이혼한 사람들이라도 재혼은 불가하다. 만일 그들이 교회 생활을 계속하려면 재혼하지 않고, 별거에 머물러야 한다. 물론 가능한 한 빨리 화해가 이루어지는 것이 바람직하다. '부부의 화해가 예측되더라도'라는 말은 '화해가 이루어질 희망이 없지 않더라도'라는 뜻이다.

용어 **동거** 여기서는 부부 생활 없이 함께 사는 것을 말한다.

신체적 별거 혼인 유대는 그대로 지속되지만, 부부가 일정 기간 동안 따로 사는 것을 말한다.

혼인 무효 교회 관할권에 의해서, 곧 교회 법원에서 혼인이 무효임을 선언하면 그 혼인은 무효가 된다.

성구 **호세 2,21** 나는 너를 영원히 아내로 삼으리라. 정의와 공정으로써 신의와 자비로써 너를 아내로 삼으리라.

1코린 7,10-11 혼인한 이들에게 분부합니다. 내가 아니라 주님께서 분부하시는 것입니다. 아내는 남편과 헤어져서는 안 됩니다. ― 만일 헤어졌으면 혼자 지내든가 남편과 화해해야 합니다. ― 그리고 남편은 아내를 버려서는 안 됩니다.

1코린 7,15*

349 이혼하고 재혼한 이들에 대한 교회의 입장은 어떠한가?

주님께 충실한 교회는 민법에 의거하여 이혼하고 재혼한 이들의 결합을 혼인으로 인정할 수 없다. "누구든지 아내를 버리고 다른 여자와 혼인하면, 그 아내를 두고 간음하는 것이다. 또한 아내가 남편을 버리고 다른 남자와 혼인하여도 간음하는 것이다" (마르 10,11-12). 이들에 대해 교회는 신앙 생활, 기도, 자선 활동, 그리고 그리스도교 신앙에 따라 자녀들을 양육하도록 초대함으로써 주의 깊은 배려를 쏟고 있다. 그렇지만 그들은 객관적으로 하느님의 법에 어긋나는 그러한 처지가 지속되는 동안 고해성사를 받을 수도 없고 영성체도 할 수 없으며, 일정한 교회 직무도 수행할 수 없다.

해설 민법상 이혼하고 재혼한 신자들에 대해 교회는 그 신앙 생활만큼은 계속하기를 바란다. 기도와 사랑 실천, 그리고 자녀들의 신앙 교육을 계속하도록 권면하는 것이다. 그렇지만 그들에게는 고해성사와 영성체, 그리고 교회 직무가 허용되지 않는다. 민법상의 이혼과 재혼을 인정하지 않는 교회는, 그들이 간음 상태에 있다고 판단하기 때문이다. 그렇지만 "그들에 대해서 사제들과 공동체 전체는 극진한 관심을 보여 주어 자신들이 교회에서 떨어져 나갔다고 여기지 않게 해야 한다. 그들은 세례를 받은 사람으로서 교회 생활에 참여할 수 있고 또 참여해야 한다"(1651항).

용어 **민법에 의거한 이혼과 재혼** 교회법은 이혼과 재혼을 허용하지 않지만, 민법은 둘 다 허용하고 있다.

성구 **말라 2,15-16**(공동번역) "주님께서 너희의 몸과 마음을 묶으실 때, 무엇을 바라셨겠느냐? 하느님께서는 후손을 주시려고 하신 것이다. 그러니 변심하여 조강지처를 버리지 않도록 하여라. 이스라엘의 주 하느님께서 이르시는 말씀이다. '조강지처가 싫어져서 내쫓는 것은 제 옷을 찢는 것과 같다. 나는 그러한 자들을 미워한다. 만군의 주님이 말한다. 변심하여 조강지처를 버리지 않도록 하여라.'"

마르 10,11-12 예수님께서 그들에게 말씀하셨다. "누구든지 아내를 버리고 다른 여자와 혼인하면, 그 아내를 두고 간음하는 것이다. 또한 아내가 남편을 버리고 다른 남자와 혼인하여도 간음하는 것이다."

350 그리스도인의 가정을 왜 '가정 교회'라고도 하는가?

그리스도인의 가정은 교회가 하느님의 가정인 것처럼 친교적이며 가족적인 특성을 드러내고 실현하기 때문이다. 가족 구성원은 각자의 역할에 따라 가정을 은총과 기도의 공동체, 인간적인 덕행과 그리스도 사랑의 학교, 자녀들에게 신앙을 처음으로 선포하는 장소로 만듦으로써 세례성사의 사제직을 수행한다.

해설 부모는 가정에서 자녀를 가르치고, 거룩하게 하고, 다스리는 임무를 수행한다. 이것은 '하느님의 가정'인 교회가 그 구성원(가족)에게 하는 일과 같다. 그러므로 오늘날 신앙과는 거리가 먼 사회 속에서 '가정 교회' 곧 신자 가정의 중요성은 매우 크다. 가족 구성원은 나름대로 가정에서 세례성사의 사제직을 수행한다. 곧 가정을 ① 은총과 기도의 공동체, ② 덕행과 사랑의 학교, ③ 복음이 선포되고 실천되는 자리로 만든다.

용어 **가정 교회** 가정이 곧 교회임을 나타내는 말이다. 가정 안에서 교회적 요소들이 발견되고, 거꾸로 교회에서 가정적 요소들이 발견된다. 교회 또한 큰 가정이다. "이 세상에 가정이 없는 사람은 없다. 교회가 모든 이, 특히 고생하며 무거운 짐을 진 사람들의 가정이기 때문이다"(요한 바오로 2세, 「가정 공동체」, 85항).

은총과 기도의 공동체 그리스도인 가정은 처음으로 신앙을 배우는 곳이다. 가정은 기도가 넘치고 하느님의 은총이 풍성히 머무르는 곳이다.

인간적인 덕행과 그리스도 사랑의 학교 이른바 가정 교육을 통하여 자녀들은 덕을 기르고, 그리스도교적 사랑을 배우게 된다.

신앙을 선포하는 곳 부모가 기도와 신앙생활을 통해 자녀에게 신앙을 전해 주는 최초의 신앙 학교가 가정이다.

세례성사의 사제직 세례를 통해 받은 사제직을 말한다. 세례를 받은 신자들은 그리스도의 사제직에 참여한다. 이것이 보편 사제직 또는 일반 사제직이다. 한편 성품성사로 수행하는 사제직은 직무 사제직이라고 부른다. → 문답 235와 278, 그리고 336 참조.

성구 **에스 4,17⑯** 저는 날 때부터 저의 가문에서 들었습니다. 주님, 당신께서 모든 민족들 가운데에서 이스라엘을 모든 조상들 가운데에서 저희 선조들을 영원한 재산으로 받아들이시고 약속하신 바를 채워 주셨음을 들었습니다.

1베드 3,1.7 마찬가지로 아내들도 남편에게 순종해야 합니다. 그렇게 하여 말씀에 순종하지 않는 남편들도 아내인 여러분의 말 없는 처신으로 감화를 받게 하십시오. … 마찬가지로 남편들도 자기보다 연약한 여성인 아내를 존중하면서, 이해심을 가지고 함께 살아가야 합니다. 아내도 생명의 은총을 함께 상속받을 사람이기 때문입니다. 그렇게 해야 여러분의 기도가 가로막히지 않습니다.

제4장
그밖의 전례 거행

■ 준準성사

351 준성사는 무엇인가?

준성사는 교회가 제정한 거룩한 표징들로서, 이를 통하여 삶의 여러 상황이 성화된다. 준성사에는 언제나 기도가 포함되며, 십자 성호와 다른 표징들이 따른다. 준성사들 가운데 중요한 것은, 하느님을 찬미하고 하느님의 선물을 청하는 기도인 **축복**, 사람들의 **축성**, 하느님께 드리는 예배에 사용되는 도구에 대한 **봉헌** 등이다.

해설   "준성사는 어느 정도 성사들을 모방하여, 특히 영적 효력을 교회의 간청으로 얻고 이를 표시하는 거룩한 표징들이다"(전례 헌장 60항). 주요한 준성사로는 ① 하느님께 찬미를 드리며 하느님의 은혜를 청하는 축복, ② 사람(예를 들어 수도자)을 하느님께 봉헌하는 축성, ③ 하느님 예배에 쓰이는 물건의 봉헌[聖別], ④ 마귀를 쫓아내는 구마 등이 있다.

용어   **준성사**   우리말 **준성사**는 라틴어 Sacramentalia를 번역한 것으로서, 성사에 준準하는 예식이란 말이다. 준성사는 성사는 아니지만 성사와 비슷하며, 교회가 이를 제정하여, 사람들을 거룩하게 할 교회의 사명을 수행하는 데 활용한다.

거룩한 표징   거룩한 것을 드러내는 표지 또는 상징.

십자 성호   십자 표시를 말한다. 흔히는 이마와 가슴과 양 어깨에 십자 표시를 하지만, 사제가 성물을 축복할 때도 십자 표시를 한다.

하느님의 선물   하느님의 은혜를 말하며, 하느님의 최고 선물은 성령이시다(루카 11,13).

사람들의 축성   사람에 대한 축복을 말하는데, 그 축복으로 그 사람이 하느님의 사람으로 **성별**聖別되는 차원을 강조한 것이다.

예배에 사용되는 도구에 대한 봉헌   여기서 봉헌이라 한 것은 하느님의 것으로 바친다 곧 성별한다는 뜻이다. 따라서 일반적인 봉헌과 혼동되지 않도록 **축성** 또는 **성별**이라는 말을 사용하는 것이 좋겠다.

성구 **탈출 29,37** "너는 이레 동안 제단을 위하여 속죄 예식을 거행하여 그것을 성별하여라. 그러면 제단은 가장 거룩한 것이 되고, 거기에 닿는 것도 모두 거룩하게 된다."

요한 17,18-19 "아버지께서 저를 세상에 보내신 것처럼 저도 이들을 세상에 보냈습니다. 그리고 저는 이들을 위하여 저 자신을 거룩하게 합니다. 이들도 진리로 거룩해지게 하려는 것입니다."

민수 6,23-27*

352 구마驅魔는 무엇인가?

교회가 어떤 사람이나 물건이 마귀의 세력으로부터 보호되고 마귀의 지배력에서 벗어나도록 예수 그리스도의 이름으로 권위를 가지고 청하는 것을 구마라고 한다. 세례를 거행할 때 간단한 형식의 구마를 행한다. **장엄 구마**라고 하는 마귀 쫓는 예식은 주교의 허가를 받아 사제만이 행할 수 있다.

해설 우리말 **구마**는 마귀, 악마, 악귀, 악령을 쫓아낸다는 말이다. 교회는 준성사로 구마 예식을 거행한다. 그렇지만 이런 예식은 믿지 않는 사람들에게 오해를 불러일으킬 소지가 있으므로 매우 신중하게 거행한다. 구마 예식(장엄 구마)은 주교의 허가를 받아 사제가 거행한다.

용어 **마귀/악마, 악령** 우리말 마귀, 악귀惡鬼, 악마는 같은 뜻으로 쓰인다. 그렇지만 악령은 더러운 영을 말한다(마태 12,43-45 참조). 히브리말 **사탄**은 원래 중상자 또는 고발자를 의미했으나(1역대 21,1; 욥 1,9; 즈카 3,1), 신약 성경에서는 악마와 같은 뜻으로도 쓰인다(로마 16,20; 묵시 12,9). → 문답 74 참조.

명확히 구분하자면 악마/사탄은 악의 세력의 수장을 가리키고, 마귀/악령/더러운 영은 악마나 사탄의 수하세력을 가리킨다(송혜경, 신약외경의 시선², 말씀터 116호, 13-20쪽).

장엄 구마 그리스도께서는 제자들에게 마귀를 쫓아내라는 사명(권한)과 능력을 주셨다. 교회는 이 권한을 행사하여 마귀를 쫓아낸다. 교회 안에서 이루어지는 일반 구마는 마귀 들린 사람에게 하는 예식이 아니라, 마귀의 행실을 끊어버리고, 마음을 정화하기 위한 참회 예식의 일종이다. 이에 비해 장엄 구마는 정식으로 마귀를 쫓아내는 예식이다.

성구 **욥 1,9-11; 2,4-5** 사탄이 주님께 대답하였다. "욥이 까닭 없이 하느님을 경외하겠습니까? 당신께서 몸소 그와 그의 집과 그의 모든 소유를 사방으로 울타리 쳐 주지 않으셨습니까? 그의 손이 하는 일에 복을 내리셔서, 그의 재산이 땅 위에 넘쳐 나지 않습니까? 그렇지만 당신께서 손을 펴시어 그의 모든 소유를 쳐 보십시오. 그는 틀림없이 당신을 눈앞에서 저주할 것입니다." … 이에 사탄이 주님께 대답하였다. "가죽은 가죽으로! 사람이란 제 목숨을 위하여 자기의 모든 소유를 내놓기 마련입니다. 그렇지만 당신께서 손을 펴시어 그의 뼈와 그의 살을 쳐 보십시오. 그는 틀림없이 당신을 눈앞에서 저주할 것입니다."

마르 1,24-26 (더러운 영이 들린 사람이) 말하였다. "나자렛 사람 예수님, 당신께서 저희와 무슨 상관이 있습니까? 저희를 멸망시키러 오셨습니까? 저는 당신이 누구신지 압니다. 당신은 하느님의 거룩하신 분이십니다." 예수님께서 그에게 "조용히 하여라. 그 사람에게서 나가라." 하고 꾸짖으시니, 더러운 영은 그 사람에게 경련을 일으켜 놓고 큰 소리를 지르며 나갔다.

창세 3,14-15* 마태 10,1*

353 교회의 성사 생활에 수반되는 대중 신심의 형태는 무엇인가?

그리스도인 대중의 신앙심은 언제나 유해 공경, 성당 방문, 순례 특히 성지 순례, 행렬, '십자가의 길'과 묵주기도 등과 같은 교회의 성사 생활을 둘러싼 다양한 형태의 신심 행위로 표현되어 왔다. 교회는 신앙의 빛으로 신심의 참다운 형태들을 계몽하고 육성한다.

해설 대중 신심이란 성인 유해 공경, 성당 방문, 성지 순례, 성체 행렬, '십자가의 길' 기도, 묵주 기도 등, 믿는 이들 사이에 자연스럽게 생겨난 신앙 행위, 곧 신앙심의 발로를 말한다. 대중 신심은 신자들의 성사 생활에 도움을 준다는 점에서 널리 장려된다. 그리스도의 신비를 깨닫게 해주고, 그리스도의 풍요로움

용어 **유해 공경** 교회는 처음부터 순교자와 성인의 유해를 소중하게 여기고 공경하였다.

성당 방문 여기서 말하는 성당 방문은 거룩한 곳으로 지정된 **성소**聖所를 찾아가 기도하는 것이다.

성지 순례 특히 예수님과 관련된 이스라엘 말고도 성인이나 순교자의 고장도 성지로 볼 수 있다.

'십자가의 길' 기도 흔히 '14처處 기도'라 하여 예수님의 수난을 묵상하며 바치는 기도다.

묵주 기도 묵주를 굴리면서 성모님과 함께 예수님의 생애와 파스카 신비를 묵상하는 기도다.

성구 **시편 84,6-8** 행복합니다, 마음속으로 순례의 길을 생각할 때
당신께 힘을 얻는 사람들!
그들은 바카 계곡을 지나며
샘물을 솟게 하고
봄비는 축복으로 덮어 줍니다.
그들은 더욱더 힘차게 나아가
시온의 하느님 앞에 나섭니다.

1티모 4,7-8 저속하고 망령된 신화들을 물리치십시오. 신심이 깊어지도록 자신을 단련하십시오. 몸의 단련도 조금은 유익하지만 신심은 모든 면에서 유익합니다. 현재와 미래의 생명을 약속해 주기 때문입니다.

시편 68,25-27*

■ 그리스도교 장례

354 성사들과 그리스도인의 죽음에는 어떤 관계가 있는가?

지상 생활의 마지막 순간에 그리스도 안에서 죽는 그리스도인은, 세례성사로 시작하여 견진성사로 강화되고 하느님 나라의 잔치를 미리 맛보게 하는 성찬례에 의해 육

	성되는 새 생명의 완성에 도달한다. 그리스도인의 죽음은 우리의 유일한 희망이신 그리스도의 죽음과 부활에 비추어서 그 의미가 드러난다. 예수 그리스도 안에서 죽는 그리스도인은 "주님 곁에 사는 것이 낫다고 생각하기에"(2코린 5,8) 떠나가는 것이다.
해설	성사들은 모두 그리스도의 파스카, 곧 그 죽음과 부활을 기념하며, 이에 동참하는 것이다. 그리스도인의 죽음은 다름 아닌 마지막 파스카이며, 그리스도의 죽음과 부활에 결정적으로 참여하는 것이다. 세례로 그리스도와 함께 죽고 그리스도와 함께 새 삶으로 다시 태어난 그리스도인은, 성찬례로 그리스도의 파스카 잔치에 참여한다. 그리고 그가 이 세상 삶을 마칠 때에는 성사 생활은 끝나고 이제 본고향에서 본연의 하느님의 생명, 주님의 잔치, 성령의 친교를 누리게 되는 것이다.
용어	**세례성사로 시작된 새 생명의 완성** 세례성사로 우리에게 주어진 하느님 생명은 죽음으로써 성취된다. **성찬례에서 미리 맛본 하느님 나라의 잔치에 참여** 성체성사로 길러진 새 생명은 하느님 나라의 잔치에 참여함으로써 성취된다.
성구	**탈출 12,27** "그것은 주님을 위한 파스카 제사이다. 그분께서는 이집트인들을 치실 때, 이스라엘 자손들의 집을 거르고 지나가시어, 우리 집들을 구해 주셨다." **2코린 5,6-8** 그러므로 우리가 이 몸 안에 사는 동안에는 주님에게서 떠나 살고 있음을 알면서도, 우리는 언제나 확신에 차 있습니다. 보이는 것이 아니라 믿음으로 살아가기 때문입니다. 우리는 확신에 차 있습니다. 그리고 이 몸을 떠나 주님 곁에 사는 것이 낫다고 생각합니다. 요한 5,24-25* 2코린 5,1-2*

355 장례 예식은 무엇을 표현하는가?

장례 예식들은 각 종교들의 전통과 상황에 따라 상이한 의식으로 거행되지만, 그리스도교 장례 예식은 부활의 희망을 안고 죽는 그리스도인의 죽음이 지닌 파스카의 성격을 드러내고, 특히 영혼의 정화를 위한 기도를 통하여 고인과 이루는 통공의 의미를 갖는다.

해설   장례 예식은 ① 믿는 이들이 그리스도의 파스카에 참여함을 나타내며, ② 모든 믿는 이들이 그리스도 안에서 이루는 통공(친교)을 나타낸다.

용어   **전통과 상황에 따라**   장례 예식은 각 나라 또는 지역의 종교나 문화에 따라 다르게 거행된다.

그리스도인의 죽음이 지닌 파스카의 성격   그리스도인의 죽음은 파스카다. 결정적으로 죽음에서 부활로 건너감이기 때문이다.

성구   **시편 42,3**   제 영혼이 하느님을,
제 생명의 하느님을 목말라합니다.
그 하느님의 얼굴을
언제나 가서 뵈올 수 있겠습니까?

루카 20,37-38   "그리고 죽은 이들이 되살아난다는 사실은, 모세도 떨기나무 대목에서 '주님은 아브라함의 하느님, 이사악의 하느님, 야곱의 하느님'이라는 말로 이미 밝혀 주었다. 그분은 죽은 이들의 하느님이 아니라 산 이들의 하느님이시다. 사실 하느님께는 모든 사람이 살아 있는 것이다."

요한 16,28*

356   장례 예식의 중요 부분들은 무엇인가?

장례 예식의 순서에는 통상적으로 네 가지 중요한 부분이 있다. 곧 공동체가 위로와 희망의 말로 시신을 맞아들임, 말씀 전례, 성찬의 희생 제사, 그리고 고별식이다. 이 고별식으로 교회는 고인의 영혼을 영원한 생명의 샘이신 하느님께 맡겨 드리고, 고인의 육신은 부활의 희망 속에 묻힌다.

해설   장례 예식은 네 부분으로 나눌 수 있다. ① 공동체의 맞아들임: 공동체는 유족들과 시신을 위로와 희망의 말로 맞아들인다. ② 말씀 전례: 성경 특히 신약 성경 안에 담긴 부활의 메시지를 들음으로써 믿음으로 고인을 떠나보낸다. ③ 성찬례: 이로써 고인과 함께 믿는 모든 이들이 그리스도의 파스카 잔치에 참여한다. ④ 고별식: 이 세상에서 고인에게 마지막 인사를 전하는 것이다.

용어   **고별식**   우리말 **고별**告別은 이별을 고한다, 곧 하직 인사를 한다는 뜻이다.

헤어질 때 나누는 서양말(불어 adieu, 이태리어 addio, 스페인어 adiós - '하느님께 가기를!'이라는 뜻이다)은 세상을 하직하는 데 어울린다.

고인故人   죽은 사람.

성구   **집회 22,11**   죽은 이를 위하여 울어라. 빛을 떠났기 때문이다. 어리석은 자를 위하여 울어라. 슬기를 떠났기 때문이다. 그러나 죽은 이를 두고는 그리 슬퍼하지 마라. 쉬고 있기 때문이다. 어리석은 자의 삶은 죽음보다 고약하다.

1테살 4,17-18   그다음으로, 그때까지 남아 있게 될 우리 산 이들이 그들과 함께 구름 속으로 들려 올라가 공중에서 주님을 맞이할 것입니다. 이렇게 하여 우리는 늘 주님과 함께 있을 것입니다. 그러니 이러한 말로 서로 격려하십시오.

> "어린양의 혼인 잔치에 초대받은 이들은 행복하다."
> – 묵시 19,9

제3편
그리스도인의 삶

제1부

인간의 소명: 성령 안의 삶

357 그리스도인의 도덕 생활은 신앙과 성사에 어떻게 연관되는가?

신경이 고백하는 바를 성사가 전달한다. 실로 여러 가지 성사로써 신자들은 신앙을 통하여 맞아들인 그리스도 안에서 하느님의 자녀들이 누리는 새 생명을 살 수 있게 해 주는 그리스도의 은총과 성령의 선물을 받는다.

해설 신경으로 고백하는 그리스도의 신비를 우리는 성사로써 기념할 뿐 아니라, 그리스도인으로 그리고 하느님 자녀로 그 품위에 맞는 삶을 살 수 있는 은총을 받는다. 우리는 성령 안에서 성령의 힘으로, 그리스도를 본받아 그리스도와 함께, 하느님 아버지의 뜻을 받들어 실천하는 참행복의 삶을 지향한다.

용어 **그리스도 안에서 하느님의 자녀들이 누리는 새 생명** 세례로 그리스도와 하나가 된 그리스도인들은 그리스도 예수님과 함께 죽어서 죄의 권세에서 벗어나, 그분과 함께 하느님을 위해서 살며, 부활하신 분의 생명에 참여한다. 서양말에서 '생명'과 '삶'은 같은 단어 – vita – 다.

그리스도의 은총과 성령의 선물 흔히 그리스도께서 우리에게 베푸시는 사랑은 은총, 성령의 사랑은 선물膳物 또는 은사恩賜라고 한다.

신앙 → 문답 25-30 참조.

신경 → 문답 33 참조.

성구 **신명 30,15-16** "보아라, 내가 오늘 너희 앞에 생명과 행복, 죽음과 불행을 내놓는다. 내가 오늘 너희에게 명령하는 **주** 너희 하느님의 계명을 듣고, 주 너희 하느님을 사랑하며 그분의 길을 따라 걷고, 그분의 계명과 규정과 법규들을 지키면, 너희가 살고 번성할 것이다. 또 **주** 너희 하느님께서는 너희가 차지하러 들어가는 땅에서 너희에게 복을 내리실 것이다."

에페 4,21-24 여러분은 예수님 안에 있는 진리대로, 그분에 관하여 듣고 또 가르침을 받았을 줄 압니다. 곧 지난날의 생활 방식에 젖어 사람을 속이는 욕망으로 멸망해 가는 옛 인간을 벗어 버리고, 여러분의 영과 마음이 새로워져, 진리의 의로움과 거룩함 속에서 하느님의 모습에 따라 창조된 새 인간을 입어야 한다는 것입니다.

요한 14,6*

제1장
인간의 존엄성

■ 하느님의 모상인 인간

358 인간 존엄성의 뿌리는 무엇인가?

인간의 존엄성은 인간이 하느님을 닮은 모습으로 창조되었다는 사실에 근거한다. 불멸의 영혼과 이성과 자유 의지를 지닌 인간은 하느님을 향하고, 또 그 영혼과 육신과 더불어 영원한 행복에 부름 받고 있다.

해설 인간의 존엄성은 인간이 하느님을 닮은 모습으로 창조되었다(창세 1,26)는 사실에 근거한다. 인간은 ① 영혼을 지녔고(1703항), ② 성령의 빛과 권능에 참여하며(1704항), ③ 자유를 누리고(1705항), ④ 양심이 있어(1706항) 존엄하다. 그러나 죄는 인간의 존엄성을 파괴한다. ⑤ 죄로 상실한 인간 존엄성을 그리스도께서 당신 파스카로 되찾아주셨을 뿐 아니라, ⑥ 성령 안에서 사는 새 생명을 주심으로써 하느님의 자녀가 되었으니(1707-09항), 인간의 존엄성은 삼위일체 하느님의 사랑 안에 뿌리내리고 있다. ⑦ 인간의 존엄성은 또한 인간의 지고한 부르심, 곧 하느님의 행복에 초대받았다는 데서도 찾을 수 있다.

용어 **인간의 존엄성** 인간은 하느님에게서 영혼과 이성과 자유 의지를 받은 존엄한 존재다. **인권**人權은 인간 존엄성에서 나온다.

하느님을 닮은 모습 창세기에 나오는 이 말은 인간이 하느님의 파트너가 될 수 있음을 나타낸다. 인간은 창조계에서 유일하게 하느님과 사랑을 주고받을 수 있다. 이 말의 완전한 뜻은 예수 그리스도 안에서 밝혀진다. "보이지 않는 하느님의 모상"(콜로 1,15)이신 예수 그리스도는 "인간을 바로 인간에게 완전히 드러내 보여 주시고 인간에게 그 지고의 사명을 밝혀 주신다"(사목 헌장, 22항).

영혼과 이성과 자유 의지를 지닌 인간 이성과 자유 의지가 있는 것은 인간이 영혼을 지니고 있기 때문이다.

영원한 행복 세상의 행복은 모두 사라진다. 다만 하느님의 행복, 하느님이 주시는 행복만이 영원하다.

성구 **시편 8,5-7** 인간이 무엇이기에 이토록 기억해 주십니까?
사람이 무엇이기에 이토록 돌보아 주십니까?
신들보다 조금만 못하게 만드시고
영광과 존귀의 관을 씌워 주셨습니다.
당신 손의 작품들을 다스리게 하시고
만물을 그의 발아래 두셨습니다.

2코린 4,6-7 "어둠 속에서 빛이 비추어라." 하고 이르신 하느님께서 우리 마음을 비추시어, 예수 그리스도의 얼굴에 나타난 하느님의 영광을 알아보는 빛을 주셨습니다. 우리는 이 보물을 질그릇 속에 지니고 있습니다. 그 엄청난 힘은 하느님의 것으로, 우리에게서 나오는 힘이 아님을 보여 주시려는 것입니다.

에페 1,3-5*

■ 참행복에 초대된 우리의 소명

359 인간은 어떻게 참행복에 도달하는가?

인간은 그를 하느님의 생명에 참여하게 하는 그리스도의 은총에 힘입어 참행복에 이른다. 그리스도께서는 복음서의 행복 선언에서 영원한 행복에 이르는 길을 당신 제자들에게 밝히신다. 그리스도의 은총은 올바른 양심에 따라 진리와 선을 찾고 사랑하며 악을 피하는 모든 사람에게도 작용한다.

해설 하느님은 행복 그 자체이시며, 당신 행복에 우리를 초대하신다. 그리스도께서는 당신 삶과 가르침을 통해 참행복에 이르는 길을 보여 주셨다. 산상 설교의 행복 선언은 이를 집약한 것이다. 그리스도께서는 은총으로 모든 사람을 하느님의 행복에 이르도록 이끄신다.

용어 **영원한 행복** 지나가는 이 세상 행복이 아닌, 영원히 변치 않는 행복을 말한다. 특히 그 행복은 **지복직관**至福直觀 Visio beatifica, 곧 하느님을 직접 뵙는 것으로, 반면에 지옥은 하느님을 보지 못하는 불행으로 표현된다. → 문답 533 참조.

참행복 또는 **행복 선언** 예수 그리스도께서 산상설교 첫머리(마태 5,3-12)에서 밝히신 행복들을 '참행복', '복음의 행복', '행복 선언'이라고 한다.

진리와 선을 사랑하며 악을 피함 모든 사람에게는 양심이 있어, 선을 행하고 악을 피하는 데서 참행복을 맛본다. 주님의 은총은 선의의 모든 사람이 그런 행복을 누릴 수 있게 한다.

성구 시편 1,1-2 행복하여라!
악인들의 뜻에 따라 걷지 않고
죄인들의 길에 들지 않으며
오만한 자들의 자리에 앉지 않는 사람
오히려 **주님**의 가르침을 좋아하고
그분의 가르침을 밤낮으로 되새기는 사람.

야고 1,25 그러나 완전한 법 곧 자유의 법을 들여다보고 거기에 머물면, 듣고서 잊어버리는 사람이 아니라 실천에 옮겨 실행하는 사람이 됩니다. 그러한 사람은 자기의 그 실행으로 행복해질 것입니다.

마태 5,3-12   참행복

"행복하여라, 마음이 가난한 사람들! 하늘 나라가 그들의 것이다.
행복하여라, 슬퍼하는 사람들! 그들은 위로를 받을 것이다.
행복하여라, 온유한 사람들! 그들은 땅을 차지할 것이다.
행복하여라, 의로움에 주리고 목마른 사람들! 그들은 흡족해질 것이다.
행복하여라, 자비로운 사람들! 그들은 자비를 입을 것이다.
행복하여라, 마음이 깨끗한 사람들! 그들은 하느님을 볼 것이다.
행복하여라, 평화를 이루는 사람들! 그들은 하느님의 자녀라 불릴 것이다.
행복하여라, 의로움 때문에 박해를 받는 사람들! 하늘 나라가 그들의 것이다.
사람들이 나 때문에 너희를 모욕하고 박해하며,
너희를 거슬러 거짓으로 온갖 사악한 말을 하면, 너희는 행복하다!
기뻐하고 즐거워하여라. 너희가 하늘에서 받을 상이 크다.
사실 너희에 앞서 예언자들도 그렇게 박해를 받았다."

360 참행복은 우리에게 왜 중요한가?

참행복은 예수님 설교의 핵심이고, 하느님께서 아브라함 이후 시작하신 약속을 반향하고 완성한다. 참행복은 예수님의 참모습을 묘사하고 그리스도인의 참삶의 특징을 나타내며, 그 행동의 궁극 목표 곧 영원한 행복을 밝혀 준다.

해설 참행복 곧 복음의 행복은 ① 예수님 설교의 핵심이다(예수님의 산상설교는 복음의 핵심이며, 행복 선언은 산상설교의 첫머리에 자리 잡고 있다). ② 아브라함에게 하신 약속의 성취이다("너는 복이 될 것이다. 세상의 모든 종족들이 너를 통하여 복을 받을 것이다." 창세 12,2-3). ③ 예수님의 참모습을 보여 준다(사랑으로 모든 이에게 복이 되신 분이 바로 예수님이다). ④ 그리스도인의 참삶을 나타내며 그 궁극 목표를 밝혀 준다(성모 마리아를 비롯한 많은 성인들이 이런 삶을 살았다).

용어 **그리스도인 생활의 궁극 목표는 영원한 행복** 그리스도인뿐 아니라 모든 사람의 궁극 목표는 참행복에 있다. 사람은 이를 위해 존재하고 행동한다.

성구 욥 5,9-11 그분은 헤아릴 수 없는 위업을, 셀 수 없는 기적을 이루시는 분. 땅에 비를 내리시고 들에 물을 보내시는 분. 비천한 이들을 높은 곳에 올려 놓으시니 슬퍼하는 이들이 큰 행복을 얻는다네.

마태 5,11-12 "사람들이 나 때문에 너희를 모욕하고 박해하며, 너희를 거슬러 거짓으로 온갖 사악한 말을 하면, 너희는 행복하다! 기뻐하고 즐거워하여라. 너희가 하늘에서 받을 상이 크다. 사실 너희에 앞서 예언자들도 그렇게 박해를 받았다."

묵시 14,13*

361 참행복과 행복에 대한 인간의 갈망은 어떤 관계인가?

예수님께서 밝히신 참행복은 하느님께서 인간을 당신께 이끄시고자 그 마음에 이 갈망을 심어 주셨고, 하느님만이 채워 주실 수 있는 본질적인 행복에 대한 갈망에 부응한다.

해설 인간은 행복을 갈망한다. 인간의 존재 이유와 목적은 행복이다. 다만 사람들이 추구하는 행복이 참행복인지, '행복이라는 이름의 불행'(소노 아야코)인지 확실하게 구별해야 한다. 예수님께서 선포하신 참행복은 하느님만 채워주실 수 있는, 하느님으로만 채워질 수 있는 인간 본래의 갈망에 부응한다. "하느님께서만 만족을 주실 수 있다"(성 토마스 데 아퀴노).

용어 **참행복** 예수님이 산상설교에서 말씀하신 행복은 복음적인 행복을 의미하며, 따라서 '참행복'이라고 붙여 씀으로써 고유명사화하였다.

성구 **코헬 6,3** 사람이 자식을 백 명이나 낳고 그의 수명이 다하도록 오랜 세월을 산다 하여도 그의 갈망이 행복으로 채워지지 않고 또한 그가 제대로 묻히지 못한다면 내가 말하건대, 그보다는 유산아가 더 낫다.

사도 20,35 "나는 모든 면에서 여러분에게 본을 보였습니다. 그렇게 애써 일하며 약한 이들을 거두어 주고, '주는 것이 받는 것보다 더 행복하다.'고 친히 이르신 주 예수님의 말씀을 명심하라는 것입니다."

시편 16,2* 야고 1,12*

362 영원한 행복은 무엇인가?

영원한 행복은 우리가 언젠가 충만하게 "하느님의 본성에 참여하게"(2베드 1,4) 되며, 그리스도의 영광을 보고 성삼위의 생명을 누리게 될 영원한 생명 안에서 하느님을 뵙는 것이다. 이 행복은 인간의 능력을 훨씬 넘어서고 또 그곳으로 이끄는 은총과 마찬가지로 하느님께서 거저 베푸시는 초자연적인 선물이다. 이 약속된 행복은 우리에게 모든 것 위에 하느님을 사랑하도록 자극함으로써, 세상 재화에 대하여 확고한 도덕적 선택을 내리도록 촉구한다.

해설 참행복은 이 세상 것이 아니다. 그것은 곧 사라지는 이 세상 행복과는 다르다. 우리는 ① 하늘 나라에서(마태 5,3), ② 하느님을 뵙고(마태 5,8), ③ 하느님의 본성에 참여하고(2베드 1,4), ④ 영원한 생명을 누리고(마태 25,46), ⑤ 하느님의 자녀가 되고(로마 8,23), ⑥ 하느님 안에서 안식을 누림으로써(묵시 14,13) 참행복에 이른다. 참행복은 영원한 행복, 곧 하느님만이 주시는 행복이다.

용어 **그리스도의 영광을 보고 성삼위의 생명을 누림** 참행복과 더불어 인간은 그리스도의 영광 안으로 들어가며(2테살 2,14), 성삼위께서 누리시는 생명의 기쁨에 들어가게 된다(마태 25,23).

하느님의 초자연적 선물 영원한 생명은 인간 본성을 초월하는 것이고, 이를 누리게 하시는 하느님의 은혜도 초자연적(초본성적)이다. 인간 지성의 능력과 의지의 힘을 초월한 하느님의 선물이다.

세상 재화에 대한 확고한 도덕적 선택 사람들은 부와 명예가 행복을 가져다 줄 것으로 기대한다. 그러나 이 기대는 언제나 헛된 것으로 드러난다. 그러므로 참행복이 무엇이고, 누가/무엇이 그 행복을 주는지 아는 사람은 세상의 부와 명예가 행복을 가져올 것이라고 기대하지 않는다. 오히려 그 부와 명예를 하느님의 법에 따라 사용하여 영원한 행복을 받는다(루카 16,9).

성구   이사 30,18   그러므로 주님께서는 너희에게 자비를 베푸시려고 기다리시며 너희를 가엾이 여기시려고 일어서신다. 주님은 공정의 하느님이시다. 행복하여라, 그분을 기다리는 이들 모두!

2베드 1,3-4   그리스도께서는 우리를 영광과 능력을 가지고 부르신 분을 알게 해 주심으로써, 당신이 지니신 하느님의 권능으로 우리에게 생명과 신심에 필요한 모든 것을 내려 주셨습니다. 그분께서는 그 영광과 능력으로 귀중하고 위대한 약속을 우리에게 내려 주시어, 여러분이 그 약속 덕분에, 욕망으로 이 세상에 빚어진 멸망에서 벗어나 하느님의 본성에 참여하게 하셨습니다.

2테살 2,13-14*

■ 인간의 자유

363   자유는 무엇인가?

자유는 하느님께서 인간에게 주신, 행하거나 행하지 않을 수 있는 능력이며, 이것을 하거나 또는 저것을 하는 능력이고, 따라서 스스로 숙고해서 행동하는 능력이다. 자유는 인간 행위의 고유한 특징이며, 선을 행하면 행할수록 더욱 자유로워진다. 자유는 최고의 선이고 우리의 참행복이신 하느님을 향할 때 완전하게 된다. 자유는 선과 악 사이의 선택 가능성도 포함한다. 악을 선택하는 것은 자유의 남용이며 죄의 종이 되게 한다.

해설   사람은 이것을 하거나, 저것을 하지 않을 수 있다. 이것이 자유다. 자유가 있기 때문에 인간은 하느님의 진리와 선을 행하여 더욱더 인간다워진다. 만일 자유가 없다면 인간은 진리와 선이신 하느님을 닮을 수 없다.

자유로이 선을 행하면 더욱 자유로워진다. 하느님의 자녀가 되기 때문이다. 악을 행하면 더욱 자유롭지 못하게 된다. 죄악의 종이 되기 때문이다.

용어 **자유는 인간 행위의 고유한 특징** 오직 인간만이 선과 악 가운데서 마음대로 선택하여 행동할 수 있다.

최고의 선 하느님은 모든 선의 원천이시다. 그래서 하느님을 **최고선**最高善이라고 부른다. 또한 우리에게 참행복을 주실 수 있는 분은 하느님뿐이며, 하느님 안에 참행복이 있다.

악을 선택하는 것은 자유의 남용 죄는 한 마디로 자유의 남용이다.

성구 **집회 15,14-17** 한처음에 인간을 만드신 분은 그분이시다. 그분께서는 인간을 제 의지의 손에 내맡기셨다. 네가 원하기만 하면 계명을 지킬 수 있으니 충실하게 사는 것은 네 뜻에 달려 있다. 그분께서 네 앞에 물과 불을 놓으셨으니 손을 뻗어 원하는 대로 선택하여라. 사람 앞에는 생명과 죽음이 있으니 어느 것이나 바라는 대로 받으리라.

갈라 5,13 형제 여러분, 여러분은 자유롭게 되라고 부르심을 받았습니다. 다만 그 자유를 육을 위하는 구실로 삼지 마십시오. 오히려 사랑으로 서로 섬기십시오.

364 자유와 책임은 서로 어떤 관계에 있는가?

자유는 인간이 행위의 자발성에 따라 자기 행동에 대하여 책임지도록 한다. 어떤 행동에 대한 인책성引責性과 책임은 무지, 부주의, 폭력, 공포, 무절제한 감정과 습관들 때문에 줄어들거나 없어질 수도 있다.

해설 인간의 자유에는 책임이 뒤따른다. 인간은 자신의 자유 의지에 따라 한 행동에 대해 책임을 져야 한다. 그 행동에 책임을 묻는 것, 이것이 문책問責 또는 인책引責이다.

용어 **행위의 자발성** 인간은 스스로 알아서, 스스로 판단하고 선택하여 어떤 일을 한다. 그것이 행위의 자발성(↔강제성)이다.

인책성 인간 행위에 책임을 추궁할 수 있음을 말한다. 무지, 부주의, 압력,

공포, 격한 감정, 습관(관행) 등은 책임을 경감시킬 수 있다.

성구 **창세 4,9-10** 주님께서 카인에게 물으셨다. "네 아우 아벨은 어디 있느냐?" 그가 대답하였다. "모릅니다. 제가 아우를 지키는 사람입니까?" 그러자 그분께서 말씀하셨다. "네가 무슨 짓을 저질렀느냐? 들어 보아라. 네 아우의 피가 땅바닥에서 나에게 울부짖고 있다.

루카 12,47-48 "주인의 뜻을 알고도 아무런 준비를 하지 않았거나 주인의 뜻대로 하지 않은 그 종은 매를 많이 맞을 것이다. 그러나 주인의 뜻을 모르고서 매맞을 짓을 한 종은 적게 맞을 것이다. 많이 주신 사람에게는 많이 요구하시고, 많이 맡기신 사람에게는 그만큼 더 청구하신다."

창세 2,16-17* 야고 2,12*

365 왜 모든 사람에게 각기 자유를 행사할 권리가 있는가?

자유를 행사할 권리는 인간의 존엄성과 분리될 수 없는 것으로서, 모든 사람의 고유한 권리다. 따라서 이 권리는 특히 도덕적, 종교적 영역에서 항상 존중되고 또 공동선과 공공질서의 범위 안에서 국가법으로 인정되고 보호받아야 한다.

해설 자유를 행사할 권리는 인간 존엄성에 속한다(1705항). 그것은 하느님이 주신 타고난 권리다. 이 권리는 법으로 보장되어 있으며, 특히 양심과 종교에 관한 자유는 인간 기본권이다.

용어 **도덕적, 종교적 영역에서** 자유는 특히 도덕적, 종교적 차원에서 더욱 중요하다. 둘 다 양심에 속하는 차원이기 때문이다.

공동선과 공공질서의 범위 안에서 자유 행사의 사회적 차원을 말한다. 개인의 자유는 공동선이나 공공질서를 해치지 않는 범위 안에서 행사되어야 한다.

성구 **집회 15,14-15** 한처음에 인간을 만드신 분은 그분이시다. 그분께서는 인간을 제 의지의 손에 내맡기셨다. 네가 원하기만 하면 계명을 지킬 수 있으니 충실하게 사는 것은 네 뜻에 달려 있다.

1코린 10,23-24 "모든 것이 허용된다."고 하지만, 모든 것이 유익하지는 않습니다. "모든 것이 허용됩니다." 그러나 모든 것이 성장에 도움이 되지는 않습니다. 누구나 자기 좋은 것을 찾지 말고 남에게 좋은 것을 찾으십시오.
1코린 12,7* 갈라 5,1*

366 인간의 자유는 구원의 질서에서 어떤 위치에 있는가?

우리의 자유는 최초의 죄로 말미암아 약화되었다. 자유는 이어지는 죄들로 말미암아 더욱더 심하게 손상되었다. 그런데 "그리스도께서는 우리를 자유롭게 하시려고 해방시켜"(갈라 5,1) 주셨다. 성령께서는 우리에게 영적 자유를 가르쳐 주시어 교회와 세상 안에서 당신 사업의 자유로운 협력자가 되게 하신다.

해설 ① 자유와 죄(1739항): 인간은 자유를 남용하여 죄를 지었다. ② 자유에 대한 위협(1740항): 죄, 특히 죄스런 사회 구조(세상의 죄)로 인하여 인간은 바르게 자유를 행사하기 어렵다. ③ 자유와 구원(1741항): 그리스도의 구속으로 우리는 "하느님의 자녀들이 누리는 영광의 자유"(로마 8,21)를 누리게 되었다. ④ 자유와 은총(1742항): 은총은 자유를 증진시킨다. 은총에 따라 행동하면 내적 자유와 확신이 증가한다.

용어 **구원의 질서** 여기서는 구원 역사 또는 구원 경륜과 같은 뜻으로 쓰였다.

최초의 죄 원조 아담의 첫 죄로 인하여 온 인류가 날 때부터 처하게 되는 '죄스런 상태'를 원죄原罪라 한다. 낙원에서 누렸던 저 거룩함과 의로움(原義)을 상실하였으며, 그 후 모든 인간은 그 원초적 거룩함과 의로움이 없는 상태로 태어난다. → 문답 72-73과 76-77 참조.

교회와 세상 안에서 성령의 일에 자유로운 협력자 하느님의 자녀들은 자유인으로서 성령의 일에 참여하여 교회와 세상 안에서 일한다. "주님은 영이십니다. 그리고 주님의 영이 계신 곳에는 자유가 있습니다"(2코린 3,17) 하신 사도의 말처럼 성령 안에서 누리는 그리스도인의 자유는 참으로 영예롭다.

성구 **집회 15,17-20** 사람 앞에는 생명과 죽음이 있으니 어느 것이나 바라는 대로 받으리라. 참으로 주님의 지혜는 위대하니 그분께서는 능력이 넘치시고 모든 것을 보신다. 그분께서는 당신을 경외하는 이들을 굽어보시고 사람의 행위를 낱낱이 아신다. 그분께서는 아무에게도 불경하게 되라고 명령하신 적이 없고 어느 누구에게도 죄를 지으라고 허락하신 적이 없다.

갈라 5,1　그리스도께서는 우리를 자유롭게 하시려고 해방시켜 주셨습니다. 그러니 굳건히 서서 다시는 종살이의 멍에를 메지 마십시오.
요한 8,31-32* 로마 8,1* 2코린 3,17*

367　인간 행위의 도덕성의 근원은 무엇인가?

인간 행위의 도덕성은 세 가지 요소로 이루어진다. **선택된 대상** 곧 참된 선이나 그렇게 보이는 것, 의도하는 목적이나 **의향** 곧 목적을 통한 인간 행위의 지향, 결과들이 포함되어 있는 행위의 **정황**에 따라 좌우된다.

해설　인간 행위의 도덕성은 세 가지 요소로 판단한다. ① 선택된 대상: 내가 자유로이 선택하여 한 행위 그 자체를 말한다. 배가 몹시 고파서 빵을 훔쳤다 하면 '훔친 행위'를 말한다. ② 목적이나 의도: '배고픔을 면하려는' 의도로 빵을 훔친 것이다. ③ 행위의 정황: '배가 몹시 고픈' 상황에서 빵을 훔친 것이다.

용어　**선택된 대상**　여기서 말하는 대상은 자신이 한 행위를 말한다.

참된 선이나 그렇게 보이는 것　인간 행위에는 선 또는 선처럼 보이는 것이 전제된다. '그렇게 하는 것이 좋다'고 생각하여 행동하는 것이다.

의향　목적을 통한 인간 행위의 의도.

정황/정상　(정상 참작이라는 말을 흔히 쓰는데) 그 일이 일어난 전후 사정을 말한다.

성구　**2사무 12,13-14**　그때 다윗이 나탄에게 "내가 **주님**께 죄를 지었소." 하고 고백하였다. 그러자 나탄이 다윗에게 말하였다. "**주님**께서 임금님의 죄를 용서하셨으니 임금님께서 돌아가시지는 않을 것입니다. 다만 임금님께서 이 일로 **주님**을 몹시 업신여기셨으니, 임금님에게서 태어난 아들은 반드시 죽고 말 것입니다."

사도 5,1-2.9　하나니아스라는 사람이 자기 아내 사피라와 함께 재산을 팔았는데, 아내의 동의 아래, 판 값의 일부를 떼어 놓고 나머지만 가져다가 사도들의 발 앞에 놓았다. … 베드로가 그 여자에게, "어쩌자고 그대들은 서로 공모하여 주님의 영을 시험하는 것이오? 보시오, 그대 남편을 묻은 이들이 바로 문 앞에 이르렀소. 그들이 당신도 메고 나갈 것이오." 하고 말하였다.

368 어떤 행위가 도덕적으로 선한 행위가 되는가?

도덕적으로 선한 행위가 되려면 대상과 목적과 정황이 모두 선해야 한다. 의향이 선할지라도 선택된 대상은 그 자체로도 행위 전체를 그릇되게 할 수 있다. 선한 의향으로 행한 악한 행위는 정당화될 수 없다. 악한 목적은 행위의 대상 자체가 선하더라도 그 행위를 타락시킨다. 목적이 수단을 정당화하지 못하므로, 선한 목적은 그 대상 때문에 악한 처신을 선한 처신이 되게 하지는 않는다. 정황은 행동하는 사람의 책임을 완화하거나 증가시킬 수 있지만, 행위 자체의 도덕성을 변질시킬 수도 있다. 그 자체로 악한 행위는 결코 선한 행위가 되게 하지 못한다.

해설 사람의 행위가 도덕적으로 선하려면, 세 가지 곧 대상과 목적과 정황이 모두 선해야 한다. 바른 행위, 바른 의도, 바른 사정이어야 윤리적으로 선한 행위가 된다는 말이다. ① 아무리 선한 행동이라도 지향이 악하다면 나쁜 짓이다(조합장 되려고 경로당 노인들 식사 대접하면 안 된다). ② 선의로 악한 짓을 할 수는 없다(효도한답시고 이웃집 닭 잡아 상에 올릴 수는 없다). ③ 정황이 행위 자체의 도덕성을 변질시킬 수 있다(초등학교 앞 사행성 오락은 더욱 고약하다).

용어 **목적이 수단을 정당화하지 못한다** 올바른 수단으로 좋은 목적을 이루어야 한다는 말이다. 흔히 결과보다 과정이 더 중요하다는 말을 하는 것은 이 때문이다.

정황은 행위자의 책임을 완화하거나 증가시킬 수 있다 피치 못할 사정이 있다면 정상이 참작된다.

그 자체로 악한 행위는 결코 선한 행위가 되게 하지 못한다 살인이나 간음 같은 죄악은 그 자체가 악하므로 의향이나 정황이 아무리 정당해도 선한 행위가 될 수 없다.

성구 **1사무 15,22-23** 그러자 사무엘이 (사울에게) 말하였다. "주님의 말씀을 듣는 것보다 번제물이나 희생 제물 바치는 것을 **주님**께서 더 좋아하실 것 같습니까? 진정 말씀을 듣는 것이 제사드리는 것보다 낫고 말씀을 명심하는 것이 숫양의 굳기름보다 낫습니다. 거역하는 것은 점치는 죄와 같고 고집을 부리는 것은 우상을 섬기는 것과 같습니다. 임금님이 **주님**의 말씀을 배척하셨기에 주님께서도 임금님을 왕위에서 배척하셨습니다."

마태 6,1 "너희는 사람들에게 보이려고 그들 앞에서 의로운 일을 하지 않도록 조심하여라. 그러지 않으면 하늘에 계신 너희 아버지에게서 상을 받지 못한다."

마태 23,14*

369 언제나 부당한 행위들이 있는가?

선택된 대상(예를 들면 신성 모독, 살인, 간통)은 그 자체로 행위를 부당하게 만들 수 있다. 그 선택에는 무질서한 의지, 곧 윤리적 악이 포함되어 있다. 선한 결과를 얻으려고 악을 행하는 것은 결코 용납되지 않는다.

해설   예를 들어 간음, 하느님 모독, 살인 같은 행위는 언제나 잘못이다. 그런 행위에는 의지의 무질서, 곧 윤리적 악이 내포되어 있기 때문이다. 아무리 선한 결과를 얻으려고 그런 짓을 했어도 행위 자체가 죄(악)이므로 용납될 수 없다.

용어   **신성 모독**   신성 모독은 하느님을 증오하거나 비난하거나 도전하고, 하느님을 나쁘게 말하며, 그분께 대하여 불경스러운 말을 하고, 하느님의 이름을 함부로 부르는 것이다. 한편, **독성** 瀆聖 Sacrilegium은 성사와 전례 행위 그리고 하느님께 봉헌된 사람과 물건과 장소를 모독하거나 부당하게 취급하는 것이다(2120항). → 문답 447 참조.

간통   부부의 부정 행위를 말한다. 둘 중 한 사람이라도 배우자가 있으면 간통이다. **간음** 姦淫은 배우자가 있거나 없거나 상관없이 부부 아닌 남녀가 정을 통하는 것이다. → 문답 347 참조.

무질서한 의지, 곧 윤리적 악   윤리적 악이란 죄악을 말한다. 의지의 무질서도 죄다.

성구   **예레 5,7**   "그러니 내가 너를 어떻게 용서할 수 있겠느냐? 네 자식들은 나를 저버리고 신도 아닌 것들의 이름으로 맹세하였다. 내가 그들을 배불리 먹였는데도 그들은 간음을 저지르며 창녀의 집에 모여들었다."

마태 12,31   "그러므로 내가 너희에게 말한다. 사람들이 어떠한 죄를 짓든, 신성을 모독하는 어떠한 말을 하든 다 용서받을 것이다. 그러나 성령을 모독하는 말은 용서받지 못할 것이다."

■ 감정의 도덕성

370 감정은 무엇인가?

감정은 인간 심리의 자연적인 요소로서, 선한 것으로 또는 악한 것으로 느끼는 것을 행하거나 행하지 않게 하는 애정이나 정서 또는 감수성의 움직임이다. 주요한 감정들은 사랑과 증오, 욕망과 두려움, 기쁨, 슬픔, 분노다. 가장 근본적인 감정은 선에 대한 이끌림에서 일어나는 사랑이다. 사랑해야 할 대상은 오로지 참되거나 확실한 선밖에 없다.

해설 희로애락 등 감성感性의 발로가 감정이다. 감정 가운데 가장 근본적인 것은 진선미에 대한 이끌림, 곧 사랑의 감정이다.

용어 **감정**passio 여기서 말하는 감정은 외부의 영향을 받아 생긴 감정, 흔히 희로애락 같은 격렬한 감정을 말한다.
인간 심리의 자연적 요소 감정은 마음에서 자연스럽게 우러나온다.
애정이나 정서 또는 감수성의 움직임 **애정**은 좋은/선한 것/사람에게 이끌리는 감정이다. **정서**는 감정으로 인한 마음의 움직임이다. **감수성**은 외부의 자극을 받아들이고 느끼는 감각이다.

성구 **집회 30,21-24** 슬픔에 너 자신을 넘겨주지 말고 일부러 너 자신을 괴롭히지 마라. 마음의 기쁨은 곧 사람의 생명이며 즐거움은 곧 인간의 장수이다. 긴장을 풀고 마음을 달래라. 그리고 근심을 네게서 멀리 던져 버려라. 정녕 근심은 많은 사람을 망쳐 놓고 그 안에는 아무 득도 없다. 질투와 분노는 수명을 줄이고 걱정은 노년을 앞당긴다.
마태 5,22 그러나 나는 너희에게 말한다. 자기 형제에게 성을 내는 자는 누구나 재판에 넘겨질 것이다. 그리고 자기 형제에게 '바보!'라고 하는 자는 최고 의회에 넘겨지고, '멍청이!'라고 하는 자는 불붙는 지옥에 넘겨질 것이다.
잠언 29,11*

371 감정은 도덕적으로 선한가, 악한가?

감정은 감수성의 움직임이므로 감정 자체는 선하지도 악하지도 않다. 감정은 선한 행동에 이바지할 때에는 선하며, 그 반대 경우에는 악하다. 정서와 감정들은 덕행 안에 받아들여질 수 있고 또는 악습으로 바뀔 수도 있다.

해설 감정은 감성의 자연스런 발로여서 그 자체가 선이거나 악이지는 않다. 그렇지만 감정 때문에 악한 행동을 한다면 그 감정은 악하게 되고, 선한 행동을 하면 그 감정은 선하다. 그 행위에 이성과 의지가 작용하였기 때문이다. 감정은 잘 조절하여 덕으로 만들 수 있다. 그 반대로 감정을 제어할 줄 모르면 악습에 빠진다.

용어 **덕행** 덕행은 선을 행하고자 하는 확고한 마음가짐이다. → 문답 377 참조.
악습 악습은 반복되는 나쁜 짓으로 말미암아 악으로 기울어지는 악한 성향이다. →문답 398 참조.

성구 **집회 30,8.10** 길들이지 않은 말은 사나워지고 제멋대로 자란 자식은 방자해진다. 자식과 함께 웃다가는 같이 슬퍼하게 되고 마침내는 통곡하게 된다.
에페 4,26-27 화가 나더라도 죄는 짓지 마십시오. 해가 질 때까지 노여움을 품고 있지 마십시오. 악마에게 틈을 주지 마십시오.
잠언 17,27*

■ 양 심

372 양심은 무엇인가?

인간의 마음속에 존재하는 양심은 선을 행하고 악을 피하라고 적절한 때에 인간에게 명령하는 이성의 판단이다. 양심을 통하여 인간은 자기가 하려는 행위나 이미 행한 행위의 도덕적 가치를 알 수 있다. 그 양심이 인간에게 그에 대한 책임을 지도록 해 주기 때문이다. 현명한 사람은, 양심에 귀 기울일 때에 그에게 말씀하시는 하느님의 소리를 들을 수 있다.

해설 흔히 '양심의 소리'라는 말을 한다. 양심은 마음속 깊은 곳에서 선을 행하고 악을 피하라고 일러준다. 양심은 인간이 하느님과 만나는 곳이다. "양심은 인간의 가장 은밀한 핵심이며 지성소다. 거기에서 인간은 홀로 하느님과 함께 있고, 그 깊은 곳에서 하느님의 목소리를 듣는다"(사목 현장, 16항). 남을 속일 수는 있어도 자신을 속일 수 없는 것은 양심 때문이다.

용어 **이성의 판단** 양심에는 도덕적 원칙을 인지하는 일, 이성적 식별을 통해 도덕적 원칙을 실제 상황에 적용하는 일, 자기 행위에 판단을 내리는 일이 포함된다. 그 중에서 **이성적 판단**, 올바른 판단은 가장 중요하다.

행위의 도덕적 가치 어떤 행위가 도덕적으로 옳은가 옳지 않은가 하는 것은 양심을 통하여 알게 된다.

성구 **욥 27,5ㄴ-6** 죽기까지 나의 흠 없음을 포기하지 않겠네. 나의 정당함을 움켜쥐고 놓지 않으며 내 양심은 내 생애 어떤 날도 부끄러워하지 않으리라.

로마 2,14-15 다른 민족들이 율법을 가지고 있지 않으면서도 본성에 따라 율법에서 요구하는 것을 실천하면, 율법을 가지고 있지 않은 그들이 자신들에게는 율법이 됩니다. 그들의 양심이 증언하고 그들의 엇갈리는 생각들이 서로 고발하기도 하고 변호하기도 하면서, 그들은 율법에서 요구하는 행위가 자기들의 마음에 쓰여 있음을 보여 줍니다.

시편 16,7[*]

373 인간의 존엄성은 양심과 관련하여 무엇을 내포하는가?

인간의 존엄성은 양심의 정직성을 내포한다. (곧 이성과 신법에 따라 정당하고 선한 것과 일치되어야 한다.) 인간의 존엄성 자체로 말미암아, 인간은 자기 양심을 거슬러 행동하도록 강요받아서도 안 되고, 특히 종교 문제와 공동선의 범위 안에서 양심에 따라 행동하는 데 방해를 받아서는 안 된다.

해설 양심은 인간 존엄성의 원천이다(1706항). 양심에 따라 행동할 수 있으므로 인간은 존엄하다. 그러므로 양심에 따라 행동할 수 없도록 하는 일체의 행위는 인간 존엄성을 해친다. 여기에는 물론 바른 양심, 곧 양심의 정직성이 전제되어야 한다.

용어 **양심의 정직성** 양심은 언제나 이성과 하느님의 법에 따라 정의롭고 선한 것과 일치해야 한다. 이것이 **바른 양심**, 양심의 올바름이다.

공동선의 범위 안에서 양심에 따라 행동할 자유는 공동선과 공공질서 안에서 허용된다.

성구 **지혜 17,11-12** 악이란 비열한 것으로서 제 입으로 자신을 단죄하고, 양심의 가책을 받아 늘 어려움을 더해 가기만 합니다. 두려움은 이성의 도움을 포기하는 것일 따름입니다.
1베드 2,12 이교인들 가운데에 살면서 바르게 처신하십시오. 그래야 악을 저지르는 자들이라고 여러분을 중상하는 그들도 여러분의 착한 행실을 지켜보고, 하느님께서 찾아오시는 날에 그분을 찬양하게 될 것입니다.
마태 5,16*

374 양심이 바르고 진실하려면 어떻게 형성되어야 하는가?

바르고 진실한 양심은 교육을 통하여 또한 하느님의 말씀에 대한 이해와 교회의 가르침을 통하여 형성된다. 양심은 성령의 선물에 힘입어, 그리고 현명한 사람들의 조언으로 도움을 받는다. 나아가 기도와 양심 성찰도 도덕심의 형성에 크게 기여한다.

해설 양심은 바르고 진실하게 길러야 한다. 저절로 바른 양심이 형성되는 것이 아니다. 그리스도인의 양심 형성에는 ① 하느님 말씀과 교회의 가르침, ② 성령의 인도와 현명한 이들의 조언, ③ 기도와 양심 성찰 등이 큰 도움이 된다.

용어 **양심의 형성** 인격이 형성되듯이 양심도 형성된다. 양심의 소리에 따라 선과 정의를 실천할수록 바른 양심이 형성되는 것이다.

도덕심 양심과 같은 의미로 쓰였다. 양심이 마음의 도덕적 차원을 나타내는 말임을 강조한 것이다. 서양말 conscience(양심)은 지성에 관련시켜 사용하기도 한다. 그래서 교리서에서는 양심 앞에 '도덕적'이란 말을 붙인 것이다 (1777-1778항; 1780항 등).

양심 성찰 사랑의 계명, 십계명, 산상설교 등, 하느님의 말씀에 비추어 양심을 성찰하는 것이다. 하느님께 돌아서는 것, 곧 회개가 양심 성찰의 목적임은 두말할 나위가 없다. → 문답 303항 참조.

성구 **시편 16,7** 저를 타일러 주시는 주님을 찬미하니
밤에도 제 양심이 저를 일깨웁니다.
사도 24,15-16 "그리고 나도 바로 저들이 품고 있는 것과 똑같은 희망을 하느님께 두고 있습니다. 의로운 이들이나 불의한 자들이나 모두 부활하리라는

것입니다. 그래서 나 또한 하느님과 사람들 앞에서 언제나 거리낌 없는 양심을 간직하려고 애를 씁니다."
2코린 4,2*

375 양심은 늘 어떤 규칙을 따라야 하는가?

세 가지 일반적인 규칙이 있다. 첫째 선한 결과를 얻으려고 악을 행하는 것은 결코 허용될 수 없다는 것, 둘째 "남이 너희에게 해 주기를 바라는 그대로 너희도 남에게 해 주어라."(마태 7,12) 하는 **황금률**, 셋째 사랑은 항상 이웃과 그 양심에 대한 존중을 전제로 한다는 것이다. 비록 그 같은 존중이 객관적으로 악한 것을 선으로 받아들이는 것을 뜻하지 않더라도 그러하다.

해설 양심에 따라 바르게 행동하려면 다음과 같은 일반적 원칙을 지켜야 한다. ① 선한 결과를 얻으려고 악을 행하는 것은 허용될 수 없다. ② "남이 해 주기를 바라는 그대로 남에게 해 주어라"(마태 7,12). ③ 사랑은 이웃과 그 양심의 존중을 전제로 한다.

용어 **선한 결과를 얻으려고 악을 행함** 오늘날 우리 사회에는 목적을 달성하기 위해 수단 방법을 가리지 않는 일이 비일비재하다. 그 어떤 경우에도 좋은 목적이 나쁜 수단을 정당화하지 못한다.

황금률 "남이 너희에게 해주기를 바라는 그대로 너희도 남에게 해주어라" (마태 7,12) 이것이 황금률이다. 예수님의 이 말씀은 동양 윤리에서도 강조된다. "남이 너에게 해주기를 바라지 않는 것은 너도 남에게 하지 마라"(己所不欲, 勿施於人).

성구 **토빗 4,14ㄴ-15ㄱ** "애야, 무슨 일이든 조심해서 하고, 어떠한 행동이든 교육을 받은 사람답게 하여라. 네가 싫어하는 일은 아무에게도 하지 마라."

루카 6,30-31 "달라고 하면 누구에게나 주고, 네 것을 가져가는 이에게서 되찾으려고 하지 마라. 남이 너희에게 해 주기를 바라는 그대로 너희도 남에게 해 주어라."

376 양심이 그릇된 판단을 할 수 있는가?

인간은 언제나 자기 양심의 확실한 판단을 따라야 하지만 그릇된 판단도 내릴 수 있다. 이러한 그릇된 판단이 개인적인 죄의 책임을 늘 면제해 주는 것은 아니다. 그렇지만 고의가 아닌 무지로 말미암아 개인이 저지른 악에 대한 책임은 그에게 물을 수 없다. 그렇다고 해도 그런 행위는 여전히 객관적으로 악이다. 그러므로 자신의 잘못에서 양심을 바로잡도록 노력해야 한다.

해설 바른 행동에는 양심에 따른 바른 판단이 필요하다. ① 고의로 양심에 어긋난 판단을 하는 것은 잘못이다. ② 알지도 깨닫지도 못하고 그릇된 판단을 내렸을 때, 그 무지에 책임을 져야 하는 경우가 대부분이다. ③ 그러나 그 무지가 극복될 수 없거나, 그 판단에 대한 책임을 물을 수 없는 경우도 있다. 그런 경우에도 그 행위는 여전히 악이다.

용어 **고의가 아닌 무지** 부러 알려 하지 않거나 모르는 것이 아니라 전혀 그럴 마음이 없었는데 알지 못하는 것을 말한다.

성구 **다니 13,8-9** 그렇게 그곳에 들어가 거니는 수산나를 매일 눈여겨본 그 두 원로는 수산나에게 음욕을 품게 되었다. 그들은 양심을 억누르고 하늘을 보지 않으려고 눈을 돌린 채, 의로운 판결조차 생각하지 않았다.

사도 24,16 "그래서 나 또한 하느님과 사람들 앞에서 언제나 거리낌 없는 양심을 간직하려고 애를 씁니다."

1티모 1,5*

■ 덕

377 덕은 무엇인가?

덕은 선을 행하고자 하는, 몸에 밴 확고한 마음가짐이다. "덕행 생활의 목적은 하느님을 닮는 것이다"(니사의 성 그레고리오). 덕에는 대신덕(향주덕)과 대인덕(對人德)이 있다.

해설 덕은 선을 행하고자 하는 몸에 밴 확고한 마음가짐이다. 덕은 인간이 선을 행하게 할 뿐 아니라, 최선을 다하도록 한다. 덕이 있는 사람은 선을 향하여 나아간다. 이처럼 선을 행하는 사람은 최고선이신 하느님께 다다르게 된다. 덕에는 인간적인 덕과 신적인 덕이 있다.

용어 **덕** 우리말 덕德은 크다는 뜻이다. 덕은 선을 행할 수 있는 큰 마음이다. 서양말 덕virtus은 힘이라는 뜻이다. 선을 행하게 하는 힘이다.

몸에 밴 확고한 마음가짐 덕은 하루아침에 이루어진 선의善意가 아니라, 오랜 노력으로 몸에 밴 선한 마음가짐이다.

대신덕 하느님에 대한 덕이라는 의미다. 그러나 정확히는 하느님이 주시는 덕, 신적인 덕을 말한다. 대신덕 또는 **향주덕**向主德이라는 번역은 그 덕이 하느님을 향한 것임을 강조하기 위해서다.

대인덕 사람에 대한 덕이라는 말이다. 그러나 정확히는 사람이 이루는 덕, 인간적인 덕을 말한다.

성구 **2마카 15,12ㄴ** 그는 고귀하고 선량한 사람으로서, 행동이 점잖고 태도가 온유하며 언변이 뛰어날 뿐 아니라 어릴 때부터 모든 덕을 열심히 실천해 온 사람이었다.

필리 4,8 끝으로, 형제 여러분, 참된 것과 고귀한 것과 의로운 것과 정결한 것과 사랑스러운 것과 영예로운 것은 무엇이든지, 또 덕이 되는 것과 칭송받는 것은 무엇이든지 다 마음에 간직하십시오.

378 인간적인 덕은 무엇인가?

인간적인 덕은 지성과 의지의 확고하고 몸에 밴 태도로서, 우리의 행동을 규제하고 우리의 감정을 바로잡으며 이성과 신앙에 따라 우리의 행위를 이끈다. 도덕적으로 선한 행위들로써 습득되고 강화되며 반복되는 인간적인 덕은 하느님의 은총으로 정화되고 고양된다.

해설 인간적인 덕은 인간의 노력으로 얻게 되는 덕으로서, 지성과 의지의 확고하고 몸에 밴 태도이다. 덕스러운 사람은 자유로이 선을 실천하는 사람이다. 우리가 노력하여 강해지는 인간적인 덕은 하느님의 은총으로 정화되고 고양된다.

용어 **지성과 의지의 확고하고 몸에 밴 태도** 인간적인 덕은 인간이 자신의 지성과 의지를 단련시켜 몸에 배게 한 선한 마음가짐이다.

성구 **지혜 4,1-2** 자식이 없어도 덕이 있는 편이 더 낫다. 덕이 하느님과 사람들에게 인정을 받고 덕에 대한 기억 속에 불사不死가 들어 있기 때문이다. 덕이 있을 때에는 사람들이 그것을 본받고, 없을 때에는 그것을 갈구한다. 고결한 상을 놓고 벌인 경기의 승리자, 덕은 영원의 세계에서 화관을 쓰고 행진한다.

2베드 1,5-7 그러니 여러분은 열성을 다하여 믿음에 덕을 더하고 덕에 앎을 더하며, 앎에 절제를, 절제에 인내를, 인내에 신심을, 신심에 형제애를, 형제애에 사랑을 더하십시오.

379 주요한 인간적인 덕은 무엇인가?

사추덕四樞德이라고 불리는 덕이다. 다른 모든 덕을 모으고 덕스러운 삶의 중추적인 구실을 한다. 이는 현명, 정의, 용기, 절제다.

해설 　현명, 정의, 용기, 절제의 네 덕을, 덕스러운 삶에 중추적인 역할을 한다고 해서 사추덕이라고 부른다.

용어 　**사추덕** 　인간 사회의 네 가지 중추적인 덕. 서양에서는 중추적인 덕을 현명, 정의, 용기, 절제, 넷으로 꼽았다. 동양에서는 가엾이 여기는 마음인 인仁, 나쁜 짓을 수치스러워하는 마음인 의義, 남을 먼저 생각하는 마음인 예禮, 옳고 그름이 분명한 지智, 이 넷을 중요한 덕으로 보았다.

성구 　**지혜 8,7** 　누가 의로움을 사랑하는가? 지혜의 노고에 덕이 따른다. 정녕 지혜는 절제와 예지를, 정의와 용기를 가르쳐 준다. 사람이 사는 데에 지혜보다 유익한 것은 없다.

콜로 3,12 　하느님께 선택된 사람, 거룩한 사람, 사랑받는 사람답게 마음에서 우러나오는 동정과 호의와 겸손과 온유와 인내를 입으십시오.

갈라 5,22-23*

380 현명은 무엇인가?

현명은 모든 상황에서 우리의 참된 선을 식별하고 그것을 실행할 올바른 방법을 선택할 수 있도록 실천 이성을 준비시킨다. 현명은 다른 덕들에게 규율과 척도를 일러 줌으로써 그것들을 이끈다.

해설 　현명은 어떤 상황에서든 참된 선을 식별하여, 이를 실행할 바른 방도를 택하게 하는 덕이다. 현명한 사람은 바른 판단으로 주저 없이 선을 실천한다.

용어　**선**　동양에서는 윤리적인 개념이다. 착함, 좋음, 옳음 등의 뜻으로 쓰인다. 그러나 서양에서는 존재의 목적 달성에 이로운 것을 뜻한다. 한 마디로 선이란 모두가 좋다고 여기는, 모두가 지향하는 가치다.

　　　실천 이성　이성은 사유 능력, 곧 사물을 옳게 판단하는 힘, 또는 선과 악, 참됨과 거짓을 식별할 수 있는 능력이다. 동물이 본능적 충동에 의해서 행동하는 것과는 달리, 인간은 바른 사유에 그치지 않고 이성적 명령에 따라 행동할 수 있다. 이것이 실천 이성이다.

　　　규율과 척도　현명이 다른 덕들을 이끄는 마부馬夫의 역할을 하는 것은 올바른 수단을 택하도록 하기 때문이다.

성구　**잠언 3,21-23**　내 아들아, 신중함과 현명함이 네 눈에서 벗어나지 않도록 하여라. 그것들이 네 영혼에 생명이 되고 네 목에 아리따움이 되리라. 그러면 너는 안심하고 길을 걸으며 네 발은 어디에도 부딪치지 않으리라.

　　　에페 5,15-17　그러므로 미련한 사람이 아니라 지혜로운 사람으로서 어떻게 살아가야 하는지 잘 살펴보십시오. 시간을 잘 쓰십시오. 지금은 악한 때입니다. 그러니 어리석은 자가 되지 말고, 주님의 뜻이 무엇인지 깨달으십시오.

　　　집회 8,7-8*

381　정의는 무엇인가?

정의는 다른 이들에게 마땅히 (해) 주어야 할 것을 (해) 주려는 지속적이고 확고한 의지이다. 하느님을 향한 정의를 경신덕敬神德이라고 부른다.

해설　정의의 덕은 마땅히 하느님께 드릴 것을 드리고, 이웃에게 줄 것을 주려는 확고한 의지다. 의로운 사람은 올바로 사고하고 올바로 행동한다. 그는 세상에서 공평과 공동선을 도모하여 조화로운 인간관계를 이룬다.

용어　**경신덕**　하느님께 드려야 할 것을 드리게 하는 덕을 말한다. 그 가운데 으뜸은 흠숭이다(2095항). 우리말 **경신덕**敬神德은 하느님을 공경하는 데 필요한 덕이라는 뜻이다.

성구　**레위 19,15**　너희는 재판할 때 불의를 저질러서는 안 된다. 너희는 가난한 이라고 두둔해서도 안 되고, 세력 있는 이라고 우대해서도 안 된다. 너희 동족을 정의에 따라 재판해야 한다.

콜로 4,1 주인 여러분, 종들을 정당하고 공정하게 다루십시오. 여러분에게도 하늘에 주인이 계시다는 것을 알아 두십시오.

시편 72,1-2* 미카 6,8* 마르 12,17*

382 용기는 무엇인가?

용기는 어려움 중에도 단호하고 꾸준하게 선을 추구하도록 보장해 주고, 정당한 일을 옹호하는 데 자신을 버리고 목숨까지 바칠 수 있게 한다.

해설   어려움 중에도 단호하고 꾸준하게 선을 추구하는 덕이 용덕勇德이다. 용기 있는 사람은 어떠한 어려움 앞에서도, 필요하면 목숨을 걸고서라도 선을 행한다. 가장 용기 있는 사람은 하느님을 위해 목숨을 바친 순교자들이다.

용어   **정당한 일을 옹호**   올바른 일을 지켜내는 것은 쉬운 일이 아니다. 우리는 목숨을 걸고 의로운 일을 지켜낸 사람들을 의사자義死者 또는 의인으로 부른다.

성구   **2마카 7,20-21**   특별히 그 어머니는 오래 기억될 놀라운 사람이었다. 그는 일곱 아들이 단 하루에 죽어 가는 것을 지켜보면서도, 주님께 희망을 두고 있었기 때문에 용감하게 견디어 냈다. 그는 조상들의 언어로 아들 하나하나를 격려하였다. 고결한 정신으로 가득 찬 그는 여자다운 생각을 남자다운 용기로 북돋우며 그들에게 말하였다.

1코린 16,13-14   깨어 있으십시오. 믿음 안에 굳게 서 있으십시오. 용기를 내십시오. 힘을 내십시오. 여러분이 하는 모든 일이 사랑으로 이루어지게 하십시오.

2마카 6,31* 요한 16,33*

383 절제는 무엇인가?

절제는 쾌락의 유혹을 조절하고, 본능에 대한 의지의 억제력을 보장하며 창조된 재화를 사용하는 데에 균형을 잡게 한다.

해설   쾌락, 본능, 재물에 대한 균형 잡힌 억제력이 절제의 덕이다. 절제(절도) 있는 사람은 자신의 감정이나 욕망에 빠지는 일 없이, 바르고 경건하게 처신한다.

용어 **쾌락의 유혹** 즐거움에 끌리는 마음을 말한다. 누구나 즐기고자 하지만 이를 절제할 수 있어야 한다.

본능에 대한 의지의 억제력 인간은 본능에 따라서만 사는 존재가 아니다. 오히려 의지를 발휘하여 본능을 잘 조절할 수 있어야 한다.

창조된 재화 하느님께서 창조하신 모든 것은 다 좋은 것이다. 그래서 이를 재화財貨(영어로 goods)라고 한다.

성구 **집회 18,30-32** 네 정욕을 따라가지 말고 네 욕망을 억제하여라. 네 욕심을 채우려고 하다가는 원수들의 웃음거리가 되고 만다. 쾌락의 생활에 빠지지 말고 또 그러한 무리에 섞이지도 말아라.

티토 2,12 이 은총이 우리를 교육하여, 불경함과 속된 욕망을 버리고 현세에서 신중하고 의롭고 경건하게 살도록 해 줍니다.

1코린 9,25*

384 향주덕은 무엇인가?

향주덕의 근원과 동기와 직접적인 대상은 하느님 자신이시다. 향주덕은 인간 안에 주어진 성화 은총으로 말미암아 삼위일체 하느님과 관계를 맺으며 살아가려는 마음이다. 향주덕은 그리스도인의 윤리적 행위의 기초가 되며 그 행위에 활력을 불어넣는다. 향주덕은 인간의 능력 안에 성령의 현존과 활동을 보증한다.

해설 향주덕의 ① **근원**(하느님께서 이 덕들을 우리에게 주셨다)과, ② **동기**(하느님이시기 때문에 믿고 바라고 사랑한다)와, ③ **직접적인 대상**(하느님을 믿고, 하느님께 바라고, 하느님을 사랑한다. 사람에 대한 믿음과 희망과 사랑은 하느님에 대한 믿음과 희망과 사랑에서 나온다)은 하느님이시다.

용어 **향주덕**virtutes theologales 글자 그대로는 '신학적인 덕'이다(아래 문답 참조). 이 덕들의 근원, 동기, 대상이 하느님이시기 때문이다. **향주덕**向主德이라는 우리말은 '주님을 향한 덕'이라는 뜻이다. '인간적인 덕'과 비교하여 '신적인 덕'이라고 번역할 것을 제안한다.

성화 은총 우리를 거룩하게 하는 주님의 은총이다. 우리를 의롭게 하여 하느님의 자녀가 되게 하는 은총으로, 세례로써 주어진다.

삼위일체 하느님과 관계를 맺음 향주덕은 인간이 하느님의 본성에 참여할 수 있게 해준다. 그리하여 성부와 성자와 성령의 관계 안에서 사는 영성 생활이 가능하게 된다.

인간의 능력 안에 성령의 현존과 활동을 보증 향주덕으로 성령 안에서 사는 삶이 가능해진다고 앞에서 말했다. 성령께서 우리 안에 사시며 활동하심으로 우리 또한 그분 안에 살고 활동한다.

성구 **시편 63,2** 하느님, 당신은 저의 하느님, 저는 당신을 찾습니다.
제 영혼이 당신을 목말라합니다.
물기 없이 마르고 메마른 땅에서
이 몸이 당신을 애타게 그립니다.

1테살 1,2-3 우리는 기도할 때에 여러분을 모두 기억하며 늘 하느님께 감사를 드립니다. 우리는 끊임없이 하느님 우리 아버지 앞에서 여러분의 **믿음**의 행위와 **사랑**의 노고와 우리 주 예수 그리스도에 대한 **희망**의 인내를 기억합니다.

에페 3,16-17*

385 향주덕은 어떤 것들인가?

향주덕은 믿음, 희망, 사랑이다.

해설 향주덕은 믿음, 희망, 사랑이다. 이 덕들은 직접적으로는 하느님을 향한 덕이다. 그렇지만 간접적으로는 이웃을 향한 덕이기도 하다. 하느님께서 사람과 함께 하시고 사람에게 희망을 걸고 계시며 사람을 사랑하신다는 사실 때문에, 우리는 한결같이 사람을 믿고 희망하고 사랑한다.

용어 **믿음, 희망, 사랑** 향주덕을 앞 문답에서 '신학적인 덕'이라 풀이하였다. 이 덕들의 근원, 동기, 대상이 하느님이시기 때문이다. 따라서 '하느님을 향한 덕'이라는 좁은 의미 대신 하느님께서 주시는 덕으로서(근원), 하느님 때문에 자신과 이웃을 믿고 희망하고 사랑하지만(동기), 결국 그 모든 것은 하느님을 향하게 되는 것(대상)이다. "사랑은 모든 것을 덮어 주고 모든 것을 믿으며 모든 것

성구   **신명 10,12-13** "이제 이스라엘아, 주 너희 하느님께서 너희에게 요구하시는 것이 무엇이겠느냐? 그것은 **주** 너희 하느님을 경외하고, 그분의 모든 길을 따라 걸으며 그분을 사랑하고, 마음을 다하고 목숨을 다하여 **주** 너희 하느님을 섬기는 것, 그리고 너희가 잘되도록 오늘 내가 너희에게 명령하는 **주님**의 계명과 규정들을 지키는 것이다.

로마 5,2.5 **믿음** 덕분에, 우리는 그리스도를 통하여 우리가 서 있는 이 은총 속으로 들어올 수 있게 되었습니다. 그리고 하느님의 영광에 참여하리라는 **희망**을 자랑으로 여깁니다. … 그리고 희망은 우리를 부끄럽게 하지 않습니다. 우리가 받은 성령을 통하여 하느님의 **사랑**이 우리 마음에 부어졌기 때문입니다.

1테살 5,8* 콜로 1,5*

386   믿음이란 무엇인가?

믿음은 하느님과, 하느님께서 우리에게 말씀하시고 계시하신 것과, 교회가 우리에게 믿도록 제시하는 모든 것을 믿게 하는 향주덕이다. 하느님께서는 진리 자체이시기 때문이다. 믿음으로 인간은 자기를 온전히 하느님께 자유로이 맡기는 것이다. "사랑으로 행동하는 믿음만이 중요할 따름"(갈라 5,6)이므로 신자는 하느님의 뜻을 알고 실천하고자 애쓴다.

해설   믿음[信德]은 우선 ① 하느님을 믿는 것이다. 하느님을 믿는다는 것은 하느님께 자신을 온전히 자유로이 의탁하는 것[歸依]이다. 그리고 ② 하느님께서 계시하신 진리와, 교회가 믿도록 제시하는 것을 믿는 것이다. 하느님께서 진리 자체이시며 그 진리의 이해를 교회에 맡기셨기 때문이다. "하느님, 하느님께서는 진리의 근원이시며 그르침이 없으시므로, 계시하신 진리를 교회가 가르치는 대로 굳게 믿나이다"(신덕송).

용어   **말씀하시고 계시하신 것**   하느님의 계시 진리 전체를 말한다.

교회가 믿도록 제시하는 것   교회는 그 가르치는 임무에 따라 신자들에게 믿을 교리를 제시한다.

| 성구 | **시편 37,5** 네 길을 주님께 맡기고 그분을 신뢰하여라. 그분께서 몸소 해 주시리라.
갈라 5,5-6 그러나 우리는 성령을 통하여 믿음으로 의로워지기를 간절히 희망합니다. 사실 그리스도 예수님 안에서는 할례를 받았느냐 받지 않았느냐가 중요하지 않습니다. 사랑으로 행동하는 믿음만이 중요할 따름입니다.
루카 17,5-6* 에페 2,8* |

387 희망이란 무엇인가?

희망은 우리가 그리스도의 약속을 신뢰하며, 우리의 행복인 하늘 나라와 영원한 생명을 기대하고 갈망하게 하는 향주덕이다. 이 향주덕은 성령의 은총의 도움으로 희망의 덕을 얻어 지상 생활이 끝날 때까지 항구하도록 이끈다.

| 해설 | 희망[望德]은 하느님의 약속, 그리스도 안에서 성취된 그 약속이 우리 안에서도 이루어질 것을 바라는 것이다. 우리는 하느님이 약속하신 하느님 나라, 하느님 나라의 행복, 영원한 생명을 희망한다. 이 희망은 죽을 때까지 절대 꺾이지 않는다. 성령께서 보증하시기 때문이다(2코린 5,5; 에페 1,14). "하느님, 하느님께서는 자비의 근원이시며 저버림이 없으시므로, 예수 그리스도의 공로를 통하여 주실 구원의 은총과 영원한 생명을 바라나이다"(망덕송). |
| 용어 | **우리의 행복인 하늘 나라** 향주덕으로서 희망은 우리가 하느님 나라와 그 영원한 생명을 바라게 한다. 하느님 나라와 그 영원한 생명만이 우리의 행복이기 때문이다. |
| 성구 | **시편 119,81** 제 영혼이 당신 구원을 기다리다 지칩니다. 당신 말씀에 희망을 둡니다.
히브 10,23-24 또 우리에게 약속을 주신 분은 진실한 분이시니 우리가 고백하는 그 희망을 굳게 간직하고 서로 격려해서 사랑과 좋은 일을 하도록 마음을 씁시다.
로마 4,17-18* 티토 3,6-7* |

388 사랑이란 무엇인가?

사랑은 우리가 하느님을 모든 것 위에 사랑하고, 하느님에 대한 사랑 때문에 이웃을 자신같이 사랑하게 하는 향주덕이다. 예수님께서는 사랑을 새로운 계명, 곧 율법의 완성으로 선언하신다. 이 덕은 "완전하게 묶어 주는 끈이고"(콜로 3,14) 모든 덕의 바탕으로서 그것들에 활기와 영감을 불어넣고 질서를 지어 준다. 사랑이 없으면 '우리는 아무것도 아니고' 또 '우리에게 아무 소용이 없다'(1코린 13,1-3 참조).

해설 사랑[愛德]이란 하느님을 모든 것 위에 사랑하고, 하느님에 대한 사랑 때문에, 하느님에 대한 사랑으로 이웃을 자신같이 사랑하는 덕이다. 사랑은 모든 덕의 근원이요 귀결이다. "이 모든 것 위에 사랑을 입으십시오. 사랑은 완전하게 묶어 주는 끈입니다"(콜로 3,14). "하느님, 하느님께서는 사랑의 근원이시며 한없이 좋으시므로, 마음을 다하여 주님을 사랑하며 이웃을 제 몸같이 사랑하나이다"(애덕송).

용어 **율법의 완성** 사랑은 율법의 완성이다. "남을 사랑하는 사람은 율법을 완성한 것입니다"(로마 13,8ㄴ).

모든 덕의 바탕 모든 덕행은 사랑에서 우러나올 때 진정한 덕행이 된다. "그 가운데에서 으뜸은 사랑입니다"(1코린 13,13ㄴ). "믿음·소망·사랑 이 세 덕을 진실되게 실천하면 다른 덕들은 자연히 따르게 됩니다"(이순이 루갈다의 옥중편지).

성구 **신명 6,4-5** "이스라엘아, 들어라! 주 우리 하느님은 한 분이신 **주님**이시다. 너희는 마음을 다하고 목숨을 다하고 힘을 다하여 **주** 너희 하느님을 사랑해야 한다."

1요한 4,11-12 사랑하는 여러분, 하느님께서 우리를 이렇게 사랑하셨으니 우리도 서로 사랑해야 합니다. 지금까지 하느님을 본 사람은 없습니다. 그러나 우리가 서로 사랑하면, 하느님께서 우리 안에 머무르시고 그분 사랑이 우리에게서 완성됩니다.

레위 19,18ㄴ* **마태 22,37-40*** **요한 13,34***

1코린 13,1-8ㄱ 사랑
내가 인간의 여러 언어와 천사의 언어로 말한다 하여도
나에게 사랑이 없으면

나는 요란한 징이나 소란한 꽹과리에 지나지 않습니다.
내가 예언하는 능력이 있고
모든 신비와 모든 지식을 깨닫고
산을 옮길 수 있는 큰 믿음이 있다 하여도
나에게 사랑이 없으면
나는 아무것도 아닙니다.
내가 모든 재산을 나누어 주고
내 몸까지 자랑스레 넘겨준다 하여도
나에게 사랑이 없으면
나에게는 아무 소용이 없습니다.

사랑은 참고 기다립니다.
사랑은 친절합니다.
사랑은 시기하지 않고
뽐내지 않으며
교만하지 않습니다.
사랑은 무례하지 않고
자기 이익을 추구하지 않으며
성을 내지 않고
앙심을 품지 않습니다.
사랑은 불의에 기뻐하지 않고
진실을 두고 함께 기뻐합니다.
사랑은 모든 것을 덮어 주고
모든 것을 믿으며
모든 것을 바라고
모든 것을 견디어 냅니다.
사랑은 언제까지나 스러지지 않습니다.

389 성령의 선물은 무엇인가?

성령의 선물은 하느님의 영감에 기꺼이 따르게 해 주는 항구한 마음가짐이다. 그 일곱 가지 선물은 지혜, 통찰, 의견, 용기, 지식, 공경과 하느님에 대한 경외이다.

해설 성령 그분 자신이 최고의 선물이시다(루카 11,13). 성령께서 우리와 함께 계시기만 하면 우리에게는 부족함이 없다. 교회는 전통적으로 성령의 선물을 일곱 가지로 꼽는다. 이것은 이사 11,2에서 비롯된 것이다. "그 위에 주님의 영이 머무르리니 지혜와 슬기의 영 경륜과 용맹의 영 지식의 영과 주님을 경외함이." 칠십인역에는 여기에 효경 또는 공경의 선물이 덧붙어 있다.

용어 **성령의 선물** 성령께서 우리에게 주시는 선물이다. 물론 하느님께서 우리에게 주시는 최고의 선물은 성령이시다. 그래서 성령을 선물Donum Spiritus Sancti이라고 부르기도 한다.

하느님의 영감에 기꺼이 따름 우리가 하느님의 이끄심에 기꺼이 따르는 것은 성령의 크나큰 선물이다.

지혜 이 은사는 하느님과 하느님에 관한 것들을 올바로 판단하고 맛들이며 실천하도록 돕는 은혜다.

통찰 계시 진리를 직관으로 깊이 통찰하고 잘 깨닫도록 돕는 은사다.

의견 하느님의 구원과 개인의 성화에서 마땅히 해야 할 것과 피할 것을 판단하게 하는 은사다.

용기 신앙생활에서 어려움이나 위험을 극복하게 하는 은사다.

지식 인간 지성이 성령의 작용으로 생명과 완덕에 관련하여 피조물들에 대해 바르게 판단하게 하는 은사다.

공경 성령의 활동을 통하여 하느님 아버지께 대한 자녀다운 사랑과 하느님 자녀인 모든 사람에 대한 보편적 사랑을 의지 안에 불러일으키는 은혜다.

하느님에 대한 경외 죄를 피하고 하느님의 뜻을 거스르지 않도록 하느님 사랑으로 이끄는 은사다.

성구 **이사 42,1** 여기에 나의 종이 있다. 그는 내가 붙들어 주는 이, 내가 선택한 이, 내 마음에 드는 이다. 내가 그에게 나의 영을 주었으니 그는 민족들에게 공정을 펴리라.

사도 10,38 "하느님께서 나자렛 출신 예수님께 성령과 힘을 부어 주신 일도 알고 있습니다. 이 예수님께서 두루 다니시며 좋은 일을 하시고 악마에게 짓눌리는 이들을 모두 고쳐 주셨습니다. 하느님께서 그분과 함께 계셨기 때문입니다."

390 성령의 열매는 무엇인가?

성령의 **열매**는 성령께서 영원한 영광의 첫 열매로서 우리 안에 이루어 놓으신 완덕이다. 성경은 이 열매들을 다음과 같이 아홉 개로 꼽는다. "사랑, 기쁨, 평화, 인내, 호의, 선행, 성실, 온유, 절제"(갈라 5,22-23).

해설 성령께서 우리 안에 맺으시는 열매는 아홉 가지이다. "성령의 열매는 사랑, 기쁨, 평화, 인내, 호의, 선의, 성실, 온유, 절제입니다"(갈라 5,22-23). 교회의 전통은 이 아홉 열매에 셋을 덧붙인다. 관용, 정숙, 순결이 그것이다(대중 라틴말 성경, 갈라 5,22-23 참조).

용어 **영원한 영광의 첫 열매** 우리는 맏이이신 그리스도와 함께 하느님의 영광을 누릴 것이며, 이것이 하느님 나라에서 나타날 우리의 모습이다.

완덕 완전하신 하느님을 닮는 것, 사랑의 완성을 말한다. "그러므로 하늘의 너희 아버지께서 완전하신 것처럼 너희도 완전한 사람이 되어야 한다"(마태 5,48).

성령의 열매 "성경 본문에는 여기 성령의 열매가 단수로 되어 있다. 이 열매는 다양하게 나타나지만 근본은 하나 곧 사랑이라는 것이다. 사랑 다음에 열거되는 것들은 사랑이 모든 것을 지배한다는 표지이고(기쁨과 평화), 사랑이 드러나는 모습이며(인내와 호의와 선의), 사랑이 생겨나고 펼쳐지는 조건이다(성실과 온유와 절제)"(주석성경, 갈라 5,22의 각주).

성구 **에제 11,19-20** 나는 그들에게 다른 마음을 넣어 주고, 그들 안에 새 영을 넣어 주겠다. 그들의 몸에서 돌로 된 마음을 치워 버리고 살로 된 마음을 넣어 주어, 그들이 나의 규정들을 따르고 나의 법규들을 준수하여 그대로 지키게 하겠다. 그리하여 그들은 나의 백성이 되고 나는 그들의 하느님이 될 것이다.

갈라 5,22-25 그러나 성령의 열매는 사랑, 기쁨, 평화, 인내, 호의, 선의, 성실, 온유, 절제입니다. 이러한 것들을 막는 법은 없습니다. 그리스도 예수님께 속한 이들은 자기 육을 그 욕정과 욕망과 함께 십자가에 못 박았습니다. 우리는 성령으로 사는 사람들이므로 성령을 따라갑시다.
에페 5,8-11*

■ 죄

391 하느님의 자비를 받아들이는 것은 무엇을 의미하는가?

하느님의 자비를 받아들이는 것은 우리의 잘못을 인정하고 우리 죄를 뉘우치는 것을 말한다. 하느님께서는 당신의 말씀과 성령을 통하여 우리 죄를 깨우쳐 주시고 양심의 진리와 용서에 대한 희망을 주신다.

해설   우리 죄를 뉘우치고 하느님께 돌아서는 순간 우리는 하느님의 자비를 받아들이는 것이다. 사실 하느님의 자비는 우리의 죄 이전에도 있었고 이후에도 지속된다. 다만 우리 죄가 하느님의 자비를 막을 뿐이다. 우리 죄를 뉘우치고 하느님께 돌아서는 것 또한 하느님의 자비에서 비롯된다.

용어   **자비**   인간에 대한 하느님의 자비는 우선 용서하시는 마음이다. 인간은 하느님 앞에 죄인이기 때문이다. 라틴어 misericordia는 불쌍히 여기는 마음을 말한다.

양심의 진리와 용서에 대한 희망   죄의 고백으로 죄를 드러내는 일은 우리에게 두 가지 은총을 준다. 하나는 '참된 양심'이고 다른 하나는 '구원의 확실성'이다. "우리가 우리 죄를 고백하면, 그분은 성실하시고 의로우신 분이시므로 우리의 죄를 용서하시고 우리를 모든 불의에서 깨끗하게 해 주십니다"(1요한 1,9).

성구   **신명 4,31**   "주 너희 하느님께서는 자비하신 하느님이시기 때문에 너희를 버리지도 파멸시키지도 않으실 것이며, 너희 조상들에게 맹세하신 계약도 잊지 않으실 것이다."

로마 5,20ㄴ   죄가 많아진 그곳에 은총이 충만히 내렸습니다.

392 죄는 무엇인가?

죄는 "영원한 법에 어긋나는 말이나 행위나 욕망"(성 아우구스티노)이다. 죄는 하느님의 사랑에 복종하지 않고 하느님을 모독하는 것이다. 죄는 인간의 본성에 상처를 입히고 인간의 연대성을 해친다. 그리스도께서는 당신 수난으로 죄의 심각성을 폭로하고 당신 자비로 죄를 이기신다.

해설 ① 죄란 이성과 진리와 양심을 거스르는 잘못이다(1849항). 다시 말해 죄는 하느님의 법을 어기는 것이다. ② 죄는 또한 하느님을 거스르는 것이다(1850항). 죄는 하느님께 대한 모욕이다. 감히 하느님처럼 되겠다고(창세 3,5), 하느님께 복종하지 않고 반항하는 것이다. 히브리어 개념으로 죄는 과녁을 벗어나는 것을 뜻한다. 정도正道에서 벗어남이 죄라는 말이다.

용어 **죄는 인간의 본성에 상처를 입힌다** 죄는 짓는 사람뿐 아니라 피해를 입는 사람에게도 영향을 준다. 그 영향은 인간 본성에 상처를 입힌다. 마음의 상처(트라우마)로 머물지 않고 인간성을 해친다.

인간의 연대성을 해친다 죄는 인간관계를 망가뜨려 그 연대성을 해친다. 서로 멀어지게 하는 것이다.

죄의 심각성 하느님의 아들을 살해한 인류의 범죄, 곧 그리스도의 십자가 처형은 죄의 폭력성과 심각성을 그대로 드러낸다.

성구 **시편 51,5-6** 저의 죄악을 제가 알고 있으며
저의 잘못이 늘 제 앞에 있습니다.
당신께, 오로지 당신께 잘못을 저지르고
당신 눈에 악한 짓을 제가 하였기에
판결을 내리시더라도 당신께서는 의로우시고
심판을 내리시더라도 당신께서는 결백하시리이다.

로마 7,19-20 선을 바라면서도 하지 못하고, 악을 바라지 않으면서도 그것을 하고 맙니다. 그래서 내가 바라지 않는 것을 하면, 그 일을 하는 것은 더 이상 내가 아니라 내 안에 자리 잡은 죄입니다.

지혜 17,11* 요한 16,8-11*

393 죄는 다양한가?

죄는 매우 다양하다. 죄는 그 대상이나 덕에 따라 또는 위반하는 계명에 따라 구분할 수 있다. 죄는 하느님이나 이웃이나 우리 자신과 직접 관련된 것일 수 있다. 뿐만 아니라 생각이나 말이나 행위나 궐함으로 짓는 죄로 구분할 수도 있다.

해설 죄는 다양하다. 하느님과 이웃과 자신에게 지은 죄, 생각과 말과 행동으로 지은 죄 등이다. 하지 않음으로도 죄를 짓는다. 여러 가지 계명에 따라 죄를 구분할 수도 있다. 그렇지만 죄는 결국 하느님 사랑과 이웃 사랑을 어기는 것이다.

용어 **대상이나 덕德 계명에 따라** ① 대상: 예를 들어 하느님을 거스른 죄인지 아니면 이웃을 거스른 죄인지. ② 덕: 예를 들어 정의에 어긋나는 것인지 아니면 자비에 어긋나는 것인지. ③ 계명: 예를 들어 부모 공경에 관한 제4계명에 관련된 것인지 아니면 남의 재산에 관한 제7계명에 관한 것인지에 따라 죄는 여러 가지로 나누어진다.

궐闕함 마땅히 해야 할 일을 빠뜨리거나 하지 않음.

성구 **신명 5,32-33** "그러므로 너희는, 주 너희 하느님께서 너희에게 명령하신 대로 그것들을 명심하여 실천해야 한다. 너희는 오른쪽으로도 왼쪽으로도 벗어나서는 안 된다. 너희는 주 너희 하느님께서 너희에게 명령하신 길을 따라 걸어야 한다. 그러면 너희가 차지할 땅에서 너희가 살 수 있을 뿐만 아니라, 잘되고 오래 살 것이다."

마르 7,21-22 "사람에게서 나오는 것, 그것이 사람을 더럽힌다. 안에서 곧 사람의 마음에서 나쁜 생각들, 불륜, 도둑질, 살인, 간음, 탐욕, 악의, 사기, 방탕, 시기, 중상, 교만, 어리석음이 나온다. 이런 악한 것들이 모두 안에서 나와 사람을 더럽힌다."

콜로 3,5.8-9ㄱ* 갈라 5,19-21* 야고 4,17*

394 죄는 어떻게 구분되는가?

경중에 따라 대죄(죽을죄)와 소죄로 구분된다.

해설 죄의 경중에 따라 대죄와 소죄로 구분된다. 그런데 대죄와 소죄로 구분하는 것은 한국 천주교회에서 오랫동안 내려온 전통일 뿐, 교서에서는 다르게 구분한다. 우리가 말하는 대죄는 '죽을죄' 또는 중죄重罪로 소죄는 '용서받을 죄' 또는 경죄輕罪로 구분한다. 우리말 '죽을죄'는 죄의 대가로 목숨을 내놓을 만큼 무거운 죄를 가리킨다.

용어 **죽을죄** 죽을죄는 그 죄를 용서받지 못한 상태에서 죽으면 제2의 죽음(묵시 2,11; 20,6.14; 21,8) 또는 영원한 죽음(↔ 영원한 생명)을 당할 죄를 말한다. 반면에 용서받을 죄Peccatum veniale는 용서받지 못할 만큼 큰 죄가 아닌 용서받을 만한 죄다.

성구 **민수 35,31** 너희는 죽을죄를 지은 그런 살인자의 목숨에 대한 대가로 배상금을 받아서는 안 된다. 그는 사형을 받아야 한다.

1요한 5,16-17 누구든지 자기 형제가 죄를 짓는 것을 볼 때에 그것이 죽을죄가 아니면, 그를 위하여 청하십시오. 하느님께서 그에게 생명을 주실 것입니다. 이는 죽을죄가 아닌 죄를 짓는 이들에게 해당됩니다. 죽을죄가 있는데, 그러한 죄 때문에 간구하라고 말하는 것은 아닙니다. 모든 불의는 죄입니다. 그러나 죽을죄가 아닌 것도 있습니다.

395 대죄(죽을죄)는 무엇인가?

중대한 문제를 대상으로 하고, 완전히 의식하면서, 고의로 저지른 죄는 대죄이다. 대죄는 우리 안에서 사랑을 파괴하고, 성화 은총을 우리에게서 빼앗아 가며, 뉘우침이 없다면 우리를 지옥의 영원한 죽음으로 이끈다. 대죄를 용서받는 길은 보통 세례성사와 고해성사이다.

해설 말 그대로 큰 죄임을 완전히 의식하고서도 고의로 저지른 죄가 죽을죄이다. 대죄의 조건은 세 가지다. ① 중대한 문제를 대상으로 하고, ② 완전히 의식하면서, ③ 고의로 저지른 죄는 대죄다. 대죄는 우리 생명의 원리인 하느님 사랑을 파괴하고, 성화 은총을 상실케 한다. 그러므로 대죄 중에 죽으면 영원한 죽음(지옥)을 면치 못한다.

용어 **중대한 문제를 대상으로** 중대한 범죄, 예컨대 문답 393번 성구에 나오는 범죄 가운데 불륜, 도둑질, 살인, 간음, 사기, 방탕, 중상(마르 7,21-22; 갈라 5,19-21) 등이 이에 해당된다.

지옥의 영원한 죽음   지옥은 영원한 죽음이라 할 수 있다. 생명이신 하느님과의 단절이기 때문이다. "그러나 비겁한 자들과 불충한 자들, 역겨운 것으로 자신을 더럽히는 자들과 살인자들과 불륜을 저지르는 자들, 마술쟁이들과 우상 숭배자들, 그리고 모든 거짓말쟁이들이 차지할 몫은 불과 유황이 타오르는 못뿐이다. 이것이 두 번째 죽음이다"(묵시 21,8).

성구   **탈출 32,30-31**   이튿날 모세가 백성에게 말하였다. "너희는 큰 죄를 지었다. 행여 너희의 죄를 갚을 수 있는지, 이제 내가 주님께 올라가 보겠다." 모세가 주님께 돌아가서 아뢰었다. "아, 이 백성이 큰 죄를 지었습니다. 자신들을 위하여 금으로 신을 만들었습니다."

사도 8,22-24   "그러니 그대는 그 악을 버리고 회개하여 주님께 간구하시오. 혹시 그대가 마음에 품은 그 의도를 용서받을 수 있을지도 모르오. 내가 보기에 그대는 쓴 쓸개즙과 불의의 포승 속에 갇혀 있소." 그러자 시몬이 대답하였다. "여러분께서 말씀하신 일이 저에게 벌어지지 않도록 저를 위하여 주님께 간구해 주십시오."

마르 10,17ㄴ.19*

396   소죄(용서받을 죄)는 무엇인가?

소죄는 대죄(죽을죄)와 근본적으로 다르다. 가벼운 문제이거나, 또는 중대한 문제일지라도 완전히 의식하지 못했거나 전적으로 동의하지 않은 경우에는 소죄가 된다. 소죄는 하느님과 맺은 계약을 파괴하지 않으나 사랑을 약화시키며, 세상 재물에 대하여 애착을 갖게 하고, 덕과 윤리적 선의 실천으로 이루어지는 영혼의 진보를 방해하며, 정화의 기능을 하는 잠벌을 받게 한다.

해설   ① 말 그대로 작은 죄임을 의식하고 고의적으로 지으면 소죄가 된다. ② 중대한 죄라도 완전히 의식하지 못했거나, 전적으로 동의하지 않은 경우에는 소죄가 된다. 소죄는 우리 안에 있는 하느님 사랑을 파괴하거나 하느님과의 관계를 단절시키지는 않는다. 소죄 중에 죽으면 영원한 죽음은 면하지만, 벌을 받아야(정화되어야) 한다.

용어   **하느님과 맺은 계약**   하느님과 우리는 혼인의 계약, 또는 부자의 관계(요한

21,7)를 맺고 있다. 소죄가 하느님과 맺은 계약을 파기하지 않는다는 말은 하느님과의 관계가 단절되지는 않는다는 뜻이다.

덕과 윤리적 선의 실천 덕을 발휘하여 선행을 한다는 말이다.

영혼의 진보 하느님께 가까이 나아감, 하느님을 닮음을 말한다.

정화의 기능을 하는 잠벌 영혼은 잠벌을 통해 정화된다. 소죄의 대가는 영벌이 아닌 잠벌을 치르는 것이다. **잠벌**. → 문답 310과 문답 312 참조.

성구 욥 35,6-8 "당신이 죄지었다 한들 그분께 무슨 해를 끼치며 당신의 죄악이 많다 한들 그분께 무엇을 어찌하겠습니까? 당신이 의롭다 한들 그분께 무엇을 드리며 그분께서는 당신 손에서 무엇을 얻으시겠습니까? 당신의 불의는 당신 같은 인간에게나 해당되고 당신의 정의는 사람에게나 해당된답니다."

1요한 5,17 모든 불의는 죄입니다. 그러나 죽을죄가 아닌 것도 있습니다.

미카 7,18-19*

397   죄는 우리 안에서 어떻게 증식되는가?

죄는 죄로 이끌며, 같은 행위를 되풀이함으로써 악습을 낳는다.

해설 죄는 죄를 낳고, 죄를 되풀이하면 악습에 빠진다. 그러나 사랑은 사랑을 낳고, 사랑을 되풀이하면 완덕에 이른다.

용어 **악습** 악한 습관 → 다음 문답 참조

성구 이사 30,12-13 그러므로 이스라엘의 거룩하신 분께서 말씀하신다. "너희가 이 말을 배척하고 억압과 탈선을 믿어 그것에 의지하니 이 죄는 너희에게 점점 부풀어 올랐다가 떨어지는, 갑자기 일순간에 부서져 내리는 높은 성벽의 돌담과 같으리라."

야고 4,17 그러므로 좋은 일을 할 줄 알면서도 하지 않으면 곧 죄가 됩니다.

느헤 9,33-34*

398   악습은 무엇인가?

덕과 반대되는 악습은 양심을 흐리게 하고 악으로 기울게 하는 악한 습관이다. 악습은 **죄종**罪宗이라는 일곱 가지 죄와 연관시킬 수 있다. 죄종은 교만, 인색, 시기, 분노, 방탕, 탐식, 나태다.

해설 악습은 말 그대로 악한 습관이다. 악습은 칠죄종, 곧 일곱 가지 근본적인 죄와 연관시켜 분류할 수 있다.

용어 **악습** 덕과 반대되는 나쁜 버릇
죄종 가장 대표적인 악습들. 죄종은 다른 죄들과 악습들을 낳는다.
교만 하느님의 사랑과 어긋나게 나 자신을 내세우는 것.
인색 도울 수 있음에도 이웃과 나누지 않음.
질투 우울의 한 형태로, 사랑의 거부를 나타낸다. 시기. 시샘.
분노 심하게 화를 냄.
방탕 성애의 쾌락을 무질서하게 원하고 문란하게 탐닉함.
탐식 폭음과 폭식.
나태 할 일이 있음에도 게으름을 부림.

---

*칠극七克

일찍이 중국 교회에서 한국 천주교회에 소개된 책으로 일곱 죄종을 어떻게 극복할 것인가 밝히고 있는데, 우리 신앙 선조들은 신앙생활에 이 책의 도움을 크게 받았다.

- **겸극오**謙克傲 – 겸손한 마음으로 오만함을 이겨낸다.
- **인극투**仁克妬 – 어진 마음으로 시기 질투를 이겨낸다.
- **인극노**忍克怒 – 인내로 분노를 이겨낸다.
- **정극음**貞克淫 – 정숙함으로 음욕을 이겨낸다.
- **사극린**捨克吝 – 베풂으로 인색함을 이겨낸다.
- **담극도**淡克饕 – 담박한 식생활로 식탐을 이겨낸다.
- **근극태**勤克怠 – 근면으로 게으름을 이겨낸다.

성구 **지혜 14,25-26** 모든 것이 뒤엉켜 있다. 유혈과 살인, 도둑질과 사기, 부패, 불신, 폭동, 위증, 가치의 혼란, 배은망덕, 영혼의 부패, 성도착, 혼인의 무질서, 간통과 방탕이 뒤엉켜 있다.

1코린 5,6-8 여러분의 자만은 좋지 않습니다. 적은 누룩이 온 반죽을 부풀린다는 것을 모릅니까? 묵은 누룩을 깨끗이 치우고 새 반죽이 되십시오. 여러분은 누룩 없는 빵입니다. 우리의 파스카 양이신 그리스도께서 희생되셨기 때문입니다. 그러므로 묵은 누룩, 곧 악의와 사악이라는 누룩이 아니라, 순결과 진실이라는 누룩 없는 빵을 가지고 축제를 지냅시다.
신명 5,21* 티토 3,3* 야고 1,19ㄴ-20*

399 다른 이들이 지은 죄에 대하여 우리의 책임이 있는가?

우리가 다른 사람들의 죄에 협력하면 거기에 대해서도 책임이 있다.

해설 ① 죄에 직접, 고의적으로 관여하면, ② 죄를 명령하거나 권하거나 칭찬하거나 승인하면, ③ 알릴 의무가 있는데 알리지 않거나 막을 의무가 있는데 막지 않으면, ④ 악을 행하는 사람을 보호하거나 두둔하면, 우리는 다른 사람의 죄에 협력하게 되며, 따라서 우리도 그 죄에 책임이 있다.

용어 **죄에 협력함** 죄를 짓는 데 협력하는 것을 말한다.

성구 다니 13,46-49 그러자 다니엘은 큰소리로 "나는 이 부인의 죽음에 대하여 책임이 없다." 하고 외쳤다. 그 자리에 모인 사람들의 눈이 다니엘에게 쏠렸다. 그리고 그들은 "그 말이 무슨 소리냐?" 하고 물었다. 다니엘은 군중들 한가운데 서서 이렇게 말하였다. "이스라엘의 피를 받은 여러분이 이렇게 우둔할 수가 있겠습니까? 심문하지도 않고, 확증도 없이 이스라엘의 한 여자를 처단할 수 있겠습니까? 모두 재판하던 장소로 돌아가십시오. 이자들이 수산나에 대하여 모함하려고 한 증언은 모두 거짓말입니다."

갈라 6,1 형제 여러분, 어떤 사람이 잘못을 저지르는 것을 보면, 영적인 사람인 여러분은 온유한 마음으로 그를 바로잡아 주어야 합니다. 그리고 그대도 유혹에 빠지지 않도록 조심하십시오.
에제 33,7-9*

400 죄의 '구조들'은 무엇인가?

죄의 구조들은 하느님의 법에 반대되는 사회적 상황이나 제도들, 개인들이 지은 죄의 표현이며 결과다.

해설 죄의 구조들은 하느님의 법에 반대되는 사회적 상황이나 제도들이며, '구조적인 죄' 또는 '사회적인 죄'가 된다. 소비주의, 물질주의, 신자유주의, 우리나라의 현행 비정규직 제도, 불평등한 국제 통상 조약, 군비 경쟁 등, 이 같은 죄의 구조들을 없애기 위해서는 연대와 참여가 필요하다. 우리 그리스도인은 이 같은 죄의 구조들을 고치는 데 책임이 있다.

용어 **개인들이 지은 죄의 표현이며 결과 구조적인 죄**는 개인들이 지은 죄의 결과이며, 개인들이 지은 죄의 또 다른 모습이다.

성구 **창세 6,5-6** 주님께서는 사람들의 악이 세상에 많아지고, 그들 마음의 모든 생각과 뜻이 언제나 악하기만 한 것을 보시고, 세상에 사람을 만드신 것을 후회하시며 마음 아파하셨다.
1요한 2,2 그분은 우리 죄를 위한 속죄 제물이십니다. 우리 죄만이 아니라 온 세상의 죄를 위한 속죄 제물이십니다.
요나 1,2*

제2장
인류 공동체

■ 인간과 사회

401 인간의 사회적 차원은 무엇인가?

인간은 하느님의 행복으로 들어오라는 요구를 받고 있으므로 그의 본성과 소명의 근본 요소로 사회적 차원을 지닌다. 그러므로 모든 사람은 동일한 목적, 곧 하느님을 향하도록 부름을 받았다. 진리와 사랑 안에서 사람들이 이루어야 하는 형제애와 성삼위의 친교 사이에는 유사성이 있다. 이웃에 대한 사랑은 하느님에 대한 사랑과 분리할 수 없다.

해설   인간은 '사회적 동물'이라고 한다. 이는 일반 사회에서만 통용되는 말이 아니다. 신앙생활에서도 그 같은 인식은 매우 중요하다. 하느님은 삼위일체이시고, 그 하느님과 비슷하게 하느님의 모습 따라 창조된 인간도 하나의 공동체적인 존재이기 때문이다. 하느님과 하나 되기 위해서는 이웃과 하나 되어야 한다. 하느님 사랑은 이웃 사랑과 분리할 수 없다.

용어   **진리와 사랑 안에서 이루는 형제애**   다른 사람과 이루는 친교는 진리와 사랑이라는 토대 위에서만 가능하다. 진리가 빠지거나 사랑이 빠지면 형제애는 쉽게 망가진다.

성삼위의 친교   성부와 성자와 성령의 친교 이것이 바로 삼위일체다. 우리도 이웃과 친교를 이루어 하느님의 친교 곧 삼위일체 하느님의 생명에 참여할 소명을 받았다.

성구   **창세 1,27**   하느님께서는 이렇게 당신의 모습으로 사람을 창조하셨다. 하느님의 모습으로 사람을 창조하시되 남자와 여자로 그들을 창조하셨다.

요한 17,22ㄴ-23ㄱ   "우리가 하나인 것처럼 그들도 하나가 되게 하려는 것입니다. 저는 그들 안에 있고 아버지께서는 제 안에 계십니다. 이는 그들이 완전히 하나가 되게 하려는 것입니다."

402   인간(개인)과 사회는 어떤 관계에 있는가?

모든 사회 제도의 근본과 주체와 목적은 **인간**이어야 한다. 가정이나 국가와 같은 사회들은 인간에게 필수적인 것이다. 다른 사회단체들도 **보조성**의 원리를 존중하는 차원에서 정치적 공동체 안에서는 물론이요 세계적 차원에서도 유익하다.

해설   "모든 사회 제도의 근본도 주체도 목적도 인간이며 또 인간이어야 한다"(사목헌장, 25항). 예를 들어 국가라는 사회의 근본도, 주체도, 목적도 인간(개인)이며, 만일 그렇지 못하다면 꼭 그렇게 되어야 한다는 말이다. 이처럼 어떤 사회 단위(가정, 사회, 국가, 국제 연합)든 인간을 위해 존재한다! 국가나 사회를 위해서 개인이 존재하는 것이 아니라는 말이다.

용어   **사회**   인간 개인을 넘어서는 일치의 원리에 따라 유기적으로 연결된 사람들의 공동체.

다른 사회단체들 오늘날에는 국가 또는 정부에서 만든 사회 조직 말고도 이른바 NGO(비정부기구)들이 많다. 모두 개인의 행복을 위해 만든 것들이다.

모든 사회 제도의 근본과 주체와 목적은 인간이어야 한다 ① 모든 사회 제도의 근본 원리는 인간이다. ② 모든 사회 제도의 주체는 인간이다. ③ 모든 사회 제도의 목적 또한 인간이어야 한다. 정치, 경제, 사회, 문화, 교육, … 이러한 모든 사회 제도가 인간을 위한 것임을 부정하는 모든 주장ideology을 교회는 배격한다.

성구 **창세 2,18** 주 하느님께서 말씀하셨다. "사람이 혼자 있는 것이 좋지 않으니, 그에게 알맞은 협력자를 만들어 주겠다."

마태 20,25-27 "너희도 알다시피 다른 민족들의 통치자들은 백성 위에 군림하고, 고관들은 백성에게 세도를 부린다. 그러나 너희는 그래서는 안 된다. 너희 가운데에서 높은 사람이 되려는 이는 너희를 섬기는 사람이 되어야 한다. 또한 너희 가운데에서 첫째가 되려는 이는 너희의 종이 되어야 한다."

사도 4,32*

403 보조성의 원리는 무엇을 가리키는가?

보조성의 원리란 상위층의 사회는 하위층 사회의 내적 사안에 간섭하여 그 고유의 임무를 제거하면 안 되고, 오히려 반대로 필요한 경우에 하위층 사회를 도와주어야 함을 말한다.

해설 **보조성**補助性**의 원리**란 상위층 사회는 하위층 사회를 보조해야 한다는 말이다. 상위층 사회가 하위층 또는 개인의 자유와 자발성을 침해하는 강제 개입의 위험이 있다. 그래서는 안 된다. "상위층 사회는 하위층 사회의 내적 사안에 대해 간섭하여 그 고유한 임무를 제거하면 안 되고, 오히려 반대로 필요한 경우에는 공동선을 목표로, 그 행복이 하위층 사회의 행동과 조화되도록 지원하고 도와주어야 한다"(요한 바오로 2세, 「백주년」, 48항). 이것이 바로 보조성의 원리다.

용어 **상위층 사회, 하위층 사회** 사회 조직은 피라미드식이어서 상위층과 하위층이 엄연히 존재한다. 예를 들어 우리나라 행정 구역은 도道, 군郡, 면面, 리里 등으로 나누어진다. 이 관계에서 지켜야 할 중요한 원리가 **보조성 원리**다. 여기서 말하는 상위층 사회나 하위층 사회는 상류 사회나 하류 사회가 아니다.

성구 **탈출 18,25-26** 모세는 온 이스라엘에서 유능한 사람들을 뽑아 백성의 우두머리, 곧 천인대장, 백인대장, 오십인대장, 십인대장으로 삼았다. 그리하여 이들이 늘 백성을 재판하였다. 그들은 어려운 일만 모세에게 가져오고, 작은 일들은 모두 그들이 맡아 재판하였다.

1코린 12,22-23 몸의 지체 가운데에서 약하다고 여겨지는 것들이 오히려 더 요긴합니다. 우리는 몸의 지체 가운데에서 덜 소중하다고 생각하는 것들을 특별히 소중하게 감쌉니다. 또 우리의 점잖지 못한 지체들이 아주 점잖게 다루어집니다.

1테살 5,12-14*

404 진정한 인간 사회는 무엇을 요구하는가?

물질이고 본능적 차원을 내적이고 정신적인 차원에 종속시키는 정의로운 가치 체계와 정의가 존중되어야 한다. 특히 죄 때문에 사회의 분위기가 혼탁해지는 곳에서 실제로 각 사람과 모든 사람에게 도움이 되는 사회적 변화를 가져오려면 사람들에게 마음의 회개를 촉구하고 하느님의 은총을 청해야 한다. 정의의 실천을 요구하고 또 그렇게 할 수 있게 해 주는 사랑은 가장 큰 사회적 계명이다.

해설 사람의 행동이 변하려면 그 사람의 내면이 변해야 하듯이, 사회가 변하려면 하느님 나라의 가치에 따라 그 내부 곧 구성원들의 회개가 필수적이다. ① 물질적-본능적 차원을 내적-정신적 차원에 종속시키는 올바른 가치 체계와 정의가 존중되어야 한다. ② 사회 개혁을 위해 마음의 회개를 촉구하고 하느님의 은총을 청해야 한다. ③ 사회 정의와 사회적 사랑을 실천해야 한다. ④ 목적과 수단이 뒤바뀌어서는 안 된다. 특히 인간을 목적 달성의 수단으로 삼아서는 안 된다.

용어 **물질이고 본능적 차원** 물질이고 본능적 욕구는 내적 또는 정신적인 욕구에 종속되어야 한다. 이것이 바른 사회 질서다.

내적이고 정신적 차원 모든 사회 활동은 인간의 내적, 정신적 욕구를 충족시키는 데 더 큰 가치를 두어야 한다.

가장 큰 사회적 계명 성경의 계명 특히 십계명은 개인적 차원의 계명이 아니다. 그것은 사랑과 진리의 공동체를 이루기 위한 사회적 계명이다. 십계명을 종합하는 그리스도의 새 계명 곧 사랑은 가장 큰 사회적 계명이다.

정의 성경에서 말하는 정의는 하느님의 법에 근거한 정의다. 성경에서 '정의'는 '올바름, 거룩함, 완전함'과 유사한 개념이며, '정의'라는 말에서 '의인', '의화'라는 말이 나왔다. 따라서 성경에서 말하는 정의는 다양하다. 윤리적으로는 하느님의 모든 계명을 바르게 준수하는 것이 정의다. 이로써 인간은 하느님 앞에서 의로운 자가 된다. 좀 더 넓은 종교적 의미에서 하느님의 정의는 하느님의 자비와 일치한다.

성구 **신명 16,20** "너희는 정의, 오직 정의만 따라야 한다. 그래야 너희가 살 수 있고, 주 너희 하느님께서 너희에게 주시는 땅을 차지할 것이다."

에페 4,25-29 그러므로 거짓을 벗어 버리고 "저마다 이웃에게 진실을 말하십시오." 우리는 서로 지체입니다. "화가 나더라도 죄는 짓지 마십시오." 해가 질 때까지 노여움을 품고 있지 마십시오. 악마에게 틈을 주지 마십시오. 도둑질하던 사람은 더 이상 도둑질을 하지 말고, 자기 손으로 애써 좋은 일을 하여 곤궁한 이들에게 나누어 줄 수 있어야 합니다. 여러분의 입에서는 어떠한 나쁜 말도 나와서는 안 됩니다. 필요할 때에 다른 이의 성장에 좋은 말을 하여, 그 말이 듣는 이들에게 은총을 가져다줄 수 있도록 하십시오.

■ 사회생활 참여

405 사회 안에서 권위(공권력)는 어떤 기초 위에 서 있는가?

해설 인간의 모든 공동체는 질서를 지켜 주고 공동선에 이바지하는 합당한 권위가 있어야 한다. 이 권위는 하느님께서 세워 주신 것이므로 그 근거는 인간의 본성에 있다. 개인이나 기관들이 사람들에게 법률을 공포하고 명령을 내리며, 또한 구성원들의 복종을 기대할 수 있는 자격을 **권위**라 한다. 공동체의 질서와 공동선을 위해 권위는 필수적이다. 이 권위의 근거는 인간 본성에 있다. 모든 권위는 하느님이 세워주신 것이다(로마 13,1).

용어	**권위**	여기서 말하는 권위는 개인적 차원의 권위가 아니라, 사회적 차원의 권위를 말한다. 개인적 차원의 권위와 구별하기 위하여 알아듣기 쉽게 **공권력**公權力이라 하기도 한다. 그러나 권력은 조직을 통한 강제성을 갖지만, 권위는 자발적 합의를 통해 그 힘을 발휘한다.
성구	**시편 72,1-3**	하느님, 당신의 공정을 임금에게, 당신의 정의를 왕자에게 베푸소서. 그가 당신의 백성을 정의로, 당신의 가련한 이들을 공정으로 통치하게 하소서. 산들은 백성에게 평화를, 언덕들은 정의를 가져오게 하소서.
	로마 13,1-2	누구나 위에서 다스리는 권위에 복종해야 합니다. 하느님에게서 나오지 않는 권위란 있을 수 없고, 현재의 권위들도 하느님께서 세우신 것입니다. 그러므로 권위에 맞서는 자는 하느님의 질서를 거스르는 것이고, 그렇게 거스르는 자들은 스스로 심판을 불러오게 됩니다.

406 권위는 언제 합법적으로 행사되는가?

권위(공권력)는 공동선을 추구하고, 또한 공동선을 달성하려고 도덕적으로 합당한 방법들을 사용해야 비로소 정당하게 행사되는 것이다. 그러므로 정치 체제들은 시민들의 자유로운 결단에 따라 채택되어야 하고, 또 사람들의 독단적 의사가 아니라 법에 따라 다스려지는 '법치 국가'의 원리들을 존중해야 한다. 옳지 못한 법률과 윤리 질서에 어긋나는 조치들은 양심을 구속하지 못한다.

해설		흔히 공권력이라고 말하는 사회적 권위는 인격과 인권을 존중하고, 평등을 실현하며, 형제적 유대를 통해 사회의 약자를 보호해야 한다. 권위는 ① 공동선을 추구해야 하며, ② 공동선을 달성하기 위해 도덕적으로 합당한 방법들을 사용해야 합법적이다. 이에 어긋나는 권위의 행사는 압제 또는 폭력이다.
용어	**정치 체제**	국가를 어떤 방식으로 다스리느냐 하는 문제다. 예를 들면 왕정王政이나 공화정共和政 같은 것이다.
	시민들의 자유로운 결단	여기서 시민은 국민을 말한다.

법 법은 자격 있는 권위가 공동선을 위해 공포한 행동 규칙이다. 모든 법의 기본적이고 궁극적인 진리는 '영원한 법'에서 비롯한다(1951항).

법치 국가의 원리 "어떤 권력이든 같은 목적에 봉사하는 다른 기능들과 다른 권력들을 통하여 더 원만하게 균형을 유지하는 것이 바람직하다. 이것은 사람들의 독단적 의사가 아니라 법이 다스리는 법치 국가의 원리이다"(요한 바오로 2세, 백주년, 44항).

성구 **이사 32,1-3** 보라, 임금이 정의로 통치하고 제후들이 공정으로 다스리리라. 그들은 저마다 바람 앞에 피신처, 폭우 앞에 대피처 같으며 물기 없는 곳의 시냇물, 메마른 땅의 큰 바위 그늘 같으리라. 그러면 보는 자들의 눈은 더 이상 들러붙지 않고 듣는 자들의 귀는 잘 듣게 되리라.

히브 13,16 지도자들의 말을 따르고 그들에게 복종하십시오. 그들은 하느님께 셈을 해 드려야 하는 이들로서 여러분의 영혼을 돌보아 주고 있습니다. 그러므로 그들이 탄식하는 일 없이 기쁘게 이 직무를 수행할 수 있게 해 주십시오. 그들의 탄식은 여러분에게 손해가 됩니다.

407 공동선은 무엇인가?

공동선은 집단이든 개인이든 자기 완성을 추구하도록 하는 사회생활 조건의 총화를 말한다.

해설 "공동선은 집단이든 구성원 개개인이든 자기 완성을 더욱 충만하고 더욱 용이하게 추구하도록 하는 사회생활 조건의 총화이다"(사목 헌장, 26항).

용어 **공동선** 공동선은 공동의 선, 곧 구성원 모두가 추구하는, 공동체 전체의 선이다. **개인의 이익**에 대비되는 개념으로서, **공공복지**와 같은 뜻으로 이해할 수 있다.

성구 **1역대 13,4** 온 백성이 보기에 이 일이 옳았으므로 회중은 모두 그렇게 하자고 하였다.

1코린 12,6-7 활동은 여러 가지지만 모든 사람 안에서 모든 활동을 일으키시는 분은 같은 하느님이십니다. 하느님께서 각 사람에게 공동선을 위하여 성령을 드러내 보여 주십니다.

408 공동선은 무엇을 전제하는가?

공동선은 인간 기본권의 존중과 신장, 사람들과 사회의 정신적 물질적 선익의 발전, 모든 이의 평화와 안전을 전제로 한다.

해설 공동선에서도 그 근본, 주체, 목적이 인간이어야 함은 당연하다. 교리서는 이렇게 말한다. ① 공동선은 인간을 인격체로 존중할 것을 전제로 한다(1907항). ② 공동선은 사회의 안녕과 집단 자체의 발전을 요구한다(1908항). ③ 공동선은 평화를 지향한다(1909항).

용어 **인간 기본권의 존중과 신장** 인간이 사회생활을 하면서 인격적인 존재로서 발전하기 위한 절대 불가결한 권리 곧 인간 기본권을 존중하고, 이를 더욱 발전시켜나가야 한다.

사람과 사회의 정신적 물질적 선익의 발전 사람과 사회는 인간적 삶을 위해 필요한 것들을 제공받아야 발전을 도모할 수 있다.

모든 이의 평화와 안전 평화와 안전이 보장되지 않으면 공동선의 달성은 어렵다.

성구 **느헤 8,17** 온 회중, 곧 포로살이를 마치고 돌아온 이들은 이렇게 초막을 만들고 그 안에서 지냈다. 눈의 아들 여호수아 때부터 그날까지 이스라엘 자손들이 그렇게 해 본 적이 없었다. 그래서 그 기쁨이 매우 컸다.

에페 4,2-3 겸손과 온유를 다하고, 인내심을 가지고 사랑으로 서로 참아 주며, 성령께서 평화의 끈으로 이루어 주신 일치를 보존하도록 애쓰십시오. 하느님께서 여러분을 부르실 때에 하나의 희망을 주신 것처럼, 그리스도의 몸도 하나이고 성령도 한 분이십니다.

1코린 16,14* 1테살 5,11*

409 공동선이 누드러시게 실현되는 곳은 어디인가?

공동선은 정치 공동체 안에서 가장 완전하게 실현된다. 국가는 전 인류 가족의 공동선을 잊어버리지 않으면서 국민들과 중간 집단들의 공동선을 보호하고 증진시켜야 한다.

해설 공동선은 정치 공동체 곧 국가 안에서 가장 완전하게 실현된다. 국가, 사회,

국민들과 중간 집단들의 공동선을 보호하고 증진하는 것이 국가의 역할이다. 국제적인 공동선 실현을 위해 국제적인 정치 공동체(예를 들어 EU)의 출현이 절실하다.

용어 **정치 공동체** 지방 자치 단체도 정치 공동체다.

중간 집단들 국가에는 여러 집단(사회단체)들이 있다. 각종 시민 사회 단체가 그 예다.

성구 **1열왕 5,5** 솔로몬이 살아 있는 동안 내내 유다와 이스라엘에서는 단에서 브에르 세바에 이르기까지, 사람마다 자기 포도나무와 무화과나무 아래에서 마음 놓고 살았다.

에페 2,14-16 그리스도는 우리의 평화이십니다. 그분께서는 당신의 몸으로 유다인과 이민족을 하나로 만드시고 이 둘을 가르는 장벽인 적개심을 허무셨습니다. 또 그 모든 계명과 조문과 함께 율법을 폐지하셨습니다. 그렇게 하여 당신 안에서 두 인간을 하나의 새 인간으로 창조하시어 평화를 이룩하시고, 십자가를 통하여 양쪽을 한 몸 안에서 하느님과 화해시키시어, 그 적개심을 당신 안에서 없애셨습니다.

410 인간은 공동선을 어떻게 실현하는가?

모든 인간은 각자가 차지하고 있는 지위와 맡은 일에 따라 공동선을 증진하는 데 참여한다. 모든 인간은 정당한 법을 준수하고 또 그 자신이 개인적으로 책임을 맡고 있는 분야의 과제들, 예컨대 자기 가족을 돌보는 일과 직장 일을 수행함으로써 참여한다. 그뿐 아니라 국민들은 될 수 있는 대로 공공 생활에 적극 참여해야 한다.

해설 개인은 사회 참여로써 공동선을 실현한다. 사회 참여란 자발적이고 헌신적으로 사회적 교류(정치, 경제, 사회, 문화, 교육, 위생, 기술 등, 사회의 모든 분야에서 이루어지는 교류)에 투신하는 것을 말한다. ① 모든 사람은 각자의 지위와 맡은 일에 따라 공동선을 증진하는 데 참여해야 한다. ② 개인이 책임 맡고 있는 분야에서 그 의무를 다해야 한다. ③ 국민은 국가의 일, 곧 공공 생활에 적극 참여해야 한다. ④ 국민의 생활 조건 개선에 이바지하는 기구들의 발전에 관심을 기울여야 한다. ⑤ 사회적 권위들은 구성원들의 사회 참여를 적극 지원해야 한다.

용어 **공공 생활** 사회 질서와 발전을 위한 공동 과제와 관심사에 참여하는 생활을 말한다. **사회 참여**도 같은 뜻이다.

성구 **미카 6,8** 사람아, 무엇이 착한 일이고 **주님**께서 너에게 요구하시는 것이 무엇인지 그분께서 너에게 이미 말씀하셨다. 공정을 실천하고 신의를 사랑하며 겸손하게 네 하느님과 함께 걷는 것이 아니냐?

콜로 3,12-14ㄱ 그러므로 하느님께 선택된 사람, 거룩한 사람, 사랑받는 사람답게 마음에서 우러나오는 동정과 호의와 겸손과 온유와 인내를 입으십시오. 누가 누구에게 불평할 일이 있더라도 서로 참아 주고 서로 용서해 주십시오. 주님께서 여러분을 용서하신 것처럼 여러분도 서로 용서하십시오. 이 모든 것 위에 사랑을 입으십시오. 사랑은 완전하게 묶어 주는 끈입니다.

로마 13,7*

■ 사회 정의

411 사회는 사회 정의를 어떻게 보장하는가?

사회는 사회 자체의 고유한 목적인 인간의 존엄성과 권리들을 존중할 때 사회 정의를 보장한다. 그 밖에도 단체와 개인들의 권리에 따라 당연히 받아야 할 것을 받을 수 있게 하는 조건들을 실현할 때, 그 사회는 사회 정의를 보장한다. 사회 정의는 공동선과 공권력 행사와 관계된다.

해설 사회 정의는 인간의 탁월한 존엄성을 존중함으로써만 이루어 낼 수 있다. 인간(개인)은 사회의 궁극 목적이며, 사회는 인간(개인)을 위해 존재한다. 모든 사람에게 이웃이 되어 주지 않고서는, 사회 정의가 실현되기 어렵다.

용어 **사회 정의** 인간(개인)의 권리와 안녕을 지켜주는 사회적 차원의 정의를 말한다.

공권력 행사 공권력은 인간 존엄성을 지키는 데 사용되어야 한다. 인간 존엄성을 훼손하는 공권력 행사는 국가 폭력, 또는 압제다.

성구 **탈출 23,1-3** "너희는 헛소문을 퍼뜨려서는 안 된다. 악인과 손잡고 거짓 증인이 되어서는 안 된다. 너희는 다수를 따라 악을 저질러서는 안 되며, 재판할 때 다수를 따라 정의를 왜곡하는 증언을 해서는 안 된다. 또 힘없는 이라고 재판할 때 우대해서도 안 된다."

루카 10,36-3 "너는 이 세 사람 가운데에서 누가 강도를 만난 사람에게 이웃이 되어 주었다고 생각하느냐?" 율법 교사가 "그에게 자비를 베푼 사람입니다." 하고 대답하자, 예수님께서 그에게 이르셨다. "가서 너도 그렇게 하여라."

시편 85,10-14*

412 사람들은 왜 평등한가?

오직 한 분이신 하느님을 닮은 모습으로 창조되었고, 동일한 이성적 영혼을 지닌 모든 사람은 같은 본성과 같은 근원을 가지고 있다. 유일하신 구세주 그리스도 안에서 모든 사람은 똑같이 하느님의 행복에 참여하도록 부름 받았으므로 동등한 존엄성과 기본 권리를 누린다.

해설   모든 인간은 똑같이 존엄하다. ① 모든 사람은 오직 한 분 하느님을 닮은 모습으로 창조되었다. 같은 영혼을 지닌 모든 사람은 같은 본성과 같은 근원을 가진다. ② 구세주께서 구원하신 모든 사람은 똑같이 하느님의 행복에 초대되었다. 그러므로 모든 사람은 평등하다.

용어   **이성적 영혼**   인간의 영혼을 식물이나 동물의 혼과 구분하여 이성적 영혼이라 하였다. 이성은 인간 영혼에서 나오는 기본 능력이다. 동식물에게 있는 **혼** anima은 영혼이 아니며, 오직 인간만이 영혼을 지니고 있으므로 우리말에서는 따로 '이성적'이라는 말을 붙일 필요가 없다. → 문답 69 참조.

성구   **코헬 9,2**   모두 같은 운명이다. 의인도 악인도 착한 이도 깨끗한 이도 더러운 이도 제물을 바치는 이도 제물을 바치지 않는 이도 마찬가지다. 착한 이나 죄인이나 맹세하는 이나 맹세를 꺼려하는 이나 매한가지다.

마태 5,45 "그래야 너희가 하늘에 계신 너희 아버지의 자녀가 될 수 있다. 그분께서는 악인에게나 선인에게나 당신의 해가 떠오르게 하시고, 의로운 이에게나 불의한 이에게나 비를 내려 주신다."

1코린 8,6*

413 사람들의 차이를 어떻게 볼 것인가?

무수한 사람들이 당하는 경제적이고 사회적인 부당한 불평등이 있다. 이런 불평등은 복음에 정면으로 위배되고 정의와 인간 존엄성과 평화에 배치된다. 그러나 하느님의 계획에 속하는 것으로, 여러 가지 요인들 때문에 사람들 사이에도 차이가 있다. 그러므로 하느님께서는 저마다 필요한 것을 남에게서 받기를 바라시고, 특별한 '재능'을 가진 사람들이 그 혜택을 필요한 사람들에게 나누어 주기를 바라신다. 인간들 사이의 차이는 사람들에게 아량과 친절과 나눔을 권장할 뿐 아니라 종종 그러한 의무를 부과한다. 인간들의 차이는 다양한 문화들이 서로 풍요롭게 하도록 자극한다.

해설 인간은 평등하면서도 서로 다르다. 이 다름(차이)은 하느님의 계획에 속하는 것이다. ① 하느님께서는 저마다 필요한 것을 남과 주고받기를, ② 특별한 재능은 되도록 많은 사람과 나누기를, ③ 서로 차이를 인정하고 아량과 친절과 나눔을 실천하기를, ④ 다양한 문화들이 서로를 풍요롭게 하기를 원하신다. 그렇지만 무수한 사람들이 겪는 경제적 사회적 불평등은 복음에 정면으로 위배되고, 정의와 인간 존엄성과 평화에 배치된다. 이런 불평등은 하느님의 뜻이 아니라 인간 탐욕이 빚어낸 죄악이다.

용어 **하느님의 계획** 하느님께서 자유로이 당신 복된 생명의 영광을 우리에게 나누어주시고자 하는 것, 이것이 세상 창조 이전에 사랑하시는 아드님을 통하여 미리 세워놓으신 하느님의 계획이다.

재능(탈렌트) 사람이 저마다 하느님에게서 받은 재주와 능력.

다양한 문화들이 서로를 풍요롭게 한다 높은 문화 낮은 문화가 있을 수 없으며, 모든 문화가 만나면 서로 풍요로워진다.

성구 **집회 13,15-16.24** 모든 피조물은 저와 비슷한 존재를 사랑하고 모든 인간은 제 이웃을 사랑한다. 모든 생명체는 같은 종류와 어울리고 인간은 저를 닮은 자에게 집착한다. … 부란 그것이 죄가 아닌 한 좋은 것이고, 가난이란 불경한 자가 악이라고 말하는 것이다.

2코린 8,14-15 지금 이 시간에 여러분이 누리는 풍요가 그들의 궁핍을 채워 주어 나중에는 그들의 풍요가 여러분의 궁핍을 채워 준다면, 균형을 이루게 됩니다. 이는 성경에 기록된 그대로입니다. "많이 거둔 이도 남지 않고 적게 거둔 이도 모자라지 않았다."
마태 25,15.21*

414 인간의 연대성은 어떻게 표출되는가?

인간적이고 그리스도인다운 형제애에서 흘러나오는 연대성은 무엇보다 먼저 재화의 정당한 분배와 근로에 대한 평등한 보수, 그리고 더욱 공정한 사회 질서를 위한 노력에서 드러난다. 연대성이라는 덕은 물질적 재화보다 훨씬 더 중요한 신앙의 영적 재화를 나누어 준다.

해설 "너와 나는 남이 아니다. 우리는 모두 하나다. 같은 운명 공동체다." 이것이 연대성이다. "그대 있음에 내가 있네." 어느 시인의 말 그대로다. 연대성은 '사회적 사랑'(1939항)이다. 연대성은 인간적이고 그리스도인다운 형제애에서 흘러나온다. 연대성은 ① 재화의 평등한 분배, ② 근로에 대한 정당한 보수, ③ 공정한 사회 질서를 위한 노력, ④ 모든 민족의 발전과 평화 도모 등에서 드러난다. ⑤ 나아가 물질적 재화보다 훨씬 더 고귀한 신앙의 영적 재화를 나눔은 연대성의 가장 큰 열매다.

용어 **연대성** 인류는 하느님의 한 가족이다. 따라서 가족적, 형제적 유대를 이룬다. 이것이 사회생활의 근본 바탕이다.

인간적이고 그리스도인다운 형제애 위에서 말한 그대로 인류는 한 형제이며, 그리스도 신자는 하느님의 자녀로서 그 형제적 유대가 더욱 강화된다.

재화의 분배 재화 곧 하느님께서 창조하신 모든 좋은 것들은 어느 누가 독점할 수 없으며, 공정하게 누려야 할 인류 공동 재산이다.

근로에 대한 보수 노동에 대한 보수 곧 임금은 정당하게 지급되어야 한다. 노동을 시장 원리에 따라 사고 팔 수는 없다.

신앙의 영적 재화 신앙으로 누리게 되는 영적인 좋은 것들을 말한다. 예를 들어 신앙 진리, 성사, 신앙생활과 기도 등이다.

성구 **잠언 11,11** 성읍은 의인들의 축복으로 일어서고 악인들의 입으로 허물어진다.
1코린 12,24ㄴ-26 하느님께서는 모자란 지체에 더 큰 영예를 주시는 방식으로 사람 몸을 짜 맞추셨습니다. 그래서 몸에 분열이 생기지 않고 지체들이 서로 똑같이 돌보게 하셨습니다. 한 지체가 고통을 겪으면 모든 지체가 함께 고통을 겪습니다. 한 지체가 영광을 받으면 모든 지체가 함께 기뻐합니다.
마태 20,12-15*

제3장
하느님의 구원 - 법과 은총

■ 도덕률

415 도덕률은 무엇인가?

도덕률은 하느님 지혜의 작품이다. 도덕률은 약속된 행복으로 인도하는 길과 행동 규범을 인간에게 제시해 주며, 하느님에게서 벗어나게 하는 악의 길을 피하라고 가르친다.

해설   도덕률은 인간이 마땅히 걸어야 할 길, 지켜야 할 규범이다. 하느님께서 인간에게 도덕률을 심어주신 것은 이를 지켜 하느님의 영원한 행복에 이르게 하기 위해서이다. 그래서 한편 도덕률은 인간을 불행하게 하는 악의 길을 피하라고 명한다.

용어   **도덕률**   우리말 '도덕률'은 바른 삶의 기본이 되는 보편타당한 법을 말한다. 우주 만물이 한 치의 오차도 없이 따르는 자연 법칙처럼, 인간 사회에서 꼭 지켜야 할 법이다. 이를 '윤리법'이라 하지 않고, 도덕률이라 한 것은 법으로 공포되거나 명시되지 않아도 구속력을 가지기 때문이다.

성구   **1마카 2,21**   우리가 율법과 규정을 저버리는 일은 결코 있을 수 없소.
로마 10,4   사실 그리스도는 율법의 끝이십니다. 믿는 이는 누구나 의로움을 얻게 하려는 것입니다.
필리 2,12ㄷ-13*

416 자연법은 무엇으로 구성되어 있는가?

창조주께서 모든 사람의 마음속에 새겨 주신 자연법은 하느님의 지혜와 선에 참여하는 것이다. 자연법은 인간에게 선과 악이 무엇이며, 진리와 거짓이 무엇인지를 이성으로써 식별할 수 있게 하는 타고난 도덕의식의 표현이다. 자연법은 보편적이고 불변하며 인간 공동체와 국법뿐 아니라 인간의 기본 권리와 의무들의 기초가 된다.

해설 자연법은 하느님께서 모든 사람의 마음속(인간 본성)에 새겨주신 법이다. 이로써 인간은 선과 악, 진리와 거짓이 무엇인지 식별한다. 자연법은 보편적이다. 모든 사람에게 미친다. 자연법은 불변한다. 인간 본성에 새겨져 있기 때문이다. 그래서 모든 법의 기초가 되고, 인간의 기본 권리와 의무의 기초를 이룬다. 모든 인간이 따라야 할 자연법은 우주 자연이 따르는 법인 '자연 법칙'과 비교된다.

용어 **자연법** 우리말 **자연법**自然法은 **자연 법칙**과 혼동될 수 있다. 서양말 nature 라는 단어는 우리가 흔히 말하는 **자연**뿐 아니라 (인간) **본성**을 가리킨다. 여기서는 후자의 뜻으로 쓰였으며, 인간 본성에 새겨진 법이라는 말이다(1955항).

하느님의 지혜와 선에 참여 인간은 진리와 선을 실현할 때 하느님의 지혜와 선에 참여하게 된다.

도덕의식 인간은 도덕의식을 타고 난다. 도덕의식은 양심과 통한다.

성구 **집회 17,7** 그분께서는 지식과 이해력으로 그들을 충만하게 하시고 그들에게 선과 악을 보여 주셨다.

히브 8,10-11 "그 시대가 지난 뒤에 내가 이스라엘 집안과 맺어 줄 계약은 이러하다. ─ 주님께서 말씀하신다. ─ 나는 그들의 생각 속에 내 법을 넣어 주고 그들의 마음에 그 법을 새겨 주리라. 그리하여 나는 그들의 하느님이 되고 그들은 나의 백성이 되리라. 그때에는 아무도 자기 이웃에게, 아무도 제 형제에게 '주님을 알아라.' 하고 가르치지 않으리라. 그들이 낮은 사람부터 높은 사람까지 모두 나를 알게 될 것이기 때문이다"(= 예레 31,33-34).

이사 51,7-8*

417 모든 사람이 자연법을 인지하는가?

죄로 말미암아 모든 사람이 자연법을 똑같이 항상 분명하게 즉각적으로 지각하는 것은 아니다.

해설 우리는 죄 때문에 자연법을 항상 분명하게 즉각적으로 인지하지는 못한다. 그래서 하느님께서 계시로써 법을 우리에게 알려 주신다. 이것이 계시된 법Leges revelatae이며, 구약 성경과 신약 성경에 실려 있다. 구약의 법을 옛 법, 신약의 법을 새 법 또는 복음의 법이라 부른다.

용어 **똑같이 항상 분명하게 즉각적으로** 자연법이 인간 본성에 새겨진 법임에도 누구나 '똑같이 항상 분명하고도 즉각적으로' 인지하지는 못한다. 따라서 하느님의 비추심 곧 계시가 필요하다.

성구 **지혜 2,21ㄴ-22** 그들의 악이 그들의 눈을 멀게 한 것이다. 그들은 하느님의 신비로운 뜻을 알지 못하며 거룩한 삶에 대한 보상을 바라지도 않고 흠 없는 영혼들이 받을 상급을 인정하지도 않는다.

루카 6,47-48 나에게 와서 내 말을 듣고 그것을 실행하는 이가 어떤 사람과 같은지 너희에게 보여 주겠다. 그는 땅을 깊이 파서 반석 위에 기초를 놓고 집을 짓는 사람과 같다. 홍수가 나서 강물이 집에 들이닥쳐도, 그 집은 잘 지어졌기 때문에 전혀 흔들리지 않는다.

418 자연법과 옛 법의 관계는 어떠한가?

옛 법은 계시된 법의 첫 단계다. 이 법은 이성으로써 자연스럽게 감지할 수 있는 여러 진리들을 표현하고 있는데, 이 진리들은 구원의 계약 안에서 공포되고 확인되었다. 그 윤리적 명령들은 십계명에 요약되어 있다. 십계명은 인간 소명의 기초가 된다. 곧 그 계명들은 하느님과 이웃에 대한 사랑에 어긋나는 것을 금하고, 그 사랑을 위한 기본 행실을 명하고 있다.

해설 옛 법으로 계시된 자연법은 계약(구약)의 형식 안에서 공포되고 권위 있게 확인되었으며, 십계명에 요약되어 있다. 십계명은 하느님이 바라시는 인간 공동체를 이루는 기초가 된다. 곧 그 계명들은 하느님과 이웃에 대한 사랑을 위한 기본적인 것을 명하고, 하느님 사랑과 이웃 사랑에 어긋나는 것을 금한다.

| 용어 | **계시된 법** 죄 때문에 인간 이성이 흐려져 있으므로, 하느님께서는 인간 구원에 필요한 기본적인 법들을 계시로써 밝혀주신다. 이것이 **계시된 법**이다.

율법 십계명을 중심으로 한, 하느님 백성의 생활과 행위에 관한 하느님의 명령이다. 즉 이스라엘 백성 모두가 하느님의 뜻을 따르기 위해, 하느님께서 주신 도덕적, 종교적, 법률적 명령들을 말한다. 물론 율법은 모세오경을 가리키지만, 더 넓게는 구약 성경 전체를 가리키기도 한다. → 문답 419와 434 참조.

십계명Decalogus 글자 그대로 "열 마디 말"(탈출 34,28; 신명 4,13)이다. 하느님께서 모세를 통하여 이스라엘과 맺으신 계약의 조문 형태로 공포된 법이다. 십계명은 하느님 사랑과 이웃 사랑이라는 큰 틀에서 해석되어야 한다. → 문답 436 참조.

인간 소명의 기초 인간은 하느님께 소명을 받았다. 하느님께서는 당신 행복, 당신 생명, 당신 구원에 들어오도록 인간을 초대하신다. 십계명은 이 같은 하느님의 부르심에 올바로 응답하게 하므로 인간 소명의 기초가 된다.

| 성구 | **신명 4,13** 그분께서는 너희에게 실천하라고 명령하신 당신의 계약을, 곧 십계명을 너희에게 선포하시고 그것을 두 돌 판에 써 주셨다.

로마 13,9-10 "간음해서는 안 된다. 살인해서는 안 된다. 도둑질해서는 안 된다. 탐내서는 안 된다."는 계명과 그 밖의 다른 계명이 있을지라도, 그것들은 모두 이 한마디 곧 "네 이웃을 너 자신처럼 사랑해야 한다."는 말로 요약됩니다. 사랑은 이웃에게 악을 저지르지 않습니다. 그러므로 사랑은 율법의 완성입니다.

탈출 34,28* 마르 10,19*

419 옛 법은 구원 경륜에서 어떤 위치에 있는가?

옛 법은 이성이 인지할 수 있는 많은 진리들을 알게 해 주고, 후견인과 같이 무엇을 해야 하고 하지 말아야 할 것인지를 지적해 주며, 회개와 복음의 수락에 대비하는 마음가짐을 준비시킨다. 그러나 옛 법은 거룩하고 영적이며 좋은 것이기는 하지만, 그것을 행하는 데 필요한 성령의 능력과 은총을 스스로 주지 못하므로 아직 완전한 것이 아니다.

해설   옛 법은 계시된 법의 첫 단계다. 옛 법은 보호자처럼 무엇을 하고 무엇을 하지 말아야 할지 가르쳐줌으로써 바른 길을 걷게 하였다. 이로써 사람들은 새 법 곧 복음을 받아들일 준비를 갖추게 되었다. 그러나 옛 법은 이를 지켜 구원에 이르게 하는 성령의 능력과 은총을 주지 못하므로 완전한 것이 아니다. 그리스도께서 이를 완성하셨다.

용어   **이성이 인지할 수 있는 많은 진리**   구약 성경은 하느님의 계시 진리이지만 그 가운데는 인간 이성으로 깨달을 수 있는 진리도 많이 포함하고 있다.

회개와 복음의 수락   예수님께서 하느님 나라의 복음을 선포하시며 하신 말씀은 이러하다. "하느님의 나라가 가까이 왔다. 회개하고 복음을 믿어라"(마르 1,15). 예수님을, 예수님의 말씀을 받아들이는 것이 회개의 시작이다.

성구   **시편 19,8-11**   주님의 가르침은 완전하여 생기를 돋게 하고
주님의 법은 참되어 어수룩한 이를 슬기롭게 하네.
주님의 규정은 올발라서 마음을 기쁘게 하고
주님의 계명은 맑아서 눈에 빛을 주네.
주님을 경외함은 순수하니 영원히 이어지고
주님의 법규들은 진실이니 모두가 의롭네.
금보다, 많은 순금보다 더욱 보배로우며
꿀보다 생청보다 더욱 달다네.

갈라 3,23-24   믿음이 오기 전에는 우리가 율법 아래 갇혀, 믿음이 계시될 때까지 율법의 감시를 받아 왔습니다. 그리하여 율법은 우리가 믿음으로 의롭게 되도록, 그리스도께서 오실 때까지 우리의 감시자 노릇을 하였습니다.

로마 7,12-15*

420 새 법, 곧 복음의 법은 무엇인가?

새 법, 곧 복음의 법은 그리스도께서 선포하시고 실현하신 자연법이거나 또는 계시된 법인 하느님의 법을 충만하게 완성한 것이다. 새 법은 하느님과 이웃을 사랑하고 그리스도께서 우리를 사랑하신 것처럼 우리도 서로 사랑하라는 계명 안에 요약된다. 그리고 이 율법은 인간의 마음에 새겨진 것이다. 새 법은 같은 사랑을 실행할 수 있게

하는 성령의 은총이다. 새 법은 또한 사랑의 자극을 받아 기꺼이 행동하도록 우리를 이끌어 주기 때문에 "자유의 법"(야고 1,25)이다.

해설   새 법은 복음의 법, 곧 그리스도께서 복음으로 계시하신 법이다. 새 법 역시 계시된 자연법들도 포함한다. 예수 그리스도께서는 옛 법을 완성하시고 새 법을 주셨을 뿐 아니라 성령도 주셨다.

옛 법이 옛 계약 안에서 주어진 것처럼, 새 법도 새 계약 안에서 주어진다. "보라, 그날이 온다. 그때에 나는 이스라엘 집안과 유다 집안과 새 계약을 맺으리라. … 나는 그들의 생각 속에 내 법을 넣어 주고 그들의 마음에 그 법을 새겨 주리라. 그리하여 나는 그들의 하느님이 되고 그들은 나의 백성이 되리라"(히브 8,8.10ㄴ. 예레 31,31.33 참조).

그러므로 새 법은 ① 사랑의 법, ② 은총의 법, ③ 자유의 법이다. 신약에서는 성령께서 불어넣어 주시는 사랑으로, 성령께서 주시는 은총의 힘으로, 종이 아닌 하느님의 자녀로서 하느님의 사랑을 기꺼이 실천하기 때문이다.

용어   **인간의 마음에 새겨진 법**   옛 법이 굳은 돌판에 새겨졌다면, 신약은 생생한 사람의 마음에 새겨졌다.

성구   **예레 31,33**   그 시대가 지난 뒤에 내가 이스라엘 집안과 맺어 줄 계약은 이러하다. 주님의 말씀이다. 나는 그들의 가슴에 내 법을 넣어 주고, 그들의 마음에 그 법을 새겨 주겠다. 그리하여 나는 그들의 하느님이 되고 그들은 나의 백성이 될 것이다.

요한 15,12-13   "이것이 나의 계명이다. 내가 너희를 사랑한 것처럼 너희도 서로 사랑하여라. 친구들을 위하여 목숨을 내놓는 것보다 더 큰 사랑은 없다."

마태 5,43-45*

421   새 법은 어디에 나타나 있는가?

새 법은 그리스도의 온 생애와 설교에서 그리고 사도들의 윤리적 교리교육에서 드러난다. 산상 설교는 그것들을 드러내 주는 주요한 표현이다.

해설   새 법은 주 예수 그리스도의 생애와 가르침에 나타나 있다. 특히 주님의 산상 설교(마태 5―7장)와 요한 복음(13장)과 요한 1서(2장)의 '새 계명' 그리고 사도들의 가르침(로마 12장. 15장; 1코린 12—13장; 에페 4—5장; 콜로 3—4장 등)에 잘 나타나 있다.

용어 **산상 설교** 마태 5—7장의 말씀이다. 마태오는 예수님의 말씀을 다섯(5—7장: 산상 설교, 10장: 파견사, 13장: 하늘 나라의 비유, 18장: 교회 공동체에 관한 가르침, 24—25장: 마지막 날에 관한 가르침)으로 크게 묶었으며, 맨 첫 번째가 산상 설교, 곧 산 위에서(마태 5,1) 하신 설교다.

성구 레위 19,18ㄴ "네 이웃을 너 자신처럼 사랑해야 한다. 나는 주님이다."
마태 5,43-45ㄱ "네 이웃을 사랑해야 한다. 그리고 네 원수는 미워해야 한다.'고 이르신 말씀을 너희는 들었다. 그러나 나는 너희에게 말한다. 너희는 원수를 사랑하여라. 그리고 너희를 박해하는 자들을 위하여 기도하여라. 그래야 너희가 하늘에 계신 너희 아버지의 자녀가 될 수 있다."
요한 13,34-35* 1요한 2,7-8*

■ 은총과 의화

422 의화는 무엇인가?

의화는 하느님 사랑의 가장 뛰어난 업적이다. 의화는 우리의 죄를 없애 주고 우리의 존재 전체를 의롭게 하며 거룩하게 하시는 하느님의 자비이며 무상의 행위이다. 의화는 그리스도의 수난으로 얻어지고, 세례 때 주어지는 성령의 은총으로 생긴다. 의화는 인간의 자유로운 응답의 시작이다. 곧 그리스도에 대한 믿음과 성령의 은총에 협력하는 삶을 시작하는 것이다.

해설 의화는 우리가 하느님의 은혜로 의롭게, 곧 하느님처럼 되는 것을 말한다. 하느님께서는 우리 죄를 용서하시고 우리를 거룩하게, 의롭게 하신다. 그리스도의 수난으로 이루어진 인간 의화는 세례 은총으로 우리에게 주어진다. 의화는 하느님 사랑의 가장 뛰어난 업적이다. "불경한 사람의 의화는 하늘과 땅의 창조보다 더 위대한 일이다"(성 아우구스티노).

용어 **의화** 하느님처럼 의롭게 되는 **의화**義化, 하느님처럼 거룩하게 되는 **성화**聖化, 하느님처럼 되는 **신화**神化는 같은 뜻으로 쓰인다. 이는 온전히 하느님의 은총으로 이루어진다.

무상의 행위 하느님께서 거저 주시는 것이다. 은총은 이처럼 거저 주시는 하느님의 사랑이다.

의화는 인간의 자유로운 응답의 시작 인간이 처음으로 하느님의 거저 주시는 사랑에 자유로이 응답함으로써 의화가 이루어진다. 또한 이로써 그리스도께 대한 믿음과 성령의 은총에 응답하는 삶이 시작된다.

성구 **창세 15,6** 아브람이 주님을 믿으니, 주님께서 그 믿음을 의로움으로 인정해 주셨다.

로마 3,22-24 예수 그리스도에 대한 믿음을 통하여 오는 하느님의 의로움은 믿는 모든 이를 위한 것입니다. 거기에는 아무 차별도 없습니다. 모든 사람이 죄를 지어 하느님의 영광을 잃었습니다. 그러나 그리스도 예수님 안에서 이루어진 속량을 통하여 그분의 은총으로 거저 의롭게 됩니다.

로마 5,18-20* 2코린 5,21*

423 의화 은총은 무엇인가?

의화 은총은 우리를 성삼위의 생명에 참여하게 하는 무상의 선물이며 하느님의 사랑으로 행동할 수 있게 한다. 이 은총은 우리를 거룩하게 하고 하느님의 자녀가 되게 하므로 **상존 은총**, **성화 은총** 또는 **신화 은총**이라 불린다. 은총은 전적으로 하느님의 은혜로운 주도권에 달려 있고 인간 지성의 능력과 의지의 힘을 초월하므로 초자연적이다. 그러므로 은총은 우리의 경험을 초월한다.

해설 **의화 은총**은 의화하는 은총 또는 의화라는 은총이다. 의화 자체가 최상의 은총이다. **은총**은 하느님께서 우리에게 베푸시는 호의요 거저 주시는 도움이다. 은총으로 우리는 하느님의 자녀가 되어 삼위일체 하느님의 생명에 참여한다. 은총은 초자연적인 것이다. 인간 지성의 능력과 의지의 힘을 초월하기 때문이다.

용어 **은총** 우리말 은총은 윗사람이 아랫사람에게 베푸는 은혜/총애를 말한다. 하느님의 사랑은 그야말로 은총이다. 하느님께서 우리를 당신 생명, 행복으로 부르시는 것도 은총인데, 그 부르심에 응답할 수 있게 하시니 이 또한 은총이다.

상존 은총 하느님 사랑 안에 머물게 하는 은총이다. 사실 하느님 사랑은 언제나 우리를 떠나지 않는다. 떠나는 건 우리 쪽이다.

성화 은총 하느님 사랑은 우리를 거룩하게 한다. **성화 은총**은 우리 죄를 용서하시고 거룩하게 하시려고 성령을 통해 우리 영혼 안에 불어넣으시는 당신 생명이다.

신화 은총 하느님 사랑은 우리를 하느님(의 아들딸)이 되게 한다. 우리는 하느님의 아드님과 결합되어, 아들의 영으로 하느님을 "아빠! 아버지!"(로마 8,15)라고 부른다.

은혜로운 주도권 은총은 전적으로 하느님의 뜻이다. 하느님의 주도적인 사랑이 은총이다.

우리의 경험을 초월 의화는 온전히 하느님의 힘으로 이루어진다. "어떠한 눈도 본 적이 없고 어떠한 귀도 들은 적이 없으며 사람의 마음에도 떠오른 적이 없는 것들을 하느님께서는 당신을 사랑하는 이들을 위하여 마련해 두셨다"(1코린 2,9).

성구 **신명 28,9** "너희가 주 너희 하느님의 계명들을 지키고 그분의 길을 따라 걸으면, 주님께서는 너희에게 맹세하신 대로 너희를 당신의 거룩한 백성으로 세우실 것이다."

갈라 2,16 그러나 사람은 율법에 따른 행위가 아니라 예수 그리스도에 대한 믿음으로 의롭게 된다는 사실을 우리는 알고 있습니다. 그래서 우리는 율법에 따른 행위가 아니라 그리스도에 대한 믿음으로 의롭게 되려고 그리스도 예수님을 믿게 되었습니다. 어떠한 인간도 율법에 따른 행위로 의롭게 되지 않기 때문입니다.

지혜 9,17* 1코린 2,12-13*

424 상존 은총 외에 어떤 유형의 은총들이 있는가?

상존 은총 외에 조력 은총(상황에 따라 주어지는 선물), 성사 은총(각 성사의 고유한 선물), 특별한 은총 또는 카리스마(은사 – 교회의 공동선을 목적으로 하는 선물)가 있다. 특은들 중에는, 그리스도인 삶의 책임을 완수하고 교회 안에서 직무를 수행하는 데 따르는 직분의 은총이 있다.

해설　상존 은총 외에도 ① 조력 은총, ② 성사 은총, ③ 은사 또는 특은, ④ 직분의 은총 등이 있다.

용어　**조력 은총**　상황에 따라 주어지는 은총. 상존 은총이 우리가 하느님의 사랑 안에 있음을 나타내는 말이라면, 조력 은총은 우리가 하느님 사랑에 사랑으로 응답하게 하시는 실천적 은총을 나타내는 말이다.

성사 은총　세례의 은총, 견진의 은총, 성체의 은총 등, 각 성사 고유의 은총을 말한다.

은사 또는 **특은**　성령의 특별한 선물을 말한다. 은사는 교회의 공동선을 위해 주어진다. 그리스말 그대로 **카리스마**charisma라고도 한다.

직분의 은총　은사의 일종으로 교회 안에서 주어지는 직분과 그 직분에 알맞은 도우심을 말한다.

성구　**지혜 3,9**　주님을 신뢰하는 이들은 진리를 깨닫고 그분을 믿는 이들은 그분과 함께 사랑 속에 살 것이다. 은총과 자비가 주님의 거룩한 이들에게 주어지고 그분께서는 선택하신 이들을 돌보시기 때문이다.

로마 12,6-8　우리는 저마다 하느님께서 베푸신 은총에 따라 서로 다른 은사를 가지고 있습니다. 그것이 예언이면 믿음에 맞게 예언하고, 봉사면 봉사하는 데에 써야 합니다. 그리고 가르치는 사람이면 가르치는 일에, 권면하는 사람이면 권면하는 일에 힘쓰고, 나누어 주는 사람이면 순수한 마음으로, 지도하는 사람이면 열성으로, 자비를 베푸는 사람이면 기쁜 마음으로 해야 합니다.

로마 15,16-17*

425　은총과 인간의 자유의 관계는 어떠한가?

은총은 인간이 자유롭게 응답하도록 인간을 앞서고 준비시키며 자극한다. 은총은 인간 자유의 심오한 염원에 호응하는 것으로서, 인간이 이것에 협조하도록 초대하며, 인간을 그 완성으로 이끈다.

해설　사람은 자유로울 때에만 사랑의 친교를 이룰 수 있다. 하느님의 사랑은 인간의 자유로운 응답을 요구한다. 은총을 받아들이도록 인간의 자유로운 마음을 움직이는 것도 하느님 사랑, 곧 은총의 결과다. 우리가 자유로이 믿음으로 의롭게 되고, 사랑함으로 거룩하게 되는 것은 은총 덕분이다.

용어 **은총은 인간을 앞서고 준비시키며 자극한다** 인간이 자유 의지로 하느님의 사랑에 응답하는 것은 이미 하느님의 은총이 작용하고 준비시키고 자극한 것이다.

인간 자유의 심오한 염원 하느님께서는 당신만이 채워주실 수 있는 진리와 선에 대한 갈망을 인간 안에 심어주셨다. 영원한 생명에 대한 약속은 모든 기대를 넘어 그 갈망을 채워준다.

성구 **다니 10,19** 그가 이렇게 말하였다. "총애받는 사람아, 두려워하지 마라. 너에게 평화가 있기를! 힘을 내어라. 힘을 내어라." 그가 이러한 말을 할 때에 나에게 힘이 솟았다. 그래서 내가 말하였다. "나리께서 저에게 힘을 주셨으니 이제 말씀하시기 바랍니다."

2테살 1,11ㄴ-12 우리 하느님께서 여러분을 당신의 부르심에 합당한 사람이 되게 하시고, 여러분의 모든 선의와 믿음의 행위를 당신 힘으로 완성해 주시기를 빕니다. 그리하여 우리 하느님과 주 예수 그리스도의 은총에 따라, 우리 주 예수님의 이름이 여러분 가운데에서 영광을 받고, 여러분도 그분 안에서 영광을 받을 것입니다.

1코린 15,10*

426 공로는 무엇인가?

공로는 선행에 대하여 마땅히 주는 보상이다. 하느님과 관련하여, 인간은 하느님께 모든 것을 무상으로 받았기 때문에 아무런 공로를 내세울 수 없다. 그러나 그리스도의 사랑은 우리가 하느님 앞에서 세우는 공로의 원천이 되므로 하느님께서는 사랑으로 우리를 그리스도와 결합시키시어 공로를 얻을 수 있게 해 주신다. 따라서 선행의 공로는 무엇보다도 먼저 하느님의 은총으로 돌려야 하고, 그 다음으로 인간의 자유 의지로 돌려야 한다.

해설 공로는 선행에 대하여 마땅히 주는 보상이다. 인간은 하느님께 모든 것을 무상으로 받았기 때문에, 하느님께 공로를 내세울 수 없다. 그러나 그리스도와 결합된 우리는 그리스도의 공로에 참여한다. 하느님께서는 그리스도의 공로를 보시고 우리 선행에 풍성히 보상하신다. "자랑하려는 자는 주님 안에서 자랑해야 합니다"(2코린 10,17).

용어 **공로** 우리말 공로는 인간의 노력으로 이룬 공을 말한다. 그러나 교리서는 인간의 선업이 하느님의 은총 안에서 이루어진다는 점을 강조하고 있다. 우리는 공로를 '세울' 수는 있으나, '내세울' 수는 없다.

성구 **2마카 8,15** 그들은 자기네 공로를 생각해서 이렇게 기도한 것이 아니라, 하느님이 자기 조상들과 맺으신 계약과, 거룩하고 영광스런 하느님께서 자기 자신들을 당신의 백성이라고 불러준 사실을 생각하고 이렇게 빌었던 것이다.

1코린 1,29-31 그리하여 어떠한 인간도 하느님 앞에서 자랑하지 못하게 하셨습니다. 그러나 하느님께서는 여러분을 그리스도 예수님 안에 살게 해 주셨습니다. 그리스도께서는 우리에게 하느님에게서 오는 지혜가 되시고, 의로움과 거룩함과 속량이 되셨습니다. 그래서 성경에도 "자랑하려는 자는 주님 안에서 자랑하라."고 기록되어 있습니다.

427 우리는 어떤 선익에 공로를 쌓을 수 있는가?

성령의 작용으로, 우리는 우리 자신과 남을 위하여 우리를 성화하고 영원한 생명에 이르는 데 유용한 은총뿐 아니라, 하느님의 계획에 따라 우리에게 필요한 물질적 재화까지도 얻게 해 주는 공로를 쌓을 수 있다. 회개와 의화의 기원이 되는 **최초의 은총**을 받을 권리가 있는 사람은 아무도 없다.

해설 회개와 의화의 기원이 되는 최초의 은총을 받을 권리가 있는 사람은 아무도 없다. 그렇지만 하느님의 은총 중에 살게 된 우리는 성령의 도우심으로 그리스도 안에서 공로를 쌓을 수 있다. 이 공로는 우리 자신과 다른 사람을 위해, 우리의 성화를 위해, 은총과 사랑의 성장을 위해, 영원한 생명을 위해 필요한 은총을 받을 수 있게 한다. 나아가 건강이나 우정과 같은 현세적 선익까지도 받을 수 있게 한다.

용어 **회개와 의화의 기원이 되는 최초 은총** 은총은 인간의 모든 회개와 의화에 앞서 있으며, 우리가 회개하고 의롭게 되기 위해서는 은총이 절대적으로 필요하다.

성구 **즈카 12,10** "나는 다윗 집안과 예루살렘 주민들 위에 은총과 자비를 구하는 영을 부어 주겠다. 그리하여 그들은 나를, 곧 자기들이 찌른 이를 바라보며, 외아들을 잃고 곡하듯이 그를 위하여 곡하고, 맏아들을 잃고 슬피 울듯이 그를 위하여 슬피 울 것이다."

마태 25,20-21 "다섯 탈렌트를 받은 이가 나아가서 다섯 탈렌트를 더 바치며, '주인님, 저에게 다섯 탈렌트를 맡기셨는데, 보십시오, 다섯 탈렌트를 더 벌었습니다.' 하고 말하였다. 그러자 주인이 그에게 일렀다. '잘하였다, 착하고 성실한 종아! 네가 작은 일에 성실하였으니 이제 내가 너에게 많은 일을 맡기겠다. 와서 네 주인과 함께 기쁨을 나누어라.'"

루카 18,29-30*

428 우리 모두가 그리스도인의 성덕에 부름 받고 있는가?

모든 신자는 그리스도인의 성덕에 부름을 받았다. 성덕은 그리스도교 생활의 충만함이고 사랑의 완성이다. 이 삶은 그리스도 안에서 거룩하신 삼위 그리고 그리스도와 더욱더 밀접하게 일치를 이룰 때 실현된다. 그리스도인이 성화되는 길은 십자가의 길을 통과한 다음 의인들이 마지막 부활을 누릴 때, 곧 하느님께서 모든 것 안에서 모든 것이 되실 그때에 완성될 것이다.

해설 모든 신자는 그리스도인의 성덕에 부름을 받았다. 사실 하느님의 백성은 하느님의 거룩함에 참여하도록 초대되었다. "내가 거룩하니 너희도 거룩한 사람이 되어라"(레위 11,45; 1베드 1,16). 이 거룩함은 사랑으로 이루어진다. "그러므로 하늘의 너희 아버지께서 완전하신 것처럼 너희도 완전한 사람이 되어야 한다"(마태 5,48). 거룩함의 소명은 십자가의 길을 통과하여 거룩하신 하느님께 이를 때 완성된다.

용어 **성덕** 우리말 성덕은 **거룩함**sanctitas을 번역한 것이다. 거룩함은 하느님께서 우리에게 베푸시는 덕이며, 거룩하신 하느님을 닮아야 하는 소명이기도 하다.
의인들이 마지막 부활을 누릴 때 마지막 날에 의인들이 부활한다(루카

14,14). 물론 죄인들도 부활하지만, 그것은 진정한 의미의 부활이 아니다.

하느님께서 모든 것 안에서 모든 것이 되신다 마지막 날, 곧 그리스도께서 다시 오시는 날에 하느님께서 모든 이 안에서 모든 것이 되신다(하느님께서 모든 사람에게 모든 것이 되신다. 1코린 15,28).

성구 **레위 19,1-2** 주님께서 모세에게 이르셨다. "너는 이스라엘 자손들의 온 공동체에게 일러라. 그들에게 이렇게 말하여라. '나, 주 너희 하느님이 거룩하니 너희도 거룩한 사람이 되어야 한다."

1베드 1,15-16 여러분을 부르신 분께서 거룩하신 것처럼 여러분도 모든 행실에서 거룩한 사람이 되십시오. "내가 거룩하니 너희도 거룩한 사람이 되어야 한다."고 성경에 기록되어 있기 때문입니다.

1테살 4,3ㄱ* 히브 12,14*

■ 어머니요 스승인 교회

429 교회는 어떤 방식으로 그리스도인의 도덕 생활을 육성하는가?

교회는 그리스도인이 하느님의 말씀과 "그리스도의 율법"(갈라 6,2)의 가르침을 받아들이는 공동체다. 신자들은 교회 안에서 성사의 은총을 받으며, 성찬례에서 당신을 봉헌하시는 그리스도와 일치하여 그의 윤리 생활이 영적 예배가 되게 하고, 동정 마리아와 성인들의 성덕의 모범을 본받는다.

해설 교회는 신자들이 ① 하느님의 말씀, ② "그리스도의 법"(갈라 6,2), ③ 성사와 기도의 은총, ④ 그리스도와의 친교, ⑤ 성인들의 성덕의 모범으로 올바른 도덕 생활을 해나가도록 돕는다. 이 같은 그리스도인의 도덕 생활은 하느님께 드리는 탁월한 영적 예배(예물)이다.

용어 **그리스도의 법** 복음에서 밝히신 그리스도의 가르침, 그리스도의 길[道]을 말한다.

윤리 생활이 영적 예배가 된다 우리는 성찬례를 통해 그리스도의 희생 제물만 바치는 것이 아니라, 우리의 삶을 바친다. 그러므로 그리스도인으로서 우리의 바른 삶(도덕 생활)은 하느님께서 기쁘게 받으실 거룩한 산 제물이다.

성구   **느헤 8,18**   에즈라는 첫날부터 마지막 날까지 날마다 하느님의 율법서를 읽어 주었다. 사람들은 이레 동안 축제를 지내고, 여드레째 되는 날에는 법규대로 거룩한 집회를 열었다.

갈라 6,2   서로 남의 짐을 져 주십시오. 그러면 그리스도의 율법을 완수하게 될 것입니다.

로마 12,1* 에페 5,1-2*

430   교회의 교도권은 왜 도덕의 영역에 개입하는가?

믿어야 하고 생활에 적용해야 할 신앙을 전파하는 것이 교회 교도권의 임무이다. 이 책무는 자연법의 특정한 규정들에도 미치는데, 그 규정들의 준수는 구원에 필요하기 때문이다.

해설   교회는 구원에 관련하여 윤리적인 가르침을 내려 신자들이 올바른 삶(도덕 생활)을 살게 해야 할 소임이 있다. 교회는 그 교도권(가르치는 임무)을 통해 신자들에게 ① 믿어야 할 진리 ② 실천해야 할 사랑 ③ 희망해야 할 참행복을 가르친다. 교도권의 무류성 은사는 이 세 분야에서도 베풀어진다.

용어   **자연법의 특정한 규정**   자연법의 어떤 규정들은 창조주께서 요구하시는 것으로서, 구원에 이르려면 이를 꼭 지켜야 한다.

성구   **탈출 24,3**   모세가 백성에게 와서 주님의 모든 말씀과 모든 법규를 일러 주었다. 그러자 온 백성이 한목소리로 "주님께서 하신 모든 말씀을 실행하겠습니다." 하고 대답하였다.

마태 18,15-17   "네 형제가 너에게 죄를 짓거든, 가서 단 둘이 만나 그를 타일러라. 그가 네 말을 들으면 네가 그 형제를 얻은 것이다. 그러나 그가 네 말을 듣지 않거든 한 사람이나 두 사람을 더 데리고 가거라. '모든 일을 둘이나 세 증인의 말로 확정지어야 하기' 때문이다. 그가 그들의 말을 들으려고 하지 않거든 교회에 알려라. 교회의 말도 들으려고 하지 않거든 그를 다른 민족 사람이나 세리처럼 여겨라."

사도 16,4-5* 2티모 4,2*

431 교회의 법규들은 어떤 목적이 있는가?

교회의 다섯 가지 주요 법규는 신자들에게 기도 정신과 성사 생활, 윤리적 책임, 그리고 하느님과 이웃에 대한 사랑의 성장에 반드시 필요한 최소한의 선을 제시하려는 목적이 있다.

해설 교회의 법규들은 ① 기도 정신과 성사 생활, ② 도덕적 책임, ③ 하느님과 이웃에 대한 사랑의 성장에 반드시 필요한 최소한의 선을 신자들에게 제시하려는 목적에서 제정된 것이다. 그 가운데 다섯 가지가 기본적으로 제시된다.

용어 **최소한의 선** 일종의 하한선이다. 아무리 못해도 이 이상은 하라는 것이다.

성구 **레위 18,5** 너희는 내 규칙들과 내 법규들을 지켜야 한다. 그것들을 실천하는 이는 그것들로 살 것이다. 나는 **주님**이다.

마태 5,46-47 "사실 너희가 자기를 사랑하는 이들만 사랑한다면 무슨 상을 받겠느냐? 그것은 세리들도 하지 않느냐? 그리고 너희가 자기 형제들에게만 인사한다면, 너희가 남보다 잘하는 것이 무엇이겠느냐? 그런 것은 다른 민족 사람들도 하지 않느냐?"

마태 5,40-42*

432 교회의 주요 법규는 어떤 것들이 있는가?

교회의 다섯 가지 주요 법규는 다음과 같다. 1) 주일과 의무 축일에는 미사에 참여하고, 성화에 방해가 될 수 있는 활동과 노동을 삼가야 한다. 2) 적어도 매년 한 번 자기 죄를 고백하는 고해성사를 받아야 한다. 3) 적어도 매년 한 번 부활 시기에 성체를 받아 모셔야 한다. 4) 교회가 정한 날에 금식재와 금육재를 지켜야 한다. 5) 각자가 저마다의 능력에 따라 교회의 물질적 필요를 지원해야 한다.

해설 신자들이 지켜야 할 다섯 가지 법규는 다음과 같다.
① 주일과 의무 축일에는 미사에 참여하고 노동을 삼가야 한다.
② 최소한 일 년에 한 번은 자기 죄를 고백해야 한다.
③ 적어도 한 번 부활 시기에 성체를 받아 모셔야 한다.
④ 교회가 정한 날에 금식재와 금육재를 지켜야 한다.
⑤ 교회의 필요를 지원해야 한다.

용어 **의무 축일** 꼭 주일처럼 지켜야 하는 축일이다. → 문답 289 참조.

일 년에 한 번 죄를 고백 성체를 모시기에 합당한 마음 준비. 우리나라에서는 성탄과 부활 시기를 앞두고 판공성사를 실시한다. 특히 부활 전 판공성사는 꼭 보아야 한다.

부활 시기에 영성체 부활 시기에 미사에 참례하고 성체를 모시는 것은 신자 생활에 매우 중요하다. **부활 시기**는 부활 성야로부터 성령 강림 대축일까지를 말한다.

금육재와 금식재 재齋란 재계齋戒, 곧 종교적인 목적에서 몸과 마음을 깨끗이 하는 것을 말한다. 금육재는 고기를 먹지 않는 것이고, 금식재는 음식을 먹지 않는 것이다. 우리나라에서는 모든 금요일과 재의 수요일에 금육재를 지키고, 재의 수요일과 성금요일에 단식재를 지킨다.

교회의 필요를 지원 교회의 인적 물적 필요를 지원하는 것을 말한다. 우리나라에는 주일 헌금 외에도 교무금 제도가 있다.

성구 **이사 58,13-14** "네가 삼가 안식일을 짓밟지 않고 나의 거룩한 날에 네 일을 벌이지 않는다면 네가 안식일을 '기쁨'이라 부르고 **주님**의 거룩한 날을 '존귀한 날'이라 부른다면 네가 길을 떠나는 것과 네 일만 찾는 것을 삼가며 말하는 것을 삼가고 안식일을 존중한다면 너는 **주님** 안에서 기쁨을 얻고 나는 네가 세상 높은 곳 위를 달리게 하며 네 조상 야곱의 상속 재산으로 먹게 해 주리라." **주님**께서 친히 말씀하셨다.

2코린 9,7-8 저마다 마음에 작정한 대로 해야지, 마지못해 하거나 억지로 해서는 안 됩니다. 하느님께서는 기쁘게 주는 이를 사랑하십니다. 하느님께서는 여러분에게 모든 은총을 넘치게 주실 수 있습니다. 그리하여 여러분은 언제나 모든 면에서 모든 것을 넉넉히 가져 온갖 선행을 넘치도록 할 수 있게 됩니다.

요나 3,5-6*

433 그리스도인의 도덕 생활이 왜 복음 선포에 필수적인가?

그리스도인들은 주 예수님과 일치하는 생활로써 사람들을 하느님에 대한 신앙으로 이끌고, 교회를 건설하며, 복음의 정신으로 세상을 교육하고, 하느님의 나라가 다가오기를 재촉하기 때문이다.

해설 신앙생활의 증거와 선행은 "사람들을 하느님과 신앙으로 이끄는 힘이 있다"(평신도 교령, 6항). 현대인들은 말보다 행동을 요구한다. 그러므로 그리스도인들의 모범적인 생활, 특히 사회적인 사랑의 실천은 가장 힘 있는 복음 선포다. 마더 데레사가 그 좋은 예다. "구원의 메시지는 그리스도인의 생활을 통한 증거로써 그 진실성이 입증되어야 한다"(2044항).

용어 **교회를 건설하다** 여기서 말하는 교회의 건설은 외형적인 교회의 건설을 말하는 것이 아니라, 내적 교회 곧 살아 있는 성전인 그리스도의 몸의 건설을 말하는 것이다.

복음의 정신으로 세상을 교육하다 복음 정신이 사회의 각 분야에 스며들어 세상을 변화시키는 것을 말한다.

하느님의 나라가 다가오기를 재촉하다 하느님의 다스림이 지금 이곳에서 이루어지도록 노력하는 것을 말한다.

성구 **시편 119,1-2** 행복하여라, 그 길이 온전한 이들
주님의 가르침을 따라 걷는 이들!
행복하여라, 그분의 법을 따르는 이들
마음을 다하여 그분을 찾는 이들!

야고 2,17.20.26 이와 마찬가지로 믿음에 실천이 없으면 그러한 믿음은 죽은 것입니다. … 아, 어리석은 사람이여! 실천 없는 믿음은 쓸모가 없다는 사실을 알고 싶습니까? … 영이 없는 몸이 죽은 것이듯 실천이 없는 믿음도 죽은 것입니다.

1코린 16,2-3*

제2부

십계명

십계명

	탈출 20,2-17	기도서
I	2 나는 너를 이집트 땅, 종살이하던 집에서 이끌어 낸 주 너의 하느님이다. 3 너에게는 나 말고 다른 신이 있어서는 안 된다. 4 너는 위로 하늘에 있는 것이든, 아래로 땅 위에 있는 것이든, 땅 아래로 물속에 있는 것이든 그 모습을 본뜬 어떤 신상도 만들어서는 안 된다. 5 너는 그것들에게 경배하거나, 그것들을 섬기지 못한다. 주 너의 하느님인 나는 질투하는 하느님이다. 나를 미워하는 자들에게는 조상들의 죄악을 삼 대 사 대 자손들에게까지 갚는다. 6 그러나 나를 사랑하고 내 계명을 지키는 이들에게는 천대에 이르기까지 자애를 베푼다.	일. 한 분이신 하느님을 흠숭하여라.
II	7 주 너의 하느님의 이름을 부당하게 불러서는 안 된다. **주님**은 자기 이름을 부당하게 부르는 자를 벌하지 않은 채 내버려 두지 않는다.	이. 하느님의 이름을 함부로 부르지 마라.
III	8 안식일을 기억하여 거룩하게 지켜라. 9 엿새 동안 일하면서 네 할 일을 다 하여라. 10 그러나 이렛날은 주 너의 하느님을 위한 안식일이다. 그날 너와 너의 아들과 딸, 너의 남종과 여종, 그리고 너의 집짐승과 네 동네에 사는 이방인은 어떤 일도 해서는 안 된다. 11 이는 **주님**이 엿새 동안 하늘과 땅과 바다와 그 안에 있는 모든 것을 만들고, 이렛날에는 쉬었기 때문이다. 그러므로 **주님**이 안식일에 강복하고 그날을 거룩하게 한 것이다.	삼. 주일을 거룩히 지내라.

IV	12 아버지와 어머니를 공경하여라. 그러면 너는 주 너의 하느님이 너에게 주는 땅에서 오래 살 것이다.	사. 부모에게 효도하라.
V	13 살인해서는 안 된다.	오. 사람을 죽이지 마라.
VI	14 간음해서는 안 된다.	육. 간음하지 마라.
VII	15 도둑질해서는 안 된다.	칠. 도둑질을 하지 마라.
VIII	16 이웃에게 불리한 거짓 증언을 해서는 안 된다.	팔. 거짓 증언을 하지 마라.
IX X	17 이웃의 집을 탐내서는 안 된다. 이웃의 아내나 남종이나 여종, 소나 나귀 할 것 없이 이웃의 소유는 무엇이든 탐내서는 안 된다."	구. 남의 아내를 탐내지 마라. 십. 남의 재물을 탐내지 마라.

434 "스승님, 제가 영원한 생명을 얻으려면 무슨 선한 일을 해야 합니까?"(마태 19,6)

이 물음을 던진 젊은이에게 예수님께서는 "네가 생명에 들어가려면 계명들을 지켜라."(마태 19,17) 하고 말씀하신 다음 "와서 나를 따라라."(마태 19,21) 하고 덧붙이신다. 예수님을 따르는 것은 계명을 지키는 것을 포함한다. 율법은 폐지된 것이 아니다. 오히려 사람은, 율법을 완성하고, 율법의 완전한 의미를 제시하며, 율법의 영속성을 입증하신 스승의 인격에서 율법을 재발견하라는 권고를 받는다.

해설 젊은이의 물음에 예수님께서는 "네가 생명에 들어가려면 계명들을 지켜라." 하신 다음 당신을 따르라고 하셨다. 예수님을 따르는 것은 계명을 지키는 것을 포함한다. 율법(옛 법)은 폐지된 것이 아니다. 오히려 예수님의 새 법으로 율법은 완성되고, 그 완전한 의미가 계시되었으며, 율법의 영속성이 입증되었다.

용어 **율법의 완성** 율법의 완성은 사랑으로 이루어진다. 예수님의 사랑의 계명은 율법을 완성한다.

율법의 완전한 의미 우리는 예수님의 가르침에서 율법의 완전한 의미를 알게 된다. 예수님은 율법의 제정자 하느님이실 뿐 아니라, 율법을 완전하게 지키신 분이기 때문이다.

율법의 영속성 새 법은 옛 법을 완성하며, 정화하고, 능가하며, 완전하게 한다(1967항). 새 법은 율법을 완성한다. 새 법은 옛 법을 폐지하거나 과소평가하지 않고 오히려 옛 법의 가능성을 드러내고, 새로운 요구를 낳는다. 새로운 외적 규정 대신 새 마음을 요구한다(1968항).

율법의 재발견 율법은 새 계약 안에서 그 가치, 그 의미가 제대로 빛을 발한다.

성구 **신명 30,16** "내가 오늘 너희에게 명령하는 주 너희 하느님의 계명을 듣고, 주 너희 하느님을 사랑하며 그분의 길을 따라 걷고, 그분의 계명과 규정과 법규들을 지키면, 너희가 살고 번성할 것이다. 또 주 너희 하느님께서는 너희가 차지하러 들어가는 땅에서 너희에게 복을 내리실 것이다."

루카 10,25-28 어떤 율법 교사가 일어서서 예수님을 시험하려고 말하였다. "스승님, 제가 무엇을 해야 영원한 생명을 받을 수 있습니까?" 예수님께서 그에게 말씀하셨다. "율법에 무엇이라고 쓰여 있느냐? 너는 어떻게 읽었느냐?" 그가 "'네 마음을 다하고 네 목숨을 다하고 네 힘을 다하고 네 정신을 다하여 주 너의 하느님을 사랑하고' '네 이웃을 너 자신처럼 사랑해야 한다.' 하였습니다." 하고 대답하자, 예수님께서 그에게 이르셨다. "옳게 대답하였다. 그렇게 하여라. 그러면 네가 살 것이다."

마태 19,16-21*

435 예수님께서는 율법을 어떻게 해석하시는가?

예수님께서는 율법의 완성인 사랑의 단일한 이중 계명에 비추어 해석하신다. "'네 마음을 다하고 네 정신을 다하여 주 너의 하느님을 사랑해야 한다.' 이것이 가장 크고 첫째가는 계명이다. 둘째도 이와 같다. '네 이웃을 너 자신처럼 사랑해야 한다.'는 것이다. 온 율법과 예언서의 정신이 이 두 계명에 달려 있다"(마태 22,37-40).

해설 예수님께서는 율법을 이른바 '사랑의 이중 계명'으로 해석하신다(마태 22,37-40). 예수님께서는 하느님 사랑과 이웃 사랑을 단일한 계명으로 선언하셨다. 하느님 사랑과 이웃 사랑은 서로 떼어 놓고 생각할 수 없다. 예수님은 그렇게 사셨다. 곧 당신 목숨을 바쳐 아버지를 사랑하고 우리를 사랑하셨다.

용어 **사랑의 단일한 이중 계명** 하느님 사랑과 이웃 사랑이 서로 떼려야 뗄 수 없는 단일한 계명이라는 것이다. 하느님 사랑이 바로 이웃 사랑의 동기가 된다. 이웃 사랑은 하느님 사랑을 진실한 것이 되게 한다.

성구 **미카 6,6-8** 내가 무엇을 가지고 **주님** 앞에 나아가고 무엇을 가지고 높으신 하느님께 예배드려야 합니까? 번제물을 가지고 일 년 된 송아지를 가지고 그분 앞에 나아가야 합니까? 수천 마리 숫양이면, 만 개의 기름 강이면 **주님**께서 기뻐하시겠습니까? 내 죄를 벗으려면 내 맏아들을, 내 죄악을 갚으려면 이 몸의 소생을 내놓아야 합니까? 사람아, 무엇이 착한 일이고 주님께서 너에게 요구하시는 것이 무엇인지 그분께서 너에게 이미 말씀하셨다. 공정을 실천하고 신의를 사랑하며 겸손하게 네 하느님과 함께 걷는 것이 아니냐?

마태 7,12 "그러므로 남이 너희에게 해 주기를 바라는 그대로 너희도 남에게 해 주어라. 이것이 율법과 예언서의 정신이다."

마태 5,17* 마태 25,40*

436 "십계명"은 무엇을 뜻하는가?

십계명은 '열 마디 말'(탈출 34,28 참조)을 뜻한다. 이 열 마디 말은 계약의 맥락 안에서 하느님께서 모세를 통하여 이스라엘 백성에게 주신 법을 요약한 것이다. 십계명은 하느님에 대한 사랑(처음의 세 계명)과 이웃에 대한 사랑(다른 일곱 계명)을 제시하면서, 선택된 백성과 모든 사람에게 죄의 종살이에서 해방된 삶의 조건을 가리키고 있다.

해설 십계명은 탈출 20,2-17에 실려 있는 "열 마디 말"(탈출 34,28)로 된 계약 조문이며, 그 안에 하느님과 이스라엘 백성과 맺은 계약의 내용이 집약되어 있다. 이스라엘은 이를 지켜야 하느님의 백성이 되고, 주 하느님께서 그들의 하느님이 되신다. (물론 이를 지키지 않으면 그 계약은 무효가 된다.) 십계명은 이집트 종살이에서 해방시키신 하느님의 백성이 그분이 주신 땅에서 자유로운 생명과 사랑의 공동체를 이루기 위한 삶의 조건을 제시한다.

용어 **십계명** 우리말 '십계명'은 열 가지 계명이라는 말이지만, 서양말 Decalogus는 원래 '열(데카) 마디 말(로고스)'이라는 뜻이다. 탈출 20,2-17의 말씀을 어떻게 열 마디로 나눌 것인지, 개신교와 유다교와 가톨릭 사이에 약간의 차이가 있다. 가톨릭 전통은 아우구스티노 성인의 분류를 따른다(정태현, 성서입문 상, 192쪽 이하 '십계명' 참조). → 문답 418 용어 풀이 참조.

계약의 맥락 십계명은 계약의 조문으로서, 계약으로 이루시려는 하느님의 뜻이 무엇인지 밝히고 있다.

죄의 종살이에서 해방된 삶의 조건 십계명은 이집트 종살이에서 해방된 이스라엘 백성이 이제는 하느님의 백성으로서 죄의 종살이에서 해방된 공동체를 이루기 위해 꼭 지켜야 할 전제 조건들이다.

성구 **신명 4,13-14** "그분께서는 너희에게 실천하라고 명령하신 당신의 계약을, 곧 십계명을 너희에게 선포하시고 그것을 두 돌 판에 써 주셨다. 또한 그때에 주님께서는, 너희가 건너가 차지할 땅에서 실천해야 할 규정과 법규들을 너희에게 가르쳐 주라고 나에게 명령하셨다."

1요한 5,3 우리가 하느님을 사랑하고 그분의 계명을 실천하면, 그로써 우리가 하느님의 자녀들을 사랑한다는 것을 알게 됩니다. 하느님을 사랑하는 것은 바로 그분의 계명을 지키는 것입니다. 그리고 그분의 계명은 힘겹지 않습니다.

탈출 31,18* 신명 5,22*

437 십계명은 계약과 어떤 관계가 있는가?

십계명은 계약에 비추어 이해된다. 하느님께서는 계약을 통하여 당신을 계시하시고 당신의 뜻을 알리신다. 백성들은 계명들을 준수하면서 자신들이 하느님께 속해 있음을 드러내고, 또 하느님의 주도적인 사랑에 감사하는 마음으로 응답한다.

해설 십계명은 계약 조문으로 주어진 것이다. 그러므로 십계명은 계약의 내용을 이룬다. 십계명을 지키는 것은 계약을 지키는 것이다. 하느님께서는 계약을 통해 당신이 어떤 분인지, 당신의 뜻이 무엇인지 계시하셨다(문답 7-8 참조). 그러므로 십계명을 지킴으로써 이스라엘은 자신들이 하느님의 백성임을 드러내고, 또한 하느님이 어떤 분이신지도 드러낸다.

용어 **하느님의 주도적인 사랑** 하느님이 먼저 사랑하신 것이다 "우리가 사랑하는 것은 그분께서 먼저 우리를 사랑하셨기 때문입니다"(1요한 4,19).

성구 **탈출 34,27-28** 주님께서 모세에게 말씀하셨다. "너는 이 말을 기록하여라. 나는 이 말을 조건으로 너와 이스라엘과 계약을 맺었다." 모세는 그곳에서 주님과 함께 밤낮으로 사십 일을 지내면서, 빵도 먹지 않고 물도 마시지 않았다. 그는 계약의 말씀, 곧 십계명을 판에 기록하였다.

로마 9,4 그들은 이스라엘 사람입니다. 하느님의 자녀가 되는 자격, 영광, 여러 계약, 율법, 예배, 여러 약속이 그들에게 주어졌습니다.

레위 26,14-16ㄱ* 집회 45,5*

438 교회는 십계명에 어떤 중요성을 부여하는가?

교회는 성경에 충실한 가운데 예수님의 모범에 따라, 십계명의 근본적인 중요성과 의미를 인정해 왔다. 그리스도인들은 십계명을 지켜야 할 의무가 있다.

해설 교회는 처음부터 예수님의 모범을 따라 십계명을 중요하게 여기고 지켜왔다.

십계명을 구약의 법으로 소홀히 여기기는커녕, 오히려 그리스도의 사랑의 계명으로 그 의미가 충만하게 드러났음을 알고, 십계명을 충만하게 지키려고(그 충만한 뜻을 그대로 살려 이를 실천하려고) 노력한다.

용어 **십계명의 근본적인 중요성과 의미** "내가 율법이나 예언서들을 폐지하러 온 줄로 생각하지 마라. 폐지하러 온 것이 아니라 오히려 완성하러 왔다"(마태 5,17). 예수님은 십계명의 중요성을 이렇게 말씀하신 다음, 구약의 법 하나 하나를 예로 들어 그 의미를 살려 어떻게 실천해야 하는지 밝히셨다. "'살인해서는 안 된다. 살인한 자는 재판에 넘겨진다.'고 옛사람들에게 이르신 말씀을 너희는 들었다. 그러나 나는 너희에게 말한다. …"(마태 5,21 이하).

성구 **레위 22,31-33** "너희는 나의 계명들을 지키고 그것들을 실천해야 한다. 나는 **주님**이다. 나의 거룩함이 이스라엘 자손들 가운데에 드러나도록, 너희는 나의 거룩한 이름을 더럽혀서는 안 된다. 나는 너희를 거룩하게 하는 **주님**이다. 나는 너희 하느님이 되려고 너희를 이집트 땅에서 이끌어 낸 이다. 나는 주님이다."

로마 13,8-9 아무에게도 빚을 지지 마십시오. 그러나 서로 사랑하는 것은 예외입니다. 남을 사랑하는 사람은 율법을 완성한 것입니다. "간음해서는 안 된다. 살인해서는 안 된다. 도둑질해서는 안 된다. 탐내서는 안 된다."는 계명과 그 밖의 다른 계명이 있을지라도, 그것들은 모두 이 한마디 곧 "네 이웃을 너 자신처럼 사랑해야 한다."는 말로 요약됩니다.

2요한 1,5-6*

439 십계명은 왜 유기적 단일성을 이루는가?

십계명은 분리되지 않는 하나의 총체를 이룬다. 각 계명은 다른 각 계명들과 그리고 십계명 전체와 긴밀하게 연결되어 있기 때문이다. 그러므로 한 계명을 어기는 것은 율법 전체를 어기는 것이다.

해설 십계명은 각 계명이 다른 계명과, 그리고 계명 전체와 긴밀하게 연결되어 분리될 수 없는 단일성을 이룬다. 그리고 하느님 사랑에 관한 계명과 사람 사랑에 대한 계명도 그렇게 연결되어 있다. 십계명은 그리스도인의 신앙생활(하느님 사랑)과 사회생활(이웃 사랑)을 통합시켜 준다. 그러므로 "누구든지 율법을 전부 지키다가 한 조목이라도 어기면, 율법 전체를 어기는 것이 됩니다"(야고 2,10).

용어 **분리되지 않는 하나의 총체** 여러 지체들이 모여 한 몸을 이루듯이, 계명들도 서로 유기적 관계 안에서 하나가 된다.

성구 **민수 15,40-41** "그래서 너희는 나의 모든 계명을 기억하고 실천하여, 너희 하느님에게 거룩한 사람들이 되어라. 나는 너희의 하느님이 되려고 너희를 이집트 땅에서 이끌어 낸 주 너희 하느님이다. 나는 주 너희 하느님이다."

야고 2,10-11 누구든지 율법을 전부 지키다가 한 조목이라도 어기면, 율법 전체를 어기는 것이 됩니다. "간음해서는 안 된다."고 이르신 분께서 또 "살인해서는 안 된다."고 하셨습니다. 그대가 비록 간음하지 않더라도 살인하면 율법을 어긴 범법자가 되는 것입니다.

마태 5,8-19*

440 십계명은 왜 중대한 의무를 부과하는가?

십계명은 하느님과 이웃에 대한 인간의 기본적인 의무를 명확히 밝히기 때문이다.

해설 십계명은 하느님과 이웃에 대한 인간의 기본적인 의무를 분명하게 밝히고 있기 때문이다. 이 계명들은 하느님께서 인간의 마음속에 심어주신 것으로서, 언제 어디서나 지킬 의무가 있다.

용어 **하느님과 이웃에 대한 인간의 기본적인 의무** 십계명은 인간의 기본 의무, 곧 사람이면 누구나 지켜야 할 의무다. 그리고 그 의무는 인간과 떼려야 뗄 수 없는 관계를 맺고 계신 하느님, 하느님과 떼려야 뗄 수 없는 관계를 맺고 있는 인간에 대한 것이다.

성구 **여호 22,5** "주님의 종 모세께서 너희에게 명령하신 계명과 율법을 명심하여 잘 지켜, 주 너희 하느님을 사랑하고 그분의 모든 길을 따라 걸으며, 그분의 계명을 지키고 그분께만 매달리면서, 마음을 다하고 목숨을 다하여 그분을 섬겨라."

마태 19,16-17 그런데 어떤 사람이 예수님께 다가와, "스승님, 제가 영원한 생명을 얻으려면 무슨 선한 일을 해야 합니까?" 하고 물었다. 그러자 예수님께서 말씀하셨다. "어찌하여 나에게 선한 일을 묻느냐? 선하신 분은 한 분뿐이시다. 네가 생명에 들어가려면 계명들을 지켜라."

레위 22,31* 코헬 12,13*

441 십계명을 지킬 수 있는가?

그렇다. 그리스도를 떠나서 우리는 아무것도 할 수 없다. 그리스도께서는 당신의 성령과 은총의 선물로 우리가 십계명을 지킬 수 있게 해 주시기 때문이다.

해설 "하느님께서 명하시는 것은, 당신 친히 은총으로 실천 가능하게 해 주신다"(2082항). 우리가 십계명을 지키고, 나아가 하느님의 자녀답게 살 수 있는 것은 우리가 그리스도와 한 몸을 이루고 있기 때문이다. "나는 포도나무요 너희는 가지다. 내 안에 머무르고 나도 그 안에 머무르는 사람은 많은 열매를 맺는다. 너희는 나 없이 아무것도 하지 못한다"(요한 15,5).

용어 **성령과 은총의 선물** 그리스도께서는 성부 오른편에 우리의 중개자로 계시면서 우리에게 성령을 보내주시며 은총을 주시어 우리가 하느님의 백성으로서 하느님의 계명을 지킬 수 있게 하신다.

성구 **신명 30,11-12** "내가 오늘 너희에게 명령하는 이 계명은 너희에게 힘든 것도 아니고 멀리 있는 것도 아니다. 그것은 하늘에 있지도 않다. 그러니 '누가 하늘로 올라가서 그것을 가져다가 우리에게 들려주리오? 그러면 우리가 실천할 터인데.' 하고 말할 필요가 없다."

1요한 5,3-4 하느님을 사랑하는 것은 바로 그분의 계명을 지키는 것입니다. 그리고 그분의 계명은 힘겹지 않습니다. 하느님에게서 태어난 사람은 모두 세상을 이기기 때문입니다. 세상을 이긴 그 승리는 바로 우리 믿음의 승리입니다.

요한 14,15-16* 요한 15,10-11* 1티모 6,13-16ㄱ*

제1장
"네 마음을 다하고
네 목숨을 다하고 네 정신을 다하여
주 너의 하느님을 사랑해야 한다"

■ **첫째 계명: 나는 주 너의 하느님이다.**
　　　　　　너에게는 나 말고 다른 신이 있어서는 안 된다

442 "나는 주 너의 하느님이다."(탈출 20,2)라는 하느님의 선언은 무엇을 뜻하는가?

　이 선언은 신자들에게 세 가지 향주덕을 수호하며 실현하고, 그에 반대되는 죄들을 피할 것을 명한 것이다. **신앙**은 하느님을 믿고 그에 반대되는 양상들, 예를 들면 고의적 의심, 불신, 이단, 배교, 이교 따위를 물리치는 것이다. **희망**은 하느님의 복과 지복직관을 바라며, 절망과 자만을 피하는 것이다. **사랑**은 모든 것보다 하느님을 사랑하는 것이다. 그래서 무관심, 배은, 냉담과 영적 게으름, 교만에서 비롯되는 하느님에 대한 증오를 배격하는 것이다.

해설　하느님께서는 십계명의 첫머리에 당신 백성의 역사 안에서 이루신 전능하시고 자비로우시며 해방하시는 당신의 사랑을 상기시켜 당신을 알리신다. "나는 주 너의 하느님이다"(탈출 20,2). 이 말씀은 "네 마음을 다하고 목숨을 다하고 뜻을 다하여 **주님**이신 너의 하느님을 사랑하라"(마태 22,37)는 명령을 반향한다. 주 하느님께서는 먼저 사랑하셨다. 십계명은 이처럼 먼저 하느님의 사랑을 말하고 다음으로 인간이 하느님께 드려야 할 사랑의 응답을 제시한다.

용어　**고의적 의심**　믿기를 망설이거나, 신앙에 대한 반론이나 신앙의 어두움으로 생겨나는 불안을 극복하지 못하는 것이다(2088항).
　불신　계시 진리를 무시하거나 그것에 동의하기를 거부하는 것이다(2089항).
　이단　세례 받은 후 거룩한 가톨릭 신앙으로 믿어야 할 어떤 진리를 완강히 부정하거나 완고히 의심하는 것이다(2089항).

배교 그리스도교 신앙을 전부 포기하는 것이다(2089항).

이교離敎 교황에게 순종하거나 그에게 속하는 교회 구성원들과 친교 맺기를 거부하는 것이다(2089항).

하느님의 복 하느님께서 베푸시는 모든 것은 하느님이 우리에게 내리시는 복이다.

절망 하느님께서 자기를 구원해 주시고 구원에 이르도록 도와주시거나 죄를 용서해 주시리라는 희망을 버리는 것이다(2091항).

자만 하느님의 도움 없이도 구원받을 수 있다고 자신의 능력을 과신過信하거나, 회개나 공로 없이도 하느님의 구원을 받을 수 있다고 하느님의 전능과 자비를 과신하는 것이다(2092항).

무관심 하느님 사랑이 중요하다는 것을 무시하거나 거부하는 것이며, 하느님이 먼저 사랑하신다는 사실을 외면하고 그 사랑의 힘을 부인하는 것이다(2094항).

배은 하느님의 사랑을 인정하지도, 그 사랑에 응답하려 하지도 않는 것이다(2094항).

냉담 하느님의 사랑에 응답하기를 주저하거나 소홀히 하는 것이다(2094항).

게으름 하느님에게서 오는 기쁨을 거부하고 하느님이 주시는 좋은 것을 혐오하기까지 하는 것이다(2094항).

교만에서 비롯된 하느님 증오 하느님의 선하심을 부인하고, 하느님을 죄를 엄단하고 벌을 주시는 분으로 여겨 저주하는 것이다(2094항).

성구 **신명 5,6-9ㄱ** "나는 너를 이집트 땅, 종살이하던 집에서 이끌어 낸 주 너의 하느님이다. 너에게는 나 말고 다른 신이 있어서는 안 된다. 너는 위로 하늘에 있는 것이든, 아래로 땅 위에 있는 것이든, 땅 아래로 물속에 있는 것이든 어떤 형상으로도 신상을 만들어서는 안 된다. 너는 그것들에게 경배하거나 그것들을 섬기지 못한다."

마르 12,29-30 예수님께서 대답하셨다. "첫째는 이것이다. '이스라엘아, 들어라. 주 우리 하느님은 한 분이신 주님이시다. 그러므로 너는 마음을 다하고 목숨을 다하고 정신을 다하고 힘을 다하여 주 너의 하느님을 사랑해야 한다.'"

탈출 20,1-2* 로마 1,25*

443 "주 너의 하느님께 경배하고 그분만을 섬겨라."(마태 4,10)라는 주님의 말씀은 무엇을 명령하는가?

이 계명은 하느님을 존재하는 모든 것의 주님으로 흠숭할 것, 개인적으로나 공동체적으로 마땅한 예배를 하느님께 드릴 것, 하느님께 찬미와 감사와 간청의 기도를 바칠 것, 그리스도의 완전한 희생 제사와 일치하여 자기 삶의 영적 희생을 하느님께 봉헌할 것, 하느님께 드린 약속과 서약을 반드시 지킬 것을 명한다.

해설 우리는 우리 존재 전체로 하느님께 우리의 믿음과 희망과 사랑을 드린다. 우리는 창조주이시며 구세주이신 하느님께 흠숭과 기도와 희생 제사와 약속과 서원을 드린다. ① 하느님을 모든 것의 주님으로 흠숭해야 한다. ② 개인적으로나 공동체적으로 하느님을 예배해야 한다. ③ 하느님께 감사와 찬미와 청원의 기도를 드려야 한다. ④ 그리스도의 완전한 희생 제사와 함께 우리 자신의 삶을 하느님께 영적 제물로 바쳐야 한다. ⑤ 하느님께 드린 약속과 서원은 반드시 지켜야 한다.

용어 **흠숭** 그분을 하느님으로, 창조주요 구세주로, 주님이며 존재하는 모든 것의 주인으로, 사랑과 자비가 무한하신 분으로 모시는 것이다(2096항). → 문답 552 참조.

예배 우리의 주님이신 하느님께 마땅한 예를 올리는 것이다. → 문답 553 참조.

개인적으로나 공동체적으로 마땅한 예배 "하느님께 진정한 예배를 드릴 의무는 인간에게 개인적으로 또 집단적으로 관계되는 것이다"(2136항). → 문답 444-445 참조.

기도 하느님을 향하여 마음을 드높이는 것이다(2098항) → 문답 553 참조.

자기 삶을 영적 희생으로 하느님께 바침 하느님께 드리는 제사는 그저 의식 또는 예식이어서는 안 된다. 우리 삶 전체가 하느님께 바치는 희생 제사가 되어야 한다. → 문답 444-446 참조.

약속과 서원 약속은 특히 하느님께 드리는 전례적인 약속을 말한다(2101항).

우리는 세례와 견진, 혼인과 성품성사에서 하느님께 약속한다. 물론 개인적으로 하느님께 무엇을 하겠다고 약속할 수도 있다. **서원**은 "그리스도인이 자기 자신을 하느님께 봉헌하거나 어떤 선한 일을 하느님께 약속하는 신심 행위"다 (2102항). → 문답 192 참조.

성구 **신명 6,13-14** "너희는 주 너희 하느님을 경외하고 그분을 섬기며, 그분의 이름으로만 맹세해야 한다. 너희는 너희 주위에 있는 민족들의 신들 가운데 그 어떤 신도 따라가서는 안 된다."

루카 4,7-8 "당신이 내 앞에 경배하면 모두 당신 차지가 될 것이오." 예수님께서 그에게 대답하셨다. "성경에 기록되어 있다. '주 너의 하느님께 경배하고 그분만을 섬겨라.'"

시편 50,14* 호세 6,6*

444 사람은 진리와 자유 안에서 하느님께 예배드리는 권리를 어떤 방식으로 실행하는가?

모든 사람은 진리, 특히 하느님과 그분의 교회에 관한 진리를 탐구할 권리와 의무를 지켜야 한다. 그리고 일단 깨닫게 되면, 하느님께 진정한 예배를 드리고, 그 진리를 충실히 받아들이고 지켜야 한다. 동시에 인간의 존엄성에 근거하여 종교 문제에서 어느 누구도 자기의 양심을 거슬러 행동하도록 강요받지 않아야 하고, 공공질서의 한계 안에서 사적으로든 공적으로든 혼자서나 단체로 양심에 맞게 행동하는 데에 방해받지 않아야 한다.

해설 "모든 사람은 진리, 특히 하느님과 그분의 교회에 관한 진리를 탐구하며, 깨달은 그 진리를 받아들이고 지켜야 한다"(종교 자유 선언, 1항). 나아가 "종교 문제에서 자기 양심을 거슬러 행동하도록 강요받지 않아야 하고, 사적으로든 공적으로든, 혼자서나 단체로, 정당한 범위 안에서 자기 양심에 따라 행동하는 데 방해받지 않아야 한다"(종교 자유 선언, 2항). 여기서 말하는 정당한 범위란 ① 각 사회의 상황에 맞게, ② 정치적으로 신중하게, ③ 공동선의 요청에 따라 정해지고, ④ 객관적인 도덕 질서에 부합하는 법률 규범에 따라 국가 권위가 인정해야 한다.

용어 **하느님께 진정한 예배를 드림** 하느님을 알게 된 사람은 사적으로 그리고 공적으로 하느님께 합당한 예배를 드려야 한다.

공공질서의 한계 안에서 = 정당한 범위 안에서(위의 해설 참조). 종교 자유는 그 자체로 무제한적일 수 없지만, 그렇다고 정당한 사유 없이 함부로 제한할 수도 없다(2109항).

성구 **집회 35,20** 뜻에 맞게 예배를 드리는 이는 받아들여지고 그의 기도는 구름에까지 올라가리라.

요한 4,23-24 "진실한 예배자들이 영과 진리 안에서 아버지께 예배를 드릴 때가 온다. 지금이 바로 그때다. 사실 아버지께서는 이렇게 예배를 드리는 이들을 찾으신다. 하느님은 영이시다. 그러므로 그분께 예배를 드리는 이는 영과 진리 안에서 예배를 드려야 한다."

2코린 6,6-7ㄱ*

445 "너에게는 나 말고 다른 신이 있어서는 안 된다."(탈출 20,3)라고 하느님께서 명하시면서 무엇을 금하시는가?

이 계명이 금하는 것들은 다음과 같다.

다신교와 우상 숭배: 피조물, 권력, 돈, 심지어 마귀를 신격화하는 것.

미신: 다양한 신격화의 형태인 마술과 점, 정령 숭배 등 참하느님께 드리는 마땅한 예배를 거스르는 것.

불경: 말이나 행위로 하느님을 시험하는 것. 거룩한 사람이나 사물, 특히 성체와 같은 것을 모독하는 신성 모독과, 영적 재화를 사거나 팔려고 하는 성직 매매 행위.

무신론: 종종 인간의 자율성에 대한 그릇된 개념에 근거하여 하느님의 존재를 거부하는 것.

불가지론: 하느님에 대해서는 아무것도 알 수 없다고 주장하는 무관심주의와 실천적 무신론.

해설 첫째 계명은 자신을 당신 백성에게 계시하신 유일하신 주님 외에 다른 신을 공경하는 것을 금한다. ① 다신교와 우상 숭배, ② 미신, ③ 불경, ④ 무신론, ⑤ 불가지론은 제1계명이 금하는 것이다.

| 용어 | **다신교와 우상 숭배** 유일하신 하느님 대신 여러 신을 섬기는 것이 다신교이고, 우상 숭배 역시 하느님 아닌 피조물들을 하느님으로 받들어 섬기는 것이다. 두 말할 필요도 없이 오늘의 가장 심각한 우상 숭배는 물신 숭배다(2112-2113항).

미신 미신은 종교심과 종교심이 요구하는 실천에서 빗나가는 이탈이다 (2111항).

불경 말이나 행위로 하느님을 시험하는 행위, 독성, 성직 매매 등이 불경죄다(2118-2121항). 나 자신의 이익을 위해 하느님을 이용하는 것은 크나큰 불경이다.

무신론 하느님이 없다고 주장하는 것으로서, 하느님의 존재를 배격하거나 거부하는 행위다(2124-2125항). 하느님을 부정하지는 않지만, 하느님이 없는 것처럼 사는 것도 **실천적 무신론**이다.

불가지론 하느님을 알 수 없다는 주장으로, 일종의 실천적 무신론이다 (2127-2128항).

성직 매매 행위 영적이며 종교적인 것을 돈이나 다른 물질로 얻는 행위다. 즉 하느님에게서 위임받은 권한을 현세적인 가치로 매매하는 행위를 가리킨다.|
|---|---|
| 성구 | **시편 115,4-9** 저들의 우상들은 은과 금
사람 손의 작품이라네.
입이 있어도 말하지 못하고
눈이 있어도 보지 못하며
귀가 있어도 듣지 못하고
코가 있어도 맡지 못하네.
그들의 손은 만지지 못하고
그들의 발은 걷지 못하며
그들의 목구멍으로는 소리 내지 못하네.
그것들을 만드는 자들도 신뢰하는 자들도
모두 그것들과 같네.
이스라엘아, **주님**을 신뢰하여라! |

주님은 도움이며 방패이시다.

마태 6,24 "아무도 두 주인을 섬길 수 없다. 한쪽은 미워하고 다른 쪽은 사랑하며, 한쪽은 떠받들고 다른 쪽은 업신여기게 된다. 너희는 하느님과 재물을 함께 섬길 수 없다."

이사 44,6.9* 사도 8,18-20* 1요한 5,21*

446 "너는 어떤 신상도 만들어서는 안 된다."(탈출 20,4)라는 하느님의 명령은 성화상 공경을 금하는가?

구약 성경은 이 명령으로써 완전히 초월적이신 하느님을 표현하는 것을 금지하였다. 하느님 아들의 강생에 근거하여, 그리스도교의 성화상에 대한 공경(787년의 니케아 공의회에서 단언한 것처럼)은 정당화되고 있다. 이는 사람이 되시어 초월적인 하느님을 볼 수 있는 분이 되게 해 주신 하느님 아들의 신비에 근거하기 때문이다. 성화상 공경은 성화상 자체에 대한 공경이 아니라, 그 성화상이 나타내고 있는 분, 곧 그리스도와 복된 동정 마리아, 천사들과 성인들을 공경하는 것이다.

해설 구약에서는 초월적이신 하느님을 표현하는 것을 금지하였다. 특히 주변 나라들의 우상들과 그 숭배를 경계하였다. 그러나 신약에 와서 보이지 않는 하느님이 사람이 되신 강생의 신비로 성화상 제작이 가능해졌다. 이는 성화상이 나타내는 분을 공경하는 것이며, 올바른 신심을 북돋우기 위한 것이다. 그러므로 성화상 자체를 공경하거나 무슨 영적 능력을 지닌 것처럼 믿는 것은 우상 숭배요 미신이다.

용어 **초월적인 하느님** 초월적인 하느님은 또한 인간의 상상을 초월하는 분이다.
성화상 공경 성자나 성인들의 상과 그림을 존중하는 것은 그 성상이나 성화를 통해 그 인물을 공경하기 위해서다. 성화와 성상을 합쳐서 **성화상**이라 한다는 점은 이미 밝힌 바 있다 → 문답 92와 240 용어 풀이 참조.

성구 **민수 21,7-9** 백성이 모세에게 와서 간청하였다. "우리가 **주님**과 당신께 불평하여 죄를 지었습니다. 이 뱀을 우리에게서 치워 주시도록 **주님**께 기도해 주십시오." 그래서 모세가 백성을 위하여 기도하였다. 그러자 **주님**께서 모세에게 말씀하셨다. "너는 불 뱀을 만들어 기둥 위에 달아 놓아라. 물린 자는 누구든지 그것을 보면 살게 될 것이다." 그리하여 모세는 구리 뱀을 만들어 그것을 기둥 위에 달아 놓았다. 뱀이 사람을 물었을 때, 그 사람이 구리 뱀을 쳐다보면 살아났다.

요한 3,14-15 "모세가 광야에서 뱀을 들어 올린 것처럼, 사람의 아들도 들어 올려져야 한다. 믿는 사람은 누구나 사람의 아들 안에서 영원한 생명을 얻게 하려는 것이다."

탈출 25,18-19*

■ 둘째 계명: 주 너의 하느님의 이름을 부당하게 불러서는 안 된다

447 하느님 이름의 거룩함은 어떻게 존중되는가?

하느님의 거룩한 이름은 우리가 하느님께 간청하고, 하느님을 찬미하고, 찬양하며 영광을 드림으로써 존경받는다. 따라서 어떤 범죄를 정당화하려고 하느님의 이름을 부당하게 부르는 것과, 그 자체로 중죄가 되는 **신성 모독**같이 거룩한 하느님의 이름을 부당하게 사용하는 것, **저주**와, 하느님 이름으로 한 약속에 대한 **불성실함**을 금한다.

해설　하느님의 이름은 지극히 거룩하다. 함부로 불러서는 안 된다. 하느님을 찬양하고 찬미하고 현양하기 위해서만 하느님의 이름을 불러야 한다. 범죄 행위를 정당화하기 위해 하느님의 이름을 부르는 것은 가장 큰 죄악이다. 예를 들어 하느님의 이름으로 벌이는 전쟁은 절대로 있어서는 안 될 죄악이다. 둘째 계명은 신성 모독, 저주, 거짓 맹세 등을 금한다.

하느님의 이름을 존중하는 가장 기본적인 자세는 우리가 그분의 자녀답게 잘 사는 것이다. 다시 말해 우리 행동으로 하느님의 이름을 욕되게 해서는 안 된다. 우리는 주님의 기도를 통해 "아버지의 이름이 거룩히 빛나시기를" 기원하며 이 같은 사실을 되새긴다.

용어　**하느님의 이름**　구약에서는 하느님께서 '야훼'라는 당신 이름을 알려주셨다 (탈출 3,15). 유다인들은 이 하느님의 이름을 존경하여 야훼 대신 아도나이(나의 주, 주님)로 하느님을 불렀고, 이 같은 전통은 오늘날에도 이어져 천주교에서는 야훼 대신 주님으로 바꾸어 부른다. → 문답 38 참조.

신성 모독 하느님을 증오하거나 비난하거나 도발하고, 하느님을 나쁘게 말하며, 그분께 대하여 불경스러운 말을 하고, 하느님의 이름을 함부로 부르는 것을 말한다. 하느님을 모독하는 언사를 금지하는 것은 그리스도의 교회와 성인들, 거룩한 물건들을 거스르는 언사에도 해당된다. → 문답 369 참조

성구 레위 22,32 "나의 거룩함이 이스라엘 자손들 가운데에 드러나도록, 너희는 나의 거룩한 이름을 더럽혀서는 안 된다. 나는 너희를 거룩하게 하는 **주님**이다."

마태 7,22-23 "그날에 많은 사람이 나에게, '주님, 주님! 저희가 주님의 이름으로 예언을 하고, 주님의 이름으로 마귀를 쫓아내고, 주님의 이름으로 많은 기적을 일으키지 않았습니까?' 하고 말할 것이다. 그때에 나는 그들에게, '나는 너희를 도무지 알지 못한다. 내게서 물러들 가라, 불법을 일삼는 자들아!' 하고 선언할 것이다."

신명 5,11* 시편 113,1-3*

448 거짓 맹세는 왜 금지되는가?

거짓 맹세는 진리 자체이신 하느님을 증인으로 내세우는 것이기 때문에 금지된다.

해설 지킬 마음이 없이 맹세하면서 약속하거나, 약속을 지키지 않으면 거짓 맹세가 된다. 거짓 맹세는 진리 자체이시며, 당신 약속에 성실하신 하느님의 이름을 모독하는 중죄다.

용어 **진리 자체이신 하느님** 하느님은 진리 자체이시며, 모든 진리의 근원이시다(215-217항). 우리는 진리이신 하느님을 믿고, 그분께 온전히 의탁한다. = 아멘이신 하느님Deus Amen(이사 65,16) → 문답 449 참조.

성구 레위 19,12 "너희는 나의 이름으로 거짓 맹세를 해서는 안 된다. 그러면 너희는 너희 하느님의 이름을 더럽히게 된다. 나는 **주님**이다."

마태 5,33-34.37 "'거짓 맹세를 해서는 안 된다. 네가 맹세한 대로 주님께 해 드려라.' 하고 옛사람들에게 이르신 말씀을 너희는 또 들었다. 그러나 나는 너희에게 말한다. 아예 맹세하지 마라. 하늘을 두고도 맹세하지 마라. 하느님의

옥좌이기 때문이다. … 너희는 말할 때에 '예.' 할 것은 '예.' 하고, '아니요.' 할 것은 '아니요.'라고만 하여라. 그 이상의 것은 악에서 나오는 것이다"(야고 5,12 참조).

449 거짓 맹세는 무엇인가?

거짓 맹세는 지킬 생각이 없는 약속을 하면서 맹세하거나, 맹세를 하고 나서 그 약속을 지키지 않는 것이다. 거짓 맹세는 당신의 약속에 언제나 충실하신 하느님을 거스르는 중죄다.

해설 **맹세**는 자신이 확언한 것에 하느님을 증인으로 내세우는 것이다. **거짓 맹세**는 거짓을 진실인 것처럼 가장하려고 하느님을 내세우는 것이다. 또한 지킬 마음이 없이 맹세하면서 약속하거나, 약속을 지키지 않으면 거짓 맹세가 된다(문답 448). → 문답 523 참조.

용어 **당신의 약속에 언제나 충실하신 하느님** "이사야 예언서에서는 '진리의 하느님'이라는 표현이 있는데, 이는 그분께서 약속에 성실하신 하느님이라는 뜻이다"(1063항). = 아멘이신 하느님(이사 65,16)

중죄重罪 죽을죄 곧 대죄처럼 하느님에게서 완전히 등을 돌리는 죄는 아니더라도 매우 중한 위법을 말한다.

중죄와 대죄의 구분이 반드시 필요하다. 죽을죄를 대죄라 정의한다면, 중죄는 고해성사로 화해해야 할 죄라고 정의할 수 있지 않을까. 그럴 경우 중죄는 대죄와 동의어가 되고, 죽을죄는 그보다 더 큰 죄로 정의되어야 한다.

성구 **집회 23,9-10** 네 입에 맹세하는 버릇을 들이지 말고 거룩하신 분의 이름을 습관적으로 부르지 마라. 끊임없이 문초를 당하는 종이 상처가 가시지 않듯 언제나 그분의 이름을 부르며 맹세하는 자도 결코 죄악에서 깨끗해지지 못하리라.

마르 14,71 베드로는 거짓이면 천벌을 받겠다고 맹세하기 시작하며, "나는 당신들이 말하는 그 사람을 알지 못하오." 하였다.

신명 23,22-24*

■ 셋째 계명: 안식일을 기억하여 거룩하게 지켜라

450 왜 하느님께서는 "안식일에 강복하고 그 날을 거룩하게 하신"(탈출 20,11) 것인가?

안식일은 창조 사업의 이렛날에 쉬신 **하느님의 안식**을 기억하고, 이스라엘의 이집트 탈출과 하느님께서 당신 백성과 체결하신 계약도 기억하는 날이기 때문이다.

해설 안식일은 ① 하느님께서 세상 창조를 마치신 다음 이렛날 쉬신 것(창세 2,2-3; 탈출 20,11)을 기념한다. 또한 ② 이스라엘이 이집트 종살이에서 해방된 것(신명 5,15)과 ③ 하느님께서 당신 백성과 맺으신 계약(탈출 31,16)을 기념한다.

용어 **안식일** 안식은 일을 마치고 쉼을 의미할 뿐 아니라, 일을 이루고 완성함을 의미한다. 그러므로 하느님의 안식에 든다는 것은 하느님의 쉼뿐 아니라 하느님의 완성에 든다는 뜻이다. 구약에서 안식일은 하느님 백성이 창조주 하느님을, 신약에서는 구세주이신 하느님을 보여 주는 일종의 표징이다.

강복 말 그대로 복을 내리는 것이다. 하느님 편에서는 복을 내리시고, 인간 편에서는 하느님을 찬미하는 것이다. = **축복**祝福 benedictio. 축복은 '복을 빌어 준다'는 뜻이다. → 문답 551 참조.

성구 **신명 5,14-15** "그러나 이렛날은 **주** 너의 하느님을 위한 안식일이다. 그날 너의 아들과 딸, 너의 남종과 여종, 너의 소와 나귀, 그리고 너의 모든 집짐승과 네 동네에 사는 이방인은 어떤 일도 해서는 안 된다. 그렇게 하여 너의 남종과 여종도 너와 똑같이 쉬게 해야 한다. 너는 이집트 땅에서 종살이를 하였고, **주** 너의 하느님이 강한 손과 뻗은 팔로 너를 그곳에서 이끌어 내었음을 기억하여라. 그 때문에 **주** 너의 하느님이 너에게 안식일을 지키라고 명령하는 것이다."

루카 6,9 예수님께서 그들에게 말씀하셨다. "내가 너희에게 묻겠다. 안식일에 좋은 일을 하는 것이 합당하냐? 남을 해치는 일을 하는 것이 합당하냐? 목숨을 구하는 것이 합당하냐? 죽이는 것이 합당하냐?"

창세 2,2-3* 이사 58,13-14*

451 예수님께서는 안식일과 관련하여 어떻게 말씀하셨는가?

예수님께서는 안식일의 거룩함을 잘 아셨으며 안식일에 대하여 권위 있게 해석을 내려 주신다. "안식일이 사람을 위하여 생긴 것이지, 사람이 안식일을 위하여 생긴 것은 아니다"(마르 2,27).

해설 복음서에 보면 예수님께서 안식일 규정을 어겼다고 비난받으신 이야기들이 많이 나온다(마태 12,1-8; 마르 3,1-6; 루카 13,10-17; 14,1-16; 요한 5,1-18; 9,1-34). 이른바 '안식일 논쟁'이다. 그러나 예수님께서는 안식일의 참된 정신을 일깨우고 살리셨다. 신약에서도 안식일의 참된 정신은 그대로 이어지고 있다.

용어 **안식일의 거룩함** 안식일은 거룩하게 지내는 날이다. "안식일을 기억하여 거룩하게 지켜라"(탈출 20,8). 예수님께서는 "안식일에 악한 일이 아니라 착한 일을, 죽이는 일이 아니라 살리는 일을 해야 한다."(마태 12,5; 요한 7,23 참조)고 단언하시며 당신이 안식일에 하신 착한 일과 살리는 일이 안식일의 거룩함을 훼손한 것이 아니라고 주장하셨다.

성구 **탈출 20,11** "이는 **주님**이 엿새 동안 하늘과 땅과 바다와 그 안에 있는 모든 것을 만들고, 이렛날에는 쉬었기 때문이다. 그러므로 **주님**이 안식일에 강복하고 그날을 거룩하게 한 것이다"(신명 5,14-15 참조).

마르 2,27-28 "안식일이 사람을 위하여 생긴 것이지, 사람이 안식일을 위하여 생긴 것은 아니다. 그러므로 사람의 아들은 또한 안식일의 주인이다."

마태 12,10-12* 요한 5,16-17* 요한 9,16*

452 어떤 이유에서 그리스도인들에게 안식일이 주일로 바뀌었는가?

주일이 그리스도께서 부활하신 날이기 때문이다. 주일은 "주간 첫날"(마르 16,2)로서 첫 창조를 상기시키며, 안식일 다음의 '여덟째 날'로서 이날은 그리스도의 부활과 더불어 시작된 새로운 창조를 가리킨다. 이로써 주일이 그리스도인들에게는 모든 날 중의 첫째 날, 모든 축일 중의 축일, **주님의 날**이 되었다. 주일은 그리스도의 파스카를 통하여, 유다인들의 안식일의 영적인 참의미를 완성하고, 인간이 하느님 안에서 누릴 영원한 안식을 예고한다.

해설 예수님께서는 안식일 다음날 곧 "주간 첫날"(마르 16,2)에 부활하셨다. 이 날은 새 창조를 상기시킨다. 이 날은 곧 새 창조의 첫날이다. 그리스도인들에게는 이 날이 모든 날 중의 첫째 날, 주님의 날[主日]이 되었다. 주일은 ① 주님의 파스카를 통하여 구약의 안식일의 영적인 참의미를 완성하고, ② 인간이 하느님 안에서 누릴 영원한 안식을 예고한다.

용어

주일 주님의 날은 두 가지 뜻을 지닌다. 신구약 성경에서 말하는 주님의 날은 주님께서 오시는 날이다. 그러나 전례에서 말하는 주님의 날은 주님의 부활을 기념하는 날(이며 주님의 오심을 기다리는 날)이다.

여덟째 날 안식일 다음 날을 말한다. 부활하신 주님께서는 안식일 다음 날 곧 여덟째 날 제자들에게 나타나셨다(마태 28,1; 마르 16,2.9; 루카 24,1.13; 요한 20,19.24).

새로운 창조 한처음의 창조와 비교하여, 그리스도께서 인류를 구원하신 일을 새 창조라고 말한다.

파스카Pascha → 문답 112, 122, 126, 218, 236-237, 271-276, 287, 354-355 참조.

안식일의 영적인 참 의미 쉼은 우선 육체적인 의미를 지닌다. 그러나 우리는 그 영적 의미도 살려 주일을 지켜야 한다.

하느님 안에서 누릴 영원한 안식 여기서 말하는 안식은 그저 쉬는 것을 의미하지 않는다. 그것은 완성과 충만을 의미한다. 사람과 우주는 완성을 향하여 쉼 없이 나아가며, 오직 하느님께 이르는 날 그분 안에서만 진정한 안식을 누리게 된다.

성구

레위 19,30; 23,3 "너희는 나의 안식일을 지키고, 나의 성소를 경외해야 한다. 나는 주님이다. … 너희는 엿새 동안 일을 할 수 있다. 그러나 이렛날은 안식일로서 거룩한 모임을 여는 안식의 날이니, 어떤 일도 해서는 안 된다. 이날은 너희가 사는 곳 어디에서나 지켜야 하는 주님의 안식일이다."

마르 16,2.9ㄱ 그리고 주간 첫날 매우 이른 아침, 해가 떠오를 무렵에 무덤으로 갔다. … 예수님께서는 주간 첫날 새벽에 부활하신 뒤, 마리아 막달레나에게 처음으로 나타나셨다.

마태 28,1.9* 루카 24,13-15* 요한 20,19-20*

453 어떻게 주일을 거룩하게 지내는가?

신자들은 주님의 성찬례에 참여하고, 하느님께 드려야 할 예배, 주님의 날에 맛보는 고유한 기쁨, 정신과 육체의 적당한 휴식 등을 방해하는 일이나 활동을 삼가면서 주일과 그 밖의 다른 의무 축일을 거룩하게 지낸다. 가정에서 필요하거나 사회에 큰 유익을 주는 일은 주일 휴식 규정의 적용을 면제하는 정당한 사유가 된다. 그럴더라도 정당한 면제 사유들을 핑계 삼아 신앙과 가정생활과 건강을 해치는 습관에 빠지지 않도록 주의하여야 한다.

해설 우리는 주님의 날[主日] 곧 주님 파스카를 경축하는 날, 본당에 모여 파스카 잔치인 미사를 봉헌하며 이날을 거룩하게 지낸다. 나아가 구약의 전통을 이어받아 이날을 안식일로 지내며 창조주 하느님이 마련하신 거룩한 휴식을 즐긴다. 미사 참례가 불가능할 때에는 함께 모여 말씀의 전례(공소예절)를 거행하거나, 개인적으로나 가족끼리, 또는 여러 가족이 모여 기도하는 일이 매우 권장된다(2183항). "미사나 공소예절에도 참례할 수 없는 부득이한 경우에는 그 대신에 묵주기도, 성경 봉독, 선행 등으로 그 의무를 대신할 수 있다"(한국천주교사목지침서, 제74조, 4항).

용어 **주일 휴식 규정** 교회법 1247조에는 "① 하느님께 바쳐야 할 경배, ② 주님의 날의 고유한 기쁨, 또는 ③ 마음과 몸의 합당한 휴식을 방해하는 일과 영업을 삼가야 한다."고 되어 있다.

신앙과 가정생활과 건강을 해치는 습관 지나친 개인적 취미 생활은 오히려 신앙생활과 가정생활, 그리고 건강마저 해칠 수 있다. 주일은 신앙생활과 가정생활과 건강을 도모하는 날임을 잊어서는 안 된다.

성구 **신명 5,12-14** "주 너의 하느님이 너에게 명령한 대로 안식일을 지켜 거룩하게 하여라. 엿새 동안 일하면서 네 할 일을 다 하여라. 그러나 이렛날은 **주** 너의 하느님을 위한 안식일이다. 그날 너의 아들과 딸, 너의 남종과 여종, 너의 소와 나귀, 그리고 너의 모든 집짐승과 네 동네에 사는 이방인은 어떤 일도 해서는 안 된다. 그렇게 하여 너의 남종과 여종도 너와 똑같이 쉬게 해야 한다."

사도 20,7 주간 첫날에 우리는 빵을 떼어 나누려고 모였다. 바오로가 신자들에게 이야기하였는데, 이튿날 떠나기로 되어 있었기 때문에 자정까지 이야기를 계속하였다.

탈출 31,16-17* 느헤 8,10*

454 주일을 법정 공휴일로 정하는 것이 왜 중요한가?

모든 이가 그들의 가정, 문화와 사회, 종교 생활을 영위하기에 충분한 휴식과 여가를 누릴 수 있는 가능성이 주어져야 하고, 또 반성과 침묵, 교양과 묵상을 위한 시간, 특히 자선 활동과 병자나 노인들에게 봉사하는 데 헌신할 수 있는 시간이 주어져야 하기 때문이다.

해설 　신자뿐 아니라 모든 이가 "가정·문화·사회·종교 생활을 하기에 충분한 휴식과 여가"(사목 헌장, 67항)를 즐길 수 있어야 하며, 특히 사회적 약자를 배려하는 시간이 있어야 하기 때문이다. 휴식은 이웃 사랑의 실천이기도 하다. 국가 권력은 국민에게 휴식과 예배를 위한 시간을 보장하도록 유의해야 한다.

용어 　**휴식** 　주일의 휴식은 인간이 인간다운 삶을 살도록 도움을 준다. 주일의 휴식을 통하여 일상의 업무와 관심사들이 적절하게 조화를 이루게 된다. 다시 말해 일은 휴식에, 휴식은 일에 의미를 부여한다.

반성과 침묵의 시간 　여유롭게 사유하고, 침묵을 통해 언어생활에서도 여유를 찾는 것 또한 휴식이다.

교양과 묵상의 시간 　교양은 여러 가지 문화적 체험 학습으로, 묵상은 명상이나 사색으로 이해할 수 있다. 영혼을 풍요롭게 하는 시간이다.

성구 　**탈출 23,12** 　"너희는 엿새 동안 일을 하고, 이렛날에는 쉬어야 한다. 이는 너희 소와 나귀가 쉬고, 너희 여종의 아들과 이방인이 숨을 돌리게 하려는 것이다."

마태 12,11-12 　그러자 예수님께서 그들에게 말씀하셨다. "너희 가운데 어떤 사람에게 양 한 마리가 있는데, 그 양이 안식일에 구덩이에 빠졌다고 하자. 그러면 그것을 잡아 끌어내지 않겠느냐? 사람이 양보다 얼마나 더 귀하냐? 그러니 안식일에 좋은 일은 해도 된다."

제2장
"네 이웃을 너 자신처럼 사랑해야 한다"

■ **넷째 계명: 아버지와 어머니를 공경하여라**

455 넷째 계명은 무엇을 명하는가?

넷째 계명은 우리의 부모와, 우리의 선익을 위하여 하느님께서 권위를 부여하신 이들을 공경하고 존중하라는 명령이다.

해설   넷째 계명은 부모 공경과 사회적 권위의 존중을 명한다. 그렇지만 교회는 전통적으로 그 반대 방향 곧 부모나 사회적 권위가 아랫사람들에게 해야 할 의무도 넷째 계명 안에 포함시킨다. 따라서 넷째 계명은 이어지는 다른 계명들(제5-10계명)의 기본이 된다.

용어   **하느님께서 권위를 부여하신 이들**   사회적 권위를 말한다. 모든 사회적 권위는 하느님께서 부여하신 것이다. "하느님에게서 나오지 않는 권위란 있을 수 없고, 현재의 권위들도 하느님께서 세우신 것입니다"(로마 13,1).

성구   **신명 5,16**   "주 너의 하느님이 너에게 명령하는 대로, 아버지와 어머니를 공경하여라. 그러면 너는 주 너의 하느님이 너에게 주는 땅에서 오래 살고 잘될 것이다."

에페 6,1-3   자녀 여러분, 주님 안에서 부모에게 순종하십시오. 그것이 옳은 일입니다. "아버지와 어머니를 공경하여라." 이는 약속이 딸린 첫 계명입니다. "네가 잘되고 땅에서 오래 살 것이다." 하신 약속입니다.

루카 2,51-52*

456 하느님의 계획에 따른 가정의 본질은 무엇인가?

혼인으로 결합된 한 남자와 한 여자는 그들의 자녀들과 더불어 한 가정을 이룬다. 하느님께서는 가정을 세우셨고, 가정의 기본 구조를 마련해 주셨다. 혼인과 가정은 부부의 선익과 자녀의 출산 그리고 그 교육을 목적으로 한다. 한 가정의 구성원들은 서로 인격적 관계를 형성하고 일차적인 책임을 진다. 그리스도인 가정은 믿음과 희망과 사랑의 공동체이므로 **가정 교회**가 된다.

해설 한처음 하느님께서 사람을 남자와 여자로 만드셨을 때 이미 결혼과 가정을 세우셨다. 하느님께서 결혼과 가정을 세우신 뜻은 혼인과 가정 안에서 부부의 사랑, 자녀의 출산과 교육이 이루어지도록 하기 위해서다. 이를 위해 가족은 서로 맡은 바 임무에 최선을 다해야 한다.

① 그리스도인 가정은 사람과 사람의 친교이며 동시에 삼위일체 하느님의 친교를 나타내는 표상이다. ② 그리스도인 가정에서 이루어지는 자녀 출산과 교육은 하느님 창조 사업의 반영이다. ③ 그리스도인 가정은 기도와 희생을 통해 복음의 전파자 곧 선교사가 된다. 한 마디로 그리스도인 가정은 '가정 교회'(교회 헌장, 11항)다.

용어 **부부의 선익** 남자와 여자가 한 몸을 이룸으로써 이루는 선은 지대하다. 그들은 서로의 인격을 나누는 사랑을 통해 가장 완전하게 하느님을 닮는다.

서로 인격적 관계를 형성하고 일차적인 책임을 진다 가정의 구성원이 맺는 인격적 관계는 사회의 기본 관계가 된다. 가족 서로가 맡는 책임은 사회적 책임의 기초다.

성구 **집회 3,2-8** 주님께서 자녀들로 아버지를 영광스럽게 하시고, 아들에 대한 어머니의 권리를 보장하셨다. 아버지를 공경하는 이는 죄를 용서받는다. 제 어머니를 영광스럽게 하는 이는 보물을 쌓는 이와 같다. 아버지를 공경하는 이는 자녀들에게서 기쁨을 얻고, 그가 기도하는 날 받아들여진다. 아버지를 영광스럽게 하는 이는 장수하고, 주님의 말씀에 귀 기울이는 이는 제 어머니를 편안하게 한다. 주님을 경외하는 이는 아버지를 공경하고, 자신을 낳아 준 부모를 상전처럼 섬긴다. 말과 행동으로 네 아버지를 공경하여라. 그러면 그의 축복을 받으리라.

콜로 3,18-21 아내 여러분, 남편에게 순종하십시오. 주님 안에 사는 사람은 마땅히 그래야 합니다. 남편 여러분, 아내를 사랑하십시오. 그리고 아내를 모질게 대하지 마십시오. 자녀 여러분, 무슨 일에서나 부모에게 순종하십시오. 이것이 주님 마음에 드는 일입니다. 아버지 여러분, 자녀들을 들볶지 마십시오. 그러다가 그들의 기를 꺾고 맙니다.

457 가정은 사회에서 어떤 위치를 차지하는가?

가정은 사회생활의 근원적 세포이므로 공권력으로부터 모든 것에 앞서 존중되어야 한다. 가정의 원리와 가치들은 사회생활의 바탕을 이룬다. 가정생활은 사회생활의 입문이다.

해설 가정은 사회의 기본이다. 가정에서 이루어지는 권위와 안정과 사귐의 생활은 사회에서 누리는 자유와 안전과 형제애의 기초가 된다. 사람은 어려서부터 가정에서 도덕적 가치와 하느님 공경과 자유의 선용을 배우게 된다. 가정생활은 사회생활의 첫걸음이다.

용어 **가정은 사회생활의 근원적 세포** 가정은 사회를 이루는 세포라 할 수 있다. 가정이 건강해야 사회가 건강하다. 요한 바오로 2세는 「가정 공동체」에서 가정을 ① '인격체들의 공동체'(15항), ② '인간성의 학교'(36항), ③ '화해의 장소'(58항), ④ '사회의 활력 세포'(42항)라고 정의하였다.

모든 것에 앞서 존중되어야 모든 사회적 권위는 가정을 위해 존재한다고 해도 지나친 말이 아니다. 그러므로 가정이라는 사회는 여타의 사회들(사회단체들)보다 우선한다.

가정의 원리와 가치들 가정에서 지켜야 할, 또는 가정을 위해 지켜야 할 원칙과 가치들은 사회생활의 바탕이다.

성구 **잠언 17,1** 편안하게 먹는 마른 빵 한 조각이
불화 섞인 잔치 음식으로 가득한 집보다 낫다.

1티모 5,8 어떤 사람이 자기 친척 특히 가족을 돌보지 않으면, 그는 믿음을 저버린 자로 믿지 않는 사람보다 더 나쁩니다.

시편 133,1* 야고 1,27*

458 사회는 가정과 관련하여 어떤 의무를 지는가?

사회는 보조성의 원리를 존중하면서 혼인과 가정을 지탱해 주고 강화해 줄 의무가 있다. 공권력은 혼인과 가정의 진정한 특성, 공중도덕, 부모의 권리와 가정의 번영을

존중하고 보호하고 후원해야 한다.

해설   사회는 가정을 보호해야 할 막중한 책임이 있다. 그렇지만 여기서도 '보조성의 원리'는 존중되어야 한다. 가정의 권리를 빼앗거나 가정생활에 간섭해서는 안 된다. 공권력은 "혼인과 가정의 진정한 특성을 인정하고 보호하고 향상시키며, 공중도덕을 수호하고, 가정의 번영에 이바지하는 것을 신성한 임무로 여겨야 한다"(사목 헌장, 52항).

용어   **공권력**   국가는 "혼인과 가정의 진정한 특성을 인정하고 보호하고 향상시키며 공중 도덕을 수호하고 가정의 번영에 이바지하는"(사목 헌장, 52항) 것을 중대한 의무로 여겨야 한다(2210-2211항, 요한 바오로 2세, 「가정 공동체」, 46항 참조).

공중도덕   가정에서부터 지켜야 할 공중도덕은 우리나라로 말하면 삼강오륜이 될 수 있다. 삼강오륜이 군주시대의 유산이라 하여 폐기할 것이 아니라, 하느님의 넷째 계명과 관련하여 새롭게 조명할 필요가 있다.

성구   **1사무 12,1-4**   사무엘이 온 이스라엘에게 말하였다. "나는 여러분이 나에게 청한 대로 여러분의 말을 다 들어 주어, 여러분을 다스릴 임금을 세웠소. 이제부터는 이 임금이 여러분을 이끌 것이오. 나는 늙어 백발이 되었고 내 아들들이 여러분과 함께 있소. 나는 젊어서부터 이날까지 여러분을 이끌어 왔소. 여기 내가 있으니 나를 고발할 일이 있거든, **주님** 앞에서 그리고 그분의 기름부음받은이 앞에서 하시오. 내가 누구의 소를 빼앗거나 누구의 나귀를 빼앗은 일이 있소? 내가 누구를 학대하거나 억압한 일이 있소? 누구에게 뇌물을 받고 눈감아 준 일이 있소? 그런 일이 있으면 내가 여러분에게 갚아 주겠소." 그들이 대답하였다. "우리를 학대하거나 억압하신 일도 없고, 누구의 손에서 무엇 하나 빼앗으신 일도 없습니다."

루카 12,13-14   군중 가운데에서 어떤 사람이 예수님께, "스승님, 제 형더러 저에게 유산을 나누어 주라고 일러 주십시오." 하고 말하였다. 그러자 예수님께서 그에게 말씀하셨다. "사람아, 누가 나를 너희의 재판관이나 중재인으로 세웠단 말이냐?"

1사무 12,13-15*

459 부모에 대한 자녀들의 의무는 무엇인가?

자녀들은 부모에게 마땅히 공경(효도)하고 감사하며 공손하고 순종해야 하하며, 형제자매들 사이에 우애하고, 가정생활 전체의 화목과 성덕의 성장에 이바지해야 한다. 장성한 자녀들은 부모의 노년과 병환 중에, 고독하거나 곤궁한 때에 물질적 정신적 도움을 드려야 한다.

해설   자녀들은 (하느님 공경하듯) 부모를 공경해야 한다. 부모는 나를 낳아주시고, 길러주시고, 가르쳐주신 분이기 때문이다. 교리서는 ① 부모 공경(효도), ② 순종, ③ 늙으신 부모 봉양, ④ 화목 등을 자녀의 도리로 제시한다.

용어   **성덕의 성장**   가족끼리 주고받는 사랑은 성가정을 이루는 기초다. 가정은 사랑으로 거룩해진다.

성구   **집회 3,12-13.16**   얘야, 네 아버지가 나이 들었을 때 잘 보살피고, 그가 살아 있는 동안 슬프게 하지 마라. 그가 지각을 잃더라도 인내심을 가지고, 그를 업신여기지 않도록 네 힘을 다하여라. … 아버지를 버리는 자는 하느님을 모독하는 자와 같고, 자기 어머니를 화나게 하는 자는 주님께 저주를 받는다.

콜로 3,20   자녀 여러분, 무슨 일에서나 부모에게 순종하십시오. 이것이 주님 마음에 드는 일입니다.

집회 7,27-28*

460 자녀들에 대한 부모의 의무는 무엇인가?

부모는 하느님의 부성에 참여하는 자들로서 자녀 교육의 첫째가는 책임자이며 최초의 신앙 선포자이다. 부모는 자녀들을 **인격체**로 그리고 **하느님의 자녀**로 사랑하고 존중해야 하며, 그들의 영육에 필요한 것들을 제공해 줄 의무가 있다. 자녀들에게 적합한 학교를 정해 주며, 직업과 생활양식을 선택하는 데 현명한 조언으로써 도와주어야 한다. 특히 부모는 자녀들을 그리스도교 신앙으로 교육할 사명을 지닌다.

해설   부모는 자녀를 낳기만 하면 되는 것이 아니라, 키우고 가르쳐야 한다. 부모의 교육적 역할은 천부적인 의무이며 권리다. 부모는 ① 자녀를 인격체로, 하느님의 자녀로 보아야 한다. ② 자녀의 가정교육, 인성 교육, 신앙 교육에 힘써야 한다. ③ 자녀의 영육에 필요한 것들을 제공해야 한다. ④ 자녀의 학교 선택, 직업 선택에 강요 대신 현명히 조언해야 한다.

용어　**하느님의 부성에 참여**　하느님께서 인간을 내시고 보살피듯이, 부모도 자녀를 낳고 기른다. 이는 그 부성에서 비롯된 것이다. 부모는 아버지 하느님께서 우리를 사랑하시듯이, 그 자녀들을 사랑한다.

최초의 신앙 선포자　부모의 신앙생활은 자연스럽게 어린 자녀들을 신앙으로 이끈다. 부모는 그 누구보다 앞선 신앙의 스승이다.

성구　**집회 30,1-2**　제 자식을 사랑하는 이는 그에게 종종 매를 댄다. 그러면 말년에 기쁨을 얻으리라. 제 자식을 올바로 교육하는 이는 그로 말미암아 덕을 보고 친지들 가운데에서 그를 자랑으로 삼으리라.

콜로 3,21　아버지 여러분, 자녀들을 들볶지 마십시오. 그러다가 그들의 기를 꺾고 맙니다.

461 부모는 자녀들의 그리스도교 신앙을 어떻게 키울 수 있는가?

부모는 무엇보다도 표양, 기도, 가정 교리교육, 교회 생활 참여로 자녀들의 신앙을 자라게 한다.

해설　부모는 ① 좋은 표양, ② 가족 기도, ③ 가정 교리교육, ④ 교회 생활 참여로 자녀들의 신앙을 키운다. 그밖에도 ⑤ 덕성 교육(2223항)이나 ⑥ 사회봉사(2186항) 등도 자녀의 신앙 교육에 매우 중요하다.

용어　**표양**　= 모범

교회생활　교회를 중심으로 이루어지는 신자들의 삶을 말하며, 성사와 전례, 봉사와 증거 등으로 이루어진다.

성구　**시편 78,3-4.6**　우리가 들어서 아는 것을
우리 조상들이 우리에게 들려준 것을.
우리가 그 자손들에게 숨기지 않고
미래의 세대에게 들려주려 한다.
주님의 영광스러운 행적과 권능을
그분께서 일으키신 기적들을. …
미래의 세대, 장차 태어날 자손들이 알아듣고서

그들도 일어나

제 자손들에게 들려주게 하시려는 것이다.

에페 6,4 그리고 아버지 여러분, 자녀들을 성나게 하지 말고 주님의 훈련과 훈계로 기르십시오.

신명 6,6-7* 2티모 1,5*

462 가족은 절대 선인가?

가족의 유대가 중요하기는 하지만, 그렇다고 절대적인 것은 아니다. 그리스도인의 첫째 소명은 예수님을 사랑하면서 그분을 따르는 것임을 확신해야 한다. "아버지나 어머니를 나보다 더 사랑하는 사람은 나에게 합당하지 않다. 아들이나 딸을 나보다 더 사랑하는 사람도 나에게 합당하지 않다"(마태 10,37). 부모는 자기 자녀가 어떤 생활 상태에서든, 봉헌 생활이나 사제직 안에서 그리스도를 따르기로 한다면 기쁘게 그들의 선택을 존중하여야 한다.

해설 가족의 유대가 절대적인 것은 아니다. 모든 사람은 하느님을 알고 사랑하라는 보편적 소명을 받았으며, 이를 위해 가족의 유대를 버려야 할 때도 있다. 부모는 자녀가 하느님의 부르심[聖召]을 받드는 것을 막아서는 안 된다.

용어 **가족의 유대** 가족 관계를 말한다. 우리나라에서는 부부를 무촌으로 부모 자식 사이를 1촌으로 꼽는다. 가족은 가장 가까운 존재다.

봉헌 생활이나 사제직 여기서 봉헌 생활은 수도 생활을 말하고, 사제직은 사제 생활을 말한다.

봉헌 생활 그리스도를 더욱 가까이 따르기 위해 복음적 권고를 서약하고, 하느님과 교회 그리고 세상을 위해 온전히 헌신하는 삶. → 문답 192-193 참조.

성구 **1사무 1,27-28** "제가 기도한 것은 이 아이 때문입니다. **주님**께서는 제가 드린 청을 들어주셨습니다. 그래서 저도 아이를 **주님**께 바치기로 하였습니다. 이 아이는 평생을 주님께 바친 아이입니다." 그런 다음 그들은 그곳에서 **주님**께 예배를 드렸다.

마르 3,32-35 그분 둘레에는 군중이 앉아 있었는데, 사람들이 예수님께 "보십시오, 스승님의 어머님과 형제들과 누이들이 밖에서 스승님을 찾고 계십니다." 하고 말하였다. 그러자 예수님께서 그들에게, "누가 내 어머니고 내 형제들이냐?" 하고 반문하셨다. 그리고 당신 주위에 앉은 사람들을 둘러보시며 이르셨다. "이들이 내 어머니고 내 형제들이다. 하느님의 뜻을 실행하는 사람이 바로 내 형제요 누이요 어머니다."
마태 10,37* 루카 9,59-62*

463 시민 생활의 다양한 영역에서 공권력이 어떻게 행사되는가?

공권력은 인간의 기본권, 올바른 가치 서열, 법, 분배 정의와 보조성의 원리를 존중하면서 봉사하는 데 행사되어야 한다. 공권력을 행사하는 사람은 누구나 개인의 이익보다는 공동체의 이익을 추구하고, 그들의 결정이 하느님과 인간과 세상에 관한 진리에서 영감을 받도록 하여야 한다.

해설   공권력은 공동선을 위해 행사되어야 한다. 공권력은 인간의 기본권, 올바른 가치 서열, 법, 분배 정의, 보조성의 원리 등을 존중하는 가운데 행사되어야 한다. 공권력은 ① 하느님께서 부여하신 것이며, ② 모든 사람이 인정하는 가운데 행사되고, ③ 모든 사람 특히 소외 계층의 보호를 위해 행사된다는 점을 잊어서는 안 된다.

용어   **인간 기본권**   정치권력 곧 국가는 국민의 권리 특히 가정과 불행한 사람들의 권리를 존중해야 한다(2237항). 인간 기본권의 신장은 국가의 중대한 책무다.

올바른 가치 서열   무엇이 더 소중한지, 가치의 서열이 분명하여야만 모든 사람이 자유를 쉽게 행사하고 그 책임을 다할 수 있다(2236항).

분배 정의   부의 공정한 분배는 산업 사회에서 매우 중요한 사회 정의다. 그래야 국민 화합과 사회 평화를 도모할 수 있다.

하느님과 인간과 세상에 관한 진리   국가 권력은 국민의 삶 전체, 곧 그 신앙생활, 인간사, 사회생활 전체가 진리를 따라 이루어지도록 힘써야 할 책무가 있다.

성구   **에스 3,13②**   "과인은 수많은 민족들을 지배하고 온 세계를 통치하게 되었지만, 권력의 오만함으로 방자하게 되지 아니하고 오히려 항상 더욱 온화하고 관대하게 다스려, 신민들의 삶을 모든 면에서 어떠한 소란도 없이 안정시키고,

왕국을 그 경계선 끝까지 평온하고 마음대로 다닐 수 있게 만들어 모든 사람이 열망하는 평화를 회복하리라 결심한 바 있습니다."

마태 20,26ㄴ-27 "너희 가운데에서 높은 사람이 되려는 이는 너희를 섬기는 사람이 되어야 한다. 또한 너희 가운데에서 첫째가 되려는 이는 너희의 종이 되어야 한다."

탈출 22,20-22*

464 시민 사회의 공권력과 관련하여 시민들의 의무는 무엇인가?

공권력 밑에 있는 사람들은 자신의 윗사람들을 하느님의 대리자로 보아야 하고, 공적인 사회생활이 원활하게 그 기능을 발휘할 수 있도록 진정으로 협력해야 한다. 이는 조국에 대한 사랑과 봉사, 세금 납부, 투표권 행사, 국토방위, 그리고 건설적 비판의 권리 행사 등이다.

해설   국민들은 사회적 권위(공권력)를 존중해야 한다. 그리스도인들은 그들을 위해 기도할 의무가 있다. 국민은 진리와 정의의 정신, 연대 의식과 자유의 정신으로 공권력과 함께 사회의 선익을 위해 이바지해야 한다. 오늘날 시민 단체들이 공권력의 올바른 행사를 위해 적극적으로 나서는 것은 바람직한 일이다. 우리나라에서는 국민의 4대 의무가 납세, 교육, 국방, 근로로 되어 있다.

용어   **건설적 비판의 권리 행사**   국민은 인간 존엄성과 공동선에 어긋나는 것들을 올바르게 질책할 권리와 의무가 있다.

성구   **1사무 15,22-23**   그러자 사무엘이 말하였다. "주님의 말씀을 듣는 것보다 번제물이나 희생 제물 바치는 것을 주님께서 더 좋아하실 것 같습니까? 진정 말씀을 듣는 것이 제사드리는 것보다 낫고 말씀을 명심하는 것이 숫양의 굳기름보다 낫습니다. 거역하는 것은 점치는 죄와 같고 고집을 부리는 것은 우상을 섬기는 것과 같습니다. 임금님이 주님의 말씀을 배척하셨기에 주님께서도 임금님을 왕위에서 배척하셨습니다."

1베드 2,13-14.17   주님을 생각하여, 모든 인간 제도에 복종하십시오. 임금에게는 주권자이므로 복종하고, 총독들에게는, 악을 저지르는 자들에게 벌을 주고 선을 행하는 이들에게 상을 주도록 임금이 파견한 사람이므로 복종하십시오. … 모든 사람을 존경하고 형제 공동체를 사랑하며, 하느님을 경외하고 임금을 존경하십시오.
1티모 2,2*

465 시민 사회의 공권력에 복종하지 말아야 할 때는 언제인가?

시민 사회의 공권력이 제정한 법률이 도덕 질서의 요구에 어긋날 때 시민들은 양심적으로 그 명령에 따르지 않을 의무가 있다. "사람에게 순종하는 것보다 하느님께 순종하는 것이 더욱 마땅합니다"(사도 5,29).

해설 공권력이 제정한 법률이 ① 도덕 질서와 ② 인간 기본권과 ③ 복음의 가르침에 어긋날 때 양심적으로 그 명령에 따르지 말아야 한다. 공권력에 복종하기를 거부할 수 있는 것은, 하느님께 복종하는 것과 정치 공동체에 복종하는 것이 서로 다를 수 있기 때문이다. "사람에게 순종하는 것보다 하느님께 순종하는 것이 더욱 마땅합니다"(사도 5,29).

용어 **도덕 질서의 요구** 공권력의 명령이 도덕적으로나 종교적으로 잘못되었다든지 인권에 위배될 때는 이를 따라서는 안 된다.

성구 **다니 14,4-5** 임금도 그 우상을 숭배하여 날마다 그 앞으로 나아가 경배하였다. 그러나 다니엘은 자기의 하느님만 경배하였다. 그래서 임금이 다니엘에게, "너는 어찌하여 벨께 경배하지 않느냐?" 하고 묻자, 다니엘이 대답하였다. "저는 손으로 만든 우상이 아니라, 하늘과 땅을 창조하시고 모든 생물을 지배하시는 살아 계신 하느님을 숭배합니다."

마태 22,21 "황제의 것은 황제에게 돌려주고, 하느님의 것은 하느님께 돌려드려라."

에스 3,8-9ㄴ*

■ **다섯째 계명: 살인해서는 안 된다**

466 인간의 생명은 왜 존중되어야 하는가?

인간의 생명은 **신성**하기 때문이다. 인간의 생명은 그 생성 시초부터 하느님의 창조 행위와 연결되며, 또한 유일한 목적인 창조주와 영원히 특별한 관계를 맺고 있다. 무죄한 인간을 직접 파괴하는 것은 인간의 존엄성과 창조주의 거룩하심에 크게 어긋나므로 어느 누구에게도 절대 허용되지 않는다. "죄 없는 이와 의로운 이를 죽여서는 안 된다"(탈출 23,7).

해설 인간의 생명은 신성하기 때문에 아무도 이를 훼손할 수 없다. "하느님만이 그 시작부터 끝까지 인간 생명의 주인이시기 때문에, 어느 누구도 어떤 경우에도 인간의 목숨을 직접 해칠 권리"가 없다(신앙 교리성 훈령,「생명의 선물」, 서문 5항).

용어 **인간 생명은 신성하다** 살아계시고 거룩하신 하느님께서 인간을, 바로 그 자체를 위해 창조하셨기 때문이다.

인간 생명은 그 생성 시초부터 하느님의 창조 행위와 연결된다 사람은 임신되는 순간부터 하느님의 귀한 창조물이다.

인간 생명은 유일한 목적인 창조주와 영원히 특별한 관계를 맺고 있다 오직 인간만이 하느님을 알아 사랑할 수 있으며, 이로써 하느님의 생명에 참여할 수 있다. 바로 이 목적 때문에 인간이 창조되었다.

성구 **창세 9,5-6** "나는 너희 각자의 피에 대한 책임을 물을 것이다. 나는 어떤 짐승에게나 그 책임을 물을 것이다. 남의 피를 흘린 사람에게 나는 사람의 생명에 대한 책임을 물을 것이다. 사람의 피를 흘린 자 그자도 사람에 의해서 피를 흘려야 하리라. 하느님께서 당신 모습으로 사람을 만드셨기 때문이다."

마르 8,36-37 사람이 온 세상을 얻고도 제 목숨을 잃으면 무슨 소용이 있느냐? 사람이 제 목숨을 무엇과 바꿀 수 있겠느냐?

신명 27,24* 집회 34,24-27*

467 개인과 집단의 정당방위는 왜 위에서 말한 규범을 그르치지 않는가?

살해가 의도되지 않고 합법적인 자기 방어가 의도된 정당방위로써 자기와 다른 생명을 책임진 사람에게 정당방위는 중대한 의무가 될 수 있다. 그러나 정당방위를 위하여 필요 이상으로 폭력을 사용해서는 안 된다.

해설 자신의 생명을 지키는 일은 누구에게나 가장 큰 권리이며 의무다. 정당방위는 이처럼 자신의 생명을 지키기 위한 방어 행위를 말한다. 특히 다른 사람의 생명을 책임진 사람에게는 정당방위의 의무가 있다. 그렇지만 정당방위를 위해 필요 이상으로 폭력을 사용해서는 안 된다.

용어 **정당방위** 자기 또는 남에게 가해지는 급하고 부당한 침해를 막기 위해 침해자에게 어쩔 수 없이 취하는 가해 행위.

합법적인 자기 방어 생명을 지키는 자기 방어권이라 할지라도 합법적인 범위 안에서 행사되어야 한다.

필요 이상의 폭력 예를 들어 경찰관의 총기 사용은 꼭 필요한 경우가 아니면 사용해서는 안 된다.

성구 **민수 35,11-12** "몇몇 성읍을 선정하여 도피 성읍으로 삼아, 실수로 사람을 쳐 죽인 살인자가 그곳으로 피신할 수 있게 하여라. 너희는 이 성읍들을 보복자를 피하는 도피처로 삼아, 살인자가 재판받으려고 공동체 앞에 서기 전에 죽는 일이 없게 해야 한다."

마태 23,35 "그리하여 의인 아벨의 피부터, 너희가 성소와 제단 사이에서 살해한 베레크야의 아들 즈카르야의 피에 이르기까지, 땅에 쏟아진 무죄한 피의 값이 모두 너희에게 돌아갈 것이다."

시편 9,14*

468 형벌은 어떤 용도에 쓰이는가?

합법적 공권력에 의하여 부과되는 형벌의 목적은 잘못으로 발생한 피해를 바로잡고, 공공질서와 사람들의 안전을 지키며, 죄지은 사람을 교정하는 데에 이바지하는 것이다.

해설 공권력은 형벌을 부과할 권리와 의무가 있다. 형벌은 ① 잘못으로 발생한 폐해를 바로 잡고, ② 공공질서와 사람들의 안전을 지키며, ③ 죄지은 사람을 교정하는 데 그 목적이 있다. 범죄자가 형벌을 잘 받아들이면 속죄의 효과와 치유를 통해 새사람이 될 수 있다.

용어 **합법적 공권력** 공권력이라고 다 합법적인 것은 아니다. 예를 들어 독재 권력이 부과하는 형벌은 흔히 독재 정권 유지를 위한 불법이다. 물론 합법적인 공권력이라도 형벌 부과는 진정 합법적인 것이어야 한다.

교정 죄지은 사람의 교정 또는 교도는 어려운 일이다. 형벌은 결코 사회적인 응징으로 그쳐서는 안 되고, 꼭 그가 새롭게 되어 잘못을 저지르지 않도록 해야 진정한 교정이다.

성구　**창세 4,10-12** 그러자 그분께서 말씀하셨다. "네가 무슨 짓을 저질렀느냐? 들어 보아라. 네 아우의 피가 땅바닥에서 나에게 울부짖고 있다. 이제 너는 저주를 받아, 입을 벌려 네 손에서 네 아우의 피를 받아 낸 그 땅에서 쫓겨날 것이다. 네가 땅을 부쳐도, 그것이 너에게 더 이상 수확을 내주지 않을 것이다. 너는 세상을 떠돌며 헤매는 신세가 될 것이다."

　　　유다 1,7 그들과 같은 식으로 불륜을 저지르고 변태적인 육욕에 빠진 소돔과 고모라와 그 주변 고을들도, 영원한 불의 형벌을 받아 본보기가 되었습니다.

　　　레위 26,43* 콜로 3,25*

469 어떤 형벌을 줄 수 있는가? (이 문답은 앞으로 개정될 예정임)

부과되는 형벌은 죄의 경중에 따라 정해져야 한다. 오늘날, 범죄자의 자기 구제 가능성을 박탈하지 않고서도, 범죄자가 해를 끼칠 수 없게 하여 국가가 효과적으로 범죄를 예방할 수 있는 가능성 때문에, 사형해야 할 절대적 필요성이 있는 사건은 "실제로 전혀 없지는 않더라도 매우 드물다"(『생명의 복음』). 사형이 아닌 방법으로 충분하다면, 공권력은 그러한 방법만을 써야 한다. 왜냐하면 그러한 방법들이 공동선의 실제 조건에 더 잘 부합하기 때문이며, 인간의 품위에 더욱 적합하고 또 죄지은 사람에게서 스스로를 치유할 수 있는 가능성을 빼앗지 않기 때문이다.

해설　최고의 형벌은 사형이다. 교회의 전통적 가르침은 사형을 허용해왔다. 그러나 복음의 빛에 비추어 사형은 인간 생명의 불가침성과 존엄성에 대한 모욕이기 때문에 받아들일 수 없다. 그 이유는 ① 오늘날 매우 심각한 범죄를 저질렀다 하더라도 범죄자의 인간 존엄성이 상실되는 것은 아니며, ② 국가가 범죄자에게 부과하는 형사상 제재의 중요성에 대한 새로운 이해가 생겨나고, ③ 시민 안전을 보장하면서도 범죄자의 자기 구제 가능성을 박탈하지 않는 효과적인 구금 체계들이 개발되었기 때문이다(교황청 신앙교리성이 발표한 사형 불가에 대한 가톨릭교회의 교리 수정 내용: 가톨릭평화신문, 2019-8-12, 1면 참조).

| 용어 | **자기 구제 가능성** 죄지은 사람이 스스로 잘못을 깨닫고 새사람이 될 수 있음을 말한다.
인간 생명의 불가침성과 존엄성 인간 생명은 그 누구도 그 무엇으로도 침해할 수 없는 존엄성을 지닌다. 따라서 사형은 인간 생명의 불가침성과 존엄성을 극도로 훼손하는 것이다.
| 성구 | **에제 18,23.32** "내가 정말 기뻐하는 것이 악인의 죽음이겠느냐? 주 **하느님**의 말이다. 악인이 자기가 걸어온 길을 버리고 돌아서서 사는 것이 아니겠느냐? … 나는 누구의 죽음도 기뻐하지 않는다. 주 **하느님**의 말이다. 그러니 너희는 회개하고 살아라."
루카 15,21-24ㄱ "아들이 아버지에게 말하였다. '아버지, 제가 하늘과 아버지께 죄를 지었습니다. 저는 아버지의 아들이라고 불릴 자격이 없습니다.' 그러나 아버지는 종들에게 일렀다. '어서 가장 좋은 옷을 가져다 입히고 손에 반지를 끼우고 발에 신발을 신겨 주어라. 그리고 살진 송아지를 끌어다가 잡아라. 먹고 즐기자. 나의 이 아들은 죽었다가 다시 살아났고 내가 잃었다가 도로 찾았다.'"
에제 33,11* 1티모 1,9-10*

(이 문답은 현재 개정 작업 중이며, 신문 보도에 따라 해설, 용어, 성구 모두 새롭게 고친 수정안이다.)

470 다섯째 계명은 무엇을 금하는가?

다섯째 계명은 도덕률에 크게 어긋나는 다음 사항들을 금한다.

- **직접적이고 고의적인 살인**과 그에 대한 협력.
- 목적이나 수단으로 의도된 **직접적인 낙태**뿐 아니라 그에 대한 협력. 인간은 임신되는 순간부터 철저하게 절대적인 방식으로 존중되고 보호받아야 하기 때문에 낙태는 파문의 벌을 받는다.
- 행위나 그 행위를 묵인하는 것으로서 신체 장애인, 병자 또는 임종을 목전에 둔 사람의 목숨을 끊는 **직접적인 안락사**.
- **자살**과 그에 대한 의도적 협력. 이 같은 행위는 하느님에 대한 사랑, 자기 사랑과 이웃 사랑에 크게 어긋나는 것이다. 악한 표양으로 자살에 대한 책임이 무거워질 수도

있고, 특수한 정신 장애나 심한 두려움으로 그 책임이 경감될 수 있다.

해설 　다섯째 계명은 고의적인 살인, 낙태, 안락사, 자살 등을 금지하고 있다.
① 고의적인 살인이나 이에 협력하는 것은 언제나 중죄다. 본의 아닌 살인이라도 과실치사 같은 경우 그 책임을 묻는 것이 일반적이다. ② 낙태는 파문의 벌을 받는다. 태아나 배아에 대한 어떠한 비도덕적 행위도 금지된다. ③ 안락사는 중죄다. 다만 안락사 아닌 지나친 치료 행위의 거부는 허용된다. ④ 자살은 하느님 사랑, 자기 사랑, 이웃 사랑에 어긋나는 중죄다. 그러나 자살자의 유가족을 위한 사목적 배려는 장려된다.

용어 　**직접적이고 고의적인 살인** 　죽이고자 하는 명백한 의지를 가지고 직접 사람을 죽이는 행위

직접적인 낙태 　치료를 목적으로 하여 간접적으로 낙태가 이루어지는 것이 아니라, 낙태하려는 마음으로 뱃속의 아기를 죽이는 행위

파문의 벌 　아주 엄한 교회의 벌이다. 교회로부터의 파문은 교회 권위가 아니면 풀 수 없다. 파문의 벌을 받으면 성사를 받거나 교회 직무를 수행할 수 없다.

안락사 　안락사는 병자의 고통을 제거하기 위해 직접 또는 간접적으로 병자의 목숨을 끊는 행위다.

자살은 하느님 사랑, 자기 사랑, 이웃 사랑에 어긋난다 　자살은 우선 생명의 주인이신 하느님을 거스르고, 인간 본성에 심어진 자기 사랑의 법을 거스르며, 가족과 친지들에게 씻기 힘든 상처를 입힌다.

정신 장애로 인한 자살 　흔히 자살하는 사람은 정신적으로 무척 혼란한 상태에 놓이거나, 실제로 정신적 장애를 앓고 있는 경우가 많다.

성구 　**창세 4,10** 　그러자 그분께서 말씀하셨다. "네가 무슨 짓을 저질렀느냐? 들어 보아라. 네 아우의 피가 땅바닥에서 나에게 울부짖고 있다."

1요한 3,15 　자기 형제를 미워하는 자는 모두 살인자입니다. 그리고 여러분도 알다시피, 살인자는 아무도 자기 안에 영원한 생명을 지니고 있지 않습니다.

시편 139,15-16*

471 죽음이 가까이 왔다고 여겨질 때 어떤 의료 행위를 할 수 있는가?

환자에게 일반적으로 베풀어야 하는 치료 행위를 중단하는 것은 정당하지 않다. 그 대신 죽음을 겨냥하지 아니한 진통제 사용은 가능하고, '지나친 치료' 곧 비용이 크게 들고 기대했던 효과를 내지 못하는 의료 기구의 사용 중단은 정당할 수 있다.

해설 죽음이 확실하다고 해도 안락사는 안 된다. 그렇지만 병자의 고통을 덜어주는 행위는 허용된다. 지나친 치료의 거절이나 진통제 사용에 있어서 환자 본인의 의사가 우선적으로 존중되어야 한다. 인간은 품위 있는 죽음을 맞이할 권리가 있기 때문이다.

용어 **지나친 치료 행위** 비용이 크게 들고, 위험하며 특수하거나, 기대했던 효과를 내지 못하는 의료 기구의 사용을 말한다.

진통제 사용 의약품으로서 마약류의 사용이 허용된다.

성구 **욥 14,10-12** 그렇지만 인간은 죽어서 힘없이 눕습니다. 사람이 숨을 거두면 그가 어디 있습니까? 바다에서 물이 빠져나가고 강이 말라 메마르듯, 사람도 누우면 일어서지 못하고 하늘이 다할 때까지 일어나지도, 잠에서 깨어나지도 못합니다.

요한 5,5-6.24 거기에는 서른여덟 해나 앓는 사람도 있었다. 예수님께서 그가 누워 있는 것을 보시고 또 이미 오래 그렇게 지낸다는 것을 아시고는, "건강해지고 싶으냐?" 하고 그에게 물으셨다. … "내가 진실로 진실로 너희에게 말한다. 내 말을 듣고 나를 보내신 분을 믿는 이는 영생을 얻고 심판을 받지 않는다. 그는 이미 죽음에서 생명으로 건너갔다."

집회 38,8*

472 사회는 왜 모든 태아를 보호해야 하는가?

모든 개개인의 생명에 대한 양도할 수 없는 권리는 임신되는 순간부터 시민 사회와 그 법률의 기본 요소이다. 국가가 모든 이, 특히 출생 전의 아이들과 힘없는 사람들의 권리를 보호하는 데 봉사하지 않을 때 법치 국가의 기초는 흔들리기 마련이다.

해설 임신 되는 순간부터 모든 생명은 보호되어야 한다. 태아도 엄연한 인간 생명이기 때문이다. 인간 생명의 보호는 국가와 그 법률의 기본이다. 그러므로 국가가 모든 사람, 특히 태아와 자신의 생명을 지킬 힘이 없는 사람들을 보호하는 데 봉사하지 않으면 법치국가의 기초가 흔들리고 말 것이다.

용어 **시민 사회와 그 법률** 여기서는 국가와 국가의 법질서를 말한다.

생명에 대한 양도할 수 없는 권리 생명에 대한 권리는 그 누구에게나 있으며, 이를 포기하거나 다른 사람에게 줄 수 없다.

법치 국가 법치 국가란 나라가 법으로 국민을 다스린다는 말이 아니라, 개인의 권리가 법으로 보호된다는 의미다(1904항 참조).

성구 **2마카 8,4** 무죄한 아기들이 당한 무도한 학살과 당신의 이름이 받은 모독을 기억하시고, 악에 대한 당신의 혐오감을 드러내시기를 간청하였다.

마태 2,13-15 박사들이 돌아간 뒤, 꿈에 주님의 천사가 요셉에게 나타나서 말하였다. "일어나 아기와 그 어머니를 데리고 이집트로 피신하여, 내가 너에게 일러 줄 때까지 거기에 있어라. 헤로데가 아기를 찾아 없애 버리려고 한다." 요셉은 일어나 밤에 아기와 그 어머니를 데리고 이집트로 가서, 헤로데가 죽을 때까지 거기에 있었다. 주님께서 예언자를 통하여, "내가 내 아들을 이집트에서 불러내었다." 하신 말씀이 이루어지려고 그리된 것이다.

473 악한 표양은 어떻게 피할 수 있는가?

악한 표양은 악을 저지르도록 타인을 이끄는 행위다. 이는 인간의 영혼과 육신을 존중함으로써 피할 수 있다. 만일 일부러 타인이 심각한 과실을 저지르게 한다면, 그 악한 표양은 중죄가 된다.

해설 **악한 표양**scandal은 악을 저지르도록 타인을 이끄는 행위다. 제5계명에서 이를 다루는 것은 악한 표양이 다른 사람을 영적인 죽음으로 이끌 수 있기 때문이다. 악한 표양은 특히 다른 사람에게 모범이 되어야 할 사람(부모, 교사, 지도급 인사, 연예인 등)의 경우에 더 중대하다. 악한 표양은 법이나 제도, 유행이나 여론 등으로 유발될 수 있다. 인간의 영혼과 육신을 존중해야 악한 표양을 피할 수 있다.

용어 **악한 표양** 스캔들은 원래 걸림돌이나 올가미를 뜻한다. 교리서에서는 남을 죄에 걸려 넘어지게 하는 행위를 말한다.

영혼과 육신의 존중 다른 사람을 존중한다는 것은 그 육신 생명만이 아니라 영혼 생명도 소중히 여긴다는 뜻이다.

성구 **2마카 6,27-28** "그러므로 이제 나는 이 삶을 하직하여 늙은 나이에 맞갖은 내 자신을 보여 주려고 합니다. 또 나는 숭고하고 거룩한 법을 위하여 어떻게 기꺼이 그리고 고결하게 훌륭한 죽음을 맞이하는지 그 모범을 젊은이들에게 남기려고 합니다." 이렇게 말하고 나서 그는 바로 형틀로 갔다.

루카 17,1-2 예수님께서 제자들에게 이르셨다. "남을 죄짓게 하는 일이 일어나지 않을 수는 없다. 그러나 불행하여라, 그러한 일을 저지르는 자! 이 작은 이들 가운데 하나라도 죄짓게 하는 것보다, 연자매를 목에 걸고 바다에 내던져지는 편이 낫다."

마태 13,41-42* 로마 14,13*

474 우리는 육신에 대하여 어떤 의무를 지는가?

우리는 자신과 다른 이의 **신체 건강**을 정당하게 보살펴야 하지만, **육신 숭배**나 온갖 종류의 과잉은 피해야 한다. 뿐만 아니라 인간의 건강과 생명에 매우 심각한 피해를 입히는 마약 사용 그리고 음식, 술, 담배와 약물의 남용도 피해야 한다.

해설 우리의 육신은 소중하다. 하느님 아버지께서 주신 값진 재산이며, 성자께서 취하시고 속량해 주신 귀한 몸이고, 성령께서 거처하시는 처소다. 우리는 육신을 건강하고 안전하게 돌보아야 한다. 그렇지만 육체를 숭배하는 식의 이교도적 풍조는 배격한다. 무절제한 식도락, 마약 복용, 위험한 스포츠 등은 육신을 해치고 위험에 빠뜨리는 짓이다.

용어 **육신 숭배** 현대는 돈이 되는 것이면 무엇이든 상품으로 만들어 판다. 육체도 그 하나다. 마치 육체를 위해 모든 것을 희생해도 좋다는 정신 태도, 그것이 육신 숭배다.

과잉 음식의 절제는 육신 건강에 매우 중요하며, 이와 반대로 음식이나 약물의 과잉 섭취나 남용은 육신 건강을 해친다.

성구 **집회 30,14-16** 가난하지만 건강하고 튼튼한 몸을 가진 이가 부유하지만 제 몸에 상처가 많은 자보다 낫다. 건강한 삶은 어떤 금보다 좋고 굳건한 영은 헤아릴 수 없는 재물보다 좋다. 몸의 건강보다 좋은 재산은 없고 마음의 기쁨보다 큰 즐거움은 없다.

필리 3,19-21 그들의 끝은 멸망입니다. 그들은 자기네 배를 하느님으로, 자기네 수치를 영광으로 삼으며 이 세상 것만 생각합니다. 그러나 우리는 하늘의 시민입니다. 그리고 그곳에서 구세주로 오실 주 예수 그리스도를 고대합니다. 그리스도께서는 만물을 당신께 복종시키실 수도 있는 그 권능으로, 우리의 비천한 몸을 당신의 영광스러운 몸과 같은 모습으로 변화시켜 주실 것입니다.

욥 20,20-21* 1코린 6,19-20*

475 인간이나 인간 집단에 대한 과학적, 의학적 또는 심리학적 실험이 언제 도덕적으로 정당한가?

만일 실험들이 충분한 정보를 얻었고 명백한 동의가 이루어진 것이라면, 실험 대상자의 생명이나 그 육체적, 심리적 완전성에 지나친 위험이 따르지 않는 한, 인간과 사회의 온전한 선익에 도움이 될 때 도덕적으로 정당하다.

해설 개인이나 인간 집단에 대한 과학적, 의학적, 심리학적 실험은 병의 치료나 공중 보건의 향상에 도움이 될 수 있다. 그렇다고 그 같은 실험이 모두 허용되는 것은 아니다. 하느님의 계획과 뜻에 따라 인간과 인권 그리고 그 선익에 도움이 되어야 도덕적으로 정당한 것이 된다.

용어 **충분한 정보** 의과학적 실험의 결과는 낱낱이 공개되어야 비로소 그 활용의 정당성을 갖게 된다.

명백한 동의 피실험자나 그 보호자의 동의 없이 행해지는, 인간을 대상으로 하는 실험은 도덕적으로 부당한 것이다.

육체적 심리적 완전성 인간을 대상으로 하는 실험이 사람의 몸과 마음에 조금이라도 해를 끼치는 것이라면 부도덕하다.

인간과 사회의 온전한 선익 인간 생명을(그뿐 아니라 동물의 생명까지도) 실험의 대상으로 할 때는 인간과 사회의 선익을 해치는 일이 있어서는 안 된다.

성구 **욥 2,4** 이에 사탄이 주님께 대답하였다. "가죽은 가죽으로! 사람이란 제 목숨을 위하여 자기의 모든 소유를 내놓기 마련입니다."

1코린 10,23 "모든 것이 허용된다."고 하지만, 모든 것이 유익하지는 않습니다. "모든 것이 허용됩니다." 그러나 모든 것이 성장에 도움이 되지는 않습니다.

476 죽음 전과 후의 장기 이식이나 장기 기증은 용납되는가?

장기 이식은 제공자에게 지나친 위험이 따르지 않은 상태에서 동의를 얻었을 때 도덕적으로 용납된다. 죽은 뒤의 기증 행위는 훌륭한 것으로, 기증자의 실질적 죽음이 확인되어야 한다.

해설 죽음과 상관없이 이루어지는 장기 이식도, 죽음 이후의 장기 이식도 허용된다. 단 전자의 경우, 장기 매매를 목적으로 하거나, 지나친 위험이 따르거나 본인의 동의가 없을 때는 용납되지 않는다. 죽음이 확인된 다음의 장기 기증과 이식은 권장된다.

용어 **장기 이식** 다른 사람의 장기를 환자의 손상된 장기 대신 이식하는 수술을 말한다.

실질적 죽음 적어도 의학적으로 죽음으로 인정되는 경우를 말한다.

성구 **집회 15,20** 그분께서는 아무에게도 불경하게 되라고 명령하신 적이 없고 어느 누구에게도 죄를 지으라고 허락하신 적이 없다.

1코린 12,22-23ㄱ 몸의 지체 가운데에서 약하다고 여겨지는 것들이 오히려 더 요긴합니다. 우리는 몸의 지체 가운데에서 덜 소중하다고 생각하는 것들을 특별히 소중하게 감쌉니다.

477 어떤 행위들이 인간의 육체적 완전성에 대한 존중에 어긋나는가?

사람을 납치하고 인질로 삼는 것, 테러 행위, 고문, 폭력, 직접적 불임 수술 등이다. 사람의 수족 절단과 신체 상해는 동일인의 불가피한 치료를 위해서만 도덕적으로 허용된다.

해설 인간에게 가하는 어떠한 정신적·육체적 폭력도 인간 생명과 그 존엄성을 거스르는 죄다. 납치, 인질, 테러, 고문, 수족 절단, 신체 상해, 불임 수술은 자신의 몸을 온전하게 보존할 의무를 거스르는 중죄다. 수족 절단과 신체 상해는 동일인의 불가피한 치료를 위해서만 허용된다.

용어	**육체적 완전성** 육체를 온전히 보존함.
	테러 행위 무기를 사용하여 사람을 무차별로 위협하고 살상하는 행위.
	직접적 불임 수술 아기를 낳지 않으려는 목적으로 하는 불임 수술이다. 병의 치료를 하다가 결과적으로 불임이 되는 경우는 이에 해당되지 않는다.
성구	**신명 24,7** "어떤 사람이 자기 형제인 이스라엘 자손 하나를 납치하여 혹사하거나 팔아넘긴 경우, 그 납치자는 죽어야 한다. 이렇게 너희는 너희 가운데에서 악을 치워 버려야 한다."
	마르 3,4 그들에게 말씀하셨다. "안식일에 좋은 일을 하는 것이 합당하냐? 남을 해치는 일을 하는 것이 합당하냐? 목숨을 구하는 것이 합당하냐? 죽이는 것이 합당하냐?" 그러나 그들은 입을 열지 않았다.
	레위 24,19-20* 1마카 10,6.8-9* 2마카 7,8-9*

478 죽음이 가까이 온 사람은 어떻게 배려해야 하는가?

죽음에 임박한 사람은 품위 있게 지상 생활의 마지막 순간을 맞이할 권리가 있으므로 그들을 기도로 도와야 하고, 무엇보다 병자들이 살아 계신 하느님과의 만남을 준비하는 성사들을 받도록 주선해야 한다.

해설	사람은 품위 있고 평화롭게 생을 마칠 권리가 있다. 따라서 가족과 친지들은 기도와 사랑으로 그가 죽음을 잘 맞아들이도록 도와야 한다. 특히 임종을 앞둔 병자가 병자성사를(가능하면 고해와 영성체도 함께) 받게 해야 한다.
용어	**살아 계신 하느님과의 만남을 준비하는 성사들** 병자성사뿐 아니라, 성체성사와 고해성사도 하느님을 만날 준비를 시켜주는 성사다.
성구	**창세 49,29.33** 그런 다음 야곱이 아들들에게 분부하였다. "나는 이제 선조들 곁으로 간다. 나를 히타이트 사람 에프론의 밭에 있는 동굴에 조상들과 함께 묻어 다오." … 야곱은 자기 아들들에게 분부하고 나서, 다리를 다시 침상 위로 올린 뒤, 숨을 거두고 선조들 곁으로 갔다.
	루카 23,46 그리고 예수님께서 큰 소리로 외치셨다. "아버지, '제 영을 아버

지 손에 맡깁니다.'" 이 말씀을 하시고 숨을 거두셨다.

욥 1,21*

479 죽은 이들의 시신은 어떻게 다루어야 하는가?

죽은 이들의 시신은 존경과 사랑으로 다루어야 한다. 육신 부활의 신앙을 부정하려는 것이 아니라면, 시신 화장은 허용된다.

해설 죽은 이들은 부활의 희망 속에 고이 잠든 것이다. 따라서 그 시신도 품위 있게 장사지내야 한다. 육신 부활의 신앙을 부정하지 않는 한, 화장은 허용된다.

용어 **화장** 교회 전통은 **매장**埋葬을 권장해 왔다. 현재 우리나라에서는 매장 대신 화장을 권장하며, 교회도 이를 따르는 추세다.

성구 **토빗 1,16-18** 살만에세르 시대에 나는 내 친척과 동족들에게 많은 자선을 베풀었다. 배고픈 이들에게는 먹을 것을 주고 헐벗은 이들에게는 입을 것을 주었으며, 내 백성 가운데 누가 죽어서 니네베 성 밖에 던져져 있는 것을 보면 그를 묻어 주었다. 산헤립이 저지른 신성 모독 때문에 하늘의 임금님께서 심판을 내리실 적에, 그가 유다에서 도망쳐 나와 죽인 이들도 나는 묻어 주었다. 산헤립이 분노를 터뜨리며 이스라엘 자손들 가운데에서 많은 사람을 죽였는데, 내가 그들의 주검을 훔쳐 내어 묻어 주었던 것이다. 그래서 그 주검들을 산헤립이 찾았지만 찾아내지 못하였다.

요한 19,40-42 그들은 예수님의 시신을 모셔다가 유다인들의 장례 관습에 따라, 향료와 함께 아마포로 감쌌다. 예수님께서 십자가에 못 박히신 곳에 정원이 있었는데, 그 정원에는 아직 아무도 묻힌 적이 없는 새 무덤이 있었다. 그날은 유다인들의 준비일이었고 또 무덤이 가까이 있었으므로, 그들은 예수님을 그곳에 모셨다.

창세 50,1-3*

480 주님께서 평화와 관련하여 사람들에게 무엇을 요구하시는가?

주님께서 "행복하여라, 평화를 이루는 사람들!"(마태 5,9)이라고 선언하심으로써 마음의 평화를 요구하시며, 자신이 당한 악에 대하여 복수하고자 하는 욕망인 분노와, 이

	웃이 잘못되기를 바라는 증오의 부도덕성을 고발하신다. 이러한 행위들이 매우 중요한 사항에서 의도적이고 동의한 행위라면 사랑을 어기는 중죄가 된다.
해설	주님께서는 "평화를 이루는 사람들"은 행복하다고 선언하시며(마태 5,9), 분노와 증오 대신 원수를 위해 기도하도록 요구하셨다. "'살인해서는 안 된다. 살인한 자는 재판에 넘겨진다.'고 옛사람들에게 이르신 말씀을 너희는 들었다. 그러나 나는 너희에게 말한다. 자기 형제에게 성을 내는 자는 누구나 재판에 넘겨질 것이다. 그리고 자기 형제에게 '바보!'라고 하는 자는 최고 의회에 넘겨지고, '멍청이!'라고 하는 자는 불붙는 지옥에 넘겨질 것이다. 너희는 원수를 사랑하여라. 그리고 너희를 박해하는 자들을 위하여 기도하여라"(마태 5,21-22.44).
용어	**분노** 교리서는 **분노**를 복수하고자 하는 욕망이라 하였다. **증오** 교리서가 말하는 **증오**는 이웃이 잘못되기를 바람이다. **의도적이고 동의한 행위** 분노나 증오같이 격렬한 감정은 의도하지 않아도 일어날 수 있으며, 그 자체로 죄가 되는 것이 아니라, 이를 못 참고 행동으로 옮길 때 죄가 된다.
성구	**집회 47,14-16** 당신은 젊은 시절에 얼마나 현명하였습니까? 당신은 강물처럼 지식이 흘러넘쳤습니다. 당신의 정신은 온 땅을 덮고 당신은 그 땅을 심오한 격언으로 가득 채웠습니다. 당신의 이름은 머나먼 섬까지 이르렀고 당신이 이룬 평화로 당신은 사람들에게 사랑을 받았습니다. **1베드 3,9-11** 악을 악으로 갚거나 모욕을 모욕으로 갚지 말고 오히려 축복해 주십시오. 바로 이렇게 하라고 여러분은 부르심을 받았습니다. 그것은 여러분이 복을 상속받게 하려는 것입니다. "생명을 사랑하고 좋은 날을 보려는 이는 악을 저지르지 않도록 혀를 조심하고 거짓을 말하지 않도록 입술을 조심하여라. 악을 멀리하고 선을 행하며 평화를 찾고 또 추구하여라." 시편 34,15* 1마카 14,10-11* 마태 5,38-39* 콜로 3,15*

481 세계 평화는 무엇인가?

세계 평화를 위해서는 인간 생명의 존중과 증진이 요구된다. 평화는 단순히 전쟁이 없는 것만도 아니고, 적대 세력들 사이의 균형을 보장하는 데 그치는 것이 아니라, "질서의 고요함"(성 아우구스티노)이고 "정의의 결과"(이사 32,17)이며 사랑의 결실이다. 지상의 평화는 그리스도의 평화를 나타내는 것이며 그 열매다.

해설   인간 생명의 존중과 증진에는 평화가 요구된다. 평화는 질서의 고요함, 정의의 결과, 사랑의 결실이다. ① '질서의 고요함'이란 사회적 차이를 형제애로 극복함으로써 이루어지는 평정이다. ② '정의의 결과'란 사회 정의 없이 평화가 없음을 의미한다. ③ '사랑의 결실'이란 "모든 것을 덮어 주고 모든 것을 믿으며 모든 것을 바라고 모든 것을 견디어 내는"(1코린 13,7) 사랑이 평화를 이룬다는 뜻이다.

용어   **지상의 평화는 그리스도의 평화를 나타내는 것이며 그 열매다**   그리스도는 우리의 평화이시다(에페 2,14). 그러므로 지상의 평화는 그리스도의 참평화를 보여 주며, 참평화(요한 14,27)인 그리스도의 평화가 맺는 결실이다.

성구   **이사 9,6**   다윗의 왕좌와 그의 왕국 위에 놓인 그 왕권은 강대하고 그 평화는 끝이 없으리이다. 그는 이제부터 영원까지 공정과 정의로 그 왕국을 굳게 세우고 지켜 가리이다. 만군의 주님의 열정이 이를 이루시리이다.

에페 2,14-17   그리스도는 우리의 평화이십니다. 그분께서는 당신의 몸으로 유다인과 이민족을 하나로 만드시고 이 둘을 가르는 장벽인 적개심을 허무셨습니다. … 그렇게 하여 당신 안에서 두 인간을 하나의 새 인간으로 창조하시어 평화를 이룩하시고, 십자가를 통하여 양쪽을 한 몸 안에서 하느님과 화해시키시어, 그 적개심을 당신 안에서 없애셨습니다. 이렇게 그리스도께서는 세상에 오시어, 멀리 있던 여러분에게도 평화를 선포하시고 가까이 있던 이들에게도 평화를 선포하셨습니다.

마태 5,9* 루카 2,14* 요한 14,27*

482   세계 평화를 위하여 무엇이 필요한가?

세계 평화에는 재화의 균등한 분배와 사람들의 선익 보호, 사람들 사이의 자유로운 의사소통, 사람들과 민족의 존엄성 존중, 정의와 형제애의 끊임없는 실천이 필요하다.

해설   세계 평화를 위해서는 ① 재화의 균등한 분배, ② 사람들의 선익 보호, ③ 사람들 사이의 자유로운 의사소통, ④ 사람들과 민족의 존엄성 존중, ⑤ 정의와 형제애의 끊임없는 실천이 필요하다. 위정자를 포함하여 모든 국민은 전쟁을 피하기 위해 진력할 의무가 있다.

용어 **재화의 균등한 분배** 세상의 재화는 특정인을 위한 것이 아니라 인류가족 모두의 것이다. 이를 거부하고 다른 사람보다 더 갖기를 원하는 데에 평화는 없다.

사람들의 선익 보호 사람들이 지닌 온갖 좋은 것들을 앗아가는 행위는 악이다. 그 선들을 보호해야 평화가 온다.

사람들 사이의 자유로운 의사소통 불통은 고통이다. 소통만이 평화로운 세상을 보장한다.

사람들과 민족의 존엄성 존중 개인이나 민족은 누구나 존엄하다. 이를 부정하는 곳에 평화는 없다.

정의와 형제애의 끊임없는 실천 형제애를 실현하는 것이 곧 정의다. 사회 구성원 하나하나는 모두 내 형제이기 때문이다.

성구 **이사 2,4** 그분께서 민족들 사이에 재판관이 되시고 수많은 백성들 사이에 심판관이 되시리라. 그러면 그들은 칼을 쳐서 보습을 만들고 창을 쳐서 낫을 만들리라. 한 민족이 다른 민족을 거슬러 칼을 쳐들지도 않고 다시는 전쟁을 배워 익히지도 않으리라.

야고 3,18 의로움의 열매는 평화를 이루는 이들을 위하여 평화 속에서 심어집니다.

시편 37,3.27.29* 히브 12,11*

483 군사력의 사용은 언제 도덕적으로 허용되는가?

무력 사용은 다음과 같은 조건들을 동시에 충족시켜야 도덕적으로 허용된다.

- 당한 피해가 계속적이고 심각하다는 것이 확실해야 한다.
- 이를 제지할 다른 모든 방법이 효력이 없다는 것이 드러나야 한다.
- 성공의 조건들이 수립되어야 한다.
- 현대 무기의 파괴력을 고려하면서 더 큰 피해가 초래되지 않아야 한다.

해설 전쟁은 최후의 수단이 되어야 한다. 평화 협상의 모든 방법을 다 써본 뒤, 다음과 같은 조건들이 동시에 충족될 때 무력 사용이 가능하다. ① 당한 피해가 계속적이고 심각해야 한다. ② 이를 제지할 다른 모든 방법이 효력이 없어야 한다. ③ 성공의 조건들이 수립되어야 한다. ④ 현대 무기의 파괴력을 고려하여 볼 때 더 큰 피해가 초래되지 말아야 한다. 오늘날 이 네 번째 조건을 충족시키기는 거의 불가능하다.

용어 **당한 피해가 계속적이고 심각해야** 국민이 견디기 어려운 피해가 계속되고 그 상황이 심각해야 전쟁의 명분이 선다.

이를 제지할 다른 모든 방법이 효력이 없어야 전쟁을 치르기 이전에 모든 노력과 방법이 총동원되어야 한다.

성공의 조건들이 수립되어야 전쟁에서 이길 수 있음이 확인되어야 한다.

현대 무기의 파괴력 대량 살상 무기의 사용을 피할 수 없는 현대전은 불가하다. 그 무기의 파괴력이 인간의 상상을 초월하고 인간의 통제에서 벗어나기 때문이다.

더 큰 피해가 초래되지 말아야 오늘날에는 그 어떤 전쟁도 전쟁 이전보다 더 큰 피해가 불가피하다. 그러므로 오늘날 전쟁은 일어나서도, 일으켜서도 안 된다!

성구 **1마카 8,23** "로마인과 유다 민족이 바다와 육지에서 영원히 번영하고, 이 두 민족에게는 전쟁이나 외침이 없기를 바란다."

루카 14,31-32 "또 어떤 임금이 다른 임금과 싸우러 가려면, 이만 명을 거느리고 자기에게 오는 그를 만 명으로 맞설 수 있는지 먼저 앉아서 헤아려 보지 않겠느냐? 맞설 수 없겠으면, 그 임금이 아직 멀리 있을 때에 사신을 보내어 평화 협정을 청할 것이다."

484 전쟁의 위협이 있을 경우 누가 그러한 상황을 엄중히 평가하는가?

이 같은 평가는 국가 방위의 의무를 국민에게 부과하는 권리를 가지고 있는 통치자들의 신중한 판단에 달렸다. 양심상의 이유에서 군 복무가 아닌 다른 방법으로 인간 공동체에 봉사하려는 사람의 권리는 인정되어야 한다.

해설   전쟁의 위협에 관한 판단은 위정자들의 몫이다. 그들은 국가 방위에 필요한 의무를 국민에게 부과할 수 있다. 그렇지만 그들은 또한 전쟁으로 목숨을 잃게 되는 수많은 젊은이들과 양민들의 생명에 대한 중대한 책임이 있음을 명심해야 한다. 양심상의 이유에서 군 복무가 아닌 다른 방식으로 국가 공동체에 봉사하려는 사람들의 권리는 인정되어야 한다.

용어   **군 복무가 아닌 다른 방법**   양심상 군 복무를 거부하는 사람에게는 대체 복무가 인정되어야 한다. 국가를 위한 헌신은 군 복무 아닌 다른 방식으로도 가능하기 때문이다.

성구   **신명 20,8-10**   "군관들은 백성에게 다시 이렇게 말해야 한다. '겁이 많고 마음이 약한 사람이 있느냐? 그런 사람은 집으로 돌아가라. 그런 자가 형제들의 마음을 제 마음처럼 녹아내리게 하는 일이 있어서는 안 된다.' 군관들이 백성에게 할 말을 마치면, 백성을 지휘할 장수들을 임명해야 한다. 너희가 어떤 성읍을 치려고 그곳에 다가가면, 먼저 그 성읍에 화친을 제안해야 한다."
1티모 2,2   임금들과 높은 지위에 있는 모든 사람을 위해서도 기도하여, 우리가 아주 신심 깊고 품위 있게, 평온하고 조용한 생활을 할 수 있도록 하십시오.
민수 31,3-4* 1사무 8,19ㄴ-20* 루카 14,31-32*

485   전쟁의 경우에 도덕성은 무엇을 요구하는가?

전쟁 중에도 도덕률은 영구히 유효하다. 도덕률은 비전투원과 부상병과 포로들을 인간답게 대우받을 것을 요구한다. 민족의 권리에 어긋나는 고의적인 행동과 그것을 지시하는 명령들은 죄이다. 맹목적인 복종이라 해도, 이 명령에 복종하는 사람들은 무죄일 수 없다. 어떤 민족이나 소수 민족에 대한 집단 학살은 중대한 죄악이므로 단죄되어야 한다. 종족 말살의 명령에는 항거해야 할 도덕적 의무가 있다.

해설   전쟁 중에도 도덕률은 지켜야 한다. 특히 적국의 군인과 국민에 대해서 그러하다. 더욱이 종족 말살(인종 청소)은 절대 용납되지 않는다. 이처럼 도덕률에 어긋나는 명령과 그 명령에 복종하는 것은 중죄다.

용어   **비전투원과 부상병과 포로들**   전쟁 중에도 이들은 보호되어야 한다. 이들의 살해, 고문, 학대는 죄악이다.

맹목적인 복종　군대는 복종을 요구한다. 그러나 옳지 않은 명령, 비인간적이고 반인륜적인 명령은 불복해야 한다.

소수 민족에 대한 집단 학살　이른바 인종 청소는 결코 용납될 수 없다.

성구　**신명 20,19**　"너희가 어떤 성읍을 점령하려고 싸움을 벌여 오랫동안 포위하고 있을 때, 그 성읍의 나무에 도끼를 휘둘러 나무를 쓰러뜨려서는 안 된다. 너희는 그 나무에서 열매를 따 먹을 수는 있지만 그것을 베어서는 안 된다. 들의 나무는 너희가 포위해야 할 사람이 아니지 않으냐?"

묵시 19,2　"과연 그분의 심판은 참되고 의로우시다. 자기 불륜으로 땅을 파멸시킨 대탕녀를 심판하시고 그 손에 묻은 당신 종들의 피를 되갚아 주셨다."

486　전쟁을 피하려면 무엇을 해야 하는가?

전쟁이 초래하는 불행과 불의 때문에 우리는 전쟁을 피하고자 가능한 모든 합리적 방법을 다 강구해야 한다. 특히 합법적 세력에 의하여 적절히 규제되지 않는 무기의 비축과 거래, 특히 경제 사회 분야의 불의, 인종 차별, 종교 차별, 시기, 불신, 교만과 복수심을 피해야 한다. 이런 폐단을 극복하려는 모든 활동은 평화를 이룩하고 전쟁을 피하는 데에 이바지한다.

해설　① 적절히 규제되지 않은 무기의 비축과 거래, ② 경제 사회 분야의 불의, ③ 인종 차별과 종교 차별, ④ 시기와 불신, ⑤ 교만과 복수심 등을 극복하지 않으면 안 된다.

용어　**적절히 규제되지 않은 무기의 비축과 거래**　무기 생산과 거래는 국제 사회에서 적절히 규제되어야 한다. 개인 또는 국가가 눈앞의 이익만 추구하다 보면 폭력과 분쟁이 일어나고 국제 질서가 어지럽게 된다. 전쟁 위험이 높은 지역에서 군축회담은 필수적이다.

경제 사회 분야의 불의　국가간 무역에서 이루어지는 불공정과 불평등은 국제 평화를 위협한다.

인종 차별과 종교 차별　오늘도 세계 곳곳에서 인종적인 분쟁과 종교적 분쟁이 끊이지 않는다. 인종과 종교의 차별에서 빚어지는 불행이다.

시기와 불신 한 번 적대적인 상태에 이르면 이를 해소하기가 무척 어렵다. 시기와 불신의 악순환이 일어나기 때문이다.

교만과 복수심 지지 않겠다는 마음, 복수하겠다는 마음을 버려야 평화를 위한 발걸음을 내디딜 수 있다.

성구 **2마카 12,10** 그전에, 마크론이라고 하는 프톨레마이오스는 유다인들이 겪은 불의를 생각하여, 앞장서서 그들에게 의로움을 베풀었으며 그들과 평화로운 관계를 유지하려고 하였다.

마태 26,53 그때에 예수님께서 그에게 이르셨다. "칼을 칼집에 도로 꽂아라. 칼을 잡는 자는 모두 칼로 망한다."

에페 2,14.16*

■ **여섯째 계명: 간음해서는 안 된다**

487 인간은 자기의 성적 정체성과 관련하여 어떤 임무를 지니는가?

하느님께서는 사람을 남자와 여자로 창조하심으로써, 남자와 여자에게 동등하게 인격적 품위를 부여하셨고, 그 인간성 안에 사랑과 일치의 소명을 심어 주셨다. 각기 인격 전체를 위한 고유한 성적 정체성이 지니는 중요성과 특수성, 상호 보완성을 인정하고 받아들이는 것은 남녀 각자가 할 일이다.

해설 "하느님께서는 이렇게 당신의 모습으로 사람을 창조하셨다. 하느님의 모습으로 사람을 창조하시되 남자와 여자로 그들을 창조하셨다"(창세 1,27). 하느님께서는 남자와 여자의 본성 안에 사랑과 일치의 소명을 부여하심으로써 당신을 닮게 하셨다는 말이다. 남자와 여자는 동등한 인격체로서 혼인의 결합으로 육체적, 정신적, 영적 차이를 상호 보완성으로 극복하고 사랑과 일치의 소명을 실현할 임무를 지닌다. 그리하여 남녀는 삼위일체 하느님의 사랑과 일치에 이르게 되는 것이다.

용어 **동등한 인격적 품위** 남성과 여성은 전혀 다르지만, 그 인간적 존엄성은 똑같다.

사랑과 일치의 소명 남자와 여자는 사랑으로 하나 되라는 원초적 소명을 지니고 있다.

성적 정체성이 지니는 중요성과 특수성과 상호 보완성 남자와 여자로 태어난 사실의 중요성과 특수성을 인식함으로써 서로 돕고 사랑하여 한 몸, 한 인격체가 된다는 것은 삼위일체를 닮는 큰 신비이다.

성구 말라 2,14-15 그러면서 너희는 "어찌 이러십니까?" 하고 묻는다. 네가 배신한 젊은 시절의 네 아내와 너 사이의 증인이 바로 **주님**이시기 때문이다. 그 여자는 너의 동반자이고 너와 계약으로 맺어진 아내이다. 한 분이신 그분께서 그 여자를 만들지 않으셨느냐? 몸과 영이 그분의 것이다. 한 분이신 그분께서 바라시는 것이 무엇이냐? 하느님께 인정받는 후손이다. 그러므로 너희는 제 목숨을 소중히 여겨 젊은 시절의 아내를 배신하지 마라.

마태 19,4-6 그러자 예수님께서 이렇게 대답하셨다. "너희는 읽어 보지 않았느냐? 창조주께서 처음부터 '그들을 남자와 여자로 만드시고' 나서, '그러므로 남자는 아버지와 어머니를 떠나 아내와 결합하여, 둘이 한 몸이 될 것이다.' 하고 이르셨다. 따라서 그들은 이제 둘이 아니라 한 몸이다. 그러므로 하느님께서 맺어 주신 것을 사람이 갈라놓아서는 안 된다."

잠언 5,15-19*

488 정결은 무엇인가?

정결은 성이 인격 안에 훌륭히 통합되는 것이다. 성은 인격 대 인격의 관계 안에서 정당한 방식으로 통합될 때 참으로 인간다운 성이 된다. 정결은 하나의 윤리덕이고, 하느님의 선물이며, 은총이고, 성령의 열매이기도 하다.

해설 정결은 성이 인격 안에 훌륭히 통합되는 덕[貞德]이다. 그러므로 정결한 사람은 육체적, 감정적, 정신적, 영적 차원에서 건강하고 균형 잡힌 행동을 보인다. 정결은 순결과는 다른 의미를 지닌 덕이다.

용어 **성이 인격 안에 통합됨** 성을 인격과 분리시키는 것은 죄악이다. 성은 항상 인격 안에 머물러야 한다. 인간의 성은 동물의 그것과 다르다.

성이 정당한 방식으로 통합됨 성이 인격과 통합되어 균형 잡힌 인격 형성이 이루어짐을 말한다.

정결은 윤리덕　정결은 절제라는 덕과 연결된다. 절제로 인간의 감정적 정욕이 이성 안에 머물게 된다.
정결은 하느님의 선물이며 은총　특히 복음적 권고인 이 덕은 사랑의 실천으로 가능하다(2346항).
정결은 성령의 열매　갈라 5,22-23에 나오는 성령의 열매 아홉 가지와 정결을 연결시킬 수 있다. ('대중 라틴 말 성경' Vulgata은 성령의 아홉 가지 열매 외에도 관용, 정숙, 순결의 세 열매를 덧붙인다.)

성구　**지혜 3,13**　행복하여라, 자식을 낳지 못해도 정결한 여자! 죄 되는 잠자리에 들지 않은 여자! 하느님께서 영혼들을 찾아오실 때에 그는 결실을 볼 것이다.
티토 2,2-3　나이 많은 남자들은 절제할 줄 알고 기품이 있고 신중하며, 건실한 믿음과 사랑과 인내를 지녀야 합니다. 나이 많은 여자들도 마찬가지로 몸가짐에 기품이 있어야 하고, 남을 험담하지 않고, 술의 노예가 되지 않으며, 선을 가르치는 사람이 되어야 합니다.
집회 26,15*

489　정결의 덕은 무엇을 전제하는가?

정결은 자기 증여를 목적으로 하는 인간 자유의 표현으로서 자제력이 전제되어야 한다. 그런 목적을 달성하려면 통합적이고 영속적인 교육이 필요하다. 이는 점진적 성장의 단계 안에서 실현된다.

해설　정결은 완전한 인격과 온전한 자기 헌신을 포함한다. 완전한 인격이란 건전한 인격, 곧 생명과 사랑의 능력을 온전히 갖추고 이를 발휘하는 사람이다. 온전한 자기 헌신이란 갈림 없이 온전히 자기를 내어주는 사랑을 말한다. 이웃과 하느님, 가족과 형제를 사랑하는 데 필요한 이 같은 정결의 덕은 자제력을 전제한다. 정결을 위한 자제력은 상당한 노력과 기간이 필요하다.

용어　**자기 증여**　자기를 내어줌.
자제력　성적 욕구를 자제하는 덕은 인격적 삶에 필수적이다.
통합적이고 영속적인 교육　자신을 내어주며 자신의 성을 바르게 사용하는 정결의 덕은 인간의 모든 차원에서 지속적으로 성숙하는 가운데 이루어진다.

|성구| **집회 26,15** 정숙한 아내는 은혜 중의 은혜이다. 어떤 저울로도 절제하는 영혼의 가치를 달 수 없다.

점진적 성장의 단계 정결의 덕은 하루아침에 이루어져, 더 이상 훈련이 필요 없게 되는 덕이 아니다. 죽을 때까지 지속적으로 길러야 한다.

1티모 2,9-10.15 여자들도 마찬가지로, 얌전하고 정숙하게 단정한 옷차림으로 단장하기를 바랍니다. 높이 땋은 머리와 금이나 진주나 값비싼 옷이 아니라, 하느님을 공경한다고 고백하는 여자답게 선행으로 치장하십시오. … 그러나 여자가 자식을 낳아 기르면서, 믿음과 사랑과 거룩함을 지니고 정숙하게 살아가면 구원을 받을 것입니다.

1티모 3,2*

490 정결의 삶을 도와주는 방편들은 무엇인가?

그 같은 도움의 방편들은 많다. 곧 하느님의 은총, 성사의 도움, 기도, 자의식, 다양한 상황의 적합한 금욕, 윤리 덕행, 특히 이성理性이 정욕을 이끌도록 지향하는 절제 덕의 실행 등이 있다.

|해설| 성욕은 매우 강력한 욕구다. 이를 조정 또는 조절하는 데는 우리의 자제력뿐 아니라 외적인 도움도 필요하다. 정결하게 살도록 우리를 도와주는 것들은 ① 하느님의 은총, ② 성사의 도움, ③ 기도, ④ 자의식, ⑤ 금욕, ⑥ 윤리 덕행, ⑦ 절제 덕의 실행 등이다.

|용어| **하느님의 은총과 성사의 도움과 기도** 자주 성체성사와 고해성사를 받고 기도하는 것은 정결을 지키고 기르는 데 크게 도움이 됨을 우리는 신앙생활의 경험을 통해 잘 알고 있다.

자의식과 금욕과 절제의 덕 실행 자신이 누구인지 자주 의식하고, 상황에 따라 적절히 금욕하고, 절제의 덕을 발휘함으로써 정결을 더욱 보존하고 성장시킬 수 있다.

|성구| **잠언 4,23.25** 무엇보다도 네 마음을 지켜라. 거기에서 생명의 샘이 흘러나온다. … 눈은 똑바로 앞을 바라보고 눈길은 앞으로만 곧게 두어라.

로마 13,13-14 대낮에 행동하듯이, 품위 있게 살아갑시다. 흥청대는 술잔치

와 만취, 음탕과 방탕, 다툼과 시기 속에 살지 맙시다. 그 대신에 주 예수 그리스도를 입으십시오. 그리고 욕망을 채우려고 육신을 돌보는 일을 하지 마십시오.

집회 18,30* 갈라 5,16-17*

491 모든 이는 어떤 식으로 정결의 생활에 불림을 받고 있는가?

모든 이는 정결의 모범이신 그리스도를 따름으로써 각자의 고유한 신분에 알맞게 정결한 생활을 하도록 요청받고 있다. 온전한 마음으로 하느님께 더 쉽게 전념하려는 훌륭한 방법으로서 동정이나 봉헌된 독신 생활을 하는 이들도 있다. 혼인한 사람들은 부부로서 정결을 지키도록 요청받고 있으며, 미혼자들은 금욕으로써 정결을 실천한다.

해설 모든 그리스도인은 각자의 신분에 알맞게 정결한 생활을 하도록 요청받고 있다. 갈림 없는 온전한 마음으로 그리스도를 따르는 삶의 방식으로 동정이나 독신의 봉헌된 삶을 택한 이들도 있고, 혼인한 사람들은 부부로서 정결을 지키고, 미혼자들은 절제와 금욕으로 정결을 지킨다. 약혼자들도 마찬가지로 혼인할 때까지 부부애의 고유한 애정 표현을 미뤄두어야 한다.

용어 **정결의 모범이신 그리스도** 예수 그리스도께서는 진정으로 균형 잡힌 인간이셨으며, 특히 여성을 존중하셨다.

온전한 마음 하느님께 온전히 헌신하는 마음이다.

동정이나 봉헌된 독신 생활 하늘 나라를 위한 동정과 독신의 삶을 말한다.

성구 **집회 9,7-9** 읍내 거리에서 두리번거리지 말고 그곳의 으슥한 데서 서성거리지 마라. 몸매 예쁜 여자에게서 눈을 돌리고 남의 아내의 아름다움을 유심히 바라보지 마라. 많은 사람들이 여자의 아름다움에 홀려 그에 대한 욕정을 불처럼 태운다. 다른 사람의 아내와 같이 앉지 말고 그와 술자리를 가지지 마라. 네 마음이 그에게 이끌려 피를 흘리며 파멸로 치달을까 두렵다.

1테살 4,3-4 하느님의 뜻은 바로 여러분이 거룩한 사람이 되는 것입니다. 곧 여러분이 불륜을 멀리하고, 저마다 자기 아내를 거룩하게 또 존중하는 마음으로 대할 줄 아는 것입니다.

1요한 3,2-3*

492 정결을 거스르는 주요 죄들은 무엇인가?

고유한 대상의 특성에 따라 정결을 크게 어기는 죄들은 간음, 자위행위, 사음, 포르노, 매매춘, 강간, 동성애 등이다. 이런 죄들은 음란 악습의 전형이다. 특히 아이들에게 저지르는 이 같은 행위들은 신체적이고 도덕적 온전성을 크게 거스르는 죄로 더욱 큰 해악이다.

해설 정결을 거스르는 죄는 방탕, 자위행위, 사음, 포르노, 매매춘, 강간, 동성애 등이다. 만일 어린이들에게 이런 짓을 저지르면 더욱 큰 해악을 끼치는 중죄가 된다. 이는 신체적·도덕적 온전성을 크게 거스르기 때문이다.

용어 **간음** 여기서 간음이라 번역한 것은 실은 방탕放蕩, 곧 성애性愛의 쾌락을 무질서하게 원하고 문란하게 탐닉하는 것을 말한다(2351항).

자위 행위 성적 만족을 얻고자 성기를 일부러 자극하는 것이다(2352항). 우리말 자위행위는 스스로를 위로한다는 뜻이다.

사음邪淫 혼인하지 않은 남녀의 육체 결합을 말한다(2353항). 혼인한 남녀의 혼외정사는 간음姦淫이라 한다(문답 502 참조).

포르노 제3자에게 보여 주기 위해 사생활의 성행위를 실제로 또는 모방하여 옮겨 놓은 것이다.

매매춘 성을 사고 파는 것을 말한다(2355항).

강간 강제로 성관계를 맺는 것을 말한다(2356항).

동성애 이성이 아닌 동성 사이에 관계를 갖는 것이다(2357항).

음란 악습 칠죄종 가운데 하나인 **음욕**을 말한다(문답 389 참조). 성욕의 무질서한 경향들은 음욕이라는 악습에서 비롯된다.

성구 **신명 22,25-26** "그러나 그 남자가 약혼한 그 젊은 여자를 들에서 만나 여자를 강제로 붙잡아 동침하였을 경우, 그 여자와 동침한 남자만 죽어야 한다. 그 젊은 여자에게는 죽을죄가 없으므로, 너희는 그 여자에게 아무것도 해서는 안 된다. 이 경우는 어떤 사람이 이웃에게 덤벼들어 그를 죽이는 것과 같기 때문이다."

로마 1,26-27 이런 까닭에 하느님께서는 그들을 수치스러운 정욕에 넘기셨습니다. 그리하여 그들의 여자들은 자연스러운 육체관계를 자연을 거스르는 관계로 바꾸어 버렸습니다. 남자들도 마찬가지로 여자와 맺는 자연스러운 육체관계를 그만두고 저희끼리 색욕을 불태웠습니다. 남자들이 남자들과 파렴치한 짓을 저지르다가, 그 탈선에 합당한 대가를 직접 받았습니다.

레위 20,13* 1베드 4,3-4*

493 여섯째 계명은 "간음해서는 안 된다."는 명령인데 왜 정결을 거스르는 모든 죄를 금하는가?

성경 본문의 십계명에 "간음해서는 안 된다"(탈출 20,14)고 기록되어 있다. 교회의 전통은 구약과 신약 성경의 통합된 윤리적인 가르침에 따라 여섯째 계명을 인간의 성을 거스르는 모든 죄를 종합하는 것으로 이해한다.

해설   교회는 전통적으로 여섯째 계명이 인간의 성 전체와 관련된 것으로 이해해 왔다. 이는 구약과 신약 성경의 통합된 윤리적 가르침에 따른 것이다.

용어   **구약과 신약 성경의 통합된 윤리적 가르침**   우리는 예수 그리스도께서 하느님의 본래 뜻을 되살리심으로써 구약의 가르침을 완성시키셨음을 잘 알고 있다. 그러므로 특히 구약의 윤리적인 가르침은 예수님의 가르침에 비추어 이해해야 한다.

성구   집회 41,21ㄴ-22ㄱ   남의 아내에게 눈짓한 일을 부끄러워하여라. 남의 여종과 어울린 일을 부끄러워하고 그 여종의 잠자리에 다가가지 마라.

마태 5,27-28   "'간음해서는 안 된다.'고 이르신 말씀을 너희는 들었다. 그러나 나는 너희에게 말한다. 음욕을 품고 여자를 바라보는 자는 누구나 이미 마음으로 그 여자와 간음한 것이다."

신명 5,21* 마태 19,7-9*

494 정결과 관련하여 시민 사회의 공권력이 지니는 임무는 무엇인가?

시민 사회의 공권력은 인간 존엄성의 존중을 촉진시키는 임무를 지니고 있으므로 정결을 북돋우는 환경을 조성하는 데 기여해야 하고, 아울러 적절한 법으로 무엇보다

	특히 어린이들과 약자들을 보호하고자 정결을 심각하게 침해하는 그 같은 범죄들의 확산을 막아야 한다.
해설	국가는 인간의 존엄성과 인권을 지킬 임무를 지니고 있다. 그러므로 특히 정결을 해치는 사회적 풍토나 죄악을 힘써 막아야 한다. 그래야 가정을 보호하고 특히 어린이들과 약자들을 보호하여 건전한 사회, 건강한 국가를 이룩할 수 있다.
용어	**정결을 북돋우는 환경** 오늘날 자본주의적이고 소비주의적인 사회 풍토는 성마저도 상품으로 전락시킨다. 이를 감시하고 적절히 징벌해야 정숙한 사회적 환경을 조성할 수 있다. **어린이들과 약자** 성적인 면에서 인간 존엄성이 침해되는 경우는 흔히 어린이들과 여성들이다. 이 같은 사회 현상은 더욱 만연할 것이다. 따라서 시민 사회와 공권력은 이를 막기 위한 네트워크를 강화해야 한다.
성구	**예레 23,10** 참으로 이 땅은 간음하는 자들로 가득하니 저주 때문에 땅이 슬퍼하고 광야의 풀밭이 메말라 간다. 그들의 행로는 악하고 그들의 권세는 옳지 못하다. **2베드 2,18-19** 그들은 실없이 큰소리치면서, 그릇된 생활을 하는 자들에게서 갓 빠져나온 이들을 육체의 방탕한 욕망으로 유혹합니다. 그들은 그 사람들에게 자유를 약속하지만 자신들은 멸망의 종이 되어 있습니다. 굴복을 당한 사람은 굴복시킨 쪽의 종이 되기 때문입니다. 잠언 6,26-27* 에페 5,3-4*

495 성性이 지향하는 부부애의 선익은 무엇인가?

혼인성사로 성화된 세례 받은 사람들의 부부애의 선익은 일치, 신의, 불가해소성과 출산에 대한 열린 자세다.

해설	성을 포함한 전인적 사랑이 부부애다. 서로에게 자신을 내어주는 성은 결코 순전히 생물학적인 것만이 아니고, 인간의 가장 깊은 존재와 관련된다. 이는 부부에게만 허용된 고유하고 배타적인 행위다. 부부애의 선익은 ① 일치, ② 신의, ③ 불가해소성, ④ 출산(에 대한 열린 자세)이다. 이 같은 부부애의 선익은

특히 세례 받은 남녀의 경우 혼인성사의 은총으로써 더욱 강화된다.

용어 **일치** 부부 사랑에서 나오는 선익은 그 첫째가 하나됨이다. 하나 된 부부는 또 하나의 인격체다.

신의 부부 사랑은 신의를 열매 맺는다. 부부의 신의보다 더 완벽한 신의는 없다. → 문답 344

불가해소성 부부 사랑만이 갈라짐을 막아 완전한 가정, 곧 사회의 기본이 되는 가정의 유대를 이룬다. → 문답 340

출산에 대한 열린 자세 부부는 자녀를 부부 사랑의 아름다운 열매요 하느님의 축복으로 받아들인다. 이 점은 자녀수를 (조)정하는 데에서도 변함이 없다.

성구 **집회 26,1-4** 좋은 아내를 가진 남편은 행복하다. 그가 사는 날수가 두 배로 늘어나리라. 훌륭한 아내는 제 남편을 즐겁게 하고 그 남편은 평화롭게 수를 다하리라. 좋은 아내는 큰 행운이다. 주님을 경외하는 이들에게 그런 아내는 행운으로 주어지리라. 그 남편은 부유하든 가난하든 마음이 즐겁고 얼굴은 언제나 활기가 넘친다.

1코린 7,2-4ㄱ 불륜의 위험이 있으니 모든 남자는 아내를 두고 모든 여자는 남편을 두십시오. 남편은 아내에게 의무를 이행하고, 마찬가지로 아내는 남편에게 의무를 이행해야 합니다. 아내의 몸은 아내가 아니라 남편의 것이고, 마찬가지로 남편의 몸은 남편이 아니라 아내의 것입니다. 서로 상대방의 요구를 물리치지 마십시오.

496 부부 행위는 어떤 의미를 지니는가?

부부 행위는 이중적인 의미, 곧 결합(부부의 상호 증여)과 출산(생명 전달에 대한 열린 자세)의 의미를 지닌다. 어느 누구도 부부 행위의 이 두 가지 의미 가운데 하나라도 제외함으로써 하느님께서 원하신 그들의 불가분의 관계를 파괴해서는 안 된다.

해설 "부부가 친밀하고 정결하게 서로 결합하는 행위는 아름답고 품위 있는 행위다. 참으로 인간다운 방법으로 이루어지는 이 행위는 서로 자신을 내어 주며 기쁘고 고마운 마음으로 서로를 풍요롭게 한다"(사목 헌장, 49항). 부부 행위는 결합과 출산의 의미를 동시에 지닌다. 그러므로 두 의미 가운데 하나를 제거하면 하느님께서 원하신 그 불가분의 관계를 파괴하는 것이다.

용어　**결합**　부부가 서로를 주고받음으로써 둘이 한 몸이 되는 것이다. 이보다 더 큰 너그러움도 더 큰 풍요로움도 없다(2335항).

　　출산　출산은 부부 사랑의 결실이다. 그러므로 부부애는 자녀로 인해 더욱 깊어진다.

성구　**룻 4,13**　이렇게 보아즈가 룻을 맞이하여 룻은 그의 아내가 되었다. 그가 룻과 한자리에 드니, **주님께서** 점지해 주시어 룻이 아들을 낳았다.

　　1티모 4,3-5　그들은 혼인을 금지하고, 또 믿어서 진리를 알게 된 이들이 감사히 받아 먹도록 하느님께서 창조하신 어떤 음식들을 끊으라고 요구합니다. 하느님께서 창조하신 것은 다 좋은 것으로, 감사히 받기만 하면 거부할 것이 하나도 없습니다. 사실 그것들은 하느님의 말씀과 기도로 거룩해집니다.

　　잠언 5,18-19* 1코린 7,2-5*

497　출산 조절이 언제 도덕적인가?

책임 있는 부성과 모성의 한 측면을 표현하는 출산 조절은 도덕성의 객관적인 기준에 부합되어야 한다. 출산 조절은 이기주의에 속하지 않아야 하고 외부적인 강요 없이 부부가 실행해야 한다. 신중한 동기와 도덕성의 객관적 기준에 맞는 방법, 곧 주기적인 절제와 불임 기간을 이용한 것이어야 한다.

해설　출산 조절(가족 계획)은 부성과 모성의 책임 있는 행위다. 출산 조절의 도덕적인 기준은 이러하다. 출산 조절은 ① 이기주의에 속하지 않아야 한다. ② 외부적인 강요 없이 부부가 책임 있게 수행해야 한다. ③ 신중한 동기에서 이루어져야 한다. ④ 그 방법 역시 도덕적이어야 한다. 주기적인 절제와 불임 기간을 이용하는 것이어야 한다.

용어　**출산 조절**　이것은 산아제한과는 다르며, 터울을 조절하는 것이다.

　　책임 있는 부성과 모성　자녀를 낳아서 잘 기르겠다는 것은 부모의 책임 있는 행위다.

　　도덕성의 객관적 기준　객관적으로 보아 도덕적이며, 도덕률에 어긋남이 없음.

이기적이지 않은 출산 조절 출산 조절이 부부, 남편 또는 아내의 이기심이어서는 안 된다는 말이다. 자신의 안이와 안락을 위한 출산 조절은 안 된다.

주기적인 절제와 불임 기간 이용 이것은 생리 변화에 따른 자연적인 피임이다. 생리 주기에 따라 가임 기간에 절제하여 부부 행위를 하지 않는 것이다.

성구   예레 29,4.6 만군의 주 이스라엘의 하느님께서 예루살렘에서 바빌론으로 유배 보낸 모든 유배자들에게 말씀하신다. … "아내를 맞아들여 아들딸을 낳고, 너희 아들들을 장가보내고 너희 딸들을 시집보내어, 그들도 아들딸을 낳고 그곳에서 번성하여 줄어들지 않게 하여라."

요한 16,21 "해산할 때에 여자는 근심에 싸인다. 진통의 시간이 왔기 때문이다. 그러나 아이를 낳으면, 사람 하나가 이 세상에 태어났다는 기쁨으로 그 고통을 잊어버린다."

창세 1,27-28* 창세 9,1*

498   출산 조절의 부도덕한 방법들은 무엇인가?

직접적인 불임 수술이나 피임처럼, 부부 행위를 앞두고, 또는 행위 도중에, 또는 그 자연적인 결과의 진행 과정 중에 출산을 불가능하게 하는 것을 목적으로 하거나 수단으로 하는 모든 행동은 근본적으로 악이다.

해설   "부부 행위를 앞두고, 또는 행위 도중에, 또는 그 자연적인 결과의 진행 과정 중에, 출산을 불가능하게 하는 것을 목적으로 하거나 수단으로 하는 모든 행위"(바오로 6세의 회칙, 「인간의 생명」, 14항)는 근본적으로 악이다. 불임 수술, 인공적인 피임, 다양한 의학적인 피임은 부도덕하다.

용어   **직접적인 불임 수술이나 피임** 불임 수술은 정관을 막거나 자궁을 제거하는 식으로 임신이 불가능하게 하는 수술이다. '직접적'이라고 한 것은 불임을 의도하여 하는 수술을 가리키며, 예를 들어 다른 병의 치료로 이루어지는 간접적인 불임 수술이 가능하다.

부부 행위의 자연적인 결과의 진행 중에 부부 행위는 부부애의 자연적인 표현이며, 이를 반하는 행위는 부부애를 거스르는 짓이다.

성구   창세 38,8-10 그래서 유다가 오난에게 말하였다. "네 형수와 한자리에 들어

라. 시동생의 책임을 다하여 네 형에게 자손을 일으켜 주어라." 그러나 오난은 그 자손이 자기 자손이 되지 않을 것을 알고 있었기 때문에, 형수와 한자리에 들 때마다, 형에게 자손을 만들어 주지 않으려고 그것을 바닥에 쏟아 버리곤 하였다. 그가 이렇게 한 것이 **주님**께서 보시기에 악하였으므로, 그도 죽게 하셨다.

묵시 12,4-5 용의 꼬리가 하늘의 별 삼분의 일을 휩쓸어 땅으로 내던졌습니다. 그 용은 여인이 해산하기만 하면 아이를 삼켜 버리려고, 이제 막 해산하려는 그 여인 앞에 지켜 서 있었습니다. 이윽고 여인이 아들을 낳았습니다. 그 사내아이는 쇠 지팡이로 모든 민족들을 다스릴 분입니다. 그런데 그 여인의 아이가 하느님께로, 그분의 어좌로 들어 올려졌습니다.

499 인공 수정과 착상이 왜 부도덕한가?

부부가 서로를 내어 주는 행위에서 출산을 따로 분리시키는 기술은 부도덕하다. 기술이 인간의 기원과 운명을 지배하게 하는 것이기 때문이다. 뿐만 아니라 이종異種의 인공 수정과 착상은 한 쌍의 부부와 무관한 사람을 개입시키는 기술을 이용함으로써, 자녀가 알고 있는 한 아버지와 한 어머니에게서 태어날 아기의 권리를 침해한다. 이 기술은 서로를 통하여 부모가 되는 부부의 배타적인 권리를 저버린다.

해설   부부가 서로에게 자신을 내어주는 사랑의 행위 곧 부부 행위에서 출산을 따로 분리시키기 때문에 인공 수정과 착상은 부도덕하다. 출산 기술로 자신의 부모에게서 태어날 아기의 권리를 침해하고, 부부 사랑으로 부모가 되는 부부의 배타적 권리를 침해하기 때문이다.

용어   **기술이 인간의 기원과 운명을 지배**   부부애를 표현하는 부부 행위로써 아기가 태어나는 것이 아니라, 의학적인 방식으로 아기가 태어나는 것은 기술이 한 인간을 태어나게 하는 비윤리적 행위다.

이종異種의 인공 수정과 착상   인공 수정과 착상에는 **이종**의 경우와 **동종**同種의 경우가 있다. 이종의 경우란 부부가 아닌 다른 사람의 정자나 난자나 자궁을 빌려 임신하는 것이다. 동종의 경우란 부부의 정자와 난자와 자궁을 빌리기는 하지만 인공적인 수정과 착상으로 임신하는 것이다.

성구　**창세 38,15-18**　유다가 그를 보았을 때, 얼굴을 가리고 있었으므로 창녀려니 생각하였다. 그래서 그는 길을 벗어나 그 여자에게 가서 말하였다. "이리 오너라. 내가 너와 한자리에 들어야겠다." 유다는 그가 자기 며느리인 줄을 몰랐던 것이다. 그러자 그 여자가 물었다. "저와 한자리에 드는 값으로 제게 무엇을 주시겠습니까?" "내 가축 떼에서 새끼 염소 한 마리를 보내마." 하고 그가 대답하자, 그 여자가 "그것을 보내실 때까지 담보물을 주시면 좋겠습니다." 하고 말하였다. 그래서 유다가 "너에게 무슨 담보물을 주랴?" 하고 묻자, 그 여자가 "어르신네의 인장과 줄, 그리고 손에 잡고 계신 지팡이면 됩니다." 하고 대답하였다. 그래서 유다는 그것들을 주고 그와 한자리에 들었다. 그는 유다의 아이를 가지게 되었다.

루카 1,36-37　"네 친척 엘리사벳을 보아라. 그 늙은 나이에도 아들을 잉태하였다. 아이를 못낳는 여자라고 불리던 그가 임신한 지 여섯 달이 되었다. 하느님께는 불가능한 일이 없다."

500　자녀를 어떻게 받아들여야 하는가?

　　자녀는 혼인의 가장 뛰어난 선물, 곧 **하느님의 선물**이다. 자녀를 가질 권리(예컨대, 대가를 치른 당연한 자녀)는 없다. 자녀를 가질 권리를 인정하면 자녀를 소유물로 보게 될 것이다. 자녀는 부모의 부부 행위가 맺는 결실이 되는 권리와, 또한 임신되는 순간부터 한 인간으로서 존중받을 권리를 가지고 있다.

해설　자녀는 부부 사랑의 고귀한 선물이다. 자녀 출산으로 부모는 하느님의 창조 능력과 부성에 참여한다(2367항). 그렇지만 자녀를 낳지 못하는 경우에는 이 또한 하느님의 은총으로 보고 하느님의 뜻을 받아들여야 한다. 부모는 불임이라는 현실 앞에서 자녀 출산의 권리를 주장할 수 없다. 다만 태어난 자녀에게는 부모의 부부 행위가 맺는 결실이 되는 권리와, 임신되는 순간부터 한 인간으로서 존중받을 권리가 있다.

용어　**자녀는 하느님의 선물**　자녀를 갖지 못하는 불임 부부를 볼 때 자녀는 하느님의 선물임이 더욱 확실하다.

　　자녀를 가질 권리　불임 부부에게 자녀를 가질 권리를 주장하여 인공적인 임신을 합법화할 수는 없다. 자녀는 하느님의 선물이지 당연한 어떤 것이 아니다.

부모의 부부 행위가 맺는 결실이 되는 권리 태아에게는 부모의 사랑 속에서 자연스럽게 태어날 권리가 있다.

성구 **시편 127,3** 보라, 아들들은 주님의 선물이요 몸의 소생은 그분의 상급이다.

루카 1,57-58 엘리사벳은 해산달이 차서 아들을 낳았다. 이웃과 친척들은 주님께서 엘리사벳에게 큰 자비를 베푸셨다는 것을 듣고, 그와 함께 기뻐하였다.

창세 17,19* 시편 128,3*

501 부부는 자녀가 없을 때 무엇을 할 수 있는가?

부부는 의학적인 모든 정당한 수단을 동원하고서도 자녀의 선물이 그들에게 베풀어지지 않았을 때, 입양하거나 타인에게 봉사함으로써 그들의 헌신을 드러낼 수 있다. 이렇게 하여 부부는 값진 영적 출산을 실현하는 것이다.

해설 부부는 의학적으로 모든 정당한 수단을 동원하고서도 자녀를 낳지 못하였을 때, 불임의 고통을 영적 출산의 근원이라 할 주님의 십자가와 결합시킬 수 있다. 그들은 입양이나 사회봉사의 삶을 통해 값진 영적 출산을 실현할 수 있다.

용어 **의학적인 모든 정당한 수단** 오늘날 의학은 불임을 극복하는 데 상당한 진전을 이루었다. 이 가운데는 도덕률에 어긋나는 기술도 있다. 이 같은 기술을 교회는 허용하지 않는다.

영적 출산 그들의 사랑 실천은 더욱 풍요로운 것이다.

성구 **집회 4,10** 고아들에게 아버지가 되어 주고 그들의 어머니에게 남편 노릇을 해 주어라. 그러면 너는 지극히 높으신 분의 아들이 되고 그분께서 네 어머니보다 더 너를 사랑해 주시리라.

루카 11,27-28 예수님께서 이 말씀을 하고 계실 때에 군중 속에서 어떤 여자가 목소리를 높여, "선생님을 배었던 모태와 선생님께 젖을 먹인 가슴은 행복합니다." 하고 예수님께 말하였다. 그러자 예수님께서 이르셨다. "하느님의 말씀을 듣고 지키는 이들이 오히려 행복하다."
1사무 1,8-10* 시편 113,9*

502 혼인의 존엄을 모독하는 것은 무엇인가?

간음, 이혼, 일부다처제, 근친상간, 내연의 관계(동거, 축첩), 혼전 성행위 또는 혼인 생활 외의 성행위이다.

해설 혼인의 존엄성을 해치는 죄는 간음, 이혼, 일부다처제, 근친상간, 내연의 관계, 혼전 관계, 혼외정사다. 이들은 혼인의 신의와 불가해소성을 해친다.

용어 **간음** 부부의 부정행위다. 한 사람이 기혼자일 경우도 간음이다(2380항).

이혼 부부가 서로 남남으로 갈라서는 것이다(2384항).

일부다처제 말 그대로 한 남편이 여러 아내를 거느리고 사는 것이다(2387항 참조).

근친상간 혼인이 금지되어 있는 촌수의 친척이나 인척들 사이의 육체관계다(2388항).

내연의 관계 남녀가 성관계를 포함하는 자신들의 관계에 법적이고 공적인 형태를 부여하기를 거부하는 것은 자유 결합이다(2390항).

혼외정사 성행위는 오직 혼인 생활 안에서만 이루어져야 한다. 혼인 생활 밖에서 이루어지는 성행위는 부부 신의를 깨뜨리는 죄다(2390항).

성구 **2사무 13,1.14ㄴ** 그 뒤에 이런 일이 있었다. 다윗의 아들 압살롬에게는 아름다운 누이가 있었는데 이름은 타마르였다. 이 타마르를 다윗의 아들 암논이 사랑하였다. … 그는 타마르보다 힘이 셌기 때문에 강제로 타마르와 함께 잤다.

마태 19,9 "내가 너희에게 말한다. 불륜을 저지른 경우 외에 아내를 버리고 다른 여자와 혼인하는 자는 간음하는 것이다."

집회 23,16*

■ **일곱째 계명: 도둑질해서는 안 된다**

503 일곱째 계명은 무엇을 선언하는가?

일곱째 계명은 재산의 보편적인 용도와 분배, 사유 재산, 인간과 그 소유 재산, 자연계 전체를 존중할 것을 선언한다. 교회는 경제 활동, 사회생활과 정치 생활 내의 올바른 행위, 인간 노동의 권리와 의무, 국가들 사이의 정의와 연대성, 가난한 이들에 대한 사랑을 망라하는 교회의 사회 교리도 이 계명에 기초를 두고 있음을 인식한다.

해설 일곱째 계명은 이웃의 재물을 존중하라고 선언한다. 재산의 보편적인 용도와 분배, 사유 재산, 자연계 전체를 존중하도록 명하는 것이다. 이 계명은 교회의 사회 교리의 기초이다. 사회 교리란 올바른 경제 활동, 사회생활, 정치 행위, 노동의 권리와 의무, 국가간의 정의와 연대, 가난한 이들에 대한 사랑 등에 관련한 교회의 가르침을 말한다.

용어 **재산의 보편적인 용도와 분배** 사유재산권이 보장된다 할지라도 재산은 공동선을 위해 사용되어야 한다.

자연계 전체의 존중 일곱째 계명은 모든 피조물을 존중하기를 요구한다(2415항 이하).

국가들 사이의 정의와 연대성 선진국과 후진국 사이에 정의와 연대성이 확립되어야 한다(2437항 이하). 오늘의 세계는 이 문제로 곳곳에서 분쟁과 적대감이 증대하고 있다.

가난한 이들에 대한 사랑 교회는 모든 이를 사랑하지만, 특히 주님의 모범에 따라 가난한 이들에 대한 우선적인 사랑을 강조한다. 이는 편 가르기가 아닌 사회적 통합을 위한 교회의 선택이다.

성구 **예레 5,27-29** 새들로 가득 찬 바구니처럼 그들의 집안은 사기쳐 얻은 재물로 가득 차 있다. 그리하여 그들은 더욱 득세하고 부유해졌으며 기름기로 번들거린다. 그들은 악한 행실도 서슴지 않으니 고아들이 승소할 수 있도록 그 송사를 공정으로 다루지 않고 가난한 이들의 재판을 올바로 진행하지 않는다. 이런 짓들을 보고서도 내가 벌하지 않을 수 있겠느냐? **주님**의 말씀이다. 이따위 민족에게 내가 되갚아야 하지 않겠느냐?

루카 19,8 그러나 자캐오는 일어서서 주님께 말하였다. "보십시오, 주님! 제 재산의 반을 가난한 이들에게 주겠습니다. 그리고 제가 다른 사람 것을 횡령하였다면 네 곱절로 갚겠습니다."

탈출 20,15 = 신명 5,19 = 마태 19,18* 에페 4,28*

504 사유 재산의 권리는 어떤 조건에서 존중되는가?

정당한 방법으로 재산에 대한 권리를 획득하거나 받았을 경우, 또는 모든 사람의 기본 욕구들을 충족시켜 주는 재물의 보편적인 목적이 우선할 때 사유 재산의 권리는 존중된다.

해설 ① 정당한 방법으로 사유 재산에 대한 권리를 획득하였을 때 ② 사람들의 기본 욕구들을 충족시키려는 목적을 우선적으로 인정할 때 사유 재산권은 존중된다.

용어 **모든 사람의 기본 욕구들을 충족시켜 주는 재물의 보편적인 목적** 개인과 그가 책임지고 있는 사람들에게 꼭 필요한 것들을 마련해 주기 위해 사유 재산권은 보장된다. 그렇다 하더라도 재물의 보편적인 목적이 우선한다.

성구 **코헬 5,18** 또한 하느님께서 부와 재화를 베푸시어 그것으로 먹고 자기 몫을 거두며 제 노고로 즐거움을 누리도록 허락하신 모든 인간. 이것이 하느님의 선물이다.

루카 16,9 "내가 너희에게 말한다. 불의한 재물로 친구들을 만들어라. 그래서 재물이 없어질 때에 그들이 너희를 영원한 거처로 맞아들이게 하여라."

신명 8,17-18*

505 사유 재산의 목적은 무엇인가?

사유 재산의 목적은 그 사람이 책임지고 있는 이들과 도움이 필요한 사람들에게 기본적인 요구를 충족시켜 줌으로써 개인의 자유와 존엄성을 보장하는 데에 있다.

해설 재산 소유자는 하느님의 관리인이 되어 그 재산에서 이익을 내고, 그 혜택을 다른 사람들에게, 누구보다 먼저 자기 가족들에게 나누어주어야 한다.

용어 **기본적인 요구의 충족** 사유 재산권은 자신과 가족에게 기본적인 생활 수단을 제공한다는 점에서 매우 중요한 권리다.

개인의 자유와 존엄성 사유 재산은 인간의 자유와 존엄성을 보장하는 중요성구 **토빗 12,8** 진실한 기도와 의로운 자선이 부정한 재물보다 낫다. 금을 쌓아 두는 것보다 자선을 베푸는 것이 낫다.

마태 6,19-21 "너희는 자신을 위하여 보물을 땅에 쌓아 두지 마라. 땅에서는 좀과 녹이 망가뜨리고 도둑들이 뚫고 들어와 훔쳐 간다. 그러므로 하늘에 보물을 쌓아라. 거기에서는 좀도 녹도 망가뜨리지 못하고, 도둑들이 뚫고 들어오지도 못하며 훔쳐 가지도 못한다. 사실 너의 보물이 있는 곳에 너의 마음도 있다."

잠언 13,7-8*

506 일곱째 계명은 무엇을 명하는가?

일곱째 계명은 정의와 사랑, 절제와 연대 의식을 실천하여 다른 이의 재산을 존중할 것을 명한다. 특히 약속한 것과 체결된 계약에 대한 존중, 저질러진 **불의에 대한 보상**과 부당 이익의 반환, 우주 내의 광산 자원, 식물 자원, 동물 자원에 대한 슬기롭고 절도 있는 사용, 멸종의 위협을 받고 있는 종種들에 대한 특별한 주의를 기울임으로써 **자연계 전체**를 존중할 것을 요구한다.

해설 일곱째 계명은 다른 이의 재산을 존중할 것을 명한다. 이를 위해서는 정의와 사랑, 절제와 연대 의식의 실천이 필요하다. 특히 ① 계약에 대한 존중, ② 재산상 불의에 대한 보상, ③ 부당 이익의 반환, ④ 자연계 안의 자원(무생물, 동식물)에 대한 바른 이용, ⑤ 멸종 위기 생물의 보호와 자연계의 존중 등이 요구된다.

용어 **정의와 사랑** 이웃의 재산을 존중하려면 정의(교환 정의, 법적 정의, 분배 정의)를 실천해야 한다. 이것이 사회적 사랑이다.

절제와 연대 의식 제7계명을 지키려면, 현세 재물에 대한 애착을 조절하는 절제의 덕이 필요하다. 또한 이웃 특히 가난한 이들과 하나라는 연대 의식이 필요하다.

성구 **탈출 22,2ㄴ-3** "도둑질한 자는 배상해야 한다. 그가 가진 것이 없으면, 제 몸을 팔아 도둑질한 것을 갚아야 한다. 도둑질한 짐승이 소든 나귀든 양이든 아직 산 채로 그의 손에 있으면, 그는 그것을 갑절로 배상해야 한다."
1요한 3,17 누구든지 세상 재물을 가지고 있으면서도 자기 형제가 궁핍한 것을 보고 그에게 마음을 닫아 버리면, 하느님 사랑이 어떻게 그 사람 안에 머무를 수 있겠습니까?
신명 25,15* 잠언 6,30-31*

507 인간은 동물을 어떻게 대해야 하는가?

인간은 동물에게 지나친 애정을 쏟거나, 동물을 무분별하게 이용하지 않음으로써, 특히 정당한 한계를 벗어나 동물을 불필요하게 괴롭히고 과학 실험으로 이용하는 행위를 삼가면서 하느님의 피조물인 동물을 호의로 대해야 한다.

해설 동물은 하느님께서 창조하신 피조물로서, 하느님께서 섭리로써 돌보시고 보살피신다. 그러므로 사람도 동물을 잘 보살펴야 한다. 그것들은 사람에게 음식과 의복을 제공한다. 심지어 인간을 위한 의학적, 과학적 실험의 대상이 되기도 한다. 동물들을 학대하는 것도, 사람 사랑 이상으로 지나치게 동물을 사랑하는 것도 안 될 일이다.

용어 **동물에게 지나친 애정을 쏟음** 동물을 사랑할 수는 있으나, 그렇다고 인간보다 동물을 더 사랑하는 것은 지나친 일이다.

동물을 무분별하게 이용 동물을 의학적 과학적 실험의 대상으로 삼을 수는 있되, 비도덕적으로 이용하는 것은 안 된다.

성구 **신명 25,4** "타작 일을 하는 소에게 부리망을 씌워서는 안 된다."
사도 10,13-15 그때에 "베드로야, 일어나 잡아먹어라." 하는 소리가 들려왔다. 베드로는 "주님, 절대 안 됩니다. 저는 무엇이든 속된 것이나 더러운 것은 한 번도 먹지 않았습니다." 하고 대답하였다. 그러자 베드로에게 다시 두 번째로 소리가 들려왔다. "하느님께서 깨끗하게 만드신 것을 속되다고 하지 마라."
창세 1,25* 창세 9,9-10* 다니 3,80-82*

508 일곱째 계명은 무엇을 금하는가?

일곱째 계명은 도둑질, 곧 타인의 재물을 그 주인의 정당한 의사를 거슬러 빼앗는 것을 금한다. 도둑질은 부당한 품삯을 지불하는 행위, 다른 이에게 손해를 끼치면서 이득을 얻고자 재산의 가치를 속이는 행위, 수표나 계산서를 위조하는 행위를 포함한다. 그러므로 이 계명은 세금의 탈루나 상업적 탈세를 자행하는 일, 개인 소유물이나 공공 소유물에 일부러 손해를 입히는 행위들도 금한다. 또한 낭비나 부패, 공유 재산의 사적 유용, 일을 제대로 하지 않는 것, 과도한 지출도 금한다.

해설 일곱째 계명은 도둑질을 금한다. "도둑질해서는 안 된다"(탈출 20,15). 어떤 식으로든 남의 물건을 훔치는 행위를 금하는 것이다. ① 도둑질, ② 부당한 품삯(노동력 착취, 인신 매매), ③ 재화(상품)의 가치를 속임, ④ 수표나 계산서 위조, ⑤ 탈세, ⑥ 남의 소유물이나 공공 소유물 훼손, ⑦ 부정과 부패, ⑧ 공금이나 공유 재산 유용, ⑨ 일을 제대로 하지 않음, ⑩ 과도한 낭비 등을 금한다.

용어 **부당한 품삯** 품삯을 제대로 주지 않거나, 제때에 주지 않는 것을 말한다.
재산의 가치를 속임 상거래에 있어 속임수가 있어서는 안 된다.
수표나 계산서 위조 수표, 화폐, 계산서(영수증) 기타 거래상의 문서 위조 심지어 도장의 위조도 안 된다.
낭비와 부패 아무리 자신의 소유라도 낭비는 죄이며, 자신과 타인을 부패하게 한다.

성구 **레위 19,13** "너희는 이웃을 억눌러서는 안 된다. 이웃의 것을 빼앗아서는 안 된다. 너희는 품팔이꾼의 품삯을 다음 날 아침까지 가지고 있어서는 안 된다."
루카 3,14 군인들도 "저희는 또 어떻게 해야 합니까?" 하고 물었다. 요한은 "협박하거나 속임수를 써서 남의 물건을 착취하지 말고 자기가 받는 봉급으로 만족하여라." 하고 일러주었다.
신명 24,15* 야고 5,3-4*

509 교회의 사회 교리 내용은 어떤 것인가?

교회의 사회 교리는 인간의 존엄성과 인간의 사회적 차원에 관한 복음의 진리를 체계적으로 발전시킨 가르침으로, 성찰의 원칙들과 판단의 기준들을 내포하고 있으며 행동의 규범과 지침들을 제시한다.

해설 사회 교리는 인간의 존엄성과 그 사회적 차원에 관한 복음의 진리를 오늘의 사회 문제에 체계적으로 발전시킨 교회의 가르침이다. 교회의 사회 교리는 ① 성찰의 원칙들을 제시하고, ② 판단의 기준들을 이끌어내며, ③ 행동의 지침들을 일러준다(2423항).

용어 **인간의 사회적 차원에 관한 복음의 진리** 인간은 사회적 존재이며, 계시 진리는 사회적인 인간의 권리와 의무에 관련된 도덕적 가르침을 폭넓게 포함하고 있다.

체계적으로 발전시킨 가르침 사회 교리는 시대의 변화에 맞추어 그리스도인이 마땅히 해야 할 일을, 다른 사회 학문과 교류하는 가운데 체계적으로 발전시킨 교회의 가르침이다.

성찰의 원칙 사회 문제의 해결을 위해서는 먼저 인간의 존엄과 구원을 기본으로 하는 성찰의 원칙이 있어야 한다.

판단의 기준 그리스도인의 사회 참여를 위해서는 진리와 사랑을 기본으로 하는 판단의 기준이 마련되어야 한다.

행동의 규범과 지침 교회의 사회 교리에는 (성찰의) 원칙에 입각한 성찰, (판단의) 기준에 따른 판단으로 바른 사회적 행동에 나서게 하는 규범과 지침이 들어 있다.

성구 **탈출 22,4-5** "자기 밭이나 포도원에서 풀을 뜯기던 가축을 풀어놓아 남의 밭 곡식을 뜯어먹게 하였을 경우에는 그 밭의 소출을 보상해야 한다. 밭곡식을 모두 뜯어먹었을 경우에는 자기 밭에서 제일 좋은 소출과 자기 포도원에서 제일 좋은 소출을 거두어 배상해야 한다. 불이 나서 가시덤불에 당겨 남의 낟가리나 베지 않은 곡식이나 남의 밭을 태웠을 경우에는, 불을 낸 자가 그것을 모두 배상해야 한다."

마태 5,13-14 "너희는 세상의 소금이다. 그러나 소금이 제 맛을 잃으면 무엇으로 다시 짜게 할 수 있겠느냐? 아무 쓸모가 없으니 밖에 버려져 사람들에게 짓밟힐 따름이다. 너희는 세상의 빛이다. 산 위에 자리 잡은 고을은 감추어질 수 없다."

창세 9,14-16*

510 교회는 사회 문제에 언제 개입하는가?

교회는 인간의 기본권과 공동선과 인간 구원에 필요한 경우에 경제와 사회의 문제에 대해 윤리적 판단을 내림으로써 개입한다.

해설   교회는 인간의 기본권과 공동선과 인간 구원에 필요한 경우에 사회 문제에 개입하며, 사회(경제-사회-정치) 문제에 대한 윤리적 판단을 내림으로써 사회 활동에 참여한다.

용어   **인간 기본권과 공동선과 인간 구원에 필요한 경우**   인간 기본권과 공동선과 인간 구원에 위협이 되는 문제에 대해서 교회는 윤리적 판단을 내려 사람들이 바르게 행동하도록 적극 나선다.

윤리적 판단   교회는 우선적으로 윤리적 판단을 내린다. 정책 제시나 정치권력 비판은 그 다음 일이다.

성구   **예레 23,1-2**   불행하여라, 내 목장의 양 떼를 파멸시키고 흩어 버린 목자들! **주님**의 말씀이다. ─ 그러므로 주 이스라엘의 하느님께서 내 백성을 돌보는 목자들을 두고 말씀하신다. ─ 너희는 내 양 떼를 흩어 버리고 몰아냈으며 그들을 보살피지 않았다. 이제 내가 너희의 악한 행실을 벌하겠다. **주님**의 말씀이다.

마태 10,26-28   "그러니 너희는 그들을 두려워하지 마라. 숨겨진 것은 드러나기 마련이고 감추어진 것은 알려지기 마련이다. 내가 너희에게 어두운 데에서 말하는 것을 너희는 밝은 데에서 말하여라. 너희가 귓속말로 들은 것을 지붕 위에서 선포하여라. 육신은 죽여도 영혼은 죽이지 못하는 자들을 두려워하지 마라. 오히려 영혼도 육신도 지옥에서 멸망시키실 수 있는 분을 두려워하여라."

지혜 9,18*

511 사회생활과 경제생활을 어떻게 영위하는가?

고유한 방식에 따라 도덕적인 차원에서 사회 정의를 존중하고 인간 전체에게, 인간 공동체 전체에게 봉사함으로써 사회·경제생활을 해 나가야 한다. 인간은 그 자신이 경제생활의 주인이고 중심이며 목적이어야 한다.

해설	인간은 그 자신이 모든 경제생활과 사회생활의 주인이고 중심이며 목적이다. 그러므로 사회-경제적인 활동을 통해 하느님께서 모든 사람을 위해 마련해 주신 재화의 혜택이 모든 사람에게 돌아가도록 하는 것이 중요하다.
용어	**도덕적인 차원에서 사회 정의를 존중함** 사회 정의의 도덕적 측면을 강조한 말이다. **인간 전체에게, 인간 공동체 전체에게 봉사** '인간 전체'에 봉사한다는 것은 전인적인 인간 발전을 도모한다는 뜻이고, '인간 공동체 전체'에 봉사한다는 것은 인간 사회 전체, 곧 인류의 전반적인 발전을 도모한다는 뜻이다.
성구	**집회 18,13** 인간의 자비는 제 이웃에게 미치지만 주님의 자비는 모든 생명체에 미친다. 그분께서는 그들을 꾸짖고 훈육하고 가르치시며 목자처럼 당신 양 떼를 돌아오게 하신다. **1베드 4,8-10** 무엇보다도 먼저 서로 한결같이 사랑하십시오. 사랑은 많은 죄를 덮어 줍니다. 불평하지 말고 서로 잘 대접하십시오. 저마다 받은 은사에 따라, 하느님의 다양한 은총의 훌륭한 관리자로서 서로를 위하여 봉사하십시오.

512 교회의 사회 교리와 대립되는 것은 무엇인가?

인간의 기본 권리를 무시하거나, 이윤을 경제 활동의 유일한 원칙이며 궁극 목표로 삼는 경제적·사회적 체계들은 교회의 사회 교리에 어긋난다. 그래서 교회는 현대에 이르러 '공산주의'나 '사회주의'로 통하는 무신론적인 이데올로기를 배격하였다. 한편으로 교회는 자본주의를 시행함에서도 개인주의와 인간의 노동에 대한 시장 원리의 절대적 우위를 거부하였다.

해설	교리서에서 지적된 것들은 다음과 같다. ① 인간의 존엄성과 기본권 무시, ② 이윤을 경제의 유일한 원리로 삼는 사회-경제 체계, ③ 인간을 생산 수단으로 전락시키는 전체주의, ④ 시장 논리에 인간을 내맡기는 자본주의 등이다. 오늘날의 신자유주의는 교회의 사회 교리에 배치된다.
용어	**이윤을 경제 활동의 원리와 목표로 삼음** 인간은 오로지 이윤을 창출하는 존재로서만 가치가 있다고 보는 것은 '더러운 자본주의'의 극치다.

교회는 무신론적 이데올로기를 배격한다 공산주의나 사회주의는 인간의 존엄성이 하느님에게서 비롯되는 것이 아니라 인간에게 있다고 보는 것이다. 그렇게 되면 인간의 가치는 이 지상적인 것에 한정된다.

시장 원리의 절대적 우위 모든 가치가 시장 원리에 따라 정해지는 것은 마몬[物神]숭배의 일종이다. 특히 노동의 가치는 시장 원리에 따라 정해질 수 없다.

성구 　호세 12,7-9 　그러니 너는 네 하느님께 돌아와 신의와 공정을 지키고 네 하느님께 늘 희망을 두어라. 속임수 저울을 손에 든 장사꾼 속이기를 좋아하는 자 에프라임은 말한다. "나는 정말 부자가 되었다. 한재산 얻었다. 내가 벌어들인 그 모든 것에서 죄가 되는 잘못을 아무도 찾아내지 못할 것이다."

　　　루카 3,10-14 　군중이 그에게 물었다. "그러면 저희가 어떻게 해야 합니까?" 요한이 그들에게 대답하였다. "옷을 두 벌 가진 사람은 못 가진 이에게 나누어 주어라. 먹을 것을 가진 사람도 그렇게 하여라." 세리들도 세례를 받으러 와서 그에게, "스승님, 저희는 어떻게 해야 합니까?" 하자, 요한은 그들에게 "정해진 것보다 더 요구하지 마라." 하고 일렀다. 군사들도 그에게 "저희는 또 어떻게 해야 합니까?" 하고 묻자, 요한은 그들에게 "아무도 강탈하거나 갈취하지 말고 너희 봉급으로 만족하여라." 하고 일렀다.

　　　아모 8,5-6*

513 노동은 인간에게 어떤 의미를 갖는가?

인간에게 노동은 하나의 의무요 권리로서, 인간은 이를 통하여 창조주 하느님께 협력한다. 인간은 실제로 사명감을 갖고 능력에 따라 노동함으로써 타고난 잠재 능력을 발휘하고 실현하며, 선물을 주시고 재능을 주신 하느님께 영광을 돌리며 자기 자신과 가족들을 부양하고 인류 공동체에 봉사한다. 뿐만 아니라 노동은 하느님의 은총에 힘입어 다른 이들의 구원을 위하여 그리스도와 함께하는 협력과 성화의 한 수단이 될 수 있다.

해설 　인간의 노동은 ① 하느님의 창조사업을 계속하고, ② 힘과 재능을 주신 하느님께 영광을 드리며, ③ 자신의 능력을 발휘하여 자신을 실현하고, ④ 자신과 가족의 삶에 필요한 것을 마련하고 인간 공동체에 도움이 되며, ⑤ 성화의 수단이 된다. 곧 노동의 수고로 그리스도를 닮고, 세상사 안에서 그리스도의 정신을 실현하는 것이다. 그러므로 노동은 인간의 기본적인 권리이자 의무다.

용어 **노동을 통해 창조주 하느님께 협력** 노동은 창조적이다. 이 같은 창조적 능력을 통해 우리는 하느님의 창조 사업에 협력한다(창세 1,28).

선물과 재능을 주신 하느님께 영광을 돌림 하느님께서는 노동하는 인간에게 온갖 선물과 재능을 주셨으니 그것들을 잘 사용하는 것은 하느님께 영광이 된다.

노동은 그리스도와 함께 하는 협력과 성화의 수단 노동은 한편 힘든 것이며, 어느 면에서는 그리스도의 십자가이기도 하다. 노동을 통해 그리스도의 십자가와 일치한다면 자신과 이웃의 성화를 이룰 수 있다.

성구 **코헬 2,24** 자기의 노고로 먹고 마시며 스스로 행복을 느끼는 것보다 인간에게 더 좋은 것은 없다. 이 또한 하느님의 손에서 오는 것임을 나는 보았다.

1테살 4,11-12 우리가 여러분에게 지시한 대로, 조용히 살도록 힘쓰며 자기 일에 전념하고 자기 손으로 제 일을 하십시오. 그러면 바깥 사람들에게 품위 있게 처신할 수 있고 아무에게도 신세를 지는 일이 없을 것입니다.

시편 128,2-3*

514 사람에게는 어떤 노동의 권리가 있는가?

모든 사람이 부당한 차별 없이, 자유로운 경제적 창의력과 적정한 보수를 존중받으면서 안전하고 공정한 일자리를 얻을 수 있어야 한다.

해설 사람은 누구나 경제 주체로서 행동할 권리, 곧 자신의 재능을 합당하게 사용하여, 모든 사람에게 유익한 풍요로움을 제공하고, 자기 노력의 정당한 결실을 얻을 권리가 있다. 그러므로 모든 사람(남녀, 장애인과 건강한 이, 내국인과 외국인)이 부당한 차별 없이 자신의 능력에 맞는 안전하고 공정한 일자리를 얻을 수 있어야 한다.

용어 **자유로운 경제적 창의력을 존중** 노동자는 노예나 기계가 아니다. 자기 일에서 창의력을 발휘할 수 있어야 한다.

적정한 보수 "노동의 보수는 각자의 임무와 생산성은 물론 노동 조건과 공동선을 고려하여 본인과 가족의 물질적 사회적 문화적 정신적 생활을 품위 있게 영위할 수 있도록 제공되어야 한다"(사목 헌장, 67항).

성구   이사 61,5   낯선 사람들이 나서서 너희의 양 떼를 치고 이방인들이 너희의 밭과 포도원에서 일하리라.
       요한 5,17   "내 아버지께서 여태 일하고 계시니 나도 일하는 것이다."
       신명 10,18-19*

515   노동에 대한 국가의 책임은 무엇인가?

국가는 통화 안정과 효과적 공공 서비스 외에도 개인들의 자유와 재산에 대한 보장을 확고하게 하며, 경제 분야에서 인간의 권리 행사를 감시하고 조정해야 한다. 노동 환경과 관련하여 사회는 시민들이 일자리를 찾을 수 있도록 도와주어야 한다.

해설   국가는 ① 통화 안정과 효과적 공공 서비스, ② 개인의 자유와 재산에 대한 보장, ③ 경제 분야에서 인간의 권리 행사를 감시하고 조정, ④ 노동 환경 특히 일자리 창출과 취업에 힘써야 한다.

용어   **통화 안정과 효과적 공공 서비스**   통화 안정, 물가 안정은 임금의 안정과 연결된다. 공공 서비스의 안정적 제공도 이에 못지않게 중요하다.
       개인의 자유와 재산에 대한 보장   노동자 개인의 자유와 그 재산이 보장되어야 노동자들이 안전하게 노동할 수 있고, 노동의 결실을 즐길 수 있다.
       경제 분야에서 인간의 권리 행사 감시 조정   경제 분야에서 인간의 권리 행사는 무한정일 수 없다. 공동선과 연대성의 원칙에 따라 감시 조정되어야 한다.
       노동 환경   특히 사람들이 일자리와 직업을 얻도록 도와주는 것을 말한다.

성구   잠언 21,3.13   정의와 공정을 실천함이 주님께는 제물보다 낫다. … 빈곤한 이의 울부짖음에 귀를 막는 자는 자기가 부르짖을 때에도 대답을 얻지 못한다.
       마태 20,13-14   "그러자 그는 그들 가운데 한 사람에게 말하였다. '친구여, 내가 당신에게 불의를 저지르는 것이 아니오. 당신은 나와 한 데나리온으로 합의하지 않았소? 당신 품삯이나 받아서 돌아가시오. 나는 맨 나중에 온 이 사람에게도 당신에게처럼 품삯을 주고 싶소.'"
시편 140,13*

516 기업의 책임자들은 어떤 임무를 지니고 있는가?

기업 책임자들은 자신들의 활동에 대한 경제적, 생태학적 책임을 지고 있다. 이윤이 기업의 장래를 보장하는 투자를 실현하게 하고, 경제생활의 안정된 진행과 일자리를 보장하는 데에 필요하기는 하나, 그들은 이윤의 증대뿐 아니라 인간의 선익도 유념해야 한다.

해설   오늘날 기업가들의 임무는 더욱 무거워졌다. 기업은 이윤 창출에만 힘쓰면 되는 것이 아니다. 사회-경제적 책임과 함께 생태학적 책임도 진다. 이윤이 기업을 키우고 투자를 실현하게 하여, 일자리를 보장하기는 하지만, 기업가는 인간의 선익을 도모해야 할 책임이 있다.

용어   **경제적, 생태학적 책임**   오늘날 기업의 생태학적 책임이 막중한 것으로 드러났다. 예를 들어 국제적인 탄소 배출량의 규제가 그것이다.

기업의 장래 보장하는 투자 실현   지속적인 성장을 위해서는 기업 이윤의 일부가 재투자되어야 한다.

경제생활의 안정된 진행   기업 이윤은 경제생활의 안정을 위해 매우 중요하다. 그와 함께 인간 공동체의 선익도 충분히 고려해야 한다.

성구   **시편 104,23-24**   사람은 일하러,
저녁까지 노동하러 나옵니다.
주님, 당신의 업적들이 얼마나 많습니까!
그 모든 것을 당신 슬기로 이루시어
세상이 당신의 조물들로 가득합니다.

마태 20,6-7   "그리고 오후 다섯 시쯤에도 나가 보니 또 다른 이들이 서 있었다. 그래서 그들에게 '당신들은 왜 온종일 하는 일 없이 여기 서 있소?' 하고 물으니, 그들이 '아무도 우리를 사지 않았기 때문입니다.' 하고 대답하였다. 그러자 그는 '당신들도 포도밭으로 가시오.' 하고 말하였다."

창세 1,22.26.28*

517 노동자들은 어떤 의무를 지니고 있는가?

노동자는 양심과 타고난 능력과 헌신적인 자세로 자기에게 맡겨진 일을 수행해야 하고, 당면한 쟁점은 대화로 해결하도록 해야 한다. 적정한 이익과 공동선에 어긋나지 않는 비폭력적인 파업이 필수적인 수단으로 제시될 때에는 도덕적으로 정당하다.

해설   노동자들은 의무와 함께 권리도 가지고 있다. 노동자는 양심과 능력과 정성으로 자신의 일을 해야 하며, 노동 현실의 문제는 대화로 해결하도록 해야 한다. 노동조합을 결성하고, 노사 협정을 체결하며, 공동선에 어긋나지 않는 범위에서 비폭력적인 파업을 할 수 있는 권리도 있다.

용어   **당면한 쟁점은 대화로 해결**   산업 평화를 위해서는 대화가 필수적이다. 노사 양편뿐 아니라 시민 단체와 국가 사회 단체들이 대화를 촉진해야 한다.
적정한 이익과 공동선에 어긋나지 않는 비폭력적 파업   지나친 임금을 요구하거나 공동선을 고려하지 않은 이기적 파업 또는 폭력적인 파업은 불가하다. 도덕적으로 정당한 파업만이 허용된다.

성구   **집회 10,26-27**   일할 때 재간을 부리지 말고 재난을 당할 때 허세를 부리지 마라. 온갖 것을 갖춘 노동자가 먹을 것도 없이 허세를 부리는 건달보다 낫다.
1티모 6,1-2   종살이의 멍에를 메고 있는 이들은 누구나 자기 주인을 크게 존경해야 할 사람으로 여겨야 합니다. 그래야 하느님의 이름과 우리의 가르침이 모욕을 당하지 않을 것입니다. 신자를 주인으로 둔 종들은 그 주인이 형제라고 해서 소홀히 대해서는 안 됩니다. 오히려 주인을 더욱 잘 섬겨야 합니다. 자기들의 선행으로 덕을 보는 사람들이 사랑받는 신자들이기 때문입니다. 그대는 이러한 것들을 가르치고 권고하십시오.
집회 7,15* 마태 20,13-14*

518 국가들 사이의 정의와 연대성은 어떻게 실현되는가?

국제적인 차원에서 모든 국가와 기구들은 다음과 같은 것들을 제거하거나 적어도 감소시키려는 목적으로 연대성과 보조성 안에서 활동해야 한다. 곧 빈곤, 자원과 경제적 수단의 불평등, 경제와 사회적 불의, 인간 착취, 가난한 나라의 채무 축적, 저개발 지역의 발전을 방해하는 잘못된 장치들을 제거하도록 힘써야 한다.

해설   국제적인 차원에서 모든 국가와 기구들은 정의와 연대성을 실현하기 위해 다음과 같은 것들을 제거하거나 줄여야 한다. ① 빈곤과 빈곤의 악순환, ② 자원과 경제적 수단의 불평등, ③ 경제-사회적 불의, ④ 인간성과 노동력 착취, ⑤ 가난한 나라의 채무 축적, ⑥ 저개발 국가의 발전을 가로막는 잘못된 정책 등이다.

한 걸음 더 나아가, ❶ 부유한 나라들은 가난한 나라들의 자원을 제 값을 치르고 사와야 한다. ❷ 가난한 나라에 대한 원조는 좀 더 근본적인 차원에서 이루어져, 그들의 자립이 이루어지도록 해야 한다. ❸ 국제기구들은 저개발국과 선진국 사이에 공정한 관계가 이루어지도록 해야 한다. ❹ 성장과 해방을 위해 애쓰는 가난한 나라들의 노력을 뒷받침해야 한다. 특히 농업 분야에서 그러한데 농민들은 흔히 자본주의적 경제 발전에 희생양이 되기 때문이다. ❺ 인간 존엄성의 인식을 통해 인간 사회가 온전하게 발전하도록 도와야 한다. 그래야 경제적 빈곤과 착취를 줄일 수 있다.

용어   **빈곤**   고질적인 빈곤, 예를 들어 빈곤을 구제하기 위한 원조는 좀더 근본적인 개혁에 초점이 맞춰져야 한다.

자원과 경제적 수단의 불평등   어느 나라는 자원이 풍부하고 어느 나라는 자원이 부족하다. 어느 나라는 자원이 풍부함에도 이를 활용할 경제적 수단이 부족하다. 국제적인 차원에서 자원의 공정한 분배와 활용이 이루어져야 한다.

경제와 사회적 불의   경제 정의, 사회 정의의 실현은 국제적인 차원에서도 절실히 요구된다.

인간 착취   인간은 경제활동의 대상에 지나지 않는 게 아니라 주체다. 그 어떤 착취도 인간에 대한 죄악이다.

가난한 나라의 채무 축적   오늘날 후진국의 채무가 쌓이고, 채무가 채무를 불러오는 악순환이 계속된다. 과감하게 그 채무를 탕감하는 정책이 필요하다. 그래야 선후진국이 함께 잘 살게 된다.

저개발 지역의 발전을 방해하는 장치들 선진국들은 후진국이 영구히 후진국이기를 바란다. 이것은 죄악이다. 선진국이 후진국 지도자들과 국민들을 도와 경제 사회적 정의를 실현하게 하지 않으면 안 된다.

성구 **이사 42,1.4** 여기에 나의 종이 있다. 그는 내가 붙들어 주는 이, 내가 선택한 이, 내 마음에 드는 이다. 내가 그에게 나의 영을 주었으니 그는 민족들에게 공정을 펴리라. … 그는 지치지 않고 기가 꺾이는 일 없이 마침내 세상에 공정을 세우리니 섬들도 그의 가르침을 고대하리라.

2코린 8,14-15 지금 이 시간에 여러분이 누리는 풍요가 그들의 궁핍을 채워 주어 나중에는 그들의 풍요가 여러분의 궁핍을 채워 준다면, 균형을 이루게 됩니다. 이는 성경에 기록된 그대로입니다. "많이 거둔 이도 남지 않고 적게 거둔 이도 모자라지 않았다."

이사 49,6-7*

519 그리스도인은 정치와 사회생활에 어떤 방식으로 참여하는가?

평신도들은 그리스도인다운 열정으로 현세적인 일들에 활력을 불어넣고, 이를 위해 모든 이가 협력하여 복음이 참증인이 되며, 평화와 정의의 일꾼으로서 정치와 사회생활에 직접 개입한다.

해설 그리스도 신자(평신도)들은 동료 시민들과 더불어 정의로운 사회 건설을 위해 투신한다. 현세적인 일들에 활력을 불어넣고, 복음적 행복을 실천하며, 정치적 활동과 사회적 활동에도 앞장서서 정의와 평화를 구현하는 것이다.

용어 **평신도** 정치와 사회생활은 성직자 수도자들이 아닌 평신도들의 본령(本領)이다. → 문답 188-191 참조.

성구 **이사 33,15-16ㄱ** 의롭게 걷는 이와 정직하게 말하는 이, 강압으로 얻는 이익을 업신여기는 이, 뇌물을 받지 않으려고 제 손을 뿌리치는 이, 살인하자는 소리를 듣지 않으려고 귀를 막는 이, 악한 일을 보지 않으려고 눈을 감는 이, 이런 이는 높은 곳에 살게 되리라.

로마 14,17-19 하느님의 나라는 먹고 마시는 일이 아니라, 성령 안에서 누리는 의로움과 평화와 기쁨입니다. 그리스도를 이렇게 섬기는 이는 하느님 마음에 들고 사람들에게도 인정을 받습니다. 그러니 평화와 서로의 성장에 도움이 되는 일에 힘을 쏟읍시다.
시편 15,2-5* 예레 22,3*

520 가난한 이들에 대한 사랑의 본보기를 어디서 배우는가?

가난한 이들에 대한 사랑은 참행복의 복음과 가난한 이들을 특별히 배려하신 예수님을 본받는 것이다. 예수님께서는 "너희가 내 형제들인 이 가장 작은 이들 가운데 한 사람에게 해 준 것이 바로 나에게 해 준 것이다."(마태 25,40)라고 말씀하셨다. 가난한 이들에 대한 사랑은 물질적 가난에만 국한되는 것이 아니라, 문화적, 도덕적, 종교적인 다양한 형태의 가난에도 미치는 것이다. 영적이거나 물질적인 자선 행위들과 수세기에 걸쳐 설립된 무수한 복지제도들은 예수님의 제자를 특징짓는 사랑, 곧 가난한 이들에 대한 우선적인 사랑의 구체적인 증거이다.

해설 예수님은 가난한 이들에 대한 사랑의 본보기이시다. 그분은 우리를 부유하게 하시려고 가난하게 되셨다(2코린 8,9). 그분은 가난한 이들에게 기쁜 소식을 전하셨고(루카 4,18), 가난한 이들이 행복하다고 선언하셨다(루카 6,20). 가난한 이들에 대한 사랑은 물질적인 면뿐 아니라, 문화적, 도덕적, 종교적인 다양한 형태로 이루어진다. 가난한 이들에 대한 사랑의 실천은 수세기에 걸쳐 설립된 복지 제도들 안에서 발견되는데, 이는 가난한 이들에 대한 우선적인 사랑의 구체적인 증거다.

용어 **참행복의 복음** 복음에서는 가난을 행복으로 선언하였다. 그리하여 교회는 처음부터 가난을 복음적 권고로 받아들여 실천하였으니, 이것이 봉헌된 이들의 가난 서원이다.

문화적, 도덕적, 종교적 가난 문화적으로, 도덕적으로, 종교적으로 서로 나눔으로써 무료해진다. 그렇지만 가난한 문화, 도덕, 종교란 없다고 보아야 한다.

성구 **레위 25,35-36** "너희 형제가 가난하게 되어 너희 곁에서 허덕이면, 너희는 그를 거들어 주어야 한다. 그도 이방인이나 거류민처럼 너희 곁에서 살 수 있게 해야 한다. 그에게서 이자나 이익을 거두어서는 안 된다. 너희는 너희 하느님을 경외해야 한다. 그리하여 너희 형제가 너희 곁에서 살 수 있게 해야 한다."
루카 12,33-34 "네가 잔치를 베풀 때에는 오히려 가난한 이들, 장애인들, 다리저는 이들, 눈먼 이들을 초대하여라. 그들이 너에게 보답할 수 없기 때문에 너는 행복할 것이다. 의인들이 부활할 때에 네가 보답을 받을 것이다."
탈출 22,25-26* 시편 72,12-14* 잠언 29,7* 루카 6,20*

■ 여덟째 계명: 거짓 증언을 해서는 안 된다

521 인간은 진리에 대하여 어떤 의무를 지니고 있는가?

모든 사람은 성실하고 진실하게 말하고 행동하도록 부름 받았다. 각 사람은 진리를 추구할 의무를 지닌다. 또한 깨달은 진리를 따르고, 자신의 온 삶을 그 진리의 요구에 맞추어야 한다. 하느님의 진리는 예수 그리스도에게서 모두 드러났다. 예수님께서는 **진리**이시다. 예수님을 따르는 사람은 진리의 성령으로 사는 것이고, 이중성과 위장과 위선을 피한다.

해설 사람은 진리를 추구할 의무가 있으며, 또한 깨달은 진리를 실천해야 한다. 진리를 소중히 여기고 진리를 거스르는 이중생활, 위장, 위선을 적극 피해야 한다. 그리스도인은 하느님의 백성으로서 '진실하신 하느님'(로마 3,4)을 세상에 보여 주어야 한다. 또한 '진리이신 예수님'(요한 14,6)을 따라야 하며, '진리의 성령'(요한 14,26)께서 이끄시는 대로 살아가야 한다.

용어 **성실하고 진실하게 말하고 행동하다** 성실하고 진실한 사람은 행한 것을 말하고, 말한 것을 행한다.
진리의 요구에 맞추어 살다 인간은 본성상 진리를 찾기 마련이다. 누구든지 깨달은 진리를 따르고 자신의 삶을 그 진리의 요구에 맞추어야 한다.
이중성과 위장과 위선 참된 말과 행동으로 이중성, 위장, 위선을 피해야 한다.

성구 **잠언 8,7-9** 내 입은 진실을 말하고 내 입술은 불의를 역겨워한다. 내가 하는 말은 모두 의로울 뿐 거기에는 교활한 것도 음흉한 것도 없다. 그 모든 말이 깨닫는 이에게는 옳고 지식을 찾는 이에게는 바르다.

에페 4,15 우리는 사랑으로 진리를 말하고 모든 면에서 자라나 그분에게까지 이르러야 합니다. 그분은 머리이신 그리스도이십니다.

로마 3,4*

522 진리를 어떻게 증언할 것인가?

그리스도인들은 필요하다면 자기 목숨을 바칠 각오로 공적, 사적 생활의 모든 영역에서 복음의 진리를 증언해야 한다. 순교는 신앙의 진리에 대한 최상의 증거이다.

해설 그리스도께서는 빌라도 앞에서 "진리를 증언하려고 세상에 왔다."고 선언하셨다. 그리스도인은 특히 '복음의 진리'(갈라 2,5)를 증언해야 한다. 필요하면 목숨까지 바쳐야 하는데, 순교는 '신앙의 진리'(1티모 2,7)에 대한 최상의 증거 martyria이다.

용어 **복음의 진리** 예수님의 가르침. '복음의 진리'란 복음이 곧 진리라는 의미이다.

순교 죽음으로 신앙의 진리를 증언하는 것이다. Martyrium(순교)은 증거/증언이라는 뜻이다.

성구 집회 4,28 죽기까지 진리를 위해 싸우면 주 하느님께서 너를 도와 싸우시리라.

요한 18,37 빌라도가 "아무튼 당신이 임금이라는 말 아니오?" 하고 묻자, 예수님께서 그에게 대답하셨다. "내가 임금이라고 네가 말하고 있다. 나는 진리를 증언하려고 태어났으며, 진리를 증언하려고 세상에 왔다. 진리에 속한 사람은 누구나 내 목소리를 듣는다."

히브 10,22*

523 여덟째 계명은 무엇을 금하고 있는가?

여덟째 계명이 금하는 것은 다음과 같다.

- **거짓 증언, 거짓 맹세와 거짓말**: 거짓말의 경중은 거짓말로 왜곡하는 진실의 성격에 따라, 그리고 상황과 거짓말하는 사람의 속마음과 거짓말의 피해자가 입는 손해에 따라 평가된다.

	- **경솔한 판단, 악담, 비방, 중상**: 각 사람이 가지는 명예와 명성에 대한 권리를 감소시키거나 파괴하는 것. - **지나친 찬사, 아부나 아첨**: 무엇보다 먼저 중죄나 부당 이익의 취득을 목적으로 했을 경우를 말한다.
해설	진실을 거슬러 죄를 지은 사람은 다른 사람에게 손해를 끼쳤을 경우 보상해야 한다. 여덟째 계명은 진리와 진실을 거스르는 말과 행위를 금한다. ① 거짓 증언, ② 거짓 맹세, ③ 거짓말, ④ 경솔한 판단, ⑤ 악담, ⑥ 비방, ⑦ 중상, ⑧ 지나친 찬사나 아부나 아첨 등의 행위를 금한다. 이로써 다른 사람에게 해를 끼친 경우에는 보상해야 한다. 여덟째 계명은 "이웃에게 불리한 거짓 증언을 못한다"(탈출 20,16)이다. '거짓 증언'을 강조하고 있는 것이다. 이는 일반적인 거짓을 가리키는 것이 아니라 재판상의 정의를 요구하는 계명이다. 오늘 우리나라의 사법정의를 생각하면 얼마나 중요한 계명인지 알 수 있다.
용어	**거짓 증언** 제8계명에서 금하는 가장 중요한 죄는 거짓 증언, 곧 재판에서 거짓으로 증언하는 것이다. **거짓 맹세** 법정에서 하는 거짓 증언은 거짓 맹세로 볼 수 있다. → 문답 448-449 참조. **거짓말** 거짓말은 속이려는 의도로 거짓을 말하는 것이다(2482항). 거짓 맹세는 거짓말과 항상 연계되어 있다. **경솔한 판단** 남의 도덕적인 결점을, 충분한 근거도 없이, 은연중에라도 사실로 받아들임. **악담** 악의를 품고 남의 일을 나쁘게 말하거나 저주하는 모진 말. **비방** 남을 비웃고 헐뜯어 좋지 않게 말함. **중상** 사실 무근의 말로 남의 명예나 위신, 지위 등을 손상시키는 일. **지나친 찬사, 아부나 아첨** 남의 비위를 맞추기 위해 알랑거림.
성구	**레위 5,22-24** "남이 잃은 물건을 집어넣고서도 모른다고 잡아떼거나, 그런 사람이 저지를 수 있는 온갖 잘못에 대하여 위증을 하는 경우, 그것이 잘못인 줄 알고 책임을 느끼면, 그는 자기가 훔친 물건이나 협박하여 뺏은 물건이

나 맡았던 물건이나 집어넣었던 분실물을 돌려주어야 한다. 또는 그가 위증하면서 잡아떼던 물건은 그 모든 물건의 오분의 일을 더 보태어 임자에게 갚되, 면죄제물을 바치는 날로 갚아야 한다."

1베드 2,1 그러므로 모든 악의와 모든 거짓과 위선과 시기, 그리고 모든 중상을 버리십시오.

잠언 4,24* 집회 7,12* 로마 9,1*

524 여덟째 계명은 무엇을 요구하는가?

여덟째 계명의 요구에 따라 우리는 사랑의 분별력으로 진실을 존중해야 한다. 개인과 공동선을 평가해야 하는 정보 제공과 신상을 밝히는 과정에서는 추문들을 들추어내지 말아야 하고, 사생활을 보호해야 한다. 중대하고 합당한 이유를 제외하고는 언제든 **직업상의 비밀**을 지켜야 한다. 그리하여 비밀의 봉인 아래 행해진 **신뢰**는 존중되어야 한다.

해설 여덟째 계명은 진리와 진실을 소중히 여길 것을 요구한다. 곧 ① 바른 정보의 제공, ② 사생활 보호, ③ 비밀 준수 등을 요구한다.

용어 **사랑의 분별력** 아는 것을 모두 말하는 것은 어리석은 짓이다. 그것이 사랑에 어긋나는 것인지 따져, 말할 것과 말하지 말아야 할 것을 분별할 수 있어야 한다.

추문 특별히 공인公人이나 연예인처럼 사회적 영향력이 큰 사람들의 스캔들을 말한다.

사생활 보호 누구나 남에게 보이고 싶지 않은 사생활이 있으며, 이는 보호되어야 한다.

직업상의 비밀 의사나 변호사나 기자 등은 직업상 알게 된 비밀을 지킬 의무가 있다. 사회의 공인들은 직업상 알게 된 비밀을 철저히 지켜야 한다.

비밀의 봉인 비밀은 언제까지나 비밀이어야 한다는 말이다. 그 가장 대표적인 것이 고해의 비밀이다. → 문답 309

성구 **즈카 8,16-17** "너희가 해야 할 일은 바로 이것이다. 너희는 서로 진실을 말하고, 성문에서는 평화를 이루는 진실한 재판을 하여라. 남을 해치려고 마음속으로 궁리하지 마라. 거짓 맹세를 좋아하지 마라. 이 모든 것은 내가 미워하는 것이다. 주님의 말이다."

에페 4,24-25 　진리의 의로움과 거룩함 속에서 하느님의 모습에 따라 창조된 새 인간을 입어야 한다는 것입니다. 그러므로 거짓을 벗어 버리고 "저마다 이웃에게 진실을 말하십시오." 우리는 서로 지체입니다.

잠언 11,13* 집회 27,16-17*

525 　사회의 대중 매체는 어떻게 사용되어야 하는가?

대중 매체를 통한 정보 전달은 공동선에 이바지해야 하고, 그 내용에서는 진실하고 또 정의와 진리를 지키며 완벽한 것이어야 한다. 뿐만 아니라 도덕률과 인간의 정당한 권리와 존엄성을 엄격히 존중하면서 정직하고 타당한 방식으로 표현되어야 한다.

해설 　오늘날 대중 매체의 발전은 대단히 급진적이다. 이 발전에 맞추어 법을 제정하기가 매우 어렵다. 따라서 대중이나 대중 매체 종사자들은 도덕률에 따라 개인의 권리와 존엄성, 그리고 공동선을 지키는 데 더욱 힘써야 한다. ① 전달 내용이 언제나 진실하고 정의와 사랑을 지키는 것이어야 한다(2494항). ② 올바른 여론을 형성하고 전파해야 한다(2495항). ③ 수용자들(대중)은 식견을 가지고 바른 판단을 내릴 수 있어야 한다(2496항). ④ 언론인들은 사실 전달과 신중한 비판에 힘써야 한다(2497항). ⑤ 국가는 이 분야에서 공동선을 위한 의무가 있다. 표현의 자유를 보장하고, 대중 매체의 오용을 막고, 국민이 바른 정보에 접할 수 있게 하며, 거짓 정보로 여론을 조작하는 행위는 절대 해서는 안 된다(2498항).

용어 　**대중 매체** 　대중에게 정보를 전달하는 수단들, **사회적 소통 수단**을 말한다. 요즈음은 흔히 간단히 '미디어'라고 한다.

정보 전달 　소식, 지식, 상황, 선전 등의 전달을 말한다.

성구 　**잠언 17,20** 　마음이 비뚤어진 사람은 잘될 리 없고 거짓말 잘하는 사람은 재난에 빠진다.

1코린 8,1ㄴ-3 　"우리 모두 지식이 있다."는 것을 우리도 압니다. 그러나 지식은 교만하게 하고 사랑은 성장하게 합니다. 자기가 무엇을 안다고 생각하는 사람은 마땅히 알아야 할 것을 아직 알지 못합니다. 그러나 하느님을 사랑하는 사람은, 하느님께서도 그를 알아주십니다.

야고 3,8-10*

526 진리와 아름다움과 성聖예술은 서로 어떤 관계인가?

진리는 그 자체로 아름다운 것이다. 진리는 영적 아름다움이 뿜어내는 찬란함을 동반한다. 언어 외에도 진리에 대한 많은 표현 형태들인 예술 작품들이 있다. 성예술 작품들은 하느님께서 주신 재능과 인간 노력의 결실이다. **성예술**이 참되고 아름다우려면 그리스도 안에 나타난 하느님의 신비를 상기시키고 찬미하며 또 진리와 사랑의 탁월한 아름다움, 창조주이시며 구세주이신 하느님에 대한 흠숭과 사랑으로 인간을 이끌어야 한다.

해설 언어 외에도 진리에 대한 많은 표현 형태들인 예술 작품들이 있다. 예술 작품들은 아름다움을 추구한다기보다 진리를 추구하는 것이다. 인간과 세상과 하느님에 대한 진리를 표현한 것이 바로 예술이다. 그 가운데 성예술은 ① 그리스도 안에 나타난 하느님의 신비를 깨우치고 찬미하며, ② 진리와 사랑의 탁월한 아름다움을 표현하며, ③ 창조주이시고 구세주이신 하느님에 대한 흠숭과 사랑으로 사람들을 이끈다.

용어 **진리는 그 자체로 아름다운 것** 아름다운 것은 진실하고, 진실한 것은 아름답다. 진리와 아름다움은 서로 통한다.

진리 하느님의 진리는 창조하신 세계를 질서 있게 다스리시는 그분의 지혜다. 홀로 "하늘과 땅을 만드신" 하느님만이 당신과 피조물 사이의 관계에 비추어 모든 것에 대한 참된 깨달음을 주실 수 있다. 하느님께서는 당신의 모든 업적을 통해서 당신의 자비, 선, 은총과 사랑을 보여 주시며, 또한 당신의 신의와 진실도 보여 주신다(214; 216항).

진리는 영적 아름다움이 뿜어내는 찬란함을 동반한다 아름다운 행동이 천상적인 기쁨과 빛을 주듯이, 진리 역시 사람들에게 천상적인 기쁨과 빛을 준다.

진리와 사랑의 탁월한 아름다움 여기서 말하는 진리와 사랑은 진리이시며 사랑이신 창조주 하느님을 말하며 진리이시며 사랑이신 하느님의 아름다움

성구   은 다른 모든 아름다움을 한없이 능가한다.

지혜 13,3.5 그 아름다움을 보는 기쁨에서 그것들을 신으로 생각하였다면 그 주님께서는 얼마나 훌륭하신지 그들은 알아야 한다. 아름다움을 만드신 분께서 그것들을 창조하셨기 때문이다. … 피조물의 웅대함과 아름다움으로 미루어 보아 그 창조자를 알 수 있다.

콜로 2,9 온전히 충만한 신성이 육신의 형태로 그리스도 안에 머무르고 있습니다.

히브 1,3*

■ 아홉째 계명: 이웃의 아내를 탐내서는 안 된다

527 아홉째 계명은 무엇을 요구하는가?

아홉째 계명은 생각과 욕망으로 일어나는 육체의 탐욕을 이겨 내기를 요구한다. 탐욕에 대항하는 싸움은 마음의 정화와 절제의 실천을 필요로 한다.

해설   아홉째 계명과 열째 계명은 마음에 관련된 것이다. 아홉째 계명은 육체의 탐욕을, 열째 계명은 물질의 탐욕을 다스릴 것을 요구한다. 탐욕에 대항하는 싸움은 마음의 정화와 절제의 실천을 필요로 한다.

탈출기에 나오는 '열 마디 말씀'에는 아홉째 계명과 열째 계명이 하나로 묶여 있다. "이웃의 집을 탐내서는 안 된다. 이웃의 아내나 남종이나 여종, 소나 나귀 할 것 없이 이웃의 소유는 무엇이든지 탐내서는 안 된다"(탈출 20,17). 이것은 마음에 관한 계명이다. 마음을 강조하며 '열 마디 말씀'을 마무리하는 것은 깊은 뜻이 있다. 불교에 일체유심조一切唯心造라는 말이 있듯이, 십계명을 지키는 데는 마음가짐이 무엇보다 중요한 것이다(2534항).

용어   **육체의 탐욕** 인간 욕망의 온갖 격렬한 형태를 말한다(2515항).

마음의 정화 마음에서 악한 생각과 죄스런 행동이 나온다(마태 15,19). 마음을 깨끗이 하는 것은 윤리생활에서 가장 중요하다.

절제의 실천 제9계명과 제10계명은 육체와 물질의 탐욕을 다스리는 것과 관련된다.

성구   **신명 5,21**   "이웃의 아내를 탐내서는 안 된다. 이웃의 집이나 밭, 남종이나 여종, 소나 나귀 할 것 없이 이웃의 재산은 무엇이든지 욕심내서는 안 된다."
2티모 2,2   청춘의 욕망을 피하고, 깨끗한 마음으로 주님을 받들어 부르는 이들과 함께 의로움과 믿음과 사랑과 평화를 추구하십시오.
마태 6,22-23* 1요한 2,15-16*

528   아홉째 계명은 무엇을 금하는가?

아홉째 계명은 여섯째 계명이 금하는 행위들과 관련된 생각과 욕망을 부추기는 것을 금한다.

해설   아홉째 계명은 사랑, 올바른 성생활 또는 정결, 진리에 대한 사랑을 거스르는 온갖 욕망을 금한다.

용어   **생각과 욕망**   마음 다스리기에 따라 생각과 욕망의 다스림도 가능하다.

성구   **집회 18,30-31**   네 욕망을 따르지 말고 욕심을 절제하여라. 네 영혼이 욕망을 채우도록 내버려 두면 너는 원수들의 놀림감이 되리라.
마태 5,28   "그러나 나는 너희에게 말한다. 음욕을 품고 여자를 바라보는 자는 누구나 이미 마음으로 그 여자와 간음한 것이다."
콜로 3,5*

529   어떻게 마음의 정결에 도달하는가?

세례 받은 사람은 하느님의 은총에 힘입어 부당한 욕망과 싸우고 정결의 덕과 은혜, 의향의 순수성과 외적, 내적 시선의 순수성으로 감수성과 상상력을 통제하고 기도로써 마음의 정결에 이른다.

해설   마음의 정결, 곧 깨끗한 마음에 이르는 길은 일반적으로 절제 또는 자제력이다. 그리스도인은 세례의 은총(성화 은총 또는 의화 은총)을 받아 무질서한 육체적 욕망과 싸우며, 정결의 덕을 닦아 나간다. 그리스도인은 ① 정결의 덕과 정결의 은혜를 통해서, ② 의향의 순수성을 통해서, ③ 내적, 외적 시선의 순수성을 통해서, ④ 기도를 통해서 마음의 정결에 이른다.

용어   **부당한 욕망**   무질서한 욕망을 말한다.

정결의 덕과 은혜 그리스도인에게 정결은 덕이면서 또한 성령께서 베푸시는 은혜다(대중 라틴 말 성경 갈라 5,22). → 문답 390

의향의 순수성 그리스도인은 하느님의 뜻을 받드는 일에 힘씀으로써 이기심에서 우러난 불순한 지향을 극복한다.

외적, 내적 시선의 순수성 그리스도인은 하느님의 시선으로 이웃과 사물을 봄으로써 마음의 순수성을 잃지 않는다.

감수성과 상상력의 통제 감수성과 상상력의 통제야말로 하느님의 시선을 유지하는 비결이다.

성구 잠언 4,23-27 무엇보다도 네 마음을 지켜라. 거기에서 생명의 샘이 흘러 온다. 거짓된 말을 치워 버리고 비방하는 말을 멀리하여라. 눈은 똑바로 앞을 바라보고 눈길은 앞으로만 곧게 두어라. 바른길을 걸어라. 네가 가는 길이 모두 튼튼하리라. 오른쪽으로도 왼쪽으로도 벗어나지 말고 악에서 발길을 돌려라.

로마 12,2 여러분은 현세에 동화되지 말고 정신을 새롭게 하여 여러분 자신이 변화되게 하십시오. 그리하여 무엇이 하느님의 뜻인지, 무엇이 선하고 무엇이 하느님 마음에 들며 무엇이 완전한 것인지 분별할 수 있게 하십시오.

콜로 1,10-11*

530 정결은 어떤 것들을 요구하는가?

정결은 정숙을 요구한다. **정숙**은 사람들이 내밀한 면을 보호해 주면서, 자기 시선과 품행을 타인의 품위와 타인과 맺은 관계의 품위에 알맞게 조절하며 정결의 신중함을 드러내 준다. 깨끗한 마음을 가진 사람은 만연된 선정주의에서 해방되고, 변태적인 호기심을 조장하는 모든 것을 피한다. 정숙은 인간의 자유에 대한 그릇된 개념 위에 근거한 퇴폐풍조와 꾸준히 싸움으로써 **사회 분위기를 정화할 것**을 요구한다.

해설 정결은 정숙을 요구한다. 그리스도인은 정결을 소중히 여기는 사회적 분위기 조성에 힘써야 한다(홍보 매체에 대한 비판과 감시 강화). 정숙한 사람은 ① 선정주의나 변태적인 호기심을 피한다. ② 자기 시선과 행위를 자신과 타인의 품위에 알맞게 조절한다. ③ 인간과 그 사랑의 신비를 보호한다. ④ 남녀 관계에

	서 인내와 절제를 준수한다. ⑤ 단정하게 살며 사리를 분별한다. ⑥ 유행의 유혹에 흔들리지 않는 생활 방식을 취한다. ⑦ 퇴폐풍조에 단호하게 대처한다.
용어	**정숙** 정숙은 인내와 절도와 신중함을 의미한다. 정숙은 절제의 완벽한 구성 요소다. 정숙은 사람들의 내밀한 면을 보호하며, 정결을 지향한다.
성구	**집회 9,8-9** 다른 사람의 아내와 같이 앉지 말고 그와 술자리를 가지지 마라. 네 마음이 그에게 이끌려 피를 흘리며 파멸로 치달을까 두렵다. **1베드 3,2-4** 그들은 여러분이 경건하고 순결하게 처신하는 것을 지켜보다가 그리될 것입니다. 머리를 땋아 올리거나 금붙이를 달거나 좋은 옷을 차려입거나 하는 겉치장을 하지 말고, 온유하고 정숙한 정신과 같이 썩지 않는 것으로, 마음속에 감추어진 자신을 치장하십시오. 이것이야말로 하느님 앞에서 귀중한 것입니다.

■ 열째 계명: 이웃의 재산을 탐내서는 안 된다

531 열째 계명은 무엇을 요구하고 무엇을 금하는가?

	아홉째 계명을 보충하는 이 계명은 다른 이의 재산과 관련하여 존중하는 내적 태도를 요구하고, **탐욕**과 타인의 재산에 대한 **지나친 소유욕**과 **시기심**을 금한다. 시기심에 빠진 사람은, 타인의 재산을 볼 때 침울한 마음을 갖고, 그 재산을 자기 것으로 만들고자 하는 무절제한 욕망을 갖는다.
해설	열째 계명은 다른 이의 재산과 관련하여 존중하는 마음을 요구한다. 그리고 탐욕과, 재산에 대한 지나친 소유욕과 타인의 소유에 대한 시기심을 금한다.
용어	**지나친 소유욕** 오늘날 소비주의, 물질만능주의 풍조 속에서 소유욕을 극복하고 자유인이 되기가 쉽지 않다. 존재가 소유보다 앞서고, 정신이 물질보다 앞선다는 마음 자세가 중요하다. **시기심** 우울의 한 형태로, 사랑의 거부를 나타낸다. 시기심은 교만에서 나온다(2540항).
성구	**신명 5,21ㄴ** "이웃의 집이나 밭, 남종이나 여종, 소나 나귀 할 것 없이 이웃의 재산은 무엇이든지 욕심내서는 안 된다."

마태 6,21 "사실 너의 보물이 있는 곳에 너의 마음도 있다."
1열왕 21,17-19* 코헬 5,9*

532 예수님께서 말씀하신 마음의 가난은 무엇을 요구하는가?

예수님께서는 당신 제자들에게 모든 것과 모든 사람에 앞서서 당신을 선택할 것을 요구하신다. 복음적 청빈 정신에 따라, 부흡에 대하여 초연한 태도와 내일에 대한 불안에서 우리를 해방시키시는 하느님의 섭리에 우리 자신을 내맡기는 자세는 마음으로 가난한 이들의 참행복을 누리도록 준비시킨다. "행복하여라, 마음이 가난한 사람들! 하늘 나라가 그들의 것이다"(마태 5,3).

해설 "행복하여라, 마음이 가난한 사람들!" 예수님의 행복선언은 이렇게 시작된다. 마음의 가난은 다른 모든 행복의 시작이다. 마음의 가난을 위해 예수님은 ① 모든 사람과 모든 것보다 당신을 더 사랑하고(마태 10,37), ② 당신과 복음을 위해 모든 것을 버리라고 요구하시며(루카 14,33), ③ 당신을 따르는 사람들이 하느님의 섭리에 자신을 맡겨 모든 불안에서 해방되기를 원하신다(루카 10,4).

용어 **복음적 청빈 정신** 복음이 말하는 청빈은 무엇보다 "하느님 나라와 그분의 의로움"(마태 5,33)을 추구하는 가난의 정신이다.

성구 **잠언 15,16** 주님을 경외하며 가진 적은 것이 불안 속의 많은 보화보다 낫다.
마태 6,31-33 "그러므로 너희는 '무엇을 먹을까?', '무엇을 마실까?', '무엇을 차려입을까?' 하며 걱정하지 마라. 이런 것들은 모두 다른 민족들이 애써 찾는 것이다. 하늘의 너희 아버지께서는 이 모든 것이 너희에게 필요함을 아신다. 너희는 먼저 하느님의 나라와 그분의 의로움을 찾아라. 그러면 이 모든 것도 곁들여 받게 될 것이다."
루카 22,35* 2코린 8,9*

533 인간은 무엇을 가장 열망하는가?

인간의 가장 큰 욕망은 하느님을 뵙는 것이다. 이 갈망은 인간의 전 존재가 "나는 하느님을 뵙고 싶습니다."라고 부르짖는 외침이다. 사랑으로 인간을 창조하시고 무한한 사랑으로 당신께 이끄시는 하느님에 대한 지복직관에서 인간은 충만한 참행복

|해설| 을 실현한다.

인간의 가장 큰 소망은 하느님을 뵙는 것이다. 사랑으로 인간을 창조하시고, 무한한 사랑으로 당신께 이끄시는 하느님을 직접 뵈옴으로써 인간은 참행복에 이른다. "하느님을 뵈오리라는 약속은 모든 행복을 초월합니다. 성경에서 본다고 말하는 것은 곧 소유한다는 말입니다. 하느님을 뵙는 사람은 이 보는 행위 안에서 좋은 것을 모두 얻는 것입니다"(성 그레고리오). 이로써 "나는 너희 하느님이 되고 너희는 나의 백성이 될 것이다."(레위 26,12) 하신 계약이 성취될 것이다. 바오로 사도는 이렇게 표현한다. "그리하여 하느님께서는 모든 것 안에서 모든 것이 되실 것입니다"(1코린 15,28).

|용어| **지복직관** "하느님을 뵙는 사람은 이 보는 행위 안에서 좋은 것을 모두 얻는 것입니다"(니사의 성 그레고리오). → 문답 359 용어 풀이 참조. 교리서 제3편은 '그리스도인의 삶'이 참행복으로 시작하여 참행복으로 끝남으로써 그리스도교 윤리의 출발점도 참행복이고 그 목적지도 참행복임을 밝히고 있다.

충만한 참행복 하느님을 뵈옴으로 비로소 인간의 행복감은 충만하여지고, 그 근원적 불만족은 완전히 사라진다.

|성구| **욥 19,25-27** 그러나 나는 알고 있다네, 나의 구원자께서 살아 계심을. 그분께서는 마침내 먼지 위에서 일어서시리라. 내 살갗이 이토록 벗겨진 뒤에라도 이 내 몸으로 나는 하느님을 보리라. 내가 기어이 뵙고자 하는 분, 내 눈은 다른 이가 아니라 바로 그분을 보리라. 속에서 내 간장이 녹아 내리는구나.

요한 14,8 "주님, 저희가 아버지를 뵙게 해 주십시오. 저희에게는 그것으로 충분하겠습니다."

1코린 15,28ㄴ* 묵시 22,4* 묵시 22,17*

> "행복하여라, 마음이 깨끗한 사람들!
> 그들은 하느님을 볼 것이다."
>
> – 마태 5,8

제4편
그리스도인의 기도

제1부

그리스도인의 삶과 기도

534 기도는 무엇인가?

기도는 하느님을 향하여 마음을 들어 높이는 것이며, 하느님의 뜻에 맞도록 은혜를 간청하는 것이다. 기도는 언제나 인간을 만나러 오시는 하느님의 선물이다. 그리스도인의 기도는 하느님의 자녀들이 무한히 선하신 성부와 성자 예수 그리스도와 그들 마음 안에 머무르시는 성령과 맺는 생생한 인격적 관계이다.

해설   기도는 ① 하느님을 향하여 마음을 들어 높이는 것, ② 하느님의 뜻에 따라 은혜를 청하는 것, ③ 인간을 만나러 오시는 하느님의 선물, ④ 무한히 선하신 성부와 성자 예수 그리스도와 성령과 맺는 인격적 관계이다.

용어   **기도**   "기도는 하느님과 인간이 나누는 대화"라는 전통적 진술은 오늘날도 유효하다.

하느님을 향하여 마음을 들어 높이는 것   마음과 시선을 하느님께 들어 높임, 이것이 바로 기도의 시작이다.

하느님의 뜻에 따라 은혜를 청하는 것   하느님이 원하시는 것을 원하는 것이 바로 청원 기도의 기본이다.

인간을 만나러 오시는 하느님의 선물   기도는 우리가 먼저 시작하는 것이 아니라, 하느님이 먼저 시작하신다. 하느님께서 우리에게 먼저 오시는 것이다.

성부와 성자와 성령과 맺는 인격적 관계   아버지께는 자녀로서, 성자께는 형제로서, 성령과는 은총의 응답자로서 관계를 맺는 것이 바로 기도다.

성구   **이사 12,3**   너희는 기뻐하며 구원의 샘에서 물을 길으리라. 그날에 너희는 이렇게 말하리라. "주님을 찬송하여라. 그 이름을 받들어 불러라. 그 업적을 민족들에게 알리고 그 이름 높으심을 선포하여라."

마태 7,7-8   "청하여라, 너희에게 주실 것이다. 찾아라, 너희가 얻을 것이다. 문을 두드려라, 너희에게 열릴 것이다. 누구든지 청하는 이는 받고, 찾는 이는 얻고, 문을 두드리는 이에게는 열릴 것이다."

즈카 12,10* 루카 18,1.7*

제1장
기도에 대한 계시

535 모든 사람이 왜 기도에 초대받고 있다고 하는가?

하느님께서 창조를 통하여 먼저 모든 존재를 무無에서 불러내셨는데, 타락 후에도 인간은 자신을 존재하도록 부르시는 분에 대한 갈망을 여전히 간직하고 있고 자신의 창조주를 알 수 있기 때문이다. 모든 종교가, 그리고 특별히 구원의 역사 전체가 인간이 하느님께 향하는 이 갈망을 입증해 준다. 그러나 각 사람을 기도의 신비로운 만남으로 끊임없이 끌어당기는 첫 당사자는 바로 하느님이시다.

해설 하느님께서 모든 사람은 당신을 향하도록 창조하셨다. 타락 후에도 이 부르심은 계속되며, 인간은 하느님을 향한 갈망을 지니고 있다. (인간이 하느님을 잊거나, 하느님에게서 숨거나, 자신의 우상을 좇거나, 자신을 버렸다고 하느님을 비난할 때에도) 사실 하느님은 우리를 당신께 이끌어 주시며, 우리는 그 이끄심에 응답한다. 이것이 기도다. 그러므로 도스토옙스키의 말대로 "인간은 기도하는 존재Homo orans다."

용어 **구원의 역사 전체가 인간이 하느님께 향한 이 갈망을 입증해 준다** 모든 종교는 기도를 목표에 이르는 수단으로 삼고 있다. 특히 성경은 하느님을 향한 인간의 끝없는 갈구를 보여준다.

기도의 신비로운 만남 기도로써 하느님을 만나는 것은 큰 신비이다. 하느님께서 먼저 우리를 만나러 오시기 때문이다.

성구 **시편 8,2.5-6**   주 저희의 주님
온 땅에 당신 이름, 이 얼마나 존엄하십니까!
하늘 위에 당신의 엄위를 세우셨습니다. …
인간이 무엇이기에 이토록 기억해 주십니까?
사람이 무엇이기에 이토록 돌보아 주십니까?
신들보다 조금만 못하게 만드시고
영광과 존귀의 관을 씌워 주셨습니다.

루카 11,11-13 "너희 가운데 어느 아버지가 아들이 생선을 청하는데, 생선 대신에 뱀을 주겠느냐? 달걀을 청하는데 전갈을 주겠느냐? 너희가 악해도 자녀들에게는 좋은 것을 줄 줄 알거든, 하늘에 계신 아버지께서야 당신께 청하는 이들에게 성령을 얼마나 더 잘 주시겠느냐?"
요한 4,13-15ㄱ* 1요한 4,13*

■ 구약 성경에 나타난 기도에 대한 계시

536 **아브라함은 어떤 면에서 기도의 모범이 되는가?**

아브라함은 하느님의 면전에서 거닐고 하느님의 말씀을 따랐으며 순종했기 때문에 기도의 본보기이다. 그의 기도는 신앙의 싸움이다. 그는 시련의 순간에도 하느님에 대한 충성을 견지하면서 계속 믿었기 때문이다. 나아가 아브라함은 그에게 당신의 계획을 맡기시는 하느님의 방문을 자신의 천막에서 맞은 이후 대담한 신뢰로써 죄인들을 위하여 감히 전구한다.

해설 ① 아브라함은 하느님의 부르심에 순종하여 길을 나섰다(창세 12,4). **순종**(말을 들음)은 기도의 본질적 요소다. ② 아브라함은 길손을 맞이하였으며, 하느님께서는 그에게 당신의 뜻을 드러내 보이셨다(창세 18,17). **하느님의 뜻** 역시 기도의 요소다. ③ 아브라함은 아들을 바치라는 명에 순종하여, 외아들을 바치신 성부를 닮게 되었다. 기도는 하느님을 닮게 하여 그분의 구원하시는 사랑에 참여하게 한다.

용어 **아브라함의 순종은 기도의 본보기** 기도에서 말은 부차적이다. 기본적인 것은 하느님의 뜻에 순종하는 것, 하느님의 말씀을 듣는 것이다.

기도는 신앙의 싸움 신앙 자체가 일종의 싸움이다. 기도는 불신앙을 거슬러 하느님께 나아가게 한다.

대담한 신뢰로써 전구 아브라함은 소돔과 고모라의 멸망을 막기 위해 주님의 자비에 매달려 애원한다(창세 18,22-33).

성구 **창세 22,8** 아브라함이 "얘야, 번제물로 바칠 양은 하느님께서 손수 마련하실 거란다." 하고 대답하였다. 둘은 계속 함께 걸어갔다.

히브 11,17.19 믿음으로써, 아브라함은 시험을 받을 때에 이사악을 바쳤습니다. 약속을 받은 아브라함이 외아들을 바치려고 하였습니다. … 아브라함은 하느님께서 죽은 사람까지 일으키실 수 있다고 생각하였습니다. 그리하여 이사악을 하나의 상징으로 돌려받은 것입니다.

창세 12,1.4ㄱ* 창세 15,4-6*

537 모세는 어떻게 기도하였는가?

모세의 기도는 전형적인 관상 기도이다. 불타는 떨기 가운데에서 모세를 부르신 하느님께서는 자주 그리고 오랫동안 "마치 사람이 자기 친구에게 말하듯, 모세와 얼굴을 마주하여"(탈출 33,11) 말씀을 나누셨다. 모세는 하느님의 이 친밀함에서 백성을 위하여 끈질기게 전구하는 힘을 얻었다. 이리하여 모세의 기도는 유일한 중개자이신 그리스도 예수님의 기도를 예시한다.

해설 ① 하느님께서 먼저 모세를 부르신다(탈출 3,4). ② 하느님은 자주 "마치 사람이 자기 친구에게 말하듯 모세와 얼굴을 마주하여"(탈출 33,11. 탈출 33,20; 민수 12,8; 신명 34,10 참조) 말씀을 나누셨다. ③ 모세는 하느님과의 깊은 친밀함에서 하느님께 백성을 위한 중개의 기도를 바쳤다. ④ 모세의 중개의 기도는 유일한 중개자이신 예수님의 기도를 미리 보여준다.

용어 **전형적인 관상 기도** 관상 기도는 주님 현존 앞에 머무는 것이다. "주님께서는 마치 사람이 자기 친구에게 말하듯, 모세와 얼굴을 마주하여 말씀하시곤 하였다"(탈출 33,11). → 문답 571 참조.

유일한 중개자이신 그리스도 모세는 주 하느님과 이스라엘 사이에서 끊임없이 중재의 기도를 바친다. 이런 모습은 하느님과 사람 사이의 유일한 중개자이신 예수 그리스도를 예시한다(2593항).

성구 **탈출 32,11-13** 그러자 모세가 주 그의 하느님께 애원하였다. "주님, 어찌하여 당신께서는 큰 힘과 강한 손으로 이집트 땅에서 이끌어 내신 당신의 백성에게 진노를 터뜨리십니까? 어찌하여 이집트인들이, '그가 이스라엘 자손들을 해치려고 이끌어 내서는, 산에서 죽여 땅에 하나도 남지 않게 해 버렸구나.' 하고 말하게 하시렵니까? 타오르는 진노를 푸시고 당신 백성에게 내리시려던 재앙을 거두어 주십시오. 당신 자신을 걸고, '너희 후손들을 하늘의 별처럼 많게 하고, 내가 약속한 이 땅을 모두 너희 후손들에게 주어, 상속 재산으로 길이 차지하게 하겠다.' 하며 맹세하신 당신의 종 아브라함과 이사악과 이스라엘을 기억해 주십시오."

사도 7,31-33 "그것을 본 모세는 그 광경에 깜짝 놀랐습니다. 그래서 자세히 보려고 가까이 가는데 주님의 목소리가 들렸습니다. '나는 네 조상들의 하느님, 곧 아브라함과 이사악과 야곱의 하느님이다.' 모세는 몸이 떨려 자세히 볼 엄두도 내지 못하였습니다. 그때에 주님께서 모세에게 이르셨습니다. '네가 서 있는 곳은 거룩한 땅이니 네 발에서 신을 벗어라.'"

탈출 3,4* 탈출 33,11ㄱ* 민수 12,7-8ㄱ* 집회 45,4-5ㄴ*

538 구약 성경에서 성전과 임금은 기도와 어떤 관계를 맺고 있는가?

하느님 백성의 기도는 그들 목자들의 지도 아래 계약의 궤, 그리고 나중에 성전聖殿이 된 하느님께서 머무르시는 장막으로 발전한다. 그 목자들 가운데 다윗은 '하느님의 마음에 드는' 임금이고, 자기 백성을 위하여 기도하는 목자이다. 그의 기도는 하느님의 약속에 대한 믿음이고, 유일한 임금이시며 주님이신 분께 드리는 사랑과 신뢰였으므로 백성들에게 기도의 모범이 된다.

해설 성전은 기도하는 집이요, 이스라엘의 임금은 (백성을 위해, 백성을 대신하여, 백성의 이름으로) 기도하는 목자다. 그 가운데 가장 모범적인 임금이 다윗이다. 다윗은 여러 허물과 죄에도 불구하고 '하느님의 마음에 드는' 목자(1사무 13,14)다. 하느님께 기름부음 받은 자로서 다윗은 하느님의 뜻에 충실하고 그 약속에 온전히 신뢰하였다(2사무 7,18-29). 구약의 시편은 그의 이름으로 되어 있다. 시편 전체가 그의 작품은 아니지만, 그가 수집한 것일 수도 있고(집회 47,9-10), 일부는 그의 작품으로 볼 수 있다(특히 제1권 = 1—41편). 그의 뒤를 이은 솔로몬이 성전을 지어 하느님께 봉헌하면서 바친 백성을 위한 기도(1열왕 8,12-61) 또한 성전과 임금이 기도와 어떤 관계에 있는지 잘 보여 준다.

용어 **계약 궤** 모세가 하느님의 말씀이 새겨진 두 돌판을 궤에 넣어둠으로써 이를 '계약 궤'라 부르게 되었다(탈출 25,10-22). 계약 궤는 하느님의 현존을 나타낸다. 계약 궤는 나중에 성전에 모셔짐으로써 명실상부한 하느님의 현존, 하느님의 거처가 완성된다(1열왕 8장).

장막과 성전   유목민이었던 이스라엘은 처음에 천막으로 하느님의 전을 세우고, 가나안에 정착한 다음에 돌로 된 성전을 세웠다.

기도하는 목자   여기서 목자는 이스라엘의 임금을 말한다. 이스라엘의 임금은 하느님을 대신하여 백성을 다스리므로 당연히 하느님께 기도해야 한다. 그런 점에서 다윗은 이스라엘의 대표적인 임금이다.

성구   **집회 47,8-10**   그는 모든 일을 하면서 거룩하고 지극히 높으신 분께 영광의 말씀으로 찬미를 드렸다. 그는 온 마음을 다해 찬미의 노래를 불렀으며 자신을 지으신 분을 사랑하였다. 그는 제단 앞에 성가대를 자리 잡게 하여 그들의 목소리로 아름다운 가락을 노래하게 하였다. 그리하여 그들은 날마다 자신들의 노래로 찬미하였다. 다윗은 축제를 화려하게 벌였고 그 시기를 완벽하게 정리하였으며 주님의 거룩하신 이름을 찬미하고 그 찬미가 이른 아침부터 성소에 울려 퍼지게 하였다.

사도 13,22   그러고 나서 그를 물리치시고 그들에게 다윗을 임금으로 세우셨습니다. 그에 대해서는 '내가 이사이의 아들 다윗을 찾아냈으니, 그는 내 마음에 드는 사람으로 나의 뜻을 모두 실천할 것이다.' 하고 증언해 주셨습니다.

539   예언자들이 사명을 수행할 때 기도의 역할은 무엇인가?

예언자들은 백성에게 신앙과 마음의 회개를 촉구하려는 빛과 힘을 기도에서 얻었다. 그들은 하느님과 아주 친숙한 관계를 맺고 있었으며, 그 자신들이 직접 보고 주님에게서 들은 바를 형제들에게 선언하면서 그들을 위하여 전구하였다. 엘리야는 예언자들, 곧 하느님의 얼굴을 찾는 이들의 아버지였다. 가르멜 산에서 그는 "저에게 대답해 주십시오, 주님! 저에게 대답해 주십시오."(1열왕 18,37) 하고 간구함으로써 하느님께서 함께하시어 백성들을 참신앙으로 돌아오게 하였다.

해설   예언자들은 하느님의 말씀을 백성들에게 전하여 그들이 회개하고 하느님께 돌아오게 하였다. 예언자들은 하느님의 말씀만 전한 것이 아니고 백성을 위한 기도에도 적극 나섰다. 그들은 하느님과 함께 하는 시간, 곧 기도에서 자신의 사명 수행에 필요한 빛과 힘을 얻었다(1열왕 19,1-18 참조).

용어 **엘리야는 예언자들, 곧 하느님의 얼굴을 찾는 이들의 아버지** 엘리야는 예언자들의 아버지다. 이스라엘의 본격적인 예언자들은 그로부터 비롯된다. 하느님의 뜻을 사람들 앞에서 전해야 하는 예언자는 하느님의 얼굴, 하느님의 뜻 곧 하느님을 애타게 찾지 않을 수 없다.

성구 **1열왕 18,36-39** 곡식 제물을 바칠 때가 되자 엘리야 예언자가 앞으로 나서서 말하였다. "아브라함과 이사악과 이스라엘의 하느님이신 **주님**, 당신께서 이스라엘의 하느님이시고 제가 당신의 종이며, 당신의 말씀에 따라 제가 이 모든 일을 하였음을 오늘 저들이 알게 해 주십시오. 저에게 대답하여 주십시오, **주님**! 저에게 대답하여 주십시오. 그리하여 **주님**, 이 백성이 당신이야말로 하느님이시며, 바로 당신께서 그들의 마음을 돌이키게 하셨음을 알게 해 주십시오." 그러자 **주님**의 불길이 내려와, 번제물과 장작과 돌과 먼지를 삼켜 버리고 도랑에 있던 물도 핥아 버렸다. 온 백성이 이것을 보고 얼굴을 땅에 대고 엎드려 부르짖었다. "**주님**이야말로 하느님이십니다. **주님**이야말로 하느님이십니다."

야고 5,16ㄴ-18 의인의 간절한 기도는 큰 힘을 냅니다. 엘리야는 우리와 똑같은 사람이었지만, 비가 내리지 않게 해 달라고 열심히 기도하자 삼 년 육 개월 동안 땅에 비가 내리지 않았습니다. 그리고 다시 기도하자, 하늘이 비를 내리고 땅이 소출을 냈습니다.

1열왕 17,21-24*

540 기도에서 시편이 왜 중요한가?

시편은 구약 성경에 수록된 기도의 걸작이다. 시편집은 하느님의 말씀이 인간의 기도가 되는 책이다. 성령의 감도를 받은 이 기도는 개인적이며 공동체적인 기도로, 창조와 구원 역사 안에서 이루어진 하느님의 업적을 찬양한다. 그리스도께서는 시편 기도를 바치셨고 이 기도를 완성하셨다. 이러한 이유로 시편은 모든 여건이나 시대에 적합한 교회의 기도로서 근본적이고 불변하는 요소로 존속한다.

해설 시편詩篇은 이스라엘의 성가집이며, 다섯 권으로 나뉜다(① 1—41편, ② 42—72

편, ③ 73—89편, ④ 90—106편, ⑤ 107—150편). "시편은 백성에게 내리는 하느님의 축복이고, 하느님께 바치는 찬양이며, 회중이 드리는 찬미의 노래이고, 모든 이가 치는 손뼉입니다. 보편적인 교훈이고, 교회의 목소리요, 노래로 바치는 신앙 고백입니다"(성 암브로시오).

시편은 구약 성경에 수록된 기도의 걸작이다. 시편이 중요한 이유는 다음과 같다. 시편은 ① 하느님의 말씀이면서 인간의 말(기도)이다. ② 개인 기도이면서 동시에 공동체 기도다. ③ 창조와 구원의 역사 안에 이루어진 하느님의 업적을 두루 찬양한다. ④ 그리스도께서 시편으로 기도하셨고(마태 22,44; 26,30; 27,46; 루카 23,46), 이를 완성하셨다. 이런 이유로 시편은 모든 시대, 모든 상황에 맞는 교회의 기도다.

용어 **시편은 기도의 걸작** 구약의 시편은 기도에 영감을 주는 기도 중의 기도다.
하느님의 말씀이 인간의 기도가 된다 시편은 성경이므로 하느님의 말씀이고, 동시에 인간의 기도, 인간의 말이다. 하느님께서 사람에게 들려주시는 말씀이며, 인간이 하느님께 드리는 말이다. 그리스도 안에서 이 둘은 하나가 된다.
개인적이며 공동체적인 기도 시편은 기도드리는 한 사람에게만이 아니라 온 회중, 온 인류와 관련된다.
창조와 구원 역사 안에서 이루어진 하느님의 업적 시편은 과거의 구원 역사를 상기시킬 뿐 아니라, 종말을 바라보게 한다(특히 메시아 시편 2; 20; 72; 89; 110; 132편 등).
교회의 기도의 근본적이고 불변하는 요소 그리스도께서 시편을 기도로 바치시고, 그 기도를 완성하셨기 때문이다.

성구 **시편 89,2** 저는 주님의 자애를 영원히 노래하오리다.
제 입으로 당신의 성실을 대대로 전하오리다.
마태 27,46 오후 세 시쯤에 예수님께서 큰 소리로, "엘리 엘리 레마 사박타니?" 하고 부르짖으셨다. 이는 "저의 하느님, 저의 하느님, 어찌하여 저를 버리셨습니까?"라는 뜻이다(시편 22,2 참조).
시편 69,31* 마태 26,30* 콜로 3,16ㄷ*

■ 예수님에게서 충만히 계시되고 성취된 기도

541 예수님께서는 기도를 누구에게 배우셨는가?

예수님께서는 당신이 지니신 인간 심성에 따라 어머니와 히브리 전통에서 기도하는 법을 배우셨다. 그러나 예수님의 기도는 좀 더 신비로운 원천에서 솟아나온 기도였다. 곧 거룩한 인간성 안에서 하느님의 영원한 아들로서 성부께 자녀다운 완전한 기도를 바치셨기 때문이다.

해설 예수님은 여느 유다인 자녀처럼 가정에서 부모에게(특히 마리아에게), 그리고 회당과 성전에서 함께 기도하면서 기도를 배우셨다. 그렇지만 예수님의 기도는 여느 유다인과 다르게, 좀 더 신비로운 원천에서 나온 것이다. 곧 하느님의 영원하신 아들로서 성부께 바친 완전한 기도다.

용어 **인간 심성에 따라** 우리는 우리 마음에 새겨진 기도의 본성에 따라 기도하게 된다. 예수님도 마찬가지다.

히브리 전통 유다인들은 전통에 따라 안식일뿐 아니라 매일 기도한다.

자녀다운 완전한 기도 하느님을 아빠 아버지라 부르며 바치는 예수님의 기도는 성부의 마음에 드는 가장 아름다운 기도다. 우리 역시 마찬가지로, 성자 예수 그리스도 안에서 이런 기도를 드린다.

성구 **시편 71,16-18** 저는 주 **하느님**의 위업을 칭송하며 들어가
오로지 당신의 의로움만을 기리렵니다.
하느님, 당신께서는 제 어릴 때부터 저를 가르쳐 오셨고
저는 이제껏 당신의 기적들을 전하여 왔습니다.
늙어 백발이 될 때까지
하느님, 저를 버리지 마소서.
제가 당신 팔의 능력을,
당신의 위력을 앞으로 올 모든 세대에 전할 때까지.

마르 14,36 "아빠! 아버지! 아버지께서는 무엇이든 하실 수 있으시니, 이 잔을 저에게서 거두어 주십시오. 그러나 제가 원하는 것을 하지 마시고 아버지께서 원하시는 것을 하십시오."

로마 8,15*

542 예수님께서는 언제 기도하셨는가?

복음서는 기도하시는 예수님을 자주 묘사한다. 예수님께서는 밤중에도 한적한 곳으로 물러가셔서 기도하셨다. 예수님께서는 당신과 사도들의 사명을 이행하는 결정적인 순간들을 앞두고 기도하신다. 사실 예수님께서는 성부와 지속적인 사랑의 친교 속에 계시기 때문에 그의 모든 삶이 기도이다.

해설   복음서에 보면 예수님께서 자주 기도하신다. 밤중에(마태 14,23; 루카 6,12), 한적한 곳에 물러가(마르 1,35; 6,46; 루카 5,16), 당신과 사도들의 사명 수행의 결정적 순간에(루카 3,21; 6,12; 9,28; 요한 17,1) 기도하셨다. 사실 예수님께서는 성부와 지속적인 사랑의 친교 속에 계시기 때문에 그분의 모든 삶이 기도다.

용어   **당신과 사도들의 사명을 이행하는 결정적인 순간에**   예수님은 당신의 사명을 수행하시기 전에 기도하셨다. 예를 들어 세례 때(루카 3,21), 열두 사도를 뽑으실 때(루카 6,12), 거룩한 변모 때(루카 9,28), 죽음을 앞두고(요한 17,1) 기도하셨다.

성구   **시편 119,147**   새벽부터 일어나 도움을 청하며
당신 말씀에 희망을 둡니다.
마르 1,35   다음 날 새벽 아직 캄캄할 때, 예수님께서는 일어나 외딴곳으로 나가시어 그곳에서 기도하셨다.
마태 14,23* 루카 6,12-13* 루카 9,28* 요한 17,1*

543 예수님께서는 수난 중에 어떻게 기도하셨는가?

예수님께서는 겟세마니 동산에서 격심한 고통에 시달리던 동안에 바치신 기도와 십자가 위에서 하신 마지막 말씀으로 아들로서 바치시는 기도의 심오함을 보여 주신다. 예수님께서는 성부의 사랑의 계획을 완수하시고 또 인류가 지나온 모든 시대의 온갖 고뇌, 그리고 구원 역사에 나타나는 모든 청원과 전구를 당신 스스로 떠맡으신다. 예수님께서는 그 모든 것을 아버지께 내맡기시고 또 아버지께서는 모든 희망을 뛰어넘어, 예수님을 죽은 이들 가운데에서 부활시키심으로써 성자의 모든 요구를 받아들이시고 그것들을 모두 들어주신다.

해설 　예수님께서는 특히 수난을 앞두고 겟세마니에서(마태 26,36-46 병행) 그리고 죽음을 앞두고 십자가에서(마르 15,34; 루카 23,34.46) 성부께 간절히 기도하셨다. 이것이 바로 아들로서 아버지께 바치는 기도의 절정이다. 예수님은 성부의 계획을 완수하시고, 인류가 지나온 모든 시대의 온갖 고뇌, 그리고 구원 역사에 나타나는 모든 청원과 전구를 스스로 떠맡으셨다. 예수님께서는 그 모든 것을 아버지께 맡기셨다. 아버지께서는 성자를 부활시키심으로 성자의 기도를 (성자 안에서 바쳐지는 온 인류의 기도를) 온전히 들어주신 것이다.

용어 　온 인류가 지나온 모든 시대의 모든 고뇌, 구원 역사에 나타난 모든 청원과 전구 　예수님의 기도는 총괄수렴의 신비로서 설명된다. 인류의 모든 고뇌와 기도는 예수님 안에 다 모아지고, 예수님의 모든 고뇌와 기도는 온 인류 역사 안에서 실현된다. 총괄수렴 → 문답 101; 교리서 518-521항 참조

성구 　**시편 22,2** 　저의 하느님, 저의 하느님, 어찌하여 저를 버리셨습니까? 소리쳐 부르건만 구원은 멀리 있습니다.

루카 22,40-46 　그곳에 이르러 예수님께서는 제자들에게, "유혹에 빠지지 않도록 기도하여라." 하고 말씀하셨다. 그리고 나서 돌을 던지면 닿을 만한 곳에 혼자 가시어 무릎을 꿇고 기도하셨다. "아버지, 아버지께서 원하시면 이 잔을 저에게서 거두어 주십시오. 그러나 제 뜻이 아니라 아버지의 뜻이 이루어지게 하십시오." 그때에 천사가 하늘에서 나타나 그분의 기운을 북돋아 드렸다. 예수님께서 고뇌에 싸여 더욱 간절히 기도하시니, 땀이 핏방울처럼 되어 땅에 떨어졌다. 그리고 기도를 마치고 일어나시어 제자들에게 와서 보시니, 그들은 슬픔에 지쳐 잠들어 있었다. 예수님께서 그들에게 이르셨다. "왜 자고 있느냐? 유혹에 빠지지 않도록 일어나 기도하여라."

마르 15,34* 루카 23,34.46* 히브 5,7-9*

544 예수님께서는 기도하는 법을 어떻게 가르쳐 주시는가?

예수님께서는 **주님의 기도**뿐만 아니라 당신 친히 기도하실 때에도 기도하는 법을 우리에게 가르치신다. 그리하여 기도 내용 외에도 예수님께서는 참다운 기도에 필요한 마음가짐을 우리에게 보여 주신다. 곧 하느님 나라를 찾고 원수들을 용서하는 깨끗

	한 마음, 우리가 느끼고 이해하는 것을 초월한 자녀다운 확고한 대담성, 그리고 유혹에서 보호해 주는 깨어 있음을 호소하신다.
해설	예수님은 기도하심으로 제자들에게 기도하는 법을 가르쳐 주셨다(루카 11,1). 예수님은 기도에 필요한 마음 자세를 우리에게 보여 주셨다. 곧 ① 하느님 나라를 찾음(마태 6,33), ② 원수들을 용서하는 깨끗한 마음(마태 6,14), ③ 우리가 느끼고 이해하는 것을 초월한 자녀다운 확고한 대담성(마르 11,24), ④ 유혹에서 보호해 주는 깨어 있음(루카 22,46) 등이다. 예수님은 또한 비유로 기도하는 자세를 가르쳐 주셨다. "간절히"(친구의 청을 들어주는 사람의 비유: 루카 11,5-13), "인내로이"(과부와 재판관의 예화: 루카 18,1-8), "겸손하게"(바라사이와 세리의 기도: 루카 18,9-14) 기도하도록 가르치셨다.
용어	**자녀다운 확고한 대담성** 종이나 타인이 아닌 자녀만이 아버지에게 원하는 것은 무엇이나 청할 수 있다.
	유혹에서 보호해주는 깨어 있음 유혹을 당할 때 가장 필요한 것이 기도. 기도만이 우리 정신을 깨우쳐 미혹에서 벗어나게 한다.
성구	**다니 9,20** 내가 이렇게 말하면서 기도하고 나의 죄와 내 백성 이스라엘의 죄를 고백하며, 내 하느님의 거룩한 산을 위하여 주 나의 하느님 앞에 간청을 올리고 있었다.
	마르 11,24 "그러므로 내가 너희에게 말한다. 너희가 기도하며 청하는 것이 무엇이든 그것을 이미 받은 줄로 믿어라. 그러면 너희에게 그대로 이루어질 것이다."
	루카 11,9-10.13* 루카 21,36*

545 우리의 기도는 왜 유효한가?

우리의 기도는 신앙 안에서 예수님의 기도와 하나 되어 있으므로 효과적이다. 그리스도인의 기도는 예수님 안에서 아버지와 이루는 사랑의 친교이다. 이러한 방식으로 우리는 우리의 간청을 하느님께 아뢸 수 있고 응답을 받을 수 있다. "청하여라. 받을 것이다. 그리하여 너희 기쁨이 충만해질 것이다"(요한 16,24).

해설   우리의 기도가 예수님의 기도와 하나 되어야 효과가 있다. 위의 문답에서 말한 모든 기도는 바로 예수 그리스도와 하나 되어 바치는 기도를 가리키는 것이다. 예수님 안에서 우리는 아버지께 기도하고, 예수님 안에서 아버지의 응답을 듣는 것이 바로 그리스도인의 기도요 효과 있는 기도다. "내가 진실로 진실로 너희에게 말한다. 너희가 내 이름으로 아버지께 청하는 것은 무엇이든지 그분께서 너희에게 주실 것이다"(요한 16,23). 이는 성자께서 성부 오른편에 앉아 전구하고 계신다는 전통적인 믿음과 연결된다.

용어 **예수님의 기도와 하나 됨** 성령께서는 믿는 이들이 예수님의 기도와 하나 되도록 해 주신다.

유효한 기도 여기서 말하는 '유효'는 효력의 유무가 아닌, 효과의 유무를 두고 하는 말로서, 기도의 결실이 풍부함을 나타낸다. 기도가 풍부한 열매를 맺으려면 예수님 안에서 기도해야 한다(요한 15,7-8).

기도는 예수님 안에서 아버지와 이루는 사랑의 친교 우리가 예수님 안에서 기도할 때, 아버지와 이루는 예수님의 사랑의 친교에 참여하게 된다.

성구 **토빗 3,16** 바로 그때에 그 두 사람의 기도가 영광스러운 하느님 앞에 다다랐다.

마태 18,19-20 "내가 또 진실로 너희에게 말한다. 너희 가운데 두 사람이 이 땅에서 마음을 모아 무엇이든 청하면, 하늘에 계신 내 아버지께서 이루어 주실 것이다. 두 사람이나 세 사람이라도 내 이름으로 모인 곳에는 나도 함께 있기 때문이다."

유딧 9,12* 요한 14,13-14* 1요한 3,21-22*

546 성모 마리아는 어떻게 기도하셨는가?

마리아의 기도는 믿음을 통하여 자신의 전 존재를 하느님께 아낌없이 바치는 특성을 띠고 있다. 예수님의 어머니께서는 새 하와 곧 '살아 있는 이들의 어머니'로서 사람들에게 필요한 것을 위하여 아들 예수께 기도하신다.

해설 마리아의 기도는 믿음을 통하여 자신을 온전히 하느님께 바치는 특성을 지니고 있다. 주님 탄생 예고 때에(루카 1,38), 그리고 성령 강림 때에(사도 1,14) 바친 기도가 그러하다. "이루어지기를 바랍니다!"(Fiat). 이는 주님께서 우리의 모든 것이 되셨으니, 우리도 온전히 그분 것이 되겠다는 기도다. 마리아는 새 하와로서 모든 믿는 이들의 어머니가 되시어(요한 2,4; 19,26), 우리를 위해 당신 아드님께 기도하신다.

용어 **새 하와 곧 '살아 있는 이들의 어머니'** 하와가 살아 있는 이들의 어머니라는 뜻을 지니듯이(창세 3,20), 마리아는 아들 예수님에게서 '여인'이라 불림으로써(요한 19,26) 새로운 하와, '살아 있는 이들의 참 어머니'가 된다(2618항).

성구 **시편 86,16** 저를 돌아보시어 자비를 베푸소서.
당신의 힘을 당신 종에게 주시고
당신 여종의 아들을 구하소서.
루카 1,38 마리아가 말하였다. "보십시오, 저는 주님의 종입니다. 말씀하신 대로 저에게 이루어지기를 바랍니다." 그러자 천사는 마리아에게서 떠나갔다.
사도 1,14*

547 복음서에 마리아의 기도가 있는가?

갈릴래아의 카나에서 드리신 마리아의 전구 외에도, 복음서는 **마리아의 노래**(루카 1,46-55)를 전해 준다. 마리아의 노래는 하느님의 어머니의 노래이자 교회의 노래이며, 가난한 사람들의 마음에서 솟아나는 기쁨이 넘치는 감사의 기도이다. 왜냐하면 가난한 사람들의 희망이 하느님께서 언약하신 약속의 이행을 통하여 실현되었기 때문이다.

해설 복음서에 나오는 대표적인 마리아의 기도는 마니피캇Magnificat이라고 부르는 '마리아의 노래'(루카 1,46-55)다. 이 노래는 하느님의 어머니의 노래이자 교회의 노래이며, 가난한 사람들의 마음에서 솟아나는 기쁨이 넘치는 감사의 기도다. 구약의 예언자들이 말하는 '가난한 이들'의 희망이 하느님의 약속 이행으로 실현되었기 때문이다.

용어 **마리아의 노래**Magnificat 이 기도문은 구세주를 잉태한 몸으로 엘리사벳을 방문하였을 때, 그녀의 축복의 말에 응답하여 바친 찬미의 기도다. 그 내용은 마리아가 자신을 도구로 하여 하느님께서 이루신 위업 및 구원 역사에 감사하는 찬미다.

카나에서 드리신 마리아의 전구 예수님의 첫 기적이 일어난 카나의 잔치 자리에서 성모님이 예수님께 술이 떨어졌음을 알리고, 주방 사람들에게는 예수님이 시키시는 대로 하라고 하신 것을 말한다(요한 2,1-12 참조).

하느님의 어머니의 노래이자 교회의 노래 루카 1,46-55에 나오는 마리아의 노래 - 라틴어 Magnificat이라는 말로 시작되므로 흔히 마니피캇이라 부른다 - 는 교회의 노래라 할 수 있다(2619항).

가난한 사람들의 희망이 하느님께서 언약하신 약속의 이행을 통하여 실현됨 예언자들이 말한 '가난한 이들' 안에서 하느님의 약속이 실현된 것을 말한다.

성구 1사무 2,1-10 한나가 이렇게 기도하였다.
"제 마음이 **주님** 안에서 기뻐 뛰고
제 이마가 **주님** 안에서 높이 들립니다.
제 입이 원수들을 비웃으니
제가 당신의 구원을 기뻐하기 때문입니다.
주님처럼 거룩하신 분이 없습니다.
당신 말고는 아무도 없습니다.
저희 하느님 같은 반석은 없습니다.
너희는 교만한 말을 늘어놓지 말고
거만한 말을 너희 입 밖에 내지 마라.
주님은 정녕 모든 것을 아시는 하느님이시며
사람의 행실을 저울질하시는 분이시다.
용사들의 활은 부러지고
비틀거리는 이들은 힘으로 허리를 동여맨다.
배부른 자들은 양식을 얻으려 품을 팔고
배고픈 이들은 다시는 일할 필요가 없다.
아이 못낳던 여자는 일곱을 낳고
아들 많은 여자는 홀로 시들어 간다.
주님은 죽이기도 살리기도 하시는 분,

저승에 내리기도 올리기도 하신다.
주님은 가난하게도 가멸게도 하시는 분,
낮추기도 높이기도 하신다.
가난한 이를 먼지에서 일으키시고
궁핍한 이를 거름 더미에서 일으키시어
귀인들과 한자리에 앉히시며
영광스러운 자리를 차지하게 하신다.
땅의 기둥들은 **주님**의 것이고
그분께서 세상을 그 위에 세우셨기 때문이다.
주님께서는 당신께 충실한 이들의 발걸음은 지켜 주시지만
악한 자들은 어둠 속에서 멸망하리라.
사람이 제 힘으로는 강해질 수 없기 때문이다.
주님이신 그분께 맞서는 자들은 깨어진다.
그분께서는 하늘에서 그들에게 천둥으로 호령하신다.
주님께서는 땅 끝까지 심판하시고
당신 임금에게 힘을 주시며
기름부음받은이의 뿔을 높이신다."

루카 1,46-55 "내 영혼이 주님을 찬송하고
내 마음이 나의 구원자 하느님 안에서 기뻐 뛰니
그분께서 당신 종의 비천함을 굽어보셨기 때문입니다.
이제부터 과연 모든 세대가 나를 행복하다 하리니
전능하신 분께서 나에게 큰일을 하셨기 때문입니다.
그분의 이름은 거룩하고
그분의 자비는 대대로
당신을 경외하는 이들에게 미칩니다.
그분께서는 당신 팔로 권능을 떨치시어
마음속 생각이 교만한 자들을 흩으셨습니다.
통치자들을 왕좌에서 끌어내리시고

비천한 이들을 들어 높이셨으며
굶주린 이들을 좋은 것으로 배불리시고
부유한 자들을 빈손으로 내치셨습니다.
당신의 자비를 기억하시어
당신 종 이스라엘을 거두어 주셨으니
우리 조상들에게 말씀하신 대로
그 자비가 아브라함과 그 후손에게 영원히 미칠 것입니다."
요한 2,3-5*

■ 교회 시대의 기도

548 예루살렘의 첫 그리스도교 공동체는 어떻게 기도하였는가?

사도행전의 첫머리에, 기도 생활에 관하여 성령께 교육을 받은 예루살렘의 첫 공동체 안에서 "사도들의 가르침을 받고 친교를 이루며 빵을 떼어 나누고 기도하는 일에 전념하였다."(사도 2,42)라고 기록되어 있다.

해설   예루살렘의 첫 공동체는 성령의 강림으로 탄생하였다. 성령께서는 교회가 기도 생활로 성장하게 하신다. "그들은 사도들의 가르침을 받고, 친교를 이루며, 빵을 떼어 나누고, 기도하는 일에 전념하였다"(사도 2,42). 이것이 성령으로 충만한 교회의 기도하는 모습이다. 말씀, 친교, 성찬, 기도는 교회의 네 기둥이다. 사도들의 신앙에 근거하여 사랑으로써 그 진실성이 입증되는 교회의 기도는 성체성사로 양육된다.

용어   **기도 생활에 관하여 성령께 교육을 받음**   성령께서는 교회가 기도 생활로 성장하게 하신다(2623항).

예루살렘의 첫 공동체   이것이 '어머니 교회'[母敎會]다.

사도들의 가르침을 받고   여기서 사도들의 가르침은 구약 성경과, 나중에 복음서의 내용이 된 나자렛 예수님에 관한 말씀이다. 교회 안에서 사도들의 가르침은 복음선포, 교리교육, 설교로 계속 이어져 내려온다.

친교를 이루며   코이노니아, 형제적 친교, 아가페 등으로 표현할 수 있지만,

한 마디로 그리스도적 사랑을 말한다.

빵을 떼어 나누고 성체성사를 말한다. 그리스도의 피로 맺어진 새로운 계약의 체결이며, 당신 몸을 음식으로 내어주시는 최고의 자기희생이다.

기도하는 일에 전념 오늘날 교회의 기도는 시간 전례로 바쳐지고, 성경을 읽으며 기도하는 렉시오 디비나(거룩한 독서)도 중요한 기도다. 시간 전례와 렉시오 디비나는 교회의 기도 생활에 중심 자리를 차지한다.

성구 **시편 111,1** 할렐루야!
내 마음 다하여 주님을 찬송하리라,
올곧은 이들의 모임에서, 집회에서.
사도 2,46-47 그들은 날마다 한마음으로 성전에 열심히 모이고 이 집 저 집에서 빵을 떼어 나누었으며, 즐겁고 순박한 마음으로 음식을 함께 먹고, 하느님을 찬미하며 온 백성에게서 호감을 얻었다. 주님께서는 날마다 그들의 모임에 구원받을 이들을 보태어 주셨다.
느헤 8,18* 시편 107,32* 사도 2,1-4* 사도 2,42*

549 성령께서는 교회의 기도에 어떻게 함께하시는가?

그리스도교 기도의 내적 스승이신 성령께서는 교회에 기도 생활을 가르치시고 또 항상 더욱 심오한 관상 속에 그리고 그리스도의 헤아릴 수 없는 신비의 일치 안에 들어가게 해 주신다. 사도들의 저서와 성경 안에 실려 있는 기도문들은 언제나 그리스도교 기도의 규범이 될 것이다.

해설 성령께서는 교회 기도의 내적 스승이시다. 성령은 교회의 기도 생활을 가르치시고, 기르시며, 그리스도의 헤아릴 수 없는 신비 속으로 이끄신다. 사도들의 서간과 성경 안에 실려 있는 교회의 기도문들은 언제나 교회 기도의 규범이 된다. 성령께서는 끊임없이 교회 안에서 기도의 샘이 솟아나게 하시며, 이러한 기도문들은 위대한 전례적 영적 전승 안에서 발전되어갈 것이다.

용어 **그리스도교 기도의 내적 스승이신 성령** "기름부음으로 우리의 전 존재에 파고드시는 성령께서는 그리스도인이 드리는 기도의 내적 스승이시다. 성령께서는 기도의 살아 있는 전통을 만드신다. 그리스도인의 기도는 성령과 일치할 때 교회의 기도가 된다"(2672항).

더욱 심오한 관상 속에, 그리스도의 헤아릴 수 없는 신비의 일치 안에 들어감 이 같은 기도의 경지는 성령의 이끄심 없이는 불가능하다.

성구 **지혜 9,17** 당신께서 지혜를 주지 않으시고 그 높은 곳에서 당신의 거룩한 영을 보내지 않으시면 누가 당신의 뜻을 깨달을 수 있겠습니까?

로마 8,26-27 이와 같이, 성령께서도 나약한 우리를 도와주십니다. 우리는 올바른 방식으로 기도할 줄 모르지만, 성령께서 몸소 말로 다할 수 없이 탄식하시며 우리를 대신하여 간구해 주십니다. 마음속까지 살펴보시는 분께서는 이러한 성령의 생각이 무엇인지 아십니다. 성령께서 하느님의 뜻에 따라 성도들을 위하여 간구하시기 때문입니다.

에페 6,18*

550 그리스도교 기도의 기본 형태는 무엇인가?

찬미와 흠숭, 청원과 전구, 감사와 찬양이다. 성찬례는 이 모든 형태의 기도를 포함하며 드러낸다.

해설 찬미와 감사, 청원과 전구, 흠숭과 찬양이라는 기도의 기본 형태는 성찬례(미사) 안에 다 포함되어 있다.

용어 **찬미와 흠숭** 찬미와 흠숭, 청원과 전구, 감사와 찬양이 무엇인지 아래 문답에 잘 설명되어 있다. 다만 여기서는 찬미와 감사가 함께 이루어지고, 흠숭과 찬양이 함께 이루어진다는 점을 말해둔다.

청원과 전구 우리의 기도는 자신만을 위한 것이 아니라 다른 사람을 위한 것이기도 하다.

감사와 찬양 찬양은 자연스레 흠숭으로 이어지거나, 흠숭에 따르는 기도다.

성구 **시편 100,4-5** 감사드리며 그분 문으로 들어가라.
찬양드리며 그분 앞뜰로 들어가라.
그분을 찬송하며 그 이름을 찬미하여라.
주님께서는 선하시고
그분의 자애는 영원하며

그분의 성실은 대대에 이르신다.

묵시 5,12-14 그들이 큰 소리로 말하였습니다. "살해된 어린양은 권능과 부와 지혜와 힘과 영예와 영광과 찬미를 받기에 합당하십니다." 그리고 나는 하늘과 땅 위와 땅 아래와 바다에 있는 모든 피조물, 그 모든 곳에 있는 만물이 외치는 소리를 들었습니다. "어좌에 앉아 계신 분과 어린양께 찬미와 영예와 영광과 권세가 영원무궁하기를 빕니다." 그러자 네 생물은 "아멘!" 하고 화답하고 원로들은 엎드려 경배하였습니다.

551 찬미는 무엇인가?

찬미 기도는 하느님의 선물에 대한 인간의 응답이다. 우리는 먼저 우리에게 강복하시고 선물을 풍성하게 베푸시는 전능하신 하느님께 찬미를 드린다.

해설 찬미는 하느님의 사랑, 은총, 축복에 대한 인간의 응답이다. 찬미에는 쌍방향 움직임이 있다. 하나는 그리스도를 통하여 성부에게서 내려오시는 성령의 은혜 곧 축복 또는 강복Benedictio이고, 다른 하나는 성령 안에서 그리스도를 통하여 하느님 아버지께 드리는 찬미Benedictio다.

용어 **강복降福** 하느님께서는 복을 내려주시는 분이시다. 하느님이 하시는 일은 모두 강복이다. → 문답 450 참조.

찬미讚美 우리말 찬미는 찬양 또는 찬송과 비슷한 뜻으로 쓰이지만, 교리서에서는 찬미와 찬양을 구분한다. 찬미는 하느님의 강복에 대한 인간의 반응이고, 찬양은 위대하신 하느님에 대한 인간의 반응이다.

성구 **시편 103,1-5** 내 영혼아, **주님**을 찬미하여라.
내 안의 모든 것들아, 그분의 거룩하신 이름을 찬미하여라.
내 영혼아, **주님**을 찬미하여라.
그분께서 해 주신 일 하나도 잊지 마라.
네 모든 잘못을 용서하시고
네 모든 아픔을 낫게 하시는 분.
네 목숨을 구렁에서 구해 내시고
자애와 자비로 관을 씌워 주시는 분.

그분께서 네 한평생을 복으로 채워 주시어
네 젊음이 독수리처럼 새로워지는구나.

에페 1,3.14 우리 주 예수 그리스도의 아버지 하느님께서 찬미받으시기를 빕니다. 하느님께서는 그리스도 안에서 하늘의 온갖 영적인 복을 우리에게 내리셨습니다. … 우리가 하느님의 소유로서 속량될 때까지, 이 성령께서 우리가 받을 상속의 보증이 되어 주시어, 하느님의 영광을 찬양하게 하십니다.

다니 3,26-27* 1베드 1,3-4*

552 흠숭은 무엇인가?

흠숭은 지극히 거룩하신 창조주 앞에서 자신이 그분의 피조물임을 깨달은 인간이 꿇어 엎드리는 것이다.

해설 흠숭은 하느님의 피조물인 우리가 창조주이신 하느님 앞에 엎드려 예禮를 올리는 것이다. 또한 죄인으로서 우리를 구원하신 하느님께 올리는 예다. 흠숭은 우리를 내신 주님의 위대함과 우리를 악에서 구원하시는 구세주의 전능을 드높이는 것이다.

용어 **흠숭** 하느님이 거룩하신 하느님이시기 때문에 드리는 예다. 하느님이 거룩하신 하느님이시기 때문에 드리는 예에는 찬양도 있다. → 문답 443 참조.

성구 **시편 95,3-6** **주님**은 위대하신 하느님
모든 신들 위에 위대하신 임금님.
땅 깊은 곳들도 그분 손안에 있고
산봉우리들도 그분 것이네.
바다도 그분 것, 몸소 만드시었네.
마른땅도 그분 손수 빚으시었네.
들어가 몸을 굽혀 경배드리세.
우리를 만드신 **주님** 앞에 무릎 꿇으세.

묵시 15,4 "주님, 주님을 경외하지 않을 자 누구이며 주님의 이름을 찬양하지 않을 자 누구입니까? 정녕 주님 홀로 거룩하십니다. 모든 민족들이 와서 주님 앞에 경배할 것입니다. 주님의 의로운 처사가 드러났기 때문입니다."

말라 1,11*

553 청원 기도에는 어떤 것들이 있는가?

청원 기도는 용서를 청하고, 영적이고 물질적인 우리의 모든 필요를 위하여 청하는 겸손과 신뢰의 기도이다. 그러나 우리가 맨 먼저 청해야 할 것은 하느님 나라의 도래이다.

해설 청원 기도는 우리가 하느님의 사랑받는 자녀임을 드러낸다. 우리가 아버지께 청할 것이 어디 한 두 가지인가. 우리는 ① 먼저 우리 죄의 용서를 청한다. ② 영적 물적으로 필요한 것들을 청한다. ③ 그러나 우선적으로 청해야 할 것은 하느님 나라의 오심이다. 우리는 겸손과 신뢰로써 하느님께 도움을 청한다.
(주님의 기도에는 우리가 무엇을 청할지, 그리고 청원의 우선순위가 잘 나와 있다.)

용어 **청원** 말 그대로 우리가 바라는 것을 자비로우신 하느님께 청하는 것이다. → 문답 443 참조.
영적이고 물질적인 필요 우리는 믿음살이에 필요한 은혜도 청하지만, 세상살이에 필요한 은혜도 청한다.
겸손과 신뢰의 기도 예수님의 비유에 나와 있듯이, 참된 기도는 자신을 낮추는 겸손한 마음과 하느님의 크신 자비에 대한 절대적인 신뢰에서 우러나온다.
하느님 나라의 도래 하느님 나라가 오시기를 청하는 것이 모든 기도의 첫자리를 차지한다. 우리는 주님의 기도에서 하느님 나라가 오시기를 청한다(마태 6,10.33).

성구 **집회 37,15** 그러나 모든 일에 앞서 지극히 높으신 분께 기도하여 그분께서 너의 길을 진실하게 인도하시도록 하여라.
마태 6,10.33 "아버지의 나라가 오게 하시며 아버지의 뜻이 하늘에서와 같이 땅에서도 이루어지게 하소서. … 너희는 먼저 하느님의 나라와 그분의 의로움을 찾아라. 그러면 이 모든 것도 곁들여 받게 될 것이다."
루카 11,2.13* 야고 1,5-6*

554 전구는 무엇인가?

전구는 다른 사람을 위하여 청원하는 기도이다. 전구는, 모든 사람을 위하여, 특히 죄인들을 위하여 하느님께 기도드리는 예수님의 기도에 결합시키고 일치시킨다. 전구는 원수들에게까지도 확대되어야 한다.

해설 전구는 다른 사람을 위한 기도다. 다른 사람에게 필요한 은혜를 청하며, 다른 사람을 대신하여 바치는 기도 또는 기도하는 행위를 말한다. 전구는 모든 사람, 특히 죄인을 위해 기도하시는 예수님의 기도에 일치시킨다. 전구는 원수에게까지도 확장되어야 한다.

용어 **전구** 전구는 '기도의 중개'다.

성구 **민수 21,7** 백성이 모세에게 와서 간청하였다. "우리가 주님과 당신께 불평하여 죄를 지었습니다. 이 뱀을 우리에게서 치워 주시도록 주님께 기도해 주십시오." 그래서 모세가 백성을 위하여 기도하였다.

에페 6,18-19 여러분은 늘 성령 안에서 온갖 기도와 간구를 올려 간청하십시오. 그렇게 할 수 있도록 인내를 다하고 모든 성도들을 위하여 간구하며 깨어 있으십시오. 그리고 내가 입을 열면 말씀이 주어져 복음의 신비를 담대히 알릴 수 있도록 나를 위해서도 간구해 주십시오.

콜로 4,12* 히브 7,25*

555 감사 기도는 언제 드리는가?

교회는 무엇보다 먼저 성찬례를 거행함으로써 하느님께 끊임없이 감사드린다. 성찬례 안에서 그리스도께서는 성부께 드리는 당신의 감사 행위에 교회가 참여하게 하신다. 그리스도인에게는 모든 일이 감사의 동기가 된다.

해설 우리는 언제나 감사 기도를 드려야 한다. "모든 일에 감사하십시오. 이것이 그리스도 예수님 안에서 살아가는 여러분에게 바라시는 하느님의 뜻입니다"(1테살 5,18). 그리스도인에게는 모든 것이 감사의 동기가 된다. 그리스도인의 감사는 머리이신 그리스도의 감사에 참여한다. 우리 감사 기도의 절정은 감사제인 성찬례(미사)다. 감사는 교회의 기도를 특징짓는다. 교회는 감사의 제사인 성찬례를 거행하며 자신의 정체를 더욱 더 분명하게 드러내고, 자신의 본질에 더 가까워진다.

용어 **성찬례** 하느님께 감사드리는 대표적인 전례 행위다. 우리말 성찬례는 그리스말 에우카리스티아를 번역한 것이며, 원래 '감사'라는 뜻이다. → 문답 271항 참조.

성부께 드리는 그리스도의 감사에 교회가 참여한다 감사뿐 아니라, 찬미·흠숭·청원·찬양 등 교회의 모든 기도는 성자께서 성부께 드리는 기도에 참여하는 것이다.

모든 일이 감사의 동기 하느님 아버지께서는 당신 자녀들을 알뜰하게 보살피신다. 모든 일에 하느님 아버지께 감사하는 것, 이것이 자녀들의 도리다(1테살 5,18).

성구 **요나 2,10** "그러나 저는 감사 기도와 함께 당신께 희생 제물을 바치고 제가 서원한 것을 지키렵니다. 구원은 주님의 것입니다."

에페 1,16-19 기도 중에 여러분을 기억하며 여러분 때문에 끊임없이 감사를 드립니다. 그 기도는 우리 주 예수 그리스도의 하느님, 영광의 아버지께서 여러분에게 지혜와 계시의 영을 주시어 여러분이 그분을 알게 되고, 여러분 마음의 눈을 밝혀 주시어, 그분의 부르심으로 여러분이 지니게 된 희망이 어떠한 것인지, 성도들 사이에서 받게 될 그분 상속의 영광이 얼마나 풍성한지 여러분이 알게 되기를 비는 것입니다. 또 우리 믿는 이들을 위한 그분의 힘이 얼마나 엄청나게 큰지를 그분의 강한 능력의 활동으로 알게 되기를 비는 것입니다.

필리 4,6-7* 콜로 4,2*

556 찬양 기도는 무엇인가?

찬양은 하느님께서 진정으로 하느님이심을 한결 더 직접적으로 인정하는 기도의 형태이며, 이해관계를 완전히 초월한 기도이다. 찬양은, 하느님이시기 때문에 하느님을 기리는 것이고, 하느님이시기에 그분께 영광을 드리는 것이다.

해설 찬양은 하느님이시기에 하느님을 기리고, 하느님이시기에 하느님을 현양하는 것이다. 그러므로 찬양은 하느님께서 진정 하느님이심을 한결 더 직접적으로

용어	인정하는 기도 형태다.
이해관계를 완전히 초월하는 기도 찬미 기도는 우리에게 복을 내려주시는 분께 드리는 것이지만, 찬양 기도는 그런 이해관계를 떠나서 하느님이 하느님이시기 때문에 드리는 것이다. 찬양 기도의 대표적인 표현이 바로 성경 곳곳에 나오는 '영광송'*Doxologia*이다(에페 1,3-14; 3,20-21; 로마 16,25-27; 유다 1,24-25 등).
성구	**시편 22,23-24** 저는 당신 이름을 제 형제들에게 전하고
모임 한가운데에서 당신을 찬양하오리다.
주님을 경외하는 이들아, 주님을 찬양하여라.
야곱의 모든 후손들아, 주님께 영광드려라.
이스라엘의 모든 후손들아, 주님을 두려워하여라.
야고 5,13 여러분 가운데에 고통을 겪는 사람이 있습니까? 그런 사람은 기도하십시오. 즐거운 사람이 있습니까? 그런 사람은 찬양 노래를 부르십시오.
유다 1,24-25*

제2장
기도의 전통

557 기도는 교회 전통에서 어떤 중요성을 지니는가?

살아 있는 전통(성전)을 통하여 성령께서는 교회 안에서 하느님의 자녀들에게 기도를 가르치신다. 실제로 기도는 내적인 충동이 자연 발생적으로 분출되어 하게 되는 것이 아니라, 묵상과 공부를 통하여 그리고 체험하는 영적인 것들을 깊이 통찰함으로써 이루어진다.

해설 기도의 전통 또한 성전聖傳의 일부다. 성령께서는 성전 곧 교회의 살아 있는 전통을 통하여 신자들에게 기도를 가르치신다. 우리는 기도를 아는 것으로 충분하지 않고 기도를 끊임없이 배워 익혀야 하는데, 이는 내적인 충동에 따라 하게 되는 것이 아니라, 묵상과 공부를 통하여, 그리고 영적 체험들을 깊

용어	이 통찰함으로써 이루어진다. **내적인 충동이 자연 발생적으로 분출되어 기도** 물론 그런 기도도 가능하다. 하지만 기도는 그런 것만이 아니다. 오히려 기도는 우리 안에 계시는 성령의 작용이라 할 수 있다. **묵상과 공부** 그리스도인은 하느님께서 세상과 자신 안에서 하시는 일들을 묵상하고 궁구함으로써 기도하게 된다. **체험하는 영적인 것들을 깊이 통찰함** 성령께서 우리 안에서 이루시는 일들을 깊이 통찰하는 것 또한 기도의 길잡이가 된다.
성구	**시편 51,12-14** 하느님, 깨끗한 마음을 제게 만들어 주시고 굳건한 영을 제 안에 새롭게 하소서. 당신 면전에서 저를 내치지 마시고 당신의 거룩한 영을 제게서 거두지 마소서. 당신 구원의 기쁨을 제게 돌려주시고 순종의 영으로 저를 받쳐 주소서. **에페 3,20-21** 우리 안에서 활동하시는 힘으로, 우리가 청하거나 생각하는 모든 것보다 훨씬 더 풍성히 이루어 주실 수 있는 분, 그분께 교회 안에서, 그리고 그리스도 예수님 안에서 세세 대대로 영원무궁토록 영광이 있기를 빕니다. 아멘. **사도 13,48***

■ 기도의 원천

558 그리스도교 기도의 원천은 무엇인가?

기도의 원천은 그리스도를 아는 "지식의 지고한 가치"(필리 3,8)를 제공하는 **하느님의 말씀**이고 구원의 신비를 선포하고 구현하며 전달하는 교회의 **전례**이며, **향주덕**이다. 또한 우리가 하느님을 만날 수 있는 **매일의 사건**이다.

해설 성령께서는 기도하는 "마음속에 솟아올라 영원한 생명을 주는 샘물"(요한 4,14)을 길어 올리는 방법을 가르쳐 주신다. 그리스도교 기도의 원천은 ① 하

| 용어 | 느님의 말씀, ② 교회의 전례, ③ 믿음과 희망과 사랑, ④ 매일의 사건들이다.
하느님의 말씀은 기도의 원천 성경을 읽을 때 우리는 하느님의 말씀을 듣고, 자연스럽게 하느님께 말씀드리는데 이것이 우리의 기도다.
교회의 전례는 기도의 원천 전례에서 우리는 그리스도의 신비체로서 그리스도와 모든 성인과 함께 기도한다.
향주덕은 기도의 원천 믿음으로 기도의 문을 열고 들어가, 희망으로 기도 안에 머무르고, 사랑으로 기도를 완성한다.
매일의 사건도 기도의 원천 매일의 사건 역시 기도의 스승이신 성령을 만나는 자리다. 순간마다 일어나는 일 안에서 기도하면 일상을 하느님께 봉헌하는 것이 된다. |

성구 **시편 95,7-8** 그분은 우리의 하느님
우리는 그분 목장의 백성
그분 손수 이끄시는 양 떼로세.
아, 오늘 너희가 그분의 소리에 귀를 기울인다면!
"너희는 마음을 완고하게 하지 마라, 므리바에서처럼
광야에서, 마싸의 그날처럼."
2코린 6,2 하느님께서 말씀하십니다. "은혜로운 때에 내가 너의 말을 듣고 구원의 날에 내가 너를 도와주었다." 지금이 바로 매우 은혜로운 때입니다. 지금이 바로 구원의 날입니다.
마태 6,11.34*

■ 기도의 길

559 교회에서 제시하는 기도의 길은 무엇인가?

교회는 상이한 역사적, 사회적, 문화적 상황에 따라 다양한 기도의 길을 제시하고 있다. 이러한 기도의 길들이 사도들의 신앙 전통에 충실한지를 판단하는 것은 교도권의 몫이며, 언제나 예수 그리스도와 관련되어 있는 그 기도의 길들에 담긴 의미를 설명하는 것은 사목자들과 교리교사들의 일이다.

해설	각 교회는 역사적, 사회적, 문화적 상황에 따라 다양한 기도의 언어, 곧 말과 음악과 동작과 성화 등을 제시하고 있다. 이러한 기도의 길[方便]들이 교회의 살아 있는 기도 전통에 충실하도록 교회 교도권은 보살핀다. 그리고 이 기도의 길에 담긴 의미를 깨닫도록 돕는 것도 교회의 일이다. 그 의미를 알면 그만큼 더 기도에 친숙하게 된다.
용어	**역사적, 사회적, 문화적 상황에 따라 다양한 기도의 길** 기도는 살아 있는 교회의 전통 곧 성전이며, 다양한 기도 방식은 다양한 역사적, 사회적, 문화적 배경을 지니고 있다. **사도들의 신앙 전통에 충실** 우리는 기도하는 대로 믿고, 믿는 대로 기도한다. 그러므로 다양한 기도 방식은 사도들의 신앙 전통에 어긋남이 없어야 한다. **언제나 예수 그리스도와 관련되어 있는 기도의 길** 예수님은 언제나 우리 기도의 모범이시고, 우리와 함께 기도하시며, 우리 기도를 성부께 전하시고, 우리 기도를 들어주신다.
성구	**1열왕 8,54-57** 솔로몬은 이 모든 기도와 간청을 **주님**께 드리고는 기도가 끝나자, 두 손을 하늘로 펼치고 무릎을 꿇고 있던 **주님**의 제단 앞에서 일어났다. 그는 일어서서 큰 소리로 이스라엘의 온 회중에게 축복하며 이렇게 말하였다. "말씀하신 그대로 당신 백성 이스라엘에게 안식을 주신 **주님**께서는 찬미받으소서. 주님께서는 당신의 종 모세를 통하여 말씀하신 좋은 것을 하나도 빠뜨리지 않으셨소. **주** 우리 하느님께서 우리 조상들과 함께 계시던 것처럼, 우리와도 함께 계셔 주시기를 빕니다. 우리를 떠나지도 버리지도 않으시기를 빕니다." **묵시 5,11ㄴ-14** 그들의 수는 수백만 수억만이었습니다. 그들이 큰 소리로 말하였습니다. "살해된 어린양은 권능과 부와 지혜와 힘과 영예와 영광과 찬미를 받기에 합당하십니다." 그리고 나는 하늘과 땅 위와 땅 아래와 바다에 있는 모든 피조물, 그 모든 곳에 있는 만물이 외치는 소리를 들었습니다. "어좌에 앉아 계신 분과 어린양께 찬미와 영예와 영광과 권세가 영원무궁하기를 빕니다." 그러자 네 생물은 "아멘!" 하고 화답하고 원로들은 엎드려 경배하였

습니다.
야고 1,17*

560 우리 기도의 길은 무엇인가?

우리 기도의 길은 그리스도이시다. 우리의 기도는 우리 아버지이신 하느님께 향하는 것이지만, 적어도 마음속으로 우리가 예수님의 이름으로 기도할 때만 성부께 다다르기 때문이다. 예수님의 인성은 참으로 유일한 길이며, 또 이 길을 통하여 성령께서는 우리 아버지이신 하느님께 기도하는 법을 가르치신다. 따라서 전례 기도는 "우리 주 예수 그리스도를 통하여 비나이다."라고 맺는다.

해설 우리 기도의 길은 예수 그리스도이시다. 우리 기도는 성령 안에서 예수 그리스도를 통하여 아버지 하느님께 다다른다. 따라서 우리 기도는 "우리 주 예수 그리스도의 이름으로 비나이다." 하고 끝맺는다.

용어 **예수님의 인성은 참으로 유일한 길** 사람이 되신 예수님은 우리가 하느님께 나아가는 유일한 길이다. 예수님의 인성 안에는 참으로 하느님의 신성이 깃들어 있으며(콜로 2,9), 예수님의 인성은 창조 때부터 당신 아들을 통하여 구원하기로 계획하신 완전한 인간의 표상이다. (2673항도 참조할 것!)

전례 기도 전례 중에 바치는 기도로서 교회의 공식적인 기도를 말한다. 전례 기도는 우리를 그리스도의 신비에 참여하게 한다.

성구 **신명 18,15.18** "주 너희 하느님께서 너희 동족 가운데에서 나와 같은 예언자를 일으켜 주실 것이니, 너희는 그의 말을 들어야 한다. … 나는 그들을 위하여 그들의 동족 가운데에서 너와 같은 예언자 하나를 일으켜, 나의 말을 그의 입에 담아 줄 것이다. 그러면 그는 내가 그에게 명령하는 모든 것을 그들에게 일러 줄 것이다."

요한 16,23ㄴ-24 "내가 진실로 진실로 너희에게 말한다. 너희가 내 이름으로 아버지께 청하는 것은 무엇이든지 그분께서 너희에게 주실 것이다. 지금까지 너희는 내 이름으로 아무것도 청하지 않았다. 청하여라. 받을 것이다. 그리하여 너희 기쁨이 충만해질 것이다."

에페 5,19-20* 히브 13,20-21*

561 성령께서 기도 중에 하시는 역할은 무엇인가?

성령께서는 그리스도교 기도의 내적 스승이시고 또 "우리는 올바른 방식으로 기도할 줄 모르기"(로마 8,26) 때문에 교회는 우리에게 어떠한 기회든 "오소서, 성령님." 하고 성령께 간구하고 간청하라고 권고한다.

해설 성령께서는 우리 기도의 내적 스승이시다. 그러므로 우리는 기도할 때 먼저 성령께서 우리와 함께하시기를 청한다. 성령의 인도로 기도할 때 우리는 그리스도를 통하여, 그리스도와 함께, 그리스도 안에서 올바른 기도를 하느님 아버지께 올리게 된다. 우리가 기도드리기 시작할 때 성령께서는 미리 은총을 베푸시어 우리를 기도의 길로 이끄신다. 성령께서는 기도의 살아 있는 전통을 만드신다. 성령과 함께 그리스도인의 기도는 교회의 기도가 된다.

용어 **성령은 기도의 내적 스승** 우리는 "올바른 방식으로 기도할 줄 모르므로"(로마 8,26) 성령께서 우리 안에서 우리 기도를 가르쳐 주신다. → 문답 549 용어 풀이

"오소서, 성령님!" 이 기도는 성령을 청하는 가장 대표적인 기도 양식이다.

성구 민수 11,25 그때에 주님께서 구름 속에서 내려오시어 모세와 말씀하시고, 그에게 있는 영을 조금 덜어 내시어 그 일흔 명의 원로들에게 내려 주셨다. 그 영이 그들에게 내려 머무르자 그들이 예언하였다. 그러나 다시는 예언하지 않았다.

유다 1,20 그러나 사랑하는 여러분, 여러분은 지극히 거룩한 믿음을 바탕으로 성장해 나아가십시오. 성령 안에서 기도하십시오.

에페 6,18*

562 그리스도교 기도가 어떤 의미에서 마리아와 일치하는가?

성령의 활동에 대한 마리아의 탁월한 협력으로, 교회는 마리아께 기도하고, 마리아와 더불어 주님께 찬양하고 애원하고자 완벽한 기도자이신 마리아와 함께 즐겨 기도한다. 마리아께서는 그 결과로 유일한 중개자이시며 당신의 아들이신 '길'을 우리에게 보여 주신다.

해설 마리아는 성자께서 강생하실 때 매우 탁월하게 성령의 활동에 협력하였으며,

이로써 성자께서 우리에게 오시게 되었다. 따라서 교회는 마리아께 기도하고, 마리아와 함께 기도한다. 그리하여 마리아께서는 오늘도 유일한 중개자/길이신 당신 아들에게 우리를 인도한다. 예수님의 인성을 통하여, 예수님의 인성 안에서 우리가 자녀로서 드리는 기도는 교회 안에서 우리를 예수님의 어머니와 일치하게 한다.

용어 **성령의 활동에 대한 마리아의 탁월한 협력** 마리아는 아들 예수님을 잉태하는 순간에도 성령의 협력자이셨고(루카 1,35-38), 교회의 탄생 순간에도 성령의 협력자이셨다(사도 1,14).

완벽한 기도자이신 마리아 마리아는 기도하는 교회의 표상이며, 교회 안에서 기도의 길잡이다. 마리아는 예수의 탄생, 공생활, 십자가 사건 안에서 하느님의 섭리 안에 겸손하게 머물며 주님 뜻대로 이루어지기를 소망하는 주님의 여종으로서의 모습을 완벽하게 보여 준다.

유일한 중개자이시며 당신 아들이신 '길' 성모님의 아들 예수님은 하느님과 사람 사이의 유일한 중개자이며, 하느님께 나아가는 유일한 길이시다.

성구 **창세 17,15-16** 하느님께서 다시 아브라함에게 말씀하셨다. "너의 아내 사라이를 더 이상 사라이라는 이름으로 부르지 마라. 사라가 그의 이름이다. 나는 그에게 복을 내리겠다. 그리고 네가 그에게서 아들을 얻게 해 주겠다. 나는 복을 내려 사라가 여러 민족이 되게 하겠다. 여러 나라의 임금들도 그에게서 나올 것이다."

사도 1,14 그들은 모두, 여러 여자와 예수님의 어머니와 그분의 형제들과 함께 한마음으로 기도에 전념하였다.

루카 1,35.38* 루카 1,46-47.54-55*

563 교회는 어떻게 마리아께 기도드리는가?

교회는 무엇보다 먼저 **성모송**으로 기도드리면서 동정 성모님의 전구를 요청한다. 마리아께 드리는 다른 기도로는 **묵주기도**와 **성모 찬미가**(아카티스토스: Akatistos), **성모 청원 기도**(파라클레시스: Paraclesis) 그리고 다양한 그리스도교 전통의 찬미가와 노래가 있다.

해설   교회는 무엇보다 먼저 성모송으로 마리아께 기도한다. 마리아를 통하여 이루신 하느님의 큰일에 대해 찬미하며(전반부), 힘 있는 전구자이신 마리아께 우리를 위해 기도해달라고 청한다(후반부). 그 외에도 동방교회에는 마리아께 드리는 기도가 많다. 서방교회의 기도로는 묵주기도와 삼종기도, 성모호칭기도, 그리고 수많은 노래 등이 있다.

용어   **성모송**   성자 예수 그리스도의 어머니 마리아께 바치는 기도다. 라틴어 기도문 첫 마디(Ave Maria)가 이 기도문의 이름 노릇을 한다. 성모송으로 아름다운 노래가 작곡되었는데, 그게 바로 '아베 마리아'다. 전반부는 가브리엘 천사의 인사말과 엘리사벳의 인사말로 되어 있고, 후반부는 교회가 나중에 덧붙인 청원 기도로 되어 있다.

찬미가   시편, 찬가와 함께 시간 전례의 핵심을 이루며, 아름다운 운율 또는 리듬을 갖추고 있어 하느님의 영광 찬미와 개인의 성화라는 본래의 목적을 효과적으로 달성하게 한다.

성구   **창세 24,59-60**   그리하여 그들은 누이 레베카와 그의 유모를 아브라함의 종과 그 일행과 함께 보내면서, 레베카에게 축복하였다. "우리 누이야 너는 수천만의 어머니가 되어라. 너의 후손은 적들의 성문을 차지하여라."

루카 1,28.42   "은총이 가득한 이여, 기뻐하여라. 주님께서 너와 함께 계시다." … "당신은 여인들 가운데에서 가장 복되시며 당신 태중의 아기도 복되십니다."

요한 19,26-27*

■ 기도의 길잡이

564   **성인들은 어떤 방법으로 기도를 안내하는가?**

성인들은 우리 기도의 모범이다. 또한 우리는 그들에게 우리와 온 세상을 위하여 지극히 거룩하신 성삼위 곁에서 전구해 줄 것을 요청한다. 성인들의 전구는 하느님의 계획을 위하여 바치는 가장 고귀한 봉사이다. 교회의 역사가 흐르는 동안, 성인들의 통공 안에서 다양한 **영성**이 발전되어 왔다. 이 영성은 기도를 살아 있게 하고, 실천하는 법을 가르친다.

해설 우선 기도로 살아간 그들의 삶의 모범과, 그들의 말과 기도가 교회 기도의 전통으로 자리잡고 우리 기도의 길잡이 노릇을 한다. 그들은 또한 천상에서 성자와 성령의 전구에 동참하여 우리 구원에 대한 하느님의 계획에 봉사한다. 교회 안의 다양한 영성 또한 기도의 길잡이다.

용어 **성인들의 전구는 하느님의 계획을 위해 바치는 가장 고귀한 봉사** 마치 모세가 광야에서 백성을 위하여 하느님께 빌어 그분의 계획에 한 몫을 담당한 것처럼, 탈출 또는 순례 도상에 있는 하느님 백성을 위하여 끊임없이 바치는 성인들의 기도는 하느님의 구원 계획에 크게 봉사한다.

영성 성령의 인도로 이루어지는 교회 또는 신앙인의 내적 삶. → 문답 24와 146 그리고 306 용어 참조.

성구 **토빗 12,12** "자 이제 보라, 너와 사라가 기도할 때에 너희의 기도를 영광스러운 주님 앞으로 전해 드린 이가 바로 나다. 네가 죽은 이들을 묻어 줄 때에도 그러하였다."

히브 12,1-2ㄱ 그러므로, 이렇게 많은 증인들이 우리를 구름처럼 에워싸고 있으니, 우리도 온갖 짐과 그토록 쉽게 달라붙는 죄를 벗어 버리고, 우리가 달려야 할 길을 꾸준히 달려갑시다. 그러면서 우리 믿음의 영도자이시며 완성자이신 예수님을 바라봅시다.

로마 10,1* 1티모 2,1*

565 기도는 누가 가르칠 수 있는가?

그리스도인의 가정은 기도를 가르치는 첫째 장소이다. 날마다 바치는 가정 기도는 교회의 기도 생활을 처음 하는 것으로 특별히 강조되고 있다. 교리교육, 기도 모임과 '영성 지도' 등은 기도하는 데 도움을 주고 기도의 학교가 된다.

해설 우리의 가장 중요하고 훌륭한 기도 학교는 가정이다. 가정에서 날마다 가족이 함께 기도하는 것이 최상이다. 함께 기도하는 부모와 형제들이 기도의 교사다. 교리교육, 기도 모임, 영성 지도 등은 기도의 교사 또는 학교가 된다. 사목자, 수도자, 교리교사 등은 기도를 가르칠 중대한 임무가 있다.

용어	**영성 지도** 신자들이 성령 안에서 "성숙한 인간으로서 그리스도의 완전성에 도달할 수 있도록"(에페 4,13) 이끌어 주는 것을 말한다.
성구	**신명 6,7** "너희는 집에 앉아 있을 때나 길을 갈 때나, 누워 있을 때나 일어나 있을 때나, 이 말을 너희 자녀에게 거듭 들려주고 일러 주어라." **콜로 3,16** 그리스도의 말씀이 여러분 가운데에 풍성히 머무르게 하십시오. 지혜를 다하여 서로 가르치고 타이르십시오. 감사하는 마음으로 하느님께 시편과 찬미가와 영가를 불러 드리십시오. 로마 8,26* 2코린 13,7*

566 기도에 적합한 장소는 어디인가?

어디서든 기도할 수 있지만 적합한 장소의 선택은 기도와 무관하지 않다. 성당은 전례 기도와 성체 흠숭을 위한 고유한 장소다. 집 안에 마련되어 있는 '기도의 골방'과 같은 가정 기도실, 수도원과 성지들도 기도하는 데 도움이 된다.

해설	기도의 분위기는 매우 중요하다. 조용한 성당, 성체조배실, 수도원 경당, 순례 성지 등이 기도에 적합한 장소다. 특히 가정 안에 '기도의 골방'과 같은 공간이 마련되는 것은 바람직하다. 장소와 함께 음악, 촛불, 조명, 성화 등도 기도의 분위기를 조성할 수 있다.
용어	**성체 흠숭** = 성체 조배. 성체 앞에 나아와 흠숭과 찬미, 청원과 감사 등의 기도를 바치는 것을 말한다.
성구	**이사 56,7** "나는 그들을 나의 거룩한 산으로 인도하고 나에게 기도하는 집에서 그들을 기쁘게 하리라. 그들의 번제물과 희생 제물들은 나의 제단 위에서 기꺼이 받아들여지리니 나의 집은 모든 민족들을 위한 기도의 집이라 불리리라." **루카 5,16; 6,12** 그러나 예수님께서는 외딴곳으로 물러가 기도하셨다 … 그 무렵에 예수님께서는 기도하시려고 산으로 나가시어, 밤을 새우며 하느님께 기도하셨다. 마태 6,6* 마르 11,15-17*

제3장
기도 생활

567 기도에 더욱 적절한 순간은 언제인가?

모든 순간이 기도를 위한 시간으로 권장되고 있지만 교회는 지속적인 기도를 함양시켜 주는 주기적인 기도를 신자들에게 권한다. 아침기도와 저녁기도, 식사 전후 기도, 시간 전례(성무일도), 주일 미사, 묵주 기도, 전례주년의 축일 등이다.

해설 언제나 항상 기도할 수 있다. 지속적인 기도의 삶을 위해 교회는 아침기도와 저녁기도, 식사 전후 기도, 시간 전례, 주일 미사, 묵주 기도, 전례주년의 축일 등을 중요한 기도의 시간으로 권장한다.

용어 **주기적인 기도** 마치 생체 리듬처럼 기도의 삶도 지속적이기 위해서는 리듬을 유지하는 것이 중요하다.

성구 **집회 39,5** 그는 아침 일찍 일어나 자신을 만드신 주님을 찾는 일에 마음을 쏟고 지극히 높으신 분 앞에서 기도한다. 기도 중에 입을 열어 자신의 죄를 용서해 달라고 간청한다.

사도 16,25 자정 무렵에 바오로와 실라스는 하느님께 찬미가를 부르며 기도하고, 다른 수인들은 거기에 귀를 기울이고 있었다.

시편 92,2-3* 루카 2,37*

568 기도 생활은 어떻게 표현되는가?

그리스도교 전통은 기도 생활의 세 가지 표현 방법, 곧 소리 기도, 묵상 기도와 관상 기도를 보존해 왔다. 이 기도들의 공통점은 마음을 가다듬는 것이다.

해설 하느님께서는 당신 친히 바라시는 길과 방식을 통하여 각 사람을 인도하신다. 그래서 신자들은 저마다 고유하고 독특한 표현으로 하느님께 기도한다. 그리스도교 전통은 이를 크게 세 가지 표현 방식, 곧 소리 기도, 묵상 기도, 관상 기도로 보존해 왔다. 그 공통점은 마음을 가다듬는 것이다. 이렇게 하느님의 말씀을 간직하고, 하느님의 현존 앞에 머물고자 하는 노력에 따라 기도 생활이 깊어진다.

용어 **소리 기도** 교회가 정한 기도문을 정성스럽게 외우거나 또는 마음에서 우러나는 기도를 소리 내어 바치는 것이다.

묵상 기도 마음과 정신을 하느님께 모아 하느님의 현존 속에서 하느님과 관계된 모든 일에 관해 생각에 잠기는 것이다.

관상 기도 하느님을 직관적으로 인식하고 사랑하는 것이다.

성구 **소리 기도** 2역대 32,20 히즈키야 임금과 아모츠의 아들 이사야 예언자가 하늘을 향하여 부르짖으며 기도하였다.

묵상 기도 시편 63,7 제가 잠자리에서 당신을 생각하고 야경 때에도 당신을 두고 묵상합니다.

관상 기도 사도 10,9-10 이튿날 길을 가던 그들이 그 도시 가까이 이르렀을 즈음, 베드로는 기도하러 옥상에 올라갔다. 때는 정오쯤이었다. 그는 배가 고파 무엇을 좀 먹고 싶어 하였다. 그런데 사람들이 음식을 장만하는 동안 베드로는 무아경에 빠졌다.

시편 119,15.23*

■ 기도의 형태

569 소리 기도의 특징은 무엇인가?

소리 기도는 마음의 내적 기도에 몸을 결합시킨다. 가장 내적인 기도라 해도 소리 기도를 무시할 수는 없다. 어떤 경우든 소리 기도는 항상 개인의 신앙에서 우러나와야 한다. 예수님께서는 소리 기도의 완전한 형태로 **주님의 기도**를 우리에게 가르쳐 주셨다.

해설 소리 기도는 마음의 내적 기도에 몸을 결합시킨다. 이리하여 우리는 온몸으로 기도하게 된다. 소리 기도는 묵상과 관상으로 우리를 인도한다.

용어 **소리 기도는 마음의 내적 기도에 몸을 결합시킨다** 하느님께서는 내적 기도에 몸까지 결합시키는 외적 표현도 원하신다. 이렇게 몸과 마음 곧 전인적인 기도는 완전한 하느님 찬미를 이루기 때문이다.

성구 **시편 5,2-4** 주님, 제 말씀에 귀를 기울이소서.
제 탄식을 살펴 들어 주소서.
저의 임금님, 저의 하느님
제가 외치는 소리를 귀여겨들으소서.
당신께 기도드립니다.
주님, 아침에 제 목소리 들어 주시겠기에
아침부터 당신께 청을 올리고 애틋이 기다립니다.
마르 14,35-36 그런 다음 앞으로 조금 나아가 땅에 엎드리시어, 하실 수만 있으면 그 시간이 당신을 비켜 가게 해 주십사고 기도하시며, 이렇게 말씀하셨다. "아빠! 아버지! 아버지께서는 무엇이든 하실 수 있으시니, 이 잔을 저에게서 거두어 주십시오. 그러나 제가 원하는 것을 하지 마시고 아버지께서 원하시는 것을 하십시오."
1사무 1,10* 시편 55,2-3* 마태 11,25-26*

570 묵상 기도는 무엇인가?

묵상 기도는 무엇보다 특히 성경의 하느님 말씀을 탐구하는 기도이다. 묵상에는 사고력, 상상력, 감정과 의욕이 동원된다. 이러한 동원은 우리의 신앙을 심화하고, 우리 마음의 회개를 불러일으키며, 그리스도를 따르고자 하는 우리 의지를 강화하는 데 필요하다. 묵상 기도는 주님과 사랑의 일치를 이루도록 하는 준비 단계이다.

해설 묵상 기도는 무엇보다 특히 하느님 말씀을 탐구하는 기도다. 묵상에는 사고와 상상력, 감정과 의욕의 동원된다. 묵상 기도를 통해 우리는 "하느님께서 지금 나에게 무엇을 원하시는지" 알게 된다. 묵상 기도를 통해 우리는 하느님의 말씀을 우리의 삶에 현실화(현장화)시킨다. 주 예수님의 사랑을 깨닫고, 그분과 결합하기 위해 더 앞으로 나아간다.

용어 **사고력, 상상력, 감정과 의욕의 동원** 묵상 기도는 구체적인 상황 속에서 주님의 말씀을 궁구하는 것이므로, 지성과 의지, 감성과 의욕 등 우리의 정신적 기능이 총동원된다.

성구 **시편 119,48.97.99.148** 사랑하는 당신 계명을 향해 제 두 손 쳐들고 당신의 법령을 묵상합니다. …
제가 당신의 가르침을 얼마나 사랑합니까!
온종일 그것을 묵상합니다. …
제가 어떤 스승보다도 지혜로우니
당신 법을 묵상하기 때문입니다. …
제 눈이 야경꾼보다 먼저 깨어 있음은
당신 말씀을 묵상하기 위함입니다.

사도 9,10-12 다마스쿠스에 하나니아스라는 제자가 있었다. 주님께서 환시 중에 "하나니아스야!" 하고 그를 부르셨다. 그가 "예, 주님." 하고 대답하자 주님께서 그에게 말씀하셨다. "일어나 '곧은 길'이라는 거리로 가서, 유다의 집에 있는 사울이라는 타르수스 사람을 찾아라. 지금 사울은 기도하고 있는데, 그는 환시 중에 하나니아스라는 사람이 들어와 자기에게 안수하여 다시 볼 수 있게 해 주는 것을 보았다."

시편 77,7.13*

571 관상 기도는 무엇인가?

관상 기도는 침묵과 사랑 안에서 신앙의 눈길을 단순하게 하느님께 고정시키는 것이다. 이 기도는 하느님의 선물이고, 순수한 신앙의 순간이다. 이 순간에 기도하는 사람은 그리스도를 찾고, 성부의 어지신 뜻에 자신을 내맡기며, 성령의 활동 아래 자기의 존재를 모은다. 아빌라의 성녀 데레사는 "관상 기도란 우리를 사랑하시는 그 하느님과 자주 단둘이 지냄으로써 친밀한 우정의 관계를 맺는 것"이라고 말한다.

해설 관상 기도는 침묵과 사랑 안에서 신앙의 눈길을 단순하게 하느님께 고정시키는 것이다. 이 기도는 하느님의 선물, 순수한 신앙의 순간이다. "관상 기도는 우리를 사랑하시는 하느님과 자주 단둘이 지냄으로써 친밀한 우정 관계를 맺는 것이다"(아빌라의 성녀 데레사).

용어 **하느님의 선물, 순수한 신앙의 순간** 관상 기도는 순수한 신앙으로 하느님을 찾는 것이며, 그 믿음에서 하느님 안에 다시 태어나고 하느님 안에 머물게 된다. 그러므로 이는 오로지 하느님의 큰 선물이다.

성구 **아가 3,1-4** 나는 잠자리에서 밤새도록 내가 사랑하는 이를 찾아다녔네.
그이를 찾으려 하였건만 찾아내지 못하였다네.
'나 일어나 성읍을 돌아다니리라.
거리와 광장마다 돌아다니며 내가 사랑하는 이를 찾으리라.'
그이를 찾으려 하였건만 찾아내지 못하였다네.
성읍을 돌아다니는 야경꾼들이 나를 보았네.
"내가 사랑하는 이를 보셨나요?"
그들을 지나치자마자 나는 내가 사랑하는 이를 찾았네.
나 그이를 붙잡고 놓지 않았네,
내 어머니의 집으로, 나를 잉태하신 분의 방으로 인도할 때까지.
2코린 3,18 우리는 모두 너울을 벗은 얼굴로 주님의 영광을 거울로 보듯 어렴풋이 바라보면서, 더욱더 영광스럽게 그분과 같은 모습으로 바뀌어 갑니다. 이는 영이신 주님께서 이루시는 일입니다.

■ 기도의 싸움

572 기도는 왜 싸움인가?

기도는 은총의 선물이지만 언제나 우리의 결정적인 응답을 전제로 한다. 왜냐하면 기도하는 사람은 자기 자신과 환경, 특히 인간에게 기도를 외면하게 하는 유혹자와 맞서서 싸워야 하기 때문이다. 기도의 싸움은 영성 생활의 발전과 분리될 수 없다. 우리는 기도하는 대로 살기 때문에, 또한 사는 대로 기도한다.

해설   기도는 먼저 하느님이 우리에게 다가오시는 은총이다. 그렇지만 우리 역시 주님께 나아가야 한다. 따라서 우리를 주님께 나아가지 못하게 하는 것들을 거슬러 싸워야 한다. 그리스도인의 새 생활을 위한 영적 싸움은 기도의 싸움과 분리될 수 없다. 이 싸움을 통해 우리는 영성 생활의 진보를 이룬다.

용어   **기도는 싸움**   우리 자신과의 싸움이며, 우리에게 기도를 외면하게 하고 하느님과의 관계를 방해하는 유혹자의 계략에 맞서는 싸움이다.

기도하는 대로 살고, 사는 대로 기도한다   잘 사는 사람이 잘 기도하며, 잘 기도하는 사람이 잘 산다. 그리스도인은 기도와 삶을 따로 떼어 생각할 수 없다.

성구 **시편 27,8** "너희는 내 얼굴을 찾아라." 하신
당신을 제가 생각합니다.
주님, 제가 당신 얼굴을 찾고 있습니다.
마태 26,39-42 그런 다음 앞으로 조금 나아가 얼굴을 땅에 대고 기도하시며 이렇게 말씀하셨다. "아버지, 하실 수만 있으시면 이 잔이 저를 비켜 가게 해 주십시오. 그러나 제가 원하는 대로 하지 마시고 아버지께서 원하시는 대로 하십시오." 그러고 나서 제자들에게 돌아와 보시니 그들은 자고 있었다. 그래서 베드로에게 "이렇게 너희는 나와 함께 한 시간도 깨어 있을 수 없더란 말이냐? 유혹에 빠지지 않도록 깨어 기도하여라. 마음은 간절하나 몸이 따르지 못한다." 하시고, 다시 두 번째로 가서 기도하셨다. "아버지, 이 잔이 비켜 갈 수 없는 것이라서 제가 마셔야 한다면, 아버지의 뜻이 이루어지게 하십시오."
갈라 5,16-17.24-25*

573 기도에 대한 반대는 무엇인가?

많은 이가 기도에 대한 그릇된 견해 외에도 기도할 시간이 없다거나 기도는 쓸모없다고 생각한다. 기도하는 이들은 난관과 실패 앞에서 좌절할 수 있다. 이 장애들을 극복하려면 겸손과 신뢰와 인내가 필요하다.

해설 기도에 대한 그릇된 견해들은 꾸준히 기도하는 것을 방해한다. 기도는 우리 힘으로만 하는 것이 아니다. 성령의 도움으로 하는 것이다. 이 세상의 사고방식에 따르지 말고, 주님의 뜻에 따라 생각하고 마음을 움직여야 한다.

용어 **기도에 대한 그릇된 견해** 기도에 대한 잘못된 생각은 여러 가지다. 예를 들어 ① 기도는 일종의 명상이다. ② 기도할 시간이 없다. ③ 기도는 비생산적이다. ④ 기도는 현실 도피다. ⑤ 기도해도 아무 소용없다. ⑥ 기도에 실패했다.
겸손과 신뢰와 인내 기도의 싸움에서 승리하는 길은 겸손, 신뢰, 인내다. 이는 예수님의 기도에 대한 세 비유(루카 11,5-13; 18,1-8; 18,9-14)에 잘 나와 있다.

성구   느헤 1,11 "아, 주님! 당신 이름을 기꺼이 경외하는 당신 종의 기도와 당신 종들의 기도에 제발 귀를 기울여 주십시오. 당신의 이 종이 오늘 뜻을 이루게 해 주시고, 저 사람 앞에서 저를 가엾이 여겨 주십시오."

마태 26,41 "유혹에 빠지지 않도록 깨어 기도하여라. 마음은 간절하나 몸이 따르지 못한다."

루카 22,46*

574 기도할 때 어려움은 무엇인가?

우리가 기도할 때 겪는 습관적인 어려움은 **분심**이다. 분심은 하느님께 향하는 주의 집중을 흩뜨리지만, 우리가 무엇에 집착하고 있는지를 알려 줄 수도 있다. 그런 때 우리의 마음은 겸손하게 주님께로 돌아가야 한다. 기도는 종종 **마음의 메마름** 때문에 어려움을 겪는데, 이를 극복하게 되면 신앙 안에서 감각적인 위로 없이도 주님께 매달릴 수 있게 된다. **게으름**은 경계심이 감퇴하여 마음이 태만해짐으로써 나타나는 일종의 영적 나태의 한 형태이다.

해설 기도를 어렵게 하는 것들로는 ① 분심, ② 소유욕과 지배욕, ③ 마음의 메마름, ④ 게으름 등이 있다.

용어 **분심 잡념** 마음이 산란하고 주의가 분산되어 여러 가지 잡스러운 생각이 떠오름. 하느님께 마음을 집중하지 못하고 하느님 아닌 것에 마음을 빼앗김. 분심은 우리가 무엇에 집착하는지 알게 하므로, 분심 잡념을 붙들고 씨름하려 하지 말고 조용히 주님께 돌아가기만 하면 된다.

마음의 메마름 생각도 느낌도 의욕도 없는 상태를 말한다. 말씀이 마음에 뿌리 내리지 못하여 생긴 메마름은 회개로 극복해야 한다. (그러나 관상기도의 일부인 메마름은 무덤 속 예수님과 함께 머무는 순간이다.)

게으름 깨어 있지 못함으로 생기는 일종의 영적 나태다.

성구 시편 43,5 내 영혼아, 어찌하여 녹아 내리며
어찌하여 내 안에서 신음하느냐?
하느님께 바라라. 나 그분을 다시 찬송하게 되리라.
나의 구원, 나의 하느님을.

야고 1,6-8 그러나 결코 의심하는 일 없이 믿음을 가지고 청해야 합니다. 의심하는 사람은 바람에 밀려 출렁이는 바다 물결과 같습니다. 그러한 사람은 주님에게서 아무것도 받을 생각을 말아야 합니다. 그는 두 마음을 품은 사람으로 어떠한 길을 걷든 안정을 찾지 못합니다.
시편 56,2-4* 로마 12,12* 야고 4,7*

575 자녀다운 신뢰는 어떻게 강화되는가?

자녀다운 신뢰는 자신의 청원이 받아들여지지 않았다고 생각할 때 시련을 겪는다. 그때에 우리는, 하느님께서 아버지의 뜻을 수행하려고 노력하는 우리를 위한 아버지이신지, 아니면 우리가 이용할 만한 단순한 수단에 지나지 않는지를 스스로 물어보아야 한다. 만일 우리의 기도가 예수님의 기도와 결합된다면, 하느님께서는 우리가 청하는 이러저러한 것들보다 훨씬 더 좋은 것을 주신다는 것을 우리는 알게 된다. 곧 우리는 우리 마음을 변화시키시는 성령을 받게 된다.

해설 기도를 해도 들어주시지 않는다고 생각하는 것은 자녀다운 신뢰가 부족한 탓이다. 우리가 하느님을, 우리 뜻만 채워주는 분으로 잘못 알고 있는 것이다. 우리는 하느님의 뜻을 받들어 모셔야 할 자녀이며, 하느님의 뜻이 이루어지도록 하느님 아버지와 힘을 합쳐야 하는 자녀다. 만일 우리 기도가 하느님의 뜻을 이루기 위한 예수님의 기도와 결합되기만 하면 아버지께서는 최고의 선물 곧 성령을 주신다. 그리고 성령께서는 '자녀의 영'을 주신다(갈라 4,6).

용어 **하느님은 우리가 이용할 만한 단순한 수단?** 우리는 너무나 자주 아버지의 뜻이 아닌 우리의 뜻을 앞세워 기도한다. 이럴 때 우리는 무의식적으로 하느님을 우리 욕심을 채울 알라딘의 램프 정도로 생각한다.

우리 마음을 변화시키시는 성령 기도의 자리는 우리 마음이다. 성령께서는 우리 마음을 변화시켜, 우리가 아버지의 뜻을 위해 기도하는 자녀가 되게 해 주신다.

성구 **시편 131,1-2** 주님, 제 마음은 오만하지 않고
제 눈은 높지 않습니다.
저는 거창한 것을 따라나서지도

주제넘게 놀라운 것을 찾아 나서지도 않습니다.
오히려 저는 제 영혼을
가다듬고 가라앉혔습니다.
어미 품에 안긴 젖 뗀 아기 같습니다.
저에게 제 영혼은 젖 뗀 아기 같습니다.

마태 6,7-8 "너희는 기도할 때에 다른 민족 사람들처럼 빈말을 되풀이하지 마라. 그들은 말을 많이 해야 들어 주시는 줄로 생각한다. 그러니 그들을 닮지 마라. 너희 아버지께서는 너희가 청하기도 전에 무엇이 필요한지 알고 계신다."

루카 11,13*

576 언제나 기도할 수 있는가?

기도는 언제나 가능하다. 그리스도인의 시간은 "언제나 너희와 함께 있겠다."(마태 28,20)고 하신 부활하신 주님의 시간이기 때문이다. 따라서 기도와 그리스도인의 생활은 분리될 수 없다.

해설   언제나 기도할 수 있다. "여러분은 늘 성령 안에서 온갖 기도와 간구를 올려 간청하십시오. 그렇게 할 수 있도록 인내를 다하고 모든 성도들을 위하여 간구하며 깨어 있으십시오."(에페 6,18) 하신 사도의 권고처럼 우리는 언제나 기도할 수 있다. 기도는 ① 언제나 가능하고, ② 절대 필요하고, ③ 기도와 그리스도인의 삶은 떼려야 뗄 수 없기 때문이다.

용어   **그리스도인의 시간은 부활하신 주님의 시간이다**   주님께서 "언제나 우리와 함께 계시겠다"(마태 28,20)는 약속 그대로 주님께서는 늘 우리와 함께 계신다. 우리의 시간은 주님 손 안에 있다(2743항).

성구   **시편 92,2-3**   주님을 찬송함이 좋기도 합니다,
지극히 높으신 분이시여, 당신 이름에 찬미 노래 부름이 좋기도 합니다.
아침에는 당신의 자애를,
밤에는 당신의 성실을 알림이 좋기도 합니다.

필리 4,6   아무것도 걱정하지 마십시오. 어떠한 경우에든 감사하는 마음으

로 기도하고 간구하며 여러분의 소원을 하느님께 아뢰십시오.
시편 56,5* 에페 5,20* 에페 6,18* 1테살 5,17*

577 예수님께서 '때가 되어' 드리신 기도는 무엇인가?

예수님께서 최후의 만찬 때에 때가 되어 드리신 기도를 '사제로서 바치신 기도'라고 한다. 새 계약의 대사제이신 예수님께서는 당신이 성부께 건너가시는 때, 곧 자신을 희생시키시는 때에 당신을 성부께 바치신다.

해설   요한 복음에서 '때'는 특히 주님 수난의 때다. 이때에 드리신 기도가 요한 복음 17장에 나와 있는 이른바 '사제로서 바치신 기도'다. 새 계약의 대사제이신 (히브 8,1) 그리스도께서는 이 기도로써 당신과, 당신을 믿는 모든 이를 성부께 바치신다.

용어   **사제로서 바치신 기도**   요한 17장 전체는 예수님이 사제로서 바치신 기도다. 이 기도에서 예수님은 사제로서의 모습을 유감없이 보여 주신다. 우리를 위해 당신 자신을 아버지께 바치실 뿐 아니라, 당신 안에서 우리 자신도 바치신 다(정태현, 요한 복음 주해, 바오로딸, 278쪽 이하 참조).

성구   **하까 2,4-5**   "그러나 즈루빠벨아, 이제 용기를 내어라. 주님의 말씀이다. 여호차닥의 아들 예수아 대사제야 용기를 내어라. 이 땅의 모든 백성아, 용기를 내어라. 주님의 말씀이다. 내가 너희와 함께 있으니 일을 하여라. 만군의 주님의 말씀이다. 너희가 이집트에서 나올 때에 내가 너희와 맺은 언약대로 나의 영이 너희 가운데에 머무를 터이니 너희는 두려워하지 마라."

요한 17,11.13.19.24   "저는 더 이상 세상에 있지 않지만 이들은 세상에 있습니다. 저는 아버지께 갑니다. 거룩하신 아버지, 아버지께서 저에게 주신 이름으로 이들을 지키시어, 이들도 우리처럼 하나가 되게 해 주십시오. … 이제 저는 아버지께 갑니다. 제가 세상에 있으면서 이런 말씀을 드리는 이유는, 이들이 속으로 저의 기쁨을 충만히 누리게 하려는 것입니다. … 그리고 저는 이들을 위하여 저 자신을 거룩하게 합니다. 이들도 진리로 거룩해지게 하려는 것입니다. … 아버지, 아버지께서 저에게 주신 이들도 제가 있는 곳에 저와 함께 있게 되기를 바랍니다. 세상 창조 이전부터 아버지께서 저를 사랑하시어 저에게 주신 영광을 그들도 보게 되기를 바랍니다."

즈카 3,7-8*
요한 17,6.11-12.26*(아버지의 이름이 거룩히 빛나시며)
요한 17,1.5.10.22-26*(아버지의 나라가 오시며)
요한 17,2.4.6.11-12.24*(아버지의 뜻이 이루어지소서)
요한 17,15*(악에서 구하소서)

제2부

주님의 기도

578 '주님의 기도'의 기원은 무엇인가?

어느 날 기도하시는 스승 예수님을 보고 제자 하나가 "주님, 저희에게도 기도하는 것을 가르쳐 주십시오."(루카 11,1) 하고 간청하자 예수님께서는 그리스도교의 기본이 되는 **주님의 기도**를 가르쳐 주셨다. 교회의 전례 전통에서는 항상 마태오 복음의 기도문(6,9-13)을 사용하여 왔다.

해설 주님의 기도는 마태오 복음과 루카 복음에 나오는데, 그 내용과 상황이 서로 약간 다르다. 마태오 복음에서는 산상설교 중에 이 기도를 가르치시는데, 이에 앞서 "너희 아버지께서는 너희가 청하기도 전에 무엇이 필요한지 알고 계신다. 그러니 이렇게 기도하라." 하셨고 뒤이어 용서에 대해 강조하신다. 루카 복음에서는 제자들이 기도하는 걸 가르쳐 주십사 청하자 주님의 기도를 가르쳐 주시고, 뒤이어 아버지는 자식에게 좋은 것을 마련해 주는 법, 그러니 너희도 "청하여라, 주실 것이다." 하고 이르셨다. 교회의 전례 전통에서는 마태오 복음에 나오는 주님의 기도를 채택하고 있다.

용어 **교회의 전례 전통** 교회가 전례에서 전통적으로 사용해 온 주님의 기도는 마태 6,9-13에 나오는 기도문이다.

성구 **탈출 33,15-17** 모세가 주님께 아뢰었다. "당신께서 몸소 함께 가시지 않으려거든, 저희도 이곳을 떠나 올라가지 않게 해 주십시오. 이제 저와 당신 백성이 당신 눈에 들었는지 무엇으로 알 수 있겠습니까? 저희와 함께 가시는 것이 아닙니까? 그래야만 저와 당신 백성이 땅 위에 있는 다른 모든 주민과 구분되는 것이 아닙니까?" 주님께서 모세에게 말씀하셨다. "네가 청한 이 일도 내가 해 주겠다. 네가 내 눈에 들고, 나는 너를 이름까지도 잘 알기 때문이다."

루카 11,1-4 예수님께서 어떤 곳에서 기도하고 계셨다. 그분께서 기도를 마치시자 제자들 가운데 어떤 사람이, "주님, 요한이 자기 제자들에게 가르쳐 준 것처럼, 저희에게도 기도하는 것을 가르쳐 주십시오." 하고 말하였다. 예수님께서 그들에게 이르셨다. "너희는 기도할 때 이렇게 하여라. '아버지 아버지의 이름을 거룩히 드러내시며 아버지의 나라가 오게 하소서. 날마다 저희에게 일용할 양식을 주시고 저희에게 잘못한 모든 이를 저희도 용서하오니 저희의 죄를 용서하시고 저희를 유혹에 빠지지 않게 하소서.'"

마태 6,9-15*

■ "복음 전체의 요약"

579 성경에서 주님의 기도는 어떤 위치를 차지하는가?

주님의 기도는 "복음 전체의 요약"(테르툴리아누스), "가장 완전한 기도"(성 토마스 데 아퀴노)이다. 이 기도는 산상 설교(마태 5—7장)의 중심에 자리 잡고 있으면서 기도의 형태 아래 복음의 기본 내용을 담고 있다.

해설   마태오 복음에서 산상설교는 예수님 복음 선포의 중심이며, 주님의 기도는 산상설교(5—7장)의 중심에 자리 잡고 있다. 실로 주님의 기도는 "복음 전체의 요약"(테르툴리아누스)이다. 주님의 기도는 기도의 형태 아래 복음의 기본 내용을 담고 있다 하겠다.

용어   **"복음 전체의 요약"** 복음은 예수님이 선포하신 기쁜 소식이다. 우선 복음은 구약의 모든 약속이 당신에게서 실현되셨음을 가리킨다. 주님의 기도는 그 같은 성취가 우리 안에서도 이루어지기를 간청한다.

"가장 완전한 기도" 토마스 데 아퀴노의 말이다. "주님의 기도는 가장 완전한 기도다. 주님의 기도를 통해 우리가 올바르게 바랄 수 있는 모든 것을 청할 뿐 아니라, 우리가 마땅히 청해야 할 순서대로 청한다"(2763항).

성구   **레위 22,31-33** "너희는 나의 계명들을 지키고 그것들을 실천해야 한다. 나는 **주님**이다. 나의 거룩함이 이스라엘 자손들 가운데에 드러나도록, 너희는 나의 거룩한 이름을 더럽혀서는 안 된다. 나는 너희를 거룩하게 하는 **주님**이다. 나는 너희 하느님이 되려고 너희를 이집트 땅에서 이끌어 낸 이다. 나는 **주님**이다."

마태 6,9-15 "그러므로 너희는 이렇게 기도하여라.

'하늘에 계신 저희 아버지

아버지의 이름을 거룩히 드러내시며

아버지의 나라가 오게 하시며

아버지의 뜻이 하늘에서와 같이

땅에서도 이루어지게 하소서.
오늘 저희에게 일용할 양식을 주시고
저희에게 잘못한 이를 저희도 용서하였듯이
저희 잘못을 용서하시고
저희를 유혹에 빠지지 않게 하시고
저희를 악에서 구하소서.'
너희가 다른 사람들의 허물을 용서하면, 하늘의 너희 아버지께서도 너희를 용서하실 것이다. 그러나 너희가 다른 사람들을 용서하지 않으면, 아버지께서도 너희의 허물을 용서하지 않으실 것이다."
루카 24,44* 요한 16,24*

580 왜 '주님의 기도'라 불리는가?

주님의 기도는 '주 예수님께서 친히 우리에게 가르쳐 주신' 것이기에 '주님의 기도'라고 한다.

해설 주님이신 예수 그리스도께서 가르쳐 주신 유일한 기도이기 때문이다. 주 예수님은 우리 기도의 스승이실 뿐 아니라, 우리 기도의 모범이시다. 그런 점에서도 주님의 기도, 곧 주님께서 우리와 함께 '우리 아버지'께 바치시는 기도다.

용어 **주님의 기도** 주님이 가르치신 기도, 주님이 바치시는 기도라는 뜻이다. 흔히는 주님의 기도 첫머리의 두 마디를 따서 Pater Noster라 부른다. 우리 신앙 선조들은 '하늘에 계신' 또는 '천주경'이라고 불렀다.

성구 **2역대 7,14** 내 이름으로 불리는 내 백성이 자신들을 낮추고 기도하며 나를 찾고 악한 길에서 돌아서면, 내가 하늘에서 듣고 그들의 죄를 용서하며 그들의 땅을 회복시켜 주겠다.

루카 11,2 예수님께서 그들에게 이르셨다. "너희는 기도할 때 이렇게 하여라.
'아버지
아버지의 이름을 거룩히 드러내시며
아버지의 나라가 오게 하소서.'"
마태 6,9-10* 요한 17,7-8*

581 교회의 기도에서 '주님의 기도'는 어떤 위치를 차지하는가?

주님의 기도는 교회의 가장 뛰어난 기도이다. 세례성사 때 하는 '**주님의 기도** 수여'는 하느님의 자녀들이 하느님의 생명을 얻는 새로운 탄생을 의미한다. 미사의 성찬 전례에서, 주님의 기도는 그 완전한 의미를 드러낸다. 이 기도의 모든 청원들은 이미 실현된 구원의 신비에 근거를 두고, 주님의 재림 때 완성될 것이기 때문이다. **주님의 기도**는 성무일도의 주요 시간경들의 중요한 부분이다.

해설 '쉐마 기도'(신명 6,4-9)가 유다교 기도의 중심인 것처럼, 주님의 기도는 교회 기도의 중심에 자리하고 있다. 입교 성사인 세례·견진·성체 성사에서도 중심에 놓여 있다. 세례성사에서는 '주님의 기도 수여식'이 주요 예식이고, 견진에서는 하느님을 아빠 아버지라고 부를 수 있도록 성령의 기름부음을 받는다. 성체성사에서 주님의 기도는 감사기도의 청원과 전구를 요약하고 동시에 천국 잔치에 (미리) 참여하는 것이다. 시간 전례에서도 주님의 기도는 청원기도를 종합한다.

용어 **성무일도** = **시간 전례**. 지금까지 성무일도 곧 매일 여러 때(시간)에 기도 바치는 거룩한 임무라고 부르던 것을 '시간 전례'라고 정확히 부르게 되었다. '성무일도'가 '성직자나 수도자가 바치는 의무 기도'처럼 들리지만, '시간 전례'는 정해진 '시간마다 교회(성직자, 수도자, 평신도 모두)가 바치는 기도의 전례'라는 의미를 잘 살린 이름이다. 시간 전례는 아침저녁으로(아침기도, 저녁기도), 하루를 시작하고 마치면서(초대송, 끝기도), 한낮에(삼시경, 육시경, 구시경), 말씀으로(독서기도) 바친다. → 문답 243

이미 실현된 구원의 신비에 근거 주님의 기도에서 드리는 청원은 구약의 기도들과는 달리, 그리스도의 십자가 죽음과 부활로 이미 단 한 번 결정적으로 실현된 구원의 신비에 근거를 둔 것이다(2771항).

주님의 재림 때 완성 그리스도께서 다시 오실 때 그분의 악에 대한 승리가 완성되고, 그분의 나라가 결정적으로 확립될 것이다(1테살 4,15-17; 루카 23,3-14).

성구 **신명 6,4-9** "이스라엘아, 들어라! 주 우리 하느님은 한 분이신 **주님**이시다. 너희는 마음을 다하고 목숨을 다하고 힘을 다하여 **주** 너희 하느님을 사랑해야 한다. 오늘 내가 너희에게 명령하는 이 말을 마음에 새겨 두어라. 너희는 집에 앉아 있을 때나 길을 갈 때나, 누워 있을 때나 일어나 있을 때나, 이 말을 너희 자녀에게 거듭 들려주고 일러 주어라. 또한 이 말을 너희 손에 표징으로 묶고 이마에 표지로 붙여라. 그리고 너희 집 문설주와 대문에도 써 놓아라."

1베드 1,23 여러분은 썩어 없어지는 씨앗이 아니라 썩어 없어지지 않는 씨앗, 곧 살아 계시며 영원히 머물러 계시는 하느님의 말씀을 통하여 새로 태어났습니다.

콜로 3,4* 1요한 3,2*

■ "하늘에 계신 우리 아버지"

582 왜 우리는 성부께 '온전한 신뢰심으로써 감히 다가갈 수' 있는가?

우리의 구세주이신 예수님께서 우리를 아버지의 면전으로 인도하시고 또 그분의 성령께서 우리를 하느님의 자녀가 되게 하시기 때문이다. 그리하여 우리는 소박함, 자녀다운 신뢰, 기쁨에 찬 자신감, 겸손한 대담성, 사랑받고 기도의 응답을 받는다는 확신을 가지고 **우리 아버지께** 기도한다.

해설 성찬례 때 주님의 기도를 바치기 전 전통적인 권고는 이러하다. "하느님의 자녀 되어 구세주의 분부대로 삼가 아뢰오니." 여기에서 "삼가 아뢰오니"audemus dicere라는 말은 '대담하게 말한다'는 뜻이다. 하느님을 아버지로 부르면서 대담하게 말씀드릴 수 있는 것은 바로 예수님께서 우리에게 그렇게 하라 하셨고, 성령께서 자녀의 영을 주시어 우리가 하느님의 자녀로서 자유로이 기도하게 하시기 때문이다. 우리는 ① 소박함, ② 자녀다운 신뢰, ③ 기쁨에 찬 자신감, ④ 겸손한 대담성, ⑤ 사랑받으므로 기도의 응답을 받는다는 확신을 가지고 아버지께 기도할 수 있다.

용어 **구세주께서 우리를 아버지의 면전으로 인도** 오직 성자께서만 하느님 아버지의 면전에 서실 수 있다. 그분이 우리를 아버지께 인도하신다. 이것이 신약의 기도의 신비다.

소박함 아버지에게 보이는 단순 소박함은 기도의 기본자세다.

자녀다운 신뢰 자녀로서 아버지가 '모든 일에 모든 것!'이라는 신뢰.

기쁨에 찬 자신감 아버지께서 틀림없이 내 말을 들어주신다는 확신.

겸손한 대담성 아버지 앞에서의 겸손과 아버지의 사랑 앞에서 무엇이든 말할 수 있는 겁없음.

사랑받으므로 기도의 응답을 받는다는 확신 하느님 아버지께서 우리에게 무엇이나 다 해주시는 것은 우리를 끔찍이 사랑하시기 때문이다.

성구 **집회 51,10-11** 저는 제 주인의 아버지이신 주님께 환난의 날에 거만한 자들 앞에서 도움이 끊겼을 때 저를 버리지 말아 주십사고 부르짖었습니다. 저는 당신의 이름을 끊임없이 찬미하고 감사의 노래를 읊었습니다. 그러자 제 기도를 들어 주셨습니다.

히브 2,11-13 사람들을 거룩하게 해 주시는 분이나 거룩하게 되는 사람들이나 모두 한 분에게서 나왔습니다. 그러한 까닭에 예수님께서는 그들을 형제라고 부르기를 부끄러워하지 않으시고, 이렇게 말씀하십니다. "저는 당신 이름을 제 형제들에게 전하고 모임 한가운데에서 당신을 찬양하오리다." 또 "나는 그분을 신뢰하리라." 하시고 "보라, 나다. 그리고 하느님께서 나에게 주신 자녀들이다." 하고 말씀하십니다.

탈출 3,5* 에페 3,12* 히브 3,6* 히브 4,16* 1요한 5,14-15*

583 어떻게 하느님을 "아버지"라고 부를 수 있는가?

우리가 하느님을 "아버지"라고 부를 수 있는 것은, 하느님께서 인간이 되신 아들을 통하여 당신을 우리에게 계시하셨기 때문이며, 당신 성령께서 하느님을 우리에게 알게 하셨기 때문이다. 하느님을 "아버지"라고 부를 때, 언제나 새로운 경이로움으로 아버지의 신비 안으로 들어가며, 우리 안에 하느님의 자녀답게 처신하려는 의욕이 솟아난다. 그러므로 주님의 기도로써 우리가 성자 안에서 성부의 자녀가 된다는 사실을 깨닫게 된다.

해설 우리가 하느님을 "아버지"라고 부를 수 있는 것은 ① 하느님께서 당신 아드님을 통하여 당신이 우리 아버지이심을 계시하셨기 때문이며, ② 성령께서 하느님을 우리 아버지로 알게 해 주셨기 때문이다. ③ 뿐만 아니라 성부와 성자와 성령께서는 우리를 하느님의 자녀가 되게 하셨고 우리가 하느님의 자녀임을 깨닫게 하셨다. 이처럼 하느님을 "아버지"라고 부를 때 우리는 언제나 새로운 경이로움 – "나는 하느님의 아들(딸)이다!" – 으로 아버지의 신비 안으로 들어가며, 하느님의 자녀답게 살려는 의욕이 솟아난다.

용어 **새로운 경이로움으로 아버지의 신비 안에 들어감** 우리가 하느님을 "아빠! 아버지!"라고 부를 때마다 성자와 함께 아버지의 신비 안으로 새롭게 들어가게 된다(2781항).

성자 안에서 성부의 자녀가 됨 성령께서는 성부와 성자의 신비로운 관계에 우리를 참여시키신다(2782항). 주님의 기도를 드릴 때마다 우리는 하느님이 우리 아버지이시고, 우리가 그분 자녀라는 사실을 새롭게 깨닫는다(2783항).

아버지 하느님은 우리의 전능하신 아버지이시다. 그분의 부성애와 전능은 서로를 밝혀준다. 과연 하느님께서는 우리를 당신 자녀로 삼으시고, 우리에게 필요한 것을 모두 주신다(270항).

성구 **시편 89,27** "그는 나를 불러 '당신은 저의 아버지
저의 하느님, 제 구원의 바위이십니다.' 하리라."

로마 8,14-16 하느님의 영의 인도를 받는 이들은 모두 하느님의 자녀입니다. 여러분은 사람을 다시 두려움에 빠뜨리는 종살이의 영을 받은 것이 아니라, 여러분을 자녀로 삼도록 해 주시는 영을 받았습니다. 이 성령의 힘으로 우리가 "아빠! 아버지!" 하고 외치는 것입니다. 그리고 이 성령께서 몸소, 우리가 하느님의 자녀임을 우리의 영에게 증언해 주십니다.

1요한 1,3* 1요한 3,1*

584 왜 "우리" 아버지라고 부르는가?

'우리'라는 말마디는 하느님과 맺어진 완전히 새로운 관계를 표현한다. 우리가 성부께 기도드릴 때, 우리는 성자와 성령과 함께 성부를 흠숭하고 찬양하는 것이다. 우리는 이제부터 영원히 그리스도 안에서 '하느님의' 백성이 되었고, 이제 그분께서는 '우리의' 하느님이시다. 그러므로 '우리' 아버지라고 부른다. 그리스도의 교회가 "한마음 한뜻"(사도 4,32)이 되는 무수한 형제들의 친교를 이루기 때문이다.

해설	'우리'라는 말마디는 하느님과 우리가 완전히 새로운 관계를 맺고 있음을 표현한다. ① 우리는 성부께 기도할 때 성자와 성령과 함께 성부께 기도한다. 곧 성령 안에서 성자와 함께 기도하므로 우리라고 한 것이다. ② 우리는 하느님의 백성이 되었고, 그분은 우리 하느님이시다(레위 26,12; 묵시 21,7). 그러므로 '우리' 아버지라고 기도한다. ③ 이 '우리' 안에는 모든 이가 포함된다. 하느님께서 사랑하시는 아들을 모든 이에게 내어주셨으니, 모든 사람을 아버지께 데려오지 않으면 안 된다(문답 585 참조).
용어	**하느님과 맺어진 완전히 새로운 관계** 우리는 새 계약의 백성이다. 우리는 새 하느님의 백성, 교회, 하느님의 가족이다. **무수한 형제들의 친교** 교회는 '성인의 통공' 곧 믿는 이들의 친교다. 그리고 성도 또는 믿는 이들은 예수님을 맏이로 서로 형제자매다. → 문답 194와 263 참조.
성구	**신명 29,11-14** "이는 주 너희 하느님께서 오늘 너희와 맺으시는 주 너희 하느님의 계약과 맹세에 너희가 참여하려는 것이다. 또한 주님께서 너희에게 이르신 대로, 너희의 조상 아브라함과 이사악과 야곱에게 맹세하신 대로, 너희를 당신의 백성으로 삼으시고 너희의 하느님이 되시려는 것이다. 나는 이 계약과 이 맹세를 너희하고만 맺는 것이 아니고, 오늘 주 우리 하느님 앞에서 우리와 함께 여기에 서 있는 사람들과 오늘 우리와 함께 여기에 있지 않은 사람들과도 맺는다." **로마 8,29** 하느님께서는 미리 뽑으신 이들을 당신의 아드님과 같은 모상이 되도록 미리 정하셨습니다. 그리하여 그 아드님께서 많은 형제 가운데 맏이가 되게 하셨습니다. **1요한 5,1***

585 어떠한 친교와 사명의 정신으로 하느님을 "우리" 아버지라 부르며 기도하는가?

'우리' 아버지께 드리는 기도는 세례 받은 모든 사람에게 공동의 유산이기 때문에, 그리스도인에게는 당신 제자들의 일치를 염원하면서 바치신 예수님의 기도에 참여하라는 절박한 호소가 된다. '주님의 기도'를 바치는 것은 모든 사람과 더불어 그리고 그들 모두를 위하여 기도하는 것이다. 이는 모든 사람이 유일하시고 참된 하느님을 알고 하나가 되게 하려는 것이다.

해설 가톨릭 신자만이 아니라 모든 그리스도교 신자들이 주님의 기도를 바친다. 그러므로 모든 그리스도인에게 주님의 기도는, ① 당신 제자들이 하나가 되기를 염원하여 바치신 예수님의 기도(요한 17장)에 참여하라는 절박한 호소가 된다. ② 나아가 믿지 않는 모든 사람을 이끌어 하느님의 자녀가 되도록 하라는, 그들을 하느님의 자녀로 사랑하라는 명령이 되기도 한다. (③ 이 '우리'에는 창조주께서 사랑하시는 모든 피조물도 포함되는 것은 아닐까. 2793항 참조) 한 마디로 모든 분열과 대립, 편가름과 소외를 이기려는 마음으로 '우리' 아버지를 불러야 한다.

용어 **친교와 사명의 정신** 하느님 아버지와 우리 곧 ① 그리스도를 믿는 이들 사이, ② 믿는 이들과 믿지 않는 이들 사이의 친교는 우리에게 중대한 사명이다.

성구 **토빗 13,4** "바로 그곳에서 당신의 위대함을 너희에게 드러내셨다. 살아 있는 모든 것 앞에서 그분을 높이 받들어라. 그분께서 우리의 주님이시며 우리의 하느님이시고 영원히 우리의 아버지시며 우리의 하느님이시다."

마태 5,46-48 "사실 너희가 자기를 사랑하는 이들만 사랑한다면 무슨 상을 받겠느냐? 그것은 세리들도 하지 않느냐? 그리고 너희가 자기 형제들에게만 인사한다면, 너희가 남보다 잘하는 것이 무엇이겠느냐? 그런 것은 다른 민족 사람들도 하지 않느냐? 그러므로 하늘의 너희 아버지께서 완전하신 것처럼 너희도 완전한 사람이 되어야 한다."

1티모 2,1.3-4*

586 "하늘에 계신"이란 표현은 무엇을 뜻하는가?

성경의 이 표현은 어떤 장소가 아니라 존재 양식을 가리키는 것이며, 하느님께서 모든 것을 초월하여 모든 것 위에 계신다는 것을 가리킨다. 그것은 하느님의 위엄과 거룩하심과 의인들의 마음 안에 계시는 하느님의 현존도 드러낸다. 하늘 또는 아버지의 집은 우리가 아직 지상에 있으면서도 희망을 가지고 나아가는 참고향이다. 우리는 지상에서 이미 "그리스도와 함께 하느님 안에 숨겨진"(콜로 3,3) 채 살고 있다.

해설 이 말은 우리와 완전히 다른 하느님의 존재 양식을 가리킨다. (그렇지만 동시에 "우리 아버지"라고 덧붙임으로써 하느님은 바로 우리 곁에 우리와 함께 계심을 나타낸다.) 이 말마디는 ① 하느님께서 만물을 초월하여 계심을, ② 하느님의 위엄과 거룩함, 그리고 의인들 마음 안에 계신 하느님의 현존을, ③ 지상의 우리가 희망을 가지고 나아가는 참고향집을, ④ 우리가 지상에서 이미 그 고향집에 어느 모로 닿아 있음을 표현한다(콜로 3,1-3).

용어 **하늘** 흔히 하늘이라는 말로 하늘나라[天國]를 가리킨다. 공관복음에서 하늘 나라 또는 하느님 나라는 이와는 다른 개념으로, 하느님의 다스림, 하느님의 영역, 하느님의 통치권을 동시에 가리키는 성서 용어다. 따라서 이 둘을 구별하기 위해 띄어 쓴다(2816항).

장소가 아닌 존재 양식을 가리킴 교리교육에서는 전통적으로 천국을 어떤 장소로 가르쳐왔다. 그러나 최근에는 이를 탈피하여 새롭게 설명한다. → 문답 209 참조.

참고향 아브라함이 이 세상에서 나그네임을 알고 하늘 본향을 갈망하였듯이(히브 11,16), 우리도 같은 희망으로 지상 나그네길을 걸어간다.

의인들의 마음 안에 계시는 하느님의 현존 의인이란 하느님과 사람들 앞에서 의로운 사람이다. 의인들은, 천상이나 지상에서, 하느님과 함께 생명을 누리는 사람들이며, 따라서 하느님은 그들 마음 안에 현존하신다.

성구 **2역대 20,6** "주 저희 조상들의 하느님, 당신은 하늘에 계신 하느님이 아니십니까? 또 당신은 민족들의 모든 나라를 다스리시는 분이 아니십니까? 당신의 손에 힘과 권능이 있기에 아무도 당신께 맞서지 못합니다."

콜로 3,1-3 그러므로 여러분은 그리스도와 함께 다시 살아났으니, 저 위에 있는 것을 추구하십시오. 거기에는 그리스도께서 하느님의 오른쪽에 앉아 계십니다. 위에 있는 것을 생각하고 땅에 있는 것은 생각하지 마십시오. 여러분은 이미 죽었고, 여러분의 생명은 그리스도와 함께 하느님 안에 숨겨져 있기 때문입니다.

요한 14,2-3* 요한 20,17* 에페 2,6* 필리 3,20*

■ 일곱 가지 청원

587 주님의 기도는 어떻게 구성되어 있는가?

이 기도는 하느님 아버지께 청하는 일곱 가지 청원으로 되어 있다. 처음 세 가지 청원은 하느님을 향한 간구로서 아버지의 영광으로 우리를 이끌어 준다. 우리가 사랑하는 그분을 먼저 생각하는 것이 사랑의 특성이다. 이 청원들은 우리가 특별히 무엇을 아버지께 청해야 할지를 제시한다. 곧 아버지의 이름이 거룩히 빛나시고, 아버지의 나라가 오시며, 아버지의 뜻이 이루어지기를 청하는 것이다. 나머지 네 가지 청원은 자비로우신 아버지께 우리의 불쌍함과 기대를 말씀드리고 있다. 아버지께서 우리를 양육하시고, 우리를 용서하시고, 우리를 유혹에 빠지지 않게 하시고, 우리를 악에서 구하시기를 청한다.

해설 주님의 기도는 전반부 세 청원과 후반부 네 청원으로 이루어져 있다. 앞의 세 청원은 하느님을 향한 것으로서, 아버지의 이름·나라·뜻에 관한 기원이다. 이로써 하느님을 먼저 생각하고, 하느님께서 바라시는 대로 청하는 것이 순서임을 알 수 있다. 나머지 네 청원은 세상살이에서 우리가 필요한 것들, 곧 일용할 양식, 죄의 용서, 유혹에서 자유로움, 악에서 보호를 청한다. 우리를 자비로우신 아버지께 온전히 의탁하는 것이다.

용어 **아버지의 영광으로 이끌다** 주님의 기도의 첫 세 청원 곧 하느님의 이름, 나라, 뜻에 관한 기원인 첫 세 청원은 아버지의 영광, 곧 아버지께로 우리 마음을 드높여 준다.

사랑하는 분을 먼저 생각하는 것이 사랑의 특성 무릇 사랑하는 사람 사이에서는 상대방, 곧 사랑하는 사람을 먼저 생각한다. 하느님과 사람 사이의 사랑도 마찬가지다.

성구 **시편 42,9**   낮 동안 **주님께서**
당신 자애를 베푸시면
나는 밤에 그분께 노래를,
내 생명의 하느님께 기도를 올리네.

1코린 15,28   그러나 아드님께서도 모든 것이 당신께 굴복할 때에는, 당신께 모든 것을 굴복시켜 주신 분께 굴복하실 것입니다. 그리하여 하느님께서는 모든 것 안에서 모든 것이 되실 것입니다.

588 "아버지의 이름이 거룩히 빛나시며"는 무슨 뜻인가?

하느님의 이름을 거룩히 빛나게 하는 것은 무엇보다 먼저 하느님을 거룩하신 분으로 알아 모시는 찬미다. 실제로 하느님께서는 모세에게 당신의 거룩한 이름을 드러내셨고 또 당신께서 그들 안에 머무르심으로써 **당신의** 백성이 거룩한 겨레로 당신께 봉헌되기를 원하셨다.

해설 아버지의 이름이 거룩히 빛나시기를 비는 것은 무엇보다도 하느님을 거룩한 분으로 알아 모시는 찬미다. 이스라엘에 하느님의 거룩한 이름을 알려 주시고, 그들 안에 머무르심으로 거룩한 백성이 되도록 하셨듯이, 그리스도인들도 하느님 백성으로서 거룩한 삶을 통해 거룩하신 하느님을 세상에 보여줄 수 있어야 한다.

용어 **모세에게 당신 이름을 드러내시다**   탈출기에서 주 하느님께서 당신의 거룩한 이름 '야훼'를 모세에게 알려주셨다(탈출 3,14-15; 6,2-3; 33,19). 이 이름이 지닌 뜻에 대해서는 교리서 206항 이하를 보라. → 문답 38 참조.

거룩한 백성으로 봉헌되다   이스라엘이 하느님의 거룩한 백성이 되는 것은 거룩하신 "하느님이 그들 한가운데 계시고, 그분의 거룩한 이름으로 불리는 백성"(예레 14,9)이기 때문이다(2810항).

성구 레위 22,32-33 "나의 거룩함이 이스라엘 자손들 가운데 드러나도록, 너희는 나의 거룩한 이름을 더럽혀서는 안 된다. 나는 너희를 거룩하게 하는 주님이다. 나는 너희 하느님이 되려고 너희를 이집트 땅에서 이끌어 낸 이다. 나는 주님이다."

루카 1,49 "전능하신 분께서 나에게 큰일을 하셨기 때문입니다. 그분의 이름은 거룩하십니다."

탈출 19,5-6* 시편 111,9*

589 하느님의 이름은 우리와 세상 안에서 어떻게 거룩히 빛나시는가?

"거룩하게 살라고"(1테살 4,7) 우리를 부르신 하느님의 이름이 거룩히 빛나시도록 기도하는 것은, 세례성사 때의 성화가 우리의 온 삶을 활기차게 해 주시기를 갈망하는 것이다. 뿐만 아니라 우리의 생활과 기도로 하느님의 이름이 모든 사람에게 알려지고 찬양받기를 간청하는 것이다.

해설 "하느님은 우리를 거룩하게 살라고 부르셨다"(1테살 4,7). 그러므로 우리가 세례 때의 그 소명을 받들어 거룩하게 살면 하느님의 이름은 우리 안에서 거룩히 빛나신다. 뿐만 아니라 아버지의 이름이 거룩히 빛나시기를 비는 것은, 하느님의 이름이 우리 신앙인들 안에서만이 아니라 모든 사람 모든 일 안에서 거룩히 빛나시기를 간청하는 것이며, 거룩한 삶의 소명을 일깨우는 것이다.

용어 **세례성사 때의 성화** 우리는 세례를 통하여 하느님의 자녀, 하느님의 백성으로 거룩하게 축성된다.

우리의 생활과 기도로 하느님의 이름이 모든 사람에게 알려지고 찬양받다 우리는 하느님의 이름이 우리의 삶을 통해서 우리 안에서 거룩히 빛나시기를 청하며, 또한 아직도 하느님의 은총을 기다리고 있는 사람들에게서도 하느님의 이름이 거룩히 빛나시기를 청한다(2814항).

성구 레위 21,6 "그들은 자기들의 하느님에게 거룩한 사람이 되어야 하고, 자기들의 하느님 이름을 더럽혀서는 안 된다. 그들은 **주님**에게 화제물을, 자기들의 하느님에게 양식을 바치는 사람들이다. 그들은 거룩해야 한다."

마태 5,16 "이와 같이 너희의 빛이 사람들 앞을 비추어, 그들이 너희의 착한 행실을 보고 하늘에 계신 너희 아버지를 찬양하게 하여라."

1테살 4,7-8*

590 "아버지의 나라가 오시며" 하고 교회가 기도할 때 무엇을 청하는가?

교회는 그리스도께서 영광을 떨치며 재림하심으로써 하느님 나라가 궁극적으로 도래하기를 기원한다. 교회는 또한 사람들이 성령 안에서 성화되고, 참행복에 따라 정의와 평화를 위해 수고하는 그들의 사명 수행에 힘입어 하느님 나라가 우리 삶의 오늘에서도 성장하기를 기도한다. 이 청원은 "오십시오, 주 예수님!"(묵시 22,20) 하고 부르짖는 성령과 신부新婦의 외침이다.

해설　교회는 이 세상에 아버지의 나라가 오시기를 기도한다. 교회는 또한 그리스도의 재림(파루시아)을 기다린다. 그분이 오시면 하느님 나라가 궁극적으로 도래한다. 하느님 나라는 그리스도의 첫 번째 오심으로 이미 이 세상에 왔고, 그 완성을 향해 나아가고 있다. 우리가 성령 안에서 거룩해지고, 정의와 평화를 위해 일할 때(마태 5,9-10) 하느님 나라, 하느님의 다스림이 이 땅 위에 이루어지도록 투신하는 것이 된다.

용어　**영광을 떨치며 재림**　주님께서 처음 오실 때에는 가난하고 초라하게 오셨지만, 마지막 날 다시 오실 때에는 영광 중에 오실 것이다.

하느님 나라의 궁극적 도래　하느님 나라, 하느님의 다스림[善政]은 강생하신 말씀과 함께 왔으며, 복음으로 선포되었다. 교회는 하느님 나라의 복음을 선포할 사명을 그리스도께서 다시 오실 때까지 계속한다. 그리스도의 재림으로 하느님 나라는 결정적이고도 영광스런 모습으로 도래할 것이다.

참행복에 따라 정의와 평화를 위해 수고함　예수님은 행복 선언에서 "평화를 이루는 사람들"과 "의로움 때문에 박해를 받는 사람들"은 하느님 나라를 차지하는 하느님의 자녀가 된다고 하셨다(마태 5,9-10).

하느님 나라가 오늘도 성장하기를 기도한다　아버지의 나라가 오시기를 청하는 것은 하느님 나라가 이 땅에서 계속 성장하기를 비는 것이다. 하느님 나라의 성장에는 이 세상 정의와 평화를 위한 우리의 투신뿐 아니라 기도도 필수적이다.

이 청원은 "오십시오, 주 예수님!" 하고 부르짖는 성령과 신부의 외침　아버지의 나라는 곧 예수 그리스도 바로 그분이라 할 수 있다. 그러므로 이 청원은 결국 예수님의 오심을 기원하는 것이다(2816-2817항).

성구　**지혜 10,10**　의인이 형의 분노를 피하여 달아날 때 지혜는 그를 바른길로 이끌고 하느님의 나라를 보여 주었으며 거룩한 것들을 알려 주었다. 고생하는 그를 번영하게 하고 그 노고의 결실이 불어나게 하였다.

묵시 22,20　이 일들을 증언하시는 분께서 말씀하십니다. "그렇다, 내가 곧 간다." 아멘. 오십시오, 주 예수님!

루카 12,31-32* 로마 14,17* 티토 2,13*

591 "아버지의 뜻이 하늘에서와 같이 땅에서도 이루어지소서." 하고 청하는 이유는 무엇인가?

아버지의 뜻은 "모든 사람이 구원을 받는 것"(1티모 2,4)이다. 모든 이의 구원을 위하여 곧 아버지의 구원 의지를 완성하시고자 예수님께서 오셨다. 우리는 지극히 거룩하신 성모 마리아와 성인들의 모범을 따라 하느님 아버지께 우리의 의지를 당신 아들의 의지에 결합시켜 주시기를 기도드린다. 아버지의 구원 계획이 이미 하늘에서 이루어진 것처럼 땅에서도 충만히 실현되기를 우리는 간청한다. 우리가 "무엇이 하느님의 뜻인지"(로마 12,2) 분별하고 "하느님의 뜻을 이루려는 인내"(히브 10,36)를 얻을 수 있는 것은 바로 기도를 통해서이다.

해설 성자께서는 아버지의 뜻을 이루러 오셨으며(요한 6,38), 아버지의 뜻을 당신 양식으로 삼으시고(요한 4,34), 일생을 바쳐 아버지의 뜻을 이루시었다(요한 19,30). 아버지의 뜻은 모든 사람이 구원되는 것이다(요한 6,39). 하늘에서는 이미 아버지의 뜻이 완전히 이루어졌다. 그러므로 우리는 성모 마리아와 성인들의 모범에 따라 하느님 아버지께 우리의 뜻을 당신 아드님의 뜻에 결합시켜 주시기를 청한다.

용어 **아버지의 구원 의지** 모든 이의 구원을 바라시는 아버지 하느님의 뜻.

우리의 의지를 당신 아들의 의지에 결합시켜주시기를 기도하다 성자의 의지는 아버지의 뜻을 받드는 것일 뿐 아니라, 아버지의 뜻과 똑같은 것이었다. 우리 의지, 우리 뜻도 성자의 의지, 성자의 뜻과 같기를 비는 것이다.

아버지의 구원 계획이 이미 하늘에서 이루어진 것 같이 구원된 사람들은 모두 하늘나라에서 아버지의 뜻대로 영원한 생명을 누린다.

기도를 통해 하느님의 뜻이 무엇인지 분별한다 하느님의 뜻을 받들기 위해서는 하느님의 뜻과 우리의 뜻을 구별하는 것이 중요하다. 자칫 하느님의 뜻을 이룬다고 우리 뜻만을 추구할 수 있다. 이 같은 분별은 기도로써 가능하다.

기도를 통해 하느님의 뜻을 이루려는 인내를 얻는다 하느님의 아들 예수님께서 기도로써 하느님의 뜻을 이루려는 항구한 마음을 지니셨듯이, 우리도 기도로써 하느님의 뜻을 실천할 마음과 힘을 얻는다.

성구 **이사 55,10-11** 비와 눈은 하늘에서 내려와 그리로 돌아가지 않고 오히려 땅을 적시어 기름지게 하고 싹이 돋아나게 하여 씨 뿌리는 사람에게 씨앗을 주고 먹는 이에게 양식을 준다. 이처럼 내 입에서 나가는 나의 말도 나에게 헛되이 돌아오지 않고 반드시 내가 뜻하는 바를 이루며 내가 내린 사명을 완수하고야 만다.

1티모 2,3-4 그렇게 하는 것이 우리의 구원자이신 하느님께서 좋아하시고 마음에 들어 하시는 일입니다. 하느님께서는 모든 사람이 구원을 받고 진리를 깨닫게 되기를 원하십니다.

마태 18,14* 요한 4,34* 로마 12,2* 에페 1,9-11* 히브 10,36*

592 "오늘 저희에게 일용할 양식을 주시고"라는 청원의 뜻은 무엇인가?

우리가 자녀다운 신뢰로 모든 사람의 생존에 필요한 일용할 양식을 하느님께 청한다. 이렇게 함으로써 우리는 우리 아버지이신 하느님께서 모든 선을 초월하여 더없이 선한 분이심을 깨닫는다. 또한 가진 사람들이 궁핍한 사람들을 도와주게 하는 정의와 나눔이 실행될 수 있게 하는 은총까지도 간청하는 것이다.

해설 "'저희에게 주소서.' 하고 청함으로써 우리는 우리 형제들과 하나 되어 하늘에 계신 우리 아버지께 대한 자녀다운 신뢰를 드러낸다. '일용할 양식'은 모든 사람의 생존에 필요한 이 세상의 양식을 가리킨다. 이렇게 우리는 '하느님의 오늘'에 참여한다"(2861항). 이 청원은 또한 가진 사람들이 궁핍한 사람들을 도와주게 하는 정의와 나눔이 실행될 수 있는 은총까지도 포함한다.

용어 **모든 사람의 생존에 필요한 일용할 양식** 일용할 양식이란 '날마다 먹을 양식' 또는 '꼭 필요한 양식'이란 뜻이다. 그 양식은 나만이 아니라 모든 사람에게도 필요하다.

성구 **잠언 30,8ㄴ-9** 저를 가난하게도 부유하게도 하지 마시고 저에게 정해진 양식만 허락해 주십시오. 그러지 않으시면 제가 배부른 뒤에 불신자가 되어 "주님이 누구냐?" 하고 말하게 될 것입니다. 아니면 가난하게 되어 도둑질하고 저의 하느님 이름을 더럽히게 될 것입니다.

요한 6,32-35 예수님께서 그들에게 이르셨다. "내가 진실로 진실로 너희에게 말한다. 하늘에서 너희에게 빵을 내려 준 이는 모세가 아니다. 하늘에서 너희에게 참된 빵을 내려 주시는 분은 내 아버지시다. 하느님의 빵은 하늘에서 내려와 세상에 생명을 주는 빵이다." 그들이 예수님께, "선생님, 그 빵을 늘 저희에게 주십시오." 하자, 예수님께서 그들에게 이르셨다. "내가 생명의 빵이다. 나에게 오는 사람은 결코 배고프지 않을 것이며, 나를 믿는 사람은 결코 목마르지 않을 것이다."

시편 104,27* 아모 8,11*

593 위 청원의 특별한 그리스도교적 의미는 무엇인가?

"사람은 빵만으로 살지 않고 하느님의 입에서 나오는 모든 말씀으로 살기"(마태 4,4) 때문에, 이 청원은 **하느님의 말씀**과 성찬으로 받아 모시는 **그리스도의 몸**에 대한 굶주림만이 아니라 성령에 대한 갈망도 포함한다. 우리는 절대적인 신뢰심으로 **현세적 오늘**, 곧 '하느님의 오늘'을 위하여 그 양식을 청한다. 이 양식은 특히 도래할 하늘 나라의 잔치를 앞당겨 누리는 성찬례 안에서 우리에게 제공된다.

해설 이 청원이 지닌 그리스도교적 의미는 세 가지다. 그리스도인이 청하는 일용할 양식은 ① 하느님의 말씀. "사람은 빵만으로 살지 않고 하느님의 입에서 나오는 모든 말씀으로 산다"(마태 4,4). ② 성체성사. "나를 먹는 사람은 나로 말미암아 살 것이다"(요한 6,57). ③ 성령. "성령은 사람을 살립니다"(2코린 3,6. 로마 8,13 참조). 우리는 "오늘" 곧 하느님의 오늘을 위하여 그 양식을 청하는데, 특히 도래할 하느님 나라의 잔치를 앞당겨 누리는 성찬례에서 이 세 양식을 다 받는다.

용어 **도래할 하느님 나라의 잔치를 앞당겨 누리는 성찬례** 성찬례가 하느님 나라의 잔치에 미리 참여하는 것임은 문답 271, 287, 354 등에 잘 나와 있다.

성령에 대한 갈망 예수님께서는 성령이 생명을 주시는 분임을 천명하셨다 (요한 3,5; 7,39). 우리는 니케아 신경에서 "생명을 주시는(vivificans: 살게 하시는) 성령"을 고백한다. 우리는 살기 위해, 생명이시고 또한 생명을 주시는 성령을 갈망한다.

현세적 오늘, 곧 하느님의 오늘 우리가 살고 있는 '지금 여기의' 오늘은 절대적인 중요성을 지닌다. 바로 하느님의 오늘이기 때문이다. 하느님의 시간은 늘 오늘이다. 하느님은 나에게 오늘 말씀하시고, 오늘 나에게 오시고, 오늘 나를 초대하신다(교리서 1165: 2659-2660항 참조).

성구 **신명 8,3** 그분께서는 너희를 낮추시고 굶주리게 하신 다음, 너희도 모르고 너희 조상들도 몰랐던 만나를 먹게 해 주셨다. 그것은 사람이 빵만으로 살지 않고, 주님의 입에서 나오는 모든 말씀으로 산다는 것을 너희가 알게 하시려는 것이었다.

요한 6,53.56 "나는 하늘에서 내려온 살아 있는 빵이다. 누구든지 이 빵을 먹으면 영원히 살 것이다. 내가 줄 빵은 세상에 생명을 주는 나의 살이다. … 내 살은 참된 양식이고 내 피는 참된 음료다. … 내 살을 먹고 내 피를 마시는 사람은 내 안에 머무르고, 나도 그 사람 안에 머무른다."

탈출 16,19* 요한 7,37ㄴ-39ㄱ*

594 왜 "저희에게 잘못한 이를 저희가 용서하오니 저희 죄를 용서하시고"라고 간청하는가?

우리는 하느님 아버지께 용서를 청함으로써 하느님 앞에서 우리가 죄인임을 인정한다. 동시에 우리는 하느님의 아드님 안에서 그리고 성사들을 통하여 "속량을, 곧 죄의 용서를 받기"(콜로 1,14) 때문에 하느님의 자비를 고백한다. 그러나 우리의 청원은 우리 쪽에서 먼저 용서해야만 받아들여지게 될 것이다.

해설 그냥 "저희 죄를 용서하시고"라고 청하는 것이 아니다. 우리가 먼저 우리 형제들을 용서하고서 아버지의 용서를 청하는 것이다. "먼저 우리가 이 요구 사항을 충족시키지 않는 한, 우리의 청원은 받아들이지 않을 것"(2838항)이라는 마음으로 이 청원 기도를 바치지 않으면 안 된다. 우리가 아버지의 용서를 청함은 우리 죄의 고백과 동시에 하느님 아버지의 자비를 고백하는 것이다. 아버지께서 우리를 용서하시듯, 우리도 형제들을 용서하는 그런 자비로운 열린 마음에만 아버지의 자비로운 사랑이 스며들 수 있다.

용어 **하느님의 아드님 안에서 그리고 성사들을 통하여** 우리는 아버지의 아들로 말미암아 속량을 받았다. 우리는 또한 아버지의 용서를 성사들(세례·성체·고해·병자 성사)을 통해 받는다(2839항).

속량을, 곧 죄의 용서를 받는다 "우리는 그리스도 안에서, 그리스도의 피를 통하여 속량을, 곧 죄의 용서를 받았습니다"(에페 1,7). 성경이 말하는 우리의 속량은 무엇보다도 죄의 용서를 의미한다.

성구 **집회 28,2-4** 네 이웃의 불의를 용서하여라. 그러면 네가 간청할 때 네 죄도 없어지리라. 인간이 인간에게 화를 품고서 주님께 치유를 구할 수 있겠느냐? 인간이 같은 인간에게 자비를 품지 않으면서 자기 죄의 용서를 청할 수 있겠느냐?

마르 11,25 "너희가 서서 기도할 때에 누군가에게 반감을 품고 있거든 용서하여라. 그래야 하늘에 계신 너희 아버지께서도 너희의 잘못을 용서해 주신다."

마태 6,14-15* 루카 23,34* 콜로 3,13*

595 어떻게 용서할 수 있는가?

우리가 우리의 원수까지 용서할 수 있어야 하느님의 자비가 우리 마음속으로 스며들 수 있다. 당장에는, 인간에게 이 같은 요구를 충족시키기가 불가능한 것처럼 보일지라도 성령께 자기 마음을 바치는 사람은 그리스도처럼 지극한 애덕으로 사랑할 수 있고, 모욕을 동정으로 바꾸며, 상심을 전구로 변화시킬 수 있다. 용서는 하느님의 자비에 참여하는 것이고, 그리스도인이 바치는 기도의 정점이다.

해설 용서는 하느님만이 하실 수 있는 일이다(마르 2,7). 우리가 우리에게 잘못한 이를 용서하는 것은 하느님의 이 위대한 일에 참여하는 것이며, 하느님 자녀다운 행위다. 성자께서는 우리 죄를 용서하셨고(에페 1,7), 우리가 서로 용서하도록 성령을 주셨다(요한 20,22). 그러므로 우리는 성령의 힘으로 예수 그리스도처럼 원수까지도 용서하는 사랑을 실현할 수 있다. 성령께서는 예수 그리스도께서 지니신 자비의 마음을 우리도 지니도록 하신다. "하느님께서 그리스도 안에서 여러분을 용서하신 것처럼 여러분도 서로 용서하십시오"(에페 4,32).

용어 **성령께 자기 마음을 바치는 사람** 용서는 용서하려는 의지만으로 되는 것이 아니라, 용서하는 마음이 있어야 가능하다. 그러므로 성령께 자신의 마음을 바쳐 성령께서 내 마음을 움직이고 변화시켜 주시기를 청해야 한다(2843항).

모욕을 동정으로, 상심을 전구로 바꾸다   성령께 마음을 바친 사람은 모욕을 이웃의 아픔을 함께하는 마음으로, 상처받은 마음을 이웃을 위해 기도하는 마음으로 변화시킬 수 있다.

용서는 기도의 정점   우리는 용서가 얼마나 어려운지 잘 안다. 그리고 기도가 용서하는 힘이라는 사실도 잘 안다. 따라서 용서할 때까지 기도를 멈추지 않는 것이다.

성구   **창세 50,17**   "너희는 요셉에게 이렇게 전하여라. '너의 형들이 네게 악을 저질렀지만, 제발 형들의 잘못과 죄악을 용서해 주어라.' 그러니 아우님은 그대 아버지의 하느님의 이 종들이 저지른 잘못을 용서해 주게." 요셉은 그들이 자기에게 이렇게 말한 것을 듣고 울었다.

에페 4,32   서로 너그럽고 자비롭게 대하고, 하느님께서 그리스도 안에서 여러분을 용서하신 것처럼 여러분도 서로 용서하십시오.

마태 5,43-44* 마태 18,35*

596 "저희를 유혹에 빠지지 않게 하시고"는 무슨 뜻인가?

우리는 하느님 아버지께 우리를 홀로 그리고 유혹의 세력에 내버려 두지 마시기를 간청한다. 또한 선 안에서 성장하게 해 주는 **시련**과, 죄와 죽음으로 이끌어 가는 **유혹**을 분별하고, **유혹을 당한다**는 것과 **유혹에 동의한다**는 것도 분별할 줄 알도록 성령께 간구한다. 이 청원은 기도를 통하여 유혹을 이겨 내신 예수님께 우리를 일치시킨다. 이는 깨어 있을 수 있는 은총과 마지막까지 항구하게 하는 은총을 청하는 것이다.

해설   이 청원은 유혹을 이겨내신 예수님께 우리를 일치시킨다. 예수님께서는 일생 동안 유혹을 당하셨지만, 기도로써 유혹을 이기셨다. 그러므로 우리는 이 청원을 통해 ① 우리를 홀로 그리고 유혹의 세력에 내버려 두지 마시기를 간청한다. 나아가 우리가 ② 시련과 유혹을 분별하고, ③ 유혹당하는 것과 유혹에 동의하는 것을 분별하고, ④ 깨어 기도할 수 있고, ⑤ 마지막까지 항구할

|용어| **유혹의 세력**   수 있도록, 아버지의 도우심을 간청하는 것이다.

용어   **유혹의 세력**   악의 세력을 말한다.

     시련과 유혹   시련은 인간의 내적 성장에 필요한 것이지만, 유혹은 인간을 죄와 죽음으로 이끌어 간다.

     유혹   유혹은, 외부의 유혹조차도, 결국은 내 마음의 문제다. 마음의 결단만이 유혹을 극복할 수 있다.

     유혹을 당하는 것과 유혹에 동의하는 것   유혹을 받는 것은 죄가 아니다. 그 유혹에 마음을 빼앗겨 죄를 짓는 것이 악이다.

     마지막까지 항구하게 하는 은총   인생은, 신앙생활은, 기도생활은 싸움이다. 이 싸움에 끝까지 버티어 승리를 거두려면 하느님의 은총이 절대적으로 필요하며, 하느님의 도우심을 청하는 기도가 필요하다.

성구   **창세 3,6**   여자가 쳐다보니 그 나무 열매는 먹음직하고 소담스러워 보였다. 그뿐만 아니라 그것은 슬기롭게 해 줄 것처럼 탐스러웠다. 그래서 여자가 열매 하나를 따서 먹고 자기와 함께 있는 남편에게도 주자, 그도 그것을 먹었다.

     야고 1,13-14   유혹을 받을 때에 "나는 하느님께 유혹을 받고 있다." 하고 말해서는 안 됩니다. 하느님께서는 악의 유혹을 받으실 분도 아니시고, 또 아무도 유혹하지 않으십니다. 사람은 저마다 자기 욕망에 사로잡혀 꼬임에 넘어가는 바람에 유혹을 받는 것입니다.

     루카 22,40.46* 1베드 5,8.10*

597 왜 "악에서 구하소서." 하고 주님의 기도를 마치는가?

     악이란 하느님께 대항하고 "온 세계를 속이던 그자"(묵시 12,9), 곧 사탄의 존재를 가리킨다. 악마에 대한 승리는 이미 그리스도께서 이루셨다. 그러나 우리는 인류 가족이 사탄과 그 활동에서 해방되기를 기도한다. 우리는 평화의 귀중한 선물과 악마에게서 우리를 결정적으로 해방하실 그리스도의 재림을 기다리는 꿋꿋한 인내의 은총을 간청한다.

해설   악이란 그저 악을 말하는 것이 아니라, 악의 화신化身, 곧 사탄[惡魔]을 가리킨다. 그리스도께서는 이미 악마를 이기셨다(요한 14,30). 그러나 우리는 아직 이 세상에서 악마와 싸우고 있으며, ① 모든 사람이 악마와 그 활동에서 해방되기를 간절히 청한다. ② 또한 악마에게서 우리를 결정적으로 해방하실 그리스도의 재림을 기다리며 깨어 있는 은총을 간청한다. ③ 나아가 악의 세력이 주도하거나 선동하는 현재와 과거와 미래의 악에서 해방시켜 주시기를 청한다(2854항).

용어 **악, 악마, 사탄** 주님의 기도에서 말하는 악은 악마 또는 사탄을 의미한다. "악마는 하느님의 계획과 그리스도를 통하여 이룩된 하느님의 구원을 가로막는 자이다"(2852항). → 문답 352 참조.

그리스도께서 이미 악마를 이기셨다 "내가 세상을 이겼다"(요한 16,33). 예수 그리스도의 죽음으로 죽음의 세력, 곧 악마는 패배하였다. 우리는 사탄, 이 세상의 권력자를 쳐 이기신 그리스도의 승리를 드러내 주시도록 하느님께 기도한다(2864항).

인류 가족이 사탄과 그 활동에서 해방되기를 기도한다 우리는 온 교회와 일치하여 이 세상 모든 사람이 악의 세력에서 해방되고 구원되기를 간절히 기도한다.

평화의 귀중한 선물과 악마에게서 해방되는 은총 인류를 짓누르는 악에서 해방되는 것이 참평화다. 우리는 그리스도의 재림을 기다리며 항구히 악과 투쟁한다.

성구 **지혜 16,8** 이 일을 통해서도 당신께서는 저희의 원수들에게 모든 악에서 구해 내시는 분은 당신이심을 확신시키셨습니다.

묵시 12,10ㄴ-11 "우리 형제들을 고발하던 자, 하느님 앞에서 밤낮으로 그들을 고발하던 그자가 내쫓겼다. 우리 형제들은 어린양의 피와 자기들이 증언하는 말씀으로 그자를 이겨 냈다. 그들은 죽기까지 목숨을 아끼지 않았다."

요한 17,15-16* 2테살 3,3*

598 마지막 '아멘'은 무슨 뜻인가?

"기도가 끝나면 그대는 주님께서 우리에게 가르쳐 주신 기도 안에 포함된 모든 것이 '그대로 이루어지소서.'라는 의미인 아멘이라는 말로 동의를 표합니다"(예루살렘의 성 치릴로).

해설 기도를 '아멘'이라는 말로 끝맺는 것은 그 기도 안에 포함된 모든 것이 '그대로 이루어지소서.' 라는 의미에서 '아멘'이라는 말로 동의를 표한다. 이것은 주님의 기도만이 아니라 모든 기도에 해당된다. 우리는 아멘이라는 말로 주님의 기도를 마침으로, 하느님 아버지의 자비에 대한 "자녀다운 신뢰"(문답 582)를 드러낸다.

미사 중에 주님의 기도를 바친 다음 "주님께 나라와 권능과 영광이 영원히 있나이다."라는 영광송을 덧붙이는 것은 초대교회 때부터 이어져 오는 전통이다. (마태오 복음의 후대 수사본에는 "나라와 권능과 영광이 영원히 아버지의 것입니다. 아멘." 이라는 말이 덧붙어 있다. 마태 6,13의 각주 참조.)

"이 세상의 권력자가 나라와 권능과 영광, 이 세 가지를 가졌다고 거짓말을 하면서 예수님을 유혹하였는데(루카 4,5-6), 주 그리스도께서는 당신의 아버지이시며 우리 아버지이신 하느님께 이 세 가지를 돌려 드리신다. 그리고 마침내 구원의 신비가 결정적으로 완성될 때, 아버지께 그 나라를 넘겨 드리실 것이다"(2855항).

용어 아멘Amen → 문답 217(교리서 1061-1065항 참조).

성구 **1역대 16,36** "주 이스라엘의 하느님께서는 찬미받으소서, 영원에서 영원까지." 그러자 온 백성은 "아멘!" 하고 **주님**을 찬양하였다.

히브 13,21 여러분에게 온갖 좋은 것을 마련해 주시어 여러분이 당신의 뜻을 이루게 해 주시기를 빕니다. 그분께서 예수 그리스도를 통하여 당신 마음에 드는 것을 우리에게 해 주시기를 빕니다. 예수 그리스도께 영광이 영원무궁하기를 빕니다. 아멘.

느헤 8,6* 로마 16,27* 유다 1,25*

> 주님께서는 영원히 찬미받으소서.
> 아멘, 아멘!
>
> — 시편 89,53

—
성구 찾아보기

오른쪽 숫자는 「가톨릭 교회 교리서 요약편」 번호를,
*표는 '성구'란에 직접 인용되지 않았음을 나타낸다.

구약 성경

창세기
1,1-3	048
1,22.26.28	516*
1,25	507*
1,26	044
1,26-27	066
1,27	156, 401
1,27-28	497*
1,27-28ㄴ	337
2,2-3	450
2,7	068, 069*, 139*
2,16-17	075*, 364*
2,18	402
2,18.20ㄴ.22-23	071
2,18.22-23	338
2,22-23	158
2,24	346
2,25	072*
2,25; 3,7.11-12	339
3,1.14-15	074
3,4-6	075
3,6	596
3,7.11-12	339
3,14-15	352*
3,15	007, 096
3,20	100
3,21	202*
4,9-10	364
4,10	470
4,10-12	468
4,15	227*
6,5-6	400
6,17-19	253
9,1	497*
9,5-6	466
9,9-10	507*
9,12-13	224
9,14-16	509*
9,15	263
9,15-16	202
12,1.4ㄱ	536*
12,1-3	008*
12,2-3	169
14,18	279
15,4-6	536*
15,6	028, 422
17,4-5	264*
17,9-11	237
17,10-11	103
17,15-16	562
17,19	500*
18,2ㄱ.10	130
22,2	110
22,8	536
22,9	288
22,11-12	026
24,59-60	563
35,2-3	261
38,8-10	498
38,15-18	499
45,5.7-8ㄱ	119
49,29.33	478
50,1-3	479*
50,17	595
50,20	058

탈출기
3,4	537*
3,5	582*
3,14-15	038
3,18	183
12,3.6.8.11	236
12,3.11	271
12,11.18	276*

성구 찾아보기   594

12,11ㄴ-13	112	24,6-8	120, 273
12,14	294	24,8	280
12,15	291	24,13-14	174
12,18-19	249	25,8-9	244
12,21	272	25,18-19	446*
12,24	287	25,19-20	240
12,25-27	238*, 275	25,21-22	282
12,26-27	218	29,4.7.9	324
12,27	252, 354	29,4-5	322
12,48	293	29,9	328*, 336
13,2	103	29,29-30	333
13,3	276	29,35	181
13,11-12.14	251	29,36	295
14,21-22	231	29,37	351
15,26	313*, 316	29,44	186*
16,19	593*	30,10	200*
16,32	285	30,18	256
16,33-34	286	31,16-17	453*
16,35	283*, 320	31,18	436*
18,25-26	162, 403	32,11-13	537
19,1-2	144*	32,30-31	395
19,5-6	147, 177, 588*	33,11ㄱ	537*
19,5-6ㄱ	008	33,15-17	578
19,6	155, 235	34,5-7	222
20,1-2	442*	34,5-7ㄱ	040
20,2-3	039*	34,10	021
20,2-7	434	34,27-28	437
20,11	241*, 451	34,28	418*
20,15	503	40,12-15	162*
20,24	246	40,15	329*, 335
21,18-19	312	40,36-38	223*
22,2ㄴ-3	506		
22,4-5	509	**레위기**	
22,20-22	463*	4,20	200
22,25-26	520*	4,27-29.31	296
23,1-3	411	4,35	186
23,4-5	411*	5,22-24	523
23,12	454	5,26	155*, 307
23,20	060*	7,12	220
23,20-21	141*	8,12-13	331
24,3	430	9,7	201, 298
24,4-5	321	13,9	317
24,6-7	031	16,21-22	303

성구 찾아보기

레위기
16,30	297
18,5	431
19,1-2	428
19,2	165*, 188
19,12	448
19,13	508
19,15	381
19,18ㄴ	388*, 421
19,30; 23,3	452
19,9-10	194
20,13	492*
21,6	589
21,10	179, 182*
22,31	440*
22,31-33	438, 579
22,32	447
22,32-33	588
23,2-3	289
23,3	452
23,6	290
23,36	147*
24,16	116
24,19-20	477*
25,35-36	520
25,47-49	219
26,14-16ㄱ	437*
26,43	468*

민수기
1,50	324
3,6	179, 330
6,23-27	351*
6,24	221
8,10-11	332
9,10-11	292
11,16	176
11,16-17	327
11,24-25	179
11,24-25ㄱ	324
11,24-25ㄷ	012
11,25	167, 561
11,26	168
11,26.29	269
11,29	178
12,6-8	225
12,7-8ㄱ	537*
14,14	223
15,15-16	345
15,40-41	439
17,16-17.23	326
20,10-12	229
21,7	554
21,7-9	446
24,17	103
28,26	255
31,3-4	484*
35,11-12	467
35,31	394

신명기
4,7-8	154
4,13	418
4,13-14	436
4,31	391
5,6-9ㄱ	442
5,11	447*
5,12-14	453
5,14-15	450, 451*
5,15	241*
5,16	455
5,19	503*
5,21	398*, 493*, 527
5,21ㄴ	531
5,22	226*, 436*
5,32-33	393
6,4-5	033*, 037*, 388
6,4-7	013
6,4-9	581
6,6-7	461*
6,7	565
6,13-14	443
7,6	149
7,7	093
8,3	593
8,17-18	504*

10,12-13	385	룻기	
10,14-18	084*	4,13	496
10,18-19	514*	4,14-15	198
11,8	250*		
13,5	025	사무엘기 상권	
14,2	188*	1,8-10	501*
16,20	404	1,10	568
18,2	334	1,11	099
18,15	185	1,27-28	178, 462
18,15.18	560	2,1-10	547
18,18-19	187	2,8	107
20,8-10	484	2,35	206
20,19	485	7,10	161*
22,25-26	492	8,19ㄴ-20	484*
23,22-24	449*	10,1	270
24,7	477	10,6	160
24,15	508*	12,1-4	458
25,4	507	12,13-15	458*
25,15	506	15,17	157
27,1	184	15,22-23	368, 464
27,9-10	153	16,12ㄴ-13	267
27,24	466*		
28,9	165, 190*, 423	사무엘기 하권	
29,11-14	584	7,28	041
30,11-12	441	12,13-14	367
30,11-14	014	13,1.14ㄴ	502
30,15-16	357	23,2-4	017
30,16	434	24,10	302
31,9	180		
31,23	081	열왕기 상권	
31,28	175	5,5	409
34,10	048*	8,42-43	281
		8,43	032
여호수아기		8,54-57	559
3,11.13	084	17,16	284
8,35	234	17,21-24	539*
22,5	440	18,36-39	539
24,1	185*	21,17-19	531*
판관기		열왕기 하권	
13,3	098	5,10	258
13,3-5	095	5,13	259
13,5	193, 342	5,13-14	257

성구 찾아보기

열왕기 하권
5,14	318
12,11-12ㄱ	182
19,29	250

역대기 상권
13,4	407
16,31-33	108
16,36	598
29,10ㄴ-11	035

역대기 하권
6,37.39	304
6,41	329
7,14	580
20,6	586
30,15-17	278
30,24-25	325
32,20	568

에즈라기
6,19-22ㄱ	274
10,1	311

느헤미야기
1,6-7	304*
1,11	573
8,2-3.10	277
8,6	598*
8,10	453*
8,17	408
8,18	054, 429
9,33-34	397*

토빗기
1,16-18	479
3,16	545
4,14ㄴ-15ㄱ	375
8,6	338*
8,6-7	347
8,7-8	344
11,11-14	315
12,8	505

12,8-9	301
12,12	564
13,4	585
13,5	312*
14,4	030

유딧기
4,14-15	308
9,12	545*
16,1	097
16,25	197

에스테르기
3,13②	463
3,8-9ㄴ	465*
4,17⑯	350

마카베오기 상권
2,21	415
4,59	226
8,23	483
10,6.8-9	477*
12,11	242
14,10-11	480*

마카베오기 하권
6,27-28	473
6,31	382*
7,8-9	477*
7,20-21	382
7,22-23	131
7,23	231*, 262
7,28	054
7,36	207
7,37	033
8,1	472
8,15	426
12,10	486
12,43ㄴ-45	211
12,44-45	195, 564*
15,12ㄴ	377

욥기
1,21	478*
1,9-11	074*, 352
2,4-5	074*, 352
5,9-11	360
14,10-12	471
19,25-27	533
20,20-21	474*
27,2-4	139*
27,5ㄴ-6	372
35,6-8	396
42,2	050
42,2.3ㄴ.5	005
42,3	045
42,5-6	300*

시편
1,1-2	359
2,1-2	082, 113*
2,7-8	079
5,2-4	569
8,2.5-6	535
8,5-6	001
8,5-7	043*, 063, 358
9,14	467*
15,2-5	519*
16,2	361*
16,7	372*, 374
16,10	125*
16,10-11	124
19,2	053
19,8-11	419
19,13	306*
22,2	540*, 543
22,23	089*
22,23-24	556
27,8	572
30,4	125*
32,5	306
33,2-3	239
33,6.9	052
34,14-17	057
34,15	480*
35,18	152
37,3.27.29	482*
37,5	386
40,11	152*
42,2-3	002
42,3	355
42,9	587
43,5	574
45,11-12	343
47,6-8	132*
49,16	125*
50,14	443*
51,3-5	302*
51,5-6	392
51,5-7	073, 076*
51,9	260
51,10-12	310
51,12-14	557
51,19	299
55,2-3	569*
56,2-4	574*
56,5	576*
62,2-3	027
63,2	384
63,7	568
66,19-20	228
68,25-27	353*
69,9-10	115
69,31	540*
71,16-18	541
72,1-2	381*
72,1-3	405
72,12-14	520*
77,7.13	570*
78,3-4.6	461
81,2-4	247
82,6-7	067
84,6-8	353
85,10-14	411*
86,13	125*
86,16	546
89,2	540
89,27	583

성구 찾아보기

시편
89,53	598
91,11-12	060
92,2-3	567*, 576
95,3-6	552
95,7-8	558
95,8-11	106
100,4-5	550
102,22-23	248*
103,1-5	551
104,18-23	064
104,23-24	516
104,24-25	059
104,27	592*
104,28-30	055
105,8-10	169*
106,48	217*
107,32	548*
109,2ㄴ-5	113
110,1	046, 084*, 132
110,4	323
111,1	548
111,9	588*
113,1-3	447*
113,1-4	034
113,9	501*
115,4-9	445
115,15-16	051
118,22-24	241*
119,1-2	433
119,15.23	568*
119,25-26	018
119,48.97.99.148	570
119,81	387
119,147	542
127,3	500
128,2-3	513*
128,3	500*
131,1-2	575
133,1	457*
133,3	232
139,15-16	470*
140,13	515*
145,8-9	040*
145,9-10	062
147,4	264

잠언
2,1-5	090
3,21-23	380
4,23.25	490
4,23-27	529
4,24	523*
5,15-19	487*
5,18-19	496*
6,26-27	494*
6,30-31	506*
8,7-9	521
8,28-31	049
11,11	414
11,13	309, 524*
13,7-8	505*
15,16	532
16,9	056
17,1	457
17,20	525
17,27	371*
21,3.13	515
29,7	520*
29,11	370*
30,5-6	019
30,8ㄴ-9	592

코헬렛
2,24	513
5,9	531*
5,18	504
6,3	361
9,2	412
12,6-7	070
12,7	069
12,13	440*

아가
3,1-4	571
6,10	196, 199*

지혜서

1,1-2	171
1,13	072
1,14	054*
2,21ㄴ-22	417
2,23	063*, 070*, 129
2,23-24	072, 076
3,9	424
3,13	488
4,1-2	378
7,26-27	049*
8,7	379
8,19-20	070*, 086
9,17	138, 423*, 549
9,18	510*
10,10	590
11,23.26	050*
11,24	029
11,24-26	064*
12,2	300
13,3.5	526
13,5-7	170
13,9	003
14,25-26	398
16,8	597
16,20-21	283
17,11	392*
17,11-12	373

집회서

머리글 (1)ㄱ	020
3,2-8	456
3,12-13.16	459
4,10	501
4,26	305
4,28	522
7,12	523*
7,15	517*
7,27-28	459*
8,7-8	380*
9,7-9	491
9,8-9	530
10,26-27	517
13,15-16.24	413
15,14-15	365
15,14-17	363
15,17-20	366
15,20	476
16,26-27	036
17,7	416
17,16	077
17,20-21	213
18,13	511
18,30	490*
18,30-31	528
18,30-32	383
22,11	356
23,9-10	449
23,16	502*
24,8-10	142
25,12	025*
26,1-4	495
26,15	488*, 489
27,16-17	524*
28,2-4	594
30,1-2	460
30,8.10	371
30,14-16	474
30,21-24	370
34,24-27	466*
35,1-6	189
35,20	444
36,20-21	140*
37,15	553
38,8	471*
39,5	567
39,33-34	029*
41,21ㄴ-22ㄱ	493
44,1-4	016
45,4-5ㄴ	537*
45,5	437*
47,8-10	538
47,10	243
47,14-16	480
48,5	125
50,28-29	015

집회서
51,10-11　　　582

이사야서
2,2-3　　　166
2,3　　　150*
2,4　　　482
5,1-2.7ㄱ　　　148
6,2-3　　　061
6,5-7　　　238
7,14　　　094, 196*
8,17-18　　　089
9,5　　　083, 089*
9,6　　　481
11,1-2　　　145
11,2　　　160*, 268
12,3　　　534
19,23-25　　　163
22,22　　　109
25,6-7　　　032*
30,12-13　　　397
30,18　　　362
32,1-3　　　406
33,15-16ㄱ　　　519
38,17　　　319
38,18　　　212
40,9　　　173
42,1　　　389
42,1.4　　　518
42,1-4　　　085
42,5　　　139
42,21ㄷ-22　　　037
43,10-11　　　039
44,6.9　　　445*
44,6-8　　　004
45,15　　　104
46,4　　　043
49,6　　　011, 172
49,6-7　　　518*
50,5-6　　　117
51,4　　　161
51,7-8　　　416*
52,7　　　023, 080*
53,2　　　104*
53,4-5　　　314
53,10　　　118, 313
53,10-11　　　122
53,11ㄴ-12　　　078
55,1-2　　　024
55,1-3　　　274*
55,10-11　　　009, 591
56,7　　　245, 566
58,6-7　　　155
58,13-14　　　432, 450*
60,19ㄴ-20　　　199
61,1　　　022, 080, 266
61,1-2　　　143
61,5　　　514
61,10　　　159
62,5　　　042, 340
65,16　　　217
65,17-19　　　216

예레미야서
5,7　　　369
5,27-29　　　503
22,3　　　519*
23,1-2　　　510
23,5　　　091
23,9　　　093*
23,10　　　494
26,4-6　　　140
29,4.6　　　497
31,31-32　　　114, 340*, 341
31,33　　　420
31,33-34　　　416
31,34　　　101
33,25-26　　　065

애가
3,55-57　　　121

에제키엘서
9,4　　　227
11,19-20　　　086*, 136, 390
11,24-25　　　137

16,8	340	2,16	178
18,23.32	469	2,27	133
20,20	241	3,1	190
33,7-9	399*	3,1-2	136*
33,11	469*	3,4-5	215*
33,20	208	4,12-16	214
34,11-13	148	4,14	135
36,26	146		
36,26-27	265	**아모스서**	
36,26-28	047	4,13	006
37,4-6	092	8,5-6	512*
37,5-6	010, 202*	8,11	592*
37,11-12	128		
37,12-13	203	**오바드야서**	
		1,15	215
다니엘서			
3,26-27	551*	**요나서**	
3,80-82	507*	1,2	400*
3,88	125*	2,1-2.11	254
7,13-14	088, 133*	2,1-3	127, 204*
7,18	191	2,3	125*
9,20	544	2,10	555
10,19	425	3,5-6	432*
11,35	210	3,10	093
12,1-2	205		
13,8-9	376	**미카서**	
13,46-49	399	4,1.3-4	209
14,4-5	465	4,2	150
		5,1	103
호세아서		5,1.3-4ㄱ	102
2,1	230	6,6-8	435
2,21	348	6,8	381*, 410
2,21-22	344*	7,18-19	396*
6,1-2	126	7,19ㄴ-20	105
6,2	204		
6,6	443*	**하까이서**	
11,1	103	2,4-5	577
12,7-9	512		
13,4	087	**즈카르야서**	
		3,7-8	577*
요엘서		3,8	233
2,10-11	134	8,3	151
		8,16-17	524

즈카르야서
9,9-10	111
11,7	164
12,10	427, 534*
13,9	123, 154*

말라키서
1,11	248, 552*
2,7	328
2,14-15	487
2,15-16(공동번역)	349
3,1	141

신약 성경

마태오 복음서
1,16	086*
1,18-20	094
1,20ㄴ.22-23ㄱ	099*
1,21	081*
1,22-23	098
2,1-2	103
2,13-15	103, 472
2,21-23	104*
3,13-15	105*
5,3-12	359
5,8-19	439*
5,9	481*
5,11-12	360
5,13-14	509
5,13ㄱ.14.16	154*
5,14-16	188*
5,16	373*, 589
5,17	435*
5,22	370
5,23-24	291
5,26	312
5,27-28	493
5,28	528
5,33-34.37	114, 448
5,38-39	480*
5,40-42	431*
5,43-44	595*
5,43-45	420*
5,45	412
5,46-47	431
5,46-48	585
6,1	368
6,3-4.6.17-18	301
6,6	566*
6,7-8	575
6,9-10	580*
6,9-15	578*
6,10.33	553
6,11.34	558*
6,14-15	594*
6,19-21	505
6,21	531
6,22-23	527*
6,24	445
6,31-32	532
6,31-33	055
7,7-8	534
7,12	435
7,13-14	213*
7,21	168*
7,22-23	447
8,14-15	318
8,16-17	314
8,16ㄴ-17	101*
9,2	316
9,20-22	228
9,35	080*
10,1	352*
10,8	315
10,26-28	510
10,28	069*
10,28-31	063
10,37	462*
11,10-11.13	141
11,25-26	569*
11,27	005
11,29-30	093
12,7-8	113
12,10-12	451*

12,10ㄴ-12	114*	22,21	465
12,11-12	454	22,37-40	388*
12,28	108*	23,14	368*
12,31	369	23,35	467
12,39-40	124*, 254*	24,3-6.14	215
13,41-42	473*	24,11-14	134*
13,54ㄷ-56	099	24,36	215*
14,19	277*	25,15.21	413*
14,23	542*	25,20-21	427
16,15-16	082*	25,31-33.46	214*
16,18	185	25,40	435*
16,18-19	162*, 182*	25,41.46	212
16,19	109	26,26-28	271
16,24	123*	26,30	540*
18,3-4	106*, 107*	26,39.42	091*
18,10	061*	26,39-42	572
18,14	591*	26,41	573
18,15-17	430	26,53	486
18,17-18	308*	27,46	540
18,18	201*	28,1.9	452*
18,19-20	545	28,16.18-20	174
18,35	595*	28,18-19	260
19,4-6	487	28,18ㄴ.20ㄱ	011*
19,4ㄴ-6	337	28,18ㄴ-20ㄱ	044*
19,7-8	339	28,19	034*
19,7-9	493*	28,19-20ㄱ	048*
19,9	502	28,19-20	172, 249*
19,10-12	342		
19,11-12	192	마르코 복음서	
19,12	334	1,9-11	105
19,16-17	440	1,12-13	106
19,16-21	434*	1,24-26	352
19,18	503*	1,35	542
19,21	192	2,5-7	116*
19,24-26	050	2,10-11	295
20,6-7	516	2,27-28	451
20,12-15	414*	3,4	477
20,13-14	515, 517*	3,13-15	175
20,25-27	402	3,14-15	109*, 183*
20,26ㄴ-27	463	3,32-35	462
20,28	330*	6,12-13	315*
21,7-10	111	6,34	093*
21,31	107	7,21-22	393

마르코 복음서
7,32-34	237
7,33-35	318*
8,31-33	119*
8,36-37	466
9,2.9	110*
9,7	083
10,6-8	344
10,6-9	338*, 341*
10,7-9	346
10,11-12	349
10,14-15	106*, 107*
10,17ㄴ.19	395*
10,19	418*
11,15-17	566*
11,24	228*, 544
11,25	594
12,17	381*
12,29-30	442
12,29-31	037
13,24-26	134
14,12.16	272*
14,22	238*
14,34-36	121
14,35-36	569
14,36	541
14,71	449
15,34	543*
16,2.9ㄱ	452
16,15-16	261*
16,19	132*
16,20	080, 150*

루카 복음서
1,15-17	141
1,28.42	563
1,30-31	096*
1,34-35	094*
1,35.38	562*
1,36-37	499
1,37	050*
1,38	026, 546
1,41-43	095*
1,41-45	198
1,46-47.54-55	562*
1,46-55	547
1,48ㄴ-49ㄱ	198*
1,49	588
1,57-58	500
1,68-71	102
1,70-71	140
2,6-7	103
2,14	481*
2,21	103, 264*
2,22-23	103
2,26.52	090*
2,37	567*
2,46.48-49	115*
2,51-52	104, 455*
3,10-14	512
3,14	508
4,7-8	443
4,18-19	518
4,18-19.21	143
4,43	173*
4,43-44	150
5,16	566
6,9	450
6,12	566
6,12-13	542*
6,19	225
6,20	520*
6,30-31	375
6,47-48	417
7,37-38	303*
8,1	080*
8,1-3	188*
9,28	542*
9,59-62	462*
10,1.16	012
10,16	185*
10,25-28	434
10,36-3	411
11,1-4	578
11,2	580
11,2.13	553*

11,9-10.13	544*	24,13-15	452*
11,11-13	535	24,27.30	277
11,13	575*	24,30-31	129*, 224
11,27-28	196*, 198*, 501	24,33-35	127*
12,13-14	458	24,39-40	092*
12,31-32	590*	24,44	579*
12,33-34	520	24,44-45	019
12,47-48	364	24,45-47	311
12,50	262	24,46-48	126*
14,31-32	483, 484*		
15,7	296*	요한 복음서	
15,21-24ㄱ	469	1,1-3	052, 054*
15,24	310	1,14	086
16,9	504	1,14.18	083*
16,16	022*	1,29ㄴ	082*
16,18	347*	1,32-33	143*
16,22-23	208*	2,3-5	547*
17,1-2	473	2,4	100*
17,5-6	386*	2,4-5	097*
17,20-21	108	2,16-19	115
18,1.7	534*	2,19-21	113*
18,29-30	427*	3,5	261
19,8	503	3,5-6	136*
20,37-38	355	3,14-15	446
21,36	544*	3,15-18	207*
22,7-8	236	4,13-15ㄱ	535*
22,10-13	288	4,23	218
22,15-16	287	4,23-24	444
22,19	249	4,34	591*
22,19-20	008, 120, 273	5,5-6.24	471
22,25-26	187*	5,14	313
22,26ㄴ-27	330*	5,16-17	451*
22,29-30	109*	5,16-18	116
22,31-32	182	5,17	514
22,35	532*	5,22.24	135*
22,40.46	596*	5,24-25	354*
22,40-46	543	5,27-29	214
22,46	573*	5,28-29	205*
22,70-71	083*	5,38-40	021
23,34	594*	6,32-35	592
23,34.46	543*	6,38-39	091*
23,42-43	208*	6,40	207*
23,46	478	6,51-53	283

성구 찾아보기

요한 복음서
6,53.56	593
6,54	320
6,55-56	285
6,56-57	282, 292, 156*
7,37-39	137*
7,37ㄴ-39ㄱ	593*
7,38-39	265
8,10-11	297*
8,28	039
8,29	046*
8,31-32	366*
8,44	074
8,54	046*
8,54-56	113
8,55	090
9,11	238
9,16	451*
10,3	264
10,7.9.16	148
10,16	163
10,17-18	119
10,36-38	116*
11,50-52	058
12,27	091
13,34	388*
13,34-35	154, 421*
14,2-3	586*
14,6	357*
14,8	533
14,9ㄷ-10	101
14,12-13	222
14,13-14	545*
14,15-16	441*
14,16-17	045
14,17	185*
14,23	049*
14,26	223
14,27	481*
15,4-5	148
15,5	146*
15,10-11	441*
15,12	085
15,12-13	420
15,26	047
15,26-27	138
16,8-11	392*
16,13	268*
16,13-15	137*
16,14-15	047*
16,21	497
16,23ㄴ-24	560
16,24	579*
16,28	355*
16,33	382*
17,1	542*
17,1.5.10.22-26	577*
17,2.4.6.11-12.24	577*
17,2-3	044, 207*
17,6.11-12.26	577*
17,7-8	580*
17,11.13.19.24	577
17,15	577*
17,15-16	597*
17,16-19	165*
17,18-19	351
17,21	164*
17,21-23ㄴ	161*
17,22.24	250*
17,22ㄴ-23ㄱ	401
17,23	006
18,37	522
19,5	072
19,25-26	097
19,26	100
19,26-27	099*, 196, 563*
19,34-35ㄱ	093
19,40-42	479
20,6-9	127
20,17	087*, 586*
20,19-20	452*
20,21-23	175*, 298
20,22-23	201, 302
20,22ㄴ-23	295*
20,26-27	129
20,30-31	020

21,15	182*	10,9-10	568
		10,13-15	507
사도행전		10,36-38	079*
1,8	268	10,38	389
1,9-11	132*	10,42	135
1,12-14	197	10,44-45	269*
1,14	546*, 562	11,19-20	190
1,21-22	175*, 333*	11,20-21	080
2,1-4	144, 548*	12,7-8	061
2,16-17	155	13,22	538
2,23-24	118	13,23-24	102
2,33	144*	13,35-37	124
2,36	084*	13,48	557*
2,38	200*, 252*	14,15ㄷ-17	004
2,38-39	258*	14,22-23	167*
2,41-42	255	14,23	176*
2,42	195*, 275, 277*, 548*	15,3-4	162
		15,22-23	180
2,42.46-47ㄱ	219	15,35	184*
2,46-47	168, 274, 548	16,4-5	430*
3,6	181*	16,15	258
3,6-7ㄱ.16	318*	16,25	567
3,15.17-19	117	17,25ㄴ.27-28	170
3,19-20	299, 302*	17,26-27	171
4,10-12	081	17,26-27ㄱ	068
4,24ㄴ	059	17,27-28	002
4,26-28	082	18,8	258*
4,32	194, 402*	18,24-26	190*
5,1-2.9	367	19,5-6	269
5,42	183	19,11-12	225*
6,3-4.6ㄴ	330	19,18	303
6,5-6	179, 332	19,18-19	304
7,31-33	537	20,7	274*, 453
8,4-6	011	20,7.11	276
8,12	150*, 257	20,11	277*
8,14-17	270	20,28	147, 326*
8,15-17	267	20,32	186
8,17-20	226*	20,35	361
8,18-20	445*	22,16	259
8,22-24	395	24,15-16	374
8,37-38	256	24,16	376
9,10-12	570		
9,17	139*		

로마서

1,2-3ㄱ	022
1,2-4	079
1,3ㄴ-4	128
1,19-20	003
1,25	442*
1,26-27	492
2,14-15	372
3,4	521*
3,22-24	422
4,17-18	387*
4,24ㄴ-25	131*
5,2.5	385
5,12	073*
5,17	007
5,17-18	075
5,18-20	422*
5,20ㄴ	391
6,3-4	231
6,5	204*
6,8	206*
6,11-13	193
6,12.14	155
7,12-15	419*
7,17-20	076
7,19-20	392
8,1	366*
8,1-3	122
8,10-11	203
8,11	130
8,14-16	138*, 583
8,15	541*
8,17	319
8,19-21	216
8,26	565*
8,26-27	146, 549
8,28	057*, 064
8,29	088*, 584
8,29-30	066
9,1	523*
9,4	437
9,4-5	169
10,1	564*
10,4	415
10,9	035*
10,12	247
10,12-13	068*
10,14-15	173
11,28-29	169*
11,36	053
12,1	155*, 429*
12,2	529
12,6-8	424
12,12	574*
12,21	057
13,1-2	405
13,7	410*
13,8-9	438
13,9-10	418
13,13-14	490
14,7	194*
14,13	473*
14,17	590*
14,17-19	519
15,16-17	424*
16,27	598*

코린토 1서

1,1-2	178
1,2	167
1,10	164*
1,21-24	023*
1,29-31	426
2,9	209*
2,12-13	423*
3,9	321*
3,15	210*
3,16-17	159
3,22-23	155*
4,1	226
4,5	135*
5,6-8	398
5,13	308
6,14	204*
6,19-20	202*, 474*
7,2-4	495

7,2-5ㄱ	496	15,10	425*
7,10-11	348	15,14.17	126
7,14	345	15,14-15	131*
7,15	348*	15,20-21	130*
7,24.38	342*	15,21-22	078
7,32	334*	15,28	587
7,39	345*	15,28ㄴ	533*
8,1ㄴ-3	525	15,42.44-45	128*
8,6	068, 412*	15,45-48	065
9,25	383*	15,49	205
10,16-17	284, 292*	15,52-53	203*
10,16-18	293	16,2-3	433*
10,23	475	16,13-14	382
10,23-24	365	16,14	408*
11,11-12	071		
11,20	275*	코린토 2서	
11,23-25	273*	1,19-20	217
11,23-26	120*	1,21-22	266
11,23ㄴ-24	272	2,17	173*, 336
11,23ㄴ-26	280	3,17	366*
11,24ㄴ-25	271*	3,18	067*, 571
11,27-28	291*	4,2	374*
12,3	035	4,6-7	358
12,3ㄷ	034	4,13-14	033
12,4-6	049	5,1	207
12,4-7	145	5,1-2	354*
12,6-7	407	5,6-8	354
12,7	365*	5,18-19	307*
12,7-9	160	5,18-20	201*
12,12-13	159*	5,20-21	307
12,22-23	403	5,21	422*
12,22-23ㄱ	476	6,2	558
12,24ㄴ-26	414	6,6-7ㄱ	444*
12,26-27	194*	6,16	244
12,27-28ㄱ	325	8,9	532*
12,27-29	177	8,14-15	413
13,1-2	160*	9,7-8	432
13,1-8ㄱ	388	9,13	031
13,12	209*	11,2	178
14,14-15	029	11,3-4	020*
15,3	117*	13,7	565*
15,3-4	022*	13,11-13	195*
15,3-5	118*	13,13	048, 223*

갈라티아서
2,16	423
2,20	027*
3,23-24	419
3,26-27	251
3,26-28	177*
4,4-5	095
4,4-6	142
4,6-7	136, 263*
5,1	366*
5,5-6	386
5,13	363
5,16	530*
5,16-17	490*
5,16-17.24-25	572*
5,19-21	393*
5,22-23	379*
5,22-23.25	145*
5,22-25	390
6,1	399
6,2	429

에페소서
1,3	221
1,3.14	551
1,3-5	358*
1,3ㄴ-4	096
1,7-10	001
1,9-11	151*, 591*
1,11-12	220
1,13-14	227
1,16-19	555
1,17-18	027
1,22-23	157*, 166
2,4-6	131
2,5-6	204
2,6	586*
2,8	386*
2,14.16	164*, 486*
2,14-16	409
2,14-17	481
2,20	180*
2,20-22	174*

3,12	582*
3,16-17	384*
3,20-21	557
4,1ㄴ-4	168*
4,2-3	408
4,2-4	163*
4,3-6	161
4,3-6ㄱ	032
4,11-12	178
4,15	521
4,15-16	156
4,21-24	357
4,22-24	251*
4,24-25	524
4,25-29	404
4,26-27	371
4,28	503*
4,32	595
5,1-2	429*
5,3-4	494*
5,8-11	390*
5,15-17	380
5,19	239
5,19-20	560*
5,20	576*
5,25-27	158, 341
5,29-32	151
5,31-32	337*
5,31-33	338, 341*
6,1-3	455
6,4	461
6,18	242, 549*, 561*, 576*
6,18-19	554

필리피서
2,1-2ㄱ.5	164
2,5-8	093*
2,9-11	084
2,10-11	289*
2,12ㄷ-13	262*, 415*
2,13	056
2,13.15	188

3,10-11	206*, 319*	테살로니카 1서	
3,19-21	474	1,2-3	384
3,20	586*	2,13	018
3,20-21	205*	4,1-2	013
3,21	202	4,3-4	491
4,6	576	4,3-5	347
4,6-7	555*	4,3ㄱ	428*
4,8	377	4,7-8	589*
		4,11-12	513
콜로새서		4,14	130*
1,5	385	4,16-17	070
1,10-11	529*	4,17-18	356
1,13-14	259*	5,8	385
1,15.17-18	133	5,10	250
1,15-16	067*	5,11	408*
1,16-17	062	5,12-14	403*
1,18	157	5,16-18	043, 243
1,22	085	5,17	576*
1,23	030	5,23	069, 186*
1,24	123, 319*		
1,25	181	테살로니카 2서	
1,25.28ㄴ-29	326	1,11ㄴ-12	425
2,9	087, 526	2,13-14	362*
2,11-12	263	3,3	597*
2,12	254	3,6	248
2,12-14	200		
3,1-3	586	티모테오 1서	
3,4	581*	1,5	376*
3,5	528*	1,9-10	469*
3,5.8-9ㄱ	393*	1,12	336*
3,12	379	2,1	564*
3,12-14ㄱ	410	2,1.3-4	585*
3,13	594*	2,2	464*, 484
3,15	480*	2,3-4	591
3,16	565	2,4-5	172
3,16ㄷ	540*	2,9-10	530*
3,18-21	456	2,9-10.15	489
3,20	459	3,1-2	179, 333
3,21	460	3,2	489*
3,25	468*	3,12-13	179*
4,1	381	3,16	132
4,2	555*	4,4	043*
4,12	554*	4,7-8	353

티모테오 1서
4,13-14	331
5,8	457
5,17	179, 328
6,1-2	517
6,11-12	335
6,12	033*
6,13-16ㄱ	441*

티모테오 2서
1,5	461*
1,9-10	165
1,11	178*
1,12ㄴ-14	014
1,13-14	335*
1,18	211
2,2	527
2,11	206*
2,15	335*
3,15-17	024
4,2	155, 430*

티토서
1,5	328*
1,5.9	176
1,9	184
2,2-3	488
2,11.13	232
2,11-13	193*
2,12	383
2,13	590*
2,13-14	294
2,14	153
2,15	016
3,3	398*
3,5	252
3,6	137
3,6-7	387*

히브리서
1,1-3	009
1,2-3ㄱ	046
1,3	526*
1,14	060
2,11-12.17	088
2,11-13	582
2,12-14ㄱ	089
2,14-15	125
3,6	582*
4,7	241
4,14-15	087*
4,16	582*
5,1ㄱ	327
5,4-5	322
5,6	323
5,7-8	121*
5,7-9	543*
7,25	554*
8,10-11	416
9,11	233
9,11.15	152
9,11-12	112*
9,27	208
10,5	279
10,10.14	112
10,19-21	234*
10,22	522*
10,23-24	387
10,25	289
11,3	054
11,6	036
11,8	025
11,17.19	536
12,1-2ㄱ	564
12,11	482*
12,14	428*
12,22-24	245
13,4	347*
13,15-16	288*
13,16	406
13,20-21	560*
13,21	598

야고보서
1,5-6	553*
1,6-8	574

1,12	361*
1,13-14	596
1,17	559*
1,19ㄴ-20	398*
1,25	359
1,27	457*
2,10-11	439
2,12	364*
2,17.20.26	433
3,8-10	525*
3,18	482
4,7	574*
4,17	393*, 397
5,3-4	508*
5,12	448*
5,13	556
5,14	317
5,14-15	315*
5,16ㄴ-18	539

베드로 1서

1,2ㄱ	192
1,3-4	551*
1,3ㄴ-4	067
1,3ㄴ-4ㄱ	131*
1,7	210
1,10-11	023, 140*
1,15-16	428
1,23	581
2,1	523
2,4-5	155
2,5	189, 235
2,9	153*, 281*
2,10	154*
2,12	373
2,13-14.17	464
3,1.7	350
3,2-4	530
3,7	341*
3,9-11	480
3,18-19	125*
3,20-21	253
4,3-4	492*
4,8-10	511
5,1-2ㄱ	180*, 329
5,2-3	187, 327*
5,3-4	329*
5,8.10	596*

베드로 2서

1,3	229
1,3-4	067*, 362
1,4	001*, 085, 230
1,5-7	378
1,17-19	110
1,20-21	017
2,18-19	494
3,8ㄴ-10	134*
3,9	213
3,12-13	216*

요한 1서

1,2	232*
1,3	195, 583*
1,5-6	041
1,6-7	321
1,8-9	073, 297
1,8-10	306
1,9	296
1,9-10	305
2,2	400
2,7-8	421*
2,15-16	527*
2,16	077
2,24.27	015
2,27	139, 268*
3,1	583*
3,2	581*
3,2-3	491*
3,8	074*
3,14-15	212*
3,15	470
3,17	506
3,21-22	545*
4,1-3	010
4,2	092

요한 1서
4,9	085
4,9-10	122*
4,11-12	388
4,13	535*
4,15-16	028
4,16	042
5,1	584*
5,2-3	436
5,3-4	441
5,6ㄴ-8	139*
5,14-15	582*
5,16-17	394
5,17	396
5,20	285*
5,21	445*

요한 2서
1,1ㄴ-2	185
1,5-6	438*

유다서
1,7	468
1,20	561
1,24-25	556*
1,25*	598

요한 묵시록
1,6	278
1,8	038
2,5	300
3,14	217*
3,20-21	290
4,8	040
4,9-10ㄱ	286
4,11	051
5,6	240
5,8-9	281
5,9-10	309
5,10	191
5,11ㄴ-14	559
5,12-14	550
7,2-3	227*
7,9	152*, 247*
7,9-12	234
8,3-4	246
11,17ㄴ	038
12,1	199
12,4-5	498
12,10ㄴ-11	597
14,13	206, 360*
15,4	552
19,2	485
19,7	337*
19,7-8	343
19,9	275*
20,12	070*
21,1.5ㄱ	216*
21,2	158*, 337*
21,3-4	149
21,9-11	199*
22,3-5	209
22,4	533*
22,17	533*
22,20	217, 590